〔清〕黄宗羲原著
全祖望補修
陳金生
梁運華
點校

宋元學案

（第一册）

中華書局

圖書在版編目(CIP)數據

宋元學案/(清)黃宗羲原著;(清)全祖望補修;陳金生,梁運華點校. —北京:中華書局,1986.12(2023.9 重印)
ISBN 978-7-101-00537-0

Ⅰ.宋… Ⅱ.①黃…②全…③陳…④梁… Ⅲ.①學術思想-思想史-中國-兩宋時代②學術思想-思想史-中國-元代 Ⅳ.B244

中國版本圖書館 CIP 數據核字(2007)第 005471 號

責任印製:管 斌

宋元學案
(全四册)
〔清〕黃宗羲 原著 全祖望 補修
陳金生 梁運華 點校
*
中華書局出版發行
(北京市豐臺區太平橋西里 38 號 100073)
http://www.zhbc.com.cn
E-mail:zhbc@zhbc.com.cn
北京新華印刷有限公司印刷
*
850×1168 毫米 1/32 · 112⅜印張 · 2415 千字
1986 年 12 月第 1 版 2023 年 9 月第 11 次印刷
印數:19101-20100 册 定價:390.00 元

ISBN 978-7-101-00537-0

點校前言

宋元學案和明儒學案，可以説是每一位想要較深入地了解和研究一下由宋到明的學術思想史者必讀的參考書。閲讀它們可以取得較多的感性知識。

梁啟超在清代學術概論中談及明儒學案時曾説：「中國之有『學術史』，自此始也。」這一説法不無一些道理，但我們認爲並不完全確切。在明儒學案之前，已經有了性質相近的著作出現。遠的如朱熹的伊洛淵源録不説，近的如明代後期周汝登的聖學宗傳，明末清初與黄宗羲同時的孫奇逢的理學宗傳，就都是帶有學術史性質的書。黄宗羲正是由於不滿意這兩部書（見明儒學案凡例），才先後編著明儒學案和宋元學案的。不管黄宗羲的這兩部書較之它們具有多少優點和長處，但就書的性質而言不能説有什麽根本的區别。

一

黄宗羲（一六一〇——一六九五），字太沖，號梨洲，本書中他的後人稱他爲「遺獻公」，浙江餘姚人。明亡後曾參加抗清活動，失敗後轉而從事著述。全祖望在梨洲先生神道碑文中曾説，黄宗羲「晚年於明儒學案外，又輯宋儒學案、元儒學案，以志七百年來儒苑門户……尚未成編而卒」（鮚埼亭集卷十一)。這裏所說的宋儒學案、元儒學案,合起來即宋元學案,也有人曾稱爲宋元儒學案。最初編撰時是否分成兩部書,不詳。從全祖望的話可知它的編撰在明儒學案之後,而且生前未能完成。從書中的種種情況看來,還只是把搜集來的材料初步加以編排,少數地方寫了案語,距離定稿尚遠。在明儒學案中,黄宗羲爲全書寫了總序和凡例,又爲各個學案寫了分序,在每個人物的傳記中還對傳主的學術思想進行了介紹和評論。而在本書中,這些工作大都還沒有來得及做。他死後,他最小的兒子黄百家(字主一,別號耒史)繼續從事編撰(見本書卷前王梓材、馮雲濠所撰宋元學案考畧,以下簡稱考畧)。黄百家在本書中所加的案語比黄宗羲的案語還要多。此外黄宗羲的學生楊開沅、顧諟也參與了部分工作,並寫了個別案語。但他們也沒有完成全部編撰工作,後來便由全祖望繼續編撰。

全祖望(一七〇五——一七五五),字紹衣,一字謝山,浙江鄞縣(今寧波)人。乾隆元年(一七三六)進士,當過翰林院庶吉士,後來從事著述。是私淑於黄宗羲的著名經學家兼史學家。由黄宗羲、黄百家父子先後編撰的宋元學案原稿,曾由黄宗羲的孫子黄千秋交給廣東巡撫楊文乾刊刻,後因楊文乾突然去世而流失,最後由黄宗羲的另一孫子黄千人(字證孫)從淮陰楊某處找回(考畧)。而全祖望和黄千人有交往,他寫黎洲先生神道碑文就是應黄千人的請求(見該文)。他很可能就是從黄千人那裏得到這部原稿並應後者的要求繼續從事編撰的。清史稿全祖望傳說:「宗羲宋元學案甫創草稿,祖望博采諸書爲之補輯,編成百卷。」據本書最後的校定者王梓材、馮雲濠在校刊宋元學案條例(以下簡稱條例)中說,全氏所做的工作,大致分爲修定、補本、補定、次定四種。修定,是指對黄氏原稿有所增删補本，是指原稿所未載的人物，全氏補載並爲之設立專門的學案（其中較重要的有關於司馬光、王安石、以及三蘇的涑水學案、荆公新學略、蘇氏蜀學略等）；補定，是指有些人物原稿已載，但僅附見於別人的學案中，全氏將他們分出來單獨爲之立案（其中較重要的有關於葉適、陳亮、楊簡的水心學案、龍川學案、慈湖學案等）；次定，是指有關幾個重要人物（具體説即邵雍、周敦頤、二程、張載、朱熹六人）的學案，原稿只一卷的，全氏分爲二卷。根據今本目録統計，由全氏修定的共三十一卷，補本的共三十三卷，補定的共三十卷，次定的共六卷。此外他還爲每個學案寫了一段序録，並在全書各處增加了許多案語。可見他對本書做了重大的修改和補充。條例中説：「黄氏原本無多，其經謝山續補者十居六七。」所以我們認爲，本書實際上主要是由黄宗羲、全祖望兩個人先後編撰而成的。

但全祖望也没有做到全部定稿和謄清。他曾計劃一面定稿一面付刻，但實際上只校定並刻出了其中的第十七卷（横渠學案上）以及他自己爲全書寫的序録，此即所謂二老閣鄭氏刻本（考略）。臨死前他將餘下的校定謄清之事委託給門人盧月船（名鎬，字配京），但後者也只謄清了一部分即去世，將原稿留給了後人。同時，黄宗羲的玄孫黄璋（字稚圭，號華陔、又號大俞）也與盧月船有交往，曾向盧氏借來底稿抄録一份，和他的兒子黄徵乂（號平鱅）、孫子黄直垕相繼加以校補謄録，編成了一個八十六卷本，這即所謂餘姚黄氏校補本。此外，全祖望的另一門人蔣學鏞（字聲始，號樗庵）也曾從全氏手中得到過另一份殘闕不全的底稿（以上均見考略）。

道光間，王梓材（字臒軒，浙江鄞縣人）和馮雲濠（字五橋，浙江慈溪人）訪求到了上述盧氏、黄氏、蔣氏收藏過的三種稿本以及二老閣鄭氏刊本，校定了本書。他們兩人所做的工作，據考畧和條例，一是以盧氏所藏稿本爲主，殘闕部分（有關邵雍、程頤和三陸的百源學案、伊川學案、梭山復齋學案、象山學案以及其他幾個人物的傳記）用其它兩種稿本校補；二是參考羣書另外補入了若干人物的傳記（均注明「參某書」）；三是原稿已失的元祐黨案和慶元黨案，按全祖望在序録中提到的做法（以道命録一書爲依據，采取大事表的形式）予以補撰；四是仿照「僅存數頁」的「梨洲、謝山原表」的體例，補撰全書各學案的師承傳授表；五是從全祖望的文集中摘録關涉宋元學案的文字分别插入有關各處；六是將二老閣刊本所載的全氏所寫宋元學案序録定本總載於全書之首，又分載於各學案之首，并按照全氏在序録中確定的分卷方案，將全稿正式釐定爲一百卷。此外還在全書中加了許多案語，内容大多是有關校定工作的説明和某些史實的考證。

二

由于黄宗羲遠未完成自己要做的工作，特别是對各個學派及其代表人物的學術思想的介紹與評論大部分還没有做，因而在本書中黄宗羲的學術思想和他對宋、元學術史的看法體現得很不充分。這是令人遺憾的。在明儒學案中，黄宗羲對各個學派及其代表人物的學術思想、主要論點都做了具體的介紹，有時作了十分精彩的評論，表現了他既是史學家又是一位出色的思想家的特點。這就使得明儒學案更富有我們現在所説學術思想史的色彩。至於全祖望，應當説他更主要的是一個史學家，因此他對於思想家們所探討的許多理論問題很少作出具體評論，他雖然爲本書寫了序録和一些案語，但較簡略而不深入，這就使本書看上去更多地帶有現在所説的學術思想史資料選輯或資料彙編的性質，與明儒學案有别。當然，這種區别總的説還是相對的，因爲明儒學案的主要篇幅終究也還是用來介紹人物的生平事迹和摘録他們的著作與言論，而本書也並非對人物的思想完全不進行介紹與評論。

其次，本書較之明儒學案，更多地注重人物之間的師承傳授關係，並以此作爲劃分學派的主要根據。對所收載的人物，都要一一標明他是誰的家學、門人、私淑以至再傳、三傳、四傳和續傳(時間相隔較遠、傳承世次不明的稱續傳)，同時又要標明繼承他的家學、門人、私淑之類有哪些人。對同一輩的人，則又區分爲講友、同調、學侣，一一標明。各學案前面的表，其主要作用更是集中顯示這類縱的和横的關係。而明儒學案雖然也介紹這類師承傳授關係，但不做詳細的標示，更没有表，有時還能突破這類關係，着眼於人物之間學術思想的異同來劃分學派和處理學案的分合。例如王艮明明是王陽明的門人之一，但却不將有關他的泰州學案列爲王門學案之一。(當然他的出發點是認爲王艮及其後學「躋陽明而爲禪」，「益啟瞿曇之祕而歸之師」，負有將道學禪學化的主要責任，從而爲王陽明開脱，這是我們不能同意的。)又如李材(號見羅)明明是從學於王陽明門人鄒守益(號東廓)的，但却爲他另立止修學案，理由是：「見羅從學於鄒東廓，固亦王門以下一人也，而别立宗旨，不得不别爲一案。」(止修學案序)這種注重學術「宗旨」的異同的做法，顯然是比較合理的，含有較多的科學性。儘管他還不是很自覺地、完全地做到了這一點。至於宋元學案的上述做法，始於何人不能詳考。據王梓材、馮雲濠在條例中説：「細閲黎洲、主一以及謝山諸案語，往往和會諸家，總歸聖道之一。但既各爲學案，不得不標其門人、私淑與再傳、三傳之派別，亦由體例使然。而宋、元儒諸派傳授尤紛然錯出，故細爲標目，初非有門户之見也。」條例主要是王、馮交代他們在校定本書時所做的工作的，然則這種「細爲標目」的做法，大概出自他們之手。至於各學案前面的表，條例説：「明儒學案可以無表，宋元學案不可無表以揭其流派。黎洲、謝山原表僅存數頁，餘竊爲之仿補。」似乎從黄宗羲開始就有作表之舉。但黄宗羲和全祖望死後，原稿經過多人的校補、加工和謄抄，王、馮何所據而從這「僅存數頁」的原表判斷是黄宗羲、全祖望所爲？恐怕只是一種想當然的説法。至於今本中的各表，顯然絶大部分出於王、馮之手。這些表當然並非毫無用處，至少可以由此知道每個學案包括了哪些人物以及他們之間的師承或朋友關係。但我們今天從科學的思想史編纂學的角度來看，不能不認爲這種突出師承傳授關係的做法是帶有較多落後的、封建的色彩的。

以上所述，主要是就本書與明儒學案相較而言，不是全面評價本書，更不是要否定本書的歷史地位和價值。事實上，在近代資産階級的思想史學傳入中國以前，在有關宋、元學術思想史的同類著作中，本書應算是最好的一種。朱熹的伊洛淵源録，只收録周敦頤、二程、邵雍、張載、張戩以及程門諸弟子的傳記材料和當時的人推崇他們的言論，是一部爲洛學從而也就是爲他自己争正統地位的書（邵雍、張載等均被視爲洛學之羽翼或附庸）。周汝登（別號海門）的聖學宗傳，其宗旨是「欲合儒釋而會通之」，「盡採先儒語類禪者以入」（明史儒林傳二），幾乎要把學術史變成禪學史。黄宗羲批評他「主張禪學，擾金銀銅鐵爲一器，是海門一人之宗旨，非各家之宗旨」（明儒學案凡例），是有道理的。孫奇逢的理學宗傳，只選録了由宋到明的十一個人的傳記與著作，大體不出程朱、陸王兩大派的範圍，且極爲簡略。而本書則在一定程度上打破了宗派門户之見，收録範圍較廣。首先，它追溯到了道學産生之前的胡瑗、孫復、石介、范仲淹、李覯、歐陽修等人物；其次，它爲反對過程、朱之學的葉適、陳亮設立了專門的學案；最後，還附録了有關新學、蜀學的材料。儘管它是把胡瑗、孫復等人看作道學的先行者，把葉適從師承關係上溯源而視爲道學之别派，對陳亮作了不高的評價，對新學、蜀學更視爲反面的東西，没有徹底擺脱以道學爲正統的窠臼，但至少擴大了視野，注意到「各家之宗旨」，從單一的道學史向一般性的學術史邁進了一步。這是在同類的著作中比較突出的。同時，本書選材範圍較廣，一些重要人物的著作選録較多，對有關史料的考證較精確。因此它在同類著作中影響最大，而且至今不失其參考價值。

三

由王梓材、馮雲濠校定的百卷本宋元學案，於道光十八年（一八三八）由馮雲濠出資刻成。這時距全祖望之死已八十三年，距黄宗羲之死則已一百四十三年。但因第一次鴉片戰争爆發後，英軍進入浙江，道光二十二年（一八四二）春，馮氏的住宅被焚，刻版也付之一炬。從同年秋開始，王梓材在北京應何紹基之約，以馮刻本爲底本，再次加以「精心勘閲」，「補脱正誤」。由於何紹基爲他安排了安静的寓所和委派了助手，又把自己豐富的藏書借給他使用，因此這次的重校本是最好的，於道光二十六年（一八四八）由何氏刻成，是現在流傳各本的祖本。但時隔不久，書版又在一次火災中焚毁（見本書龍汝霖跋）。馮刻本後來雖又刻過一次，但書版祕藏馮家，傳購本極少。而何刻本因書版焚毁不能重印，在清末的北京已難買到（同上）。光緒五年（一八七九），龍汝霖依據李仲雲所藏的一部何本翻刻了一次（扉頁題「光緒五年重刊於長沙之寄廬」）。但所據的何本大概收藏不善，字多壞爛，又未覓另本校補，壞闕字往往以意填改，錯誤極多。（如卷六侯可申顔合傳之「城熟羊」，熟羊爲地名，龍本臆改「城」爲「蒸」。）而此後的各種石印本（如上海文瑞樓本）、排印本（如商務印書館萬有文庫本、世界書局四朝學案本）却都以龍本爲據。惟中華書局四部備要本是據何本排印，錯誤較少，但間有排誤。

我們這次點校，是用現在能够買到的龍本作爲工作本，用科學院圖書館所藏何本、四庫備要本通校，並參校了萬有文庫本和四朝學案本（均比工作本闕誤少，由此推測工作本可能是龍本的一個極陋的坊間翻刻本），凡工作本的錯誤一律逕改不出校，少數文字采用龍本的則出校，實際也就是以何本爲底本。人物傳記在本書中占有很大比重（四庫全書總目將明儒學案列入史部傳記類），經查其中五百餘人宋史、金史、元史、明史亦有傳（包括附傳或附見），均一一校過（用中華書局出版的點校本）。書中選録的人物原著，凡解放以來出版過點校本的，均做了對校，其餘的遇有疑問，也有選擇地參校過其他版本。以上二項均出校。避清朝諱和孔丘諱的字，凡有礙文義的理解和史實的準確性者均改正，於首見處出校。（如邱濬據宋史改爲丘濬，相應地邱劉諸儒學案改爲丘劉諸儒學案。虎邱改爲虎丘。）

個別通用字如爲與謂、常與嘗，據上下文義逕改。各學案的表，原本均獨立於各學案之外，現移到各學案之首。全祖望爲各學案寫的序録是全書的綱，較重要，特爲標出「××學案序録」字樣，並用較大號的字排印。本書各學案的正文，較之明儒學案頭緒紛繁，初讀者不易明晰，盡量用不同的字體加以區別，以清眉目。

本書由我和梁運華同志按商定的體例分工點校，卷五十一以前由我負責，卷五十二以後由梁運華同志負責。另由他編了人名索引附在最後。

限於學力，工作中的錯誤必定不少，請批評指正。

陳金生

一九八三年十二月

宋元學案敍

周官經曰：師「以賢得民」，儒「以道得民」。鄭注以德行、六藝分屬師、儒，蓋以小成、大成別之，實非有區域也。然魯論孔子及門分爲四科，小戴記儒行列爲十五，韓非子曰孔子之後「儒分爲八」。蓋道合於一者，聖也；其分而屬者，儒也。各就其性以成爲學，而傳授淵源遂亦不能强同。漢書儒林傳專主傳經，其言曰：「六學者，王教之典籍，先聖所以明天道，正人倫，致至治之成法也。」豈非以聖人之道悉備於經，不待舍文章而別求性道哉？歷代史家，悉從其例。唐書始易爲儒學。至宋史而道學、儒林，朊分本末，識者欪之，故元史仍爲儒學。至我朝纂修明史，仍從班掾，統以儒林。夫漢代醇儒，皆敦行義；有宋大儒，無不治經。或持所專習，互相詆諆，褊且閡矣，何與聞道乎！

余生於濂溪之鄉，幼稟庭訓，讀宋五子書，後乃從事漢儒傳注。自知所造匪深，而於立身行事，植矩度繩，斤斤有以自守者，於漢、宋儒先遺緒，不無萬一之得焉。昔讀鮚埼亭集，知黄梨洲先生於明儒學案外，尚有宋元儒學案，未及成編，其子耒史先生暨全謝山先生後先修補，而世無傳本。道光辛卯，奉命典試浙江，留督學事。壬辰春，按試至寧㊀波，得樸學士王生梓材，因以叩之，以「未見」對。甬上多藏書家，屬其勤爲蒐訪。歲試未畢，余奉召還京，然未嘗一日忘是書也。今茲戊戌，王生再入都門，

㊀「寧」原作「甯」，係避清道光旻寧諱，今改。以下逕改不出校。

居然以校刻宋元學案百卷定本至。欣然詢其所自，始知陳碩士少宗伯繼視浙學，先得梨洲後人補本八十六卷，而謝山原本之藏於月船盧氏、樗庵蔣氏，珍祕不示人者，亦次第出之。王生乃與馮生雲濠合而定之，整比譌舛，修輯缺遺，謝山序録百卷，頓還舊觀。馮生復獨任梨棗之費，尅日告成。可不謂儒林之盛事乎！

抑論先河後海之義，漢儒之功實先宋儒。自先秦以迄有唐，六藝源流，具有端緒。余門下士，自王生、馮生外，若許生瀚、沈生垚諸子，皆研覃傳注，能推明學術。梨洲之於學案，由明儒以及宋、元。然則由宋、元以上溯漢、唐，綜其師承門徑，輯成一書，其可少也哉？余日望之矣！

道光十有八年戊戌夏六月，道州何凌漢撰。

先文安公生平服膺許、鄭之學，而於宋儒之言性理者，亦持守甚力。嘗命仲子紹業畫康成先生像及周子、邵子、司馬公、兩程子、朱子像，懸之齋壁，以明祈嚮。俗儒小生有訾議儒先者，必正色訓戒之。道光壬辰，督浙學至寧波，以宋元儒學案發策，浙士始知有此書。越七年戊戌，王君膢軒、馮君五橋蒐得各本，合校棐成，以印本攜呈。此事實自先公發之，故嘉其有成，欣然作敍也。

及庚子仲春，先公見背。壬寅春，馮氏書版燬於兵火，幸膢軒所呈印本尚存余家。是歲秋，余服闋入都，思有以卒成先志。膢軒曰：「果擬重刊，且宜少待。」乃復精心勘閱，又爲補脱正誤，至甲辰冬而竣事。適余方典黔試歸，傾使槖以營剞劂。先是，癸卯之夏，余集同人匃資創建顧亭林先生祠於城西慈仁寺之隙地，軒亭静奥，因請臒軒下榻其中。悉檢家中藏書有係學案者，移庋祠屋，供其尋討，余亦竭力襄事，校出譌漏甚多。手民亦悉萃居於是，隨校隨刻。至丙午夏而事竣。海内同志諸君子，若湯敦甫協揆丈、潘芸閣河帥師、賀耦庚制府丈、祁淳甫大司農、李石梧中丞、但雲湖都轉、唐子方方伯、羅蘇溪方伯、勞星皆觀察、何根雲通政、栗春坪太守、楊墨林州牧，聞有是舉，均出資相助，且敦促其成。時仲弟紹業已先歿，與校字之役者，叔弟紹祺、季弟紹京及兒慶涵、姪慶深也。

烏乎！先公拳拳於是書，非視浙學，則無以發其扃。其已刻而旋燬，燬而復刻，固非先公所及知。摩挲鉛槧，逾閲歲時，悚與愧俱，敢云負荷邪！

臒軒於重校之次，徧涉四部書，復成宋元學案補遺百卷，與原編相埒。余爲録副墨，以俟續刊。此尤黄、全二子之功臣，恨先公未及見也。

丙午秋初，男紹基謹識於京師之西甎寓齋。

宋元學案考畧

王梓材、馮雲濠同輯

梨洲黃氏原本。

全謝山吉士爲梨洲先生神道碑文云：「公諱宗羲，字太沖，海內稱爲梨洲先生，浙江紹興府餘姚縣黃竹浦人也。忠端公尊素長子。年十四，補諸生。」又云：「是時山陰劉忠介公倡道蕺山，忠端公遺命，令公從之遊。」又云：「工部尚書湯公斌曰：黃先生論學，如大禹導山，脈絡分明，吾黨之斗杓也。」又云：「晚年于明儒學案外，又輯宋儒學案、元儒學案，以志七百年儒苑門戶；于明文案外，又輯續宋文鑑、元文鈔，以補呂、蘇二家之闕；尚未成編而卒。」

梓材謹案：南谿鄭氏序續刻明儒學案云：「宋惟周子渾融，罕露圭角。朱、陸門人，各持師說，入主出奴。明儒沿襲，而其間各有發揮開闢，精確處不可淹没。黃子臚爲學案而並録之。」謂之「並録」，未悉其著述之先後。及觀謝山所作梨洲神道碑，知宋元儒學案之作，實後于明儒學案。猶之宋人作唐會要、五代會要，而後儒更有西漢會要、東漢會要之作也。

雲濠謹案：梨洲先生爲宋元學案，未及成編而卒。二老閣鄭氏校刻梨洲先生宋儒學案卷十七，標云「男黃百家編，門人楊開沅、顧諟分輯」，知當時分任者不一人，而爲之編輯者實梨洲季子百家字主一號耒史者，故主一案語較多于梨洲。

鄭南谿性與沈樂城書云：「年前中丞在粵，屬其師購覓黃梨洲先生所著宋元、明儒學案，且欲刊之。其宋元底本已失，梨洲之孫證孫取之淮陰楊氏，久而復得。」

梓材謹案：中丞爲廣東巡撫楊公文乾，其師乃姚江胡泮英。中丞橋梓俱受業于胡。梨洲第五孫千秋跋明儒學案云：「胡泮英言廣撫楊公令子某欲刻之。」與鄭語合。第書往而泮英殁，未幾而中丞亦殁，故宋元底本遂致遺失。後日謝山先生所修補者，殆即取之淮陰、久而復得之本歟？

謝山全氏修補本。

鄞縣志人物傳云：「全祖望，字紹衣，南工部侍郎元立六世孫。四歲入塾，即粗解章句。十四補縣學生。」又云：「督學王蘭生極賞之，以選貢入成均。舉順天鄉試，閣學李紱見其所答策，親過其寓齋，劇談竟日。出曰：『此深寧、東發以後一人也。』嘗謁尚書楊名時，楊稱其博雅，即遜謝曰：『以東萊、止齋之學，朱子尚議之，何敢言博！』名時曰：『但見及此，則進矣。』會詔舉博學宏詞，尚書趙殿最以其名薦。乾隆元年成進士，選庶吉士。是年試詞科，以先入館例不預。次年散館，歸進士班，補外，遂歸。」又云：「晚年兩廣總督延主端溪書院，將特疏薦之。因語諸生曰：『是以説經爲媒也！』託疾辭歸。」又云：「嘗輯宋元儒學案以補餘姚黃氏之所未及。卒年五十一。學者稱謝山先生。」

雲濠謹案：謝山先生爲黎洲神道碑文，述所著明儒學案六十二卷，而宋儒學案、元儒學案不言卷數，未知其盡爲二書否也。觀謝山所定序録，自宋及元，合爲百卷，宜合稱宋元學案。其專稱宋儒學案者，舉宋以概元也。

董小鈍明府秉純編輯謝山先生年譜云：「雍正十一年癸丑，先生二十九歲，居京師紫藤軒，與李臨川先生論陸氏學案，凡四上書。」又云：「乾隆十年乙丑，先生四十一歲，續選甬上耆舊詩集。十一年丙寅，仍録耆舊詩，兼修南雷黃氏宋儒學案。蓋春杪至湖上，遂自苕上至吳門，寓陸氏水木明瑟園。舟中取南雷宋儒學案未成之本，編次序目，重爲增定。夏，過維揚，館馬氏畬經堂，編纂學案。十二年丁卯二月，至湖上。上巳後，重過水木明瑟園，謀刻宋儒學案。夏，返武林，修宋儒學案。十三年戊辰秋，主蕺山講席，重定黄氏遺書。十四年己巳，校水經注。十五年庚午，仍校水經注。十九年甲戌，先生五十歲，居揚州畬經堂，仍治水經，兼補學案。」

梓材謹案：謝山先生修補學案，歲月之深如是。其卒在乾隆二十年乙亥，前歲甲戌，猶治水經，兼補學案。是謝山之于學案，雖謀刻于吳門，而修補未了，故月船盧氏詩稿自注云：「宋元學案經宋史、謝山兩先生纘葺，尚未成書。」宋史，即黎洲季子主一先生別號也。又案：小鈍先生，鄞人，以乾隆癸酉選拔知泰安縣，爲謝山高弟。謝山之卒也，其年正月，手定文稿，删其十七，約五十卷。時小鈍先生與同學張先生炳、盧先生鎬、全先生藻、蔣先生學鏞鈔録，皆謝山門人。梓材嘗聞之董茂才均曰：「謝山先生將卒，以餘稿歸先祖，先祖爲輯鮚埼亭集外編五十卷。以續甬上耆舊詩集歸蔣樗庵先生，樗庵亦爲輯録成編。以宋元學案屬之盧月船先生，月船鈔録未完，蓋其事較難措手」云。茂才爲小鈍諸孫，其言當有所本。

二老閣鄭氏栞本

梓材謹案：謝山先生蓋又以學案謀刻于鄭氏，第所刻止序録與第十七卷横渠學案上卷。序録爲謝山先生定本百卷之次，首尾完密。月船盧氏所藏底稿亦有序録，其文多異，又少序録者九，蓋其未定稿也。横渠學案原本完全，故序録而外，先以是卷付刻。其第十八卷已刻數板而輟。蓋刻于謝山末年，謝山卒而其事亦寢矣。

雲濠謹案：序録與第十七卷並標「後學全某續修，鄭大節、毛德基校」，鄭即二老閣後人，南溪先生之子也。南溪之父爲高州太守寒村先生梁，世家吾邑鸛浦。寒村受學于梨洲，其父秦川先生溱與梨洲友善，隱居相與論學，故名其藏書之室爲二老閣云。

月船盧氏所藏底稿本。

月船外翰鎬和姚江黃稚圭見贈原韻詩云：「南雷正學源流長，亭林夏峯遥相望。甬上前賢多入室，蕺山俎豆傳馨香。小泉翁既不可作，典型無復如中郎。遺書散漫孰收拾，末學執卷增傍偟。區區校勘力未及，敢效束皙補詩亡。覃思幸藉下帷客，助我尚賡求友章。何期雙瀑老孫子，枉顧不勞置鄭莊。黃茅白葦正彌望，忽見秀幹方崇強。秋雨閉門共商榷，足本擬續續鈔堂。從今剞劂庶可望，告成五綷重輝煌。」自注云：「梨洲先生宋元學案經耒史、謝山兩先生續葺，尚未成書，稿本今在余處。久思補完之，不及也。」又注云：「君力任與余共成學案，謀即入梓。且欲續成宋文鑑，索余平園、攻媿諸集。」

梓材謹案：謝山先生卒，其書多歸同邑抱經樓盧氏，學案之稿亦雜入其中。月船先生字配京，乾隆癸酉舉人，抱經之宗子，而謝山高弟也。任平陽學諭，卸篆歸，特取學案于抱經宗人，而稿已不全，因手録之。謄寫者半，未及謄寫者半，而月船又卒。其稿與謄本蓋庋藏于月船家者已八十年。始，月船外孫黃支山孝廉桐孫嘗以是本攜至安徽康中丞節署，徧訪皖江諸子，謀完是書，未果。中丞移節廣東，又訪粤海諸子，亦未獲克任校讐者。既支山自粤歸，過西江十八灘，行篋盡墮水中，唯藏是書之篋獨浮水面。月船之孫卓人茂才杰愈寶藏之，不輕以示人。已而其家被竊，箱籠俱空，而學案一笥棄置屋外。蓋是書之得存者亦幸矣。

梓材又案：月船先生謄寫學案十餘本，有濂溪而無百源，有明道而無伊川，有晦翁而無三陸，蓋皆梨洲原本所有而未録或遺失者。又所録謝山手稿，字迹稠密，而月船未及謄寫者三百餘頁。其中又有梨洲季子主一先生手鈔本，而謝山修補之迹宛然可辨者數本。又陸門諸子小傳，謝山筆迹稍異，蓋與臨川李氏論陸氏學案時所葺。月船與梨洲後人相往還，又以共成學案是任，故主一鈔本存在盧氏者。

雲濠謹案：梨洲先生嘗寓吾邑鶴浦。其在甬上，則自幼從忠端公館于洞橋董氏。後梨洲亦館于董氏與月湖張氏；又館于管村萬氏別業，舉證人講社。謝山述其講社弟子二十七人，爲陳環村先生赤衷、張學齋先生汝翼、馮蓋仲先生□□、陳非園先生紫芝、范筆山先生光陽、陳怡庭先生錫嘏、董在中先生允瑫與其弟巽山先生允珂、董巽子先生道權、陳堯山先生自舜、董俟真先生允瑋、鄭寒村先生梁、萬公擇先生斯選與其弟充宗先生斯大、董吴仲先生允璘、仇石濤先生雲峻、萬貞一先生言、仇滄柱先生兆鰲、王忝堂先生之坪、萬季野先生斯同、張天因先生士培與其弟雪汀先生士塤、張梅先先生九英、李子實先生開、張壁薦先生九林、陳和仲先生寅衷、錢果齋先生魯恭。寒村而外，多爲鄞人，故月船詩云「甬上前賢多入室」。詩中又云「續鈔堂」者，謝山所作梨洲神道碑言其築續鈔堂于南雷，思承東發之緒，蓋欲續其日鈔云爾。梨洲紹蕺山正傳，而姚江黄氏文獻之傳，實源于菊東先生珏，乃東發先生再傳弟子也，蓋亦同出一派，故梨洲、宋史之爲學案，往往稱「先文潔公」云。

樗庵蔣氏所藏底稿殘本。

梓材謹案：蔣氏藏本後歸樗庵孫壻董茂才瀚。董又歸之同邑阮明經訓。顧其本多與盧氏本複，然其不複者如張南軒弟子李悅齋塈傳、徐宏父弟子趙時隱希錧傳，謝山著錄甚詳。吉光片羽，皆可寶貴，不得以殘本少之。其本帙尾有六十卷之目，是謝山未定序錄時之目，或即宋史所編之目也。

梓材又案：樗庵先生名學鏞，乾隆辛卯舉人，爲謝山母氏同懷弟蓼厓先生拭之之子，蛾野先生學鏡之弟，嘗受學于謝山。謝山諸弟子，小鈍、月船多宦遊于外，而樗庵先生則以名孝廉家居授徒者最久。梓材先高祖太學鈍夫公諱炳，學于王忝堂先生，爲梨洲再傳弟子。大父郡學都講漁村公諱鍔，則嘗從樗庵遊。而梓材先君子縣學都講夢僧公諱謨之受業師范外翰耐軒先生懋裕，早學于漁村公，後又及蔣門。是祖父師承所自出，謹附識于此。

餘姚黄氏校補本

梨洲七世孫直垕跋云：「先遺獻公于明儒學案外，又輯宋元儒學案，尚未成編而卒，命季子主一公纂輯之。其後謝山全庶常又續修之，大父曾向全氏索觀而不得。全氏歿，配京盧氏寄示底稿二十册，續寄序録一卷。大父得之，欣同拱璧，晚歲里居，爲之鈔輯者有年。無如展轉鈔寫，多有闕畧舛誤。魯魚亥豕，更不待言。而全氏手筆又多蠅頭細草，零星件繫，幾不可識別。先子于歸田後，復爲之正其舛誤，補其闕畧，併其件繫，命直昰鈔録而次第之，是書始克成編。」

雲濠謹案：棃洲先生之玄㊀孫璋，號大俞，即月船盧氏所與和韻黄稚圭者也。六世孫徵乂，號平龢，嘗校孫燭湖集而刻之，其拳拳于學案固宜。所云「大父向全氏索觀而不得」，蓋謝山逐年修補，其稿時置行篋，故欲觀而不得也。抑棃洲之孫證孫既得原本于淮陰楊氏，迺大俞、平龢父子校補，猶待盧氏所藏底稿，是亦知學案之當如全氏修補矣。

梓材謹案：謝山稿底，零星件繫，誠如所云。然悉心尋究，仍復脈絡貫通。棃洲後人校補本爲卷八十有六，而冠謝山百卷序録于首，蓋亦以學案次第當遵序録。特欲如謝山卷數而不得，故以泰山、徂徠各爲一卷，而不知徂徠之當合泰山也；高平、廬陵底稿無存，即缺其卷，而不知高平家學可分自安定，廬陵學派間見于盧氏藏稿也。華陽、景迂、説齋皆在藏稿，而是本無之；兼山流派與陳、鄒諸儒，藏稿有之，而是本亦無；劉、李、滄洲、嶽麓、麗澤、槐堂可自伊川、晦翁、南軒、東萊、象山分卷，而未别其卷；蛟峯、江漢，卷第所無，而不知蛟峯之當附北山，江漢之當冠魯齋；北山四先生合爲一卷，而分卷者四；李、張、胡、熊、李、俞、九江亦卷第所無，不知各歸學派。而徒冠序録于首，亦贅矣。然盧氏藏底所遺如百源、伊川、三陸，固具有之，則是本亦安可少哉！

㊀「玄」原作「元」，係避清康熙玄燁諱，今改。又宋代亦避始祖玄朗諱。以下逕改不出校。

校刊宋元學案條例

一、古人著書，必有凡例。是書剏自梨洲黄氏，標舉數案，未盡發凡。至謝山全氏修補之，乃有百卷序録之作，即是書之凡例也。今欲校理是書，舍序録無以得其宗主，故仍二老閣序録刊本之舊，冠諸卷首。又分載序録于各學案之端，庶使學者睹其大要，瞭如指掌。

一、是書既經謝山歷年修補，自當從謝山百卷之目。梨洲後人亦列謝山于續修，而别爲八十六卷之目，于序録未能印合，故是刻以百卷爲準。取盧氏藏稿細心校理，具見百卷條目，井然不紊。

一、梨洲原本無多，其經謝山續補者十居六七。故有梨洲原本所有，而爲謝山增損者，則標之曰「黄某原本，全某修定」；有梨洲原本所無，而爲謝山特立者，則標之曰「全某補本」；又有梨洲原本，謝山唯分其卷第者，則標之曰「黄某原本，全某次定」，亦有梨洲原本，謝山分其卷第而特爲立案者，則標之曰「黄某原本，全某補定」。蓋次定無所謂修補，補本無所謂原本，修定必有所由來，補定兼著其特立也。其曰「定」者，謝山稿底嘗自標之。

一、每學案中所采語録、文集各條，有知爲梨洲原本者，則注明「黄氏原本」，有知爲謝山所補者，則注明「全氏補」。至于學派諸小傳，有梨洲有傳，而謝山修之加詳者，則注「修」字；有梨洲無傳，并無其名，而謝山特補之者，則注「補」字。庶使一覽瞭然，不至兩家混淆。

一、初觀是書，似有門户之見。細閲梨洲、主一以及謝山諸案語，往往和會諸家，總歸聖道之一。但既各爲學案，不得不標其門人、私淑與再傳、三傳之派别，亦由體例使然。而宋、元儒諸派傳授，尤紛然錯出，故細爲標目。初非有門户之見也。

一、宋、元儒異于明儒。明儒諸家，派别尚少；宋、元儒則自安定、泰山諸先生，以及濂、洛、關、閩，相繼而起者，子目不知凡幾。故明儒學案可以無表，宋元學案不可無表，以揭其流派。梨洲、謝山原表僅存數頁，餘竊爲之仿補，以便觀覽。

一、謝山原底未全，有采録文集粹語，而其傳已佚者；有事載史策，未及作傳而僅舉其名者；有再傳、三傳之門人有傳，而其師反無傳者；有著稱于别學案，而本卷反失其傳者。凡可攷見，謹爲參補。惟于各條下注明「參某書」以别之。

一、謝山著述之功，莫精于七校水經注，莫專于修補宋元學案。董小鈍明府謂七校水經注之未就者，可取結埼亭集水經題跋整理之。而宋元學案不無殘缺失次，自當就結埼亭内外集諸作之有關學案者，分附其中。亦以全氏著書，語相通貫，自可參攷而見爾。

一、是書修補，謝山兼爲修宋史而作，故有宋史所畧而是書列傳特加精詳，語多本之永樂大典。其中經濟、著述，間或采入，蓋聖門列四科意也。觀者勿以無關學案少之。

一、宋元學案之末，謝山特立新學、蜀學、屏山諸畧，以著雜學之紛歧，大都重闢禪學。終之以三畧，具有深意。至若元祐、慶元黨案，爲兩宋道學興廢所關，謝山序録謂以道命録爲底本，仿春秋大事表以書之。特其稿無存，今本其説而爲之編補，賢否具見，灼然千古，亦觀學案者所不可廢。

一、梨洲原本，有待于謝山之修補。卽謝山逐時修補，亦未始不望後來之廣爲蒐輯也。故有謝山之所遺，而顯有可據者，别爲補遺，以俟續刊。

一、校刊是書，頗費心力。其間頭緒紛繁，訛筒迭出，有非一二人所能周至者。彙録諸本，蓋董逸莊岡、范小鄦邦魯、馮雲坡章之力爲多。而盧卓人茂才杰、盛醒樓都講炳，相與讐對，兼事繙閲。至所參諸傳，則張鐵峯孝廉恕分任之。有所資益，是皆宜書。

宋元學案總目

右宋元學案一百卷，吾鄞全謝山吉士因姚江黃氏本而修補之者也。其詳具見慈水馮君五橋所與同輯攷畧。蓋黃氏原本，創于棃洲，纂于其子主一，謝山修補之，其稿輾轉歸于及門月船盧氏，別見數帙于同門樗庵蔣氏，而棃洲後人又有八十六卷校補之本。要之，棃洲、謝山皆爲未成之書，黃氏補本則雖成而猶未成也。比歲壬辰，何大司空仙槎師按試吾郡，首進梓材而問及是書。梓材對以明儒學案見有數刻，宋元諸儒學案則未之見也。退而徧訪，始知是書原委。其明年，陳少宗伯碩士師代督學事，又以是書命題，俾爲之攷。馮君五橋同在試院，互言其詳。既而同出碩士師之門，碩士師已獲黃氏補本，思得謝山修補原稿參校之，月船之孫卓人茂才又深護之，不肯出，而碩士師亦遂謝世。嗚呼，兩美之合，其難也如是！自是厥後，賢士大夫涖吾郡者，每訪求是書，而卓人茂才亦慮是書藏稿之終歸散佚也。馮君五橋慨然以剞劂自任，而梓材適有晉都之役，勉爲留行，出其藏稿，與馮君散者整之，雜者釐之，兼以黃氏補本參互考訂。蓋自孟春至季夏，而謝山百卷之書凡六閱月而始克成編。惜乎碩士師之不克見其成也！行將教習北學，敬奉是書晉謁仙槎師而鑒裁之，必有以教其不及，益以見藹然垂問之非偶然矣。道光十七年丁酉六月望日，甬上後學王梓材謹識。

宋、元儒之有學案也，姚江黃棃洲先生既輯明儒學案，因遡宋、元諸儒而爲之述其學派也。顧棃洲僅舉大要，至其子主一耒史先生始編緝之。其稿嘗歸吾邑南谿鄭氏而旋失，棃洲之孫證孫復得之淮陰楊氏。厥後，吾郡謝山全先生續修之，以補黃氏所未及。攷其年譜，蓋自乾隆丙寅以至甲戌之春，幾無歲不修學案。明年乙亥遂卒，而其編次序目，草創甫定。修補之稿，遞歸及門盧月船氏。月船劇思完補，既任平陽學博歸，卽取稿本手鈔之，以冀成編。且與棃洲玄孫稚圭號大命者往還商榷。未卒業，而月船以乙巳卒，距謝山之歿，蓋已三十一年。其原稿與鈔本，庋藏于家，世守之，迄今又五十餘年，始出諸其孫卓人而盡録之。蓋謝山手稿，字迹致密，其未爲月船所鈔者，猶三百餘頁。月船同門蔣樗庵氏亦有學案殘本，多與盧氏複，其不複者，今亦間入卷中。第黃氏原稿，不言卷數；謝山修定序録，列爲百卷；而蔣氏藏稿帙尾乃有六十卷之目。黃氏大命及其子平黼別見校補本，分卷八十有六。案其跋語，蓋嘗見盧氏藏本者。特大命、平黼所補原本，有盧氏藏之而黃氏遺之者；亦有謝山修補之本，黃氏補本有之而盧氏藏本無之者。互見雜出，端宜歸一。是用不揣固陋，與同志王君藼軒悉心參校，彙爲一編，適如序録百卷，以付剞劂。經始于丁酉之春，告竣于戊戌之夏。海内君子，得有所藉，以資觀覽。庶梨洲、宋史、謝山諸先生拳拳示學之意，不至湮没云。

道光戊戌歲七月既望，慈谿後學馮雲濠謹識。

戊戌之夏，是書百卷刻竣于谿上。版中譌脱，惝已攷訂。是年冬，梓材以内艱歸自京師，五橋同年屬再爲校正，因相與講習舊業。隨輯補遺，亦至百卷。而是刻版本之宜整次者，又復層見疊出，遂于初刷本逐一標識，以備修改。辛丑二月，梓材服闋北上，亦照寫一本，并攜補遺稿本而行。時海氛不靖，未克命工修理，版藏五橋家，既慎且固，而是刻之不即印刷行世者，亦以昭慎重也。未幾，夷匪深入吾郡，延及慈水。壬寅二月初旬，五橋居室被燒，是版亦燬。幸而梓材行篋所留一部，巋然尚在。五橋復思重刻，敦屬梓材勿輕旁借，其志甚決。而道州何子貞編修與日下諸君子亦謀刻于都中，以公諸宇内。梓材因以學事之餘，重爲校訂。其有明爲正編之遺漏與補編之必當歸入，而前此攷訂時所未見及者，皆爲録入。又其學派初未審定者，亦多爲更正。蓋自壬寅之秋，以至甲辰之冬，再期而畢事，始克重付剞劂焉。

道光二十五年乙巳春二月初吉，後學王梓材更名楚材。重識于都門宣南坊香爐營頭條衚衕之寓齋。

宋元學案卷首

宋元儒學案序録

全祖望定本

梓材謹案：學案序録刊本得之慈谿鄭氏二老閣。兹檢盧氏所藏原底，間有異同詳畧，特與馮君雲濠附識于各條之後。

祖望謹案：宋世學術之盛，安定、泰山爲之先河，程、朱二先生皆以爲然。安定沈潛，泰山高明，安定篤實，泰山剛健，各得其性稟之所近。要其力肩斯道之傳，則一也。安定似較泰山爲更醇。小程子入太學，安定方居師席，一見異之。講堂之所得，不已盛哉！述安定學案。第一卷。

泰山之與安定，同學十年，而所造各有不同。安定，冬日之日也；泰山，夏日之日也。故如徐仲車，宛有安定風格；而泰山高弟爲石守道，以振頑懦，則巖巖氣象，倍有力焉。抑又可以見二家淵源之不紊也。述泰山學案。第二卷。

晦翁推原學術，安定、泰山而外，高平范魏公其一也。高平一生粹然無疵，而導橫渠以入聖人之室，尤爲有功。孝宗嘗以朝臣之請，將與歐陽兖公並入澤宫，已而不果。今卒舉行之，公是爲不泯矣。述高平學案。第三卷。

楊文靖公有言：「佛入中國千餘年，秖韓、歐二公立得定耳。」說者謂其因文見道。夫見道之文，非聖人之徒亦不能也。兖公之沖和安静，蓋天資近道，稍加以學，遂有所得。使得遇聖人而師之，豈可量哉！述廬陵學案。第四卷。

梓材謹案：高平行輩不後于安定、泰山，而廬陵亦當時斯道之疏附也。謝山以棃洲編次學案託始于安定、泰山者，其意遠有端緒，故以高平、廬陵次之。

安定、泰山並起之時，閩中四先生亦講學海上，其所得雖未能底于粹深，然而畧見大體矣，是固安定、泰山之流亞也。宋人溯導源之功，獨不及四先生，似有闕焉。或曰：「陳烈亦嘗師安定。」未知所據。述古靈四先生學案。第五卷。

慶曆㊀之際，學統四起。齊、魯則有士建中、劉顔夾輔泰山而興。浙東則有明州楊、杜五子，永嘉之儒志、經行二子，浙西則有杭之吴存仁，皆與安定湖學相應。閩中又有章望之、黄晞，亦古靈一輩人也。關中之申、侯二子，實開横渠之先。蜀有宇文止止，實開范正獻公之先。篳路藍縷，用啟山林，皆序録者所不當遺。述士劉諸儒學案。第六卷。

雲濠謹案：序録底本「古靈一輩」句下有「江楚則有李覯」六字，而定本無之者，蓋以盱江學派併入高平故也。

小程子謂：「閲人多矣！不雜者，司馬、邵、張三人耳。」故朱子有「六先生」之目。然于涑水微嫌其格物之未精，于百源微嫌其持敬之有歉，伊洛淵源録中遂祧之。今本補入康節，非朱子原本也。草廬因是敢謂涑水尚在「不著」「不察」之列。有是哉？其妄也！述涑水學案。第七卷、八卷。

㊀「曆」原作「歷」，係避清乾隆弘曆諱，今改。以下逕改不出校。

康節之學，别爲一家。或謂皇極經世秖是京、焦末流，然康節之可以列聖門者，正不在此。亦猶溫公之造九分者，不在潛虚也。述百源學案。第九卷、十卷。

濂溪之門，二程子少嘗遊焉。其後伊洛所得，實不由于濂溪，是在高弟滎陽呂公已明言之，其孫紫微又申言之，汪玉山亦云然。今觀二程子終身不甚推濂溪，並未得與馬、邵之列，可以見二呂之言不誣也。晦翁、南軒始確然以爲二程子所自出，自是後世宗之，而疑者亦踵相接焉。然雖疑之，而皆未嘗攷及二呂之言以爲證，則終無據。予謂濂溪誠入聖人之室，而二程子未嘗傳其學，則必欲溝而合之，良無庸矣。述濂溪學案。第十一卷、十二卷。

梓材謹案：涑水與二程同行輩，百源在程氏父子之間。若濂溪，則二程父執也，視安定稍後，而與高平爲講友，宜在高平、廬陵之次。而謝山序録與二程相比，反在馬、邵後者，殆以序論爲次，不盡拘其先後輩爾。

大程子之學，先儒謂其近于顔子，蓋天生之完器。然哉！然哉！故世有疑小程子之言若傷我者，而獨無所加于大程子。述明道學案。第十三卷、十四卷。

雲濠謹案：底本「然哉」句上有「伊川則先儒謂其近于曾子」十一字。

大程子早卒，向微小程子，則洛學之統且中衰矣！蕺山先生嘗曰：「小程子大而未化，然發明有過于其兄者。」信哉！述伊川學案。第十五卷、十六卷。

雲濠謹案：底本是條作：「祖望謹案：伊川于六先生爲晚出，亦最後死，不特明道弟子大半成就于伊川之手，即橫渠、康節之徒亦多歸之者，其功大矣！」與此異。

橫渠先生勇于造道，其門户雖微有殊于伊洛，而大本則一也。其言天人之故，間有未當者，梨洲稍疏證焉，亦橫渠之忠臣哉！述橫渠學案。第十七卷、十八卷。

梓材謹案：朱子有「司馬、邵、張」之稱，橫渠當次于馬、邵之後；且爲二程表叔，亦宜在二程之前。謝山亦以序論次之。

慶曆以後，尚有諸魁儒焉，于學統或未豫，而未嘗不于學術有功者，范蜀公、呂申公、韓持國，一輩也；呂汲公、王彥霖，又一輩也；豐相之、李君行，又一輩也。尚論者其敢忽諸！述范呂諸儒學案。第十九卷。

雲濠謹案：底本是條中數語作：「范蜀公、呂申公之于涑水，韓持國、王彥霖之于明道，呂汲公之于橫渠，皆有切磋之功。以至李公擇、李君行之徒，皆學者也。」

涑水弟子，不傳者多。其著者，劉忠定公得其剛健，范正獻公得其純粹，景迂得其數學，而劉、范尤爲眉目。忠定之語録、譚録、道護録，今皆無完本，然大畧可攷見矣。述元城學案。第二十卷。

范正獻公之師涑水，其本集可據也。其師程氏，則出自鮮于綽之謁。伊洛淵源録既疑之，而又仍之，誤矣。陳默堂答范益謙曰：「向所聞于龜山，乃知先給事之學與洛學同。」則其非弟子明矣。述華陽學案。第二十一卷。

涑水嘗令景迂續成潛虛，景迂謝不敢，然易玄星紀之譜，足以紹師門矣。景迂又私淑康節，惜其晚年之好佛也。然元城亦不免此。呂成公曰：「景迂雖駁，其學有不可廢者。」述景迂學案。第二十二卷。

滎陽少年，不名一師。初學于焦千之，廬陵之再傳也。已而學于安定，學于泰山，學于康節，亦嘗學于王介甫，而歸宿于程氏。集益之功，至廣且大。然晚年又學佛，則申公家學未醇之害也。要之，滎陽之可以爲後世師者，終得力于儒。述滎陽學案。第二十三卷。

雲濠謹案：是條底本「然」字以下作：「然其晚年之差，亦有甚于諸公者，東發言之詳矣。」

梓材謹案：滎陽之于小程子，在師友之間，故宜在程門諸子之前，猶西山蔡氏之先于朱門也。

洛學之魁，皆推上蔡，晦翁謂其英特過于楊、游，蓋上蔡之才高也。然其墮入葱嶺處，決裂亦過于楊、游。或曰：是江民表之書誤入上蔡語録中。述上蔡學案。第二十四卷。

明道喜龜山，伊川喜上蔡，蓋其氣象相似也。龜山獨邀耆壽，遂爲南渡洛學大宗，晦翁、南軒、東萊皆其所自出。五峯、紫微皆嘗學于龜山之門。然龜山之夾雜異學，亦不下于上蔡。述龜山學案。第二十五卷。

廌山游肅公㊀在程門鼎足謝、楊，而遺書獨不傳，其弟子亦不振。五峯有曰：「定夫爲程門罪人。」何其晚謬，一至斯與！予從諸書稍搜得其粹言之一二。述廌山學案。第二十六卷。

和靖尹肅公于洛學最爲晚出，而守其師説最醇。五峯以爲程氏後起之龍象，東發以爲不失其師傳者，良非過矣。述和靖學案。第二十七卷。

兼山以將家子，知慕程門，卒死王事。白雲高蹈終身，和靖所記黨錮後事，恐未然也。郭門之學雖孤行，然自謝艮齋至黎立武，綿綿不絶。述兼山學案。第二十八卷。

洛學之入秦也以三吕，其入楚也以上蔡司教荆南，其入蜀也以謝湜、馬涓，其入浙也以永嘉周、劉、許、鮑數君，而其入吴也以王信伯。信伯極爲龜山所許，而晦翁最貶之，其後陽明又最稱之。予讀信伯

㊀「游肅公」應作「游文肅公」，參看本書卷二六廌山學案序録及王梓材按語。

集，頗啟象山之萌芽，其貶之者以此，其稱之者亦以此。象山之學，本無所承，東發以爲遥出于上蔡，予以爲兼出于信伯。蓋程門已有此一種矣。述震澤學案。第二十九卷。

梓材謹案：震澤以楊門而入程門，故次于程門諸子專學案之末。

程子弟子最著者，劉、李諸公以早卒故，其源流未廣；晉陵周氏兄弟亦爲和靖所許；其後馬伸、吴給以大節見。亦有不稱其薪傳者，如邵溥之委蛇僞命，李處廉之以墨敗。至于邢恕，則古公伯寮之倫也與！述劉李諸儒學案。第三十卷。

關學之盛，不下洛學，而再傳何其寥寥也？亦由完顏之亂，儒術并爲之中絶乎？伊洛淵源録畧于關學，三吕之與蘇氏，以其曾及程門而進之，餘皆亡矣。予自范侍郎育而外，于宋史得游師雄、种師道，于胡文定公語録得潘拯，于樓宣獻公集得李復，于童蒙訓得田腴，于閩書得邵清，及讀晁景迂集，又得張舜民，又于伊洛淵源録註中得薛昌朝，稍爲關學補亡。述吕范諸儒學案。第三十一卷。

世知永嘉諸子之傳洛學，不知其兼傳關學。攷所謂「九先生」者，其六人及程門，其三則私淑也。而周浮沚、沈彬老又嘗從藍田吕氏遊，非橫渠之再傳乎？鮑敬亭輩七人，其五人及程門。晦翁作伊洛淵源録，累書與止齋求事蹟，當無遺矣，而許橫塘之忠茂，竟不列其人，何也？予故謂爲晦翁未成之書。今合爲一卷，以志吾浙學之盛，實始于此。而林竹軒者，橫塘之高弟也，其學亦頗啟象山一派。述周許諸儒學案。第三十二卷。

梓材謹案：吕、范諸儒兼承張、程之學，而周、許諸儒有以橫渠再傳而及程門者，故又次之。

百源弟子承密授者，曰王豫，曰張嵎，皆早死，故不傳。伯温雖受㊀辟咡負劍之教，然所得似淺。東發謂漁樵問答乃伯温作，其中亦有名言，所惜者聞見録之溺于輪迴也。予又爲旁搜，得楊、周等數人。述王張諸儒學案。第三十三卷。

雲濠謹案：底本是條末云：「且趙豐公從子文遊，卒能成中興昌明正學之功，則源流有不可没者。」

私淑洛學而大成者，胡文定公其人也。文定從謝、楊、游三先生以求學統，而其言曰：「三先生義兼師友，然吾之自得于遺書者爲多。」然則後儒因朱子之言，竟以文定列謝氏門下者，誤矣，今溝而出之。南渡昌明洛學之功，文定幾侔于龜山，蓋晦翁、南軒、東萊皆其再傳也。朱、吕皆嘗從籍溪。述武夷學案。第三十四卷。

私淑洛學而未純者，陳了齋、鄒道鄉也。唐充之、關止叔，又其次也。了齋兼私淑涑水、康節，學徒最盛，建炎後多歸龜山。述陳鄒諸儒學案。第三十五卷。

大東萊先生爲滎陽冢嫡，其不名一師，亦家風也。自元祐後諸名宿，如元城、龜山、廌山、了翁、和靖以及王信伯之徒，皆嘗從遊，多識前言往行以畜其德。而溺于禪，則又家門之流弊乎！述紫微學案。第三十六卷。

上蔡之門，漢上朱文定公最著。三易象數之説，未嘗見于上蔡之口，而漢上獨詳之。尹和靖、胡文定、范元長以洛學見用于中興，漢上實連茹而出，顧世之傳其學者稍寡焉。述漢上學案。第三十七卷。

㊀「受」原作「授」，據本書卷三十三王張諸儒學案序録改。

梓材謹案：全本原底無漢上學案序録。

龜山弟子偏天下，默堂以愛壻爲首座。其力排王氏之學，不愧于師門矣！惜其早侍了齋，禪學深入之，而龜山亦未能免于此也，所以不得不輪正統于豫章。述默堂學案。第三十八卷。

豫章之在楊門，所學雖醇，而所得實淺，當在善人、有恆之間。一傳爲延平則邃矣，再傳爲晦翁則大矣，豫章遂爲别子。甚矣，弟子之有光于師也！述豫章學案。第三十九卷。

梓材謹案：默堂、豫章並及伊川之門，與震澤同。第震澤先事龜山而卒業于伊川，默堂、豫章則及事伊川而卒業于龜山，故列于此。

龜山弟子以風節光顯者，無如横浦，而駁學亦以横浦爲最。晦翁斥其書，比之洪水猛獸之災，其可略哉！然横浦之羽翼聖門者，正未可泯也。述横浦學案。第四十卷。

武夷諸子，致堂、五峯最著，而其學又分爲二。五峯不滿其兄之學，故致堂之傳不廣。然當洛學陷入異端之日，致堂獨皭然不染，亦已賢哉，故朱子亦多取焉。述衡麓學案。第四十一卷。

紹興諸儒，所造莫出五峯之上。其所作知言，東萊以爲過于正蒙，卒開湖湘之學統。今豫章以晦翁故祀澤宫，而五峯闕焉，非公論也。述五峯學案。第四十二卷。

白水、籍溪、屏山三先生，晦翁所嘗師事也。白水師元城，兼師龜山；籍溪師武夷，又與白水同師譙天授；獨屏山不知所師。三家之學畧同，然似皆不能不雜于禪，故五峯所以規籍溪者甚詳。其時閩中又有支離先生陸祐者，亦于三先生爲學侶焉。述劉胡諸儒學案。第四十三卷。

中興二相，豐國趙公嘗從邵子文遊，魏國張公嘗從譙天授遊。豐公所得淺，而魏公則惑于禪宗，然伊、洛之學，從此得昌。魏公以曾用陳公輔得謗，或遂疑其阻塞伊洛之學，與豐公有異同，未必然也。陳公良翰、芮公煜之徒，亦吾道之疏附也。述趙張諸儒學案。第四十四卷。

雲濠謹案：底本「豐公所得淺」四句作：「二公所得並疏，雖不足以望元祐之馬、呂，而尹、胡、朱、范之得以同升者，則其功也。」

伊洛既出，諸儒各有所承。范香溪生婺中，獨爲崛起，其言無不與伊洛合，晦翁取之。又有襄陵許吏部，得中原之文獻，別爲一家。蕭三顧則嘗學于伊洛，而不肯卒業，自以其所學孤行，亦狷者邪？述范許諸儒學案。第四十五卷。

梓材謹案：原底無范許諸儒學案序錄。

玉山汪文定公少受知于湍石，其本師爲橫浦，又嘗從紫微。然橫浦、紫微並佞佛，而玉山粹然一出于正，斯其爲幹蠱之弟子也。述玉山學案。第四十六卷。

和靖高弟，如呂如王如祁，皆無門人可見。鹽官陸氏獨能傳之艾軒，于是紅泉、雙井之間，學派與焉。然愚讀艾軒之書，似兼有得于王信伯，蓋陸氏亦嘗從信伯遊也。且艾軒宗旨，本于和靖者反少，而本于信伯者反多，實先槐堂之三陸而起。特槐堂貶及伊川，而艾軒則否，故晦翁于艾軒無貶詞。終宋之世，艾軒之學，別爲源流。述艾軒學案。第四十七卷。

雲濠謹案：底本「槐堂之三陸」作「二陸」。

楊文靖公四傳而得朱子，致廣大，盡精微，綜羅百代矣！江西之學，浙東永嘉之學，非不岸然，而終不能諱其偏。然善讀朱子之書者，正當徧求諸家，以收去短集長之益。若墨守而屏棄一切焉，則非朱子之學也。述晦翁學案。第四十八卷、四十九卷。

梓材謹案：自楊而羅而李而朱，僅得三傳。其云四傳者，統言之也。

南軒似明道，晦翁似伊川。向使南軒得永其年，所造更不知如何也。北溪諸子必欲謂南軒從晦翁轉手，是猶謂橫渠之學于程氏者。欲尊其師，而反誣之，斯之謂矣。述南軒學案。第五十卷。

小東萊之學，平心易氣，不欲逞口舌以與諸公角，大約在陶鑄同類以漸化其偏，宰相之量也。惜其早卒，晦翁遂日與人苦爭，并詆及婺學。而宋史之陋，遂抑之于儒林。然後世之君子終不以爲然也。述東萊學案。第五十一卷。

永嘉之學統遠矣，其以程門袁氏之傳爲別派者，自艮齋薛文憲公始。艮齋之父學于武夷，而艮齋又自成一家，亦人門之盛也。其學主禮樂制度，以求見之事功。然觀艮齋以參前倚衡言持敬，則大本未嘗不整然。述艮齋學案。第五十二卷。

梓材謹案：艮齋爲伊川再傳弟子，其行輩不後于朱、張，而次于朱、張、呂之後者，蓋永嘉之學別起一端爾。

永嘉諸子，皆在艮齋師友之間，其學從之出，而又各有不同。止齋最稱醇恪，觀其所得，似較艮齋更平實，占得地步也。述止齋學案。第五十三卷。

水心較止齋又稍晚出，其學始同而終異。永嘉功利之說，至水心始一洗之。然水心天資高，放言砭古人多過情，其自曾子、子思而下皆不免，不僅如象山之詆伊川也。要亦有卓然不經人道者，未可以方隅之見棄之。乾、淳諸老既殁，學術之會，總爲朱、陸二派，而水心斷斷其間，遂稱鼎足。然水心工文，故弟子多流于辭章。述水心學案。第五十四卷、五十五卷。

永嘉以經制言事功，皆推原以爲得統于程氏。永康則專言事功而無所承，其學更粗莽掄魁，晚節尤有慚德。述龍川學案。第五十六卷。

梓材謹案：永嘉之學以鄭景望爲大宗，止齋、水心皆鄭氏門人。鄭本私淑周浮沚以追程氏者也。而龍川亦嘗及鄭門，宜次陳、葉之後。

三陸子之學，梭山啟之，復齋昌之，象山成之。梭山是一樸實頭地人，其言皆切近，有補于日用。復齋卻嘗從襄陵許氏入手，喜爲討論之學。宋史但言復齋與象山和而不同，攷之包恢之言，則梭山亦然。今不盡傳，其可惜也。述梭山復齋學案。第五十七卷。

象山之學，先立乎其大者，本乎孟子，足以砭末俗口耳支離之學。但象山天分高，出語驚人，或失于偏而不自知，是則其病也。程門自謝上蔡以後，王信伯、林竹軒、張無垢至于林艾軒，皆其前茅，及象山而大成，而其宗傳亦最廣。或因其偏而更甚之，若世之耳食雷同，自以爲能羽翼紫陽者，竟詆象山爲異學，則吾未之敢信。述象山學案。第五十八卷。

朱、張、吕三先生講學時，最同調者，清江劉氏兄弟也。敦篤和平，其生徒亦徧東南。近有妄以子澄爲朱門弟子者，謬矣！述清江學案。第五十九卷。

永嘉諸先生講學時，最同調者，説齋唐氏也。而不甚與永嘉相往復，不可解也。或謂永嘉之學，説齋實倡之，則恐未然。述説齋學案。第六十卷。

三陸先生講學時，最同調者，平陽徐先生子宜、青田陳先生叔向也。陸氏之譜竟引平陽爲弟子，則又謬矣！述徐陳諸儒學案。第六十一卷。

西山蔡文節公領袖朱門，然其律吕象數之學，蓋得之其家庭之傳。惜夫翁季録之不存也。述西山蔡氏學案。第六十二卷。

嘉定而後，足以光其師傳，爲有體有用之儒者，勉齋黄文肅公其人與？玉峯、東發論道統，三先生之後，勉齋一人而已。述勉齋學案。第六十三卷。

慶源輔氏，亦滄洲之最也。遺書散佚，世所葺語溪宗輔録者，特其糟粕。述潛庵學案。第六十四卷。

雲濠謹案：是條序録底本云：「勉齋之外，慶源輔氏其庶幾乎！故再傳而得黄東發、韓恂齋，有以綿其緒焉。」

永嘉爲朱子之學者，自葉文修公與潛室始。文修之書不可攷，木鐘集猶有存焉。自是而永嘉學者漸祧艮齋一派矣。述木鐘學案。第六十五卷。

南湖杜氏兄弟之在滄洲，亦其良也。再傳而有立齋，爲嘉定以後宰輔之最，聲望幾侔于涑水矣，其學傳之車氏。是時天台學者皆襲質憁、荆溪之文統，車氏能正之。述南湖學案。第六十六卷。

蔡氏父子、兄弟、祖孫，皆爲朱學干城，而文正之皇極又自爲一家。述九峯學案。第六十七卷。

雲濠謹案：底本作：「文正之象數，則西山之嫡傳也。」

滄洲諸子，以北溪陳文安公爲晚出。其衞師門甚力，多所發明，然亦有操異同之見而失之過者。述北溪學案。第六十八卷。

朱門授受，徧于南方，李敬子、張元德、廖槎溪、李果齋皆宿老也，其餘亦多下中之士，存之以附青雲耳。李、張諸子之書，吾不得而見之矣。述滄洲諸儒學案。第六十九卷、七十卷。

雲濠謹案：是條底本「附青雲」句下云：「續伊洛淵源録者牽合諸儒門下，盡歸之朱子，可爲軒渠，今皆釐而正之。」

宣公身後，湖湘弟子有從止齋、岷隱遊者。然如彭忠肅公之節概，吴文定公之勛名，二游、文清、莊簡公之德器，以至胡盤谷輩，嶽麓之巨子也。再傳而得漫塘、實齋。誰謂張氏之後弱于朱乎！述嶽麓諸儒學案。第七十一卷。

雲濠謹案：底本「胡盤谷」上有「项平甫」三字。

宣公居長沙之二水，而蜀中反疏。然自宇文挺臣、范文叔、陳平甫傳之入蜀，二江之講舍不下長沙。黄兼山、楊浩齋、程滄洲砥柱岷、峨，蜀學之盛，終出于宣公之緒。述二江諸儒學案。第七十二卷。

明招學者，自成公下世，忠公繼之，由是遞傳不替。其與嶽麓之澤，並稱克世。長沙之陷，嶽麓諸生荷戈登陴，死者十九，惜乎姓名多無攷。而明招諸生歷元至明未絶，四百年文獻之所寄也。述麗澤諸儒學案。第七十三卷。

雲濠謹案：底本有云：「宋之公相家講學以永其世者，莫如吕氏。」

象山之門，必以甬上四先生爲首，蓋本乾、淳諸老一輩也。而壞其教者實慈湖。然慈湖之言不可盍從，而行則可師。黃勉齋曰：「楊敬仲集皆德人之言也，而未聞道。」予因采其最粹且平易者，以志去短集長之意，則固有質之聖人而不謬者。述慈湖學案。第七十四卷。

慈湖之與絜齋，不可連類而語。慈湖泛濫夾雜，而絜齋之言有繩矩，東發先我言之矣。述絜齋學案。第七十五卷。

雲濠謹案：是條底本有「再傳而有蒙齋」六字。

楊、袁之年輩後于舒、沈，而其傳反盛，豈以舒、沈之名位下之與？嘻！是亦有之。然舒、沈之平實，又過于楊、袁也。四先生中，沈先生師復齋，宋史混而列之。述廣平定川學案。第七十六卷。

梓材謹案：四先生，定川最先卒，後八年而廣平卒，又二十五年而絜齋卒，又二年而慈湖卒。其生年則定川僅長慈湖二年。謂「楊、袁之年輩後于舒、沈」，尚未的實。其先舒後沈者，以楊、袁、舒皆象山門人，以類相比，非有軒輊也。

槐堂之學，莫盛于吾甬上，而江西反不逮。如曾潭，如琴山，以及黃、鄧之徒，今其緒言渺矣！甬上之西，尚有嚴陵，亦一大支也。述槐堂諸儒學案。第七十七卷。

康節之學不得其傳，牛氏父子自謂有所授受，世弗敢信也。張行成疏通其紕繆，遂成一家，玉山汪文定公雅重之。其後如祝子涇，又稍不同。至于廖應淮之徒，則益誕矣。康節本出于希夷，其後卒流而爲應淮，所謂「必復其始」者與？述張祝諸儒學案。第七十八卷。

梓材謹案：張觀物亦譙天授之徒，且與玉山同時，則是卷當在趙、張、玉山之閒。

自淳熙至嘉定，疏附先後諸家者，有若丘㊀忠定公、劉文節公、樓宣獻公之徒，雖不入諸先生之學派，然皆能用先聖之道，而柴獻肅公尤醇。述丘劉諸儒學案。第七十九卷。

梓材謹案：原底無張祝諸儒、丘劉諸儒二學案序録。

嘉定而後，私淑朱、張之學者，曰鶴山魏文靖公。兼有永嘉經制之粹，而去其駁。世之稱之者以並之西山，有如温公、蜀公，不敢軒輊。梨洲則曰：「鶴山之卓犖，非西山之依門傍户所能及。」予以爲知言。述鶴山學案。第八十卷。

西山之望，直繼晦翁，然晚節何其委蛇也！東發于朱學最尊信，而不滿于西山，理度兩朝政要言之詳矣。宋史亦有微辭。述西山真氏學案。第八十一卷。

勉齋之傳，得金華而益昌。説者謂北山絶似和靖，魯齋絶似上蔡，而金文安公尤爲明體達用之儒，浙學之中興也。述北山四先生學案。第八十二卷。

雙峯亦勉齋之一支也，累傳而得草廬。説者謂雙峯晚年多不同于朱子，以此詆之。予謂是未足以少雙峯也，獨惜其書之不傳。述雙峯學案。第八十三卷。

鄱陽湯氏三先生，導源于南溪，傳宗于西山。而晦静由朱而入陸，傳之東澗；晦静又傳之徑畈。楊、袁之後，陸學之一盛也。方回以爲東澗晚年始宗陸，誤也。述存齋晦静息庵學案。第八十四卷。

梓材謹案：是卷序録，原底所無，而二老閣刊本有之，但其作息庵晦静存齋學案，息庵與存齋互譌，今特爲正之，而具其辯説

㊀「丘」原作「邱」，係清代避孔丘諱。按邱忠定公卽丘崈，宋史有傳，今據改。以下逕改不出校。

于本卷。

四明之學多陸氏，深寧之父亦師史獨善以接陸學。而深寧紹其家訓，又從王子文以接朱氏，從樓迂齋以接呂氏。又嘗與湯東澗遊，東澗亦兼治朱、呂、陸之學者也。和齊斟酌，不名一師。宋史但夸其辭業之盛，予之微嫌于深寧者，正以其辭科習氣未盡耳！若區區以其玉海之少作爲足盡其底蘊，陋矣！述深寧學案。第八十五卷。

四明之專宗朱氏者，東發爲最。日鈔百卷，躬行自得之言也，淵源出于輔氏。晦翁生平不喜浙學，而端平以後，閩中、江右諸弟子，支離、舛戾、固陋無不有之，其能中振之者，北山師弟爲一支，東發爲一支，皆浙産也。其亦足以報先正惓惓浙學之意也夫！述東發學案。第八十六卷。

四明史氏皆陸學，至静清始改而宗朱，淵源出于蓮蕩曼氏。然嘗聞深寧不喜静清之説易，以其嗜奇也，則似乎未必盡同于朱。其所傳爲程畏齋兄弟，則純于朱者。述静清學案。第八十七卷。

巽齋之宗晦翁，不知所自。攷之滄洲弟子，廬陵有歐陽謙之，實嘗從遊，巽齋其後人邪？其遺書宗旨，不可攷見。然巽齋之門有文山，徑畈之門有疊山，可以見宋儒講學之無負于國矣。述巽齋學案。第八十八卷。

雲濠謹案：是録底本云：「講學至殘宋，朱、陸兩家其流弊皆甚矣！所謂愈失其真者也。歐陽巽齋之爲朱學，不知所出，而所得甚醇。其弟子之最著者，曰文山。徐徑畈之爲陸學，不知所出，而其節甚高。其弟子之最著者，曰疊山。兩家其有光于先師者乎！世多推巽齋而詆徑畈，予特合之。述歐徐二先生學案。」及定刊本，專爲巽齋學案，蓋徑畈、疊山別見存齋晦静息庵學案中矣。

梓材謹案：巽齋與江古心同時，蓋亦晦翁再傳也，當次于介軒而前于三湯。

勉齋之傳，尚有自鄱陽流入新安者，董介軒一派也。鄱陽之學，始于程蒙齋、董盤澗、王拙齋，而多卒業于董氏。然自許山屋外，漸流爲訓詁之學矣。述介軒學案。第八十九卷。

梓材謹案：介軒爲晦翁再傳，與雙峯同爲勉齋之傳，當次于雙峯。

河北之學，傳自江漢先生，曰姚樞，曰竇默，曰郝經，而魯齋其大宗也，元時實賴之。述魯齋學案。第九十卷。

雲濠謹案：底本于魯齋云「當元之時、至與二程、橫渠、南軒並加公爵，從祀廟庭，則似少過焉。」

静修先生亦出江漢之傳，又別爲一派。蕺山先生嘗曰：「静修頗近乎康節。」述静修學案。第九十一卷。

草廬出于雙峯，固朱學也，其後亦兼主陸學。蓋草廬又師程氏紹開，程氏嘗築道一書院，思和會兩家。然草廬之著書，則終近乎朱。述草廬學案。第九十二卷。

徑畈殁而陸學衰。石塘胡氏雖由朱而入陸，未能振也。中興之者，江西有静明，浙東有寶峯。述静明寶峯學案。第九十三卷。

繼草廬而和會朱、陸之學者，鄭師山也。草廬多右陸，而師山則右朱，斯其所以不同。述師山學案。第九十四卷。

有元立國，無可稱者，惟學術尚未替，上雖賤之，下自趨之，是則洛、閩之沾溉者宏也。如蕭勤齋、同榘庵輩，其亦許、劉之徒乎？述蕭同諸儒學案。第九十五卷。

梓材謹案：原底無蕭同學案序録。又案：勤齋、榘庵與許魯齋同行輩，而殿于有元諸儒者，以所附諸儒不一，故統載于此耳。

元祐之學，二蔡、二惇禁之，中興而豐國趙公弛之。和議起，秦檜又禁之，紹興之末又弛之。鄭丙、陳賈忌晦翁，又啟之，而一變爲慶元之錮籍矣。此兩宋治亂存亡之所關。嘉定而後，陽崇之而陰摧之，而儒術亦漸衰矣。其事蹟已散見諸公傳，又放大事表之意，述元祐、慶元黨案。大略用道命録爲底本。以至晚宋如周密之徒，凡詆詈諸儒者皆附之。第九十六卷、九十七卷。

梓材謹案：自元祐、慶元黨案以下，原底並失序録。兹所録者，鄭氏刊本也。

荊公淮南雜説初出，見者以爲孟子。老泉文初出，見者以爲荀子。已而聚訟大起。三經新義累數十年而始廢，而蜀學亦遂爲敵國。上下學案者，不可不窮其本末也。且荊公欲明聖學而雜于禪，蘇氏出于縱横之學而亦雜于禪，甚矣西竺之能張其軍也！述荊公新學及蜀學畧。第九十八卷、九十九卷。

關、洛陷于完顔，百年不聞學統，其亦可嘆也！李屏山之雄文而溺于異端，敢爲無忌憚之言，盡取涑水以來大儒之書，恣其狂舌，可爲齒冷。然亦不必辯也，略舉其大旨，使後世學者見而嗤之。其時河北之正學且起，不有狂風怪霧，無以見皎日之光明也。述屏山鳴道集説畧。第一百卷。

宋元學案卷一

安定學案

黃宗羲原本　黃百家纂輯　全祖望修定

安定學案表

- 胡瑗 高平講友。
  - 程頤 別爲伊川學案。
  - 范純祐
  - 范純仁 並見高平學案。
  - 徐積
    - 江端禮
    - 馬存
  - 呂希哲 別爲滎陽學案。
  - 呂希純 別見范呂諸儒學案。
  - 錢公輔
  - 孫覺 附弟覽。
    - 邢居實
    - 李昭玘
    - 傅楫 別見古靈四先生學案。

滕元發

顧臨

汪澥別見荊公新學略。

徐中行
- 子庭筠 — 曾孫日升
  - 鄭伯熊別見周許諸儒學案。
- 子庭槐
- 子庭蘭

劉彝
- 子淮夫別見古靈四先生學案。
- 鄒夔
- 鄒棐 — 弟括

錢藻

苗授

歐陽發別見廬陵學案。

朱臨 — 子服

翁仲通
- 子彥約
- 子彥深
- 子彥國

杜汝霖 — 孫陵 — 曾孫旗別見麗澤諸儒學案。

莫君陳——子砥——孫伯虛——曾孫旃
曾孫斿別見滄洲諸儒學案。
曾孫旞
曾孫旝別見滄洲諸儒學案。

張堅

祝常

管師復別見古靈四先生學案。

管師常別見古靈四先生學案。

盧秉

林晟——子玉勝——孫俊民
子用——孫朝价

游烈

徐唐

附師吳果。

饒子儀別見泰山學案。

陳舜俞

周穎

翁升
江致一
陳敏
盛僑
倪天隱——彭汝礪
吳孜
張巨別見廬陵學案。
田述古——呂好問
　　　　呂切問並見滎陽學案。
潘及甫
莫表深
陳高
陳貽範別見古靈四先生學案。
安燾
朱光庭別見劉李諸儒學案。
□□□
趙君錫別見高平學案。
俯孝同調。

私淑羅適
附師朱絳。

吳儆別見嶽麓諸儒學案。
以下安定續傳。
汪深別見象山學案。

孫復別爲泰山學案。
石介別見泰山學案。
阮逸
並安定學侶。
陳襄別爲古靈四先生學案。
楊適別見士劉諸儒學案。
並安定同調。

安定學案序録

祖望謹案：宋世學術之盛，安定、泰山爲之先河，程、朱二先生皆以爲然。安定沈潛，泰山高明，安定篤實，泰山剛健，各得其性稟之所近。要其力肩斯道之傳，則一也。安定似較泰山爲更醇。小程子入太學,安定方居師席,一見異之。講堂之所得,不已盛哉!述安定學案。梓材案:全氏序録本爲卷首,可以見全書之脈絡,兹復分列各學案之端,俾學者得見每卷要領。猶周易序卦傳本十翼之一,後之説易者往往分列各卦也。

高平講友

文昭胡安定先生瑗

胡瑗,字翼之,泰州如皋㊀人。七歲善屬文,十三通五經,即以聖賢自期許。鄰父見而異之,謂其父曰:「此子乃偉器,非常兒也!」家貧無以自給,往泰山,與孫明復、石守道同學,攻苦食淡,終夜不寢,一坐十年不歸。得家書,見上有「平安」二字,卽投之澗中,不復展,恐擾心也。以經術教授吴中,范文正愛而敬之,聘爲蘇州教授,諸子從學焉。景祐初,更定雅樂,文正薦先生,以白衣對崇政殿。授試祕書省校書郎,辟丹州軍事推官,歷保寧節度推官。滕宗諒知湖州,聘爲教授。先生倡明正學,以身先之。雖盛暑,必公服坐堂上,嚴師弟子之禮。視諸生如子弟,諸生亦愛敬如父兄。其教人之法,科條纖悉具備。立「經義」、「治事」二齋:經義則選擇其心性疏通、有器局、可任大事者,使之講明六經。治事則一人各治一事,又兼攝一事,如治民以安其生,講武以禦其寇,堰水以利田,算曆以明數是也。凡教授二十餘年。慶曆中,天子詔下蘇、湖,取其法,著爲令于太學。召爲諸王宫教授,辭疾不行。尋爲太

㊀「如皋」,宋史本傳作「海陵」。按地理志四,泰州本古海陵郡,屬縣有海陵、如皋。

子中舍，以殿中丞致仕。皇祐中，更鑄太常鐘磬，驛召先生與阮逸，同太常官議于祕閣，遂典㊀作樂事。授光祿寺丞、國子監直講。樂成，遷大理寺丞，賜緋衣、銀魚袋。嘉祐初，擢太子中允、天章閣侍講，仍專管句太學。四方之士歸之，至庠序不能容，旁拓軍居以廣之。既而疾作，以太常博士致仕。東歸之日，弟子祖帳百里不絕，時以爲榮。卒㊁，年六十七，謚文昭，詔賻其家。所著有易、書、中庸義，景祐樂議。雲濠案：謝山學案劄記：「安定易傳十卷。」又案：四庫書目采錄周易口義十二卷，洪範口義二卷，餘書佚。學者稱爲安定先生。是時禮部所得士，先生弟子十常居四五，隨材高下而修飾之，人遇之，雖不識，皆知爲先生弟子也。

在湖學時，福唐劉彝往從之，稱爲高弟。後熙寧二年，神宗問曰：「胡瑗與王安石孰優？」對曰：「臣師胡瑗以道德仁義教東南諸生時，王安石方在場屋中修進士業。臣聞聖人之道，有體、有用、有文。君臣父子，仁義禮樂，歷世不可變者，其體也。詩書史傳子集，垂法後世者，其文也。舉而措之天下，能潤澤斯民，歸于皇極者，其用也。國家累朝取士，不以體用爲本，而尚聲律浮華之詞，是以風俗偷薄。臣師當寶元、明道之間，尤病其失，遂以明體達用之學授諸生。夙夜勤瘁，二十餘年，專切學校。始于蘇、湖，終于太學，出其門者無慮數千餘人。故今學者明夫聖人體用，以爲政教之本，皆臣師之功，非安石比也。」帝曰：「其門人今在朝者爲誰？」對曰：「若錢藻之淵篤，孫覺之純明，范純仁之直溫，錢公輔之簡諒，皆陛下之所知也。其在外，明體達用之學，教于四方之民者，殆數十輩。其餘政事、文學粗出于人者，不可勝數。此天下四方之所共知也。」帝悅。明嘉靖中，從祀孔廟，稱「先儒胡子」。

㊀「典」原作「興」，據宋史本傳及本卷下文阮逸傳「與安定同典樂事」句改。 ㊁「卒」字，據文義及史傳文例增。

百家謹案：先生在太學，嘗以「顔子所好何學論」試諸生。先生得伊川作，大奇之，卽請相見，處以學職，知契獨深。伊川之敬禮先生亦至。于濂溪，雖嘗從學，往往字之曰「茂叔」；于先生，非「安定先生」不稱也。又嘗語人曰：「凡從安定先生學者，其醇厚和易之氣，一望可知。」又嘗言：「安定先生之門人，往往知稽古愛民矣，于從政乎何有！」

論語説

友者輔仁之任，不可以非其人。故仲尼嘗曰：「吾死，商也日進，賜也日退。」商好與勝己者處，賜好與不如己者處也。無友不如己者。

非止聞夫子之道，凡聞人之善言善行，皆如是。子路唯恐有聞。

命者稟之于天，性者命之在我。在我者修之，稟于天者順之。愚、魯、辟、喭，皆道其所短而使修之者也。愚、魯、辟、喭。

公叔文子與大夫僎同升諸公，孔子曰「可以爲『文』」；臧文仲知柳下惠之賢而不舉，孔子謂之「竊位」。由此觀之，君子以薦賢爲己任。臧文仲竊位。

子貢之言，甚而言之也。孔子固學于人而後爲孔子。子貢言夫子不可及。

慈溪黄氏曰：子貢謗毁孔子者，故極言之。安定恐後學待孔子太高而自絶于不可學，故又爲之説如此。

冉求有爲政之才，故曰「可使爲宰」，及其聚斂不合正道，故曰「小子鳴鼓而攻之可也」。如美管仲之功，則曰「如其仁，如其仁」；至于鄙管仲之僭，則曰「管氏而知禮，孰不知禮」。孔子稱冉求可使爲宰，又鄙爲「小子」。

古之取人以德，不取其有言，言與德兩得之。今之人兩失之。有德者必有言，有言者不必有德。取以一時之能，而不責以平生之行。孔子見互鄉童子。

春秋説

不書「王師敗績于鄭」，王者無敵于天下，書「戰」則王者可敵，書「敗」則諸侯得禦，故言「伐」而不言「敗」。茅戎書「敗」者，王師非王親兵致討取敗，而書之。桓五年，蔡人、衛人、陳人從王伐鄭。

蔡季者，蔡桓侯之弟。弟季當立。「歸」者，善辭也。時多弒奪，明季無惡。字者，諸侯之弟例書字。桓十七年，蔡季自陳歸于蔡。

諸侯伐衛以納朔，天子不先救，朔卒爲諸侯所納，天子威命盡矣。先師謂：猶愈乎不救。書王人子突之救，以王法尚行于此也。勢既已去，烏能必勝哉！莊六年，王人子突救衛。

八月弒君，十月出奔，臣子不討賊可知！莊十二年，宋萬出奔陳。

婦人，從夫者也。公親迎于齊，夫人不從公而至，失婦道也。大夫宗婦者，同宗大夫之婦，非謂大夫與宗婦也。覿者，見夫人也。用幣者，爲贄不過榛、栗、棗、脩，今婦人而用男子之贄，莊公以誇侈失禮也。莊二十四年，大夫宗婦覿，用幣。

伯姬乃婦人中之伯夷也。襄三十年，宋伯姬卒。

生則書「王」，明實爲嗣。死乃稱「子」，正未踰年，未成天子之至尊。昭二十二年，王子猛卒。

附錄

先生世居安定，流寓陵州。父訥爲寧海節度推官，隨任生于泰州寧海鄉，先生故址也。人稱之爲安定先生，溯其源也。

先生在太學，其初人未信服。使其徒之已仕者盛僑、顧臨輩分置執事，又令孫覺説孟子，中都士人稍稍從遊。日升堂講易，音韻高朗，旨意明白，衆皆大服。五經異論，弟子記之，目爲胡氏口義。

先生在學時，每公私試罷，掌儀率諸生會于肯善堂，合雅樂歌詩。至夜，乃散諸齋，亦自歌詩奏樂，琴瑟之聲徹于外。

先生嘗召對，例須就閤門習儀。先生曰：「吾平生所讀書，卽事君之禮也，何以習爲！」閤門奏上，人皆謂山野之人必失儀。及登對，乃大稱旨。上謂左右曰：「胡瑗進退周旋，皆合古禮。」

先生初爲直講，有旨專掌一學之政，遂推誠教育多士。亦甄別人物，故好尚經術者，好談兵戰者，好文藝者，好尚節義者，使之以類羣居講習。先生亦時時召之，使論其所學，爲定其理。或自出一義，使人人以對，爲可否之。或卽當時政事，俾之折衷。故人人皆樂從而有成效。朝廷名臣，往往皆先生之徒也。

梓材謹案：此下有「番禺大商子」一條，移爲其人立傳于後。

徐積初見先生，頭容少偏。先生厲聲云：「頭容直！」積猛然自省，不特頭容要直，心亦要直，自是不敢有邪心。

神宗題贊先生像曰：「先生之道，得孔、孟之宗；先生之教，行蘇、湖之中。師任而尊，如泰山屹峙于諸峯；法嚴而信，如四時迭運于無窮。辟居太學，動四方欣慕，不遠千里而翕從；召入天章，輔先帝日侍，啟沃萬言而納忠。經義治事，以適士用；議禮定樂，以迪朕躬。敦尚本實，還隆古之諄風；倡明正道，開來學之顓蒙。載瞻載仰，誰不思公；誠斯文之模範，爲後世之欽崇！」

其孫滁曰：先祖治家甚嚴，尤謹內外之分。兒婦雖父母在，非節朔不許歸寧。有遺訓，嫁女必須勝吾家者，娶婦必須不若吾家者。或問故，曰：「嫁女勝吾家，則女之事人必欽必戒。娶婦不若吾家，則婦之事舅姑必執婦道。」

陳右司曰：胡先生在邇英，專以損上益下、損下益上爲說。補。

晁公武曰：安定易解甚詳，蓋門人倪天隱所纂，故序首稱「先生曰」。補。

又曰：漸卦「鴻漸于陸」，先生有取于范諤昌易墜簡之說。補。

又曰：程正叔解，頗與翼之相類。補。

薛艮齋與朱晦翁書曰：教以安定之傳，蓋不出于章句誦說，校之近世高明自得之學，其效遠不相逮。要終而論，真確實語也。某何足以知此，蒙誨之及，故敢言之。子路「何必讀書」，孔子惡其佞；子夏必謂之學，不可謂不知言。二者豈無説邪？昧者盍少思之！嘗謂翼之先生所以教人，得于古之「灑掃、應對、進退」。知其説者，徐仲車耳。餘子類能有立于世，是皆舉其一端。介甫詩以宰相期之，特竊其餘緒耳。成人成己，衆人未足以知之。且君子道無精粗，無小大，是故致廣大者必盡精微，極高明者必道中庸。滯于一方，要爲徒法、徒善。漢儒之陋，則有所謂「章句」「家法」；異端之教，則有所謂「不立文字」。稽于政在方策，人存乃舉，禮儀威儀，待人以行，智者觀之，不待辯而章矣。

梓材謹案：此條自梨洲原本所録艮齋浪語集移入。

陳直齋曰：「王晦叔問南軒曰：「伊川令學者先看王輔嗣、胡翼之、王介甫三家易，何也？」南軒曰：「三家不論互體故耳。」要之，三家于象數，埽除畧盡，非特如所云互體也。補。

黄東發曰：先生明體用之學。師道之立，自先生始。然其始讀書泰山，十年不歸；及既教授，夙夜勤瘁，二十餘年，人始信服。立己立人之難如此。

百家謹案：先生之學，實與孫明復開伊洛之先，且同學始終友善。其云先生在太學，與明復避不相見，此邵氏後録之謬，正與「主癰疽、寺人」之談同也。

安定學侶

殿丞孫泰山先生復別爲泰山學案。

直講石徂徠先生介別見泰山學案。

屯田阮先生逸

阮逸，字天隱，建陽人。天聖進士，官太常丞。皇祐中，與安定同典樂事，遷尚書屯田員外郎。著有易筌。從黄氏補本録入。

梓材謹案：先生與安定同典樂事，相與論樂，以爲安定學侶可也。餘姚翁氏注深寧困學紀聞云安定先生門人，未知所本。

安定同調

忠文陳古靈先生襄別爲古靈四先生學案。

助教楊大隱先生適別見士劉諸儒學案。

安定門人

正公程伊川先生頤別爲伊川學案。

主簿范天成先生純祐

忠宣范堯夫先生純仁並見高平學案。

節孝徐仲車先生積

徐積，字仲車，山陽人。三歲而孤，事母至孝。以父名石，終身不用石器。從安定學，惡衣服不恥。應舉入都，載母以從。比登第，同年共致百金爲壽，卻之。神宗朝數召對，以耳疾不能至。元祐年㊀，除揚州司户參軍。母歿，廬墓三年，雪夜伏側，哭不絕聲。時甘露降，木成連理。廷臣薦其孝廉，爲楚州教授。徽宗初，改宣德郎。卒㊁，年七十六。梓材案：原本此下有東坡志林一段，今以其不類傳文，移爲附録于後。政和六年，賜謚節孝。有文集三十一卷。雲濠案：先生別有節孝語録，采入四庫。

荀子辯

荀子曰：「人之性惡，其善者僞也。」「古者聖人以人之性惡，以爲偏險而不正，悖亂而不治，是以

㊀「年」字，宋史本傳作「初」。　㊁「卒」字，據宋史本傳補。

爲之起禮義，制法制，以矯飾人之情性而正之，以擾化人之情性而道之也。使皆出于理㊀，合于道也。」

辯曰：荀子非也。且人之性既惡矣，又惡知惡之可矯而善之可爲也？矯性之矯，如矯木之矯，則是杞柳爲桮棬之類也，何異于告子哉！弗思而已矣。余以爲禮義者，所以充其未足之善；法制者，矯其已習之惡。

荀子曰：「凡性者，天之就也，不可學，不可事。」

辯曰：若如此論，則是上之教可廢，而下之學可棄也，又烏用禮義爲哉？余以爲天能命人之性，而不能就人之性，唯人能就其性。如此，則與孔子之意合。孔子曰：「成性存存，道義之門。」

荀子曰：「今人之性，目可以見，耳可以聽。可以見之明不離目，可以聽之聰不離耳。目明而耳聰不可學，明矣。」

辯曰：奚物而不可學也？赤子之性也，不匍匐矣。既匍匐也，不能行，必須左右扶持，猶曰「姑徐徐」云爾。然而卒能之楚、之秦、之天下者，其故何哉？蓋曰學而已也。至于耳目，則何獨不然。其始也，目不能視矣，耳不能聽矣。然而明可以察秋毫之末，聰可以辨五聲之和。卒能如此者，其故何哉？亦曰學而已也。夫奚物而不可學邪？

百家謹案：正唯耳目之有聰明，故聖人因明，繼以規矩，以爲方員平直，因聰，繼以六律，以正

㊀「理」，荀子性惡作「治」。作「理」者，唐人避高宗李治諱改，宋人因之未改。

五音，而有視聽之學。正惟性之善，聖人制爲禮義法度，而有復性之學。

荀子曰：「今人之性，飢而欲飽，寒而欲煖，勞而欲休，人之情性也。今人飢，見長者而不敢先食者，將有所讓也；勞而不敢求息者，將有所代也。夫子之讓乎父、弟之讓乎兄，子之代乎父、弟之代乎兄，此二行者㊀，皆反于性而悖于情也。故順情性則不辭讓矣，辭讓則悖于情性矣。用此觀之，人之性惡明矣。其善，僞也。」

辯曰：夫飢而欲飽，寒而欲煖，勞而欲休，此人情之常也，雖聖人亦不免矣。至于子之讓乎父、弟之讓乎兄，子之代父、弟之代兄，此二行皆出于其性也，何反于性而悖于情哉？有是性即有是行也，無是性即無是行也，烏有性惡而能爲孝弟哉？弗思而已矣！

百家謹案：飽煖安逸，固人性情。然己既飽煖安逸，而見父兄之飢勞，試問此時之爲子弟者，亦不知其心能安否。夫欲飽煖安逸，人之情也；其不安于父兄飢勞之心，性之善也；讓代其父兄，順乎性之善也。

荀子曰：「凡禮義者，是生于聖人之僞，非故生于人之性也。故陶人合土而生瓦，然則瓦生于陶人之僞，非故生于人之性。工人斲木而生器，然則器生于工人之僞，非故生于人之性也。」

辯曰：夫欲行其實者必先正其名，名正則教行矣。禮義之僞與作僞之僞，有以異乎？其無以異乎？在人者必皆謂之僞，則何事而不言僞？言性惡者，將以貴禮義也。今乃以禮義而加之僞名，則

㊀「此二行者」原作「然此行者」，據荀子性惡改。

是欲貴之而反賤之也。奚不曰「陶人因土而生瓦，工人因木而生器，聖人因人而生禮義」也？何必曰僞。

百家謹案：荀子固不識性，實由乎不識禮義也。夫性卽土也，而禮義非瓦也；性卽木也，而禮義非器也；況性不可以土木喻哉！夫性果何物也？卽此心之惻隱、羞惡、恭敬、是非，仁義禮智之理也。而此心不能不應萬事，于是聖人取此心恭敬之性而爲經曲之禮，羞惡之性而爲咸宜之義。是禮與義卽性也。云「順其性而爲禮義」者，并多此「順」與「爲」字。至若土與木，曷嘗有瓦與器來，而以之相擬乎？由先生之辯，不足以折荀子也。

荀子曰：「薄願美㊀，狹願廣，貧願富，賤願貴，苟無之中者，必求于外。故富而不願財，貴而不願勢，苟有之中者，不及于外。用此觀之，人之欲爲善者，爲性惡也。」

辯曰：荀子過甚矣，何不顧孟子之意也？孟子以仁義禮智謂之四端。夫端亦微矣，其謂仁者，豈遂足用爲仁哉？其謂義者，豈遂足用爲義哉？是在其養而大之也。此所謂薄願美，狹願廣，貧願富，賤願貴，以其不足于中而必求于外也；安得曰富而不願財，貴而不願勢，苟有中而不求于外邪？故人之欲爲善，以其善之未足也，而有可充之資、可爲之質也，何必待性惡而後爲善哉？性惡而爲善，譬如搏水上山。善而爲善，如水之流而就溼也，火之始燃而燥也，豈不順也？

百家謹案：天下未有無其物而可強爲者。卽如荀子言，合土生瓦，斲木生器，亦必有是土木而

㊀「薄願美」，荀子性惡作「薄願厚，惡願美」，當據正。

後可生瓦器，豈無是土木而陶人工人强生瓦器乎？且荀子云「人之欲爲善者，爲性惡也」，不知如果性惡，安有欲爲善之心乎？即此有欲爲之心，已足驗人心之善矣。先生云「何不顧孟子之意」，似迂。彼既主張性惡，豈顧孟子哉！

荀子曰：「性善，則去聖王，息禮義；性惡，則興聖王，貴禮義。」

辯曰：一陰一陽，天地之常道也。男有室，女有歸，人倫之常道也。君必有民，民必有君，所以爲天下也。不然，何以爲天下？聖王之興，豈爲性惡而已哉！故性善，得聖王則愈治，得禮義則愈興，安得曰「去聖王，息禮義」。性善而得禮義，如物萌而得膏雨也，勃然矣，有何不可哉！

荀子曰：「凡人之性，堯、舜之與桀、跖，其性㊀一也；君子之與小人，其性一也。」

辯曰：天下之性惡而已，堯、舜、桀、跖亦惡而已，是自生民以來未嘗有一人性善也。未嘗有一人性善，其禮義曷從而有哉？其所謂聖人者，曷從而爲聖人哉？

荀子曰：「堯問于舜，人情何如。舜對：人情甚不美，妻子具而孝衰于親，嗜欲得而信衰于友，爵禄盈而忠衰于君。」

辯曰：荀子載堯、舜之言，則吾不知也。至于妻子具而孝衰于親，則是妻子未具而嘗有孝矣。嗜欲得而信衰于友，則是嗜欲未得而嘗有信矣。爵禄盈而忠衰于君，則是爵禄未盈而嘗有忠矣。則是天下之性，未嘗無孝，未嘗無信，未嘗無忠，而人之性果善矣。其所以不善者，外物害之也。學荀子者，以吾

㊀「其性」二字原無，據荀子性惡補。

言爲何如？

百家謹案：荀子之學，與告子極相似，而有辨陶人合土以生瓦，工人斲木以生器，此杞柳桮棬之説也；禮義爲僞，此義外之説也；以性爲惡，卽食色爲性、生之謂性也。但告子之以杞柳喻性、桮棬喻義者，以爲人生所有之本質，惟此知覺，而知覺無禮義也。欲得理于我，必須向天地萬物上求之，使與我之知覺合而爲一，而後爲作聖之功。而不知此知覺之遂感而通，不失其宜者，卽禮義也。然告子之東流、西流，亦只言性無善惡，須復求理于外。而荀子則直以人欲橫流者爲性，竟云性惡，反禮義爲矯性之僞物矣。嗟乎，性道難言也！孔子明言求諸己，孟子明言性善、萬物皆備，程子明言性卽理也，朱子明言虛靈不昧、具衆理而應萬事。彼告子、荀子以禮義爲外，人皆知爲異端，猶可言也；欲明爲儒者，不識吾性之卽爲禮義，猶猶焉欲以沿門乞火爲祕旨，凡有反求諸己者，卽便妄詆之爲禪，不可言也。

辯習

性善乎？曰：善也。以善性而習有善惡者，何也？物誘于外而欲攻于內也，好惡之不正而邪情奸于其間也。養之而弗充，則性之弗固也，况未嘗一日而養之乎。能自養者鮮矣，于是有君師之教、禮義之化也，所以養其性、長其善而正其習也。習不正則惡矣，惡不已則其性汨，而謂性之不善，是何異于害其苗而謂苗之不長也！人亦知夫苗乎？物之有苗也，苟無外物之害，則苗無不長矣。苗之槁者，外物害之也。是故善養苗者，必去其害苗者。去莠，惡其害苗也。善養性者，必去其害性者。去惡，惡其害性也，然則性者善也，習有善與惡也。習久不變，然後善惡定也。卒而爲君子，卒而爲小人，皆所以取之道也，是故習不可不慎也。善習者，雖瞽、鯀爲父，亦舍父而習他矣。性則善也，習有善與惡也，是故習不可不慎也。

語錄

先生言人當先養其氣，氣完則精神全，其爲文則剛而敏，治事則有果斷，所謂先立其大者也。故凡人之文，必如其氣。班固之文，可謂新美，然體格和順，不若太史公之嚴。近世孫明復及石徂徠之文，雖不若歐陽之豐富新美，然自嚴毅可畏。

人之同官，不可不和。和則事無乖逆，而下不能爲奸。必欲和，莫若分過而不掠美。

欲求聖人之道，必于其變。所謂變者何也？蓋盡中道者，聖人也；而中道不足以盡，聖人故必觀于變。蓋變則縱横反覆，不主故常而皆合道，非賢人之所能。故孔子曰「未可與權」，孟子「惡其執一」也。

治詩者必論其大體。其章句細碎，不足道也。且詩何必分二南爲國風，而雅有大小，又有頌也？蓋天下之本在國，國之本在家，家之本在身。故二南言文王之化，正于閨房衽席之間，以至乎人化之。蓋風爲治家之始，而小雅者治國政之始，大雅者治天下之始，頌者成功之始，是謂四始也。

艮言「思不出其位」，正以戒在位者也。若夫學者，則無所不思，無所不言，以其無責可以行其志也。若云「思不出其位」，是自棄于淺陋之學也。

楊子稱孟子之「不動心」曰：「貧賤富貴，不能動其心。」大非也。夫古之山林長往之士，豈不能以貧賤富貴不動其心；而世之匹夫之勇者，豈非所以死生不動其心也？如此，則孟子之不動心，乃常人爾。蓋孟子充養之至，萬物皆備于我，而萬變悉昭于胸中，故雖以齊國卿相之重位，亦不動心思之經營而可治。以其養之至也。

「志，氣之帥；氣，體之充。」此言精微，學者宜思之。蓋以謂志則在心而心爲有知，有知則所好亦有節，而所惡不過分；縱過而踰節，亦知自反也。若氣，則冥然無知，特可以充養四體。縱之而不已，則喜怒爲氣之所使，必至于過分踰節矣。此小人之事也。若君子，則學而能正能誠，所以志能帥氣，而喜怒不過。唯小人爲氣所鼓，方其喜怒之際，不知形色之變，至于不聞人之聲音，不覺己之忤物，或至于殺人、殺身者，皆爲氣之所使而不能帥氣也。故曰：「持其志，無暴其氣。」學者可不知此乎！

百家謹案：志與氣原非二物，志卽氣之精明者是也。持志、無暴，並無兩樣工夫，故孟子止言養氣，而持志在其中矣。先遺獻曰：「若離氣而言持志，未免捉捏虛空矣。所以古人說九容，只是無暴其氣。無暴其氣，志焉有不在者乎？」

安定說中庸始于情性。蓋情有正與不正，若欲亦有正與不正，德有凶有吉，道有君子有小人也。若「天地之情可見」，「聖人之情見乎辭」，豈得爲情之不正乎？若「我欲仁，斯仁至矣」，豈爲不正之欲乎？故以凡言情爲不正者，非也，言聖人無情者，又非也。聖人豈若土木哉！「强哉矯」，蓋矯者强之甚，大木之曲者性也。能矯而爲正，豈不强乎！

百家謹案：離情無所爲性，但觀此情恰好不恰好耳。存諸中而自然，發諸外而中節，氣血即是義理，子劉子所謂「中和皆是性」也。若無主宰中存，肆欲妄行，則小人之無忌憚矣。凡人生有情，情之正者即性也。性從情中看出。彼釋氏之情不附物，是無情也，非聖人之道也。先生言聖人非無情，甚是。但解「强哉矯」，謂矯性之曲而正之，則非。夫所謂「强哉矯」者，乃矯乎流俗也。若性之生也直，奚待矯哉？先生辯荀，恐未免仍蹈乎荀之說也。

「道，自道也」者，且以「道路」之道言之：凡窮天下，周八極，人跡所及，皆可至焉，則道豈不六通四闢乎？然有徑有支皆道也，故必在人之所擇而行之。

訓學者文

諸君欲爲君子，而使勞己之力，費己之財，如此而不爲君子，猶可也，不勞己之力，不費己之財，諸君何不爲君子？鄉人賤之，父母惡之，如此而不爲君子，猶可也；鄉人榮之，父母欲之，諸君何不爲君子？

附錄

先生三歲而孤，晨昏匍匐牀下，求其父甚哀。太夫人使讀孝經，輒流涕不能止。是時太夫人攜干陜右外家，事母篤孝。一日，具公裳見貴官，忽自思云：「見貴官尚必用公裳，豈有朝夕見母而不具公裳者乎？」遂褁幞頭，服公裳，晨省其母。外氏諸婦大笑之，先生彌恪，久而亦不復笑也。先生嘗曰：「吾之持敬，自此始也。」又一日，爲母置膳，先過一賣肉家，將買之，遂向市中買他物。而歸途有便道，稍近，且亦有賣肉家，將買之。因自念：「吾已有所許，而忽他之，將無欺其初心乎？」卒迂道就故所賣肉家。先生嘗曰：「吾之行信，自此始也。」

既冠，徒步從安定先生學。安定門下踰千人，以別室處之，遣婢視飲食澣濯。盛寒惟衲裘，以米投漿甕，日中數塊而已。安定使其徒餽之食，不受。將還，受一飯而行，曰：「先生之命，不可終違。」常曰：「吾于安定之門，所得多矣。言之在耳，一字不違也。」

二叔父議析居，先生涕泣止之，不可。于是請其叔父，取所欲餘書十篋、敝屋數間而已。其叔没，家替，先生事叔母如母，送死無不備。事母謹嚴，非有大故不去側。日具太夫人所嗜，皆手自調味。爲兒嬉或謳歌以悦之。故太夫人雖在窮巷，奉養充美，無須臾不快也。

太夫人之喪，廬墓三年，雪夜號伏，呼問太夫人寒否如平生，因委頓僵仆，手足皆裂，不顧也。翰林吕溱嘗造墓，知狀，垂涕曰：「想見鬼神幽明不隔。」鄉里瞻仰先生如神，有争訟，必就决，不復造有司。每歲甘露降于墳域，必逾月。墓左有杏，兩枝連合。至孝感應如此。

先生畜犬，孳生至數十，不以與人。或問之，曰：「吾不忍其母子相離也。」

雲濠謹案：謝山學案劄記云：「崇教孝女事，見徐節孝集，亦見吕縉叔夏集，莊綽雞肋編采之，確是淮陰節婦。」

東坡志林曰：仲車，古之獨行也，於陵仲子不能過，然其詩文則怪而放，如玉川子，此一反也。耳聵甚，畫地爲字，乃始通語，終日面壁坐，不與人接，而四方事無不周知其詳，雖新且密，無不先知，此二反也。

吕紫微童蒙訓曰：徐仲車教門人，多于空中書一「正」字，且云：「于安定處得此一字，用不盡。」補。

汪玉山書節孝行狀後曰：節孝先生嘗語東坡曰：「有功者多矣，而獨稱大禹者，以其不矜不伐也。有才者多矣，而獨稱周公者，以其不驕不吝也。」蘇公受而書之策。又嘗語魯直曰：「爲政，慮不厭熟則寡過，睦寮友則事舉。」魯直謝曰：「立參于前，坐倚于衡，何日忘之！」補。

王深寧困學紀聞曰：師氏三德。朱子曰：「至德以爲道本，明道先生以之。敏德以爲行本，温公以之。孝德以知逆惡，趙無媿、徐仲車之徒以之。」補。

侍講吕原明先生希哲别爲滎陽學案。

待制吕先生希純别見范吕諸儒學案。

諫院錢先生公輔

錢公輔，字君倚，武進人。少從學于安定。中進士甲科，歷知制誥。英宗立，陳治平十議，又作帝問一篇上之。王疇爲翰林學士未久，擢副樞密，先生謂其望淺，不草制，謫滁州團練使。起知廣德軍。神宗立，歷知諫院。宰相富鄭公弼謂曰：「上求治如饑渴，正賴君輩同心以濟。」答曰：「朝廷所爲是，天下誰敢不從。所爲非，公輔欲同之，不可得已。」王安石雅與之善，既得志，主薛向更鹽法，出滕甫于鄆州㊀。先生數于帝前言向當黜，甫不當去，拂安石意，罷諫職，出知江寧府。帝欲召還，安石沮之，徙揚州。以病乞祠，改提舉崇福觀。卒，年五十二。

龍學孫莘老先生覺附弟覽。

孫覺，字莘老，高郵人。甫冠，從安定遊。安定之門弟子千數㊁，別其老成者爲經社，先生年最少，儼居其間，衆皆推服。登進士第，調合肥主簿。歲旱，州督民捕蝗，先生言：「民方艱食，若以米易之，是爲除害而享利也。」守悅，推其説于諸縣。嘉祐中，進館閣校勘。神宗擢至右正言。帝將大革積弊，先生言「革而當，其悔乃亡」，帝稱善。嘗從容語及知人之難，先生曰：「堯以知人爲難，終享其易。顧觀詩、書之所任使，無速于小功近利，則王道可成矣。」帝語以欲用陳升之而罷邵亢，先生即奏如所言。帝以爲希旨，奪官兩級。先生連章丐去，云：「去歲有罰金御史，今茲有貶秩諫官。未聞罰金貶秩，猶可居位者。」乃通判越州。徙知通州。熙寧二年，詔知諫院，同修起居注，知㊂審官院。王安石早與先生善，驟引用之，將援以爲新法助，而先生與異議，安石怒，因遣行視畿縣散常平錢利病。先生疏言：「陳留不

㊀「鄆州」原作「鄭州」，據宋史本傳改。按滕甫又名元發，宋史滕元發傳及本卷下文滕元發傳亦均作「鄆州」。此因形近致訛。

㊁「千數」原作「數千」，據宋史本傳及本卷上文「安定門下踰千人」（四一頁）與下文滕元發傳「安定門人以千計」改。按上文胡瑗傳云「出其門者無慮數千餘人」，乃指前後從學之總數，此「千數」則指在學人數。㊂「知」字原無，據宋史本傳補。

散一錢，以此見民實不願，望賜寢罷。」反覆出知廣德軍㊀。歷知蘇州，徙福州，連徙亳、揚、徐州，知應天府。入爲太常少卿、祕書少監。哲宗立，累遷御史中丞、龍圖閣學士。卒㊁，年六十三。紹聖中，以元祐黨奪官。徽宗初復之。所著有文集、奏議、春秋傳。雲濠案：謝山學案劄記有孫莘老易傳。弟覽，字傳師，亦歷官龍學，知太原。城葭蘆策勳，加樞密直學士。忤時相，遭貶。

百家謹案：先生之春秋經解多主穀梁之說，而參以左氏、公羊及漢、唐諸家之說。義有未安者，則補以所聞于安定及己之獨悟。晁公武稱其議論最精，誠哉斯言！初，王介甫頗與先生交好，三經義外，原欲解春秋以行天下，見先生之解，其心知不復能勝，遂舉聖經而廢之，且詆爲「斷爛朝報」。其始由于忮刻，而終之以無忌憚。先生既與介甫異議，連遭貶斥，不以介意。介甫退居鍾山，先生遠訪道舊；迨其死，又誄之。嗟乎，學問之德量不同如此！

梓材謹案：謝山學案稿本于古靈弟子以先生爲第一，是先生又在陳氏之門。

附錄

游定夫曰：莘老少而好易，以是行己，亦以是立朝。或進或退，或語或默，或從或違，皆占于易而後行。

㊀「反覆出知廣德軍」，宋史本傳作「遂以覺爲反覆，出知廣德軍」，神宗本紀熙寧二年亦云「右正言孫覺以奉詔反覆，出知廣德軍」。本書此處當有脫字。龍汝霖翻刻本作「由是出知廣德軍」，以意改。

㊁「卒」字原無，據宋史本傳補。

章敏滕先生元發

滕元發，字達道，初名甫，東陽人也。范文正公之甥。從安定學，安定門人以千計，先生之文常爲首。以進士第三授評事，通判湖州。孫沔方守杭，一見奇之，曰：「名臣也。他日當爲賢將。」授以治劇守邊之要。累遷户部判官。英宗召對，書其姓名于禁中，而未及用也。神宗卽位，方求非常之士而進之。先生入見，姿度雄爽。問天下所以治亂，對曰：「治亂之道，如黑白、東西。所以變色、易位者，朋黨亂之耳！」帝曰：「卿知君子小人之黨乎？」對曰：「君子無黨。譬之草木，綢繆相附者必蔓草，非松柏也。朝廷無朋黨，雖中主可以濟。不然，雖上聖不治。」帝太息曰：「天下名言也！」遂以右正言進知制誥，累遷御史中丞、翰林學士，且大用矣。先生性疏達不疑，在帝前論事，如家人父子，言無文飾，洞見肝鬲。帝亦知其誠藎，事無巨細，人無親疏，輒以問先生。或中夜降手詔，使者旁午，先生隨事解答，不自嫌外。而執政方行新法，恐先生撓之而帝信之，乃阻之，且造謗焉。帝雖眷先生，然竟以是出知鄆州。徙齊州，再徙鄧州。帝眷尚未衰。先生之妻黨有犯大不道者，小人遂乘之下石，竟欲殺之。帝知其無罪，但落職貶筠州。相傳尚有後命，先生談笑自若，曰：「天知吾直，上知吾忠，吾何憂焉！」乃上書自訟曰：「樂羊無功，謗書盈篋。卽墨何罪，毁言日聞。」帝覽之釋然，詔知湖州。先生去國既久，而乃心王室，著書五篇，一曰尊主勢，二曰本聖心，三曰校人品，四曰破朋黨，五曰贊治道，上之。詔求直言，先生疏曰：「但取熙寧二年以來所行新法悉罷，民氣和，天意解矣。」哲宗立，徙真定、河東，治邊凜然，威行西北，論者以爲果賢將也。晉龍圖閣學士、右光禄大夫。卒,謚章敏。安定先生之亡,公累割俸以賙其子。及爲湖州,祭其墓,哭之慟。修。

學士顧先生臨

顧臨,字子敦,會稽人。學于安定,通經學,長于訓詁。皇祐中,舉説書科,爲國子監直講,遷館閣校勘,同知禮院。神宗以先生喜論兵,詔編武經要略,且召問兵。對曰:「兵以仁義爲本,動静之機,安危所繫,不可輕也。」因條十事以獻。權湖南轉運判官,提舉常平。議事忤執政,罷歸。改同判武學,累遷直龍圖閣、河東轉運使。元祐二年,擢給事中。朝廷方事回河,拜天章閣待制、河北都轉運使。學士蘇文忠軾言:「臨資性方正,學有根本,宜留左右以補闕遺。」諫議大夫梁燾亦言:「都漕之職,在外豈無其㈠人。在朝如臨者,恐不易得。」皆不報。先生至部,請因河勢回使東流。復以給事中召還。歷龍圖閣學士、知定州,徙應天、河南府。轉運使郭茂恂徇時宰意劾先生,奪職知歙州。又以附會黨人斥饒州。卒,年七十二。徽宗立,追復之。

司成汪先生澥别見荆公新學略。

隱君徐八行先生中行

㈠「無其」原作「其無」,據宋史本傳乙正。

徐中行，字德臣，臨海人。嘗㈠遊京師，范忠宣公賢之，薦于司馬文正公，謂㈡斯人神清氣和，他日不爲國器，必爲儒宗。因福唐劉執中得執經于安定，熟讀精思，攻苦食淡，夏不扇、冬不爐、夜不安枕者踰年。乃歸，葺小室，竟日危坐，所造詣，人莫測也。父死，跣足廬墓，躬耕養母，推其餘力葬内外親及州里貧無後者十餘喪。晚年教授，遠近來學者肩摩袂屬。其爲教，必自灑掃、應對、格物、致知，達于治國、平天下，俾不失其性、不越其序而後已。其友羅適持節本路，舉以自代，又率㈢部使者以遺逸薦。崇寧中，郡守李謂又以八行薦。一日，去之黄巖，會親友，盡燬所爲文，幅巾藜杖，往來委羽山中。陳忠肅瓘謫台，定交相善，謂與山陽節孝徐積齊名，稱爲「八行先生」。

知州劉先生彝

劉彝，字執中，閩縣人。從安定學，安定稱其善治水，凡所立綱紀規式，力居多焉。第進士，爲邵武尉，調高郵簿。移朐山令，邑人紀其事，目曰治範。熙寧初，爲制置三司條例官屬，以言新法非便，罷。神宗擇水官，除都水丞，爲兩浙轉運判官。知處州㈣，著正俗方，訓斥尚鬼之俗，易巫爲醫。加直史館，代沈起知桂州。時王安石用事，求邊功，起以平蠻自任，不聽交人互市，交人疑懼。先生代起，值交阯

㈠「嘗」原作「常」，依文義並參宋史本傳文意改。此類通假字以下均逕改不出校。㈡宋史本傳「謂」上有「光」字，指司馬光。㈢「率」字原無，據宋史本傳補。㈣「處州」，宋史本傳作「虔州」。地理志處州屬兩浙路，虔州屬江南西路，疑作「處州」是。

率衆内犯，連陷欽、廉、邕數州，貶爲民。元祐初，復以都水丞召，道卒。著有七經中義、洪範解、古禮經傳續通解，明善、居易㊀二集。子淮夫，累官朝散大夫，以孝弟稱，有賢行。

祖望謹案：東萊先生有云：「執中始抗荆公，既而爲之用。」宋史遂與沈起、沈括同傳。是其晚節爲可惜也！

學士錢先生藻

錢藻，字醇老。吴越王元瓘之子儼入朝，爲昭化節度，守和州，生昭慈，昭慈生順之，先生其子也。雲濠案：先生家蘇州。舉説書進士，又舉賢良方正。英宗時爲祕閣校理，三上書請慈聖光獻太后歸政天子。熙寧中，累遷樞密直學士、知開封府。以慈恕簡静爲本，不求智名，以希世寵。遷翰林侍讀學士。元豐五年，卒。先生刻勵爲學，于書無不究極。其見于文詞，閎放雋偉，名動一時。爲人清謹寡過，拘守繩墨。立朝無矯亢，亦不雷同。處勢利，澹如也。神宗嘗問安定之學并門人于劉彝，首稱先生之淵篤。神宗素知其賢且貧，賻錢五十萬，贈太中大夫。

莊敏苗先生授

苗授，字受之，上黨人。父京，嘗守麟州以抗趙元昊。先生少受學于安定，以父任，爲三班奉職。後從王韶取鎮洮，累立戰功，官果州團練使。遷至容州觀察使、侍衛親軍副都指麾使，進威武軍留後。元

㊀「居易」，宋史本傳作「居陽」。宋史藝文志七著録「居易集二十卷」，續文獻通考經籍考著録「居陽集三十卷」，未詳孰是。

祐初，拜武泰軍節度使、殿前副都指麾使，徙鎮保康，知潞州。卒，贈開府儀同三司，謚莊敏。先生平居恂恂，遇事則持議不苟合云。參史傳。

大理歐陽先生發別見廬陵學案。

著作朱先生臨附子服。

朱臨，字正夫，浦江人，其先家吳興㊀。先生從安定受㊁春秋，安定著春秋辯要，惟先生所得爲精。晚年好唐陸淳之學，謂孔子没千有餘年，説春秋者無出淳書之右。以吕申公薦入官，歷光禄寺丞。乞歸，以著作佐郎致仕。守臣徐仲謀築亭，列詔書褒語以表揚之。所著春秋説二百餘篇。子服，字行中，熙寧進士。元豐中爲御史，章惇欲見而用之，不可，尋劾之㊂。紹聖初，累官禮部侍郎、知廬州。以與東坡善，被謫，安置興國。修。

開府翁先生仲通

翁仲通，字濟可，崇安人。幼時賦竹杖詩，先輩劉滋深奬之。後師安定，長于春秋。舉進士，調山陰尉，遷武平令，僉書興化軍，復令黄巖。所至興築陂湖，控遏盜賊。武平陋不知學，先生建學教之。在

㊀ 朱臨子朱服，宋史有傳，稱「湖州烏程人」。按烏程即吳興。 ㊁「受」原作「授」，據文義改。 ㊂ 宋史朱服傳云：「參知政事章惇遣所善袁默、周之道見服，道蕲引薦以市恩，服舉劾之，惇補郡，免默、之道官。」則是朱服劾章惇，非章惇劾朱服。本書此處敍述過簡，文義欠明確。

黄巖聽民輸錢代米，民免流殍。以親不逮養致仕，累贈銀青光禄大夫、開府儀同三司。子彥約、彥深、彥國。

杜蘭陵先生汝霖

杜汝霖，字仁翁，蘭溪人。受業安定之門。六經皆通，尤邃于易，學者宗師之。李公擇常敬仰稱道不置。至曾孫旟，字伯高，兄弟皆世家，善古文。

進士莫先生君陳附子砥。

莫君陳，字和中，歸安人。少從安定學，篤志力行，不樂仕。第嘉祐進士，不赴調。熙寧中，新置大法科，先生中首選，甚爲荆公所器重。御家嚴整，無大小對之如神明。子砥，知永嘉，惠愛及民，民立祠祀之。孫伯虛，知常州。修。

庶官張八行先生堅

張堅，字適道，諸暨人。家貧篤學，力以聖賢自任。聞安定教授蘇、湖，負笈徒步往從之。旦夕研味，至忘寢食。不期年，盡得六經之奥。辭歸鄉里，開門授徒，從遊者甚衆。每語諸弟子曰：「人皆可以爲堯舜。自信得過，則精一之傳在我。」後以八行舉得官，尋改京秩。貧不能自給，嘯吟自若，當時稱爲醇儒。

殿丞祝先生常

祝常，字履中，常山人。從安定學，操履端毅，未嘗以辭色假人舉進士第，王安石深器之。時有詔解三經義，先生屢出正義，反覆辯難之，遂忤安石，出令平陽。終殿中丞。著有蓬山類苑、元浩、正謨諸論及清高集。

隱君管卧雲先生師復

助教管先生師常並見古靈四先生學案。

龍學盧先生秉

盧秉，字仲甫，德清人。光祿卿革之子。未冠有俊譽。嘗謁蔣希魯堂，坐池亭，希魯曰：「池沼粗適，恨林木未就耳。」先生曰：「亭沼如爵位，時來或有之。林木非培植根株弗成，大似士大夫立名節也。」希魯賞味其言，曰：「吾子必爲佳器。」中進士甲科，累遷制置發運副使，加集賢殿修撰、知渭州。擊夏酋有功，遷龍圖閣直學士。元祐中，知荆南。劉元城論之，降待制，提舉洞霄宮，卒。著有文集。參史傳。

文學林先生晟附子玉勝、用，孫俊民、朝价。

林晟，字美中，福清人，偶□世孫。弱冠有文名。從遊安定之門。元祐選文學假官副館閣校對御前書籍，先生與焉。子玉勝尚幼，問難亹亹，能助先生校勘事，館中目爲「濟南生」。次子用，以薦假承事郎，甫銓注，蔡攸提舉祕書省，薦以校勘，力辭。攸託其戚龍圖許份訪之，乃佯狂，歸隱于巖山，與諸子講學論道。所著有經濟要覽。玉勝二子，俊民、朝价，俱以明經聞，人稱林氏之世學。

職方游先生烈

游烈，字晉老，邵武人。素以孝節稱。從安定學。官至職方員外郎。邵人之經學，實先生始之。

徵君徐先生唐附師吳果。

徐唐，字守忠，寧化人。未冠，受春秋于鄉先生吳果，不兩月，誦析如流。縣令奇之，俾受業于盱江李覯。盱江曰：「胡先生講春秋于上庠，子盍造焉。」于是負笈京師，質疑問難，旁洽羣經，諸子屈服。遂見知于歐陽文忠，薦之，神宗召見講易。嘉祐三年，奔母喪，廬墓不出。

饒淩雲先生子儀別見泰山學案。

縣令陳先生舜俞

陳舜俞，字令舉，嘉興人。雲濠案：先生世居烏程。强記博學，從安定遊。舉進士，嘉祐中制科第一。熙寧初，以屯田員外郎知山陰。會青苗法行，不奉令，上疏自劾，責監南康軍酒稅。在貶所，□與太傅劉凝之梓材案：劉凝之爲潁上令，棄官。此稱太傅，未詳。跨雙犢，窮泉石之勝。自號白牛居士。鄉人名其所居曰白牛鎮青風里。詩畫皆傳于世。雲濠案：先生少學于安定，長師歐陽文忠而友司馬温公。著有廬山記□卷，都官集三十卷，今存永樂大典本十四卷。

校書周正介先生穎

周穎，字伯堅，江山人。從學安定，以行義稱。與趙清獻抃交，清獻爲諫官，先生移書曰：「當公心以事君，平心以待物。無以難行事強人主，無以私喜怒壞賢士大夫。」清獻以書進，神宗喜，欲用之，不果。熙寧初，詔舉節行材識，守胡邉以名薦，召賜進士第，授校書郎。王安石問新法何如，對曰：「歌謡甚盛。」安石喜，叩其辭，先生高誦曰：「市易青苗，一路蕭條。」安石不樂，出宰樂清。先生氣岸雄豪，行事似張公乖崖，門人私謚正介。有正介先生集。

庶官翁南仲先生升

翁升，字南仲，慈溪人。從安定受易。第元豐進士，出仕以廉謹稱。元符中，上書言事，切中時病。用事者方以黨禁錮賢士大夫，籍先生于初等，自是沈于選調。

謝山淳熙四先生祠堂碑文曰：「吾鄉遠在海隅，隋、唐以前，儒林闕畧。有宋奎婁告瑞，大儒之教徧天下，吾鄉翁南仲始從胡安定遊，高抑崇、趙庇民、童持之從楊文靖遊，沈公權從焦公路遊。四明之得登學録者，自此日多。」

承信江石室先生致一

江致一，字得之，休寧人。從遊安定之門，宣和鄉舉首選。靖康中，伏闕上書，乞斬蔡京、童貫等六奸臣，復李綱相，聲震中外。尋授承信郎。

州守陳先生敏

陳敏，字伯修，無錫人。年十一而孤，廬于墓所。受業安定之門，安定奇之曰：「此錫之英也！」熙寧初，舉進士。徽宗朝，諸蔡用事，斥司馬諸賢爲奸黨，令郡國皆立黨人碑。先生守天台，曰：「誣司馬公，是誣天也！」倅立石，先生碎之，謝事而歸。

司業盛先生僑

盛僑，未詳爵里。安定在太學，先生已仕，安定使爲堂長。中庸講義一卷，先生所述，見宋史。陳古靈嘗薦之。

梓材謹案：先生，嘉興人也。樓攻媿爲盛夫人墓誌云：「盛氏世爲餘杭人。有曰皤者仕吳越。錢氏納土，始居嚴之建德，又徙嘉禾，因家焉。」又云：「元祐中，孺人之伯祖僑以名儒爲國子司業。」則先生之爵里可攷矣。

縣尉倪千乘先生天隱

倪天隱，字茅岡，桐廬人。古靈先生妹壻也。古靈三妹，長適劉執中，次適先生，並學于安定；而少適鄭閎中，與古靈爲四先生之一。學者稱先生爲千乘先生。所述周易上下經口義十卷，雲濠案：今周易口義十二卷，吴玉墀家藏本，入四庫經部。又繫辭上下及説卦三卷。晁氏止載其上下經，而繫辭、説卦不載，唯宋藝文志有之。但既列易傳十卷，復列口義十卷，誤也。蓋安定講授之餘，欲著傳而未逮，先生述之。以非其師之親筆，故不敢稱傳而名之曰口義。傳之後世，或稱傳，或稱口義，無二書也。先生官至縣尉，晚年主桐廬講席，弟子千人。其爲桐廬令葉安道作題名記，戒之令師善懲惡，無爲石羞，時人傳之。高弟子曰彭汝礪。修。

吴先生孜

吴孜，蕭山人。有尚書大義二卷，見宋志。嘉祐、治平間，有名經苑。捨住宅爲學宫，太守張伯玉至，以便服坐堂上。先生鳴鼓行學規，伯玉謝過，安受其罰。陳古靈嘗薦之。

直講張先生巨別見廬陵學案。

百家謹案：安定先生初教蘇、湖，後爲直講，朝命專主太學之政。先生推誠教育，甄別人物，有好尚經術者，好談兵戰者，好文藝者，好尚節義者，使之以類羣居講習。先生時時召之，使論其所學，爲定其理。或自出一義，使人人各對，爲可否之。或就當時政事，俾之折衷。故人皆樂從而有成效。歐陽廬陵詩曰：「吴興先生富道德，詵詵子弟皆賢才。」王臨川云：「先取先生作梁棟，以次收拾桷與榱。」蓋就先生之教法，窮經以博古，治事以通今，成就人才，最爲的當。自後濂、洛之學興，立宗旨以爲學的，而庸庸之徒反易躲閃，是語録之學行而經術荒矣。當時安定學者滿天下，今廣爲搜索，僅得三十四人，梓材案：黄氏原本，羅先生適以私淑列門人，而范先生純祐、吕先生希純、苗先生授、盧先生秉有目而無傳，張先生巨亦如之，故云得三十四人。然而錚錚者在是矣。

簽判田先生述古

田述古，字明之，本安丘人，徙居河南。遊事安定先生，稱高弟。四薦于鄉不中，遂隱居二十餘年，窮經講學。先生淳静簡易，不爲表襮，胸中坦無留閡。與人交，傾盡不疑，既久益親。及其不合，毅然去之不能奪。其讀書，唯易、中庸、論語、孟子，間及老子、楊子，申重熟復，造其深旨，餘不甚措意也。司馬温公、康節、二程先生皆居洛，先生從之遊。温公最愛范公淳夫。淳夫日詣温公，温公多召先生與俱，講明大義。其于諸大儒，未嘗少自貶。晚歲篤好易，手自注之，祁寒暑雨，造次未嘗廢卷。或欲索其書上之朝，不肯出。孫温靖公固留守西都，以其名聞，詔除襄州司户。先生曰：「老矣！不任爲吏。」竟不赴。温靖守鄭，請以爲本州教授，許之。除太學正，充廣親北宅教授。秩滿，爲通利軍簽判，卒。先生行誼敦確。友人張雲卿赴選，其妻病死，先生爲治其喪。其在北宅，昌王薨，假先生官氏撰行狀，以故事遺白金百兩，先生曰：「非吾文，敢受賜乎！」固辭之。當官不苟，然亦不爲已甚。最與虔州李潛善，其學行蓋相似。右丞吕好問兄弟嚴事前輩，亦以二人爲首。先生之言曰：「道，言之必可行，行之必可言。今學者泥于章句，不知妙在日用也。」劉斯立跂狀其行。陳端誠曰：「田明之説易要説無應。易中上下敵應、剛柔相應之類甚多，安得云無應？特不可如王介甫輩執定耳。」補。

梓材謹案：謝山原底，此傳尾有「端誠名正，亦元祐中通儒也」十一字。今爲端誠立傳于陳鄒諸儒學案，節之。

進士潘先生及甫

潘及甫，字憲臣，揚州人也。勵志文行。安定倡學吳興，先生負笈從之，以其文呈安定，安定喜曰：「非諸生比也。」遂補學職，妻以女弟。慶曆中登第，不知其官所至。補。

知州莫先生表深

莫表深，字智行，邵武人也。泰山孫氏弟子説之子。聞安定講學霅上，往師焉。一見奇之，曰：「大有器識，所造未易量也。」以進士累官光祿丞、知饒州，稱循吏，楊文靖公極稱之。所著有如如集。補。

醫學陳先生高

陳高，字可中，仙遊人。知建州闡之從子。少遊湖學。元符中，第進士，召試，除太學錄。祭酒龔原、司業傅楫薦其潛心經術，尤深于易，遷博士。政和中，始建醫學，除太醫學司業。累上封事，以切直忤時相蔡京，慨然力請休致。補。

州判陳先生貽範別見古靈四先生學案。

樞密安先生燾

安燾，字厚卿，開封人。幼警悟。年十一，從學里中，羞與羣兒伍。聞有老先生聚徒㊀，往師之，則曰：「汝方爲誦數之學，未可從吾遊。當羣試省題一詩，中選，乃置汝。」先生無難色。詩成，出諸生上，由是知名。登第。元豐初，高麗新通使，假先生左諫議大夫往報之。高麗迎勞，館餼加契丹禮數等，使近臣言：「王遇使者甚敬，出誠心，非若奉契丹，苟免邊患而已。」先生笑答曰：「尊中華，事大國，禮一也，特以罕至有加爾。朝廷與遼國通好久，豈復于此較厚薄哉！」使還，帝以爲知禮，卽授所假官，兼直學士院。元祐中，累官門下侍郎。坐救常安民，章惇譖其相表裏，出知鄭州。徙大名。徽宗立，復知樞密院。以老避位，知河南。崇寧元年，坐棄湟州，議其罪，降端明殿學士，再貶寧國軍節度副使，漢陽軍安置。湟州復，又降祁州團練副使。鄯州復，又移建昌軍。閱再歲，復通議大夫。還洛，卒。後五歲，悉還其官職。參史傳。

梓材謹案：邵氏聞見録云：「胡先生判國子監，安厚卿樞密在席下。厚卿黄瘦疾，凡聚立廡下，升堂聽講説，人衆疾輒仆。先生使人掖之以歸，調護甚至。」則先生之在胡門，固安定所甚厚者矣。

㊀「徒」原作「從」，據宋史本傳改。

學士朱先生光庭別見劉李諸儒學案。

進士□先生□□

某先生，番禺大商子也。安定爲國子日，遣之就學京師，所齎千金，償蕩而盡，身病瘠將危，客于逆旅。適其父至，閔而不責，攜之謁安定，告其故。曰：「是宜先警其心，而後教諭之以道也。」乃取一帙書曰：「汝讀是，可以知養生之術。知養生，而後可學矣。」視之，乃素問也。讀未竟，惴惴然懼伐性之過，自痛悔責。安定知已悟，召而誨之曰：「知愛身，則可修身。自今以始，其洗心向道，取聖賢書次第讀之。既通其義，然後爲文章，則汝可以成名。聖人不貴無過，而貴改過。勉勤事業！」先生銳穎善學，取上第而歸。

梓材謹案：是段本列安定附録，以君子大改過，故移而爲之傳。

節孝同調

徽猷趙無媿先生君錫別見高平學案。

安定私淑

提刑羅赤城先生適附師朱絳。

羅適，字正之，寧海人。少從鄉先進朱絳學。後與徐中行、陳貽範友善，得聞胡安定之教，遂以私淑稱弟子。第治平進士，尉桐城，移泗水，改著作郎，知濟陽縣，徙江都。政化大行，民知其長者，不忍欺。每郊行，召耆老，問以疾苦及所願，爲罷行之。遷推官。兩浙蘇、秀水災，朝議賑恤，以先生爲提點刑獄。後移京西北路。嘗有與蘇文忠公論水利，凡興復者五十有五。既去，民思之，置生祠祀焉。

雲濠謹案：先生別號赤城，著有易解、赤城集百卷。直齋書録解題云：「治平二年進士，學于四明樓郁。」是先生本樓氏門人。直齋又言：台士有聞于世，自先生始。又有傷寒救俗方一卷。先生尉桐城，民俗惑巫，不信藥，因以藥施，人多愈。召醫參校方書，刻石以救迷俗。

節孝門人安定再傳。

江季恭先生端禮

江端禮，字子和，一字季恭，圉城人。受學節孝，深于春秋。黃山谷謂其文似尹師魯，張文潛亦喜之。而其駮柳子厚非國語，則東坡之所許也。嘗裒集節孝遺書。三十八歲卒。

推官馬先生存

馬存，字子才，樂平人也。元祐三年進士。其文波瀾雄壯英毅，奇氣橫生，不可縶維。所作諸史論，謂：「東晉人以父母之邦委于羣胡，殘暴戮辱，百餘年間，無有奮發以生吾中國之氣，又安得有奇士？」又謂：「北魏據中國，以禮義文采之腴而飼禽獸之飢，此之謂不幸，非吾一人可與之爭。」又謂：「古之善戰者，能用天下之氣而已矣。」至論外患，則畧東南而專在北。省試論楊雄，謂：「王莽篡位，龔勝以清死，鮑宣以悍死，雄斯時方著美新以發揚其盛，讀之令人氣拂膺，不憚者累日。嗚呼雄乎，寧死，其忍爲此文！」蘇文忠知舉，奇之，置高等。奉大對，首闢災異曲説，歸諸人事。時士習新經之學，以穿鑿放誕相高者，先生毫無所染。官鎮南節度推官，再調越州觀察推官。早卒。馬碧梧曰：「子才從節孝先生遊最久，其文之雄直雅似之。嗚呼，安得其論晉、魏之語，聞于炎、紹中天之初乎！」補。

莘老門人

邢先生居實

邢居實，字惇夫，陽武人，恕之子也。受學于莘老。其父爲程門之叛夫，而先生不然。所宗師者司馬温文正公、吕申正獻公，所從遊者坡公、涪翁、无咎兄弟也。年二十卒㈠，遺言欲魯直爲狀，莘老爲銘，無无爲其文序。莘老未及爲而卒，景迂代之。所著有呻吟集。

舍人李樂静先生昭玘

李昭玘，字成季，鉅野人。少與晁補之齊名，爲東坡所知。擢進士第，徐州教授。孫莘老爲守，深禮之，每從容講學，及古人行己處世之要。累官提點京東刑獄，坐元符㈡黨奪官。徽宗立，召爲左司㈢員外郎。韓忠彦用爲起居舍人。爲陳次升所論，出知滄州。崇寧初，罷主管鴻慶宮，遂入黨籍中。居

㈠宋史本傳作「卒時年十九」。㈡「元符」原作「元豊」，據宋史本傳改。按史有「元祐黨人」及「元符黨人」之稱，無「元豊黨人」之稱。㈢「左司」，宋史本傳作「右司」。

閒十五年，自號樂靜先生，寓意法書、圖畫，貯于十囊，命曰「燕游十友」。晚知歙州，辭不行。靖康初，復以起居舍人召，而已卒。紹興初，復直徽猷閣。參史傳。

雲濠謹案：先生著有樂靜集三十卷。蓋其所居有樂靜堂，故以名集。漢老邴，其從子也。

龍圖傅先生楫別見古靈四先生學案。

八行家學

徐季節先生庭筠附孫日升。

徐先生庭槐合傳。

徐先生庭蘭合傳。

徐庭筠，字季節，臨海人。八行先生子。童丱有志行，律身嚴毅，居無惰容。孝友天至，既免喪，猶不忍娶者十餘年。秦檜當國，試題問中興歌頌，先生歎曰：「今日豈歌頌時邪？吾不忍欺君！」因疏未足爲中興者五，忤主司意，見黜。黄巖尉鄭伯熊代去，請益，先生曰：「富貴易得，名節難守。願安時處順，主張世道。」伯熊受其教，迄爲名臣。其學以誠敬爲主，無惰容，無戲言，不事緣飾，不苟臧否。年八十五卒。朱文公行部，拜墓下，題詩有「道學傳千古，東甌數二徐」句，且大書表之。兄庭槐、庭蘭，皆有父風。孫日升，苦節有守。宋史稱徐氏「詩書不絶者六世」。修。

劉氏家學

朝散劉先生淮夫別見古靈四先生學案。

劉氏門人

縣令鄒先生夔

鄒夔，字堯叟，泰寧人。從學于劉執中，浸灌六經，貫穿百代，執中以女妻之。以進士知宣城縣，楊龜山聞其名，晚從之遊。梓材案：先生與其宗人克恭同爲劉氏門人，克恭又從遊于龜山，龜山不得晚從先生遊也。當是「晚與之遊」耳。稱其在淮陽時，太守怒一卒，欲斬之，先生不從，守怒，先生執法不移，蓋有守之士。

縣令鄒先生棐

鄒棐，字克恭，泰寧人。熙寧進士。始學于劉執中，元豐間又從楊龜山遊。終宣城令。梓材案：二鄒並知宣城，或有錯誤。有惠政，民愛之。參姓譜。

開府家學

知軍翁先生彥約

翁彥約，字行簡，崇安人。開府仲通之子也。登政和進士第，調常州刑曹，累遷提舉河北西路學事。以薦拔人才爲急，日與諸生講畫實邊制勝之策。除知高郵軍，革商販茶鹽私坐貿易之弊，吏不得倚法爲姦。歲大旱，先生以禱祠積勞得疾，卒。有文集十卷。同上。

梓材謹案：龜山楊文靖公誌先生墓云：「請以世禄之恩授中弟，已而兄弟更相推遜。」又云：「從而受業者，常數十百人。」

中奉翁先生彥深

翁彥深，字養源，行簡仲弟。第進士，除右司員外郎。以書白宰相，言與金人夾攻契丹非是。除國子祭酒，徙祕書監。時宦者梁師成提舉祕書省，先生不肯造詣，時論高之。官至中奉大夫。同上。

中丞翁先生彥國

翁彥國，字端朝，行簡季弟。官至御史中丞。靖康之變，充經制使，撰文誓衆。張邦昌爲金所立，移書責之。同上。

祖望謹案：先生自鄉郡提兵勤王，道中得邦昌書，有「忍死權就大事」之詞。中丞密視，答書大稱邦昌以「太宰閣下」，其畧曰：「愕視封題，不敢拆視，幸先爲道路所發。今相公謂有其迹而無其事，不可也；謂有其事而無其志，不可也。且迎延福宮之文，雖微示人以意，安知不爲新都之漸？伏望卽去大號，早迎康王。不然，勤王兵十萬見公端闈，不得施東閤之敬矣。」邦昌懼，遂决迎高宗。先生以李忠定公姻亞被斥，汪藻行制，謂「汝本茶山駔儈之徒」，論者非之。先生六世科第，父爲安定弟子。藻以恨忠定，並先生誚之耳。水心進卷，罪先生竭金陵之民力。葉紹翁曰：「建炎兵事倥偬，石林留守金陵，已創經總制額。公適承其後，未免調度，未可以深罪之也。」

倪氏門人

尚書彭先生汝礪

彭汝礪，字器資，鄱陽人。治平進士第一，歷保信軍推官、武安軍掌書記。王安石見其詩義，補國子直講，改大理寺丞，擢太子中允。既而惡之。中丞鄧綰將舉爲御史，召之不往；既上章，復以失舉自列。神宗怒，逐綰，用先生爲監察御史裏行。首陳十事，指摘利害，多人所難言。元豐初，以館閣校勘爲江西轉運判官，陛辭言：「今不患無將順之臣，患無諫諍之臣；不患無敢爲之臣，患無敢言之臣。」帝嘉其忠藎。代還，提點京西刑獄。元祐元年㊀，召爲起居舍人。時相問新舊之政，對曰：「政無彼此，一于是而已。今所更大者，取士及差役法，行之而士民皆怨，未見其可。」踰年，進中書舍人，賜金紫。辭命雅正，有古人風。旋落職，知徐州。加集賢殿修撰，入權兵、刑二部侍郎，徙禮部，拜吏部侍郎。哲宗親政，進權吏部尚書。言者論嘗附會劉摯，以寶文閣待制知江州。至郡數月而病卒㊁。朝廷方以樞密都承旨命之，而已卒，乃以告賜其家。先生讀書，志于大者。言動取舍，必合于義。與人交，必盡誠敬。兄無子，爲立後，官之。少時師事桐廬倪先生天隱，既死，并其母妻葬之，且衣食其女。同年生宋渙死，經理其後，不啻如子。所著易義、詩義、詩文凡五十卷。參史傳。

㊀「元年」，宋史本傳作「二年」。㊁「卒」原作「去」，依中華書局點校本宋史本傳校改，說詳該書校勘記。

田氏門人

右丞呂先生好問

縣令呂先生切問並見滎陽學案。

季節門人安定三傳。

文肅鄭景望先生伯熊別見周許諸儒學案。

郯氏家學

知州郯先生括

郯括，字仲發，泰寧人。克恭之弟。登元祐九年進士第，知寧化縣。縣素悍難治，先生建學訓導，以恩信懷柔之，民爲之立祠刻石。後知亳州，適蔡京當國，先生以名節自重，閒退二十年。李綱在朝，以書勸其出，亦謝之。補。

杜氏家學

杜先生陵

杜陵，蘭溪人。仁翁汝霖孫，克傳家學。生五子：伯高、仲高、叔高、季高、幼高，皆博學，人稱爲「金華五高」。參姓譜。

薦辟杜橋齋先生旟別見麗澤諸儒學案。

漕舉杜𤸫齋先生旃

杜旃，字仲高，伯高弟。嘗占湖漕舉首。吴獵、楊長孺與之善。著杜詩發微、𤸫齋稿。參吴禮部集。

祕閣杜先生斿別見滄洲諸儒學案。

杜先生旞

杜旞，字季高，與弟幼高文皆相上下。參吴禮部集。

杜先生旝別見滄洲諸儒學案。

莫氏家學

知州莫先生伯虚

莫伯虚，歸安人。永嘉令砥之子。守温州，立思濟堂。後知常州，有瑞梅、甘露、秀麥、嘉禾之祥。參姓譜。

梓材謹案：萬姓統譜又言其晚年退居，注意佛學，屏絶世故，是由儒而入墨者。

安定續傳

文肅吳竹洲先生儆別見嶽麓諸儒學案。

教諭汪主靜先生深別見象山學案。

宋元學案卷二

泰山學案　黄宗羲原本　黄百家纂輯　全祖望修定

泰山學案表

孫復
高平講友。
石介
姜潛見上泰山門人。
馬默
何羣——馮正符
父堯民。
莫說見上泰山門人。
蘇唐詢
杜默
徐遁
高拱辰
趙狩
孟宗儒

文彥博附師史炤。

劉牧——黃黎獻

——吳祕——鄭夬別見王張諸儒學案。

私淑徐庸

范純仁別見高平學案。

呂希哲別爲滎陽學案。

朱光庭別見劉李諸儒學案。

張洞

姜潛——劉摯父居正。——子跂——孫長福——曾孫荀別見衡麓學案。

曾孫芮別見元城學案。

子蹈

梁燾

晁說之別爲景迂學案。

祖無擇

饒子儀

李縕

泰山學案序録

附曹起。
莫説——子表深別見安定學案。
朱長文——胡安國別爲武夷學案。
范純仁別見高平學案。
呂希哲別爲滎陽學案。
並徂徠學侶。

李世弼——子袓——李謙
馬紹附師張播。
吳衍
泰山續傳。

胡瑗別爲安定學案。
泰山學侶。
士建中
劉顏並爲士劉諸儒學案。
並泰山同調。

祖望謹案：泰山之與安定，同學十年，而所造各有不同。安定，冬日之日也；泰山，夏日之日也。故如徐仲車，宛有安定風格；而泰山高弟爲石守道，以振頑懦，則巖巖氣象，倍有力焉。抑又可以見二家淵源之不紊也。述泰山學案。梓材案：是卷與安定學案，謝山所修梨洲本原底並藏盧氏。又案：泰山著述，莫重于春秋尊王發微，故從黄氏補本録之。

高平講友

殿丞孫泰山先生復

孫復，字明復，晉州平陽人。四舉開封府籍進士不第，退居泰山，學春秋，著尊王發微十二篇。石徂徠介著名山左，自徂徠而下，躬執弟子禮，師事之，稱爲富春先生，拜起必扶持。既徂徠爲學官，作明隱篇以語于朝曰：「孫明復先生畜周、孔之道，非獨善一身，而兼利天下者也。四舉而不得一官，築居泰山之陽，聚徒著書，種竹樹栗，蓋有所待也。古之賢人有隱者，皆避亂世而隱者也。彼所謂隱者，有匹夫之志，守硜硜之節之所爲也，聖人之所不與也。先生非隱者也。」于是范文正、富文忠皆言先生有經術，宜在朝廷，除國子監直講，召爲邇英殿祇候説書。楊安國言講説多異先儒，罷之。徐州人孔直溫以狂謀捕治，索其家，得詩，有先生姓名，坐貶。久之，翰林學士趙槩等言：「孫復行爲世法，經爲人師，不宜使佐州縣。」乃復爲直講。稍遷殿中丞。年六十六卒，賜賻錢十萬。先生病時，韓魏公言于仁宗，選書吏，給紙筆，命其門人祖無擇就其家，所得著書十有五篇，録藏秘閣。雲濠案：李燾續通鑑長編稱所得書十有五卷。攷四庫全書總目稱内府藏本十二卷，而中興書目別有春秋總論三卷，合爲十五卷。

百家謹案：先文潔公曰：「宋興八十年，安定胡先生、泰山孫先生、徂徠石先生始以師道明正學，繼而濂、洛興矣。故本朝理學雖至伊洛而精，實自三先生而始，故晦庵有『伊川不敢忘三先生』之語。震既鈔讀伊洛書，而終之以徂徠、安定篤實之學，以推其發源之自，以示歸根復命之意，使爲吾子孫者毋蹈或者末流談虚之失，而反之篤行之實。」蓋先生應舉不第，退居泰山，聚徒著書，以治經爲教。先生與安定同學，而宋史謂瑗治經不如復。——安定之經術精矣，先生復過之。惜其書世少其傳，其略見徂徠作泰山書院記。

春秋尊王發微

詩至黍離而降，書至文侯之命而絶，春秋乃作，自隱公始也。平王迨隱而死。夫生猶可待也，死何所爲？春秋始隱者，天下無復有王也。以上總論。

欲治其末者必端其本，嚴其終者必正其始。元年書「王」，所以端本也；「正月」，所以正始也。其本既端，其始既正，然後以大中之法從而誅賞之。隱元年，春王正月。

凡書「盟」者，皆惡之也。附庸之君，未得列于諸侯，故稱字以別之。公及邾儀父盟于蔑。

「克」者，力勝之辭。鄭伯養成段惡，至于用兵，此兄不兄、弟不弟也，故曰「鄭伯克段于鄢」以交譏之也。鄭伯克段于鄢。

祭伯，天子卿。不稱「使」者，非天子命也。非天子命，則奔也。不言「奔」，非奔也，祭伯私來也，故曰「祭伯來」以惡之。祭伯來。

諸侯非有天子之事，不得出會諸侯。凡書「會」，皆惡之也。隱二年，公會戎于潛。

莒，小國也。「入」者，以兵入也。莒小國，以兵入向者，隱、桓之際，征伐用師，國無大小，皆專而行之。莒人入向。

隱公夫人也。夫人小君，與君一體，故志之也。子，宋姓。夫人子氏薨。

孔子曰：「天下有道，則禮樂征伐自天子出。」非諸侯可得而專也。諸侯專之，猶曰不可，況大夫乎！吾觀隱、桓之際，諸侯無小大皆專而行之，宣、成而下，大夫無內外皆專而行之，其無王也甚矣！孔子從而錄之，正以王法。凡侵、伐、圍、入、取、滅，皆誅罪也。鄭人，微者。鄭人伐衞。

正月書「王」者九十二，二月書「王」者二十，三月書「王」者十七。隱三年，春王正月。

武氏，世卿也。其言「武氏子」，父死未葬也。武氏子來求賻。

「遇」者，不期也。不期而會曰遇。詩稱「邂逅相遇，適我願兮」是也。諸侯守天子土，非享覲不得踰境。此言「公及宋公遇于清」者，惡其自恣，出入無度。隱四年，公及宋公遇于清。

翬不氏，未命也。翬帥師。

稱「人」以殺，討賊亂也。其言「于濮」者，桓公被弒至此八月，惡衞臣子緩不討賊，俾州吁出入自恣也。衞人殺州吁于濮。

諸侯受國于天子，非國人所得立也。衛人立晉。

觀魚，非諸侯之事也。天子適諸侯，諸侯朝天子，無非事者，動必有爲也。隱公怠棄國政，觀魚于棠，可謂非事者矣。隱五年，公矢魚于棠。

考，成也。元年宰咺歸賵，非禮也。隱公以是考仲子之宮祭之，此又甚矣。夫宗廟有常，故公、夫人之廟皆不書。考仲子之宮。

魯僭用天子禮樂，舞則八佾。孔子不敢斥也，故因減用六羽，以見其僭天子之意。初獻六羽。

公子彄，臧僖伯也。孝公子。公子彄卒。

鄭人來輸誠于我，平四年翬會諸侯伐鄭之怨也。平者，釋憾之辭。隱六年，鄭人來輸平。

長葛，鄭邑，天子所封，非宋人可得取也。宋人前年伐鄭，圍長葛，此而取之，故言「伐」、言「圍」、言「取」，悉其惡以誅之也。宋人取長葛。

滕書者，爲莊十二年歸于酅起。叔姬歸于紀。

城邑宮室，高下大小皆有王制，不可妄作。是故城一邑，新一廄，作一門，築一囿，時與不時，皆詳而録之。時謂周之十二月，夏之十月，非此不時也。得其時者其惡小，非其時者其惡大。此聖人愛民力、重興作、懲僭忒之深旨也。隱七年，夏，城中丘。

言「伐」，用兵也。楚丘，衛地。地以楚丘者，責衛不能救難。録「以歸」者，惡凡伯不死位。戎伐凡伯于楚丘，以歸。

祊，鄭邑，天子所封，非魯土地，故曰「來歸」。定十年齊人來歸鄆、讙、龜陰田，皆此義也。先言「歸」而後言「入」者，鄭不可歸，魯不可入也。鄭人歸之，魯人受之，其罪一也。入者，受之之辭。隱八年，鄭伯使宛來歸祊。

不氏，未命也。無駭卒。

公與翬傾衆悉力共疾于宋，又浹日而取二邑，故君臣並録以疾之。隱十年，翬帥師會齊人、鄭人伐宋。

齊、晉、宋、衞未嘗來朝魯者，齊、晉盛也，宋、衞敵也。滕、薛、郳、杞來朝，奔走而不暇者，土地狹陋，兵衆寡弱，不能與魯抗也。隱十一年，滕侯、薛侯來朝。

水不潤下也。昔者聖王在上，五事修而彝倫敍，則休驗應之，故曰：「肅時雨若，乂時暘若，哲時燠若，謀時寒若，聖時風若。」若聖主不作，五事廢而彝倫攸斁，則咎驗應之，故曰：「狂常雨若，僭常暘若，豫常燠若，急常寒若，蒙常風若。」若春秋之世多災異者，聖王不作故也。然自隱迄哀，天下之災異多矣，悉書之則不可勝其所書矣，是故孔子惟日食與內災則詳而書之，外災則或舉其一，或舉于齊、鄭、宋、衞，則天下之異，從可見矣。桓元年，秋，大水。

弑君之賊，諸侯皆得討之，宣十一年楚人殺陳夏徵舒是也。此言「公會齊侯、陳侯、鄭伯于稷以成宋亂」者，惡不討賊也。桓二年，會于稷。

凡日食，人君皆當戒懼修德，以消其咎。桓三年，日有食之。

是時文姜亂魯，驪姬惑晉，南子傾衞，夏姬喪陳，上下化之，滔滔皆是，不可悉舉也。故自隱而下，内女出處之跡，皆詳而録之，以懲以戒，爲萬世法。公子翬如齊逆女。

此齊侯送姜氏，公受之于讙也。公受姜氏于讙，不以讙至者，不與公受姜氏于讙也。故曰「夫人姜氏至自齊」，以正其義。夫人姜氏至自齊。

桓立十八年，唯此言「有年」者，是未嘗有年也。書者，著桓公爲國不能勤民務農若是也。有年。

狩，冬田也。天子、諸侯四時必田者，蓋安不忘危，治不忘亂，講武經而教民戰也，豈徒肆盤遊、逐禽獸而已哉！然禽獸多則五穀傷，不可不捕也，故因田以捕之，上以供宗廟之鮮，下以除稼穡之害。故田必以時，殺必由禮。田不以時謂之荒，殺不由禮謂之暴。惟荒也妨于農，惟暴也殄于物。此聖人之深戒也。桓四年，春正月，公狩于郎。

此言「甲戌、己丑，陳侯鮑卒」，闕文也。蓋甲戌之下有脱事爾，且諸侯未有以二日卒者也。桓五年，陳侯鮑卒。

桓王以蔡人、衞人、陳人伐鄭，鄭伯叛王也。其言「蔡人、衞人、陳人從王伐鄭」者，不使天子首兵也。案十四年宋人以齊人、蔡人、衞人、陳人伐鄭，僖二十六年公以楚師伐齊，定四年蔡侯以吳子及楚人戰于柏舉，皆曰「以」，此不使天子首兵可知也。曷爲不使首兵？天子無敵，非鄭伯可得抗也，故曰「蔡人、衞人、陳人從王伐鄭」以尊之。尊桓王，所以甚鄭伯之惡也。夫鄭同姓諸侯，密邇畿內，桓王親以三國之衆伐之，拒而不服，此鄭伯之罪不容誅矣。從王伐鄭。

雩，求雨之祭，建巳之月常祀也，故經無六月雩者。建午建甲之月非常則書。謂之「大」者，雩于上帝也。天子雩于上帝，諸侯雩于山川百神。魯，諸侯也，雩于山川百神，禮也，雩于上帝，非禮也。是時周室既微，諸侯之僭者多，舉于魯，則諸侯僭之從可知矣。然春秋魯史，孔子不敢斥也。其或災異非常，改作不時者，則從而録之，以著其僭天子之惡。隱五年九月考仲子之宮，初獻六羽，此年秋大雩，六年八月壬午大閱，閔二年夏五月乙酉吉禘于莊公，僖三十一年夏四月四卜郊，不從乃免牲，宣三年春王正月郊牛之口傷，改卜牛，牛死乃不郊，定二年夏五月壬辰雉門及兩觀災之類是也。嗚呼，其旨微矣！大雩。

此與二年書「來朝」、三年會郕同旨。桓六年，公會紀侯于郕。八月，不時也；大閱，非禮也。大閱，仲冬簡車馬，八月不時可知也。大閱、大蒐，謂天子田。大閱。

稱「人」以殺，討賊亂也。蔡人殺陳佗。

春秋之法，諸侯不生名。生名，惡之大者也。此年穀伯綏來朝，鄧侯吾離來朝，十五年鄭伯突出奔蔡，莊十年荆敗蔡師于莘，以蔡侯獻舞歸，僖十九年宋人執滕子嬰齊，二十五年衛侯燬滅邢，昭十一年楚子虔誘蔡侯般，殺之于申是也。桓大逆之人，諸侯皆得殺之。穀伯綏、鄧侯吾離不能致討，反交臂而來朝，故生而名之也。桓七年，穀伯綏、鄧侯吾離來朝。

不出主名，微者也。桓八年，秋，伐邾。

此年書「王」者，王無十年不書也。十年無王，則人道滅矣。桓十年，春王正月。

來戰于郎，不言侵伐者，不與齊、衛、鄭加兵于我也。郎，魯地；地以魯，則魯與戰可知矣。不書主名者，三國無故加兵于我，不道之甚，故以三國自戰爲文也。來戰于郎。

柔不氏，内大夫之未命者。蔡叔，蔡侯弟也。案諸侯母弟未命爲大夫者皆字。此年柔會宋公、陳侯、蔡叔盟于折，十五年許叔入于許，十七年蔡季自陳歸于蔡，莊三年紀季以酅入于齊之類是也。桓十一年，盟于折。

再言丙戌，羨文也。此盟與卒同日爾，且經未有一日而再書者，此羨文可知。桓十二年，丙戌，衛侯晉卒。

此公及鄭伯伐宋也。不言公者，諱之也。地以宋，則宋與戰可知也。不書主名者，不與公及鄭伯伐宋也，故以魯、鄭自戰爲文。凡公專尸其事則諱之，此年及鄭師伐宋，丁未戰于宋，十七年及齊師戰于奚，莊九年及齊師戰于乾時之類是也。戰于宋。

齊以郎之戰未得志于魯，因宋、鄭之怨，故帥衛、燕與宋伐魯。魯親紀而比鄭也，故令紀侯、鄭伯及齊師、衛師、宋師、燕師戰。以四國之師，不地者，戰于魯也。桓十三年，春二月，公會紀侯、鄭伯。己巳，及齊侯、宋公、衛侯、燕人戰，齊師、宋師、衛師、燕師敗績。

孔子作春秋，專其筆削，損之益之，以成大中之法，豈其日月舊史之有闕者，不隨而刊正之哉？此云「夏五」，無「月」者，後人傳之脱漏爾。桓十四年，夏五。

案十二年及鄭師伐宋，丁未戰于宋。宋人怨突之背己也，故以齊人、蔡人、衛人、陳人伐鄭。「以」者，乞師而用之也。謂四國本不出師，宋以力弱不足，乞四國之師而伐鄭爾。僖二十六年公以楚師伐齊取穀，定四年蔡侯以吴子及楚人戰于柏舉，皆此義也。然四國從宋伐鄭，助其不道，其惡亦可見矣。宋人伐鄭。

天王使家父來求車者，諸侯貢賦不入，周室財用不足故也。桓十五年，天王使家父來求車。

鄉曰「鄭忽出奔衞」，今曰「鄭世子忽復歸于鄭」者，明忽世嫡當嗣也。鄭世子忽復歸于鄭。

皆微國之君。郳人、牟人、葛人來朝。

蔡季言「自陳歸于蔡」者，桓侯卒，蔡季當立，時多篡奪，明季無惡，故曰「歸于蔡」，所以與許叔異也。桓十七年，蔡季自陳歸于蔡。

內諱奔，公、夫人皆曰「孫」。此年夫人孫于齊，閔二年夫人姜氏孫于邾，昭二十五年公孫于齊是也。莊元年，夫人孫于齊。

天子嫁女于齊，魯受命主之，故使單伯逆王姬。不言如京師者，不與公使單伯如京師逆王姬也。魯桓見殺于齊，天子命莊公與齊主婚，非禮也。莊公以親讎可辭，而莊公不辭，非子也。故交譏之。單伯逆王姬。

賞所以勸善也，罰所以懲惡也。善不賞，惡不罰，天下所以亂也。桓弒逆之　，莊王生不能討，死又追錫之，此莊王之爲天子可知也。王使榮叔來錫桓公命。

衞侯朔在齊，故溺會齊師伐衞，謀納朔也。莊三年，溺會齊師伐衞。

紀侯大去其國，紀無臣子，故齊侯葬紀伯姬。齊侯不道，逐紀侯而葬伯姬。生者　，死者葬之，甚矣齊侯之詐也！莊四年，齊侯葬紀伯姬。

此諸侯伐衞納朔也。不言納朔者，不與諸侯伐衞納朔也。朔行惡甚，國人逐之，奔齊，故天子不使反衛，明年王人子突救衛是也。公與諸侯連兵，不顧王命，伐衛納朔，故貶諸侯曰「某人某人」。人諸侯，則公之惡從可見矣。莊五年，公會齊人、宋人、陳人、蔡人伐衛。

衛侯朔得入于衛，天子之威命盡矣，公與諸侯之罪不容誅矣。故言「伐」言「救」言「入」，以著其惡。莊六年，衛侯朔入于衛。

此衛寶也。其言齊人歸之者，齊本主兵伐衛，故衛寶先入于齊。齊人歸之，魯人受之，其惡一也。齊人來歸衛寶㊀。

恆星，星之常見者也。常見而不見，此異之大者。隕，墜也。夜中星隕如雨，謂隕墜者衆也。莊七年，夜恆星不見，夜中星隕如雨。

春秋用師多矣，未有言「師還」。此言「師還」者，惡其與强讎，覆同姓，踰時還也。莊八年，秋，師還。案隱四年衛人殺州吁于濮。此不地者，齊人卽于國内殺之也。稱人以殺，討賊辭。莊九年，齊人殺無知。

報乾時之戰也。斥言「公」者，惡其伐齊納糾，喪師乾時，不自悔過，復敗齊師于此也。莊十年，公敗齊師于長勺。

荆自方叔薄伐之後，入春秋肆禍復甚，聖王不作故也。荆敗蔡師于莘，以蔡侯獻舞歸。

羣公受命主王姬者多矣，唯元年與此書者，惡公忘父之讎，再與齊接婚姻也。莊十一年，王姬歸于齊。

周禮，九命作伯，得專征諸侯。若五伯者，皆非命伯。召伯賜齊侯命，尹氏策命晉侯，春秋皆不録

㊀「寶」原作「俘」，據公羊及穀梁春秋改。

之，故孟子曰「三王之罪人」。又曰：北杏之會，桓公獨書爵者，孔子傷周道之絕也。桓公既入，乘天子衰季，將伯諸侯，乃會宋人、陳人、蔡人、邾人于此，首圖大舉。夫欲責之深者，必先待之重，故北杏之會，獨書其爵以與之也。莊十三年，齊侯、宋人、陳人、蔡人會于北杏。

桓公貪土地之廣，恃甲兵之衆，驅逐逼脅，以强制諸侯。懼其未盡從也，約之以會，要之以盟，臨之以威，束之以力。有弗徇者，小則侵之伐之，甚則執之滅之。其實假尊周之名，以自封殖爾。故此年滅遂，十四年伐宋，十五年伐郳，十六年伐鄭，十九年伐我西鄙，二十年伐戎，二十六年伐徐，二十八年伐衞，三十年降鄣，閔元年救邢，二年遷陽，皆稱「人」以切責之。齊人滅遂。

公不及北杏之會，桓公既滅遂，懼其見討，故盟于此。公會齊侯，盟于柯。

此公使單伯會伐宋也。桓以諸侯伐宋，本不期會。魯自畏齊，故使單伯會伐宋。三國稱「人」，獨書單伯者，吾大夫不可言「魯人」故也。莊十四年，單伯會伐宋。

荆入蔡，齊桓猶未能救中國也。秋七月，荆入蔡。

齊侯既死，文姜不安于魯，故如齊。莊十五年，夏，夫人姜氏如齊。

不言朔，不言日，日、朔俱失之也。莊十八年，春王三月，日有食之。

案僖二十六年齊人侵我西鄙，公追齊師至于巂，弗及，先言「侵」而後言「追」。此不言侵伐者，明不覺其來，已去而追之也。書者，譏內無戎備。公追戎于濟西。

媵書者，爲遂事起也。結婚命專盟，故曰「遂」以惡之。案僖三十年公子遂如京師，遂如晉，襄二年仲孫蔑會晉荀罃、齊崔杼、宋華元、衞孫林父、曹人、邾人、滕人、薛人、小邾人于戚，遂城虎牢，孔子皆譏之，何獨與公子結也？若以書至鄄爲出境，乃得專之，則公子遂自京師如晉、仲孫蔑會晉荀罃，自戚城虎牢，豈非出境也哉？況秋與齊侯、宋公盟，而冬齊人、宋人、陳人加兵于魯，非所謂可以安社稷、利國家也。陳稱「人」者，賤不當書，故略言之也。莊十九年，公子結媵陳人之婦于鄄，遂及齊侯、宋公盟。

肆大眚，非正也，亂法易常者也。莊二十二年，春王正月，肆大眚。

春秋之義，非天子不得專殺。此言「陳人殺其公子禦寇」者，譏專殺也。是故二百四十二年無天王殺大夫文，書諸侯殺大夫者四十七，何哉？古者諸侯之大夫皆命于天子，諸侯不得專命也。大夫有罪，則請于天子，諸侯不得專殺也。大夫猶不得專殺，況世子母弟乎？春秋之世，國無大小，其卿、大夫、士皆專命之，有罪無罪皆專殺之，其無王也甚矣！故孔子從而録之，以誅其惡。稱君、稱國、稱「人」，雖有重輕，而其專殺之罪則一也。陳人殺其公子禦寇。

荆十年敗蔡師于莘，始見于經。十四年入蔡，十六年伐鄭，皆曰「荆」。此稱「人」者，以其修禮來聘，稍進之也。莊二十三年，荆人來聘。

公會齊侯盟于扈，謀逆姜氏也。公二年之中，納幣，觀社，及齊侯遇于穀，比犯非禮，今又會盟于扈，甚矣！公會齊侯，盟于扈。

公親迎于齊，不俟夫人而至，失夫之道也。婦人，從夫者也夫人不從公而入，失婦之道也。夫不夫，婦不婦，何以爲國？非所以奉先公而紹後嗣也。不亂何待莊二十四年，夫人姜氏入。

隱二年書「紀裂繻來逆女」，此不言「逆」者，天下日亂，昏禮日壞，逆者非大夫也。逆者非大夫，故不言「逆」。僖二十五年季姬歸于鄫、成九年伯姬歸于宋之類是也。莊二十五年，伯姬歸于杞。

不書名氏者，脱之。莊二十六年，曹殺其大夫。

凡內女直曰「來」者，惡其無事而來也。莊二十七年，杞伯姬來。

案八年師及齊師圍郕，郕降于齊師，先言「圍」而後言「降」。此直書「齊人降鄣」者，惡齊强脅，且見鄣微弱，不能抗齊之甚也。莊三十年，齊人降鄣。

莊比年興作，今又一歲而三築臺，妨農害民，莫甚于此。莊三十一年，春，築臺于郎；夏四月，薛伯卒，築臺于㊀薛；秋，築臺于秦。

戎捷，伐山戎之所得也。齊侯來獻戎捷，非禮也。齊侯來獻戎捷。

桓未能率諸侯以往，故猶稱「人」。閔元年，齊人救邢。

不言慶父弒者，內諱弒，故弒君之賊不書焉。不地者，義與隱公同。閔二年，秋八月辛丑，公薨。

公子慶父、夫人姜氏，同惡之人也。夫人孫于邾，故慶父出奔莒。公子慶父出奔莒。

莊十年荆敗蔡師于莘，始見于經。十四年入蔡稱「荆」，二十三年來聘，始進稱「人」，二十八年伐鄭稱「荆」。今曰「楚人伐鄭」者，以其兵衆地大，漸通諸夏，復其舊封，比之小國也。故自此十數年，侵伐用兵，皆稱「人」焉。僖元年，楚人伐鄭。

㊀「郎夏四月薛伯卒築臺于」十字原無，據春秋尊王發微（通志堂本）及上文「一歲而三築臺」句補。

孫于邾不貶，此而貶者　孫于邾不貶，不以子討母也，此而貶者，正王法也。夫人氏之喪至自齊。

此會檉諸侯城楚丘也，不言諸侯者，桓公怠于救患，諸侯不一也。然則善歟？非善也。與其亡而存之，不若未亡而救之之善也。僖二年，城楚丘。

桓之病楚也久矣，故元年會于檉，二年盟于貫，三年會于陽穀以謀之。是時楚方强盛，蔡、楚與國，故先侵蔡；蔡既潰，遂進師次于敵境。僖四年，蔡潰，遂伐楚。

桓公救邢、城邢，皆曰「某師某師」。此合魯、衛、陳、鄭七國之君侵蔡，遂伐楚，書爵，以其能服强楚，皆稱爵焉。同上。

桓公既與陳侯南服强楚，歸而反執陳轅濤塗，其惡可知也。執陳轅濤塗。

內言及外稱「人」，皆微者也。及江人、黄人伐陳。

伯姬內女，來朝其子者，以其子來朝也。諸侯來朝猶曰不可，杞伯姬來朝其子，非禮可知。僖五年，杞伯姬來朝其子。

稱「人」以執，惡晉侯也。五等之制，雖其國家宮室車旗衣服禮儀之有差，而天子命之，南面稱孤，皆諸侯也。其或有罪，方伯請于天子，命之執則執之，不得專執也。有罪猶不得專執，況無罪者乎？春秋之世，諸侯無小大，唯力是恃，力能相執則執之，無復請于天子，孔子從而録之，正以王法，或則稱侯以著其惡，或則稱「人」以奪其爵。稱侯以著其惡者，謂雖非王命，執得其罪，其罰輕，故但著其專執之惡。二十八年晉侯入曹，執曹伯，畀宋人，成十五年晉侯執曹伯，歸于京師之類是也。稱「人」以奪其爵者，謂既非王命，又執不得其罪，其罰重，故奪其爵。此年晉人執虞公，十九年宋人執滕子嬰齊之類是也。晉人執虞公。

出踰三時。僖六年，公至自伐鄭。

小邾子，邾之別封也，故曰「小邾子」以別之。僖七年，夏，小邾子來朝。

言「鄭世子華」者，齊人伐鄭未已，鄭伯懼，欲求成于齊，故先使世子華受盟于寧母也。盟于寧母。

禘，天子大祭。夫人，成風也。不言「風氏」者，成風，僖公妾母，嫁非廟見，不得與祭。僖公既君，欲尊其母，故因此秋禘，用夫人之禮致于太廟，使之與祭也。妾母稱「夫人」，僭之大者，故不言「風氏」以貶之。案莊元年夫人文姜孫于齊，貶去「姜氏」，此不言「風氏」，其貶可知矣。僖八年，禘于太廟，用致夫人。

桓以諸侯致宰周公于葵丘，經以宰周公主會爲文者，不與桓以諸侯致天子三公也。僖九年，會葵丘。

奚齊庶孽，獻公殺世子而立之，春秋不與，故曰「君之子」，惡之也。里克殺其君之子奚齊。

「公及夫人姜氏會齊侯于陽穀」，參譏之也。僖十一年，公及夫人姜氏會齊侯于陽穀。

言「次」、言「救」者，惡諸侯緩于救患也。諸侯既約救徐，而遣大夫往，此緩于救患可知也。僖十五年，公孫敖帥師及諸侯之大夫救徐。

此以宋主兵者，不與宋襄伐齊也。宋襄伐人之喪，擅易人之主，甚矣。僖十八年，宋師及齊師戰于甗，齊師敗績。

「宋人執滕子嬰齊」，不得其罪也。滕子名者，惡遂失國也。僖十九年，宋人執滕子嬰齊。

「梁亡」，惡不用賢也。梁伯守天子土，有宗廟社稷之重，有軍旅民人之衆。左右前後，朝夕與爲治，莫有聞者，是左右前後皆非其人也。左右前後皆非其人，不亡何待？故直曰「梁亡」以惡之。梁亡。

城郭門户皆有舊制，壞則修之。常事書者，譏其修泰、妨農功、改舊制也。案莊二十九年春新延廄，不言「作」。此言「作」，改舊制可知也。僖二十年，新作南門。

鄭卽楚故也。案莊十六年荆伐鄭，二十八年荆伐鄭，僖元年楚人伐鄭，二年楚人侵鄭，三年楚人伐鄭，鄭不卽楚。此而卽者，齊桓既死，宋襄不能與楚抗也。僖二十二年，宋公、衞侯、許男、滕子伐鄭。

楚人敗宋公于泓，齊侯視之不救，而又加之以兵，故「伐」「圍」並書，以著其惡。僖二十三年，齊侯伐宋，圍緡。

四國雜然從夷以圍中國，其貶自見。僖二十七年，冬，楚人、陳侯、蔡侯、鄭伯、許男圍宋。

外大夫來赴，非禮也。文三年，王子虎卒。

先言「伐楚」而後言「以救江」者，惡不能救江也。楚人圍江，陽處父帥師不急赴之，乃先伐楚，欲其引兵自救而江圍解，非救患之師，故明年楚人滅江。晉陽處父帥師伐楚以救江。

自是公朝强國皆至者，惡其輕去宗廟，遠朝强國也。文四年，公至自晉。

此公逆婦姜于齊也。不言「公」者，諱之也。不言「逆女」者，以其成禮于齊也。以其成禮于齊，故不言「公」以諱之。夏，逆婦姜于齊。

春秋二百四十二年，閏月多矣，獨此書「不告月」者，是常告也。文既不告閏月，猶朝于廟，非禮可知。文六年，閏月不告月，猶朝于廟。

遂城郚，重勞民也。文七年，遂城郚。

公孫敖如京師，弔喪也。不至而復，丙戌奔莒，文公不能誅，敖得以自恣，文公之惡亦可見矣。不言所至者，舉京師爲重也。文八年，公孫敖如京師，不至而復。

楚復彊也。楚自城濮之敗，不敢加兵于鄭。今伐鄭者，晉文既死，中國不振故也。文九年，楚人伐鄭。

楚子執宋公，伐宋，復貶稱「人」者二十年。至此稱爵者，以其慕義，使椒再來修聘，進之也。椒，楚大夫；未命，故不氏。楚子使椒來聘。

秦人來歸僖公、成風之襚，正也。書者，以見周室陵遲，典禮錯亂，秦人之不若也。案四年十有一月壬寅，夫人風氏薨；五年春王正月，王使榮叔歸含，且賵；三月辛亥，葬我小君成風，王使召伯來會葬。此年秦人來歸僖公、成風之襚，不及事也。其言正者，妾母稱夫人，非正也，妾母稱夫人自僖公始，天子不能正而秦人能之，故曰「秦人來歸僖公、成風之襚」。秦人來歸僖公、成風之襚。

晉自令狐之戰，不出師者三年，其厭戰之心亦可見也。而秦不顧人命，見利則動，又起此役，夷狄之道也，故曰「秦伐晉」以黜之。文十年，秦伐晉。

案莊八年師及齊師圍郕，郕降于齊師，自是入齊爲附庸。此而㈠來奔，齊所逼爾。文十二年，春正月，郕伯來奔。

㈠「而」原作「為」，據春秋尊王發微（通志堂本）改。

二國之讎既易世矣，二國之戰固可以已也。而秦康、晉靈猶尋舊怨，殘民以逞，是彰父之不德也。故孔子自令狐之戰，不復名其將帥。秦人、晉人戰于河曲。

帥師而城，畏莒故也。鄆，莒、魯所争者。季孫行父帥師城諸及鄆。

孛，彗之屬。偏指曰彗，光芒四出曰孛。文十四年，有星孛入于北斗。

舍未踰年，稱「君」者，孔子疾亂臣賊子之甚，嫌未踰年與成君異也。故誅一公子商人爲萬世戒。齊公子商人弒其君舍。

單伯，魯大夫。子叔姬，昭公夫人，舍母也。舍既遇弒，魯使單伯視子叔姬，故商人執子叔姬。單伯至此猶見者，蓋其子孫世爾。齊人執子叔姬。

「毁泉臺」，惡勞民也。築之勞，毁之勞。既築之，又毁之，可謂勞矣。文十六年，毁泉臺。

「宋師敗績，獲宋華元」，惡鄭公子歸生與楚比周，既敗宋師，又獲其帥，可謂甚矣。宣二年，宋師敗績，獲宋華元。

陳即楚，故晉趙盾、衞孫免侵陳，陳人請成。宣六年，晉趙盾、衞孫免侵陳。

仲遂雖卒，猶當追正其罪。宣公不能正仲遂之罪，則當爲之廢繹。何者？君臣之恩未絶也。宣八年，壬午，猶繹，萬入去籥。

敬，謚；嬴，姓。「雨，不克葬」，譏無備也。葬既有日，不爲雨止。經言「己丑葬我小君敬嬴，雨，不克葬」，是己丑之日喪既行而遇雨也。且雨之遲久不可得而知，設若浹日彌月，其可停柩路次不行乎？

案禮，平旦而葬，日中而虞。此言「庚寅日中而克葬」，葬之無備可知也。葬我小君敬嬴，雨，不克葬。

仲孫蔑，公孫敖之孫。宣九年，仲孫蔑如京師。

根牟，微國。內滅國曰「取」。此年取根牟，成六年取鄟，襄十三年取邿是也。秋，取根牟。

崔氏，齊大夫。言「氏」者，起其世也。東遷之後，天子、諸侯、大夫皆世。隱三年書尹氏，譏天子大夫，故此書崔氏，譏諸侯大夫也。宣十年，齊崔氏出奔衛。

此楚子殺陳夏徵舒也。其言「楚人」者，與楚討也。陳夏徵舒弒其君，天子不能誅，諸侯不能討，而楚人能之，故孔子與楚討也。宣十一年，楚人殺陳夏徵舒。

楚子伐宋，以其伐陳也。宣十三年，楚子伐宋。

鄭與楚故。宣十四年，晉侯伐鄭。

生殺之柄，天子所持也，是故春秋非天子不得專殺。王札子，人臣也。王札子人臣，殺召伯、毛伯于制，定王不能禁，專孰甚焉！故曰「王札子殺召伯、毛伯」以誅其惡。宣十五年，王札子殺召伯、毛伯。

秋中之螽未息，冬又生子，重爲災。冬，蝝生。

不書葬者，貶之也。吳、楚僭極惡重，王法所誅，故皆不書葬以貶之。宣十八年，楚子旅卒。

臧孫許，臧孫辰子。成元年，盟于赤棘。

王者至尊，天下莫得而敵，非茅戎可得敗也。定王庸暗，無宣王之烈，王師爲茅戎所敗，惡之大者。故孔子以王師自敗爲文，所以存周也。王師敗績于茅戎。

汶陽之田，魯地也，齊人侵之。今魯從晉，故復取之。不言取之齊者，明本非齊地。成二年，取汶陽田。

「來歸」者，棄而來歸也。成五年，杞叔姬來歸。

蟲牢之盟，鄭服也。天王崩，晉會諸侯同盟于蟲牢，不顧甚矣。同盟于蟲牢。

武宮者，武公之宮也，其毀已久。宗廟有常，故不言「立」。此言「二月辛巳立武宮」，非禮可知也。成六年，立武宮。

宣九年取根牟，此年取鄟，襄十三年取邿，皆微國也。取鄟。

吴本子爵，始見于經曰「吴」者，惡其僭號也。成七年，吴伐郯。

吴乘楚伐鄭，故入州來。州來，微國。吴入州來。

汶陽之田，齊所侵魯地也，故二年用師于齊取之。晉侯使韓穿來言歸之于齊，非正也。魯之土地，天子所封，非晉侯所得制也。晉侯使歸之于齊，是魯國之命制在晉也。故曰「晉侯使韓穿來言汶陽之田，歸之于齊」以惡之。成八年，韓穿來言汶陽之田。

成雖即位八年，非有勤王之績。天子使召伯來賜公命，濫賞也。天子使召伯來賜公命。

林父七年奔晉。其言「自晉歸于衛」者，由晉侯而得歸也。衛大夫由晉侯而得歸，則衛國之事可知矣。成十四年，衛孫林父自晉歸于衛。

諸侯大夫不敢致吴子也。吴子在鍾離，故相與會吴于鍾離爾。成十五年，會吴于鍾離。

鄭與楚比周，晉侯再假王命，三合諸侯以討之，而不能服鄭，霸國不振可知也。成十七年，公會單子、晉侯、宋公、衞侯、曹伯、齊人、邾人伐鄭。

君之卿佐，是爲股肱。厲公不道，一日而殺三卿，此自禍之道也，故列數之以著其惡。晉殺其大夫郤錡、郤犨、郤至。

楚師侵宋，所以救鄭也。襄元年，楚公子壬夫帥師侵宋。

成公夫人。襄二年，夫人姜氏薨。

叔孫豹，僑如弟。叔孫豹如宋。

季氏四月城所食邑，其專可知也。襄七年，城費。

公前年會諸侯于鄬，不至者，公自鄬朝晉也。襄八年，春王正月，公如晉。

盜者，微賤之稱。盜一日而殺三卿，故列數之，惡鄭伯失刑政也。襄十年，盜殺鄭公子騑、公子發、公孫輒。

大國三軍，次國二軍。魯以次國而作三軍，亂聖王之制也。襄十一年，春王正月，作三軍。

天子不親迎，取后則三公逆之。劉夏，士也。王后天下母，使微者逆之，可哉？故曰「劉夏逆王后于齊」以著其惡。襄十五年，劉夏逆王后于齊。

晉平溴梁之會方退，執莒子、邾子以歸，又不歸于京師，非所以宗諸侯也。襄十六年，晉人執莒子、邾子以歸。

三年之中，君臣加兵于魯者四，齊之不道亦可知也。襄十七年，齊侯伐我北鄙。

諸侯不序，前目後凡也。襄十九年，諸侯盟于祝柯。

諸侯土地，受之天子，不可取也。言「取」，惡内也。取邾田，自漷水。

城西郛，城武城，懼齊也。城武城。

書「畀我來奔」，惡内也。惡鄉受邾叛人邑，今又納邾叛人也。故是年冬臧孫紇出奔，邾亦受之。

襄二十三年，邾畀我來奔。

此欒盈以曲沃之甲入晉，敗而奔曲沃也。經言「欒盈復入于晉，入于曲沃」者，欒盈復入于晉，犯君當誅，曲沃大夫不可納也。入于曲沃，明曲沃大夫納之，當坐。欒盈復入于晉，入于曲沃。

次，止也。言「救」、言「次」，惡不急救患也。君命救晉，豹畏齊，廢命而止，故曰「叔孫豹帥師救晉，次于雍榆」以惡之。叔孫豹帥師救晉，次于雍榆。

孟莊子也。仲孫速卒。

不言「其大夫」者，欒盈出奔楚，當絶也。稱「人」以殺，從討賊辭。晉人殺欒盈。

羯，仲孫速子孟孝伯也。襄二十四年，仲孫羯帥師侵齊。

晉再合諸侯，將伐齊，齊人懼，弒莊公以求成，晉侯許之，八月己巳諸侯同盟于重丘是也。莊公復背澶淵之盟，加兵晉、衛，信不道矣。然齊人弒莊公以求成，逆之大者，晉不能討之以定齊國之亂，曷以宗諸侯？宜乎大夫日熾，自是卒不可制也。故先書崔杼之弒以著其惡。會于夷儀。

獻公之奔齊也，孫林父逐之。寧喜弒剽以納獻公，故林父懼，入于戚以叛。襄二十六年，孫林父入于戚以叛。

先言「辛卯衞寧喜弒其君剽」，後言「甲午衞侯衎復歸于衞」者，以見衎待弒而歸也。案十四年衞侯衎出奔齊，前年入于夷儀，今喜弒剽四日而復歸于衞，此待弒而歸可知也。衞侯衎復歸于衞。

稱君以殺世子，甚之也。宋公殺其世子痤。

隱、桓之際，天子失道，諸侯擅權。宣、成之間，諸侯僭命，大夫專國。至宋之會，則又甚矣。何哉？自宋之會，諸侯日微，天下之政皆大夫專持之也。故二十九年城杞，三十年會澶淵，昭元年會虢，諸侯莫有見者。此天下之政皆大夫專持之可知也。襄二十七年，會于宋。

寧喜不以討賊辭書者，獻公殺之不以其罪也。衞殺其大夫寧喜。

無冰，時燠也。襄二十八年，春，無冰。

公留于楚者七月。襄二十九年，夏五月，公至自楚。

共，謚也。內女不葬，葬者皆非常也。莊四年齊侯葬紀伯姬，三十年葬紀叔姬，此年叔弓如宋葬共姬是也。襄三十年，葬宋共姬。

襄公太子，未踰年之君也。名者，襄公未葬也。不薨不地，降成君也。襄三十一年，秋九月癸巳，子野卒。

公不能以禮自重，取困辱也。昭二年，冬，公如晉，至河乃復。

待昭公反季孫之不若，亦晉侯之惡也。季孫宿如晉。

陳哀公二子：太子偃師，次子留。公弟招與大夫過皆愛留，欲立之。哀公疾，遂殺太子偃師以立之。留，庶孽也。偃師，冢嗣也。招以叔父之親，不顧宗社之重，隕冢嗣以立庶孽，致楚滅陳，皆招之由也。故曰「陳侯之弟招殺陳世子偃師」以甚招之惡也。昭八年，陳侯之弟招殺陳世子偃師。

此公子招殺大夫公子過也。其言「陳人殺其大夫公子過」者，不與公子招殺也。故以陳人自討爲文。陳人殺其大夫公子過。

十月壬午，楚師滅陳。此言「葬陳哀公」，如不滅之辭者，所以存陳也。九年「陳災」同此。葬陳哀公。

此年無「冬」者，脱也。昭十年。

般弑逆之人，諸侯皆得殺之。楚子名者，楚子暴虐無道，貪蔡土地，不以弑君之罪殺般也。四月丁巳，楚子虔誘蔡侯般，殺之于申。十有一月丁酉，楚子滅蔡，執蔡世子有以歸，用之。此暴虐無道，貪蔡土地，不得以討賊例，當坐誘殺蔡侯般也。昭十一年，楚子虔誘蔡侯般，殺之于申。

蒐，春田也。五月，不時也。時又有夫人之喪。大蒐于比蒲。

會于厥憖，欲救蔡而不能也。會于厥憖。

先言「歸」者，明比不與謀也。後言「弑」者，正比之罪也。昭十三年，楚公子比自晉歸于楚。

大夫執則至，至則名，不稱氏，前見也。昭十四年，春，意如至自晉。

宋、衞、陳、鄭同日而災也。宋、衞、陳、鄭同日而災，異之甚者。昭十八年，宋、衞、陳、鄭災。

鄭，公孫會之邑也。言「自鄭出奔宋」者，以別從國都而去爾。昭二十年，曹公孫會自鄭出奔宋。

衛侯之母兄而盜得殺之，衛侯之無刑政也。故曰「盜殺衛侯之兄縶」以著其惡。盜殺衛侯之兄縶。

以天子之尊，三月而葬，此諸侯之不若也。昭二十二年，葬景王。

言「王」，所以明當嗣之人也。言「子」，所以見未踰年之君也。言「猛」，所以別羣王之子也。不「崩」不「葬」，降成君也。王子猛卒。

春秋之戰，書敗者多矣，未有諸侯之師略而不序者。此六國之師略而不序者，賤之也。其言「胡子髡、沈子逞滅」，深惡二國之君不得其死，皆以自滅爲文也。昭二十三年，胡子髡、沈子逞滅。

內諱「奔」，皆曰「孫」。次于陽州者，不得入于齊也。昭二十五年，公孫于齊。

齊侯取鄆，以處公也。不言處公者，明年「公至自齊，居于鄆」，此處公可知也。齊侯取鄆。

居于鄆者，公爲意如所拒，不得入于魯也。昭二十六年，公至自齊，居于鄆。

謀納公而不能也。盟于鄟陵。

公前年如齊者再，皆不見禮，故如晉。其言「次于乾侯」者，不得入于晉也。公既不見禮于齊，又不得入于晉，其窮辱如此。昭二十八年，公如晉，次于乾侯。

季孫意如，逐君之賊也。晉侯不能討而戮之，既使荀躒會意如于適歷，又使荀躒唁公于乾侯，何所爲哉？此晉侯之惡亦可見矣。昭三十一年，晉侯使荀躒唁公于乾侯。

周，自天子言之則曰「王城」、「成周」，諸侯言之則曰「京師」。昭三十二年，城成周。

不書「正月」者，定公未立，不與季氏承其正朔也。是時季氏專國，昭公薨于乾侯，及歲之交，定又未立，故略不書焉，所以黜强臣而存公室也。定元年，春王。

春秋之義，諸侯不得專執，況大夫乎。宋仲幾會城成周，韓不信，陪臣也，非天子命，執仲幾于天子之側，甚矣。故曰「晉人執宋仲幾于京師」以疾之。晉人執宋仲幾于京師。

其言「雉門及兩觀災」者，雉門與兩觀俱災也。雉門、兩觀，天子之制。定二年，雉門及兩觀災。

蔡人病楚，使告于晉，故晉合諸侯于此，此救蔡伐楚也。然諸侯不振，使救蔡伐楚之功歸于强吴，「冬，蔡侯以吴子及楚人戰于柏舉，楚師敗績」是也。定四年，春，侵楚。

蔡公孫姓帥師滅沈，沈與楚故也。以沈子嘉歸，殺之，公孫姓之罪不容誅也。滅沈。

「以」者，乞師而用之也。晉合十八國之君，不能救蔡伐楚，吴能救之伐之，此吴、晉之事，强弱之勢，較然可見也。故自是諸侯小大皆宗于吴。冬，戰于柏舉。

晉師救我，故公會于瓦。定八年，公會晉師于瓦。

不曰「盜歸寶玉大弓」者，盜微賤，不可再見也。定九年，得寶玉大弓。

郈叛，叔孫州仇、仲孫何忌帥師圍之。郈不服，故二卿秋再圍。定十年，圍郈。

天子祭社稷、宗廟，有與諸侯共福之禮，此謂助祭諸侯也。魯未嘗助祭，天王使石尚來歸脤，非禮也。定十四年，天王使石尚來歸脤。

「雨，不克葬」，譏不能葬也。葬不爲雨止。「戊午日下昃乃克葬」，言無備之甚也。定十五年，雨不克葬。

夏四月，衞靈公卒，衞人立輒。輒者，蒯聵之子也。故晉趙鞅帥師納蒯聵于戚。其言「于戚」者，爲輒所拒，不得入于衞也。案定十四年衞世子蒯聵出奔宋。靈公既卒，輒又已立，猶稱曩日之世子蒯聵當嗣，惡輒貪國叛父，逆亂人理以滅天性，孔子正其名而書之也。哀二年，納衞世子蒯聵于戚。

閏月喪事不數，葬齊景公，非禮也。春秋二百四十二年，書閏者惟文六年不告月，此年葬齊景公爾，皆譏其變常也。且三年之喪，練、祥各有其月，此非禮可知。哀五年，閏月，葬齊景公。

吳伐我，以邾子益來故也。直曰「伐我」者，兵加于都城也。哀八年，吳伐我。

田者，井田也。賦者，財賦也。宣公奢泰，始什二而稅。至于哀公，則又甚焉。哀公不道，既什二而稅其田，又什二而斂其財，故曰「用田賦」。言用田以爲財賦之率也。哀十二年，春，用田賦。

周之十二月，夏之十月也。爲異之甚。冬十有二月，螽。

報雍丘之師也。二國覆師以相償報，其惡如此。哀十三年，春，鄭罕達帥師取宋師于嵒。

吳子方會，越乘其無備而入之也。於越入吳。

光芒四出曰孛。不言所在之次者，見于旦也。文十四年有星孛入于北斗，昭十七年有星孛入于大辰。此不言所在之次者，見于旦可知也。冬十有一月，有星孛于東方。

睢陽子集補。

孔子而下，稱大儒者，曰孟軻、荀卿、揚雄。至于董仲舒，則忽而不舉，何哉？仲舒對策，推明孔子，抑黜百家，諸不在六藝之科者皆絕其道，勿使並進，斯可謂盡心于聖人之道者也。暴秦之後，聖道晦而復明者，仲舒之力。董仲舒。

史固稱漢孝元少而好儒，及即位，登用儒生，委之以政，故貢、薛之徒迭爲宰相。而上牽制文義，優游不斷，孝宣之業衰焉。噫！昔宣帝嘗怒元帝言用儒生，將亂其家者也，亦不思之甚矣。向使元帝能納蕭望之、劉更生之謀，安有衰滅？蓋用儒而不能委之以政爾。書漢元帝贊後。

國家踵隋、唐之制，專以詞賦取人，故天下之士皆致力于聲病對偶之間，探索聖賢之閫奧者百無一二。而非挺然特出，不徇世俗之士，孰克舍彼而取此！

專守王弼、韓康伯之說而求于大易，吾未見其能盡于大易也。專守左氏、公羊、穀梁、杜、何、范氏之說而求于春秋，吾未見其能盡于春秋也。專守毛萇、鄭康成之說而求于詩，吾未見其能盡于詩也。專守孔氏之說而求于書，吾未見其能盡于書也。以上與范天章書。

文者，道之用也。道者，教之本也。故必得之于心，而後成之于言。自漢至唐，以文垂世者衆矣。然多楊、墨、佛、老虛無報應之事，沈、謝、徐、庾妖豔邪侈之辭。始終仁義，不叛不雜者，惟董仲舒、揚雄、王通、韓愈。與張洞書。

傳曰：「四郊多壘，此卿大夫之辱也。地廣大，荒而不治，此亦士之辱也。」噫，仁義不行，禮樂不作，儒者之辱與！夫仁義禮樂，治世之本也，王道所由興，人倫所由正。捨其本，則何所爲哉㊀？噫，儒者之

㊀「捨其本，則何所為哉」原作「扣其本，知則何所為」，據孫明復小集（問經精舍本）改。

辱，始于戰國。楊、墨亂之于前，申、韓雜之于後。漢、魏而下，則又甚焉。佛、老之徒橫于中國，彼以死生禍福、虛無報應爲事，千萬其端，紿我生民，絕滅仁義，屏棄禮樂，以塗塞天下之耳目。天下之人，愚衆賢寡，懼其死生禍福報應人之若彼也，莫不争奉而競趨之。觀其相與爲羣，紛紛擾擾，周乎天下，于是其教與儒齊驅並駕，峙而爲三。吁，可怪也！去君臣之禮，絕父子之戚，滅夫婦之義。儒者不以仁義禮樂爲心則已，若以爲心，得不鳴鼓而攻之乎？凡今之人，與人争詈，小有所不勝，尚以爲辱，矧以夷狄諸子之法亂我聖人之教，其爲辱也大矣。噫，聖人不生，怪亂不平。章甫其冠，逢掖其衣，不知其辱，反從而尊之，得不爲罪人乎？由漢、魏而下千餘歲，其源流既深，其本支既固。不得其位，不翦其類，其將柰何！其將柰何！儒辱。

附錄

先生退居泰山之陽，枯槁憔悴，鬚眉皓白。故相李文定迪守兖，見之，歎曰：「先生年五十，一室獨居，誰事左右？不幸風雨飲食生疾，柰何？吾弟之女甚賢，可以奉箕帚。」先生固辭。文定曰：「吾女不妻先生，不過一官人妻。先生德高天下，幸壻李氏，榮貴莫大于此。」先生曰：「宰相女不以妻公侯貴戚，而固以嫁山谷衰老藜藿不充之人。相國之賢，古無有也。予安敢不承！」其女亦甘淡泊，事先生盡禮，當時士大夫莫不賢之。澠水燕談。

范文正在睢陽掌學，有孫秀才者索遊，上謁文正，贈錢一千。明年，孫生復過睢陽，謁文正，又贈一千。因問：「何爲汲汲于道路？」生戚然動色曰：「母老，無以爲養。若日得百錢，甘旨足矣。」文正曰：「吾觀子辭氣，非乞客也。二年僕僕，所得幾何，而廢學多矣！吾今補子學職，月可得三千以供養，子能安于學乎？」生大喜。于是授以春秋，而孫生篤學，不舍晝夜。明年，文正去睢陽，孫生亦辭歸。後十年，聞泰山下有孫明復先生以春秋教授學者，道德高邁。朝廷召至，乃昔日索遊孫秀才也。楊公筆錄。

祖望謹案：此段稍可疑，宜再考。先生壻于李文定公時，年已五十矣，疑其稍長于范文正公，未必反受春秋于文正也。梓材案：泰山以淳化三年壬辰生。文正以端拱二年己丑生，實長于泰山三歲。且本傳言文正實薦先生入國子，則此所云朝廷召至，文正乃知之者，不已謬乎！

歐陽文忠曰：先生治春秋，不惑傳注，不爲曲説以亂經。其言簡易，明于諸侯大夫功罪，以考時之盛衰，而推見王道之治亂，得于經之本義爲多。補。

王得臣曰：泰山著春秋尊王發微，以爲凡經所書，皆變古亂常則書，故曰「春秋無褒」，蓋與穀梁子所謂「常事不書」之義同。補。

朱子曰：近時言春秋，皆計較利害，大義卻不曾見。如唐之陸淳，本朝孫明復之徒，雖未能深于聖經，然觀其推言治道，凜凜然可畏，終得聖人意思。補。

百家謹案：石徂徠泰山書院記：「自周以上觀之，賢人之達者，皋陶、傅説、伊尹、呂望、召公、畢公是也。自周以下觀之，賢人之窮者，孟子、楊子、文中子、韓吏部是也。然較其功業德行，窮不易達。吏部後三百年，賢人之窮者又有泰山先生。孟子、楊子、文中子、吏部皆以其道授弟子；既授弟子，復傳之于書；其書大行，其道大耀。先生亦以其道授弟子；既授弟子，亦將傳之于書；將使其書大行，其道大耀。乃于泰山之陽起學舍講堂，聚先聖之書滿屋，與羣弟子而居之。當時從遊之貴者，孟子則有梁惠王、齊宣王、滕文公之屬，楊則有劉歆、桓譚之屬，文中子則有越公之屬，吏部則有裴晉公、鄭相國、張僕射之屬。門人之高第者，孟則有萬章、公孫丑、樂正克之徒，楊則有侯芭、劉棻之徒，文中子則有董常、程元、薛收、李靖、杜如晦、房、魏之徒，吏部則有李觀、李翺、李漢、張籍、皇甫湜之徒。今先生從遊之貴者，故王沂公、蔡貳卿、李泰州、孔中丞，今李丞相、范經略、明子京、張安道、士熙道、祖擇之；門人之高第者，石介、劉牧、姜潛、張洞、李緼。足以相望于千百年之間矣，孰謂先生窮乎！大哉，聖賢之道無屯泰。孟子、楊子、文中子、吏部，皆屯于無位與小官，而孟子泰于七篇，楊子泰于法言、太玄，文中子泰于續經、中說，吏部泰于原道、論佛骨表十餘萬言。先生嘗以爲盡孔子之心者大易，盡孔子之用者春秋，是二大經，聖人之極筆也，治世之大法也，故作易說六十四篇，春秋尊王發微十二篇。疑四凶之不去，十六相之不舉，故作堯權。防後世之篡奪，諸侯之僭偪，故作舜制。辨注家之誤，正世子之名，故作正名解。美出處之得，明傳嗣之嫡，故作四皓論。先生述作，上宗周、孔，下擬韓、孟，是亦爲泰，先生孰少之哉！介樂先生之道，大先生之爲，請以此說刊之石，陷于講堂之西壁。」又徂徠與祖擇之書云：「自周以上觀之，聖人之窮者惟孔子；自周以下觀之，賢人之窮者惟泰山明復先生。」今先生之書不可盡見，但以徂徠之學問而爲其尊戴如此，卽可以知先生矣。嗟乎，師道之難言也！視學問重，則其視師也必尊；視學問輕，則其視師也自忽。故廬陵之志先生墓曰：「魯多學者，其尤賢而有道者石介。自介而下，皆以弟子事之。孔給事道輔聞先生之風，就見之，介執杖履侍左右，先生坐則立，升降拜則扶之。及其往謝也，亦然。魯人既素高此兩人，由是始識師弟子之禮，莫不嗟歎之。」嗚呼，觀于徂徠事師之嚴，雖不見先生之書，不可以知先生之道之尊哉？

泰山學侶

文昭胡安定先生瑗別爲安定學案。

泰山同調

評事士熙道先生建中

主簿劉子望先生顏並爲士劉諸儒學案。

泰山門人

直講石徂徠先生介

石介，字守道，奉符人。第進士，歷鄆州、南京推官。篤學有志尚，樂善疾惡，喜聲名，遇事奮然敢爲。以論赦書，罷爲鎮南掌書記。代父丙遠官，爲嘉州軍事判官。丁父母艱，垢面跣足，躬耕徂徠山下，葬不葬者七十喪。以易教授其徒，魯人稱徂徠先生。入爲國子監直講、太子中允、直集賢院，學者從之甚衆。嘗患文章之弊，佛、老爲蠹，著怪説三篇及中國論，言去此三者，乃可以有爲。又著唐鑑，以戒姦臣、宦官、宮女，指切當時，無所忌諱。慶曆三年，吕夷簡罷相，夏竦罷樞密使，而杜公衍、章公得象、晏公殊、賈公昌朝、范公仲淹、富公弼、韓公琦同時執政，歐陽公脩、余公靖、王公素、蔡公襄並爲諫官。先生喜曰：「此盛事也！」乃作慶曆聖德詩，略曰：「衆賢之進，如茅斯拔；大奸之去，如距斯脱。」衆賢指杜等，大奸斥竦也。泰山見之曰：「子禍始此矣！」先生不自安，求出，判濮州。未赴，卒于家，年四十一。會孔直温謀畔，搜其家，得先生書。夏竦欲因以修報復，且中傷杜公等，因言介詐死，北走契丹，請發棺以驗。詔下，時杜公在兗，以語官屬，龔鼎臣願以闔族保介必死。提點刑獄吕居簡亦曰：「介果走，孥戮非酷。不然，國家無故剖人冢墓，何以示後世？且介死必有親屬門生會葬，苟召問無異，亦足應詔。」于是衆數百同保，乃免斲棺。子弟羈管他州，亦得還。先生家故貧，妻子不免凍餒，富、韓二公共買田以贍養之。有徂徠集行于世。雲濠案：徂徠集三十卷。謝山學案劄記：徂徠易解五卷。陳直齋曰：所解止六十四卦，亦無大發明。

梓材謹案：宋史范忠宣傳云：「仲淹門下多賢士，如胡瑗、孫復、石介、李覯之徒，純仁皆與從遊。」知胡、孫、石、李四先生皆在文正門下，而先生與盱江輩行較後于安定、泰山，則列之文正門人可也。

春秋説

稱「人」者貶也，而人不必皆貶，微者亦稱人。稱爵者褒也，而爵未必純褒，譏者亦稱爵。繼故不書即位，而桓、宣則書。即位妾母不稱夫人，而成風則稱夫人。失地之君名，而衞侯奔楚則不名。未踰年之君稱子，而鄭伯伐許則不稱子。會盟先主會者，而瓦屋之盟則先宋。征伐首主兵者，而甗之師則後齊。母弟一也，而或稱之以見其惡，或沒之以著其罪。天王一也，或稱天以著其失，或去天以示其非。

春秋爲無王而作，孰謂隱爲賢且讓而始之哉！以上總論。

子叔姬先書被執，次書來歸，非郯、杞之比。夫商人弒君自立，又虐其國君之母，天子不能討，諸侯不能伐。季孫行父再如晉，諸侯爲是盟于扈，皆無能爲而退，徒得單伯之至、子叔姬之歸而已，而興兵以侵魯者未已也。于以見晉霸之不競也，于以見諸侯之有弒君者而莫之討也，于以見齊之横而魯之弱也。文十四年，齊人執子叔姬。

翬弒隱公，遂弒子赤。桓公之立，逆女使翬；宣公之立，逆女使遂。斯二人者，在國以爲賊，而桓宣以爲忠也。故終桓、宣之世，翬、遂皆稱公子，無異詞。宣元年，公子遂如齊逆女。

禮有重輕先後之不同。以祭視繹，則祭爲重而繹爲輕；以繹視卿佐之喪，則繹爲輕而卿佐之喪爲重。有國者當圖其稱也。壬午，猶繹，萬入去籥。

内取外邑皆曰取，如取郜、取防、取訾婁。外歸魯地皆曰歸。如濟西、龜陰及讙、闡、汶陽田，魯地也，齊人以歸于我，當曰歸，今而曰取者，蓋因晉力而取之也。歸者其意也；取者我也，非其志也。于後齊復事晉，故八年使韓穿來言歸之于齊。然此年齊歸我田書曰取，八年齊取我田乃曰歸者，取之自晉，歸之自晉，以見魯國之命制于晉而已。故雖我田也，而不得偃然有之，其猶寄爾。故齊歸我田書曰「取」，猶若取之于外者；齊取我田書曰「歸」，猶若齊之所有也。成二年，取汶陽田。

公之此行，內有僑如之患，外不見于霸主，故危而致之。成十六年，公至自會。

不書「及」，內之也。鄫有國而私屬于魯，魯之私屬鄫也，皆不臣之著也。襄五年，叔孫豹、鄫世子巫如晉。

成九年爲蒲之會，將以合吳，而吳不至，故十五年諸侯之大夫會之于鍾離。前三年悼公盟雞澤，使荀會逆吳子而又不至，故此年使魯先會之于善道。凡此皆往會之也。至秋戚之會，序吳于列而不復殊者，因來會也。凡序吳者，來會我也；殊吳者，往會之也。襄五年，仲孫蔑、衛孫林父會吳于善道。

日食之變，起于交也。有雖交而不食者，春秋二百四十二年而日食三十六。有頻交而食者，此年及二十四年，三年之內連月而食者再也。諸儒以爲曆無此法，或傳寫之誤。然漢之時亦有頻食者，高帝三年及文帝前三年十月晦、十一月晦是也。天道至遠，不可得而知。後世執推步之術，案交會之度而求之，亦已難矣。襄二十一年，九月庚戌朔，日有食之。冬十月庚辰朔，日有食之。

徂徠文集

堯、舜、禹、湯、文、武、周、孔之道，萬世常行，不可易之道也。佛、老以妖妄怪誕之教壞亂之，楊億以淫巧浮僞之言破碎之。怪說。

慈溪黄氏曰：徂徠先生學正識卓，闢邪説，衛正道，上繼韓子以達于孟子，真百世之師也。楊億不過文詞浮靡，其害本不至與佛、老等，而亦闢之峻如此，蓋宋興八十年，浮靡之習方開，爲所怪也。使先生生乎今之世，見託儒者之名售佛、老之説者，闢之又當何如哉？

狗當吾户，貓捕吾鼠，雞知天時，有功于人，食人之食可矣。彼素飡尸禄，將狗貓雞之不若乎！責素飡。

天地間必然無有者有三：無神仙，無黄金術，無佛。大凡窮天下而奉之者，一人也。莫貴于一人，天地兩間苟所有者，求之莫不得也。秦始皇求爲仙，漢武帝求爲黄金，梁武帝求爲佛，勤亦至矣，而始皇遠遊死，梁武餓死，漢武鑄黄金不成。吾故知三者之必無也。辨惑。

鄭康成注文王世子云「文王以憂勤損壽」之説，大非也。文王享年九十有七，豈爲損壽乎？夫憂勤天下者，聖人之心也。安樂一身者，匹夫之情也。後世人君皆耽于逸樂，壽命不長，康成之罪也。憂勤非損壽論。

辱書謂士熙道言天人有感應爲失，至乃謂：「人自人，天自天，天人不相與。斷然以行乎大中之道，行之則有福，異之則有禍，非有感應也。」夫能行大中之道，則是爲善，善降之福，是人以善感天，天以福應善人。不能行大中之道，則是爲惡，惡則降之禍，是人以惡感天，天以禍應惡也。此所謂感應者也。而曰非感應，吾所未達也。人亦天，天亦人，天人相去，其間不容髮。但天陰隲下人，不如國家昭昭然設爵賞刑罰以示人善惡。書曰：「天工人其代之。」易曰：「兼三才而兩之。」文中子曰：「三才之道不相離。」又乾卦曰：「先天而天弗違，後天而奉天時。」楊雄曰：「天辟乎上，地辟乎下，人辟乎中。」天人果不相與乎？熙道通天地人者，故言人必言天，言天必言人。文中子曰：「春秋其以天道終乎！元經其以人事終乎！」天人相與之際，甚可畏也，故君子備之。言人而遺乎天，言天而遺乎人，未盡天人之道也。與范奉禮書。○以上梨洲原本。

攘臂欲操萬丈戈，力與熙道攻浮譌。上孫先生書。

有非常之事，然後有非常之人。有非常之人，然後有非常之功。今元昊猖狂，亦非常也。求非常之事，立非常之功，莫若閣下。然建大厦者非一材，維泰山者非一繩。上韓密學經略書。

日月，天之目。御史，天子之目。上李雜端書。

合天下之公也，雖其親暱，人不謂之私。用一人之私也，雖其疏遠，人不謂之公。上王沂公書。

昔郭代公爲太學生，家信至，寄錢四十萬爲學糧。有縗服叫門，云「五代未葬」，代公卽命以車一時載去，略無留者，亦不問姓氏。代公其年絕糧，不能成舉。柳河東布衣時坐酒肆中，有書生在其側，言貧無以葬，柳卽搜于其家，得白金百餘兩，錢數萬，遺之。故代公富貴功業，光隆于唐；河東文章聲名，照映本朝。上王狀元書乞助改葬石氏七十喪。

生幸而值如孔子、孟軻者同其時，居幸而遭如孔子、孟軻者同其里，則是坐遇孔、孟，親見聖賢，不隔數千百年得其人而師之，不走萬數千里獲其師而學之也。上孫少傅書。

頻見僕所爲文，僕文字實不足動人。然僕之心能專正道，不敢跬步叛去聖人，其文則無悖理害教者，斯亦鄙夫硜硜然有一節之長也。書中又言僕書字怪且異，古亦無，今亦無，爲天下非之。此誠僕之病也。此爲之不能也。然永叔謂我特異于人，似不知我也。僕誠亦有自異于衆者，則非永叔之所謂也。今天下爲佛、老，其徒嚚嚚乎聲，附合響應，僕獨挺然自持吾聖人之道。今天下爲楊億，其衆嘵嘵乎口，一唱百和，僕獨確然自守吾聖人之經。茲是僕有異乎衆者。然亦非特爲取高于人，道適當然也。答歐陽永叔書。

爲文之道，如日行有道，月行有次，星行有躔，水出有源，亦歸于海。與張秀才書。

咸、章、韶、夏，至樂也，不奏于夔、牙之府而奏于鄙俚，惡能審其聲而知其音也？飛兔、騕褭，逸馭也，不騁于王、樂之前而鬻于市人，惡能審其駿而知其良也？今天下大道榛塞，吾常思得韓、孟大賢人出，爲芟去其荆棘，逐去其狐狸，道大闢而無荒穢。往年官在汶上，始得士熙道；今春來南郡，又逢孫明復。韓、孟茲遂生矣。與裴員外書。

夷王下堂，亂是以作。宣公稅畝，亂是以作。秦開阡陌，亂是以作。秦襄王太后臨軒，亂是以作。秦始皇罷封建，置郡縣，亂是以作。秦、漢美人之號凡四十等，亂是以作。漢武帝數宴後宮，奏請多以宦官主之，亂是以作。不反其始，其亂不止。原亂。

孔子爲聖人之至，吏部爲賢人之卓。孔子之易、春秋，自聖人來未有也。吏部原道、原仁、原毁、行難、禹問、佛骨表、諍臣論，自諸子以來未有也。嗚呼，至矣！尊韓。

道大壞，由一人存之。天下國家大亂，由一人扶之。古言「大厦將顛，非一木所支」，是棄道而忘天下國家也。顛而不支，坐而視其顛，斯亦爲不智者矣。曰「見可而進，量力而動」，其全身苟生者歟！救說。

天地之治曰禍福，君之治曰刑賞，皆隨其善惡而散布之。夫人不達天地君之治，硜硜焉守小慈，蹈小仁，不肯去一奸人，刑一有罪，皆曰「存陰德」，其大旨謂不殺一人，不傷一物，則天地神明之所祐也。且天地能覆載而不能明示禍福于人，樹之以君，任其刑賞。人君能刑賞而不能親行黜陟于下，任之以臣，佐其威權。違天地君，而曰「存陰德」，禍斯及矣。陰德論。○以上黃氏補本。

附錄

守道爲舉子時，寓學于南都，其固窮苦學，世無比者。王瀆聞其窮約，因會客，以盤餐遺之。石謝曰：「甘脆者，亦介之願也。但日饗之則可，若止一餐，則明日無繼。朝饗膏粱，暮厭粗糲，人之常情也。介所以不敢當賜。」便以食還，王咨重之。倦遊錄。

景祐二年，録五代及諸國後。時辟先生御史臺主簿，未至，論不當求諸僞國後，坐罷。歐陽文忠貽書責杜祁公曰：「主簿于臺中非言事官。介足未履臺門之閾，已用言事罷，可謂正直剛明，不畏避矣。度介之才不止爲主簿，直可爲御史也。介斥而他舉，亦必擇賢。賢者固好辯。如此，必得愚暗懦默者而止。」杜不能用。史。

歐陽公誌其墓曰：先生非隱者也，其仕嘗位于朝矣。魯之人不稱其官而稱其德，以爲徂徠魯之望，先生魯人之所尊，故因其所居之山以配其有德之稱，曰徂徠先生。其遇事發憤，作爲文章，極陳古今治亂成敗，以指切當世。賢愚善惡，是是非非，無所諱忌。世俗頗駭其言，由是謗議喧然。而小人尤嫉惡之，相與出力，必擠之死。先生安然，不惑不變，曰：「吾道固如是。吾勇過孟軻矣！」

呂氏家塾記曰：天聖以來，穆伯長、尹師魯、蘇子美、歐陽永叔始創爲古文，以變西崑體，學者翕然從之。其有爲楊、劉體者，守道尤嫉之，以爲孔門之大害，作怪說三篇以排佛、老及楊億。于是新進後學，不敢爲楊、劉體，亦不敢談佛、老。

杜默曰：夏英公因慶曆詩之斥己，恨先生刺骨。因先生有奏記富文忠公，責以行伊、周之事，欲因是以傾文忠及范文正等，乃使女奴陰習先生成書，改伊、周爲伊、霍，又僞作先生爲富撰廢立詔草，飛語上聞。富、范大懼，適聞契丹伐夏，遂請行邊。既得命，過鄭州，見呂公夷簡。呂公問何事遽出，范對以經略兩路，事畢即還。呂曰：「君此行正蹈危機，豈得復入？若欲經制西事，莫若在朝爲便。」范公愕然。八月，以富公爲河北宣撫使。富、范既去朝，攻者益急，帝心不能無疑矣。先生亦不自安，乃請外，得濮州通判。

李端叔姑溪集曰：初，夏竦在樞府，深怨石介之譏己，必欲報之。滁州狂人孔直温謀反伏誅，搜其家，得石介書。時介已死，竦爲宣徽南院使，言介詐死，乃富弼遣介結契丹起兵，期以一路兵爲內應，請發介棺驗之。詔下兗州。時知兗者爲杜衍，語僚屬，莫敢答。掌書記龔鼎臣願以闔族保介必死。提刑呂居簡亦言無故發棺，何以示後，具狀上之，始獲免。孫氏鴻慶居士集曰：夏竦既譖先生于仁宗，謂介不死，北走契丹。幸呂居簡爲京東轉運使，具狀保于中使，仁宗始悟竦之譖。及竦之死，仁宗將往澆奠，吴奎言于帝曰：「夏竦多詐，今亦死矣。」仁宗憮然。至其家，澆奠畢，躊躇久之，命大閹去竦面幕而視之。世謂剖棺之與去面幕，其爲人主之疑，一也。亦所謂「報應」者邪？以上梨洲原本。

葉水心習學記言曰：救時莫如養力，辨道莫如平氣。石介以其忿嫉不忍之意，發于褊蕩太過之詞，激猶可與爲善者之心，堅已陷于邪者之敵，羣而攻之，故回挽無毫髮，而傷敗積丘陵。哀哉！然自學者言之，則見善明，立志果，殉道重，視身輕，自謂大過上六當其任，則其節有足取也。補。○梓材案：謝山學案劄記殘句有「攻過不如養德」六字，未知何人之說，與水心此條首二語相類，姑附識于此。

謝山讀徂徠集曰：徂徠先生嚴氣正性，允爲泰山第一高座，獨其析理有未精者。其論學統，則曰「不作符命，自投于閣」以美楊雄，而不難改竄漢書之言以諱其醜。其論治統，則曰「五代大壞，瀛王救之」以美馮道，而竟忘其「長樂老人」之謬。夫欲崇節誼而乃有取于斯二人者，「一言以爲不知」，其斯之謂與！

忠烈文先生彥博附師史炤。

文彥博，字寬夫，介休人。少與張昪、高若訥從潁昌史炤學，炤母異之，曰：「貴人也！」待之甚厚。

第進士，官至同平章事，封潞國公。神宗朝，累拜太尉。請老，以太師致仕，居洛陽。元祐初，司馬温公薦先生宿德元老，宜起以自輔，宣仁后命平章軍國重事。居五年，復致仕。紹聖初，章惇秉政，言者論先生朋附温公，詆毁先烈，降太子少保。卒，年九十二。先生歷事四朝，任將相五十年，名聞四夷。平居接物謙下，尊德樂善，如恐不及。其在洛也，洛人邵康節及程明道兄弟皆以道自重，賓接之如布衣交。崇寧中，預元祐黨籍。後特命出籍，追復太師，謚曰忠烈。參史傳。

梓材謹案：王定國聞見近録以先生兄弟爲泰山門人，則潁昌史氏特其幼學師也。

附錄

呂氏雜志曰：凡與交遊，書其父祖知名于世者，須避其名諱。文潞公與故舊款接，一坐未嘗犯其父諱。

梓材謹案：此條自滎陽學案梨洲原本移入。

運判劉長民先生牧

劉牧，字先之，號長民，衢之西安人。年十六，舉進士不第，曰：「有司豈枉我哉！」乃買書閉户治之，及再舉，遂爲舉首。調州軍事推官，與州將争公事，爲所擠，幾不免。及後將范文正公至，先生大喜曰：「此吾師也！」遂以爲師。文正亦數稱先生，勉以實學，因得從學于泰山之門。歲終，將舉京官，先生以讓其同官有親而老者，文正歎息，許之曰：「吾不可以不成君之美。」及文正撫河東，舉先生可治劇，于是爲兗州觀察推官。改大理寺丞，知大名府。先是，多盜，先生卽用其黨推逐，有發輒得，後遂無爲盜者。有詔集其强壯，剌其手爲義男，多惶怖不知所爲，相率欲亡走。先生諭以詔意，爲言利害，皆就剌，欣然曰：「劉君不我欺也。」通判建州。富文忠公以樞密副使使河北，奏掌機宜文字。保州兵士爲亂，文忠使撫視，先生自長垣三日抵其城下，定之。會文忠罷去，乃之建州。連丁內外艱。服除，通判廬州。朝廷弛茶榷，使江西議均其稅，奏事得請，人皆便之。除廣南西路轉運判官，修險阨，募丁壯以減戍卒，徙倉便輸，考攝官功次，絕其行賕。居二年，凡利害無不興廢者，乃移荆湖北路。至踰月，卒。家貧無以爲喪，自棺櫬諸物，皆荆南士人爲具。先生旣優于學，復優于才，又爲范、富二公所知，一時士大夫爭譽之。先生亦慨然自以爲當得意。已而屯邅流落，抑沒于庸人之中。幾老矣，乃稍出爲世用，若將以有爲也，而卽死，掄材者爲之悵然。先生又受易學于范諤昌，諤昌本于許堅，堅本于种放，實與康節同所自出。其門人則吳祕、黃黎獻也。祕上其書于朝，黎獻序之，卦德通論一卷，鉤隱圖三卷，雲濠案：謝山學案劄記云：劉長民易解十五卷。又案：宋志稱先生新注周易十一卷，圖一卷，晁公武讀書志作圖三卷，則宋志誤也。其注今不傳，圖在道藏洞真部靈圖類，通志堂刊行于世。先儒遺論九事一卷。

忠宣范堯夫先生純仁別見高平學案。

侍講呂原明先生希哲別爲滎陽學案。

學士朱先生光庭別見劉李諸儒學案。

進士張先生洞

張洞，字明遠，任城人。第進士。石徂徠嘗有書與先生曰：「明遠始受業于劉子望，又傳道于泰山孫先生，得春秋最精。近見所爲論十數篇，甚善，黜三家之異同，而獨會于經，予固以拳拳服膺矣。明遠纔三十二歲，已能斬稂莠而搴菁英，出紅塵而摩蒼昊。討尋不倦，智識日通。異日于春秋，其將爲諸子師。明遠勉之！」又有與韓密學書，内云：「泰山布衣孫明復，沛縣布衣梁遣，太平布衣姜潛，任城布衣張洞，皆有文武材略，仁義忠勇，籌策謀略，可應大任。今邊寇内侮，苟得四人，實有以助成閣下之功。」

百家謹案：宋史有張洞列傳，字仲通，祥符人，官至工部郎中，别是一人。

縣令姜至之先生潛

姜潛，字至之，奉符人。從泰山學春秋，亦從徂徠。累薦爲國子直講、韓王宫伴讀。謁宗正允弼，吏引趨庭，不答，呼馬欲去，遂以客禮見。神宗聞其賢，召對延和殿，訪以治道，對曰：「有堯、舜二典在，願陛下致之之道何如。」知陳留縣，數月，條例司劾㊀祥符住散青苗，先生知不免，移疾去。縣人詣府請留之，不得。宋史傳列之隱逸，非也。先生不喜人作詩，嘗曰：「損心氣，招悔吝。」亦名言也。修。

㊀「劾」原作「核」，據宋史本傳改。

龍學祖先生無擇

祖無擇，字擇之，上蔡人。進士高第，歷直集賢院。時封孔子後爲文宣公，先生言：「前代所封曰宗聖，曰奉聖，曰崇聖，曰恭聖，曰褒聖。唐開元中尊孔子爲文宣王，遂以祖謚而加後嗣，非禮也。」于是議改衍聖。出知袁州，首建學宫，置生徒。郡國絃誦之風，由此始盛。歷龍圖閣學士，知鄭、杭二州。神宗立，進銀臺司，與王安石同知制誥。安石嘗辭潤筆物，置院梁上，及憂去，先生用爲公費。安石惡之，諷監司求先生罪，逮治，無貪狀，謫忠正軍節度副使。尋復光禄卿、祕書監、集賢院學士，主管西京御史臺。移知信陽軍，卒。先生少從學于泰山，及死，蒐輯遺文以傳。以言語、政事爲名卿。有文集若干卷行世。雲濠案：先生遺文初名焕斗集，諸家書目並稱爲龍學文集，共十六卷。

百家謹案：史載無擇與王安石同知制誥，安石嘗辭潤筆，置諸院梁上。安石憂去，無擇用爲公費，安石聞而惡之。及無擇知杭州，安石得政，乃諷監司求無擇罪。知明州苗振以貪聞，御史王子韶使兩浙廉其狀，事連無擇。子韶，小人也，請内侍逮赴秀州獄。獄成，無貪狀，但得其貸官錢、接部民坐及乘船過制而已，遂謫忠正軍節度副使。案邵氏聞見録：「擇之知杭州，王介甫以前事恨之，密論監司求擇之罪。監司承風旨，以贓濫聞于朝廷，遣御史王子韶按治，攝擇之下獄，鍛鍊無所得，坐送賓客酒三百小瓶，責節度副使安置。同時有知明州光禄卿苗振，監司亦因觀望，發其贓罪，朝廷遣崇文院校書張載按治。載字子厚，所謂横渠先生者，悉平反之，罪止罰金。其幸不幸有若此也。」先生所坐與史既異，而苗振之事與先生初不相涉，乃以按治苗振俱屬之王子韶，皆非實也。先遺獻曰：「擇之學文于穆伯長，爲有宋古文之始。今所傳雖少，亦可以見其師法也。」

饒淩雲先生子儀

饒子儀，字元禮，臨川人。從泰山及胡安定受經。親没，不事科舉。楊傑授以星曆諸書，莫不洞究。結庵淩雲，名曰葆光，杜門著書。臨江守王説欲迎致軍學，郡守劉公臣曰：「吾州有士如此，令他之，可乎！」乃迎還，躬率諸生聽講説。崇寧初，詔舉懷才抱藝、養素丘園之士，郡以先生應詔。所著編年史要，陳忠肅瓘爲之序，謂其事核旨察，有補于聖經。又有周易、論語解及詩文集。

縣尉李先生緼附曹起。

李緼，字仲淵，邛州人。龍圖閣學士絢之弟。舉進士，調兗州奉符縣尉。同門姜潛居于奉符之太平鎮，某年六月七日夜，大水至，潛幾不免，先生爲借縣弓手營救之。上官以私役人獲罪，徂徠爲作朋友解，略云：「緼與潛友義甚厚，潛之患難不細，緼不足爲有勢力可以庇潛，而操本縣尉權略足以施于潛，尚更退顧其身，不爲潛致毫髮力，忍宴安坐視，此誠禽獸所不爲也。東家火，西家焦髮爛額爲撲滅。赤子入井，路人下乘弛擔，匍匐走救之。潛之水，甚于東家火也；潛之將至于死，猶赤子之入井也。緼少被仲兄故龍圖之教，長師泰山孫明復先生，及親慕士建中而交石介，識周公、孔子之道，知仁義忠信，且與潛交厚，乃不如禽獸乎？乃不如西家路人乎？」又有上范經略書，内有云：「負罪而有才者二人：前兗州奉符縣尉李緼，宿州臨涣縣令曹起。皆進士策名。起亦事劉子望，緼亦事孫明復，能知聖人之道，樂蹈名節，好履仁義，守一官能勤且廉，善養民繩吏，人頗受其福。文皆有才，負志節，慕忠義，知兵習戰。」屢稱之不一焉。

通議莫先生説

莫説，邵武人也。以窮經爲務。自閩陬數千里外裹糧趼足至京師，從泰山遊。已而從徂徠遊，講明道學。歸家不復求仕。以子表深貴，贈官通議大夫。補。

正字朱樂圃先生長文

朱長文，字伯原，吳縣人，人㊀稱樂圃先生。嘉祐進士，累陞祕書省正字，兼樞密院編修文字。傷足不果仕，以著書立言爲事。從泰山學春秋，得發微深旨。作通志二十卷，書有贊，詩有説，易有意，禮有中庸解，樂有琴臺志，蓋自成一家書也。從黄氏補本録入。

徂徠學侶

忠宣范堯夫先生純仁別見高平學案。

侍講吕原明先生希哲別爲滎陽學案。

㊀「人」字原無，據文義補。按宋史本傳，朱長文曾「築室樂圃坊，著書閲古」，故人稱樂圃先生。

徂徠門人泰山再傳。

縣令姜至之先生潛見上泰山門人。

轉運馬先生默

馬默，字處厚，成武人。家貧，徒走詣徂徠，從石先生學。登進士第，知須城縣，爲張守方平所知，後薦爲監察御史裏行，遇事輒言無顧。張儆之曰：「得無累舉者乎？」先生曰：「辱知之深，所以報也。」除知登州，更定配島法。改廣西轉運使，上平蠻方略。温公爲相，問復鄉差衙前法如何，先生曰：「不可。如常平，自漢爲良法，豈宜盡廢？去其害民者可也。」後以坐附温公落職，致仕。補。

處士何安逸先生羣

何羣，字通夫，西充人。嗜古學，喜激揚論議。雖業進士，非其好也。慶曆中，徂徠在太學，四方諸生來學者數千人，先生亦自蜀至。方講官會諸生講，徂徠曰：「生等知何羣乎？羣日思爲仁義而已，不知饑寒之切己也。」衆皆注仰之。徂徠因館先生于其家，使弟子推以爲學長。先生愈自刻厲，著書數十篇。與人言，未嘗下意曲從，同舍目先生爲「白衣御史」。先生嘗言：「今之士，語言脱易，舉止惰肆者，其衣冠不如古之嚴也。」因請復古衣冠。又上書言：「三代取士，皆舉于鄉里而先行義。後世專以文辭就。文辭中害道者，莫甚于賦，請罷去。」徂徠贊美其説。會諫官御史亦言以賦取士，無益治道，下兩制議，皆以爲：進士科始隋歷唐，數百年將相多出此，不爲不得人。且祖宗行之已久，不可廢也。先生聞其說不行，乃慟哭，取平生所爲賦八百餘篇焚之。講官視先生賦既多且工，以爲不情，絀出太學。先生徑歸，遂不復舉進士。嘉祐中，龍圖閣直學士何郯表其行義，賜號安逸處士。先生既卒，趙清獻守益州，奏先生遺稿有益時政，顧詔果州録上之，云非若茂陵書，起天子侈心也。寢不下。參史傳。

通議莫先生說見上泰山門人。

蘇先生唐詢

蘇唐詢者，從徂徠受易。其告歸也，徂徠嘗有詩贈之曰：「纍或經年絶，書猶盡日尋。」讀之可以想見其篤行。

杜先生默

杜默，字師雄。徂徠稱其詩可與石曼卿並稱。

徐先生遁

徐遁，未悉爵里。

梓材謹案：歐陽子爲徂徠墓誌云：「將葬，其子師訥與其門人姜潛、杜默、徐遁等請銘。」是先生爲徂徠弟子之證。

高先生拱辰

高拱辰者，徂徠先生壻也。徂徠嘗有詩，望以韓退之之有李漢云。

趙先生狩

趙狩，受業徂徠與士建中，後受業于泰山。忽與方士遊，學養生術，徂徠作可嗟責之。

孟先生宗儒

孟宗儒，本道士。從徂徠受春秋，遂棄其巾服，乞爲儒，徂徠更名之曰宗儒。

百家謹案：十七史以來，止有儒林。至宋史別立道學一門，在儒林之前，以處周、程、張、邵、朱、張及程、朱門人數人㊀，以示隆也。于是世之談學者動云周、程、張、朱，而諸儒在所渺忽矣。先遺獻曰：「以鄒、魯之盛，司馬遷但言孔子世家、孔子弟子列傳、孟子列傳而已，未嘗加道學之名也。儒林亦爲傳經而設，以處夫不及爲弟子者，猶之傳孔子之弟子也。歷代因之，亦是此意。周、程諸子道德雖盛，以視孔子，則猶然在弟子之列，入之儒林，正爲允當。今無故而出之爲道學，在周、程未必加重，而于大一統之義乖矣。通天地人曰儒。以魯國而止儒一人，儒之名目原自不輕。儒者，成德之名，猶之曰賢也，聖也。道學者，以道爲學，未成乎名也，猶之曰志于道。志道，可以爲名乎？欲重而反輕，稱名而背義，此元人之陋也。且此傳以周、程、張、朱而設，以門人附之。程氏

㊀「數人」疑當作「數十人」。按宋史道學傳傳主共二十四人，其中程氏門人十人，朱氏門人六人。

門人，朱子最取吕與叔，以爲高于諸公；朱氏門人，以蔡西山爲第一；皆不與焉。其錯亂乖繆，無識如此。逮後性理諸書，俱宗宋史。言宋儒者必冠濂溪，不復思夫有安定、泰山之在前也。」百家案：先文潔曰：「本朝理學，實自胡安定、孫泰山、石徂徠三先生始。」朱文公亦云伊川有不忘三先生之語。即攷諸先儒，亦不謬也。

長民門人

黄先生黎獻

黄黎獻者，受長民易。所著有續鉤隱圖一卷，略例義一卷，室中記師隱訣一卷。

提刑吴先生祕

吴祕，字君謨，甌寧人。景祐元年登第，歷侍御史、知諫院。以言事，出知濠州，提點京東路刑獄。乞閒，除守同安。所著有周易通神一卷。今世所稱長民周易新注十卷，蓋合黎獻之三卷及先生通神一卷皆在其内。其記師説一卷，指歸一卷，精微一卷，又不知何人所作，蓋亦其門人之筆也。其後有徐庸。

祖望謹案：皇甫泌易書中有紀師説一卷，精微一卷，當即此十卷之二也。泌稱受之常山抱犢山人，三衢亦有常山，即長民也，特故諱之以神其説耳。

長民私淑

集賢徐先生庸

徐庸，三衢人。雲濠案：弘治㊀衢州志云：「其先汴人，官于衢，因家焉。」直集賢院。著周易意蘊，亦長民之學，當是私淑弟子也。

祖望謹案：先生皇祐時人。其論易九篇，祖劉長民，兼本陸秉。

至之門人

忠肅劉先生摯父居正。

劉摯，字莘老，東光人。兒時，父居正課以書，朝夕不少間。十歲而孤，鞠于外氏，就學東平，因家焉。擢嘉祐甲科，歷南宮令。韓魏公薦爲館閣校勘。王荆公亦器異之，擢爲御史裏行。入見神宗，問曰：「卿從學王安石邪？安石極稱卿器識。」對曰：「臣少孤獨學，不識安石。」退，上疏言君子小人之分在義利㊁，語侵荆公。荆公欲竄之嶺外，神宗謫監衡州鹽倉。久之，出知滑州。哲宗立，召爲吏部郎，擢侍御史，疏蔡確、章惇過惡。執憲數月，百僚敬憚。元祐初，擢御史中丞，累遷尚書右僕射。自輔政至爲相，修嚴憲法，辨白邪正。然性峭直，竟爲朋讒奇中，罷知鄆州。徙青州。紹聖初，再貶光禄卿，蘄州居住。四年，貶鼎州團練副使，新州安置。以疾卒。紹興初，贈少師，謚忠肅。先生嗜書，至老未嘗釋

㊀「弘治」原作「宏治」，係避清乾隆弘曆諱，今改。以下逕改不出校。㊁「利」原作「理」，據龍本改。

卷。家藏書多自讎校，或手鈔録。經學于三禮尤粹。晚好春秋，攷諸儒異同，辯其得失，通聖人經意爲多。每曰：「士當以器識爲先。一號爲文人，無足觀矣。」參史傳。

左丞梁先生燾

梁燾，字況之，須城人。以父任爲太廟齋郎。舉進士中第，歷官檢詳樞密五房文字。元豐時久旱，上書論時政，疏入不報。内侍王中正將兵出疆㊀，干賞不以法，先生争之不得，請外，出知宣州。未幾，提點京西刑獄。哲宗立，召爲工部郎中，累遷右諫議大夫。坐詬同列，出爲集賢殿修撰、知潞州。值歲饑，不待命發常平粟振民。流人聞之，來者不絶，先生處之有條，人不告病。明年，以左諫議大夫召。甫就道，民攀轅不得行，踰太行抵河内乃已。既到，上書曰：「帝富于春秋，未專宸斷，太皇保佑聖主，制政簾帷，姦人易爲欺蔽。願正紀綱，明法度，采用忠言，講求仁術。」兩宫嘉納焉。進御史中丞。改權户部尚書，不拜，以龍圖閣直學士知鄭州。旬日，入權禮部尚書，爲翰林學士。元祐七年，拜尚書右丞，轉左丞。以疾罷爲資政殿學士、同醴泉觀使，改知潁昌府。紹聖元年，知鄆州。朋黨論起，哲宗曰：「梁燾每起中正之論，其開陳排擊，盡出公議，朕皆記之。」以故最後責，竟以司馬温公黨黜知鄂州。三年，再貶少府監，分司南京。明年，三貶雷州别駕，化州安置。三年㊁，卒，年六十四。先生自立朝，一以引援人

㊀「疆」原作「強」，據宋史本傳改。蓋「疆」譌爲「彊」，彊、強同字，故又譌爲「強」。

㊁上文已言「三年」及「明年」（即四年），此「三年」疑有誤，詳宋史本傳校勘記。

物爲意。在鄂，作薦士録，具載姓名。客或見其書，曰：「公所植桃李，乘時而發，但不向人開耳！」先生笑曰：「燾出入侍從，致位執政，八年之間所薦，用之不盡，負愧多矣！」其好賢樂善如此。同上。

梓材謹案：劉子卿明本釋引先生語云：「不信己之所爲，而歸之天意，不可也。」又言其師事孫泰山門人姜至之。是先生姜氏門人也。

詹事晁景迂先生說之別爲景迂學案。

通議家學

知州莫先生表深別見安定學案。

樂圃門人

文定胡武夷先生安國別爲武夷學案。

安逸門人泰山三傳。

主簿馮先生正符父堯民。

馮正符，字信道，遂寧人。其父堯民，字希元，蜀中老儒也。先生從何羣學，三上禮部不第，以經學教授梓、遂間。閉户十年，于諸經多解説，而最著名者春秋得法忘例三十卷。熙寧中，太守何郯上之，久而不報。意以爲荆公不喜春秋，故見絀。已而中丞鄧綰薦之，得召試舍人院，賜同進士出身。荆公亦待之厚，授晉原主簿。先生春秋務通經旨，不事浮辭。其辯杜氏三體五例、何氏三科九旨之穿鑿怪妄，最爲詳悉。鄧綰責守虢略㊀，先生與陳亨甫皆坐附會罷。李巽巖辯之曰：「信道之學，得之安逸處士何羣。安逸學甚高，國史有傳。信道之師友淵源如此，則謂其附會進取者，或以好惡言之耳。且荆公廢春秋，而信道之學顧于春秋特詳。鄧綰，嚴事荆公者也，而能以是書言于朝，初不曰宰相所不喜也。此亦可見當時風俗猶醇厚，士各行其志，不以利祿故輟作，而鄧綰亦加于人一等矣。然則信道要當與安逸牽連書國史，而鄧綰者，偶相知而適相累者也。信道無子孫，其書爲佑人擅易其姓名，屬諸李陶字唐父者。唐父學于温公，最賢而通經，然是書則非其所論也，不知者妄託之耳。」予觀于巽巖之言，而惜先生之書之不傳，又歎宋史竟不能牽連書之安逸傳後，今著之學案中，使得祖徂徠而宗泰山，以見安逸之學蓋有傳者，巽巖其可以無憾矣。補。

提刑門人

主簿鄭揚庭夬別見王張諸儒學案。

忠肅家學

朝奉劉學易先生跂

㊀「虢略」宋史本傳及鄧綰傳均作「虢州」。按地理志，虢略爲虢州屬縣。

劉跂，字斯立，東平㊀人。忠肅長子，與其弟蹈同登元豐二年進士第，官朝奉郎。紹聖間，從忠肅于謫所。徽宗立，詔反忠肅家屬。用先生請，忠肅得歸葬。先生又訴文及甫之誣，遂貶及甫等。先生能爲文章，遭黨事，爲官拓落，家居避禍，以壽終。參史傳。

雲濠謹案：先生著有學易集二十卷，見直齋書録解題。晁景迂爲先生墓誌，稱其晚作學易堂，鄉人稱爲學易先生，其集名蓋取諸此。景迂又稱先生爲孫明復、石守道之徒。大東萊呂氏詩話謂其初登科，就亳州，見劉攽所稱引皆所未知，始有意讀書，後與孫明復、石守道相埒云。

奉議劉先生蹈

劉蹈，斯立弟，皆莘老子。以文學知名，自處約甚，人不知其爲宰相子也。

梓材謹案：此從紫微童蒙訓移入爲傳。又案：先生爲忠肅次子，官奉議郎。其卒也，忠肅爲文祭之，稱其「孝于父母，善于弟兄，行己應物，一以至誠，橫逆不校，憂樂不驚」云。

宣教劉先生長福

劉長福，學易之子，而薌林向侍郎之壻也。嘗官右宣教郎。子荀。參胡五峯集。

梓材謹案：先生子子卿明本釋言朱漢上云：「其學宗程氏，先大夫受其易學。」是先生爲漢上門人，而非終于宣教者矣。

㊀ 按劉跂爲劉摯之子，宋史及本卷上文劉摯傳均稱摯爲東光人，但又稱摯「就學東平，因家焉」，故此處稱劉跂爲東平人。

知軍劉先生荀別見衡麓學案。

提刑劉順寧先生芮別見元城學案。

泰山續傳

進士李先生世弼

李世弼，須城人。從外家受孫明復春秋，得其宗旨。金貞祐初，三赴廷試不售，推恩授彭城簿。復求試。一夕，夢在李彥榜下，閱計偕士無其人，乃更名曰彥㊀。父子同赴試，其子果以春秋中第二甲第二人，而先生第三甲第三人。父子襃貶各異，而先生遂不復仕。從黃氏補本錄入。

李氏家學

尚書李先生昶

李昶，字士都，世弼之子。釋褐，授孟州温縣丞。蒙古兵下河南，奉親還鄉里。行臺嚴實辟授都事，遷經歷。親老求罷，不許。尋以父憂去，杜門教授，一時名士李謙、馬紹、吳衍輩皆出其門。世祖伐宋，次濮州，聞先生名，召見，問治國用兵之要。先生論治國則以用賢、立法、務本、清源爲對，論用兵則

㊀　按李世弼子李昶，元史有傳。本書節録該傳而有誤。李昶傳云：「（李世弼）夢在李彥牓下及第，閱計偕之士無之，時昶年十六，已能爲程文，乃更其名曰彥。」則此「乃更名曰彥」當作「乃更其子名曰彥」，始合。

以伐罪、救民、不嗜殺爲對，深見嘉納。及卽位，召至開平，訪以國事，先生知無不言。時徵需煩重，行省科徵稅賦，雖逋户不貸，先生移書時相云：「止驗見户應輸，猶或不逮。復令包補逃故，必致艱難。」省府從其言，得蠲逋户賦。中統二年春，内難平，先生上表賀，因進諷諫，帝稱善久之。嘗燕處，望見先生，輒斂容曰：「李秀才至矣。」特授翰林侍講學士，行東平路總管軍民同議官。先生條十二事，剗除宿弊。至元二年㈠，罷官家居。五年，起爲吏、禮二部尚書，旋請老歸。丞相安童奏徵之，不赴。八年，起山東東西道㈡按察使，旋致仕。卒，年八十七。所著有春秋左氏遺意、孟子權衡遺説等書。同上。

梓材謹案：以上二傳，黄氏補本本合爲一傳，列李張諸儒學案。今以其宗泰山之學，附入于此。

尚書門人

集賢李野齋先生謙

李謙，字受益，鄆之東阿人。始就學，日記數千言。作賦有聲。爲東平府教授。時教授無俸，向斂儒户銀備束脩，先生辭曰：「家幸非甚貧者，可聚貨以自殖乎！」翰林學士王磐以其名聞，世祖召爲應奉翰林文字。遷左諭德，侍裕宗于東宫。陳十事，曰正心、睦親、崇儉、幾諫、戢兵、親賢、尚文、定律、正名、革弊。裕宗崩，又命傅成宗于潛邸，所至以先生自隨。轉侍讀學士。世祖嘗賜坐便殿，飲衆臣酒，曰：「聞卿不飲，能爲朕强飲乎？」賜蒲萄酒一巵，曰：「此極易醉人，恐汝不勝。」卽令三近侍扶之出。以

㈠「二年」，元史本傳作「元年」。㈡「山東東西道」原作「山東山西道」，據元史本傳改。考元史百官志二，元初「立提刑按察司四道：曰山東東西道，曰河東陝西道，曰山北東西道，曰河北河南道」。

足疾，辭歸東平。成宗卽位，召至上都，陞學士。還家，又召爲翰林學士承旨。年七十一，乞致仕。仁宗卽位，召至行在，疏言九事，帝嘉納。遷集賢殿大學士。歸，卒于家。先生文章醇厚，有古風，不尚浮巧，學者宗之，號野齋先生。有野齋文集行世。參史傳。

右丞馬先生紹附師張播。

馬紹，字子卿，金鄉人。從上黨張播學，復遊李士都之門。嘗知單州，民刻石頌德。累官中書左丞。有言事者，平章事欲罪之，先生曰：「國家導人使言，今罪之，豈不與詔書戾乎？」乃止。執政數年，時稱其賢。仕終河南行省右丞。有詩文數百篇。參姓譜。

吳先生衍

吳衍。

宋元學案卷三

高平學案　全祖望補本

高平學案表

戚同文——范仲淹

附師楊愨，門人宗度、許驤、陳象輿、高象先、郭成範、王礪、滕涉。

睢陽所傳。

范仲淹
- 子純祐
- 子純仁
  - 孫正平
  - 孫正思
  - 李之儀——韋許
- 子純禮
- 子純粹
- 富弼
- 張方平
- 張載別爲橫渠學案。
- 石介別見泰山學案。

李覯——孫立節——子緫
　　　　　　　　子勴
　　　　　　　　胡埜
　　　　徐唐別見安定學案。
　　　　曾鞏別見廬陵學案。

劉牧別見泰山學案。
范純仁見上高平家學。
呂希哲別爲滎陽學案。
並盱江學侶。

胡瑗別爲安定學案。
孫復別爲泰山學案。
周敦頤別爲濂溪學案。
並高平講友。

韓琦——子忠彥——六世孫冠卿
　　　　　　　　六世孫宜卿並見清江學案。
　　趙君錫

歐陽脩別爲廬陵學案。
並高平同調。

高平學案序録

祖望謹案：晦翁推原學術，安定、泰山而外，高平范魏公其一也。高平一生粹然無疵，而導橫渠以入聖人之室，尤爲有功。孝宗嘗以朝臣之請，將與歐陽兖公並入澤宮，已而不果。今卒舉行之，公是爲不泯矣。述高平學案。梓材案：高平學案，謝山所特立，而底稿無存。其存者，特文正三傳弟子韋深道一傳耳。今以史傳參補，而移忠宣與及門李端叔傳于安定學案以足之。謝山嘗立盱江學案，而定本無之，蓋已併入此卷。又案：安定、泰山諸儒皆表揚于高平，而高平實發原于睢陽戚氏，故倣謝山述元儒魯齋學案之推原江漢，而亦先之以睢陽云。

高平所出

隱君戚正素先生同文附師楊慤，門人宗度、許驤、陳象輿、高象先、郭成範、王礪、滕涉。

戚同文，字同文，雲濠案：一作「字文約」。宋之楚丘人。世爲儒。幼孤，祖母攜育于外氏，奉養以孝聞。祖母卒，晝夜哀號，不食數日，鄉里爲之感動。始，聞邑人楊慤教授生徒，日過其學舍，因授禮記，隨卽成誦，日諷一卷。慤異而留之，不終歲，畢誦五經，慤卽妻以女弟。自是彌益勤勵讀書，累年不解帶。時晉末喪亂，絕意祿仕。且思見混一，遂以「同文」爲名字。慤嘗勉之仕，先生曰：「長者不仕，同文亦不仕。」慤依將軍趙直家，遇疾不起，以家事託先生，卽爲葬三世數喪。直復厚加禮待，爲築室聚徒，請益之人不遠千里而至，登第者五十六人，宗度、雲濠案：先生上蔡人，虞城主簿翼子。舉進士，仕至京西轉運使。許驤、雲濠案：先生字允升，世家薊州。父唐以行商卜居睢陽。先生與呂文穆公齊名，官至兵部侍郎。陳象輿、高象先、雲濠案：先生仕至光祿大夫。郭成範、雲濠案：先生最有文名，以司封員外郎致仕。王礪、雲濠案：先生事母甚謹。太平興國進士，官至屯田郎中。滕涉雲濠案：先生爲給事中。父知白，官河北轉運使。皆踐臺閣，而高平范文正公亦由之出。先生純質尚信義。人有喪者，力拯濟之。宗族閭里貧乏者，周給之。冬月多解衣裘與寒者。不積財，不營居室。或勉之，輒曰：「人生以有義㊀爲貴，焉用此爲！」由是深爲鄉里推服。有不循孝悌者，先生必諭以善道。所與遊，皆一時名士。樂聞人善，未嘗言人短。與宗翼、張昉、滕知白爲友。生平不至京師。長子維任隨州書記，迎先生就養，卒于漢東，年七十三。好爲詩，有孟諸集二十卷。楊徽之嘗因使至郡，一見相善，多與酬唱。徽之嘗云陶隱居號堅白先生，先生純粹質直，以道義自富，遂與其門人追號正素先生。參史傳。

謝山慶曆五先生書院記曰：「有宋真、仁二宗之際，儒林之草昧也。當時濂、洛之徒方萌芽而未出，而睢陽戚氏在宋，泰山孫氏在齊，安定胡氏在吴，相與講明正學，自拔于塵俗之中。梓材案：袁絜齋爲四明教授廳壁續記云：「國朝庠序之設，徧于寓內。自慶曆始，其卓然爲後學師表者，若南都之戚氏，泰山之孫氏，海陵之胡氏，徂徠之石氏，集一時俊秀，相與講學，涵養作成之功，亦既深矣。」是謝山所本。亦會值賢者在朝，安陽韓忠獻公、高平范文正公、樂安歐陽文忠公皆卓然有見于道之大概，左提右挈，于是學校徧于四方，師儒之道以立。而李挺之、邵古叟㊁輩共以經術和之。說者以爲濂、洛之前茅也。」又曰：「睢陽學統，至

㊀宋史本傳「義」上有「行」字，較勝。　㊁「邵古叟」，龍本作「邵天叟」。按邵雍之父名古，字天叟。

日而湯文正公發其光。則夫薪火之傳，幸勿以世遠而替矣。」又答張徵士問四大書院帖子曰：「戚同文講學睢陽，生徒卽其居爲肄業之地。祥符三年賜額，晏元獻公延范希文掌教焉。」

睢陽所傳

文正范希文先生仲淹

范仲淹，字希文，唐宰相履冰之後。其先邠州人，後徙江南道，遂爲蘇州吳縣人。先生二歲而孤，母更適長山朱氏，從其姓，名說。少有志操。既長，知其世家，迺感泣辭母，去之應天府，依戚同文學，晝夜不息。冬月憊甚，以水沃面。食不給，至以糜粥繼之。舉進士第，爲廣德軍司理參軍，迎其母歸養。還姓，更其名。遷大理寺丞，徙監楚州糧料院，母喪去官。服除，薦爲祕閣校理。尋通判河中府，徙陳州。時方建太乙宮及洪福院，市材木陝西。先生言：「昭應、壽寧，天戒不遠。宜罷修寺觀，減常歲市木之數，以蠲除積負。」事雖不行，仁宗以爲忠。章獻太后崩，召爲右司諫。歲大蝗旱，江、淮、京東滋甚。先生出撫江、淮，所至開倉賑撫，且禁民淫祀。奏蠲廬、舒折役茶，江東丁口鹽錢，且條上捄弊十事。會郭皇后廢，爭不能得，出知睦州。歲餘，徙蘇州。州大水，民田不得耕，先生疏五河，導太湖注之海，募人興作。未就，尋徙明州，轉運使奏留先生畢其役，許之。歷轉吏部員外郎、權知開封府。時呂夷簡執政，進用者多出其門。先生上百官圖指其次第，且言超格者不宜全委之宰相，夷簡忌之。他日論建都之事，復與夷簡不合，迺爲四論以獻，大抵譏切時政，且以張禹目之。夷簡訴曰：「仲淹離間陛下君臣，所引用皆朋黨也。」先生對益切，由是罷知饒州。歲餘，徙潤州，又徙越州。元昊反，召爲天章閣待制、知永興軍，改陝西都轉運使。會夏竦爲陝西經畧安撫、招討使，進先生龍圖閣直學士副之。夷簡再入相，帝諭先生，使釋前憾。先生頓首謝曰：「臣嚮論蓋國家事，于夷簡無憾也。」延州諸砦多失守，先生自請行，遷户部郎中兼知延州。累以邊功進樞密直學士、右諫議大夫，開府涇州。先生爲將，號令明白，愛撫士卒，諸羌來者推心接之，故賊亦不敢犯。元昊請和，召拜樞密副使。王舉正懦默不任事，諫官歐陽修等言先生有相材，請代舉正，遂改參知政事。固辭不拜，命爲陝西宣撫使。未行，復除參知政事。會王倫寇淮南，帝開天章閣，召二府條對。先生上十事：一曰明黜陟，二曰抑僥倖，三曰精貢舉，四曰擇長官，五曰均公田，六曰厚農桑，七曰修武備，八曰推恩信，九曰重命令，十曰減徭役。所言切中時弊，帝悉采用，著爲令。初，先生以忤吕夷簡，放逐者數年。士大夫持二人曲直，交指爲朋黨。及陝西用兵，天子以先生士望所屬，超擢不次。及夷簡罷，召還，倚以爲治，中外想望其功業。而先生以天下爲己任，裁削倖濫，考覈官吏，僥倖者不便，于是謗毁稍行，而朋黨之論浸聞上矣。會邊陲有警，先生復請行邊，乃以先生爲河東、陝西宣撫使。麟州新罹大㊀寇，言者多請棄之，先生爲修故砦，招還流亡二千餘户，蠲其税。比去，攻者益急，先生亦自請罷，迺以爲資政殿學士、陝西四路宣撫㊁使、知邠州。其在中書所施爲，亦稍稍沮罷。以疾請鄧州。進給事中，徙荆南，鄧人遮使者請留，先生亦願留鄧，許之。

㊀「羅」原作「羅」，「大」原作「入」，據宋史本傳改。（羅、罹二字通用，作「罹」義較顯。）㊁「宣撫」，中華書局點校本宋史改作「安撫」，詳該書校勘記。

尋徙杭州，再遷户部侍郎，徙青州。會病甚，請潁州，未至而卒，年六十四。贈兵部尚書，謚文正。既葬，帝親書其碑曰「褒賢之碑」。先生泛通六經，尤長于易，學者多從質問，爲執經講解亡所倦。并推其俸以食四方遊士，士多出其門下。嘗自誦其志曰：「先天下之憂而憂，後天下之樂而樂。」感論國事，時至泣下。一時士大夫矯厲尚風節，自先生倡之。史傳稱先生内剛外和，汎愛樂善。好施予，置義莊里中，以贍族人，里巷之人皆樂道其名字。死之日，聞者莫不歎息。所著丹陽集若干卷，奏議若干卷。

雲濠案：丹陽集二十卷，奏議十七卷。子四：純祐、純仁、純禮、純粹。後從祀孔子廟庭，稱「先儒范子」。參史傳。

易義

家人陽正于外，陰正于内，陰陽正而男女得位，君子理家之時也。明乎其内，禮則著焉；順乎其外，孝弟形焉。禮則著而家道正，孝弟形而家道成。聖人將成其國，必正其家。一人之家正，然後天下之家正。天下之家正，然後孝弟大興焉，何不定之有！

升地中生木，其道上行，君子位以德升之時也。夫高以下爲基，木始生于地中，其舉遠矣。聖人日躋其德而至于大寶，賢者日崇其業而至于公圭，以順而升，物不距矣，故爻無凶咎。

艮止之道，必因時而存之。時不可進，斯止矣。高不可亢，斯止矣。位不可侵，斯止矣。欲不可縱，斯止矣。止得其時，何咎之有！故曰：「時止則止，時行則行。動静不失其時，其道光明。」非君子，其孰能與于此乎？

女生而知其嫁也，必漸而及時，然後有歸焉。君子學而知其仕也，必漸而成德，然後有位焉。故升高必自下，陟遐必自邇。乾陽漸進而至于在天，坤陰漸進而至于堅冰。天地不能踰，而況于人乎！」

附錄

晏殊留守南京，公遭母憂，晏公請掌府學。常宿學中，訓督學者夜課。諸生讀書寢食，皆立時刻。往往潛至齋舍詗之，見先寢者，詰之，其人亦妄對，則取書問之。其人不能對，乃罰之。出題使諸生作賦，必先自爲之，欲知其難易及所當用意，亦使學者準以爲法。由是從學者輻湊。記聞。

公爲參知政事時，告諸子曰：「吾貧時與汝母養吾親，汝母躬執爨，而吾親甘旨未嘗充也。今而得厚祿，欲以養親，親不在矣，汝母亦已早世，吾所最恨者，忍令若曹享富貴之樂也？吾吳中宗族甚衆，于吾固有親疏，然吾祖宗視之，則均是子孫，固無親疏也。苟祖宗之意無親疏，則饑寒者吾安得不恤也？自祖宗來，積德百餘年而始發于吾，得至大官。若獨享富貴而不恤宗族，異日何以見祖宗于地下，今何顏入家廟乎？」于是恩例俸賜，常均于族人，并置義田宅云。小學外篇。

錢君倚義田記曰：范文正公平生好施與，擇其親而貧、疏而賢者咸施之。方貴顯時，置負郭常稔之田千畝，號曰義田，以養濟羣族之人。日有食，歲有衣，嫁、娶、婚、葬皆有贍。擇族之長而賢者主其計而時其出納焉。日食人一升，歲衣人一縑。嫁女者五十千，再嫁者三十千。娶婦者三十千，再娶者十五千。葬者如再嫁之數，幼者十千。族之聚者九十口，歲入給稻八百斛，以其所入，給其所聚，沛然有餘而無窮。仕而家居俟代者與焉，仕而居官者罷其給。此其大較也。

呂紫微童蒙訓曰：范子夷説，其祖作外任官時，與京中人書，戒其愼勿竊論曲直，取小名，受大禍，不比任言官也。相見正當論行己立身之事。

梓材謹案：紫微每拳拳于范氏家學，故移其所稱引者分錄之。

汪玉山與朱子書曰：范文正公一見橫渠，奇之，授以中庸。若謂從學，則不可。

梓材謹案：橫渠之于高平，雖非從學，然論其學之所自，不能不追溯高平也。

謝山跋范文正公年譜曰：公于貴後，以金帛酬朱氏撫育之恩，足矣。至回贈繼父以太常博士，而以蔭補朱氏子官，則于義未爲當，不可以大賢而曲護之。

高平講友

文昭胡安定先生瑗別爲安定學案。

殿丞孫泰山先生復別爲泰山學案。

元公周濂溪先生敦頤別爲濂溪學案。

高平同調

忠獻韓贛叟先生琦附子忠彥。

韓琦，字稚圭，安陽人。父國華，右諫議大夫。先生弱冠舉進士第二，方唱名，太史奏日下五色雲見，左右皆賀。歷遷監左藏庫。出爲開封府推官、三司度支判官，拜右司諫。時王隨、陳堯佐爲相，韓億、石中立參知政事，先生連疏其過，四人同日罷。又請停内降，抑僥倖。王沂公喜謂先生曰：「諫官固宜如此！」先生益自信。元昊反，命爲陝西安撫使。進樞密直學士，副夏竦爲經畧安撫、招討使。畫攻守二策入奏，仁宗用攻策，詔鄜延、涇原同出征。大將任福不用命，没于好水川，先生上章自劾，知秦州，尋復之。未幾，還舊職，爲陝西四路經畧安撫、招討使，屯涇州。先生與范文正在兵間久，名重一時，人心歸之，朝廷倚以爲重，故天下稱爲「韓范」。元昊稱臣，召爲樞密副使。時上急于求治，手詔宰相杜衍曰：「朕用韓琦、范仲淹、富弼，皆中外人望。有可施行，宜以時上之。」先生條上七事，議稍用。又獻九事，大畧欲備西北，選將帥，明按察，豐財利，遏僥倖，進能吏，退不才，謹入官，去宂食，謂「數者之舉，謗必隨之，願委計輔臣，聽其措置」，帝悉嘉納。遂宣撫陝西，討平羣盜。歸，陳西北四策。會尹洙與劉滬爭城水洛事，先生右洙，朝論不謂然，乃請外，以資政殿學士知揚州。連徙定州，兼安撫使，進大學士，又加觀文殿學士。拜武康軍節度使、知并州，又知相州。嘉祐元年，召爲工部尚書、三司使。未至，迎拜樞密使。三年六月，拜同中書門下平章事、集賢殿大學士，遷刑部尚書。六年閏八月，遷昭文館大學士、監修國史，封儀國公。至和中，上病不能御殿，中外惴恐，臣下爭以立嗣固根本爲言，包拯、范鎮尤激切。積五六歲，依違未之行，言者亦稍怠。至是，先生乘間懷漢書孔光傳以進曰：「成帝立弟之子，彼中材之主猶如是，况陛下乎！」帝乃立宗實。宗實，英宗舊名也。明年，英宗嗣位，以先生爲仁宗山陵使，加門下侍郎，封衛國公。門人親客或從容語及定策事，先生必正色曰：「此仁宗聖德神斷，皇太后内助之力，臣子何與焉！」英宗暴得疾，太后不悅。一日，先生獨見上，上曰：「太后待我無恩。」先生對曰：「自古聖帝明王，不爲少矣，然獨稱舜爲大孝，豈其餘盡不孝邪？父母慈愛而子孝，此常事，不足道。惟父母不慈而子不失孝，乃爲可稱。但恐陛下事之未至爾，父母豈有不慈者哉！」帝大感悟，拜先生右僕射，封魏國公。帝崩，奉詔立神宗，拜司空兼侍中，爲英宗山陵使。先生執政三世，或病其專，先生堅辭位，除鎮安武勝軍節度使、司徒㊀兼侍中、判相州。入對，帝泣曰：「侍中必欲去，今日已降制矣。」賜興道坊宅一區。熙寧元年七月，復請相州以歸。王安石用事，出常平使者散青苗錢，先生亟言之。帝懷其疏以示宰相曰：「琦真忠臣，雖在外，不忘王室。朕始謂可以利民，今乃害民如此！」是時新法幾罷。安石復出，持前議益堅，于是先生請解四路安撫使，止領一路。六年，還判相州。既至之二年，換節永興，未拜而卒，年六十八。前一夕，大星隕于治所。帝哭之慟，篆其碑曰「兩朝顧命定策元勳」。贈尚書令，謚曰忠獻，配享英宗廟庭。常令其子若孫一人官于相，以護丘墓。先生識量英偉，重厚比周勃，政事比姚崇。其所建請，顧義所在，無適莫心。嘗處危疑之際，或諫自保，先生歎曰：「是何言也！人臣盡力事君，死生以之。至于成敗，天也，豈可豫憂其不濟，遂輟不爲哉！」生平折節下士，尤以獎拔人材爲急。王介甫有盛名，或以爲可用，先生獨不然之。及守相，陛辭，神宗問王安石何如，對曰：「安石爲翰林學士則有餘，處輔弼之地則不可。」與富鄭公齊名，號稱賢相，人又謂之「富韓」云。徽宗追贈魏郡王。子五人，長忠彥。（參史傳。）

㊀「徒」字原脫，據宋史本傳補。

梓材謹案：謝山慶曆五先生書院記謂忠獻與范文正、歐陽文忠皆卓然有見于道之大概。文忠自有學案，韓、范二公齊名，故列忠獻傳于文正後云。

附錄

神宗皇帝卽位之初年，雖卻韓琦新法之疏至于再三，逮琦薨，兩宮震悼，躬製神道碑，念之不已，稱爲社稷之臣。

梓材謹案：此晁景迂初見欽宗之言，見邵氏聞見後錄。

元城談錄曰：韓魏公鎮北門，朝臣決令，守把兵士不伏，以解府。公問：「汝罵長官，信否？」曰：「實有。」公曰：「汝爲禁兵，既差在彼，便有階級。」判市曹處斬，畧不變色。潞公鎮北門，有解一卒如前者，公問，亦判處斬，而震怒擲筆。潞公氣稟雄傑，不容奸惡，非傲物也。魏公和平，畧無崖岸。

又語錄曰：歐公非繫辭，韓魏公與同政府甚久，無事不言，獨不與言繫辭。

梓材謹案：汪玉山與呂逢吉書云：「歐陽公謂繫辭非孔子所作，韓魏公終身未嘗與言易。」與此畧同。

晁氏客語曰：韓公謂永叔曰：「凡處事，但自家踏得脚地穩，一任閒言語。」

胡文定曰：本朝卿相，當以李文靖、韓忠獻爲冠。

文忠歐陽永叔先生脩別爲廬陵學案。

高平家學

主簿范先生純祐

范純祐，字天成，吳縣人，文正公長子也。性英悟自得，尚節行。十歲能讀諸書，爲文章有聲。文正守蘇州，首建郡學，聘胡安定瑗爲師。安定立學規良密，生徒數百，多不率教，文正患之。先生尚未冠，輒白㊀入學，齒諸生之末，盡行其規，諸生隨之，遂不敢犯。自是蘇學爲諸郡倡。寶元中，西夏叛，文正連官關陝，皆將兵。先生與將卒錯處，鉤深擿隱，得其才否，由是文正任人無失而屢有功。文正帥環慶，議城馬鋪砦，砦逼夏境，夏懼扼其衝，侵撓其役。先生率兵馳據其地，夏衆大至，且戰且役，數日而成，一路恃之以安。先生事父母孝，未嘗違左右，不應科第。及文正以讒罷，先生不得已，蔭守將作院主簿，又爲司竹監。以非所好，即解去，從文正之鄧。得疾昏廢，卧許昌。富鄭公守淮西，過省之，猶能感慨道忠義。問鄭公之來，公邪私邪，曰：「公。」先生曰：「公則可。」凡病十九年卒，年四十九。參史傳。

忠宣范堯夫先生純仁

范純仁，字堯夫，文正公仲子也。以父任爲太常寺太祝。第進士，調知武進縣，以遠親不赴。易長葛，又辭。時胡安定瑗與孫泰山復、石徂徠介、李盱江覯皆客文正門，先生從之學。梓材案：樓攻媿序忠

㊀「白」原作「自」，據宋史本傳改。

宣文集云：「蓋公天資誠確，篤志學問，承文正公之親傳，博之以泰山孫明復、徂徠石守道、盱江李泰伯三先生，師友之益，發爲文辭，根柢六經，切于論事，無有長語而一出于正。」據此，則孫、石、李三先生之于忠宣，皆在師友之間。殆泰山與安定爲其師，而徂徠、盱江特其友歟？

每講肄，至夜分不寢，置燈帳中，帳頂如墨。父殁，始出仕，以著作佐郎知襄城縣，歷遷侍御史。會議濮王典禮，先生言宜如王珪等議。繼與御史呂誨等更論奏，不聽，先生還所授告敕，家居待罪。既而皇太后手書尊王爲皇，夫人爲后，先生言：「陛下以長君臨御，奈何使命出房闈？恐異日爲權臣矯託之地。」尋詔罷追尊，起先生就職，先生乞外，遂通判安州。改知蘄州，歷京西提點刑獄，京西、陝西轉運副使。召還，拜兵部員外郎，兼起居舍人、同知諫院。奏言：「王安石變祖宗法度，掊克財利，民心不寧。書曰：『怨豈在明，不見是圖。』願陛下圖不見之怨。」帝曰：「何謂？」對曰：「杜牧所謂『天下之人不敢言而敢怒』是也。」帝曰：「卿善論事，爲朕條古今治亂可爲監戒者。」乃作尚書解以進。直集賢院，同修起居注。帝切于求治，多延見咨訪疏逖小臣。先生言：「小人知小忘大，貪近昧遠，其言不可不察。」又論：「安石欲求近功，忘其舊學。尚法令則稱商鞅，言財用則背孟軻。鄙老成爲因循，棄公論爲流俗。異己爲不肖，合意爲賢人。宜速還言者而退安石，答中外之望。」不聽，遂求罷諫職，改判國子監，去意愈決。執政遣人諭留：「已擬知制誥矣！」先生曰：「此言何爲至我哉？言不用，萬鍾非所願也。」凡所上章，語多激切，帝悉不付外。先生録申中書，安石乞加重貶，帝不從，命知河中府。徙成都路轉運使。先生戒州縣未得遽行新法，安石怒，左遷知和州。徙邢州。未至，加直龍圖閣、知慶州。過闕入對，帝曰：「卿父在慶著威名。卿隨父既久，兵法必精，邊事必熟。」先生知帝有功名心，對曰：「臣儒家，未嘗學兵。先臣守邊時，臣尚幼，不復記憶。且今日事勢，宜有不同。願別謀之帥臣。」環州种古執熟羌爲盜，流南方，過慶呼冤，先生以屬吏，非盜也。古避罪譎訟，詔御史治于寧州。先生就逮，民萬數遮馬涕泗，不得行，至有自投于河者。獄成，古以誣譎，亦加先生以他過，黜知信陽軍。移知河中。哲宗立，復直龍圖閣、知慶州。召入，歷除給事中。宣仁后垂簾，司馬文正公爲政，將盡改熙、豐法度，先生謂：「去其太甚可也。」累進吏部尚書、同知樞密、右僕射、中書侍郎。先生在位，務以博大開上意，忠篤革士風。王覿言事忤旨，先生慮朋黨將熾，與文潞公、呂申公辯于簾前，未解。先生曰：「朝臣本無黨，但善惡邪正，各以類分。彥博、公著皆累朝舊人，豈容雷同罔上。昔先臣與韓琦、富弼同柄慶曆政，各舉所知。當時飛語指爲朋黨，相繼補外。造謗者公相慶曰：『一網打盡！』此事未遠，陛下戒之。」因錄歐文忠朋黨論以進。吳處厚上蔡確車蓋亭詩，以爲謗訕，廷議欲寘憲典，惟先生與王存以爲不可，爭之。司諫吳安詩、正言劉安世交章劾先生黨確，先生亦力求罷。明年，以觀文殿學士知潁昌府。歷拜右僕射。因入謝，宣仁后曰：「或謂卿必先引用王覿、彭汝礪，卿宜與呂大防一心。」對曰：「此二人實有士望，臣終不敢保位蔽賢。」宣仁寢疾，召先生曰：「汝父仲淹可謂忠臣。在明肅垂簾時，惟勸明肅盡母道；明肅上賓，惟勸仁宗盡子道。卿當似之。」先生泣曰：「敢不盡忠！」宣仁崩，哲宗親政，所用二三大臣皆從中出，侍從、臺諫官亦多不由進擬。先生言：「陛下初親政，四方拭目以觀，天下治亂實本于此。」又辠小競排宣仁垂簾時事，先生曰：「太皇保佑聖躬，功烈誠心，幽明共鑒。議者不恤國事，一何薄哉！」遂以仁宗禁言明肅垂簾事上之。李清臣殿試策問，爲召[illegible]，[illegible]召變法事。哲宗震怒曰：「安得以漢武比先帝！」轍下殿待罪，衆不敢仰視。先生從容言：「武帝雄才大畧，史無貶詞，轍言殆非謗也。且進退大臣，不當如呵叱奴僕。」右丞鄧潤甫越次曰：「先帝法度爲司馬光、蘇轍壞盡。」先生曰：「不然。法本無弊，弊則當改。」帝爲少霽。轍平日與先生有異，至是乃服，謝曰：「公，佛地位中人也！」帝既召相章惇，先生堅請去，遂出知潁昌府。徙河南，又徙陳州。呂大防等竄嶺表，會明堂肆赦，惇先期阻其事，先生上疏爲申理，且曰：「臣曾被大防排斥，陛下所親見。臣之激切，蓋仰報聖德爾。」惇不悦，詆爲同罪，連貶永州安置。時以疾失明，怡然就道。聞諸子怨惇，必怒止之。赴貶所，江行舟覆，扶先生出，衣盡溼，顧諸子曰：「此亦豈章惇爲之哉！」徽宗即位，虚相位，連除觀文殿大學士，屢賜優詔、茶藥。以病乞歸，卒，年七十五。謚忠宣。先生夷易寛簡，不以聲色加人。義之所在，則挺然不少屈。自布衣至宰相，廉儉如一。在洛與司馬諸賢爲真率會，脱粟一飯，酒數行而已。所得俸賜，皆以廣義莊，賑貧乏。种古之獄，不少芥蔕，且念先世契誼薦擢之。嘗曰：「吾平生所學，得之『忠恕』二字，一生用之不盡。」每戒子弟曰：「苟能以責人之心責己，恕己之心恕人，不患不至聖賢地位也。」又曰：「『六經』，聖人之事，知一字則行一字，須要造次顛沛必於是。」有請教者，曰：「惟儉可以助廉，惟恕可以成德。」梓材案：鄒道鄉稱范丞相説，作「惟儉可以成廉」，次句同。有文集五十卷行世。雲濠案：陳直齋書録解題稱先生著有言行録二十卷，彈事五卷，國論五卷，並佚。忠宣文集二十卷，奏議二卷，遺文一卷，附録一卷，補編一卷，今存。子正平、正思。正平克承家學。從黃氏原本移入。

梓材謹案：梨洲原本，忠宣及李端叔附傳並在安定學案。今檢謝山修補稿本，韋深道傳標題高平。韋爲忠宣再傳弟子，則忠宣、端叔二傳皆當入高平學案可知，故並移之。

附錄

知襄城，伯兄純祐久心疾，先生承事照管如孝子。召編校祕閣書籍，以兄病辭不赴，富公責之曰：「臺閣清資，人豈易得，何必苦辭？」先生曰：「富貴有命。」

文正公在睢陽，遣先生到姑蘇取麥五百斛。先生時尚少，既還，舟次丹陽，見石曼卿，問寄此久何如。曼卿曰：「兩月矣。三喪在淺土，欲葬之而北歸，無可與謀者。」先生以所載麥舟付之，單騎自長蘆捷徑而去。到家，拜起侍立，良久，文正曰：「東吴見故舊乎？」對曰：「石曼卿爲三喪未舉，方留滯丹陽。時無郭元振，莫可告者。」文正曰：「何不以麥舟與之？」曰：「已與之矣。」

襄民素不事蠶織，未有植桑者。先生因有罪情輕者，視所植多寡榮茂除其罰。民思不忘，號著作林。

旱久不雨，先生度將來必闕食，遂盡籍境内客舟，召其主而諭之曰：「民將無食，爾等商販惟以五穀貯于佛寺中。候闕食時，吾爲汝主糶。」衆賈從命，運販不停。諸縣饑，境内之民不知也。

自陝西運副召還，神宗問曰：「卿在陝西久主漕輓，必精意邊事。城郭、甲兵、糧儲何如？」對曰：「城郭粗完，甲兵粗修，糧儲粗備。」帝愕然曰：「卿才能如此，朕所倚賴，而執事皆言粗，何也？」徐對曰：「粗者，未精之辭，如是足矣。臣願陛下無意于邊事，恐邊臣觀望，要功生事，結釁塞外，殘害生靈，耗竭財用，糜費爵賞。不惟爲今日目前之害，又將貽他時意外之憂。願陛下究孟子交鄰之道，修孔子來遠之德，使好生之德洽于遐方，彼將愛戴陛下如父母。雖其酋首桀驁，欲侵侮我疆，其徒亦不爲之用也。」

環慶大饑，公初到，餓殍滿路。先生欲發常平封樁粟麥賑之，州郡皆欲俟奏請得旨後散。先生曰：「人七日不食即死，何可待報？諸公但弗預，吾寧獨坐罪。」

除給事中，時哲宗、宣仁共政。司馬温公入相，首改差役。先生謂之曰：「此事當熟講而緩行。不然，滋爲民病。且宰相職在求人，變法非所先也。」温公有所建請，先生復言：「宰相當虚心以采衆論，不必謀自己出。謀自己出，則諂諛得乘間迎合，而正士當卷懷退避。」先生與温公雖同志，及臨事，不苟同，不見小，思前料後，劑量矯正，類如此。

温公欲令進士召朝官保任然後應舉，又更貢舉法。先生曰：「舉人難得朝士相知。士族近京猶可，寒遠之士尤不易矣。兼今之朝士未必能過京官選人，京官選人未必能如布衣，徒令求舉，未必有益。既欲不廢文章，則雜文、四六之科不如設在衆人場中，不須别設一科也。孟子恐不可輕黜，猶六經之春秋也。」温公從之。

除兼侍講，公語人曰：「國之本在君，君之本在心。人君之學，當正心誠意，以仁爲體，使邪僻浮薄之説無自而入，然後發號施令，爲宗廟社稷之福。豈務章通句解，以資口舌之辯哉？」及在經筵進講，必反覆開陳其説，歸于人君可用而後止。

元祐三年，有吴處厚者以蔡確題安州車蓋亭詩來上，以爲謗訕。宣仁太后得之，怒曰：「蔡確以吾比武后，當重謫。」吕汲公大防爲左相，不敢言。先生乞薄罪，不從。初議貶確新州，先生謂汲公曰：「此路荆棘已七八十年，吾輩開之，恐不自免。」汲公不敢言，先生因乞罷政。

西邊儒帥有以威敵斥境請于先生者，手自答曰：「大輅與柴車較逐，鸞鳳與鴟鴞争食，連城與瓦石相觸，君子與小人鬬力，不惟不能勝，兼不可勝。不惟不可勝，雖勝亦非也。」㊀

百家謹案：先生只此數語，真聖人之言也。夫聖人之本，殺一不辜，雖得天下且不爲。彼以開拓邊疆爲事，使百姓肝腦塗地而不恤者，罪不容于死者也。先生既承文正公之家學，而又得安定、泰山之傳。其學以忠信爲體，六經爲功。至其事君，一以正心誠意格其非心，勸其仁愛萬民，毋開邊釁。百家嘗想：先生父子間，古今來粹然純白，學問中不易多覯之人也。先生疾革，精識不亂，諸子侍側，口占遺表，畧云：「蓋嘗先天下而憂，期不負聖人之學。此先臣所以教子，而微臣資以事君。」又曰：「若宣仁之誣謗未明，致保佑之憂勤不顯。本權臣務快其私忿，非泰陵實謂之當然。」以至「未究流人之往愆，悉以聖恩而特敘，尚使存殁猶污瑕疵」，又「未解疆場之嚴，幾空帑藏之積，有城必守，得地難耕」，凡八事，命門人李之儀次第之。先生之至死盡忠如此。梓材案：以上附録與黄氏案語，亦自安定學案移入是卷。

鄒道鄉曰：范丞相平生所稱引奏對，秖是孝經、論語、孟子、周易。嘗云：「人作好事，不堪再說。說著便不中。」

呂舍人官箴曰：范忠宣公鎮西京日，嘗戒屬官受納租稅，不要令兩頭探。或問何謂，曰：「不要令人

㊀ 宋史本傳云：「弟純粹在關陝，純仁慮其於西夏有立功意，與之書曰：『大輅與柴車争逐……』」云云，與此所記畧異。

户探官員，等候受納；官員不要探納者多少，然後入場。此謂兩頭探。但自絶早入場等人口，則自無人户稽留之弊。」黄氏補本。

汪玉山與呂逢吉書曰：忠宣持論，專欲消合黨類，兼收並用，而不知其勢亦有未易爲者。君子小人之勢，決無兩立。元祐晚年，呂微仲逐去劉莘老門下士，而引李清臣、鄧温伯、蒲宗孟于從班，忠宣之説畧施行矣。然首倡紹述之説者，李、鄧也，其流害迄于今可見矣。曾子開謂范公之言行于元祐，必無紹聖大臣報復之禍。然使蔡確不殛，他日復出，豈在惇、卞下？特不當以詩罪之耳。且惇、卞在元祐，或偃息大郡，或優游奉祠，所以貸之者厚矣，畧無懷惠悔過之意。則知專以優柔待小人者，非其理也。若謂忠宣有他意，則不可。其再相，力辯臺諫誣罔，吐剛茹柔。罷相後，尚乞寬元祐諸人，以至得謫。是果何求？願更慎言之。

祖望謹案：東萊亦以范堯夫參用熙、豐小人之説爲非。

恭獻范先生純禮

范純禮，字彝叟，文正公三子。以父蔭爲祕書省正字，簽書河南府判官，知陵臺令，兼永安縣。永昭陵建，京西轉運使配木石磚甓及工徒于一路，獨永安不受令。使者以白陵使韓琦，琦曰：「范純禮豈不知此，將必有説。」他日衆質之，先生曰：「陵寢皆在邑境，歲時繕治無虚日，今乃與百縣均賦。曷若置此，使之奉常時用乎？」琦是其對，還朝，用爲三司鹽鐵判官。以比部員外郎出知遂州。瀘南有邊事，調度苛棘，先生一以靜待之，辨其可具者，不取于民。民圖像于廬而奉之如神，名曰范公庵。除户部郎中，累遷刑部侍郎，進給事中。張耒除起居舍人，病未能朝，而令先供職。先生批敕曰：「臣僚未有以疾謁告，不赴朝參，先視事者。」聞者皆悚動。御史中丞擊執政，將遂代其位，先以諷先生，先生不可，即徙先生刑部侍郎，而後出命。轉吏部，改天章閣待制、樞密都承旨，出知亳州。徽宗立，以龍圖閣直學士知開封府，前尹刻深爲治，先生以寬處之。既拜禮部尚書，擢尚書右丞。呂惠卿告老，徽宗問執政，執政欲許之。純禮曰：「惠卿嘗輔政，其人固不足重，然當存國體。」曾布奏：「議者多憂財用不足，此非所急也，願陛下勿以爲慮。」先生曰：「大農告匱，帑庾枵空，而曰不足慮，非面諛㊀邪？」因從容諫曰：「邇者朝廷命令，莫不是元豐而非元祐。以臣觀之，神宗立法之意固善，吏推行之或有失當，非必盡懷邪爲私。」又曰：「自古天下治亂，繫于用人。人君欲得英傑之心，固當不次飭拔。必待薦而後用，則守正特立之士將終身晦迹矣。」左司諫江公望論繼述事當執中道，不可拘一偏。徽宗出示其疏，先生贊之曰：「願陛下以曉中外，使知聖意所嚮，亦足以革小人徇利之情。」乞褒遷公望，以勸來者。」先生沈毅剛正，曾布憚之，激駙馬都尉王詵曰：「上欲除君承旨，范右丞不可。」詵怒。會詵館遼使，先生主宴，詵誣其輒斥御名，罷爲端明殿學士、知潁昌府，提舉崇福宮。崇寧中，啟黨禁，貶試少府監，分司南京；又貶靜江軍節度副使，徐州安置，徙單州。五年，復左朝議大夫，提舉鴻慶宮。卒，年七十六。參史傳。

㊀「諛」，宋史本傳作「謾」，疑當從。

安撫范先生純粹

范純粹，字德孺，文正公季子也。以蔭遷至贊善大夫、檢正中書刑房公事。以事出知滕縣，遷提舉成都諸路茶場。元豐中，爲陝西轉運判官。時五路出師伐西夏，高遵裕出環慶，以劉昌祚後期，欲按誅之。昌祚憂恚病卧，其麾下皆憤焉。先生恐兩軍不協，致生他變，勸遵裕往問昌祚疾，其難遂解。神宗責諸將無功，謀欲再舉。先生奏：「關陝軍力單竭，公私大困，根本可憂。」神宗納之，進爲副使。吴居厚爲京東轉運使，數獻羨賦。神宗將以徐州大錢二十萬緡助陝西，先生語其僚曰：「吾部雖急，忍復取此膏血之餘！」卽奏：「本路得錢誠爲利，自徐至邊，勞費甚矣。」懇辭弗受。入爲右司郎中。哲宗立，居厚敗，命先生以直龍圖閣往代之，盡革其苛政。時蘇軾自登州召還，先生與軾同建募役之議，軾謂先生講此事尤爲精詳。復代兄純仁知慶州，與夏議分疆界。先生請棄所取夏地，所言皆畧見施行。夏人不庭，先生遣將曲珍救之，曰：「本道首建應援牽制之策。臣子之義，忘軀徇國，無謂鄰路被寇，非我職也。」珍卽日疾馳三百里，破之于曲律，擣横山，夏衆遁去。元祐中，除寶文閣待制。再任，召爲户部侍郎。又出知延州。紹聖初，哲宗親政，用事者欲開邊釁，御史郭知章遂論先生元祐棄地事，降直龍圖閣。明年，復以寶文閣待制知熙州。章淳、蔡卞經畧西夏，疑先生不與共事，改知鄧州。歷河南府、滑州。旋以元祐黨人奪職，知均州。徽宗立，起知信州。尋以言者落職，知金州。又謫常州通判，鄂州安置，錮子弟不得擅入都。會赦，復領祠。久之，以右文殿修撰提舉太清宮。黨禁解，復徽猷閣待制。

致仕。卒，年七十二。先生沈毅有幹略，才應時須。凡條疏時事，議論皆剴切詳盡。同上。

附錄

鄒道鄉曰：范德孺在太原，每支官吏及軍士糧，同出一廒。雖有涇惡，軍士自不怨。

高平門人

文忠富彥國先生弼

富弼，字彥國，河南人。篤學，有大度。初遊場屋，穆伯長謂之曰：「進士不足以盡子之才，當以大科名世。」果禮部試下。西歸，范文正公追之曰：「有旨以大科取士，可亟還。」遂舉茂才異等。僉書河陽判官，通判絳州。慶曆中，再使契丹。以成和議，拜樞密使，封韓國公。後與文潞公彥博並相，天下稱爲「富文」。元豐六年卒，年八十。先生早有公輔之望，名聞夷狄。遼使每至，必問其出處安否。臨事周悉，不萬全不發。當其敢言，奮不顧身。忠義之性，老而彌篤。家居一紀，斯須未嘗忘朝廷。訃聞，贈太尉，諡文忠。參史傳。

梓材謹案：先生初封鄭國，始名皐。晏元獻判南京，文正權掌西監，晏屬之擇婿。文正曰：「監中有二舉子，富皐、張爲善，皆有文行，可婿。」晏問孰優，曰：「富修謹，張疏俊。」晏取先生爲婿。文正掌監事，而先生與張文定並爲舉子，固得爲文正門人也。又案：呂與叔集載，先生致事家居，專爲佛老之學，與叔嘗奏記于先生，是先生爲學，不若文正之醇矣。

附錄

神宗欲相富弼，以疾辭，退居洛陽，多以手疏論天下大利害，神宗必賜手札報之。嘗因王安石有所建明，而卻之曰：「如此，則富弼手疏稱『老臣無處告訴，但仰屋竊歎』者，卽當至矣。」弼薨，躬製祭文。

梓材謹案：此晁景迂初見欽宗之言。

劉器之曰：富鄭公年八十，書座屏云：「守口如瓶，防意如城。」

梓材謹案：此晁氏客語，謝山節入景迂學案。茲爲鄭公立傳而移之。

元城語録曰：富鄭公使敵，說以用兵則國家受其害，人臣享其利。老蘇謂二子曰：「古人有此意否？」東坡對曰：「嚴安亦有此意，但不如此明白。」老蘇笑以爲然。蓋取嚴安諫用兵曰：「此人臣之利，非天下之長策也。」前輩讀書，必見于用。

陳唯室步里客談曰：富文忠少日，有訴者，如不聞知。或告之，則曰：「恐罵他人。」曰：「斥公名。」曰：「天下安知無同姓名者？」

文定張樂全先生方平

張方平，字安道，南京人。少穎悟絶倫。先舉茂才異等，爲校書郎，知崑山縣。又中賢良方正，遷著作佐郎，通判睦州。嘗召試館職，仁宗曰：「是非再舉制科者乎！」命直集賢院，俄判西京㊀。入覲，留

㊀「俄判西京」宋史本傳作「俄知諫院」，其爲西京留守入覲，留判尚書都省，均在神宗時，此作仁宗時事，蓋節録有誤。

判尚書都省。累拜參知政事、西京留守、知陳州。以太子少師致仕。卒，年八十五。贈司空，謚文定。先生慷慨有氣節。既告老，論事益切。至于用官起獄，尤反覆言之。且曰：「臣且死。見先帝地下，有以藉口矣。」平居未嘗以言徇物，以色假人。守蜀，得眉山蘇洵與其二子軾、轍，深器異之，嘗薦軾爲諫官。晚受知神宗，王安石方用事，嶷然不少㊀屈，以是望高一時。參史傳。

雲濠謹案：樓攻媿跋先生上范文正公書云：「文正講道睢陽，樂全以文受知。晏元獻公欲擇二壻，其一則富文忠公，次則樂全。樂全雖不成婚，然皆文正所薦，時蓋名爲善云。」

附錄

元城語録曰：東坡下御史獄，張安道上書救之，其子不敢投。後東坡見之，亦吐舌色動。蓋安道書云：「其實天下之奇材也。」豈不激怒？但當言「本朝未嘗殺士大夫」。

獻公張橫渠先生載別爲橫渠學案。

直講石徂徠先生介別見泰山學案。

說書李盱江先生覯

李覯，字泰伯，南城人，學者稱爲盱江先生。俊辯能文。舉茂才異等，不中。親老，以教授自資，學者常數十百人。皇祐初，范文正公薦爲試太學助教，上明堂位定制圖。嘉祐中，用國子監奏，召爲海門

㊀「小」原作「少」，據龍本改。

主簿、太學說書而卒。先生嘗著周禮致太平論、平土書、禮論。門人鄧潤甫熙寧中上其退居類稿、皇祐續稿并後集，請官其子參魯，詔爲郊社齋郎。參史傳。

梓材謹案：盧氏所藏學案原底，于先生門人孫介夫傳標云盱江，知謝山嘗立盱江學案。檢原底序録，士劉諸儒學案條有「江楚則有李覯」句，後定刊本又節之，蓋以盱江併入高平爾。又案忠宣傳，安定、泰山、徂徠、盱江皆客文正門。先生與徂徠輩行較後，以爲文正門人可也。

盱江文集

考工記「周人明堂，度九尺之筵」，是言堂基修廣，非謂立室之數。「東西九筵，南北七筵，堂崇一筵」，是言堂上，非謂室中。東西之堂各深四筵半，南北之堂各深三筵半。「五室，凡室二筵」，是言四堂中央有方十筵之地，自東至西可營五室，自南至北可營五室。十筵中央方二筵之地，既爲太室，連作餘室，則不能令十二位各直其辰，當于東南西北四面及四角缺處，各虛方二筵之地，周而通之，以爲太廟，太室正居中。月令所謂「中央土」、「居太廟太室」者，言此太廟之中有太室也。太廟之外，當子、午、卯、酉四位上，各畫方二筵地以與太廟相通，爲青陽、明堂、總章、玄堂四太廟；當寅、申、巳、亥、辰、戌、丑、未八位上，各畫方二筵地以爲左个、右个也。大戴禮盛德記：「明堂凡九室，室四户八牖，共三十六户、七十二牖。」八个之室并太室而九，室四面各有户，户旁夾兩牖也。白虎通：「明堂上圓下方，八窗、四闥、九室、十二坐。」四太廟前各爲一門，出㊀于堂上，門旁夾兩窗也。左右之个，其實皆室，但以分處

㊀「出」原作「坐」，據李覯集（中華書局點校排印本，下同）一二六頁及宋史本傳改。

左右，形如夾房，故有个名。太廟之內以及太室，其實祀文王配上帝之位，謂之廟者，義當然矣。土者分王四時，于五行最尊，故天子當其時居太室，用祭天地之位以尊嚴之也。四仲之月，各得一時之中，與餘月有異，故復于子、午、卯、酉之方取二筵地，假太廟之名以聽朔也。周禮言基而不及室，大戴言室而不及廟，稽之月令則備矣。然非白虎通，亦無以知窗闥之制也。聶崇義所謂秦人明堂圖者，其制有十二階，古之遺法，當亦取之。禮記外傳曰：「明堂四面各五門。」今案明堂位：八蠻之國，南門之外；九采之國，應門之外。時天子負斧扆，南鄉而立，南門之外者北面東上，應門之外者亦北面東上，是南門之外有應門也。既有應門，則不得不有臯、庫、雉門。明堂者四時所居，四面如一。南面既有五門，則餘三面皆各有五門。鄭注明堂位則云「正門謂之應門」，其意當謂變南門之文以爲應門；又見王宮有路門，其次乃有應門，今明堂無路門之名而但有應門，便謂更無重門，而南門卽是應門。且路寢之前則名路門，其次有應門，明堂非路寢，乃變其內門之名爲東門南門，而次有應門，何害于義。四夷之君既在四門之外，而外無重門，則是列于郊野道路之間，豈朝會之儀乎？王宮常居，猶設五門以限中外，明堂者，效天法地，尊祖配帝，而止一門以表之，豈爲稱哉？若其建置之所，則淳于登云：「在國之陽，三里之外，七里之內，丙巳之地。」玉藻「聽朔于南門之外」，康成之注亦與是合。夫㊀稱「明」也，宜在國之陽；事天神也，宜在城門之外。今圖以九分當九尺之筵，東西之堂共九筵，南北之堂共七筵，中央之地自東至西凡五室，自南至北凡五室，每室二筵，取于考工記也。一太室，八左右个，共九室，室有四户八牖，共三

㊀「夫」原作「天」，依上下文義並據李覯集一二九頁及宋史本傳改。此句意謂：夫明堂既稱爲「明」，自宜建於國之陽。

十六户、七十二牖，協于大戴禮盛德記也。九室四廟，共十三位，本于月令也。四廟之面各爲一門，門夾兩窗，是謂八窗四闥，稽于白虎通也。十二階，采于聶崇義三禮圖也。四面各五門，酌于明堂位、禮記外傳也。明堂定制圖序。

大傳曰：「別子爲祖。」注云：「別子謂公子。若始來在此國者，後世以爲祖也。」又曰：「繼別爲宗。」注云：「別子之世適也。族人尊之，謂之大宗。是宗子也。」又曰：「繼禰者爲小宗。」注云：「父之適也。兄弟尊之，謂之小宗。」又曰：「有百世不遷之宗，有五世則遷之宗。百世不遷者，別子之後也。宗其繼別子之所自出者，百世不遷者也。宗其繼高祖者，五世則遷者也。」注云：「遷，猶變易也。繼別子，別子之世適也。繼高祖者，亦小宗也。先言繼禰者，據別子子弟之子也。以高祖與禰皆有繼者，則曾祖、祖亦有也。則小宗四，與大宗凡五。」説者曰：別子謂公子，諸侯之庶子也。若細別言之，則妻之所生爲適，妾之所生爲庶。若秖據正體言之，則妻之長子爲適，其次子以下及妾所生，通得謂之庶子也。諸侯之適子適孫繼世爲君，而庶子不得禰先君，故自與其後世子孫爲始祖也。云「若始來在此國者」，謂非君之親，或是異姓始來在此國者，亦得謂之別子，自與其後世子孫爲始祖也。別子之適子世繼別子爲大宗，族人尊之，雖五世以外，皆爲之齊衰三月，爲其母妻亦然，所謂「百世不遷」者也。其別子之庶子不得禰別子，則自使其適子繼己而爲小宗，所謂「繼禰者爲小宗」也。繼禰，則與親兄弟爲宗也；又其適子則繼祖，與同堂兄弟爲宗也；又其適子則繼曾祖，與再從兄弟爲宗也；又其適子則繼高祖，與三從兄弟爲宗也。其庶子皆不得繼禰，各自使其適子繼己而爲小宗焉。是自高祖之後至玄孫，凡四世。就此第四世小宗之三從兄弟而言，則其人有小宗四矣。宗其繼禰者，親兄弟也，又與之共宗于繼祖者，同堂兄弟也，又與之共宗于繼曾祖者，再從兄弟也；又與之共宗于繼高祖者，三從兄弟也。然則四宗備矣。又與四宗共宗于大宗，是爲五宗也。其于小宗，各以本服服之：親兄弟，齊衰期也；同堂兄弟大功也；再從兄弟，小功也；三從兄弟，緦麻也。至第五世，繼高祖之父者與四從兄弟無服，不復爲之宗，所謂「五世則遷」者也。若世數尚少，則小宗或有三，或有二，或有一。其曰「小宗四」者，蓋極言之耳，不必皆然也。五宗圖序。

常語

或問：「伊尹廢太甲，有諸？」曰：「是何言歟！君何可廢也？古者君薨，百官總己以聽于冢宰三年。成湯既歿，二十五月中，伊尹之知政，太甲之居憂，固其常也。不宮于亳而宮于桐，近先王墓，使其思念。名之曰『放』，傚之之意也。故三祀十有二月朔，伊尹以冕服奉嗣王歸于亳，二十六月而即吉也。則太甲之爲君，何嘗一日廢矣哉！」

或曰：「伊尹放太甲而天下厭然，周公屏成王而國有流言，」也？」曰：「周公，武王弟也，有次立之勢；管、蔡，其至親也，易以生怨。以怨濟疑，理固然也。」「敢問太甲不能終允德，成王不見金滕之書，則伊尹柰何？」曰：「太甲賢也，不得不改。成王亦賢也，不得不悟。太甲、成王果不賢邪，則湯、武不以託伊、周，伊、周亦不受之于湯、武。」

或曰：「知人蓋未易也。周公不知管、蔡，安知成王？」曰：「事有小有大，有緩有急。監武庚之國，其任人也，常事也。天下之政多矣，譬諸日月，猶有所不照。夫以新造之周而謀嗣焉，其用心奚若？堯不知四凶，可也；至于丹朱，其有不知者乎？」

或曰：「自漢迄唐，孰王孰霸？」曰：「天子也，安得霸哉？皇、帝、王、霸，其人之號，非其道之目也。自王以上，天子號也，惟其所自稱耳。帝亦稱皇，書曰『皇帝清問下民』是也。王亦稱帝，易曰『帝乙歸妹』是也。如其優劣之云，則文王、武王劣于帝乙者乎？霸，諸侯號也。霸之爲言伯也，所以長諸侯也。豈天子之所得爲哉！道有粹有駁，其人之號不可以易之也。世俗見古之王者粹，則諸侯而粹者亦曰行王道，見古之霸者駁，則天子而駁者亦曰行霸道；悖矣。宣帝言漢家制度『本以霸王道雜之』，由此也。人固有父爲士、子爲農者矣，謂天下之士者曰行父道，謂天下之農者曰行子道，可乎？父雖爲農，不失其爲父也；子雖爲士，不失其爲子也。世俗之言王霸者，亦猶是矣。若夫所謂父道則有之矣，慈也；所謂子道則有之矣，孝也。所謂王道則有之矣，安天下也；所謂霸道則有之矣 尊京師 非粹與駁之謂也。」

或曰：「詩人以后稷、先公致王業之艱難，其非諸侯矣乎？」曰：「武王既得天下，詩人迹其世世修德，始于后稷、公劉，以至于太王、王季、文王，故云爾也。當商之未喪，誰有此言乎？如使紂能悔過，武王不得天下，則文王之爲西伯，霸之盛者而已矣。西伯霸而粹，桓、文霸而駁者也。三代王而粹，漢、唐王而駁者也。」

或問：「魯用王禮，何如？」曰：「成王以周公勳勞，命魯公世世祀周公以天子之禮樂。周公尊矣，故禰文王、郊后稷，皆傚王禮而不備焉。周公而上，王禮可也。頌曰：『皇皇后帝，皇祖后稷，享以騂犧，是享是宜，降福既多。』豈有非禮而頌之云乎？周公而下，則僭矣。隱五年九月，考仲子之宮，初獻六羽，公問于衆仲，始用諸侯禮也。」

或曰：「地方七百里，有諸？」曰：「信也。」「然則孟子何言乎儉于百里也？」曰㊀：「閟宮頌僖公復周公之宇，而曰『公車千乘，朱英綠縢』。千乘之地，方三百一十六里有畸，山陵、林麓、川澤、溝瀆、城郭、宮室、涂巷不與焉，其何儉于百里也？世俗疑周官五百里，以其大也。是亦不思爾矣。諸侯之于天子，非若敵國然也，大國貢半，次國三之一，小國四之一。諸侯有其地，天子食其㊁稅，譬之一郡而已矣。魯七百里，開方之而四十九，殆半王畿也。今之大郡，不有半京畿者乎？」

或問：「聖人之道，固不容雜也，何吾子之不一也？」曰：「天地之中，一物邪？抑萬物也？養人者不一物，闕一則病矣。聖人之道，譬諸朝廷。朝廷也者，豈一種人哉？處之有禮，故能一也。女子在內，男子在外；貴者在上，賤者在下；親者在先，疏者在後。府史胥徒，工賈牧圉，各有攸居而不相亂也。夫所以謂之一也。他人之不一，則闤闠耳，終日紛紛而無有定次也。夫所以謂之雜也。世俗患其雜，則拘于一，是欲以一物養天下之人也。白而不受采，則人皆縞素矣，何足以觀之哉？其歸于諸子而已矣。」

「聖人無高行，何謂也？」曰：「聖人之行必以禮也。禮則無高矣。夫其高者，出于禮也，異于人也，

㊀「曰」原作「因」，據李覯集三七四頁改。　㊁「其」原作「之」，據同上書改。

故能赫赫之如彼也。孔子事親無異稱，居喪無異聞，立朝無異節，何也？安禮也。出于禮者，非聖人也，矯世者之爲之也。」「敢問聖人有過歟？」曰：「『加我數年，五十以學易，可以無大過矣！』夫豈無過哉？」或曰：「孔子謙也。」曰：「仲虺之美成湯改過不吝，豈成湯之謙也哉？世俗之說者則謂聖人無過，顏子不貳，猶或爲之辭，徒使人君之恥過也而不欲聞之也。」

孔子之爲司寇也，不聞其改法度也，沈猶氏不敢朝飲其羊，公慎氏出其妻，慎潰氏踰境而徙，魯之粥馬牛者不豫賈，必早正以待之也。世俗之說者不曰正其身，徒囂囂以疾人之法度，其亦非孔子之志也。

大哉孔子，吾何能稱焉！顏淵曰：「仰之彌高，鑽之彌堅，瞻之在前，忽焉在後。」仰之彌高也，則吾以爲極星，考之正之，舍是則無四方矣。鑽之彌堅也，則吾以爲磐石，據之依之，舍是則無安居矣。瞻之在前，忽焉在後也，則吾以爲鬼神，生之斂之，舍是則無庶物矣。他人之道，借曰善焉，有之可也，無之可也。夫子之道，不可須臾去也。不聞之，是無耳也；不見之，是無目也；不言之，是無口也；不學之不思之，是無心無精爽也。尚可以爲人乎哉？吾于斯道，夜而諷之矣，晝而讀之矣，髮班班而不知其疲矣，終没吾世而已矣。

常語辯

孟子曰：「五霸者，三王之罪人也。」吾以爲孟子者，五霸之罪人也。五霸率諸侯事天子，孟子勸諸侯爲天子。苟有人性者，必知其逆順爾矣。孟子當周顯王時，其後尚且百年而秦并之。嗚呼，孟子忍人也，其視周室如無有也。

余隱之曰：孟子説列國之君使之行王政者，欲其去暴虐，行仁義，而救民于水火爾。行仁義而得天下，雖伊尹、太公、孔子説其君，亦不過如此。彼五霸者，假仁義而行，陽尊周室而陰欲以兵强天下。孟子不忍斯民死于鬬戰，遂以王者仁義之道詔之。使當時之君不行仁義而得天下，孟子亦惡之矣，豈復勸諸侯爲天子哉！

朱子曰：李氏罪孟子勸諸侯爲天子，正爲不知時措之宜。隱之之辯已得之，但少發明時措之意。又所云「行仁義而得天下，雖伊尹、太公、孔子説其君，亦不過如此」，語亦未盡善。不若云：「行仁義而天下歸之，乃理勢之必然，雖欲辭之而不可得也。」

孔子曰：「桓公九合諸侯，不以兵車，管仲之力也。如其仁！如其仁！」又曰：「管仲相桓公，霸諸侯，一匡天下，民到于今受其賜。微管仲，吾其被髮左衽矣。」而孟子謂：「以齊王，猶反手也。功烈如彼其卑。故曰：管仲，曾西之所不爲。」嗚呼，是猶見人之鬬者而笑曰：「胡不因而殺之，貨可得也。」雖然，他人之鬬者耳。桓公、管仲之于周，救父祖也。而孟子非之，柰何！

余隱之曰：孔子謂管仲「如其仁」，言仲之似仁而非仁也。又謂「微管仲，吾其被髮左衽」，言仲有攘卻夷狄之功也。至謂其小器、奢僭、不知禮，言仲之不能圖大致遠也。夫奢僭不知禮之人，豈得爲仁乎？其所以九合諸侯者，假仁而行，以濟其不仁耳，宜曾西之所不爲也。昔成湯以七十里爲小國之諸侯，伊尹相之，以王于天下。齊以千里之國而相管仲，管仲得君之專，行國政之久，功烈如彼其卑，童子且羞稱之，況大賢乎？有好功利者必喜管仲，仁者不爲也。管仲急于圖霸，藉周室以爲之資爾。謂桓公、管仲之于周如救父祖，吾弗信之矣。

朱子曰：夫子之于管仲，大其功而小其器。邵康節亦謂五霸者，功之首、罪之魁也。知此者，可與論桓公、管仲之事矣。夫子言「如其仁」者，以當時王者不作，中國衰，夷狄横，諸侯之功未有如管仲者，故許其有仁者之功。亦彼善于此而已。至于語學者立心致道之際，則其規模宏遠，自有定論，豈曰若管仲而休邪？曾西之恥而不爲，蓋亦有説矣。李氏又有救鬬之説。愚以爲桓公、管仲救父祖之鬬而私其財，以爲子舍之藏者也。故周雖小振，而齊亦寖强矣，夫豈誠心惻怛而救之哉！孟子不與管仲，或以是爾。隱之以爲小其不能相桓公以王于天下，恐不然。齊桓之時周德雖衰，天命未改，革命之事未可爲也。孟子言「以齊王猶反手」，自謂當年事勢，且言己志，非爲管仲發也。

大哉，孔子之作春秋也。援周室于千仞之壑，使天下昭然知無二王。削吴、楚之葬，辟其僭號也。諱貿戎之戰，言莫敢敵也。微孔子，則春秋不作；微春秋，則京師不尊。爲人臣子，不當如是哉！嗚呼，孟子其亦聞之也哉？首止之會，殊㊀會王世子，尊之也。其盟復舉諸侯，尊王世子而不敢與盟也。洮之盟，王人微者也，序乎諸侯之上，貴王命也。美哉齊桓，其深知君臣之禮如此。夫使孟子謀之，則桓公偃然在天子之位矣。世子、王人爲亡人之不暇，孰與諸侯相先後哉！

㊀「殊」原作「序」，據朱文公文集（四部叢刊本）卷七十三讀余隱之尊孟辨及公羊傳僖公五年「曷爲殊會王世子」改。

余隱之曰：春秋之時，周室衰微，天王不能自立，以至下堂而見諸侯。當是時，徒擁其虛位爾。孔子歷聘七十二君，未嘗説之使尊周室。及夫公山氏之召，乃曰「如有用我者，吾其爲東周乎」，此聖人之知幾也。嗚呼，知幾其神矣乎！苟惟説諸侯使之尊周，諸侯不得自肆，而强者必生變，則是速其滅周也。先見之幾，豈陋儒所能知哉！或曰：「齊、晉尊周，非歟？」曰：齊、晉志在霸業，不得不尊周也。孟子距孔子之時又百有餘歲，則周之微弱可知矣。若管仲之功可爲，孔子爲之矣。孔子不爲，孟子安得爲之乎？孔子作春秋，寓一王之法，正天下之名分，使亂臣賊子知所懼。孟子以王者仁義之道説諸侯，使之知有君臣父子而杜僭竊篡弑之禍，正得夫春秋之旨，但學者有所未究爾。又孟子曰：「以力假仁者霸，以德行仁者王。」孟子未嘗不欲當時之君尚德而不尚力，豈復使諸侯偃然在天子之位哉？齊桓之于管仲，學焉而後臣之，任賢之專，固無愧于湯、武。惜乎桓公無王者量，管仲無王佐才，徒相與謀託周室以號天下，而成霸者之業爾！爲君而内亂醜惡，爲臣而亡禮僭奢，何足道哉！首止之會，尊王世子，復舉諸侯而不敢與盟，洮之盟，序王人于諸侯之上以尊王命，君臣之禮固盡矣，其志在于圖霸，不得不爾。「盜亦有道」，其是之謂乎！

朱子曰：孔子尊周，孟子不尊周，如冬裘夏葛，饑食渴飲，時措之宜異爾。此齊桓不得不尊周，亦迫于大義，不得不然。夫子筆之于經，以明君臣之義于萬世，非專爲美桓公也。孔、孟易地則皆然，李氏未之思也。隱之以孟子之故，必謂孔子不尊周，又似諸公以孔子之故，必謂孟子不合不尊周也。得時措之宜，則並行而不相悖矣。

或曰：「仲尼之徒，無道桓、文之事者，吾子何爲？」曰：「衣裳之會十有一，春秋也，非仲尼修乎？木瓜，衛風也，非仲尼删乎？『正而不譎』，魯論㊀語也，非仲尼言乎？仲尼亟言之，其徒雖不道，無歉也。嗚呼，霸者豈易與哉？使齊桓能有終，管仲能不侈，則文王、太公何惡焉！詩曰：『采葑采菲，無以下體。』蓋聖人之意也。」

余隱之曰：周衰，王者之賞罰不行乎天下，諸侯擅相侵伐，强陵弱，衆暴寡，是非善惡由是不明，人欲肆而天理滅矣。吾夫子憂之，乃因魯史而修春秋，以代王者之賞罰，是是而非非，善善而惡惡，誅姦諛于既死，發潛德之幽光，是故春秋成而亂臣賊子懼。觀夫二百四十二年之間，書會者無國無之，惟齊之會以尊王室爲辭，夫子屢書之。攘戎狄而封衛，衛人思之，作木瓜之詩，夫子取之。伐楚，責包茅之貢不入，問昭王南征不復，夫子有「正而不譎」之言。夫子亟言之者，以是時無能尊王室，故進之爾。然以權詐有餘而仁義不足，功止于霸，此夫子之徒所以無道之也。儗人必于其倫。謂「使齊桓能有終，管仲能不侈，則文王、太公何惡」，過矣！

朱子曰：春秋序桓績，蓋所謂彼善于此。論語論桓、文之事，猶曰「師也過，商也不及」，使當時無端木氏之問，則今之説者必有優劣之分矣。詩録木瓜，卽春秋序績之意，亦以善衛人之情也，豈以齊桓之事爲盡可法哉？李氏詆孟子，而甚長齊桓，尊管仲，至以文王、太公比之，反易顛倒如此。良由不識聖賢所傳本心之體，故不知王道之大，而易怵于功利之淺爾。

㊀「論」字原脱，據李覯集三六四頁補。按「齊桓公正而不譎」見論語憲問篇。又下頁八行「魯語」亦當作「魯論語」。

孟子曰：「盡信書，則不如無書。仁人無敵于天下，以至仁伐不仁，而何其血之流杵也？」曰：「紂一人惡邪？衆人惡邪？衆皆善而紂獨惡，則去紂㊀久矣，不待周也。夫爲天下逋逃主，萃淵藪，同之者可遽數邪？紂亡㊁則逋逃者曷歸乎？其欲拒周者人㊂可數邪？血流漂杵，未足多也。」或曰：「前徒倒戈，攻于後，以北。故荀卿曰殺者皆商人，非周人也。然則商人之不拒周，審矣。」曰：「如皆北也，焉用攻？」又曰：「甚哉，世人之好異也！孔子非吾師乎？衆言讙讙，千徑百道，幸存孔子，吾得以求其是。虞、夏、商、周之書出于孔子，其誰不知？孟子一言，人皆畔之。畔之不已，故今人之㊃取孟子以斷六經矣。嗚呼，信孟子而不信經，是猶信他人而疑父母也。」

余隱之曰：魯語曰：「俎豆之事，則嘗聞之矣。軍旅之事，未之學也。」孔子之意可見矣。客有問陶弘景注易與本草孰先，陶曰：「注易誤，不至殺人。注本草誤，則有不得其死者。」世以爲知言。唐子西嘗曰：「弘景知本草而未知經。注本草誤，其禍疾而小。注六經誤，其禍遲而大。」前世儒臣引經誤國，其禍至于伏尸百萬，流血千里。武成曰「血流漂杵」，武王以此自多之辭。當時倒戈攻後，殺傷固多，非止一處，豈至㊄血流漂杵乎？孟子深慮戰國之君以此藉口，故曰「盡信書則不如無書」。而謂血流漂杵未足爲多，豈示訓之意哉？經注之禍，正此類也。反以孟子爲畔經，是亦惑矣。謂虞、夏、商、周之書出于孔子，人宜取信。詩非孔子之刪乎？雲漢之詩曰：「周餘黎民，靡有孑遺。」信斯言也，

㊀「去紂」，李覯集（五一五頁，下同）作「紂亡」。　㊁「亡」原作「存」，據李覯集改。　㊂「人」，李覯集作「又」。　㊃「之」，李覯集作「至」。　㊄「至」原作「止」，據朱文公文集卷七十三讀余隱之尊孟辨改。

則是周無遺民也。請以此說爲證。

或曰：「孟子之心，以天下積亂矣，諸侯皆欲自雄，苟說之以臣事周，孰能喜也？故揭仁義之竿，而湯、武爲之餌，幸其速售，以拯斯民而已矣。」曰：「孟子不肯枉尺直尋，謂以順爲正者妾婦之道，其肯屑就之如此乎？夫仁義又豈速售之物也？『子噲不得與人燕，子之不得受燕于子噲』，固知有周室矣。天之所廢，必若桀、紂，周室其爲桀、紂乎？盛之有衰，若循環然。聖王之後不能無昏亂，尚賴臣子扶救之爾。天下之地，方百里者有幾？家家可以行仁義，人人可以爲湯、武，則六尺之孤，可託者誰乎？孟子自以爲好仁，吾知其不仁甚矣。」

余隱之曰：湯居亳，小國也。伊尹相湯，使之伐夏救民。桀雖無道，天子也，君也。湯有道，諸侯也，臣也。伊尹胡不說湯率諸侯而朝夏乎？行李往來，至于五就，觀時察變，蓋已熟矣。不得已爲伐夏之舉，致湯于王道，固非盛德之事，後世莫有非之者，以能躬行仁義，順天應人故也。自非伊尹之聖，安能任其責哉？文王在豐，亦小國也。文王之于紂，與湯之于桀，事體均也。其所以異者，時焉而已。觀其得太公而師事之，伐崇遏莒戡黎，雖曰三分天下有其二，以服事殷，亦以曆數未歸，得以盡其臣節。至武王，則赫然有翦商之志。又況商紂罪惡貫盈，又過于桀，而此十亂之賢爲之輔相，雖欲率諸侯遵文考之道而事紂，莫可得矣。此所以興牧野之師而建王業也。孟子之于列國，說之以行仁政者，不過言治岐之事而已，說之使爲湯、武者，不過以德行仁而已；說之以行王道者，不過乎使民養生喪死無憾而已；未嘗說之使伐某國、誅某人、開疆拓土、大統天下而爲王也。若孟子者，真聖人之徒歟！識通變之道，達時措之宜，不肯枉尺直尋。柰何時君咸謂之迂闊于事，終莫能聽納其說，仁義之道不獲見于施設以濟斯民，所以不免後世紛紛之議。嗚呼，說其君使爲湯、武，以爲不仁，乃以桓公、管仲爲仁，乖繆如是，安得有道之士與之正曲直哉！

朱子曰：辯已得之。但李氏所云「家家可以行王道，人人可以爲湯、武，則六尺之孤可託者誰乎」，此三句當畧與之辯。愚謂王道卽堯、舜、禹、湯、文、武、周公、孔、孟相傳之道。由周公而上，上而爲君，由孔子而下，下而爲臣，固家家可以得而行矣。湯、武適遭桀、紂，故不幸而有征誅之事。若生堯、舜之時，則豈將左洞庭，右彭蠡，而悍然有不服之心邪？其在九官羣后之列，濟濟而和，可知矣。如此，則人人爲湯、武，又何不可之有？

孟子曰：「紂之去武丁未久也，其故家遺俗，流風善政，猶有存者，又有微子、微仲、王子比干、箕子、膠鬲，皆賢人也，相與輔相之，故久而後失之也。尺地莫非其有也，一民莫非其臣也，然而文王猶方百里起，是以難也。齊人有言曰：『雖有智慧，不如乘勢。雖有鎡基，不如待時。』今時則易然也。」今之學者曰：「自天子至于庶人，皆得以行王道。孟子說諸侯行王道，非取王位也。」應之曰：「行其道而已乎，則何必紂之失之也？何憂乎善政之存？何畏乎賢人之輔？尺地一民皆紂之有，何害諸侯之行王道哉？齊宣王問曰：『人皆謂我毀明堂，毀諸，已乎？』孟子對曰：『夫明堂者，王者之堂也。王欲行王政，則勿毀之矣。』行王政而居明堂，非取王位而何也？君親無將，不容纖芥于其間，而學者紛紛彊爲之辭！」

余隱之曰：不談王道，樵夫猶能笑之，孰謂學而爲士，反不知道乎？謂之王道者，卽仁義也。君行王道者，以仁義而安天下也。君行霸道者，以詐力而服天下也。孟子說其君以仁義，不猶愈于說其君尚詐力歟？且天下不可以詐力得也，尚矣。得民心，斯得天下。假仁義而行，民心且不可得，況能王天下乎？仁義之道，萬世之所常行，天下之所共由，民生之所日用也。今乃謂「自天子至于庶人皆得以行王道」爲非，果何理邪？觀其應學者之言，皆增損其詞，而非議孟子，君子無取焉。子貢欲去告朔之餼羊，孔子曰：「爾愛其羊，我愛其禮。」魯自文公廢朝享之禮祭，而孔子不去其羊者，欲使後世見其羊猶能識其禮。羊亡，禮亦亡矣。孟子欲勿毀明堂，其意亦猶是也。明堂在泰山之下，周天子巡狩朝諸侯之所。適在齊也，非齊之建立也。存之不爲僭，亦可以見王政之大端。如以爲諸侯不用而毀之，則後世之君不惟不知王政，將謂後世不可復行矣，此孟子所以勸齊勿毀之也。而謂孟子勸齊宣居明堂，取王位，抑何燭理不明，而厚誣孟子歟？

朱子曰：李氏此段之意，不謂天子庶人不可並行王道，但謂孟子所論文王與紂之事爲不然爾。當辯之曰：「孟子之時，有信行王道者，必有天下，其勢與文王不同，非謂文王計欲取紂而不能也。」人人可行王道，已辯于前，但孟子時行王道者必有天下，其時措之不同，又不可執一而論。隱之之辯，似未中李氏之失也。

學者又謂：「孟子權以誘諸侯，使進于仁義。仁義達，則尊君親親，周室自復矣。」應之曰：「言仁義而不言王道，彼說之而行仁義，固知尊周矣。言仁義可以王，彼說之，則假仁義以圖王，唯恐行之之晚也，尚何周室之顧哉！嗚呼，今之學者，雷同甚矣，是孟子而非六經，樂王道而忘天子。吾以爲天下無孟子可也，不可無六經；無王道可也，不可無天子。故作常語以正君臣之義，以明孔子之道，以防亂患于後世爾。人知之，非我利；人不知，非我害。悼學者之迷惑，聊復有言。」

余隱之曰：泰伯曰：「天下無孟子可也，不可無六經；無王道可也，不可無天子。」噫，是果泰伯之說邪？使其說行，害理傷教也大矣。余請易之曰：「無六經則不可，而孟子尤不可無。無天子則不可，而王道尤不可無。」嘗試言之：易、詩、書、禮、樂、春秋之六經，所以載帝王之道，爲致治之成法，固不可無也。孟子則闢楊、墨，距詖行，放淫辭，使邪說者不得作，然後異端以息，正道以明，堯、舜、禹、湯、文、武、周、孔之業不墜，此孟子所以爲尤不可無也。經曰天子作民父母以爲天下王，史曰天子建中和之極，其可無之乎？夫所謂王道者，天子之所行，六經之所載，孟子之所說者是也，孰謂其可無哉？無王道，則三綱淪，九法斁，人倫廢而天理滅矣。世之學者，稍有識見，不爲此言。豈好事者假設淫辭，託賢者之名以行于世乎？學者宜謹思之！

朱子曰：李氏難學者謂「孟子以權誘諸侯」之說，孟子本無此意，是李氏設問之過，當畧明辯之。「天下可無孟子，不可無六經；可無王道，不可無天子」，隱之之辯已得之。愚又謂有孟子而後六經之用明，有王道而後天子之位定。有六經而無孟子，則楊、墨之仁義所以流也；有天子而無王道，則桀、紂之殘賊所以禍也。故嘗譬之：六經如千斛之舟，而孟子如運舟之人；天子猶長民之吏，而王道猶吏師之法。今日六經可以無孟子，天子可以無王道，則是舟無人，吏無法，將焉用之矣？李氏自以爲悼學者之迷惑而爲是言，曾不知己之迷惑也亦甚哉！

運判劉長民先生牧別見泰山學案。

盱江學侶

忠宣范堯夫先生純仁見上高平家學。

侍講呂原明先生希哲別爲滎陽學案。

韓氏家學

僕射韓先生忠彥

韓忠彥，字師樸，安陽人。忠獻長子。徽宗時以吏部尚書拜門下侍郎，進左僕射，封儀國公。與曾布不協，累降磁州團練副使。復太中大夫，以宣奉大夫致仕，卒。嘗入元祐黨籍。參史傳。

韓氏門人

徽猷趙無愧先生君錫

趙君錫，字無愧，洛陽人。文定公安仁孫。母亡，事父不違左右，夜則寢于傍。凡衾裯薄厚，衣服寒温，藥石精粗，飲食旨否，櫛髮翦爪，整冠結帶，如內則所載者，無不親之。及登進士第，以親故不願仕。其父每出，必扶掖上下，至雜立僕御中。嘗從謁文潞公，潞公異其容止，問而知之，語諸子，令視以爲法。及改宗正丞，時增諸宗院講書教授官，而逐院自備緡錢爲月餽，貧者或不能以時致，宗師輒移文督取。先生言：「國家養天下士于太學，尚㊀不較其費，安有教育宗室，令自行束脩之理！」詔悉從官給。拜御史中丞，卽上疏勸哲宗親講學，廣諮問，爲躬政之漸。知河南府，徙應天。因清明出郊，具奠杜衍、張昪、張方平、趙槩、王堯臣、蔡抗、蔡挺之塋，邀七家子孫陪祭于側，時人傳其風義。紹聖中，貶少府少監，分司南京，卒。紹興六年，贈徽猷閣直學士。參史傳。

忠宣家學高平再傳。

縣尉范先生正平

范正平，字子夷，忠宣次子也。學行甚高，雖庸言，必援孝經、論語。忠宣卒，詔特增遺澤，官其子孫，先生推與幼弟。紹聖中，爲開封尉，按后戚向氏墳兆，忤蔡京。及京當國，言先生矯撰父遺表，又謂李之儀所述純仁行狀，妄載中使蔡克明傳二聖虛佇㊁之意，遂逮先生及之儀、克明同詣御史府。先生將行，其弟正思曰：「議行狀時，兄方營窀穸。參預筆削者，正思也。兄何爲哉？」先生曰：「時相意屬我，且我居長。」遂就獄。捶楚甚苦，皆欲誣服。獨克明曰：「舊制，凡傳聖語，受本于御前，請寶印，出，注籍于內東門。」使從其家得永州傳宣聖語本，有御寶；又驗內東門籍，皆同。其遺表八事，諸子以朝廷大事，防後患，不敢上之，繳申潁昌府印寄軍資庫，自潁昌取至，亦實。獄遂解。先生羈管象州，之儀羈管太平州。先生家屬死者十數人，會赦，得歸潁昌。唐君益爲守，表其所居爲忠直坊，取所賜「世濟忠直」

㊀「尚」原作「當」，據宋史本傳改。　㊁「佇」原作「行」，據宋史本傳改。

碑額也。先生告之曰:「此朝廷所賜,施于金石,揭于墓隧,假寵于范氏子孫,則可。若于通途廣陌中爲往來之觀,以聳動庸俗,不可也。」君益曰:「此有司之事,君何預焉。」先生曰:「先祖先君功名,人所知也。十室之邑,必有忠信。異時不獨吾家詒笑,君亦受其責矣。」竟撤去之。先生退閒久,益工詩,尤長五言,著有荀里退居編。以壽終。參史傳。

梓材謹案:呂紫微童蒙訓多引先生語。謝山學案劄記言,北宋宰輔范文正家登學案者三世六人。文正、四子外,先生其一也。然先生之弟子默亦以學行著,因並錄之。

范子夷説

仲尼,聖人也,才作陪臣。顏子,大賢也,簞食瓢飲。後之人不逮孔、顏遠矣,而常嘆仕宦不達,何愚之甚!

爲事須由衷。若矯飾爲之,不免有變。任誠雖時有失,亦不覆藏使人不知,但改之而已。

附錄

呂紫微童蒙訓曰:范子夷能世其家,嘗言其家學不卑小官,居一官便思盡心治一官之事,只此便是學聖人也。若以爲州縣之職徒勞人耳,非所以學聖人也。

又曰:忠宣公當國,子夷是時官當入遠,不肯用父恩例求移近,卒授遠地。後爲祥符尉,當紹聖初,與中貴人争打量地界不屈,待罪去。

范先生正思

范正思，字子思，忠宣次子正平字子夷之弟也。梓材謹案：子思當作子默。攷忠宣文集補編子夷傳云：「弟正思，字子默，學行亦爲士林所推。居忠宣憂，哀毁過甚，因感疾，釋服不調者十年。」是可知先生之概。作子思者，因陳了齋說而誤耳。

附錄

陳右司曰：范子思所知所守，過于其兄，范氏家學便有使處。

忠宣門人

朝請李姑溪先生之儀

李之儀，字端叔，滄洲人。登第三十年，乃從蘇文忠于定州幕府。歷樞密院編修官、通判原州。元符中，監內香藥庫。御史石豫言其嘗從蘇軾辟，詔㈠勒停。徽宗初，提舉河南㈡常平。坐爲忠宣遺表、作行狀，編管太平，遂居姑熟。久之，徙唐州。終朝請大夫。先生能爲文，有姑溪集若干卷。雲濠案：姑溪前後集七十卷。惜其晚年狎一妓以生子，再爲郭功父所發，于行有不捔云。

㈠「詔」原作「召」，據宋史本傳改。　㈡「河南」，宋史本傳作「河東」。

盱江門人

書記孫介夫先生立節

孫立節，字介夫，寧都人也。師事盱江，而與南豐爲友。經術深醇，嘗作春秋傳，泰山先生見而嘆曰：「吾力所未及者，盡發之。」皇祐五年進士。王安石行新法，謂曰：「吾條例司官，非得明敏如子者不可。」先生笑曰：「相公過矣。立節非爲此官者。」趨而出。後爲鎮江軍掌書記。二子：勰、勴，皆有名。

徵君徐先生唐別見安定學案。

文定曾南豐先生鞏別見廬陵學案。

李氏門人高平三傳。

徵君韋獨樂先生許

韋許，字深道，蕪湖人，李端叔弟子也。不事科舉，築室湖上，榜曰「獨樂」。黃山谷、陳了翁俱重之。元祐諸公之貶，士大夫畏禍，雖素所親，亦不敢相聞。先生每遇之，則力爲之周急。政和中，多薦之者，未及用。紹興初，宰相薦之，高宗命之以官，且曰：「當今誰知元祐人有韋許者乎！」許雖受命，然以了翁所贈，稱爲湖陰居士，終身不改云。

孫氏家學

知州孫先生勰

孫勰，字志康，寧都人，立節子。有父風，讀書博洽。年未弱冠，受業東坡，終不畔所學，守正不撓。元祐三年擢進士，居官以勁直聞。知湖廣岳州，寓于東，未幾卒。所著有文集四十卷。參姓譜。

隱君孫先生勴

孫勴，字志舉，立節季子。涉獵經史，尤工詩。偕兄勰從東坡遊。氣節凜然，弗肯從仕，臺府舉遺逸不應。卜居延春谷，東坡榜其舍曰竹林隱居。年七十，無疾而逝。同上。

孫氏門人

教授胡環中先生埜

胡埜，字德林，寧都人也。孫介夫弟子。方雅好古，端凝介特，講學于長春谷，藏書萬卷，自稱環中居士。以八行薦，成政和八年進士，累官婺州教授。睦寇至，官吏遁去，先生嘆曰：「先世以勇顯，吾以八行起。豈可上負朝廷，下慚先世！」城陷不降，舉家死之。事聞，官其從子二人。所著有諸經講義。

韓氏續傳

知州韓貫道先生冠卿

韓先生宜卿並見清江學案。

宋元學案卷四

廬陵學案 全祖望補本

廬陵學案表

歐陽脩 高平同調。
- 子發
- 子棐
- 焦千之
  - 呂希哲 別爲滎陽學案。
  - 呂希績
  - 呂希純 並見范呂諸儒學案。
- 劉敞
  - 子奉世
  - 王回 見上廬陵門人。
  - 江端禮 別見安定學案。
- 劉攽

劉恭 劉氏續傳。

尹洙

- 陳舜俞 別見安定學案。
- 丁隲
- 張巨
- 胡宗愈
- 王安石 別爲荊公新學畧。
- 曾鞏
  - 弟 肇
  - 李撰
    - 子 彌遜
    - 子 彌大
    - 子 彌正
  - 陳師道
- 蘇軾
- 蘇轍 並見蘇氏蜀學畧。
- 王回
- 徐無黨
- 別附 蔣之奇

鄭耕老 廬陵續傳。

呂公著別爲呂范諸儒學案。

梅堯臣並廬陵講友。

蘇洵別爲蘇氏蜀學畧。

廬陵學侶。

廬陵學案序録

祖望謹案：楊文靖公有言：「佛入中國千餘年，秖韓、歐二公立得定耳。」説者謂其因文見道。夫見道之文，非聖人之徒亦不能也。究公之沖和安静，蓋天資近道，稍加以學，遂有所得。使得遇聖人而師之，豈可量哉！述廬陵學案。梓材案：是卷學案亦謝山所特立。底稿殘闕，亦多以史傳參補。

高平同調

文忠歐陽永叔先生脩

歐陽脩，字永叔，吉州廬陵人。四歲而孤，母鄭守節，親誨之學。家貧，以荻畫地學書。幼敏悟過人，及冠，嶷然有聲。宋興且百年，而文章體裁猶仍五季餘習，鎪刻駢偶，淟涊弗振。先生得昌黎遺稿，苦志探賾，至忘寢食，必欲并轡絶馳而追與之並。舉進士，兩試國子監，一試禮部，皆第一，擢甲科，調西京推官。始從尹洙遊，爲古文，議論當世事，迭相師友。與梅堯臣遊，爲歌詩相倡和，遂以文章名冠天下。入朝爲館閣校勘。范文正仲淹以言事貶，在廷多論救，司諫高若訥獨以爲當黜，先生貽書責之，謂其不復知人間有羞恥事。若訥上其書，坐貶夷陵令。徙乾德令、武成節度判官。文正使陝西，辟掌書記，先生笑辭曰：「昔者之舉，豈以爲己利哉！同其退，不同其進可也。」久之，復校勘，進集賢校理。慶曆三年，知諫院。時仁宗更用大臣，韓、范皆在位，增諫官員，用天下名士，先生首在選中。每進見，帝延問，執政咨所宜行。既多所張弛，小人翕翕不便。先生慮善人必不勝，數爲帝分別言之。初，范文正之貶饒州也，先生與尹洙、余靖皆以直文正見逐，目之曰黨人。自是，朋黨之論起，先生乃爲朋黨論以進。先生論事切直，人視之如讎，帝獨奬其敢言，面賜五品服，顧侍臣曰：「如歐陽脩者，何處得來！」同修起居注，遂知制誥。故事，必試而後命，先生以特詔除之。保州兵亂，以龍圖閣直學士爲河北都轉運使。陛辭，帝曰：「勿爲久留計。有所欲言，言之。」對曰：「臣在諫職，得論事。今越職而言，罪也。」帝曰：「第言之！毋以中外爲間。」賊平，脅從二千人分隸諸郡。富鄭公爲宣撫使，恐後生變，將使同日誅之。與先生遇于內黃，夜半屏人告之故。先生曰：「禍莫大于殺已降，況脅從乎！既非朝命，脫一郡不從，爲變不細。」鄭公悟而止。方是時，杜祁公衍等相繼以黨議罷去，先生慨然上疏爭之。于是，邪黨益忌先生，因其孤甥張氏獄，傅致以罪，左遷知制誥、知滁州。徙揚州、潁州。復學士，留守南京，以母憂去。服除，召判內銓，時在外十二年㊀矣。帝見其髮白，問勞甚至。羣小畏而譖之，出知同州，帝納吳

㊀「十二年」，宋史本傳作「十一年」。

充言而止。遷翰林學士，俾修唐書。奉使契丹，其主命貴臣四人押宴，曰：「此非常制。以卿名重，故爾。」知嘉祐二年貢舉，時士子尚爲險怪奇澀之文，號「太學體」，先生痛排抑之，凡如是者輒黜。畢事，向之囂薄者伺先生出，聚譟于馬首，街邏不能制。然場屋之習，從是遂變。加龍圖閣學士、知開封府㊀。唐書成，拜禮部侍郎，兼翰林侍讀學士。先生在翰林八年，知無不言。累遷至參知政事。帝將追崇濮王，命有司議，皆謂當稱皇伯，改封大國。先生引喪服記，謂：「『爲人後者爲其父母報㊁』，降三年爲期，而不没父母之名，以見服可降而名不可没也。若本生之親改稱皇伯，歷攷前世，皆無典據。進封大國，則又禮無加爵之道。」故中書之議，不與衆同。唯蔣之奇説合先生意，先生薦爲御史，衆目爲姦邪。之奇患之，思所以自解。先生婦弟薛宗孺有憾于先生，造帷薄不根之謗摧辱之，之奇即上章劾先生。神宗初即位，欲深護之，使詰之奇，問所從來，辭窮，坐黜。先生亦力求退，罷爲觀文殿學士、刑部尚書、知亳州。明年，遷兵部尚書、知青州，改宣徽南院使、判太原府，辭不拜。徙蔡州，連乞謝事，帝輒優詔弗許。及守青州，又以請止散青苗錢，爲王氏所詆，故求歸愈切。熙寧四年，以太子少師致仕。五年，卒，贈太子太師，謚曰文忠。先生始在滁州，號醉翁，晚更號六一居士。天資剛勁，見義勇爲，雖機穽在前，觸發之不顧。放逐流離，至于再三，志氣自若也。方貶夷陵時，無以自遣，因取舊案反覆觀之，且見其枉直乖錯不可勝數，于是仰天歎曰：「以荒遠小邑，且如此，天下可知！」自爾，遇事不敢忽。學者求見，

㊀「府」下原有「丞」字，據宋史本傳删。按宋史本傳此句下有云：「承包拯威嚴之後，簡易循理，不求赫赫名，京師亦治。」本書節録史傳，蓋誤「承」爲「丞」，且屬上讀。㊁「報」原作「服」，據宋史本傳改。説詳該書校勘記。

所與言未嘗及文章，惟談吏事，謂文學止于潤身，政事可以及物。顧其文天才自然，豐約中度，言簡而明，信而通，引物連類，折之于至理，天下翕然師尊之。獎引後進，如恐不及。曾子固、王介甫、蘇洵父子，布衣屏處，未爲人知，先生卽游揚聲譽，謂必顯于世。凡經賞識，率爲聞人。好古敏學，凡周、漢以降金石遺文，斷編殘簡，一切掇拾，研稽異同，立說于左，的可表證，謂之集古録。奉詔修唐書紀、志、表，自撰五代史記，法嚴詞約，多取春秋遺旨。雲濠案：先生所著尚有毛詩本義十六卷、左傳節文十五卷、文忠集一百五十三卷、歸田録二卷。東坡敍其文曰：「論大道似韓愈，論事似陸贄，記事似司馬遷，詩賦似李白。」識者以爲知言。後從祀孔子廟庭，稱「先儒歐陽子」。參史傳。

易童子問

童子問曰：「『乾，元亨利貞』，何謂也？」曰：「衆辭淆亂，質諸聖。彖者，聖人之言也。」童子曰：「然則乾無四德，而文言非聖人書乎？」曰：「是魯穆姜之言也。在襄公之九年。」

童子問曰：「『象曰『天行健，君子以自强不息』，何謂也？」曰：「其傳久矣，而世無疑焉，吾獨疑之也。蓋聖人取象，所以明卦也，故曰『天行健，乾』；而嫌其執于象也，則又以人事言之，故曰『君子以自强不息』。六十四卦皆然也。易之闕文多矣。」

童子問曰：「『乾曰『用九』，坤曰『用六』，何謂也？」曰：「釋所以不用七、八也。乾爻七，九則變；坤爻八，六則變。易用變以爲占，故以名其爻也。陽過乎亢則災，數至九而必變，故曰『見羣龍无首，吉』。物極則反，數窮則變，天道之常也，故曰『天德不可爲首』也。陰柔之動，多入于邪，聖人因其變以戒之，故曰『利永貞』。」

童子問曰：「屯之彖、象，與卦之義反，何謂也？」曰：「吾不知也。」童子曰：「屯之卦辭曰『勿用有攸往』。彖曰『動乎險中，大亨貞』，動而大亨，其不往乎？象曰『君子以經綸』，不往而能經綸乎？」曰：「居屯之世者，勿用有攸往，衆人也。治屯之時者，動乎險而經綸之，大人君子也，故曰『利建侯』。」

童子問曰：「象曰『山下出泉，蒙，君子以果行育德』，何謂也？」曰：「蒙者，未知所適之時也。處乎蒙者，果于自信其行以育德而已。蒙有時而發也，患乎不果于自修以養其德而待也。」

童子問曰：「象曰『雲上于天，需，君子以飲食宴樂』，何謂也？」曰：「需，須也。事有期而時將至也。雲已在天，澤將施也，君子之時將及矣。少待之焉，飲食以養其體，宴安和樂以養其志，有待之道也。」

童子問曰：「『師貞丈人』，何謂也？」曰：「師正于丈人也。其彖曰：『能以衆正，可以王矣。』」童子曰：「敢問『可以王矣』，孰能當之？」曰：「湯、武是已。彼二王者，以臣伐㊀主，其爲毒也甚矣。然其以㊁本于順民之欲而除其害，猶毒藥瞑眩以去疾也，故其彖又曰：『行險而順，以此毒天下，而民從之。』」童子曰：「然則湯、武之師正乎？」曰：「凡師必正于丈人者，文王之志也。以此毒天下而王者，湯、武也。湯、武以

㊀「伐」原作「待」，據龍汝霖本及歐陽文忠公文集（四部叢刊本）卷七十六改。　㊁歐陽文忠公文集卷七十六卷末有校云：「以，當作心。」

順天應人爲心，故孟子曰：『有湯、武之心，則可也。』」童子曰：「『吉无咎』，何謂也？」曰：「爲易之說者謂㊀『无咎』者，本有咎也；猶曰『善補過』也。嗚呼，舉師之成功，莫大于王也，然不免毒天下，而僅得補過无咎。以此見兵非聖王之所務，而湯、武不足貴也。」

童子問曰：「『地上有水，比，先王以建萬國，親諸侯』，何謂也？」曰：「王氏之傳曰：『萬國以比建，諸侯以比親。』得之矣。蓋王者之于天下，不可以獨比也，故建爲萬國，君以諸侯，使其民各比其君，而萬國之君共比于王，則視天下如身之使臂，臂之使指矣。」

童子問曰：「同人之象曰『唯君子爲能通天下之志』，象又曰『君子以類族辨物』，何謂也？」曰：「通天下之志者，同人也。類族辨物者，同物也。夫同天下者，不可以一概，必使夫各得其同也。人睽其類而同其欲，則志通，物安其族而同其生，則各從其類。故君子于人則通其志，于物則類其族，使各得其同也。」

童子問曰：「『天道虧盈而益謙，地道變盈而流謙，鬼神害盈而福謙，人道惡盈而好謙』，何謂也？」曰：「聖人，急于人事者也，天人之際罕言焉，惟謙之象畧具其說矣。聖人，人也，知人而已。天地鬼神不可知，故推其迹。人，可知者，故直言其情。以人之情而推天地鬼神之迹，無以異也。然則修吾人事而已。人事修，則與天地鬼神合矣。」

童子問曰：「『雷出地奮，豫，先王以作樂崇德，殷薦之上帝，以配祖考』，何謂也？」曰：「于此見聖人

㊀「謂」原作「爲」，通用字，據歐陽文忠公文集卷七十六改。

之用心矣。聖人憂以天下，樂以天下。其樂也，薦之上帝祖考而已，其身不與焉。衆人之豫，豫其身爾。聖人，以天下爲心者也，是故以天下之憂爲己憂，以天下之樂爲己樂。」

童子問曰：「觀之象曰『先王以省方觀民設教』，何謂也？」曰：「聖人處乎人上而下觀于民，各因其方、順其俗而教之，民知各安其生而不知聖人所以順之者，此所謂『神道設教』也。」童子曰：「順民，先王之所難與？」曰：「後王之不戾民者鮮矣。」

童子問問：「『剝，不利有攸往』，象曰『順而止之，觀象也，君子尚消息盈虛，天行也』者，何謂也？」曰：「剝，陰剝陽也。小人道長，君子道消之時也。故曰『不利有攸往』。君子于此時而止，與屯之勿往異矣。屯之世，衆人宜勿往，而君子動以經綸之時也。剝者，君子止而不往之時也。剝盡則復，否極則泰，消必有息，盈必有虛，天道也。是以君子尚之，故順其時而止，亦有時而進也。」

童子問曰：「『復，其見天地之心乎』者，何謂也？」曰：「天地之心見乎動。復也，一陽初動于下矣，天地所以生育萬物者本于此，故曰『天地之心』也。天地以生物爲心者也。其象曰『剛反，動而以順行』是矣。」童子曰：「然則象曰『先王以至日閉關，商旅不行，后不省方』，豈非靜乎？」曰：「至日者，陰陽初復之際也，其來甚微。聖人安靜以順其微，至其盛，然後有所爲也，不亦宜哉！」

童子問曰：「大過之卦辭曰『利有攸往，亨』，其象曰『君子以獨立不懼，遯世无悶』者，其往乎？其遯乎？」曰：「易非一體之書，而卦不爲一人設也。大過者，橈敗之世，可以大有爲矣。當物極則反，易爲之力之時，是以往而必亨也。然有不以爲利而不爲者矣。故居是時也，往者利而亨，遯者獨立而无悶。」

童子問曰：「坎之卦曰『習坎』，其象曰『習坎，重險也』者，何謂也？」曰：「坎，因重險之象以戒人之愼習也。習高山者可以追猿猱，習深淵者至能泅泳出沒以爲樂。夫險可習，則天下之事無不可爲也。是以聖人于此戒人之習惡而不自知，誘人于習善而不倦，故其象曰『君子以常德行，習教事』也。」上卷。

童子問曰：「『咸，取女吉』，何謂也？」曰：「咸，感也。其卦以剛下柔，故其象曰『男下女，是以取女吉』也。」童子又曰：「然則男女同類與？」曰：「『男女睽而其志通』，謂各睽其類也。凡柔與柔爲類，剛與剛爲類。謂感必同類，則以柔應柔，以剛應剛，可以爲咸乎？故必二氣交感，然後爲咸也。夫物類同者，自同也，何所感哉！惟異類而合，然後見其感也。鐵、石，無情之物也；而以磁石引鍼，則雖隔物而應。象曰『觀其所感，而萬物之情可見』者，謂此類也。」童子又曰：「然則『聖人感人心而天下和平』，是果異類乎？」曰：「天下之廣，蠻夷戎狄，四海九州之類，不勝其異也。而能一以感之，此王者所以爲大，聖人所以爲能。」

童子問曰：「『恆，利有攸往，終則有始』，何謂也？」曰：「恆之爲言，久也，所謂『窮則變，變則通，通則久』也。『久于其道』者，知變之謂也。天地升降而不息，故曰『天地之道久而不已』也。日月往來，與天偕行而不息，故曰『日月得天而能久照』。四時代謝，循環而不息，故曰『四時變化而能久成』。聖人者，尚消息盈虛而知進退存亡者也，故曰『聖人久于其道而化成』。」

童子問曰：「『遯，亨，小利貞』，何謂也？」曰：「遯，陰進而陽遯也。遯者，見之先也。陰進至于否則不進，利矣。遯者，陰進而未盛，陽能先見而遯，猶得小利其正焉。」

童子問曰：「『明入地中，明夷，君子以莅衆，用晦而明』，何謂也？」曰：「日，君象也，而下入于地，君道晦而天下暗矣。大哉萬物，各得其隨，則君子嚮晦而入宴息。天下暗而思明，則君子出而臨衆。商紂之晦，周道之明也。因其晦，發其明，故曰『用晦而明』。」童子曰：「然則聖人貴之乎？」曰：「不貴也。聖人非武王而貴文王矣。」

童子問曰：「『家人，利女貞』，何謂也？其不利君子之正乎？」曰：「是何言與！彖不云乎：『女正位乎內，男正位乎外』也。」曰：「然則何爲獨言『利女貞』？」曰：「家道主于內，故女正乎內，則一家正矣。凡家人之禍，未有不始于女子者也，此所以戒也。嗚呼，事無不利于正，未有不正而利者。聖人于卦，隨事以爲言，故于坤則『利牝馬之貞』，于同人則『利君子貞』，于明夷則『利艱貞』，于家人則『利女貞』。」

童子問曰：「睽之彖，與卦辭之義反，何謂也？」曰：「吾不知也。」童子曰：「睽之卦曰『小事吉』，彖曰『睽之時用大矣哉』。」曰：「小事睽則吉，大事睽則凶也。凡睽于此者，必有合于彼。地睽其下而升，天睽其上而降，則上下交而爲泰，是謂小睽而大合。使天地睽而上下不交，則否矣。聖人因其小睽而通其大利，故曰『天地睽而其事同，男女睽而其志通，萬物睽而其事類』。其象又曰『君子以同而異』。」

童子問曰：「履險蹈難謂之蹇，解難濟險謂之解。二卦之義相反，而辭同，皆曰『利西南』者，何謂也？」曰：「聖人于二卦，辭則同而義則異，各于其彖言之矣。蹇之彖曰『往得中也』，解之彖曰『往得衆也』者，是已。西南，坤也，坤道主順，凡居蹇難者以順而後免于患。然順過乎柔，則入于邪。必順而不失其正，故曰『往得中也』。解難者必順人之所欲，故曰『往得衆也』。」

童子問曰：「『損，損下益上』，『益，損上益下』，何謂也？」曰：「上君而下民也。損民而益君，損矣。損君而益民，益矣。語曰：『百姓足，君孰與不足！』此之謂也。」童子又曰：「損之象曰『君子以懲忿窒慾』，益之象曰『君子以見善則遷，有過則改』，何謂也？」曰：「嗚呼！君子者，天下繫焉，非一身之損益，天下有之利害也。君子之自損，忿慾爾；自益者，遷善而改過爾。然而肆其忿慾者，豈止一身之損哉，天下有被其害者矣。遷善而改過者，豈止一身之益哉，天下有蒙其利者矣。」童子曰：「君子亦有過乎？」曰：「湯、孔子，聖人也，皆有過矣。君子與衆人同者，不免乎有過也；其異乎衆人者，過而能改也。湯、孔子不免有過，則易之所謂損益者，豈止一身之損益哉！」

童子問曰：「『夬，不利即戎』，何謂也？」曰：「謂其已甚也。去小人者不可盡。蓋君子者，養小人者也。小人之道長，斯害矣，不可以不去也。小人之道已衰，君子之利及乎天下矣，則必使小人受其賜而知君子之可尊也。故不可使小人而害君子，必以君子而養小人。夬，剛決柔之卦也。五陽而一陰，決之雖易，而聖人不欲其盡決也，故其象曰『所尚乃窮』也。小人盛則決之，衰則養之，使知君子之爲利。故其象曰『君子以施祿及下』。小人已衰，君子已盛，物極而必反，不可以不懼，故其象又曰『居德則忌』。」

童子問曰：「『困亨，貞大人吉，无咎』，其彖曰『險以說，困而不失其所亨』，何謂也？」曰：「『困亨』者，困極而後亨，物之常理也。所謂『易窮則變，變則通』也。『困而不失其所亨』者，在困而亨也，惟君子能之。其曰『險以說』者，處險而不懼也。惟有守于其中，則不懼于其外，惟不懼，則不失其所亨，謂身雖困而志則亨也。故曰『其惟君子乎』，其象又曰『君子以致命遂志』者是也。」童子又曰：「敢問『貞大人吉，无咎』者，古之人孰可以當之？」曰：「文王之羑里，箕子之明夷。」

童子問曰：「革之彖曰『湯、武革命，順乎天而應乎人』，何謂也？」曰：「逆莫大乎以臣伐君。若君不君，則非君矣。是以至仁而伐桀、紂之惡，天之所欲誅而人之所欲去，湯、武誅而去之，故曰『順乎天而應乎人』也。」童子又曰：「然則正乎？」曰：「正者，常道也，堯傳舜、舜傳禹、禹傳子是已。權者，非常之時，必有非常之變也，湯、武是已。故其彖曰『革之時大矣哉』云者，見其難之也。」童子又曰：「湯、武之事，聖人貴之乎？」曰：「孔子區區思文王而不已，其厚于此，則薄于彼可知矣！」童子又曰：「順天應人，豈非極稱之乎！何謂薄？」曰：「聖人于革稱之者，適當其事爾。若乾、坤者，君臣之正道也，于乾、坤而稱湯、武，可乎？聖人于坤，以履霜爲戒，以黃裳爲吉也。」

童子問曰：「『革去故而鼎取新』，何謂也？」曰：「非聖人之言也，何足問！革曰去故，不待言而可知；鼎曰取新，易無其辭，汝何從而得之？夫以新易舊，故謂之革，若以商革夏、以周革商，故其彖曰『湯、武革命』者，是也。然則以新革故，一事爾。分于二卦者，其誰乎？」童子又曰：「然則鼎之義何謂也？」曰：「聖人言之矣：『以木巽火，亨飪也。』」

童子問曰：「震之辭曰『震驚百里，不喪匕鬯』者，何謂也？」曰：「震者，雷也。驚乎百里，震之大者也。處大震之時，衆皆震驚，而獨能不失其守、不喪其器者，可以任大事矣。故其彖曰『震驚百里，驚遠而懼邇也；不喪匕鬯，出可以守宗廟社稷，爲祭主』者，謂可任以大事也。」童子曰：「『郭公』『夏五』，聖人所以傳疑。彖之闕文，柰何？」曰：「聖人疑則傳疑也。若震之彖，其辭雖闕，其義則在，又何疑焉！」

童子問曰：「艮之彖曰『君子以思不出其位』，何謂也？」曰：「艮者，君子止而不爲之時也。時不可爲矣則止，而以待其可爲而爲者也。故其彖曰『時止則止，時行則行』。于斯時也，在其位者宜如何？思不出其位而已。然則位之所職，不敢廢也。詩云：『風雨如晦，雞鳴不已。』此之謂也。」

童子問曰：「『歸妹征凶』，彖曰『歸妹，天地之大義，人之終始也』，其卦辭凶而彖辭吉，何謂也？」曰：「合二姓、具六禮而歸得其正者，此彖之所謂妹者也。若婚不以禮而從人者，卦所謂『征凶』者也。」童子曰：「敢問何以知之？」曰：「咸之辭曰『取女吉』，其爲卦也，艮下而兌上，故其彖曰『上柔而下剛，男下女，是以吉』也。漸之辭曰『女歸吉』，其爲卦也，艮下而巽上，其上柔下剛，以男下女，皆與咸同，故又曰『女歸吉』也。歸妹之爲卦也不然，兌下而震上，其上剛下柔，以女下男，正與咸、漸反，故彼吉則此凶矣。故其彖曰『征凶，位不當也』者，謂兌下震上也。」童子曰：「取必男下女乎？」曰：「夫婦所以正人倫，禮義所以養廉恥。故取女之禮，自納采至于親迎，無非男下女而又有漸也。故漸之彖曰『漸之進也，女歸吉也』者，是已。柰何歸妹以女下男而往，其有不凶者乎！」

童子問曰：「兌之彖曰『順乎天而應乎人』，何謂也？」曰：「兌，說也。『說以先民，民忘其勞。說以犯難，民忘其死』。說莫大于此矣。而所以能使民忘勞與死者，非順天應人，則不可。由是見小惠不足以說人，而私愛不可以求說。」

童子問曰：「萃，聚也，其辭曰『王假有廟』。渙，散也，其辭又曰『王假有廟』。何謂也？」曰：「謂渙爲散者誰與？易無其辭也！」童子曰：「然則敢問渙之義。」曰：「吾其敢爲臆説乎！渙之卦辭曰『利涉大川』，其象曰『乘木有功也』，其象亦曰『風行水上，渙』。而人之語者，冰釋、汗浹皆曰渙。然則渙者，流行、通達之謂也，與夫乖戾、分散之義異矣。嗚呼，王者富有九州四海萬物之象，莫大于萃，可以有廟矣。功德流行，達于天下，莫大于渙，可以有廟矣。

童子問曰：「節之辭曰『苦節，不可貞』者，自節過苦而不得其正與？物被其節而不堪其苦與？」曰：「君子之所以節于己者，爲其愛于物也，故其象曰『節以制度，不傷財，不害民』者是也。節者，物之所利也，何不堪之有乎！夫所謂『苦節』者，節而太過，待于己不可久，雖久而不可施于人，故曰不可正也。」童子曰：「敢問其人。」曰：「異衆以取名，貴難而自刻者，皆苦節也。其人則鮑焦、於陵仲子之徒是矣。二子皆苦者也。」

童子問曰：「『小過之象曰『君子以行過乎恭，喪過乎哀，用過乎儉』者，何謂也？」曰：「是三者，施于行己，雖有過焉，無害也。若施于治人者，必合乎大中，不可以小過也。蓋仁過乎愛，患之所生也，刑過乎威，亂之所起也。推是，可以知之矣。」

童子問曰：「既濟之象曰『君子思患而豫防之』者，何謂也？」曰：「人情處危則慮深，居安則意怠，而患常生于怠忽也。是以君子既濟則思患而豫防之也。」

童子問曰：「『火在水上，未濟，君子以愼辨物居方』，何謂也？」曰：「未濟之象，火宜居下而反居上，水宜居上而反居下，二物各失其所居而不相濟也。故君子愼辨其物宜，而各置其物于所宜居之方，以相爲用，所以濟乎未濟也。」中卷。

童子問曰：「繫辭非聖人之作乎？」曰：「何獨繫辭焉！文言、說卦而下，皆非聖人之作；而衆說淆亂，亦非一人之言也。昔之學易者，雜取以資其講說，而說非一家，是以或同或異，或是或非，其擇而不精，至使害經而惑世也。然有附託聖經，其傳已久，莫得究其所從來而覈其眞僞，故雖有明智之士，或貪其雜博之辯，溺其富麗之辭，或以爲辨疑是正，君子所愼，是以未始措意于其間。若余者，可謂不量力矣。邈然遠出諸儒之後，而學無師授之傳，其勇于敢爲而決于不疑者，以聖人之經尚在，可以質也。童子曰：「敢問其畧。」曰：「乾之初九曰『潛龍勿用』，聖人于其象曰『陽在下也』，豈不曰其文已顯而其義已足乎？而爲文言者又曰『龍德而隱者也』，又曰『陽在下也』，又曰『陽氣潛藏』，又曰『潛之爲言，隱而未見』。繫辭曰：『乾以易知，坤以簡能。易則易知，簡則易從。易知則有親，易從則有功。有親則可久，有功則可大。可久則賢人之德，可大則賢人之業。』其言天地之道，乾坤之用，聖人所以成其德業者，可謂詳而備矣。故曰『易簡而天下之理得矣』者，是其義盡于此矣。俄而又曰：『廣大配天地，變通配四時，陰陽之義配日月，易簡之善配至德。』又曰：『夫乾，確然示人易矣。夫坤，隤然示人簡矣。』又曰：『夫乾，天下之至健也，其德行常易以知險。夫坤，天下之至順也，其德行常簡以知阻。』繫辭曰『六爻之動，三極之道也』者，謂六爻而兼三才之道也。其言雖約，其義無不包矣。又曰：『易之爲書也，廣大悉備：有天道焉，有人道焉，有地道焉。兼三才而兩之，故六。六者非他也，三才之道也。』而說卦又曰：『立天之道，曰陰與陽。立地之道，曰柔與剛。立人之道，曰仁與義。兼三才而兩之，故易六畫而成卦。分陰分陽，迭用柔剛，故易六位而成章。』繫辭曰：『聖人設卦觀象，繫辭焉而明吉凶。』又曰：『辨吉凶者存乎辭。』又曰：『聖人有以見天下之動而觀其會通，以行其典禮，繫辭焉以斷其吉凶，是故謂之爻。』又曰：『易有四象，所以示也。繫辭焉，所以告也。定之以吉凶，所以斷也。』又曰：『設卦以盡情僞，繫辭焉以盡其言。』其說雖多，要其旨歸，止于繫辭明吉凶爾，可一言而足也。凡此數說者，其畧也。其餘辭雖小異而大旨則同者，不可以勝舉也。謂其說出于諸家，而昔之人雜取以釋經，故擇之不精，則不足怪也。謂其說出于一人，則是繁衍叢脞之言也。其遂以爲聖人之作，則又大謬矣。孔子之文章，易、春秋是已。其言愈簡，其義愈深。吾不知聖人之作，繁衍叢脞之如此也。雖然，辯其非聖之言而已，其于易義，尚有未害也。而又有害經而惑世者矣。文言曰：『元者，善之長也。亨者，嘉之會也。利者，義之和也。貞者，事之幹也。』是謂乾之四德。又曰：『乾元者，始而亨者也。利貞者，性情也。』則又非四德矣。謂此二說出于一人乎，則殆非人情也。繫辭曰：『河出圖，洛出書，聖人則之。』所謂圖者，八卦之文也。神馬負之，自河而出，以授于伏羲者也。蓋八卦者，非人之所爲，是天之所降也。又曰：『包犧氏之王天下也，仰則觀象于天，俯則觀法于地，觀鳥獸之文，與地之宜，近取諸身，遠取諸物，于是始作八卦。』然則八卦者，是人之所爲也，河圖不與焉。斯二說者，已不能相容矣，而說卦又曰：『昔者聖人之作易也，幽贊于神明而生蓍，參天兩地而倚數，觀變于陰陽而立卦。』則卦又出于蓍矣。八卦之說如是，是果何從而出也？謂此三說出于一人乎，則殆非人情也。人情常患自是其偏見，而立言之士莫不自信，其欲以垂乎後世，惟恐異說之攻之也。其肯自爲一二三之說以相牴牾而疑世，使人不信其書乎？故曰：非人情也。凡此五說者，自相乖戾，尚不可以爲一人之說，其可以爲聖人之作乎？」童子曰：「于此五說，亦有所取乎？」曰：「乾無四德，河、洛不出圖、書，吾昔已言之矣。若元亨利貞，則聖人于彖言之矣。吾知自堯、舜以來用卜筮爾，而孔子不道其初也，吾敢妄意之乎！」童子曰：「是五說，皆無取矣。然則繁衍叢脞之言，與夫自相乖戾之說，其書皆可廢乎？」曰：「不必廢也。古之學經者，皆有大傳。今書、禮之傳尚存。此所謂繫辭者，漢初謂之易大傳也，至後漢已爲繫辭矣。語曰：『爲趙、魏老則優，不可以爲滕、薛大夫也。』繫辭者，謂之易大傳，則優于書、禮之傳遠矣；謂之聖人之作，則僭僞之書也。蓋夫使學者知大傳爲諸儒之作，而敢取其是而舍其非，則三代之末，去聖未遠，老師名家之世學，長者先生之餘論，雜于其門者在焉，未必無益于學也。使以爲聖人之作，不敢有所擇而盡信之，則害經惑世者多矣。此不可以不辯也。吾豈好辯者哉！」童子曰：「敢問四德。」曰：「此魯穆姜之所道也。初，穆姜之筮也，遇艮之隨，而爲『隨，元亨利貞』說也，在襄公之九年。後十有五年而孔子始生，又數十年而始贊易。然則四德非乾之德，文言不爲孔子之言矣。」童子曰：「或謂左氏之傳春秋也，竊取孔子文言，以上附穆姜之說，是左氏之過也。然乎？」曰：「不然。彼左氏者，胡爲而傳春秋？豈不欲其書之信于世也？乃以孔子晚而所著之書爲孔子未生之前之說，此雖甚愚者之不爲也。蓋方左氏傳春秋時，世猶未以文言爲孔子作也，所以用之不疑。然則謂文言爲孔子作者，出于近世乎！」童子曰：「敢問八卦之說，或謂伏羲已受河圖，又俯仰于天地，觀取于人物，然後畫爲八卦爾。二說雖異，會其義則一也。然乎？」曰：「不然。此曲學之士牽合傅會以苟通其說，而遂其一家之學爾。其失由于妄以繫辭爲聖人之言而不敢非，故不得不曲爲之說也。河圖之出也，八卦之文已具乎，則伏羲受之而已，復何所爲也？八卦之文不具，必須人力爲之，則不足爲河圖也。其曰觀天地、觀鳥獸、取于身、取于物，然後始作八卦，蓋『始作』者，前未有之言也。考其文義，其創意造始，其勞如此，而後八卦得以成文，則所謂河圖者，何與于其間哉！若曰已受河圖，又須有爲而立卦，則觀于天地鳥獸、取于人物者，皆備言之矣，而獨遺其本始所受于天者，不曰取法于河圖，此豈近于人情乎？考今繫辭，二說離絶，各自爲言，義不相通。而曲學之士牽合以通其說，而誤惑學者，其爲患豈小哉！古之言僞而辯、順非而澤者，殺無赦。嗚呼，爲斯說者，王制之所宜誅也。」童子曰：「敢問『生蓍』『立卦』之說，或謂聖人已畫卦，必用蓍以筮也，然乎？」曰：「不然。考其文義可知矣。其曰『昔者聖人之作易也』者，謂始作易時也。又曰『幽贊于神明而生蓍，參天兩地而倚數，觀變于陰陽而立卦，發揮于剛柔而生爻』者，謂前此未有蓍，聖人之將作易也，感于神明而蓍爲之生，聖人得之，遂以倚數而立卦。是言昔之作易立卦之始如此爾。故漢儒謂伏羲畫八卦由數起者，用此說也。其後學者知幽贊生蓍之怪，其義不安，則曲爲之說曰：用生蓍之意者，將以救其失也。又以卦由數起之義害于二說，則謂已畫卦而用蓍以筮，欲牽合二說而通之也。然而考其文義，豈然哉！若曰已作卦而用蓍以筮，則『大衍』之說是已。大抵學易者莫不欲尊其書，故務爲奇說以神之。至其自相乖戾，則曲爲牽合而不能通也。」童子曰：「敢請益。」曰：「夫諭未達者，未能及于至理也，必指事據迹以爲言。余之所以知繫辭而下非聖人之作者，以其言繁衍叢脞而乖戾也。蓋略舉其易知者爾，其餘不可以悉數也。其曰『原始反終，故知死生之說』，又曰『精氣爲物，游魂爲變，是故知鬼神之情狀』云者，質于夫子平生之語，可以知之矣。

其曰『知者觀乎彖辭,則思過半矣』,又曰『八卦以象告,爻彖以情言』云者,以常人之情而推聖人,可以知之矣。其以乾、坤之策三百有六十,當期之日,而不知七、八、九、六之數同而乾、坤無定策,此雖筮人皆可以知之矣。至于『何謂』、『子曰』者,講師之言也。說卦、雜卦者,筮人之占書也。此又不待辯而可以知者。然猶皆迹也。若夫語以聖人之中道而過,推之天下之至理而不通,則思之至者可以自得之。」

童子曰:「既聞命矣,敢不勉!」下卷。

梓材謹案:謝山學案劄記:「歐陽公易童子問三卷。」據此補入。又案序録引楊文靖言:「佛入中國千餘年,祇韓、歐二公立得定耳。」文忠本論中、下,足與韓文原道、諫佛骨表等篇並傳千古,故并入之。

文集

佛法爲中國患千餘歲,世之卓然不惑而有力者,莫不欲去之。已嘗去矣,而復大集。攻之暫破而愈堅,撲之未滅而愈熾,遂至于無可柰何。是果不可去邪?蓋亦未知其方也。夫醫者之于疾也,必推其病之所自來,而治其受病之處。病之中人,乘乎氣虛而入焉。則善醫者不攻其疾而務養其氣,氣實則病去,此自然之效也。故救天下之患者,亦必推其患之所自來,而治其受患之處。佛爲夷狄,去中國最遠,而有佛固已久矣。堯、舜、三代之際,王政修明,禮義之教充于天下。于此之時,雖有佛,無由而入。及三代衰,王政闕,禮義廢,後二百餘年而佛至乎中國。由是言之,佛所以爲吾患者,乘其闕廢之時而來,此其受患之本也。補其闕,修其廢,使王政明而禮義充,則雖有佛,無所施于吾民矣。此亦自然之勢也。昔堯、舜、三代之爲政,設爲井田之法,籍天下之人,計其口而皆授之田,凡人之力能勝耕者，莫不有田而耕之。斂以什一，差其征賦，以督其不勤，使天下之人力皆盡于南畝，而不暇乎其他。然又懼其勞且怠而入于邪僻也，于是爲制牲牢酒醴以養其體，弦匏俎豆以悦其耳目，于其不耕休力之時而教之以禮。故因其田獵而爲蒐狩之禮，因其嫁娶而爲婚姻之禮，因其死葬而爲喪祭之禮，因其飲食羣聚而爲鄉射之禮。非徒以防其亂，又因而教之，使知尊卑長幼，凡人之大倫也，故凡養生送死之道，皆因其欲而爲之制。飾之物采而文焉，所以悦之，使其易趣也；順其情性而節焉，所以防之，使其不過也。然猶懼其未也，又爲立學以講明之。故上自天子之郊，下至鄉黨，莫不有學。擇民之聰明者而習焉，使相告語而誘勸其愚惰。嗚呼，何其備也！蓋三代之爲政如此。其慮民之意甚精，治民之具甚備，防民之術甚周，誘民之道甚篤。行之以勤而被于物者洽，浸之以漸而入于人者深。故民之生也，不用力乎南畝，則從事于禮樂之際；不在其家，則在乎庠序之間。耳聞目見，無非仁義，樂而趣之，不知其倦，終身不見異物，又奚暇夫外慕哉！故曰雖有佛無由而入者，謂有此具也。及周之衰，秦并天下，盡去三代之法而王道中絶，後之有天下者，不能勉彊，其爲治之具不備，防民之漸不周，佛于此時乘間而出。千有餘歲之間，佛之來者日益衆，吾之所爲者日益壞。井田最先廢，而兼并游惰之姦起。其後所謂蒐狩、婚姻、喪祭、鄉射之禮，凡所以教民之具，相次而盡廢，然後民之姦者有暇而爲他，其良者泯然不見禮義之及己。夫姦民有餘力則思爲邪僻，良民不見禮義則莫知所趣，佛于此時乘其隙，方鼓其雄誕之説而牽之，則民不得不從而歸矣。又況王公大人往往倡而敺之，曰「佛是真可歸依者」，然則吾民何疑而不歸焉！幸而有一不惑者，方艴然而怒曰：「佛何爲者？吾將操戈而逐之！」又曰：「吾將有説以排之。」夫千歲之患，徧于天下，豈一人一日之可爲！民之沈酣入于骨髓，非口舌之可勝。然則將柰何？曰：莫若修其本以勝之。昔戰國之時，楊、墨交亂，孟子患之，而專言仁義，故仁義之說勝，則楊、墨之學廢。漢之時，百家並興，董生患之，而退修孔氏，故孔氏之道明而百家息。此所謂修其本以勝之之效也。今八尺之夫，被甲荷戟，勇蓋三軍，然而見佛則拜，聞佛之說則有畏慕之誠者，何也？彼誠壯佼，其中心茫然無所守而然也。一介之士，眇然柔懦，進趨畏怯，然而聞有道佛者則義形于色，非徒不爲之屈，又欲驅而逐之者，何也？彼無他焉，學問明而禮義熟，中心有所守以勝之也。然則禮義者，勝佛之本也。今一介之士知禮義者，尚能不爲之屈，使天下皆知禮義，則勝之矣。此自然之勢也。本論中。

昔荀卿子之說，以爲人性本惡，著書一篇以持其論。予始愛之，及見世人之歸佛者，然後知荀卿之說繆焉。甚矣，人之性善也。彼爲佛者，棄其父子，絕其夫婦，于人之性甚戾，又有蠶食蟲蠹之弊，然而民皆相率而歸焉者，以佛有爲善之說故也。嗚呼，誠使吾民曉然知禮義之爲善，則安知不相率而從哉？柰何教之諭之之不至也！佛之說，熟于人耳，入乎其心久矣，至于禮義之事，則未嘗見聞。今將號于衆曰：「禁汝之佛而爲吾禮義！」則民將駭而走矣。莫若爲之以漸，使其不知而趨焉可也。蓋鯀之治水也，鄣之，故其害益暴。及禹之治水也，導之，則其患息。蓋患深勢盛，則難與敵，莫若馴致而去之易也。今堯、舜、三代之政，其說尚傳，其具皆在。誠能講而修之，行之以勤而浸之以漸，使民皆樂而趨焉，則充行乎天下，而佛無所施矣。傳曰：「物莫能兩大。」自然之勢也。奚必曰「火其書」而「廬其居」哉！昔者戎狄蠻夷雜居九州之間，所謂徐戎、白狄、荆蠻、淮夷之類是也。三代既衰，若此之類並侵于中國，故秦以西戎據宗周，吳、楚之國皆僭稱王，春秋書「用鄫子」，傳記被髮于伊川，而仲尼亦以不左衽爲幸。當是之時，佛雖不來中國，幾何其不夷狄也？以是而言，王道不明而仁義廢，則夷狄之患至矣。及孔子作春秋，尊中國而賤夷狄，然後王道復明。方今九州之民莫不右衽而冠帶，其爲患者特佛爾。其所以勝之之道，非有甚高難行之説也，患乎忽而不爲爾。夫郊天祀地，與乎宗廟、社稷、朝廷之儀，皆天子之大禮也，今皆舉而行之。至于所謂蒐狩、婚姻、喪祭、鄉射之禮，此郡縣有司之事也，在乎講明而頒布之爾。然非行之以勤，浸之以漸，則不能入于人而成化。自古王者之政，必世而後仁。今之議者將曰：「佛來千餘歲，有力者尚無可柰何，何用此迂緩之説爲！」是則以一日之功不速就，而棄必世之功不爲也，可不惜哉！昔孔子歎爲俑者不仁，蓋歎乎啟其漸而至于用殉也。然則爲佛者，不猶甚于作俑乎？當其始來，未見其害，引而内之。今之爲害著矣，非待先覺之明而後見也，然而恬然不以爲怪者，何哉？夫物極則反，數窮則變，此理之常也。今佛之盛久矣，乘其窮極之時，可以反而變之，不難也。昔三代之爲政，皆聖人之事業。及其久也，必有弊，故三代之術皆變其質文而相救。就使佛爲聖人，及其弊也，猶將救之，况其非聖者乎！夫姦邪之士見信于人者，彼雖小人，必有所長以取信，是以古之人君惑之，至于亂亡而不悟。今佛之法，可謂姦且邪矣。蓋其爲説，亦有可以惑人者，使世之君子雖見其弊而不思救。豈又善惑者與？抑亦不得其救之之術也？救之，莫若修其本以勝之。舍是而將有爲，雖賁、育之勇，孟軻之辯，太公之陰謀，吾見其力未及施，言未及出，計未及行，而先已陷于禍敗矣。何則？患深勢盛，難與敵，非馴致而爲之，莫能也。故曰：修其本以勝之。本論下。

附錄

呂紫微童蒙訓曰：滎陽公嘗言，少時與叔祖同見歐陽公，至客次，與叔祖商議見歐陽公敘契分、求納拜之語。及見歐陽公，既敘契分，卽端立受拜，如當子姪之禮。公退，謂叔祖曰：「觀歐陽公禮數，乃知吾輩不如前輩遠矣！」

施德操曰：歐公語易，以謂文言、大繫皆非孔子所作，乃當時易師爲之耳。韓魏公心知其非，然未嘗與辯，但對歐公終身不言易。

汪玉山與呂逢吉書曰：歐陽公作濮議，謂范堯夫、傅欽之、呂獻可、趙大觀皆誣謗英宗以取直名。其後章惇以此書納之禁中。歐陽公有知，當悔怍于地下矣。以此知文字不可不愼。

呂東萊與周子充書曰：歐陽公每以平心自許。濮議之成，蓋在治平之後，辭氣尚有餘怒。以此知臨事之難。

葉水心習學記言曰：以經爲正而不汩于章讀箋詁，此歐陽氏讀書法也。然其間節目甚多，固未易言。以其學考之，雖能信經，而失事理之實者不少。

又曰：歐陽氏語「文學止于潤身，政事可以及物」，始悟人之窮力苦心于學問文辭者，徒欲藻飾其身。聖賢之事業，非所以責之也。

又曰：歐陽氏策，爲三代井田禮樂而發者五，似歎先王之道不得行于後世者。然其意則不以漢、唐爲非。豈特不以爲非，而直謂唐太宗之治幾乎三王，則不必論矣。王厚齋曰：歐陽公以河圖、洛書爲怪妄。東坡云：「著于易，見于論語，不可誣也。」南豐云：「以非所習見，則果于以爲不然，是以天地萬物之變爲可盡于耳目之所及，亦可謂過矣！」蘇、曾皆歐陽公門人，而議論不苟同如此！

廬陵講友

舍人尹河南先生洙

尹洙，字師魯，河南人。博學，深于春秋，爲文謹嚴。舉進士，累遷起居舍人。唐末以來，文章寖敝，先生與穆伯長倡爲古文，以矯時所尚，自是文風少變云。參姓譜。

正獻呂晦叔先生公著別爲范呂諸儒學案。

員外梅先生堯臣

梅堯臣，字聖俞，宣城人，侍讀學士詢從子也。工爲詩，以深遠古淡爲意，間㊀出奇巧，初未爲人所知。用侍讀蔭，爲河南主簿。錢惟演留守西京，特嗟賞之，引與酬唱，一府盡傾。歐陽兗公自以爲不及。大臣累薦宜在館閣，召試，賜進士出身，爲國子監直講，累遷尚書都官員外郎。與修唐書，未奏而

㊀「間」原作「閒」，據宋史本傳改。

卒。寶元、嘉祐中，仁宗有事郊廟，輒獻歌詩。又嘗上書言兵，注孫子十三篇，撰唐載記二十六卷、毛詩小傳二十卷、宛陵集四十卷。先生家貧，喜飲酒，賢士大夫多從之遊，時載酒過門。善談笑，與物無忤云。參史傳。

廬陵學侶

文公蘇老泉先生洵

別爲蘇氏蜀學畧。

廬陵家學

大理歐陽先生發

歐陽發，字伯和，廬陵人，文忠公之長子。少師安定，盡傳其古樂鐘律之說，不治科舉業，文忠謂其得文昭之學。以父蔭，官至大理寺丞。所著有古今系譜圖、宋朝二府年表、年號錄。

梓材謹案：大理傳本在安定學案。考宋史先生本傳：「卒年四十六，蘇軾哭之，謂其得文忠之學，漢伯喈、晉茂先之流也。」當以范忠宣例之，移入廬陵，以見歐陽子之家學。

直閣歐陽先生棐

歐陽棐，字叔弼，文忠中子。廣覽强記，能文詞。年十三時，見文忠著鳴蟬賦，侍側不去。文忠撫之，曰：「兒異日能爲吾此賦否？」因書以遺之。用蔭，爲祕書省正字，登進士乙科，調陳州判官，以親老不仕。文忠卒，代草遺表，神宗讀而愛之，意文忠自作也。服除，始爲審官主簿㊀，累遷職方員外郎、知襄州。曾布執政，其婦兄魏泰倚聲勢來居襄，郡縣莫敢誰何。至是，指州門東偏官邸廢址爲天荒，請之。吏具成牘至，先生曰：「孰謂州門之東偏而有天荒乎！」卻之。衆共白曰：「泰橫于漢南久，可卻邪？」先生竟持不與。泰怒，譖于布，徙知潞州㊁，旋又罷去。元符末，還朝，歷吏部、右司二郎中，以直祕閣知蔡州，奉詔罷覆折之令。未幾，坐黨籍廢，十餘年卒。參史傳。

附錄

呂滎陽曰：朝廷獎用言者，固是美意，然亦不可不審。歐陽叔弼最爲靜默，自正獻當國，常患其不來。而劉器之攻之，以爲奔競權門。器之賢者，猶有此誤，況他人乎！

廬陵門人

祕閣焦先生千之

焦千之，字伯强，潁州焦陂人也。從歐陽公學，稱上弟。其時同門之士如曾南豐、王深父皆以文學名，而先生最有得于躬行。歐陽公知潁州，呂正獻公爲通判，正獻日與公講學，其于諸弟子中，獨敬先

㊀「主簿」二字據宋史本傳補。按「審官」卽審官院，宋官署名，後併歸吏部。主簿爲審官院職官之一。㊁「潞州」原作「路州」，據宋史本傳改。地理志有潞州而無路州。

生，延之館，使子希哲輩師事焉。耿介不苟，終日危坐，未嘗妄笑語。諸生有不至，則召之坐，面切責之，不少假借。其後希哲兄弟雖偏從安定、泰山、康節、伊川諸公遊，然其學所以成者，內則正獻及其夫人督課甚嚴，外則先生之力。正獻歸京師，以先生偕，歐陽嘗贈之詩，所云「有能掇之行，可謂仁者勇」是也。後以遺逸薦，爲祕閣校理、知無錫。呂待制希純知潁州，築宅于城南以居先生，潁人稱曰焦館。

侍讀劉公是先生敞

劉敞，字仲邍父㊀，新喻人，學者稱爲公是先生。舉慶曆進士，廷試第一。編排官王堯臣，其內兄也，以親嫌自列，乃以爲第二。通判蔡州，直集賢院，判尚書考功。夏竦殁，賜謚文正，先生疏駮之，三上，改謚文莊。方議定大樂，使中貴人參其間，先生諫曰：「王事莫重于樂。今儒學滿朝，辯論有餘，而使若趙談者參之，臣懼爲袁盎笑也。」權度支判官，徙三司使。吳充以典禮得罪㊁，先生因對，極論之。帝曰：「充能官，京亦亡它。中書惡其太直，不相容耳。」對曰：「陛下寬仁好諫，而中書乃排逐言者，是蔽君之明，止君之善也。」帝深納之。奉使契丹，順州山中有異獸，如馬，而食虎豹，契丹不能識，問先生，曰：「此所謂駮也。」爲說其音聲形狀，且誦山海經、管子書曉之，契丹益歎服。使還，求知揚州，徙鄆州。時蜀人龍昌期著書傳經，以詭僻惑衆，文潞公薦諸朝，賜五品服。先生與歐陽公俱曰：「昌期違古畔道，

㊀「仲邍父」，宋史本傳作「原父」。按「仲」爲排行，「邍」卽古原字。　㊁宋史本傳此句下尚有「馮京救之，亦罷近職」八字，當據補，方與下文「京亦亡它」句相呼應。

學非而博，王制之所必誅。未使卽少正卯之刑，已幸矣，又何賞焉？乞追還詔書，毋使有識之士窺朝廷深淺。」昌期聞之，懼不敢受賜。先生以議㊀論與衆忤，求知永興軍，拜翰林侍讀學士。先生侍英宗講讀，每指事據經，因以諷諫。時兩宮方有小人間言，諫者或訐而過直。先生進讀史記，至堯授舜以天下，拱而言曰：「舜，至側微也，堯禪之以位，天地享之，百姓戴之。非有他道，惟孝友之德光于上下耳！」帝竦體改容，知其以義理諷也。患眩瞀疾，予告。帝固重其才，每燕見他學士，必問先生安否。帝食新橙，命賜之。疾少間，復求外，以爲汝州，旋改集賢院學士、判南京御史臺。熙寧元年，卒，年五十。先生學問淵博，自佛老、卜筮、方藥、山經、地志，皆究知大略，尤精于天文。嘗得先秦彝鼎數十，銘識奇奧，皆案而讀之，因以攷知三代制度。尤珍惜之，每曰：「我死，子孫以此蒸嘗我。」朝廷每有禮樂之事，必就其家以取決焉。爲文尤贍敏，掌外制時，將下直，會追封王子、公主九人，立馬卻坐，頃之九制成。歐陽究公每于書有疑，折簡來問，對其使揮筆答之不停手，公服其博。長于春秋，爲書四十卷，行于時。參史傳。

公是先生弟子記

永叔問曰：「人之性必善，然則孔子謂上智與下愚不移，可乎？」劉子曰：「可。愚智非善惡也。雖有下愚之人，不害于爲善。善者，親親、尊尊而已矣。孔子謂子貢曰：『女與回也孰愈？』對曰：『賜也聞

㊀「議」原作「識」，據宋史本傳改。

一以知二，回也聞一以知十。』然則其亦有聞十而知一、聞百而知一、聞千而知一者矣。愚智之不可移如此。」

永叔曰：「以人性爲善，道不可廢。以人性爲惡，道不可廢。以人性爲善惡混，道不可廢。以人性爲上者善，下者惡，中者善惡混，道不可廢。然則學者雖毋言性可也。」劉子曰：「仁義，性也；禮樂，情也。以人性爲仁義，猶以人情爲禮樂也。非人情，無所作禮樂；非人性，無所明仁義。性者，仁義之本；情者，禮樂之本也。聖人惟欲道之達于天下，是以貴本。今本在性而勿言，是欲導其流而塞其源，食其實而伐其根也。夫不以道之不明爲言，而以言之不及爲說，此不可以明道而惑于言道，不可以無言而迷于有言者也。」

雲濠謹案：公是先生弟子記，四庫書目入子部儒家類，語多可采。今特采其與廬陵問答者二條，亦可見其學之一斑云。

謝山公是先生文鈔序曰：予嘗謂文章不本于六經，雖其人才力足以淩厲一時，而總無醇古之味，其言亦必雜于機變權術。至其虛矯恫喝之氣，末流或一折而入于時文。有宋諸家，廬陵、南豐、臨川，所謂深于經者也。而皆心折于公是先生。蓋先生于書無所不窺，尤篤志經術，多自得于先聖。所著七經小傳、春秋五書，經苑中莫與抗。故其文雄深雅健，摹春秋公、穀兩家，大、小戴記，皆能神肖。當時先生亦自負獨步，虎視一時。雖歐公尚以不讀書爲所誚，而歐公不敢怨之。世或言先生卒以此忤歐公，今稽之墓志，始知其不然也。梓材案：黃溍翁跋先生帖，謂：「劉侍讀，文忠公門人也。」溍翁及見先生，此語當得其實。覩謝山所云，蓋先生之于廬陵，及門而未心折者耳。邵氏聞見後録言呂汲公終身重敬原父之學，知先生之見重當世如是。又案：先生之弟公非先生被薦于文忠，亦得列廬陵之門也。

舍人劉公非先生攽

劉攽，字叔贛父，公是先生之弟也，學者稱爲公非先生。與公是同登科第。仕州縣二十年，始爲國子監直講。歐陽兗公與趙公槩薦試館職，歷知曹州、兗州、亳州、襄州、蔡州。孫莘老、蘇文忠等言其「博記能文章，政事侔古循吏，身兼數器，守道不回」，召拜中書舍人。著書百卷，尤邃史學。司馬温公修資治通鑑，專職漢史。參史傳。

附錄

劉靜春曰：吾家原父、貢父二先生，高才博物，風節凜然。惜其與關、洛同時，而不偕之講學。

雲濠謹案：原父即遼父，貢父即贛父，古今字耳。

縣令陳先生舜俞別見安定學案。

正言丁先生隲

丁隲，字公點，蘇州人。嘉祐進士。以經學倡後進，尤長于易、春秋，爲文自成一家。官太常博士。元祐中爲左正言，五上章論何正臣治獄殘酷，巧詆刻深，甚于羅織。黨錮事載國史。著有文集二十卷。參姑蘇志。

直講張先生巨

張巨，字微之，晉陵人。嘉祐中舉明經，薦爲國子監直講。王荆公新法行，乃引去，時論高之。先生嘗從安定學，復與蔣之奇、胡宗愈、丁隲同學易于歐陽公，著易解十卷。

簡修胡先生宗愈

胡宗愈，字完夫，晉陵人，文恭從子。舉進士甲科，爲光禄丞。文恭得請杭州，英宗問子弟誰可繼者，以先生對，召試學士院。神宗立，累遷至同知諫院。王介甫用李定爲御史，先生言：「御史不因薦得，是殆一出執政意。即大臣不法，誰復言之？」蘇頌、李大臨不草制，坐絀，先生又争之。介甫怒，出判真州。元祐初，以吏部右司郎中進起居郎、中書舍人、給事中、御史中丞，請删差法。哲宗嘗問朋黨之弊，對曰：「君子指小人爲姦，則小人指君子爲黨。陛下能擇中立之士而用之，則黨禍熄矣。」明日，具君子無黨論以進。拜尚書右丞。于是諫議大夫王覿論其不當，而劉安世、韓川、孫覺等合攻之，朝廷依違。踰年，出觀潤州，而言者愈力，乃罷爲資政殿學士、知陳州。徙成都府，蜀人安其政。召爲禮部尚書，遷吏部。卒，年六十六。贈左銀青光禄大夫，謚簡修。參史傳。

文公王臨川先生安石別爲荆公新學畧。

文定曾南豐先生鞏

曾鞏，字子固，南豐人。生而警敏，讀書數百言，脫口輒誦。年十二，試作六論，援筆而成，辭甚偉。甫冠，名聞四方，歐陽公見而奇之㊀。中嘉祐二年進士第，調太平州司法參軍。召編校史館書籍，遷館閣校勘、集賢校理，爲實録檢討官。出判越州，遷知齊州，累徙襄州、洪州、福州，最後徙明、亳、滄三州。先生負才名，久外徙，世頗謂偃蹇不偶。一時後生輩鋒出，先生視之泊如也。過闕，神宗召見，勞問甚寵，遂留判三班院。上疏議經費，帝曰：「鞏以節用爲理財之要，世之言理財者未有及此。」帝以三朝、兩朝各自爲書，將合而爲一，加先生史館修撰專典之，不以大臣監總。既而不克成，會官制行，拜中書舍人。時自三省百執事，選授一新，除書日至十數，人人舉其職于訓辭，典約而盡。尋掌延安郡王牋奏。故事命翰林學士，至是特屬之。甫數月，丁母艱去。又數月而卒，年六十五。先生性孝友。父亡，奉繼母益至，撫四弟、九妹于委廢單弱之中，宦學婚嫁，一出其力。平生嗜書，家藏至二萬餘卷，手自讎對，雖白首不倦。又集古今篆刻爲金石録五百餘卷。所著文集曰元豐類稿雲濠案：四庫書目采録元豐類稿五十卷，其續稿四十卷、外集十卷並佚。其文開闔馳騁，應用不窮，然言近旨遠，要其歸必止于仁義，一時工作文詞者鮮能過也。呂申公嘗告神宗，以先生爲人，行義不如政事，政事不如文章，以是不大用云。參史傳。

附録

葉水心習學記言曰：曾某不附王安石，流落外補，汲汲自納于人主，其辭皆諂而哀。要之，其文與

㊀ 此句宋史本傳作「歐陽脩見其文，奇之」。

識皆未達于大道。

問：「南豐云：『有知之之明，而不能好之，未可也，故加之以誠心好之。有好之之心，而不能樂之，亦未可也，故加之以至意樂之。』用工夫卻在誠心、至意上否？」陳潛室曰：「此用論語意，從致知上發源，皆先儒所不道。南豐屢屢言之，度越諸公遠矣。但其說樂處，語不瑩耳。樂者，極至之意，是他『知』『好』工夫到後，自見此境界耳。若用一物以樂之，即非所以爲樂。」木鍾集。

文忠蘇東坡先生軾

文定蘇潁濱先生轍並見蘇氏蜀學略。

縣令王先生回

王回㊀，字深父，侯官人。先生敦行孝友，質直平恕，造次必稽古人所爲，而不爲小廉曲謹以求名譽。由進士爲衞真簿，有所不合，稱病自免。作告友曰：「古之言天下達道五者，各以其義行而人倫立，其義廢則人倫亡。然而父子、兄弟之親，天性也；夫婦之合，人情也；君臣之從，衆心也。雖欲自廢，而理勢持之。惟朋友者，舉天下之人莫不可同，亦舉天下之人莫不可異。同異在我，則義安所卒歸乎？是其漸廢之所由也。親非天性也，合非人情也，從非衆心也；羣而同，別而異；有善不足與榮，有惡不可與辱。大道之行，公於義者可至焉；下斯而言，其能及者鮮矣。是以聖人崇之，以列于君臣、父子、夫

㊀ 按：王回，宋史卷四三二有傳。另卷三四五亦有王回傳，與此非一人。

婦、兄弟，而壹爲達道也。夫人有四肢，所以成身，一體不備，則謂之廢疾。而人倫缺焉，何以爲世？姑求其肯告吾過而樂聞其過者，與之友乎！」退居潁州，久之不肯仕，在廷多薦者。治平中，以爲忠武軍節度推官、知南頓縣，命下而卒。先生在潁川，與處士常秩友善。熙寧中，秩上其文集，補其子汾爲郊社齋郎。參史傳。

教授徐先生無黨

梓材謹案：焦袚閣傳云：「同門如曾南豐、王深父，皆以文學名。」故以先生次南豐。

徐無黨，永康人。從歐陽永叔學古文詞，永叔嘗稱其文日進，如水湧山出；又云其馳騁之際，非常人筆力可到。嘗註五代史，妙得良史筆意。皇祐中，以南省第一人登進士第，仕至郡教授。

別附

文穆蔣潁叔之奇

蔣之奇，字潁叔，宜興人。舉進士。元祐初，累拜翰林學士，兼侍讀㊀。坐責守汝州，徙慶州。徽宗立，拜知樞密院事㊁。崇寧元年，知杭州。以棄河、湟事奪職，降中大夫，以疾告歸，提舉靈仙觀。三年，卒。嘗入元祐黨籍。後録其陳紹述之言，盡復官職。謚文穆。參史傳。

㊀ 按宋史本傳，蔣氏拜翰林學士兼侍讀，事在紹聖中，此因刪節史傳原文而誤爲元祐初。㊁ 宋史本傳作「拜同知樞密院」。

梓材謹案：謝山爲文穆端研記云：「文穆在熙寧、元祐、崇寧推爲博聞強識之儒，曾在禁林，記諸典章文物之舊，曰逸史，至數百卷。是亦北宋一魁儒也。惜其受知廬陵，因患『姦邪』之目，轉劾廬陵，爲瑜不揜瑕耳。」

焦氏門人廬陵再傳

侍講呂原明先生希哲別爲滎陽學案。

庶官呂先生希績

待制呂先生希純並見范呂諸儒學案。

劉氏家學

僉樞劉先生奉世

劉奉世，字仲馮，新喻人，邍父子。天資簡重，有法度。以進士歷官至樞密直學士、僉書院事。坐黨籍累貶，謫居沂、兗。以赦歸，復端明殿學士。優于吏治，尚安靜。文詞雅贍，最精漢書學。常云：「家世唯知事君、內省不愧、恃㊀士大夫公論而已。得喪，常理也，譬如寒暑加人，雖善攝生者不能無疴也，正須安以處之。」參史傳。

㊀「恃」原作「怍」，據宋史本傳改。

劉氏門人

縣令王先生回

見上廬陵門人。

江季恭先生端禮

別見安定學案。

曾氏家學

文昭曾曲阜先生肇

曾肇，字子開，南豐人，南豐先生之弟也。舉進士，累官至龍圖閣學士。坐黨籍，安置汀州數年，歸潤而卒。先生天資仁厚，而容貌端嚴。自少力學，博覽經傳，爲文温潤有法。其調黄巖簿也，邵安簡公聞其賢，請爲州學教授，四方之士聞風踵至，授經無虛席。後更十一州，類多善政。雲濠案：先生著有曲阜集四十卷、外集十卷、奏議十二卷、尚書講義八卷、邇英殿故事一卷、元祐外制集十二卷、庚辰外制集三卷、内制集五卷，又曾氏譜圖一卷。楊龜山狀其行。紹興初，謚曰文昭。參史傳。

曾氏門人

通判李先生撰

李撰，字子約，吴縣人。受業南豐，官至通判袁州。以興學校爲先務，有文翁、常衮風。雲濠案：先生著有毛詩訓解二十卷、孟子講義十四卷、文集五十卷、史贊論五卷。龜山楊文靖公誌其墓。子彌遜、彌大、彌正。

正字陳後山先生師道

陳師道，字履常，一字無己，彭城人。好學苦志。年十六，以文謁曾子固，大奇之，許以文著時，留受業焉㊀。熙寧中，王氏經學盛行，先生心非其説，遂絶意進取。子固典五朝史事，得自擇其屬，朝廷以白衣難之。元祐初，蘇文忠軾、傅獻簡堯俞、孫莘老覺薦其文行，起爲徐州教授。又用梁燾薦，爲太學博士。言者謂在官嘗越境出南京見軾，改教授潁州；又論其進非科第，罷歸。調彭澤令，不赴。家素貧，或經日不炊，妻子慍見，弗恤也。久之，召爲祕書省正字。卒，年四十九，友人鄒浩斂之。先生高介有節，安貧樂道，于諸經尤邃詩、禮。爲文精深雅奧，喜作詩，自云學黄庭堅。至其高處，或謂過之。然小不中意輒焚去，今存者纔十一。世徒喜誦其詩文，至若奧學至行，或莫之聞也。初，遊京師，踰年未嘗一至貴人之門。傅獻簡欲識之，先以問秦少游，曰：「是人非持刺字，俛顔色，伺候乎公卿之門者，殆難致也。」獻簡曰：「非所望也。吾將見之，懼其不吾見也。子能介于陳君乎？」知其貧，懷金欲爲餽，比至，聽其論議，益敬畏，不敢出。章惇在樞府，將薦于朝，亦屬少游延致。先生答曰：「辱書諭以章公降屈年德，以禮見招。不佞何以得此，豈佞嘗欺之邪？公卿不下士，尚矣，乃特見于今，而親于其身，幸孰大焉！愚雖不足以齒士，猶當從侯之後，順下風以成公之名。雖然，有一于此，幸公之他日成功謝事，幅巾東歸，師道當御款段，乘下澤，候公于上東門外，未晚也。」及惇爲相，又致意焉，終不往。官潁時，東

㊀ 宋史本傳作：「許其以文著，時人未之知也，留受業。」本書節録有誤。

坡知州事，待之絕厚，欲參諸門弟子間，而先生賦詩有㊀「嚮來一瓣香，敬爲曾南豐」之語，其自守如此。學者稱爲後山先生。**參史傳。**

附錄

葉水心習學記言曰：陳師道所師獨曾鞏，至與孔子同稱。然其云「學欲至之捷而守之迂，識欲覺之先而持之後」，見理未盡，而執志甚堅，惜乎！

魏鶴山師友雅言曰：後山詩「仰看一鳥過，虛負百年身」，甚有深意。

李氏家學廬陵三傳。

侍郎李筠溪先生彌遜

尚書李先生彌大合傳。

李彌遜，字似之，吴縣人，通判撰子。弱冠，以上舍登大觀三年第，調單州司户，累官起居郎。以封事剴切，貶知廬山縣，改奉嵩山祠，廢斥隱居者八載。宣和末，知冀州，金人犯河朔，諸郡皆警備，先生率勇士邀斬甚衆。靖康初，召爲衛尉少卿，出知瑞州。二年，建康牙校周德叛，單騎招降之。時李綱行次建康，先生與謀，誅首惡五十人，撫其餘黨，一郡帖然。改淮南運副，後奉興國宮祠，知饒州。召對，

㊀「有」字，據宋史本傳增。

首奏「當堅定規模，排斥姦言」。輔臣有不悅者，以直寶文閣知吉州。陛辭，帝曰：「行召卿矣。」七年秋，遷起居郎。先生自政和末以上封事得貶，垂二十年，及復居是職，直前論事，鯁切如初。冬，試中書舍人，奏六事，曰：固藩維以禦外侮，嚴禁衛以尊朝廷，練兵卒以壯國勢，節財用以備軍食，收民心以固根本，擇守帥以責實效。時駐蹕未定，有旨料舟給卒以濟宮人，先生繳奏曰：「事雖至微，懼傷大體。」帝嘉納之。試户部侍郎。秦檜再相，惟先生與吏部侍郎晏敦復有憂色。八年，上疏乞外甚力，詔不允。趙豐公鼎相，檜專國，贊帝決策通和。胡忠簡銓上疏乞斬檜，范如圭、曾開抗聲折檜，皆遭貶逐。先生乃請對，言金使之請和，欲行君臣之禮，有大不可。帝詔廷臣大議。檜邀先生至私第曰：「政府方虛員，苟和好無異議，當以兩地相浼。」答曰：「彌遜受國恩深厚，何敢見利忘義。今日之事，獨有一去可報相公。」次日再上疏，言愈切直。檜大怒，先生引疾。九年春，再上疏乞歸田，以徽猷閣直學士知端州，改知漳州。十年，歸隱連江西山。十二年，檜追仇向者盡言之臣，嗾言者論先生與豐公、王庶、曾開四人同沮和議，于是先生落職。十餘年間，不通時相書，不請磨勘，不乞任子，不序封爵，以終其身。二十三年，卒。朝廷思其忠節，詔復敷文閣待制。有奏議三卷、外制二卷、議古三卷、詩十卷。雲濠案：先生著有筠溪集二十四卷。弟彌大，字似矩，官刑、工、户三部尚書。參史傳。

祖望謹案：先生在兄弟中最以風節著。至其講學，則固未有聞也。予攷其經紀胡邦衡之家事而贈以遠竄之言，曰「有天命，有君命，不擇地而安之」，曰「唯君子困而不失其所，故亨」，曰「名節之士猶未及道，更宜進步」，曰「無我方能爲大事」，曰「天將任之，必有所摧折」，曰「建功立名，非知道者不能」，曰「學必明心，記問辯説其餘也」，然則先生之講學者深矣。其歸隱連江也，張忠獻公爲治田宅，力辭不受。

吏部李先生彌正

李彌正，字似表，通判子。官吏部郎兼史館。上書忤秦檜，指爲趙忠簡公黨人，廢二十年。

廬陵續傳

機宜鄭先生耕老

鄭耕老，字穀叔，莆田人。紹興十五年進士，明州教授。以薦召見，孝宗擢國子監簿，添差福建安撫司機宜文字。著詩、易、中庸、洪範、論、孟訓釋。參閩書。

讀書説

立身以力學爲先，力學以讀書爲本。今取六經及論語、孟子、孝經，以字計之，毛詩三萬九千二百二十四字，尚書二萬五千七百字，周禮四萬五千八百六字，禮記九萬九千二十字，周易二萬四千二百七字，春秋左氏傳一十九萬六千八百四十五字，論語一萬二千七百字，孟子三萬四千六百八十五字，孝經一千九百三字。大小九經合四十八萬九十字。且以中材爲率，若日誦三百字，不過四年半可畢。或以天資稍鈍，中材之半，日誦一百五十字，亦止九年可畢。苟能熟讀而温習之，使入耳著心，久不忘失，全在日積之功耳。里諺曰：「積絲成寸，積寸成尺。寸尺不已，遂成爲匹。」此語雖小，可以喻大。後生其勉之！

梓材謹案：此說有作歐陽公讀書法者，其數諸經，先孝經，次論語一萬一千七百五字，次孟子，次周易二萬四千一百七字，次尚書，次詩三萬九千二百三十四字，次禮記九萬九千一十字，次周禮，次春秋左傳。先後、字數微有不同。又云：「九經正文，通不過四十七萬八千九百九十五字。童子日誦三百字，不五年，畧可上口。」是先生之說蓋本歐公，而字數有異爾。又其闢佛亦與歐公同，故移水心文集一段于後而特爲立傳云。

附錄

葉水心志其墓曰：穀叔嘗著仁義、禮樂、扶中、截流等論，推明聖人之道，歸于中正不偏，常行不厭。而佛者以寂滅無爲亂之，此性命道德之蠹。

劉氏續傳

縣令劉先生恭

劉恭，字伯協，南城人。紹熙元年進士，知瑞安縣。象山嘗作書，言郡縣官貪殘之害，以告大吏。先生以「其人家世方盛，若極言之，恐攖其怒；且居是邦非其大夫，或于名分未安」。象山答以「向來區區之意，不在利害，至于理之所在，必爭，雖匹夫不可犯」。先生又以「道大，何所不容」爲辭，象山以「不知務」示之。

梓材謹案：是傳謝山稿底列象山門人。顧象山與書，一稱之以「門下」，再尊之以「來示」，又自遜曰「敬虛心以俟教」，則先生特象山講友，初未及象山之門也。攷楊誠齋集，先生爲新吉守，誠齋與之書曰：「近世人物之盛，莫江西若者。江西人物之盛，又莫劉氏若者。公是、公非二先生倡以道鳴，如古文篇何必減原道，如弟子所記何必減法言，如西垣訓詞何必減西京。家傳正學之派，心授斯文之脈，不在執事而在誰乎？」據此，則先生固承二劉家學者，不必附之陸門矣，故移入于此。

宋元學案卷五

古靈四先生學案　全祖望補本

古靈四先生學案表

陳襄——安定同調。

孫覺別見安定學案。

吳道

張公謂

章衡

傅楫——從子希龍

陳貽範

管師復

管師常——林石——沈躬行別見周許諸儒學案。

陳砥

呂逢時——錢景臻

黄穎——子公坦

一劉淮夫

鄭穆

陳烈

周希孟——劉康夫

潘鯁

曾伉

劉彝別見安定學案。

並古靈講友。

章望之

吳師仁並見士劉諸儒學案。

司馬光別爲涑水學案。

張載別爲橫渠學案。

並古靈同調。

劉夔

曹潁叔

蔡襄

並公闢學侶。

古靈四先生學案序録

祖望謹案：安定、泰山並起之時，閩中四先生亦講學海上，其所得雖未能底于粹深，然而畧見大體矣，是固安定、泰山之流亞也。宋人溯導源之功，獨不及四先生，似有闕焉。或曰：「陳烈亦嘗師安定。」未知所據。述古靈四先生學案。梓材案：古靈學案，謝山所特立。謂之「述」者，謙辭也。黄氏補本仍屬之梨洲，非是。又案：其表以古靈爲安定門人，亦無據。

安定同調

忠文陳古靈先生襄

陳襄，字述古，侯官人也。學者稱爲古靈先生。是時，學者方溺于雕篆之文，相高以詞華，所謂知天盡性之説，皆指以爲迂闊，而士亦莫之講也。先生獨有志于傳道，與其同里陳烈、鄭穆、周希孟者爲友，氣古行高，以天下之重爲己任。聞者始皆笑之，先生不爲動，躬行益篤，學者亦稍稍化之，多從之遊，而閩海間遂有「四先生」之目。雖有誕突恣傲不可率者，不敢失禮于其門。已而四先生之名聞于天下，有從遠方來受學者。以進士爲浦城簿，縣闕令，先生行令事，斷獄明決，人莫能干以私。首興學宫，爲諸生講學，從之者五百餘人，而章衡卒爲名臣。部使者安積至其縣，先生以十事陳之，安是之，皆爲施行。以遷爲仙居令，仙居山縣，莫知學，先生之興學宫、課諸生如浦城。有問難者，得乘先生聽訟之暇，入問于庭。偶出行部，遇山谷中有小學，輒下車爲童子輩講經。從學者漸多，而管師復兄弟卒爲名儒。遷著作佐郎、知河陽縣，仙居之民攀車遮道，幾不得出境。時富鄭公帥河陽，一見，厚禮之。先生之興學宮、課諸生如仙居。或謗之富公曰：「是賺子弟輩束脩耳！」富公以告，先生曰：「自反而縮，何嫌人言！」或勸先生罷講，答曰：「以讒人，使諸生遂不得聞道，吾恥之。」講益力。富公久而益奇之，入相，薦爲太常博士，召試秘閣校理，尋判祠部。譯經僧法護遺奏，乞度十僧，趙槩亦請列子㊀廟中三年度一道士，先生堅執不行，且請禁宮闈要近之妄有陳乞者。坐是解祠部，編昭文館書籍。已而以祠部員外郎知常州，復興學宮、課諸生如河陽。時承安定先生湖學之後，東南講席稍衰，先生復振之，以顧臨司之，每晨親往，與諸生講經義，旁決吏事，于是毗陵之盛，擬于湖學。常州運渠橫遏震澤，積水不得北入于江，爲吳下民田之害。先生以渠之丈尺，對民田之步畝，分授以浚，深廣有制，不月而成，遂削望亭古堰，而震澤積水乃克北流，田患以除。遷司封員外郎，爲開封府推官。將行，得公帑雜收無名錢數百萬，因以償積年官逋之未清者。入爲三司判官，使遼。尋修起居注，知諫院，管句國子監等。先生薦可爲太學師長者四人，小程子其一也。尋罷諫院，兼侍御史知雜事。故事，左右史以次知制誥，而臺雜乃遷三司副使。于是有旨候知制誥闕，召試，先生辭曰：「陛下以義使臣，敢不惟命是聽，豈敢計較資地，以爲輕重。況知雜之任，上裨朝政，下肅臺綱，豈顧寵祿之居後哉。若有顧避之心，身且不正，焉能正人。」乃許追寢前命。于是王荆公執政，行新法，先生力言青苗不便，五奏皆不報。其進第四狀曰：「臣

㊀「子」原作「于」，據宋史本傳改。

觀制置奏請，莫非引經以爲言，而其實貸民以取利，是特爲管仲、商君之術。臣願陛下爲堯、舜之君，以仁義治天下，不願陛下爲霸主也。陛下富有中國，廣輪萬里，内無強臣敵國之患，外無西戎、北狄之難。四海九州之賦，供用不爲不足。不于此時與廟堂之臣坐而論道，以行王政，而反屑屑爲均輸、舉貸之事，臣竊惜之！」其第五狀曰：「誤陛下者，王安石也。誤安石者，呂惠卿也。安石持強辯以熒惑于前，惠卿畫詭謀以陰助于後，故雖陛下之至聖，不能無惑。近者中丞呂公著而下，皆以不職乞從責降，臣獨區區未敢請者，尚冀犬馬之誠，一悟聖意，許以青苗之法下百官集議。如臣等言非，甘從遠竄；如是，則安石、惠卿乞行貶斥，以謝天下。」又言：「劉述、劉琦、錢顗等皆以言事責降，范純仁以此待罪。朝廷上下之情，乖戾若此，臣甚憂之。乞免其罪，以大有容之德。又乞召還范純仁，以厭人望。」又言：「中丞呂公著以造膝之言落職補郡，安石增改誥詞，暴揚其語，欲以中傷，尤失事體。右正言李常待罪，兩月不報，必非陛下之意。」又言：「韓絳以制置三司條例司而爲參政，是以利進，自古進用大臣所未有。」又言李南公、李定不可用，王子韶爲小人。于是神宗有詔，召先生試知制誥，而所奏皆留中不下。先生辭曰：「臣所言不能開悟聖心，方且待不職之罪，未知譴所，召試非臣所敢當。」荆公方遣人趣先生承命，見奏大恨，議出爲陝西轉運使。上曰：「陳襄經術，宜在講筵。」乃復令修起居注，直舍人院，兼天章閣侍講，先生固辭。神宗賜手詔曰：「卿以言事未遂，不受知制誥之命，且求外補。朕慕卿經術，深惜遠去，特還舊職，庶幾左右經席，漸摩道義。來奏尚欲固辭，豈未悉朕意與？還卿來章，當亟就職。」先生不敢復辭。次年，卒用爲知制誥。荆公終欲出之，上不許，詔直學士院。荆公惡之不已，以草河北詔言「水不潤下」，中書改之；又赦文有「奉祠紫宮」之語，爲犯俗。先生乞出，遂知陳州。未朞，移杭州。先生以杭之學校不興，復修築聚講如常州，且修六井水利。已而復知陳州，其講學如杭州。熙寧八年，召還，知銀臺，遷樞密直學士，判太常。次年，兼侍講。又次年，命爲郊祀禮儀使，詳定郊廟禮樂。元豐二年，判尚書都省。神宗且有意大用之，而先生病矣。次年，卒。妻子問遺言，索筆書「先聖先師」四字。贈給事中。其後累贈少師，謚忠文。所著書有易義、中庸義、古靈集二十五卷。雲濠案：先生所著書尚有州縣提綱。其古靈集二十五卷，爲先生子紹夫所編。居易錄稱爲二十卷，蓋未見完帙也。先生一言一行，皆以古人爲法，喜怒不形于色。荆公之退也，先生在講筵，薦司馬温公以下三十三人，神宗善之而不能盡用也。元祐名臣，皆在其中。南渡後，高宗得其稿，詔示天下，以爲薦士者法。

祖望謹案：宋仁之世，安定先生起于南，泰山先生起于北，天下之士從者如雲，而正學自此造端矣。閩海古靈先生于安定蓋稍後，其孜孜講道，則與之相埒。安定之門，先後至一千七百餘弟子，泰山弗逮也，而古靈亦過千人。安定之門如孫莘老、管臥雲輩，皆兼師古靈者也。于時濂溪已起于南，涑水、橫渠、康節、明道兄弟亦起于北，直登聖人之堂。古靈所得雖遜之，然其倡道之功，則固安定、泰山之亞，較之程、張，爲前茅焉。故特爲立一學案，而以鄭氏、陳氏、周氏三子並見于後。

古靈先生文集

隱居求志，古人尚之。然有聖人之隱，有賢人之隱，有介夫之隱。聖人之隱，樂天以俟命，時未可而潛，時可而躍者，蜿蜿蜒蜒，莫知其神，舜、伊尹是也。賢人之隱，養氣以畜德，庸言庸行，居貧賤而樂，顏、曾是也。介夫之隱，但潔其身而不累乎世，足以自牧而不足與憂天下，長沮、桀溺是也，是則君子不爲也。與章表民。

後進士來玆者，亦早夜不已，有所勉。然進而是，退而疑，故吾日爲之憂，恐不能有遠到者。與陳砥。

好善之人，惟恐有所不聞。好爲善之人，惟恐有聞。答黄殿丞。

不離經而用權，不先利而後義。

視非正色，謂之不明。聽非正言，謂之不聰。故君子不以耳目近小人，不以小人亂視聽也。以上與安度支。

聖人之經，待人而傳。當明大義，折諸家異同之説，以示後學，不宜有讓。答許太博。

僕他無一二至于古人，至于好人之善，樂聞己之過，則似有之。答周有終。

君子患己不立，不患不能文。德至，斯言至矣。與元屯田。

常患近世之士，溺于章句之學，而不知先王禮義之大。上自王公，下逮士人，其取人也，莫不以善詞章者爲能，守經行者爲迂闊。天下之士習，固已塗瞶其耳目，而莫之能正矣。某自涖事以來，以興學養士爲先務，以明經篤行爲首選，將以待夫有志之士。彼四方之學者輕千里而外，其亦有望于玆。德薄任重，不足以獨當其責，思得先生共教以德行道藝之事。與顧臨。

凡人生而與萬物俱生，長而與萬物俱化，終身與萬物浮沈，以是而求至于聖人，難哉！孔子語顏淵曰：「非禮勿視，非禮勿聽，非禮勿言，非禮勿動」，然後「天下歸仁」。

今有裸衣而倒行者，目之者曰：「此狂惑喪心之人！」至于學者喪其本心，不惟不自知，亦無目而指之者，豈不宜大自驚懼，持循而修省哉？以上答徐洪。

去聖日遠，聃、周、楊、墨之說衣被天下，故後之習孔子者多聞見則易，慎擇之則難。自韓退之來，二百年有餘矣。季甫比日于吾儒爲有功，足下慎折衷之。答周公闢。

君子之所貴乎身者，道焉而已。不苟利，不苟進，不苟得，惟義而止。答元屯田。

行與止係乎天，進與退存乎己。與富相公。

古人事死如生，葬則欲其返，虞則欲其安，祔則欲其存而不忘，哭之有倚廬，事之有祖廟。廬于墓，非古也。答劉太博。

古之聖賢存其心，視天下之民如其子。一夫不獲，則不能安乎其身，曰：「天假手于我以養之，吾何忍弗顧也！」故禹、稷三過其門而不入，伊尹五就桀，太公七十歸周，孔子皇皇諸侯之國。彼豈不知養心治氣安佚之樂，一畝之宅可以終身訢然而忘天下哉？今之仕者，與之祿則受之，至于民有死亡危苦則聽之，又惡知畏天命而愍人窮也？比見欽之于河陽，其議論誠佳矣，然而未知其仁。今將有民社以爲政，吾于是觀焉。欽之勉之！與傅察推序。

行身乎大方之塗，養心于至義之源，游泳乎詩、書之和，沈潛乎易、春秋之微，博之以文藝，約之以禮法，而歸之于誠，亦庶乎其至也！送管師常序。

好學以盡心，誠心以盡物，推物以盡理，明理以盡性，和性以盡神。送章衡序。

祖望謹案：古靈崛起南嶠，昌明正學。雖其立言尚有未盡融洽者，如此五語是也，然其大意已通關、洛之津，較之石徂徠輩，則入細矣。

無近名，無躐學，無急于奔競。送章衡序。

君子之道，正以持之，通以行之。正者道之經，通者道之權，二者相用而成。孰爲正？曰：中庸是也。孰爲通？曰：隨時之義是也。仁以居之，義以由之，正在其中矣；智以遷之，禮以和之，通在其中矣。君子知是四者，所以藏身也。庸言之信，庸行之謹，雞鳴而起，孳孳守之而弗失，其善持之也，是謂之正。萬物相感而情僞生，萬物相交而利害生，故其道有否泰，時有險易，而濟之以屈伸語默之變，是謂之通。何秉字序。

誠至于高明博厚而不息也，然後能定。明至于廣大精微而不惑也，然後能應。

聰明不足以自任，權勢不足以自私。以上上殿劄子。

聖人先得乎誠，誠則明矣。賢人，思誠者也，因明而後誠。存其所謂正而公者，去其所謂邪而私者，此之謂擇善；戒慎于不睹不聞之際，此之謂慎獨。而固執之，此之謂明則誠矣。誠明說。

予愍汝邑民不識爲學，父子兄弟不相孝友，鄉黨鄰里不相存恤，其心惟汲汲爭財競利爲事，以至身冒刑憲，鞭箠流血而不知止。奈奉天子教條，不可私恕，每刑一人，若傷膚髮。而汝輩不知予心，乃相煽熾，搆訟成獄，自以爲能，使予日不得食，夜不得寢，是誠何心！然非汝百姓之樂于此也，蓋不知讀書之故也。十室之邑，必有忠信。汝父老歸告子弟，令來學，予將擇明師而教諭之。仙居勸學文。

爲吾民者，父義、母慈、兄友、弟恭、子孝，夫婦有恩，男女有別，子弟有學，鄉里有禮，貧窮患難，親戚相救，婚姻死喪，鄰保相助，無惰農桑，無作盜賊，無學賭博，無好争訟，無以惡淩善，無以富吞貧，行者讓路，耕者讓畔，頒白者不負戴于道路，則爲禮義之俗矣。仙居勸俗文。

學校之設，非以教人爲詞章取利禄而已，當致學者首明周官三物之要，使有以自得于心而形于事業，然後可以言仕。杭州勸學文。

古靈語

人不可爲人所容。見晁氏客語。

格君心之非，吾徒事也。

世之欲堯舜其君者，莫若求大賢而進之。以上見劉執中所作祠堂記。

祖望謹案：王偁作陳古靈傳，詆其迂闊，心竊異之，謂偁不應乖謬至此。及讀程俱北山小集，乃知此語本于紹聖實録，而偁不審而實之者也。北山有曰：「襄所薦三十餘人，其所學皆不以當時之所建立爲然者。襄之行己，從可知矣。」北山又曰：「襄之美，以壬午之詔而益明。」梓材案：「壬午」當作「壬子」。

熙寧經筵論薦三十三人品目

端明殿學士、右諫議大夫、集賢院修撰、提舉西京嵩山崇福宫司馬光，素有行實，忠亮正直，以道自任，博通書史之學，可備顧問。

端明殿學士、翰林侍讀學士、吏部郎中、知許州韓維，器質方重，學亦醇正，知盡心性理之説，得道于内，可以應務于外。

翰林侍讀學士、寶文閣學士、户部侍郎、提舉崇福宫吕公著，道德醇明，學有原本，事君以進賢汲善爲己任。以上三人皆股肱心膂之臣，不當久外。

秘書監、集賢院學士、知杭州蘇頌，長于史學，國朝典故，多所練達，可充編撰之任。

右司諫、直集賢院孫覺，明經術義理之學，端良信厚，可以鎮浮厲世。

祠部員外郎、秘閣校理、知齊州李常，性行醇正，兼治經術，可比于覺。

兵部員外郎、直集賢院、知和州范純仁，器識通明，忠義骨鯁，足濟大事。以上三人可充侍從。

祠部員外郎、直史館、權知河中府蘇軾，豪俊端方，雖不長于經術，然百氏無所不覽，文詞美麗，尤通政事。

祠部員外郎、集賢校理、權知洪州曾鞏，文詞典雅，與軾各爲一體。二人可備文翰。

祠部員外郎、集賢校理、同修起居注孫洙，博學能文，所守亦端，兼明世務，可充史臣。

秘書丞、集賢校理王存，學行素著，方重有守，不爲勢利所遷。

太子中允、判武學顧臨，才豪氣剛，兼有識畧，喜于聞過，可屬以危難之事。

著作佐郎、集賢校理林希，少有文行。

祖望謹案：三十三人中，惟斯人晚節不終。

右司郎中、分司南京李師中，人多稱其有才，可當邊帥。

兵部員外郎傅堯俞，以義去就，有古諍臣風。

太常博士、河東提刑胡宗愈，文醇行循，兼明經術。以上三人，以言事未蒙宥復。

前著作佐郎王安國，材器磊落，罪廢不忘進學。

太子中允、應天簽判劉摯，性行端醇，詞學淵遠。

太常博士、宗正丞虞太熙，治經有行，不苟于進，可充臺閣。

太子中允、監西京洛河竹木務程顥，性行端醇，明于義理，可備風憲。

太子中允、權發遣淮南西路運判劉載，少治經術，兼有文行，可備臺閣。

殿中丞、充秦鳳熙河路句當官薛昌朝，才質俱美，持守端直，可置臺閣。

著作佐郎、崇文校書張載，養心事道，不苟仕進，西方學者，一人而已。

興國軍掌書記蘇轍，學與文若不逮軾，而静厚過之。

前台州司户、今召試館閣孔文仲，性行淳粹，文章正直。

欽州推官吴賁，以孝行聞，治經學，尤盡心于民政。

前延陵令吴恕，器識醇深，學通義理。

屯田郎中、知太康縣林英，和而不隨，直而不撓。

都官員外郎、監泗州倉孫奕，士行著于鄉閭，節義信于朋友，所至以善政聞，可當一路。

著作佐郎、監揚州糧料院林旦，通曉民政，兼有持守。

太常博士、監衡州鹽倉鄒何，操履端方，吏才通敏。

大理評事唐垌，性雖輕脱，才幹明敏，以言事竄，今監杭州龍山税，流落遠方。

前監安上門、英州安置、勒停鄭俠，愚直敢言，發于忠義，望陛下矜憐，使得生還。

祖望謹案：古靈先生講學，以誠明爲主。其立朝，尤以薦賢爲急。今觀其三十三人品目，自温公、申公、韓、范、劉、王諸大臣，無不當其性行。其謂横渠則曰「西方學者，一人而已」，于東坡則曰「不長經術」，卽此可見先生之學之醇，故備録之。其生平薦士于當路尚多，今皆附載于後。

與陳安撫薦士書九人。

殿中丞、致仕胡瑗，博學通經，負文、武之道，而適用不迂，雖老，尚可大用。

舒州通判王安石，才性賢明，篤于古學。

潁州司法劉彝，其政與學，通達體要。

合肥主簿孫覺，才質老成，經學浸有原本，文辭簡粹。

揚州孫處，高介好古而志道，安貧不仕，文辭必臻于理。

衢州江山縣周穎，剛義孝友，不畏強禦。

越州蕭山縣吴孜，勇于爲義，少習聲律之學，既而約心于理，甘貧養親。其二人即陳烈、鄭穆。

祖望謹案：其與韓丞相薦士書十七人曰：「知綿州龍安縣劉載，虔州推官吴賁，前澧陽令、監泰州如皋縣鹽倉盛僑，松陽令余京，上虞令丁隲，江寧府監上元縣管師常，長垣主簿孫路。以上皆文行經術之士。沂州防禦推官宋希元，葉縣尉吴道，鄆州觀察推官許安世，監池州酒務楊國寶，前涇州觀察推官王巖叟，明州鄞縣尉陳頤。以上皆強志力行之士。左軍巡院判官黄顥，節度推官曾華旦，大理寺丞黄默，松溪令賈易。以上皆幹能之士。」其與蔡舍人薦士書八人曰：「太學直講胡瑗，進士吴孜、管師常、任原、倪天隱、張京，明經顧臨，又友人陳烈。」此皆古靈未甚達時所薦。及修起居注，則薦常秩；爲侍御史，則薦陳烈；領國子監事，則薦常秩、陳烈、程頤、管師常；知杭州，則薦吴師仁；爲樞密直學士，又薦陳烈；其試士，則薦陸佃。而其薦三十三人最在後。能留心天下之人材，未有過于先生者也。其中多講學儒者，自胡公、二程、張子外，盛僑、吴孜、劉彝、顧臨、周穎、倪天隱，皆安定弟子；楊國寶、賈易，皆伊川弟子；而孫覺、管師常，則先生之徒而卒業于安定者。惟常秩、林希有負先生之舉耳。先生又嘗以徂徠忠義經術，乞官其子。

梓材謹案：先生所薦又有禮祠客膳四部主簿黄庭僉，見黄豫章外集。

古靈講友

祭酒鄭閎中先生穆

鄭穆，字閎中，侯官人也。「四先生」之一。醇謹好學，讀書至忘櫛沐。進退容止必以禮。門人千數。以進士爲壽安簿，召爲國子監直講，尋編集賢館書籍，積官太常博士，以集賢校理通判汾州。熙寧三年，召爲岐王侍講，又爲嘉王侍講。神宗謂古靈曰：「如鄭穆德行，乃堪左右王者耳。」凡居館閣三十年，而在王邸一紀，非公事不及執政之門。講經至可爲勸戒者，必反復摘誦，二王咸敬禮焉。元豐三年，以朝散大夫知越州。先是，鑑湖旱乾，民因田其中，延袤百里，官籍而稅㊀之。既而連年水溢，民逋官租且萬緡，先生悉奏免之。未滿乞休，管句杭州洞霄宮。元祐初，召拜國子祭酒，每坐講席，無間寒暑，雖童子，必朝服延接，以禮送迎，學者尊其德而服其教。故人張景晟者死，遺白金五百兩，託其孤。先生曰：「恤孤，吾事也。金于何有！」反金而育其子。三年，揚王、荆王並請爲講官，解祭酒，以直集賢院充荆王府侍講。荆王薨，復爲揚王府翊善。太學諸生請之，有詔仍任祭酒，兼充徐王府翊善。四年，拜給事中，兼祭酒。次年，遷寶文閣待制，兼官如故。明年，乞休，詔以提舉洞霄宮致仕。太學諸生數千人以狀白宰相乞留，范給事淳夫言：「穆雖年逾七十，精力尚強。古者大夫七十致仕，有不得謝，則賜

㊀「稅」原作「脱」，據宋史本傳改。

之几杖。祭酒居師資之地，正宜老成，願毋輕聽其去。」因引唐韓愈留孔戣故事。不報。于是公卿大夫各爲詩贈行，空學出祖汴東門之外，都人觀者如堵。淳夫詩曰：「顧我言非韓吏部，多公節似孔尚書。」明年，卒。先生著述不傳，古靈謂其「深造于道，心仁氣正，勇于爲義，文博而壯。」淳夫亦曰：「閩中真長者。元祐之盛，羣賢咸在朝，居祭酒者，前推先生，後推顏復，皆真儒」云。

直講陳季甫先生烈

陳烈，字季慈，侯官人也。學者稱爲季甫先生。天性介特，篤于孝友。年十四，繼喪父母，水漿不入口者五日。自壯迨老，享奉如生事禮，寢與晦朔未嘗止。一日，夢中哀絰哭其親于中庭，哀聲震户外，家人聞之，而先生未寤也。嘗語古靈曰：「烈今日縱得尊榮，父母不之見，何足爲樂！」其無意于世矣。力學不羣，平日端嚴，終日不言。雖御童僕，如對大賓。里有冠昏喪祭，請而後行。從學者數百。父兄訓厥子弟者，必舉其言行以規之。慶曆初，應試不中選，遂不復赴禮部。或勉之仕，則曰：「伊尹守道，成湯三聘以幣。呂望持誠，文王載之與歸。今天子仁聖好賢，有湯、文之心，豈無有先覺如伊、呂者！」仁宗以大臣之薦，累詔之，不起。或問其故，曰：「吾學未成也。」自是交章論舉，先生志不少易。古靈每謂人曰：「世多以季甫爲潔身不仕之流，非也。蓋其志孔、孟之道，不肯苟進而已。」嘉祐中，詔授本州教授，不拜。而福建提刑王陶奏先生「以妻林氏疾病醜瘦，遣歸其家，十年不視。烈，貪詐人也。已行之命，乞賜削奪」。司馬溫公在諫院，上言：「臣素不識烈，不知其人果如何。惟見國家常患士人不修名檢，故舉烈以獎厲風俗。若烈平生操守出于誠實，雖有迂闊之行，不合中道，猶爲守節之士，亦當保而全之。顧委公正官吏，通儒術、識大體者覆實。若止于夫婦不相安諧，則使之離絶而灑洗其過，庶復申眉于後。若復敗亂名教，則嚴賜刑誅，并治舉者之罪，以明至公。」于是陶奏不行。明年，歐陽公復薦其行，除國子直講，竟不出。久之，詔許從其志，以宣德郎致仕。先是，古靈在臺中舉先生自代，稱其道已造大賢之域。然先生行過拘，故終多以矯僞疑之者，皆王陶之流也。元祐初，復詔爲本州教授，不受禄，敝衣糲食，處之裕如。稍有餘，卽以周貧乏者。七十六歲而卒。

附錄

或問：「陳烈行古禮，率子弟匍匐以弔蔡君謨，爲世俗譏笑，太不近人情。」張橫浦曰：「今取鄉黨言，誾誾侃侃，踧踖與與，色勃足躩，豈不爲怪狀？但世俗以人視人故耳！」

梓材謹案：此條梨洲所節橫浦心傳，本在橫浦學案。今以言陳季甫事，移録于此。

助教周公闢先生希孟

周希孟，字公闢，侯官人也。四先生者，古靈最有名，閩中亦顯于朝，而先生與季甫獨不出，然交相重也。遍通五經，尤邃于易。弟子七百餘人，知州劉夔、曹穎叔、蔡襄皆親至學舍質問經義。部使者相繼薦于朝，詔賜粟帛，授將仕郎，試國子監四門助教，充本州學教授，三表力辭，不許。尤闢佛氏之説。卒，門人曾伉等祠其遺像于五福寺中。所著有易義、詩義、春秋義，今皆不傳。案古靈先生引先生説大有之九四，謂前儒以「彭」爲「旁」之非：「彭，盛也。九四體是離明，能知九三之專，不從其盛，專心以奉六五也。」以彭爲盛，蓋自先生發之。

知州劉先生彝別見安定學案。

古靈同調

光禄章先生望之

宫教吴先生師仁並見士劉諸儒學案。

文正司馬涑水先生光別爲涑水學案。

獻公張横渠先生載別爲横渠學案。

公闢學侶

侍郎劉先生夔

劉夔，字道元，崇安人。第進士，歷知陝、廣、潭州，所至有廉名。累官樞密直學士、知鄆州，發廩賑饑，民賴全活，盜賊屏息。後知建州，以户部侍郎致仕。參姓譜。

雲濠謹案：先生所著有春秋褒貶志五卷，見鄭氏通志。

龍圖曹先生穎叔

曹穎叔，字力之，亳州譙人。進士及第，累官右司郎中、陝西都轉運使。自慶曆鑄大錢行陝西，民盜鑄不已，先生請罷鑄諸郡鐵錢，以三鐵錢當銅錢之一，從之。進龍圖閣學士、知永興軍，卒于官。參史傳。

忠惠蔡先生襄

蔡襄，字君謨，仙遊人。舉進士，爲西京留守推官、館閣校勘。范文正仲淹以言事去國，余忠襄靖論救之，尹師魯請與同貶，歐陽文忠移書高司諫若訥，三人皆坐遣。先生作四賢一不肖詩，都人争相傳寫。契丹使買以歸，張于幽州館。後仁宗更用輔相，親擢忠襄、文忠及王懿敏素爲諫官，先生又以詩賀。三人列薦之，帝亦命之知諫院。進直史館，兼修起居注，益任職論事，無所回撓。歷知開封府，以樞密直學士再知福州。郡士周公闢、陳季甫、陳述古、鄭閎中以行義著，先生備禮招延，誨諸生以經學。召爲翰林學士㊀、三司使，旋乞爲杭州㊁，拜端明殿學士以往。卒，年五十六。贈吏部侍郎。先生工于書，爲當時第一，仁宗尤愛之。乾道中，賜謚忠惠。同上。

梓材謹案：歐陽公爲先生墓誌云：「徙知福州，復知泉州。往時閩人多好學，而專用賦以應科舉。公得先生周希孟，以經術傳授，學者常至數百人。公爲親至學舍，執經講問，爲諸生率。延見處士陳烈，尊以師禮。而陳襄、鄭穆方以德行著稱鄉里，公皆折節下之。」較史傳更爲分明。

㊀「學士」二字據宋史本傳補。　㊁「州」字原無，據龍本及宋史本傳補。

古靈門人

學士孫莘老先生覺別見安定學案。

縣尉吳先生道

吳道，字真常，浦城人也。學于古靈，從之至河陽。古靈嘉其志節，謂能修身治性，不爲事物之惑，使爲河陽學舍都講，遂遊太學。以進士爲葉縣尉。古靈嘗薦之韓忠獻公，謂能知無不爲，剛直不撓，可任以難事。

張先生公諤

張公諤者，閩縣人也。其在古靈門下，見知與吳道等。河陽都講，其一爲公諤，而道副之。

待制章先生衡

章衡，字子平，浦城人。登進士第一，歷鹽鐵判官、同修起居注。出知汝州、潁州，還判太常寺。出知鄭州，奏罷原武監，弛牧地四千二百頃以予民。復判太常，知審官西院。使遼，燕射連發破的，遼以爲文武兼備，待之異他使。歸，纂歷代帝系，名曰編年通載，神宗覽而善之，賜三品服。判吏部流内銓。未幾，擢知通進銀臺司㊀、直舍人院，拜寶文閣待制。元祐中，加集賢學士。從黄氏補本録人。

㊀「通」下原有「州」字，據宋史本傳删。按宋史職官志一云：「舊制，通進、銀臺司，知司官二人，兩制以上充。」

祖望謹案：古靈劾李定，未行；定擢中允，三舍人不行，而章子平行之。見元城語錄。

附錄

元城語錄曰：王安石薦李定時，陳襄彈之，未行。已擢監察御史裏行，宋次道封還詞頭，辭職罷之；次直李大臨，再封還；最後付蘇子容，又封還之。更奏復下，至于七八，俱落職奉朝請，名譽赫然。此乃祖宗德澤，百餘年間養成風俗，其與齊太史見殺三人而執簡如初者何異？再後攝官修起居注，章衡行之。賢不肖于此可見。

龍圖傅先生楫

傅楫，字元通，仙遊人。少自刻厲，從孫莘老，又從古靈學。第進士，歷官太學博士。四年，以薦爲太常博士。進侍講、翊善。後以鄒道鄉浩得罪被貶㊀。徽宗即位，歷監察御史、中書舍人。在朝歲餘，每以遵祖宗法度、安静自然爲言。以龍圖閣待制知博州㊁，卒。從黄氏補本録入。

州判陳先生貽範

陳貽範，字伯模，臨海人。治平四年進士。嘗遊胡安定之門，又師事陳古靈，而與羅提刑適爲友。歷宗正丞。通判處州，民懷其德，有「道不拾遺劒，月照處州城」之謡。所著有慶善集。參台州府志。

㊀ 宋史本傳此句作：「鄒浩得罪貶，楫以贐行免官。」 ㊁「博州」，點校本宋史本傳校改爲「亳州」，詳該書校勘記。

雲濠謹案：先生著有干題適變録十六卷，見宋史藝文志。

隱君管卧雲先生師復

管師復者，龍泉人也。古靈講學仙居，先生與其弟師常不告父母，奔走而來。閉門官舍中，惡衣粗食，聞古善言善行，必欲力行而進之。每與人言及其親之老，則涕泗滂沱不能收。友愛其弟。爲人仁勇且直，好古而義。朋友有暴戾弗革者，先生能屈之，或至泣下。古靈因使爲仙居都講，聚諸子使教之。諸生畏先生之糾彈，莫敢犯矩度者。古靈北官，先生復從學安定，其名日盛，然無仕進意。神宗以大臣之薦，召至，問曰：「聞卿工詩，所得如何？」對曰：「『滿隖白雲耕不破，一潭明月釣無痕』，臣所得也。」官之，不受。學者稱爲卧雲先生。所著有白雲集。

助教管先生師常

管師常者，師復弟也。履行正固，精經術。師復學于古靈而歸，仙居之弟子失其齋長，古靈使先生司之。容止莊謹，雖退食，不脱冠帶，横經夜坐，如對古人，終歲如一日。古靈喜曰：「生不屑屑于糾彈，而修身自律以勸人，其更峻也。」已而從學安定，益留心民事，適于時用。以薦爲太學正。古靈管太學，嘗薦爲助教。其後監江寧府上元縣事，古靈又嘗薦之韓忠獻公云。先生深于大易、春秋之旨，惜其書無傳者。

陳先生砥

陳砥，不知其何所人也。古靈仙居學中高弟，嘗與管氏兄弟並稱。

隱君呂先生逢時附門人錢景臻。

呂逢時，字原道，仙居人也。古靈爲令，首執弟子禮。仙居人知學者，自此始。入太學，與鄭獬友。駙馬都尉錢景臻師之，欲奏以官，固辭不受。羅適以孝廉舉，不就，隱居白巖山終身。

縣令黄先生穎附子公坦。

黄穎，字仲實，莆田人也。元祐中，以經明行修薦，不赴。孫莘老爲中丞，薦之，知長泰縣。好講學，每晨治公事㊀，即入學與諸生説經，抵暮而歸，一如古靈之在浦城諸邑也。職田所入穀，可餘三百石，盡以給耕民。兼權龍溪縣，其興學如長泰。病卒，兩縣之民争致賻，子公坦皆謝還之，論者以爲再世不媿師門。

雲濠謹案：先生子公坦，宣和六年進士，官通直郎。見福建通志。

朝散劉先生淮夫

劉淮夫，字長源，閩縣人，彝之子也。先生于古靈爲甥，少從學，孝于親。元豐中，爲台州判，累被

㊀「事」下疑脱「畢」字。

薦。更歷一考，即可改官，以父被召赴闕，不忍離，遂不待任滿，乞隨侍去。父卒，監江寧府酒務，念母年幾九十，思歸陽羨，雖甚貧，不復顧祿，即乞以朝散郎致仕。雲濠案：安定學案執中附子長源傳作「累官朝散大夫」。太守以下再三留之，皆不可得。母卒，無屋可居，無田可食，而守之甚固，未嘗一毫有求于人。東南薦紳先生皆稱爲孝子，先生輒皇恐曰：「此乃人子之常然，無足道也！」鄒忠公薦之，終不起。

公闢門人

教授劉先生康夫

劉康夫，字公南，閩縣人也。彝之從子。少從學于周氏。熙寧中，五路置學官，以薦主番禺教。嘗進志述二十七篇，其文皆羽翼六經之言也。元祐中，特奏名，未唱名，卒，鄭監門俠志其墓。

奉議潘先生鯁

潘鯁，字昌言，齊安人，從周氏學。元豐進士，授蘄水縣尉，遷和州防禦推官，知江州瑞昌縣，遷吉州軍事推官，以奉議郎致仕。張耒志其墓曰：「齊安有君子，曰潘昌言。其學也正，其言也文。其居家篤于孝弟，其爲吏惠下愛民。君子哉！」著有春秋斷義十二卷、講義十五卷、易要義三卷。

曾先生伉

曾伉，周公闢門人也。熙寧二年，從三司條例司之請，遣先生及程伯淳顥、劉執中彝、盧仲甫秉、謝卿材、侯叔獻、王汝翼、王廣廉八人行諸路，相度農田、水利、稅賦、科率、徭役利害。參通鑑。

傅氏家學古靈再傳。

縣令傅先生希龍

傅希龍者，仙遊人也。楫之從子，官漳浦令。以不附二蔡，入邪等，楫曰：「不負吾學！」

管氏門人

隱君林塘奧先生石

林石，字介夫，瑞安人。少有志操。初習進士聲律，既而曰：「古人之學不如是。」遂刻意諸經。聞括蒼管師常明春秋，往從受之。遭父喪，廬墓三年，不茹草木之滋。臨川王氏三經行，先生獨不趨新學，以春秋教授鄉里。既而春秋爲時所禁，乃絕意仕進，築室躬耕，作萱堂以養母。或勸以仕，不答。講論古今，必先實行而後文藝，曰：「本之不立，末于何有？」邑官初至，率來謁，執弟子禮。母卒，年九十餘，白首終喪如父時，人以爲難。建中靖國年，無疾而逝。周行己爲沈子正墓銘云：「河南程正叔、京兆呂與叔、括蒼龔深之與介夫，皆傳古道，名世宗師。唯是書成弗以示人，故世無傳焉。」學者稱塘奧先生。

雲濠案：謝山劄記，先生著有塘奧集、三游集。

梓材謹案：管臥雲附弟傳并及門林塘奧傳，黃氏原本在安定學案。後謝山特立古靈學案，且爲二管各立一傳，故于安定卷删臥雲原傳而移著林氏于是卷。

林氏門人古靈三傳。

沈石經先生躬行別見周許諸儒學案。

宋元學案卷六

士劉諸儒學案

全祖望補本

士劉諸儒學案表

士建中——趙狩別見泰山學案。
私淑李緼別見泰山學案。

劉顏——子庠
附師高弁。
並泰山同調。
曹起附見泰山學案。
張洞別見泰山學案。

王開祖

丁昌期——子寬夫
子廉夫
子志夫

吳師仁——弟師禮

楊適——王說見下鄞江家學。

杜醇

王致—從子說—子珩—孫勳—曾孫正己
　　—從子該—子瓘
　　—周師厚—子鍔見上西湖門人。
　　　　　　—子銖
　　—史簡—子詔見上西湖門人。
　　—豐稷別見范呂諸儒學案。
　　—袁轂見下西湖門人。
　　—汪洙—子思温—孫大猷別見龜山學案。
　　—姚孳
　　—俞偉
　　—陳攄

樓郁並安定同調。—子常—玄孫鑰別見丘劉諸儒學案。
　　—豐稷別見范呂諸儒學案。
　　—袁轂—子灼—玄孫燮別爲絜齋學案。
　　—羅適別見安定學案。
　　—周鍔
　　—史詔—孫浩別見横浦學案。—曾孫彌忠

舒亶

曾孫彌鞏

曾孫彌林並見慈湖學案。

章望之

黄晞

並古靈同調。

侯可——孫仲良別見劉李諸儒學案。

申顔

並關學之先。

宇文之邵

蜀學之先。

士劉諸儒學案

祖望謹案：慶曆之際，學統四起。齊、魯則有士建中、劉顔夾輔泰山而興。浙東則有明州楊、杜五子，永嘉之儒志、經行二子，浙西則有杭之吴存仁，皆與安定湖學相應。閩中又有章望之、黄晞，亦古靈一輩人也。關中之申、侯二子，實開横渠之先。蜀有宇文止止，實開范正獻公之先。篳路藍縷，用啟山林，皆序録者所不當遺。述士劉諸儒學案。梓材案：是卷學案亦謝山所特立。吳存仁當作師仁。

泰山同調

評事士熙道先生建中

士建中，字熙道，鄆州人也。雲濠案：謝山劄記云：「大名府魏縣人也。」孫泰山講學，先生同時而起，泰山之所推重者，先生爲第一，而石徂徠其次也。泰山贈徂徠詩曰：「攘臂欲爲萬丈戈，力與熙道攻浮譌。」又嘗薦之范文正公。而徂徠高視一切，其所服膺，自泰山外，惟先生。其集中與蔡副樞書，薦之尤力。先生所著述，如道論以言帝王之道，原福以究禍福之本，原鬼以明鬼神之理，隨時解以著守正背邪、遺近趨遠之説，皆醇儒之言也。其後以進士授評事，宰魏。不知其官爵所止。雲濠案：劄記云校書郎。

祖望謹案：先生嘗以泰山五十未娶，謀爲之買田宅以置室，其古道可想。至于箴規徂徠，謂其未抵中道，尤切當其弊。是真伊洛以前躬行君子，而世無傳者。祖望葺學案，聊爲之補傳，使不至泯泯焉。

主簿劉子望先生顏附師高弁。

劉顏，字子望，彭城人也。少孤，好古，學不專章句，師事高侍御弁。舉進士第，以試祕書省校書郎知龍興縣，坐事免。久之，授徐州文學。居鄉里，教授數十百人。採漢、唐奏議爲輔弼名對，馮元、劉筠、錢易、蔡齊㊀上其書，除任城主簿。歲饑，發大姓所積粟，活數千人。李文定迪知兗州、青州，皆辟爲從事。卒。著儒術通要、經濟樞言復數十篇。石徂徠見其書，歎曰：「恨不在弟子之列！」子庠。參史傳。

安定同調

進士王儒志先生開祖

王開祖，字景山，永嘉人也。學者稱爲儒志先生。皇祐進士，不仕，杜門著書，從學常數百人。復以薦召試賢良方正，未赴而卒。先生見道最早，所著有儒志編，言：「復者，性之宅；无妄者，誠之原。」又言：「學者離性而言情，奚情之不惡？」又曰：「使孔子用于當時，則六經之道反不如今之著。」又言：「由孟子以來，道學不明。今將述堯、舜之道，論文、武之治，杜淫邪之路，開皇極之門。吾畏天者也，豈得已哉！」其言如此。是時伊洛未出，安定、泰山、徂徠、古靈諸公甫起，而先生之言實遥與相應。永嘉後來問學之盛，蓋始基之。惜其得年僅三十有二，未見其止，爲何惜也。

儒志編

形容不欺芻木，幽晦不欺鬼神，言而不欺童昏，動而不欺愚懵。

凝目于鼻，游心于帶，是制心者也，非治心者也。坐則見其存于室，行則見其立于輿，是治心者也，

㊀ 按以上四人宋史皆有傳。蔡齊傳云：「少與徐人劉顏善，顏罪廢，齊上其書數十萬言，得復官。」

非養心者也。

中夜息于幽室之中，吾心之清明者還矣。孝弟忠信，生乎此時。

舜與周公坐以待旦，急吾行而不忘也。

心動則氣窒，心外慮則氣昏耗。

情本于性則正，離于性則邪。

君子之道始于復，成于泰，極于夬。小人之道始于姤，成于否，極于剝。

君子之德，莫不原于誠。誠，則物之來也如鑑。

君子有天下之私，小人有一身之公。

膠柱不能求五音之和，方輪不能致千里之遠。拘庸庸之論者無通變之略，持規規之見者無過人之功。

燭，秉之者莫若隨之者見之明矣。奕，爲之者不若睹之者之詳也。人之智，長于人，短于己。求人之是非易，求己之是非難。李翺曰：「凡慮己事則不明，斷他人事則必明。」己私而他人公也。

言不行則言隱，知不行則知隱。

道之充者須時以用之，物之穉者須澤以養之。須時者養人，須澤者養于人，此君子、小人之分也。

丁經行先生昌期附子寬夫、廉夫、志夫。

丁昌期者，永嘉人也。學者稱爲經行先生。永嘉師道之立，始于儒志先生王氏；繼之者爲塘奥先生林氏，安定、古靈之再傳也；而先生參之。其家世以篤行稱，至先生，尤明經術，嘗築醉經堂以講學。三子：寛夫，鄉貢進士；廉夫，舉八行；志夫，進士。兄弟好古清修，自相師友，各以所得質于其父，不爲苟同，曰：「此理天下所共，不可爲家庭有阿私也。」尤斥去浮屠之説，喪祭無不本古禮云。

宫教吴先生師仁

吴師仁，字坦求，錢塘人。陳古靈爲郡守，以遺逸薦于朝。元祐初，召爲太學正，遷博士。後充吴王宫教授，卒。先生履行醇正，器識高遠，嘗肄業太學，名聞縉紳。應舉不第，退居田里，甘貧守道。每授學者以誠明義理之學，而不爲異端之説，士習爲之嚮風。參兩浙名賢録。

梓材謹案：謝山學案序録稿底及刊本並作「杭之吴存仁」。徧閲簡策，古靈時杭之鄉先生止有名師仁者，「存仁」之存當由筆誤㊀。

助教楊大隱先生適

楊適，字安道，慈溪人。隱居大隱山。爲人醇厚介特，議論辯博平正。人有善則稱之，不善如未之聞。爲學要行乎己，惟恐爲人所知。毁譽榮辱不以動其心，人莫得而親疏。蓋自比仲元、叔度之流。鄉人嚴憚之，相語不以名氏，而尊之曰大隱先生。衣食纔自給，非義之餽一介不取。躬耕養親，族之貧

㊀ 按：宋史吴師禮傳附載其兄吴師仁事迹，與本書合，亦可證「存」爲「師」之誤。本卷下文有吴師禮傳，節自宋史。

者分賑之。鄰盜其稼，人告之，先生愀然曰：「彼窮厄而求其生爾。勿治也！」盜聞之慚悔，其後無敢侮者。善言治道，究歷代治亂之原。孫威敏公沔自諫官出案浙東、西刑獄，欲見先生，先生不肯見。先生之越時，范文正公守越，聞之，就見焉，輿致府中，澹焉無求，公益賢之。先生治經不守章句，黜浮屠、老子之說，歌詩卓越超邁，容儀甚偉，衣冠儼如。始友錢塘林逋，後與同郡王致、杜醇結交，後進莫不師之。退處四十年，德行益高，名聞京師。仁宗詔求遺逸，太守鮑柯以名聞，賜以粟帛。太守錢公輔又薦之，授將仕郎、試太學助教，州遣從事致詔書袍笏，輿從迎之，先生辭不受，遁去。年七十有六。遺令篆石壙前曰「宋隱人之墓」。熙寧二年，滎陽張峋爲文表之。參四明文獻集。

學師杜石臺先生醇

杜醇者，越之隱君子也。居慈溪。學以爲己，隱約不求人知。孝友稱于鄉里，耕桑釣牧以養其親。經明行修，學者以爲模楷。慶曆中，鄞始建學，縣令王文公安石請先生爲之師，其書曰：「天之有斯道，固將公之。我先得之，而不推餘于人，使同我所有，非天意，且有所不忍也。願先生留聽而賜臨之，安石與有聞焉。」先生引孟子、柳宗元之說以辭。再書强起之曰：「孟子謂好爲人師者，謂無諸中而爲有之者，豈先生謂哉！彼宗元惡知道！韓退之毋爲師，其孰能爲師？天下士將惡乎師哉？」先生始就焉。慈溪令林肇立學，又起先生爲師，亦固辭，王文公作師說以勉之。一邑文風之盛，自先生始。先生談詩書不倦，爲詩質而清，當時謂學行宜爲人師者也。同上。

謝山慶曆五先生書院記曰：夷攷五先生，皆隱約草廬，不求聞達。而一時牧守來浙者，如范文正公、孫威敏公，皆摳衣請見，惟恐失之。最親近者，則王文公。乃若陳、賈二相，非能推賢下士者也，而亦知以五先生爲重。文公新法之行，大隱、石臺、鄞江已逝，西湖、桃源尚存，而不肯一出，以就功名之會。年望彌高，陶成倍廣，數十年以後，吾鄉遂稱鄒、魯丘樊，縕褐化爲紳纓，其功爲何如哉！

處士王鄞江先生致

王致，字君一，鄞縣人。與同郡楊、杜二先生爲友，俱以道義化鄉里，諸生子弟師尊之，稱三人皆爲先生。嘗與牧守言政事，王文公安石復書曰：「無事于職，而愛民之心乃至于此，可以爲仁矣！」年七十，樂道安貧，妻收遺秉，子拾墮樵，浩然無悶，鄉人莫不高其行。參四明文獻集。

謝山辯鄞江墓誌曰：鄞江先生極爲荆公所重，其墓誌係荆公作，然不載于集中，惟舊志引其語，曰「四明立言之士，自先生始」而已。至聞藥泉作鄞縣志，始盡録其全文。予疑其宂蔓，不類荆公文體。及觀其所記門下弟子，自豐稷、袁轂、周師厚諸人外，又稱遊學者有張機、張邵、張郯、張祁。攷郯、祁皆邵之弟。邵係徽宗宣和三年進士。建炎初，假禮部使金，補其弟祁爲明州觀察推官，遂家焉。邵于紹興十三年歸自金，二十五年卒于廣德。而鄞江先生卒于至和二年。邵兄弟能遊學其門，最少亦不下弱冠，而自至和以及宣和，凡六十七年始登第，又八年始使金，留十四年乃歸，又十二年始卒，抑何其長年也？以豐尚書之輩行，相去幾三世，而謂其同門，不亦謬乎！或曰：「桃源先生爲鄞江之猶子，邵兄弟或嘗經受業，而誤以爲鄞江。」此于時代尚不甚遠，然即如此說，而誌文之出于依託可知也。

梓材謹案：鄞江墓誌云：「上聞其德行，召拜校書郎，命至則先生不起。」謝山以此誌爲依託荆公之作。惟荆公文集弔先生詩作悼王處士，故第以「處士」標之。

正議樓西湖先生郁

樓郁，字子文，自奉化徙鄞，卜居城南。志操高厲，學以窮理爲先，爲鄉人所尊。處窮約，屢空自樂。慶曆中，詔郡縣立學，延致鄉里有文學、行義者爲之師。先生掌教縣庠者數年，又教授郡學，前後三十餘年。學行篤美，信于士友，一時英俊皆在席下。門人之知名者，清敏豐公稷、光禄袁公轂、天台羅公適也。登進士第，調廬江主簿。自以禄不及親，絕仕進意，以大理評事終于家。有遺集三十卷，贈正議大夫。子孫皆踵世科。五世孫鑰，德行文章，爲時名臣，仕至參知政事。參四明文獻集。

謝山五先生書院記曰：五先生之著述不傳于今，故其微言亦闕。雖然，排奸詆奄，讜論廩廩，豐清敏之勁節也；急流勇退，蕖月蘋風，周銀青之孤標也；再世蘭芽，陔南弗替，史冀公父子之純孝也；嬰兒樂育，以姓爲字，陳將樂、俞順昌之深仁也；殺虎之威，同于驅鱷，姚夔州之異政也；于公治獄，民自不冤，袁光禄之神明也；一編麟經，以紹絕學，汪正奉之豐湽也；金橘不知，蕭然詩葉，望春先生之清貧也。即以有負門牆如舒信道者，其人不足稱，而文辭終屬甬上名筆。則五先生之淵源可知矣！

古靈同調

光祿章表民先生望之

章望之，字表民，浦城人。少孤，喜問學，志氣宏放，爲文辯博，長于議論。初由伯父郇公㊀蔭，爲祕書省校書郎，監杭州茶庫。逾年，辭疾去。舉賢良方正，郇公在相位，以嫌抑之，乃上書論時政，凡萬餘言，不報。丁母憂，毀瘠過制。服除，浮游江、淮間，犯艱苦，汲汲以營衣食，不自悔。人勸之仕，不應也。其兄拱之知晉江縣，忤其郡守㊁，守怒，誣以贓，貶。先生號泣力訴于朝，時守方貴顯，事久不得直。先生訴不已，章十餘上，起獄數年，朝廷爲再劾，卒脫兄冤，復官如初。先生遂不復仕。覃恩遷太常太祝、大理評事。翰林學士歐陽修、韓絳，知制誥吳奎、劉敞、范鎮同薦其才，宰相欲稍用之，除僉書建康軍節度判官，不赴。又除知烏程縣，趣令受命，固辭，遂以光祿寺丞致仕，卒。先生喜議論。宗孟子言性善，排荀卿、楊雄、韓愈、李翺之說，著救性七篇。歐陽修論魏、梁爲正統，先生以爲非，著明統三篇。江南李盱江著禮論，謂仁、義、智、信、樂、刑、政皆出于禮，先生訂其說，著禮論一篇。其議論多有

㊀ 按郇公卽章得象，封郇國公，宋史卷三一一有傳。㊁ 據宋史本傳，此「郡守」卽蔡襄，宋史卷三二〇及本書卷五皆有傳。襄曾知泉州，（見宋史本傳），而晉江爲泉州屬縣（見宋史地理志五）。此傳不書其名，蓋諱言之。

過人者。嘗北游齊趙，南汎湖湘，西至汧隴，東極吳會，山水勝處，無所不歷。有歌詩、雜文數百篇，集爲三十卷。

助教黃聱隅先生晞

黃晞，字景微，建安人。少通經，聚書數千卷，學者多從之遊。自號聱隅子，著歔欷瑣微論十卷，以爲「聱隅」者，枿物之名；「歔欷」者，歎聲；「瑣微」者，述辭也。石徂徠在太學，遣諸生以禮聘召，先生走匿鄰家不出。樞密使韓魏公琦表薦之，以爲太學助教致仕，受命一夕卒。

關學之先

殿丞侯華陰先生可

申先生顏合傳。

侯可，字無可，其先太原人，徙華陰。少倜儻不羈，以氣節自喜。既壯，盡易前好，篤志爲學，祁寒酷暑，未嘗廢業。博物强記，于禮之制度，樂之形聲，詩之比興，易之象數，天文、地理、陰陽、氣運、醫算之學，無所不究。自陝而西多宗其學，先生亦以樂育爲己任，主華學之教者幾二十年。再試不遇，遂棄其業。孫威敏公沔儇智高，請先生參其軍事，奏凱敘功，知巴州化成縣。巴俗尚巫而輕醫，先生誨以義理，巴人化之。娶婦多責財于女氏，至有老弗能嫁者，先生爲定昏禮，又爲減官輸絲帛之賦。調耀州華原簿，痛抑富民之兼并者，誅姦胥。以大理評事簽書儀州判官。韓忠獻公鎮長安，與先生謀渭源之地。至其境，以朝廷恩德諭其酋豪，翌日詣軍門輸土，不費一矢，因城熟羊以撫之。嘗以數十騎行邊，猝與敵遇，乃分其騎爲四，令高其旗幟，旋山徐行。敵以爲有大兵而誘之也，避去。以忠獻薦，遷殿中丞、知涇陽縣。議復鄭白水利，得請，而讒者搆之，罷官去，不竟其施。以元豐己未卒。有申顏㊀先生者，君子也，非法不言，非禮不履，關中之人無老幼，見之，坐者必起。與先生爲莫逆，顧皆貧。先生之未仕也，嘗與易衣互出，謀食以養兩家，有無均之。申顏先生嘗曰：「吾不可一日失侯無可。」或問之，曰：「無可能攻吾之過耳！」申顏先生病，先生徒步千里，爲之求醫，未至而死，其目不瞑。或曰：「是待侯先生而瞑乎！」未斂，先生馳至，撫之而瞑。申顏先生嘗欲葬其先世而未能，及死，無子，先生傾所有，不足，賣衣以益之，卒成其志。天寒，先生父子尚單衣，忽有饋白金者。謂其子曰：「申顏先生之妹將嫁，速以資之！」其好義如此。其卒也，戒其子勿用浮屠。先生之女兄適程氏，明道、伊川二先生之母也。故明道志先生之墓。先生之孫，是爲荆門先生仲良。

祖望謹案：呂舍人本中曰：「關學未興，申顏先生蓋亦安定、泰山之儔，未幾而張氏兄弟大之。」然則申顏先生之有功關中，亦已多矣。而先生爲之死生之友，觀其所學，非腐儒之無用者，而宋史僅著之義士傳中，予故特表而出之。

㊀「申顏」，宋史侯可傳作「田顏」。按程顥華陰侯先生墓誌銘（見中華書局點校本二程集五〇四頁）亦作「申顏」，顥爲侯可之甥，所記當不誤，以「申顏」爲是。

蜀學之先

中允宇文止止先生之邵

宇文之邵，字公南，綿竹人。舉進士，爲文州曲水令。神宗卽位求言，疏言：「公卿大夫，民之表，宜先以節義廉恥風導之。凡所建置，必與大臣共議以廣其善，號令威福則專制之。」疏奏不報，喟然曰：「吾不可仕矣！」遂致仕，以太子中允歸。時年未四十，自強于學，不易其志，日與交友爲經史琴酒之樂。退居十五年而卒。司馬温公曰：「吾聞志不行，顧禄位如錙銖；道不同，視富貴如土芥。今于之邵見之矣！」范蜀公亦曰：「之邵位下而言高，學富而行篤，少我二十一歲而先我掛冠，使吾慊然！」其爲兩賢所推尚如此。參史傳。

士氏門人

趙先生狩別見泰山學案。

士氏私淑

縣尉李先生緼別見泰山學案。

劉氏家學

知州劉先生庠

劉庠，字希道，子望之子也。八歲能詩，蔡齊妻以子。第進士，爲高密廣平院教授。英宗求直言，先生上書論時事，除監察御史裏行。神宗立，遷殿中侍御史，爲右司諫，言：「中國御戎之策，守信爲上。」除集賢殿修撰、河東轉運使，進天章閣待制、河北都轉運使。移知真定，又爲河東都轉運，召知開封。先生不肯屈事王荆公。荆公欲見之，戒典謁者曰：「今日客至勿納，惟劉尹來，即告我。」或語先生：「盍往見之！」先生曰：「見之何所言？自彼執政，未嘗一事合人情。脱問青苗、免役，將何辭以對？」竟不往。奏論新法，又與蔡確争廷參禮，遂以龍圖閣直學士，歷知渭州㊀。卒，年六十四。參史傳。

劉氏門人

縣令曹先生起

附見泰山學案。

進士張先生洞

别見泰山學案。

吴氏家學

直閣吴先生師禮

吴師禮，字安仲，錢塘人，師仁弟。太學上舍賜第，歷官右司員外郎。工翰墨，徽宗嘗訪以字學，對

㊀ 宋史本傳此處作「遂以爲龍圖閣直學士、知太原府」，下文敍其歷知成都府、秦州、虢州、江寧府、滁州、永興軍後，始「加樞密直學士、知渭州」。此傳節録失當。

曰：「陛下御極之初，嘗志其六者。臣不敢以末伎對。」終直祕閣、知宿州。遊太學時，其兄爲正，守春秋學。他學官有惡之者，條其疑問諸生，先生悉以兄說對。學官怒，鳴鼓坐堂上，衆質之，先生引據三傳，意氣自如。江公望時在旁，心竊喜，後遂定交。參史傳。

楊氏門人

銀青王桃源先生說見下鄞江家學。

鄞江家學

銀青王桃源先生說附子珩。

王說，字應求，鄞縣人。鄞江先生之從子也。受學鄞江，與弟該皆著名，教授鄉里三十餘年。熙寧中，以特恩補州長史。無田以食，無麻桑以衣，怡然自得。子孫世其學。子珩，字彥楚，大觀三年進士，官宗正少卿。參四明文獻集。

雲濠謹案：宋景濂守齋類稿序云：「昔在宋時，桃源王應求亦鄞人，同季父致招樓郁、楊適、杜醇諸公，因就妙音院立孔子像，講貫經史，倡爲有用之學，學者宗之。應求所著唯在立言，他則未暇及，故有五經發源五十卷，奏議、書疏、詩文二百十一篇。薦者列其事，召爲明州長史，應求辭。及其既没，敕建桃源書院，贈銀青光祿大夫，賜紫金魚袋。」

梓材謹案：謝山宋神宗桃源書院御筆記云：「五先生之倡道，其三皆以布衣終身，卽仕者亦不逹，而先生獨邀宸奎之賜，固異數也。」又案：王一辰甬上三補耆舊詩于先生傳云：「師仲父鄞江先生及楊先生適，友杜先生醇、樓先生郁。」是先生又爲大隱門人。

縣令王望春先生該附子瓘。

王該，字藴之，桃源先生之弟，學者稱爲望春先生。登慶曆六年進士。王荆公宰鄞時，與之友善，以詩章相唱酬。與兄齊聲。令鄧城，官舍旁有嘉木，葉長可尺許，每得一詩，取葉書之。既卒，歸槖蕭然，惟脱葉甚富。子瓘，字元圭，元豐進士，喜藏書，以文稱。參寶慶四明志。

提舉王先生勳附子正己。

王勳，字上達，桃源先生之孫也。政和八年進士。提舉廣南市舶，一錢之利皆歸有司，家人不識舶貨之名。及卒，賈胡率錢二百萬緡爲賻，子正己卻之曰：「吾父以廉直聞。雖貧，猶能負喪以歸。」不媿廉叔度也。清白之傳，實桃源家訓。正己終太府卿。參四明文獻集。

鄞江門人

運判周先生師厚

周師厚，字敦夫，鄞縣人，從王鄞江遊。皇祐五年進士，仕至朝散郎、荆湖南路轉運判官。時役法方行，先生言四方風俗不同，復有勞逸輕重，不宜概賦，朝議是之。章惇開溪峒蠻擾辰、沅二州，議輸常平粟以備邊，先生持不可，曰：「溪獠静擾無常，常平歲入有程，當使邊卒廣屯田爲便。」從其議。參延祐四明志。

冀公史先生簡

史簡，鄞縣人。以後人貴，封冀公。爲鄞江高弟。事母最孝，最開越公之先。或謂其作吏用杖者，謬。越公爲西湖高弟，再世與豐清敏同門。參鮚埼亭外編自注。

清敏豐相之先生稷別見范呂諸儒學案。

朝奉袁公濟先生轂見下西湖門人。

正奉汪先生洙附子思温。

汪洙，字德温，鄞縣人。父元吉爲縣從事，爲范文正公所知；王荆公宰鄞，以廉平吏薦于轉運使孫威敏沔。先生以春秋教授于鄉，鄉人稱之爲汪先生。子思温，以上舍爲雄州教授，調餘姚令，築堤浚湖，民信愛之。欽宗以諸王就傅，擇除贊讀。參鄞縣志。

梓材謹案：謝山五先生書院記自注云：「汪正奉春秋實與孫明復齊名，容齋稱其『豐淯不施』，而近志妄謂其官閣學。」

知州姚先生孳

姚孳，字舜徒，以字行，慈溪人。幼開爽穎悟，學如夙植。熙寧九年進士，爲桃源宰，訊民疾苦而振雪之。郡將怙威淩僚吏，屬邑患苦，先生毅然争論，郡將爲之少戢。鄰郡有訴不平，必丐于部使者，願付先生決之。捐貲修孔子廟，督課諸士，翕然向方。鄉有虎，先生以文禱諸社，越三日，虎仆祠旁。奏績爲天下第一，除提舉成都府路常平等事。陛辭，神宗諭以「卿任桃源，有愛民之心」。先生退謁丞相，論蜀道利疚，乞以義倉之儲，置吏立法，收養鰥寡老幼，死給衣裳，官爲殯葬；歲薦饑，間有遺兒，請顧嫗乳之。丞相爲奏行焉。丁艱未赴。服除，改湖南，神宗復諭以「居養安，濟漏澤，爲朕施實德于民。卿向有言，故復命卿」。後由江東副曹除直龍圖閣、知夔州，興學勸農，有古循吏風。卒之日，夔民罷市聚哭。訃聞桃源，民乃即先生祠，争出貲薦奠焉。參寧波府志。

縣令俞先生偉

俞偉，字仲寬，鄞縣人。元祐初，宰南劍之順昌。閩人生子多者皆不舉，建、劍尤甚。先生作戒殺子文，召父老列坐廡下，以俸置醪醴，親酌，使歸勸鄉人，活者以千計，生子多以「俞」爲字。朝廷爲立法，行一路。先生被差他郡，還邑，有小兒數百迎于郊。部使者聞于朝，降詔奬諭，進秩。再任且去，出粟以賑其蓐卧而病者。參延祐四明志。

縣令陳先生攄

陳攄，字君益，鄞縣人。紹聖間，宰南劍之將樂，敦崇學校，奬進士類，政尚愷悌。先是，邑民家舉一子，富室不過二子，餘悉棄之。先生至，諭以天性，申以令甲，犯者窮治，自兹民無不舉子，男「陳」其名，女「陳」其氏。後卒于官，邑人思慕，祠而祀之。遇旱禱雨，輒應。鄰境淫雨亢陽，乞靈祠下，咸遂所祈。部使者以其有功于民，乃請于朝，錫廟額曰「旌福」。參寶慶四明志。

西湖家學

知軍樓先生常

樓常，正議子。治平進士，知興化軍。參鄞縣志。

西湖門人

清敏豐相之先生稷別見范呂諸儒學案。

朝奉袁公濟先生轂附子灼。

袁轂，字容直，一字公濟，鄞縣人。嘗一試于開封，兩試于鄉，皆第一。嘉祐六年登第。博貫羣書，擅名詞藻。歷知邵武軍、通判杭州。其爲開封舉首也，蘇文忠實爲之亞。及貳郡，而文忠爲守，相得益驩，唱酬篇什甚富。移知處州，終朝奉大夫。子灼，字子烈，元祐進士，爲光祿丞、軍器少監，出知婺州。有武臣曹宗者，時相蔡京婣黨，爲害鄉曲。子烈械之獄，死焉，坐是貶秩。起知隨州。宣和末，召爲倉部郎。面對，力勸帝清心省事，安不忘危。言甚切直，黜知泗州。終朝議大夫。參寶慶四明志。

提刑羅赤城先生適別見安定學案。

銀青周鄞江先生鍔

周鍔，字廉彥，鄞縣人，師厚子。元豐二年進士，初仕爲桐城尉，慨然曰：「學優則仕。吾昔所治，科舉耳。」遂益究治六籍、諸子、百氏之説，悉著論其本旨。當官桐城，辭不赴，乃遊潁昌，訪其舅范忠宣純仁。過洛，見文潞公、司馬温公，咸器重之。在京師，上書言徐禧永樂之失，國子祭酒豐相之、給事中范淳夫交薦之。後知南雄，以言邊事忤時相，入黨籍，卽退休于家。參延祐四明志。

謝山書鄉先生宋中大夫家傳後曰：「大夫預名元祐黨人之一。大夫之舅氏范丞相忠宣公純仁、右丞純禮、待制純粹，及大夫初娶婦翁胡右丞宗愈、再娶婦翁王學士覿中、表兄弟范開封正平，九族之中，登錮籍者七人。又讀陳忠肅公瓘與兄書云：『章氏議卻不成，農師極惓惓，亦不敢就。自到官，尤覺中饋不可無人，瑞奴等零丁益可憐，不免議同年周户曹之妹。其家清貧，其人年長。貧則不驕，長則諳事。舉家好善，故就之。』户曹卽大夫也。嗟乎！卽忠肅之書，可以見大夫一門之賢；而其得力于范文正公、胡文恭公之典型者，亦豈少哉！文正壻爲賈東明蕃，以不附新法忤荆公。而忠宣之出，司馬侍郎忠潔公朴，温公羣從，握節死于金者也。大夫胡氏之私，則僚壻鄧考功。忠臣亦在黨禁，可謂同岑之盛矣！」

越公史八行先生詔

史詔，字升之，鄞縣人，父冀公簡、母葉氏夫人遺腹子也。頎秀豐下，少有立志。嘗與豐清敏、舒中丞受業于鄉先生樓郁，以孝行聞，遇大比輒引避。嘗曰：「無母氏之節，已無史氏矣。誓終身母子不相離。」或曰：「辟薦，所以榮母也。」先生曰：「朝廷設科，思得其用，敢竊爲己榮邪？設與計偕，則初志爽矣。況亡親欺君，士君子所不爲也。」大觀二年，詔舉八行，鄉人以先生應命，遂與母避于縣東大田山。郡守迹所往，迫使就道，誓不起。鄉人稱爲「八行先生」。參寧波府志。

中丞舒嬾堂亶

舒亶，字信道，鄞縣人，號嬾堂。官至中丞。爲樓正議高弟，本屬正學。特以附麗荆公，遂爲呂、蔡一流，力與東坡爲難，良可惜也。

周氏家學鄞江再傳。

銀青周鄞江先生鍔見上西湖門人。

進士周先生銖

周銖，師厚次子，鄞江鍔之弟。崇寧二年進士。兄弟偕隱，鄉人慕之。參延祐四明志。

史氏家學

越公史八行先生詔見上西湖門人。

侯氏家學

侯荆門先生仲良別見劉李諸儒學案。

汪氏家學鄞江三傳。

莊靖汪適齋先生大猷別見龜山學案。

八行家學

忠定史真隱先生浩別見橫浦學案。

文靖史自齋先生彌忠

華文史獨善先生彌鞏

史和旨先生彌林並見慈湖學案。

西湖續傳

宣獻樓攻媿先生鑰別見丘劉諸儒學案。

袁氏續傳

正獻袁絜齋先生燮別爲絜齋學案。

宋元學案卷七

涑水學案上　全祖望補本

涑水學案表

司馬光　古靈同調。
　子康——孫植別見百源學案。
　從子宏——子朴——孫通國
劉安世別爲元城學案。
范祖禹別爲華陽學案。
晁説之別爲景迂學案。
歐陽中立
樊資深
田述古別見安定學案。
尹材——從子焞別爲和靖學案。
張雲卿
李陶

邢居實別見安定學案。

牛師德別見百源學案。

私淑陳瓘別爲陳鄒諸儒學案。

唐廣仁別見陳鄒諸儒學案。

黃隱——曾孫黼

陸賀——子九思
　　　子九皐——劉堯夫別見槐堂諸儒學案。
　　　子九韶
　　　子九齡並爲梭山復齋學案。
　　　子九淵別爲象山學案。

朱松別見豫章學案。——子壁
　　　子㙔並見嶽麓諸儒學案。
　　　並涑水續傳

邵雍別爲百源學案。

張載別爲橫渠學案。

程顥別爲明道學案。

程頤別爲伊川學案。

陳舜俞別見安定學案。

並涑水講友。

劉恕——子羲仲

劉攽別見廬陵學案。

並涑水學侶。

呂誨

范鎮別爲范呂諸儒學案。

呂公著別爲范呂諸儒學案。

李常別見范呂諸儒學案。

趙瞻

傅堯俞

孫固——子朴

李周

並涑水同調。

涑水學案序録

祖望謹案：小程子謂：「閱人多矣！不雜者，司馬、邵、張三人耳。」故朱子有「六先生」之目。然于涑水微嫌其格物之未精，于百源微嫌其持敬之有歉，伊洛淵源録中遂祧之。

草廬因是敢謂涑水尚在「不著」「不察」之列。有是哉？其妄也！述涑水學案。梓材案：涑水學案，梨洲原本已佚。謝山補定，分爲兩卷，稿亦無存。兹特采録汪書，而以疑孟、潛虚足之。至謝山所補門人小傳，則其稿尚存。

古靈同調

文正司馬涑水先生光

司馬光，字君實，陝州夏縣人也。父池，天章閣待制。先生七歲時，凜然如成人。聞講左氏春秋，愛之；退爲家人講，卽了其大指。羣兒戲于庭，一兒登甕没水中，先生持石擊甕，破之，水迸，兒得活。其後京、洛間畫以爲圖。仁宗寶元初，中進士甲科，年甫冠，性不喜華靡，聞喜宴獨不戴花。同列曰：「君賜不可違！」乃簪一枝。歷官直祕閣、開封府推官。交趾貢異獸，謂之麟，先生言：「真僞不可知，且非自至，不足爲瑞，願還其獻。」又奏賦以風。修起居注，判禮部。未幾，同知諫院。仁宗不豫，國嗣未立，諫官范公鎮首發其議，先生在并州聞而繼之，且貽書勸范公以死争。至是，復面言：「臣昔通判并州所上三章，願陛下果斷力行。」疏再上，帝大感動，遂立英宗爲皇子。進知制誥，固辭，改天章閣待制兼侍講。英宗立，詔兩制集議濮王典禮，先生曰：「爲人後者爲之子，不得顧私親。」議上，與大臣意殊。御史六人争之力，皆斥去；先生請與俱貶，不許。進龍圖閣直學士。神宗卽位，擢爲翰林學士，先生力辭。帝曰：「卿有文學，何辭爲？」對曰：「臣不能爲四六。」帝曰：「如兩漢制詔可也。」竟不獲辭。上疏論君德，曰仁曰明，曰武，論治道，曰官人，曰信賞，曰必罰。其説甚備。且曰：「臣平生力學所得，盡在是矣。」先生常患歷代史繁，人主不能徧覽，遂爲通志八卷以獻。英宗悦之，命置局續其書。至是，神宗名之曰資治通鑑，自製序授之，俾日進讀。河朔旱傷，執政以國用不足，乞南郊勿賜金帛。先生曰：「救災節用，宜自貴近始。」與安石爭議不已。會安石草詔，引常衮辭祿事責兩府，兩府不敢復辭。安石得政，行新法，先生逆疏其利害。邇英進讀，至曹參代蕭何事，帝曰：「漢守蕭何之法不變，可乎？」對曰：「寧獨漢也。使三代之君常守禹、湯、文、武之法，雖至今存可也。」侍講吕申以先生言是，帝亦欲用先生，訪之安石。安石曰：「光外託劘上之名，内懷附下之實。苟在高位，則異論之人倚以爲重。韓信立漢赤幟，趙卒氣奪。今用光，是與異論者立赤幟也。」安石以韓魏公上疏，臥家求退，帝乃拜先生樞密副使。先生辭曰：「陛下徒榮以祿位，不取其言，是以大官㊀私非其人也。陛下誠能罷新法，雖不用臣，臣受賜多矣。」抗章至七八，帝猶未允。安石起視事，先生乃得請，遂求去，以端明殿學士知永興軍。徙知許州，趣入覲，不赴，請判西京御史臺歸洛，自是絶口不論事。求言詔下，先生感泣，欲默不忍，乃復陳六事，又移書責宰相吴充。帝欲復用先生，蔡確沮之。帝謂資治通鑑賢于荀悦漢紀，數促使終篇。及成，加資政殿學士。凡居洛十五年，天下以爲真宰相，田夫野老皆號爲司馬相公，婦人、孺子亦知爲君實也。帝崩，赴闕臨，衛士望見，皆以手加額。所至，民遮道聚觀，曰：「公無歸洛！留相天子，活百姓。」哲宗立，太皇太后遣使問所當先，先生請開言路。詔榜朝堂。大臣有不悦者，爲設六語，云「若此者，罪無赦」。后以示先生，

㊀「大官」，宋史本傳作「天官」。

先生曰：「此非求諫，乃拒諫也。」改詔行之。先生又奏修身、治國之要，其目各有三，即仁宗朝所陳者，而英宗、神宗初立，嘗以爲獻，茲乃復申其說。起知陳州，過闕，留爲門下侍郎。元祐初，病作。時青苗、免役、將官之法猶在，先生折簡與呂申公云：「光以身付醫，以家事付愚子。惟國事未有所託，今以屬公。」乃論免役五害，乞直降敕罷之。又立十科薦士法。皆從之。拜尚書左僕射，兼門下侍郎。遂罷青苗，復常平法。是時兩宮虛己以聽。遼、夏使至，必問先生起居，敕邊吏曰：「中國相司馬矣，毋輕生事，開邊隙！」海內之民得離新法之苦，歡若更生，君子稱其有旋乾轉坤之功云。先生自見言行計從，欲以身殉社稷。賓客憫其體羸，謂宜少節煩勞，先生曰：「死生，命也。」爲之益力。病革，不復自覺，諄諄如夢中語，然皆朝廷天下大事也。是年九月卒，年六十八。太皇太后聞之慟，與帝臨喪，禭以一品禮服，賻特厚，贈太師、温國公，謚文正，賜碑曰「忠清粹德」。京師人罷市往弔，鬻衣以致奠，巷哭以過車。嶺南封州父老亦相率具祭。四方皆畫像以祀，飲食必祝。先生孝友忠信，恭儉正直，居處有法，動作有禮。其兄太中大夫旦年將八十，奉之如嚴父，保之如嬰兒。自少至老，語未嘗妄。自言：「吾無過人，但平生所爲，未嘗有不可對人言㊀者。」天下敬信。陝、洛間化其德，有不善，曰：「君實得無知之乎？」于學無所不通，惟不喜釋、老，曰：「其微言，不能出吾書；其誕，吾不信也。」文集八十卷，他著述二十種，五百餘卷。雲濠案：先生遺文名傳家集。東坡爲先生行狀，稱文集八十卷外，有資治通鑑三百二十四卷、考異三十卷、曆年圖七卷、通曆八十卷、稽古錄二十卷、本朝百官公卿表六卷、翰林詞草三卷、注古文孝經一卷、易說三卷、注繫辭二卷、注老子道德論二卷、注太玄經

㊀「言」字原無，據宋史本傳補。

八卷、大學中庸義一卷、注揚子十三卷、文中子傳一卷、河水諮目三卷、書儀八卷、家範四卷、續詩話一卷、遊山行記十二卷、醫問七篇。又潛虛一卷，未及。謝山學案劄記：「温公易傳三卷，又一卷。」紹聖初，御史周秩論其誣謗先帝，惇、卞請發冢斲棺，詔奪贈謚，仆所立碑。惇言不已，連追貶崖州司户參軍。徽宗立，復太子太保。蔡京擅政，復降正議大夫。京撰姦黨碑，令郡國皆刻石。長安石工安民辭曰：「司馬相公者，海内稱其正直。今謂之姦邪，不忍刻也。」府官欲加罪，泣曰：「乞免鐫安民二字于石末，恐得罪後世。」聞者媿之。靖康初，還贈謚。建炎中，配饗哲宗廟庭。咸淳中，從祀于孔廟。明嘉靖中，祀稱「先儒司馬子」。子康。參史傳。

温公迂書

夫樹木，樹之一年而伐之，足以給薪蘇而已。三年而伐之，則足以爲桷㊀。五年而伐之，則足以爲楹。十年而伐之，則足以爲棟。豈非收功愈遠而爲利愈大乎？釋迂。

或曰：「夫士者，當美國家，利百姓，功施當時，澤及後世。豈獨齪齪然謹司其分，不敢失隕而已乎？」曰：「非謂其然也。智愚勇怯，貴賤貧富，天之分也。君明臣忠，父慈子孝，人之分也。僭天之分，必有天災。失人之分，必有人殃。堯、舜、禹、湯、文、武勤勞天下，周公輔相致太平，孔子以詩書禮樂教洙泗，顏淵簞食瓢飲，安于陋巷，雖德業異守、出處異趣如此其遠也，何嘗舍其分而妄爲哉！」士則。

言不可不重也。子不見鐘鼓乎？夫鐘鼓，叩之然後鳴，鏗訇鏜鞳，人不以爲異也。若不叩自鳴，人

㊀「桷」原作「桶」，據温國文正司馬公文集（四部叢刊本）卷七十四迂書改。按説文：「桷，榱也。椽方曰桷。」

孰不謂之祆邪？可以言而不言，猶叩之而不鳴也，亦爲廢鐘鼓矣。言戒。

或曰：「蘧伯玉五十而知四十九年非，信乎？」曰：「何啻其然也！古之君子好學者，有垂死而知其未死之前所爲非者，況五十乎。夫道，如山也愈升而愈高，如路也愈行而愈遠，學者亦盡其力而止耳。自非聖人，有能窮其高遠者哉！」知非。

易曰：「窮理盡性，以至于命。」世之高論者競爲幽僻之語以欺人，使人跂懸而不可及，憒瞀而不能知，則盡而舍之，其實奚遠哉？是不是，理也；才不才，性也；遇不遇，命也。理性命。

迂叟事親，無以踰人，能不欺而已矣。其事君亦然。事親。

寬而疾惡，嚴而原情，政之善者也。寬猛。

或問：「子能無心乎？」迂叟曰：「不能。若夫回心，則庶幾矣。」「何謂回心？」曰：「去惡而從善，舍非而從是。人或知之而不能徙，以爲如制駻馬、如斡磻石之難也。靜而思之，在我而已。如轉戸樞，何難之有！」回心。

言而無益，不若勿言。爲而無益，不若勿爲。余久知之，病未能行也。無益。

學者，所以求治心也。學雖多而心不治，何以學爲！學要。

小人治迹，君子治心。治心。

或問：「子絶四，何以始于毋意？」迂叟曰：「吉凶悔吝，未有不生乎事者也。事之生，未有不本乎意者也。意必自欲。欲既立于此矣，于是乎有從有違。從則有喜有樂有愛，違則有怒有哀有惡，此人之常情也。愛實生貪，惡實生暴；貪暴，惡之大者也。是以聖人除其萌，塞其原，惡奚自而至哉！」或曰：「無意于惡，既聞矣。敢問聖人亦無意于善乎？」曰：「不然。聖人之爲善，豈有意乎其間哉？事至而應之以禮義耳！禮者，履也，循禮則事無不行。義者，宜也，守義則事無不得。聖人執禮義以待事，不爲善而善至矣。聖人豈有意乎其間哉！」或曰：「毋固、毋必，奚以異乎？」曰：「在我爲固，在人爲必。聖人出處語默，唯義所在，無可無不可，奚其固！成敗禍福，繫命所遭，誰得而知之，奚其必！」或曰：「然則何以終于毋我？」曰：「有意有必有固，則有我；有我則私，私實生蔽。無意無必無固，則無我；無我則公，公實生明。」絶四。

人情若厭其所有，羨其所不可得，未得則羨，已得則厭，厭而求新，則爲惡無不至矣。羨厭。

治心以正，保躬以靜。進退有義，得失有命。守道在己，成功則天。夫復何爲，莫非自然。無爲贊。

或曰：「莊子之文，人不能爲也。」曰：「君子之學，爲道乎？爲文乎？夫唯文勝而道不至者，君子惡諸。是猶朽屋而塗丹雘，不可處也；眢井而羃綺繢，不可履也；烏喙而漬飴糖，不可嘗也。而子獨嗜之乎？」或曰：「莊子之辯，雖當世宿學，不能自解。」曰：「然則佞人也！堯之所畏，舜之所難，孔子之所惡。是青蠅之變白黑者也。而子獨悦之乎？」斥莊。

或曰：「有人于此，人指其過而告之則喜，何如？」曰：「君子也。」或又曰：「曷若無過而指諸？」曰：「君子，履中正而行者也，故有過則人得而指諸。若夫不中不正之人，終日所爲皆過也，又安得而指之？」指過。

鞠躬便辟，不足爲恭。長號流涕，不足爲哀。敝衣糲食，不足爲儉。三者以之欺人可矣，感人則未也。君子所以感人者，其惟誠乎！欺人者，不旋踵，人必知之；感人者，益久而人益信之。三欺。

温公疑孟附朱子讀余隱之尊孟辯。

孟子稱所願學者孔子。然則君子之行，孰先于孔子？孔子歷聘七十餘國，皆以道不合而去，豈非「非其君不事」乎？孺悲欲見孔子，孔子辭以疾，豈非「非其友不友」乎？陽貨爲政于魯，孔子不肯仕，豈非「不立于惡人之朝」乎？爲定、哀之臣，豈非「不羞汚君」乎？爲委吏，爲乘田，豈非「不卑小官」乎？舉世莫知之，不怨天，不尤人，豈非「遺佚而不怨」乎？飲水曲肱，樂在其中，豈非「阨窮而不憫」乎？居鄉黨，恂恂似不能言，豈非「由由然與之偕而不自失」乎？是故君子邦有道則見，邦無道則隱，事其大夫之賢者，友其士之仁者，非隘也；和而不同，遯世无悶，非不恭也。苟無失其中，雖孔子由之，何得云「君子不由」乎？

辯曰：孟子曰：「伯夷隘，柳下惠不恭。隘與不恭，君子不由。」原孟子之言，非是瑕疵夷、惠也，而清和之弊，必至于此。蓋以一于清，其流必至于隘；一于和，其流必至于不恭。其弊如是，君子豈由之乎！苟得其中，雖聖人亦由之矣。觀吾孔子之行，時乎清而清，時乎和而和；仕止久速，當其可而已。是乃所謂「時中」也，是聖人之時者也，詎可與夷、惠同日而語哉！或謂「伯夷制行以清，柳下制行以和，捄時之弊，不得不然」，亦非知夷、惠者。苟有心于制行，則清也和也，豈得至于聖哉？夷之清，惠之和，蓋出于天性之自然，特立獨行而不變，遂臻其極致，此其所以爲「聖之清」、「聖之和」也。孟子固嘗以「百世之師」許之矣，慮後之學者慕其清和而失之偏，于是立言深捄清和之弊，大有功于名教。疑之者誤矣。

朱子曰：「觀吾孔子之行，時乎清而清，時乎和而和，仕止久速，當其可而已，是乃所謂時中也，是聖人之時者也，詎可與夷、惠同日而語哉」四十九字，愚欲删去，而補之曰：然此不待别求左驗而是非乃明也。姑卽温公之所援以爲説者論之，固已曉然矣。如温公之説，豈非吾夫子一人之身而兼二子之長歟？然則時乎清而非一于清矣，是以清而不隘，時乎和而非一于和矣，是以和而未嘗不恭。其曰「聖之時」者，如四時之運，温涼寒燠各以其序，非若伯夷之清則一于寒涼，柳下惠之和則一于温燠，而不能相通也。以是言之，則是温公之所援以爲説者，乃所以助孟子而非攻也。又曰：「苟有心于制行」至章末，愚欲删去，而易之曰：使夷、惠有心于制行，則方且勉强修爲之不暇，尚何以爲聖人之清和也歟？彼其清且和也，蓋得于不思不勉之自然，是以特立獨行，終其身而不變，此孟子所以直以爲聖人而有同于孔子也。又恐後之學者慕其清和而失之一偏，于是立言以捄其末流之弊，而又曰「乃所願，則學孔子」也。其抑揚開示，至深切矣，亦何疑之有！

仲子以兄之禄爲不義之禄，蓋謂不以其道事君而得之也；以兄之室爲不義之室，蓋謂不以其道取于人而成之也。仲子蓋嘗諫其兄矣，而兄不用也。仲子之志，以爲吾旣知其不義矣，然且食而居之，是口非之而身享之也，故避之，居于於陵。於陵之室與粟，身織屨、妻辟纑而得之也，非不義也，豈當更問其築與種者誰歟？以所食之鶃，兄所受之饋也，故哇之，豈以母則不食，以妻則食之邪？君子之責人，當探其情。仲子之避兄離母，豈所願邪？若仲子者，誠非中行，亦狷者有所不爲也。孟子過之，何其甚邪！

辯曰：陳仲子弗居不義之室，弗食不義之禄，夫孰得而非之！居于於陵以彰兄之過，與妻同處而離其母，人則不爲也。而謂「仲子避兄離母，豈所願邪」，殊不曉其說。仲子之兄非不友，孰使之避？仲子之母非不慈，孰使之離？烏得謂之「豈所願邪」！仲子齊之世家，萬鍾之禄，世有之矣，不知何爲諫其兄，以其禄與室爲不義而弗食弗居也。謂仲子爲「狷者有所不爲」，避兄離母，可謂狷乎？孟子深闢之者，以離母則不孝，避兄則不恭也。使仲子之道行，則天下之人不知義之所在，謂兄可避，母可離，其害教也大矣。孟子之言，履霜之戒也歟！

朱子曰：温公云：「仲子嘗諫其兄而兄不用，然且食而居之，是口非之而身享之也，故避之。」又曰：「仲子狷者有所不爲者也。」愚謂口非之而身享之，一時之小嫌；狷者之不爲，一身之小節。至于父子兄弟，乃人之大倫，天地之大義，一日去之，則禽獸夷狄矣。雖復謹小嫌，守小節，亦將安所施哉？此孟子絶仲子之本意。隱之云：「仲子之兄非不友，孰使之避？仲子之母非不慈，孰使之離？」愚謂正使不慈不友，亦無逃去之理。觀舜之爲法于天下者，則知之矣。

孔子，聖人也；定、哀，庸君也。然定、哀召孔子，孔子不俟駕而行；過位，色勃如也，足躩如也。過虛位且不敢不恭，況召之有不往而他適乎？孟子，學孔子者也，其道豈異乎？夫君臣之義，人之大倫也。孟子之德，孰與周公？其齒之長，孰與周公之于成王？成王幼，周公負之以朝諸侯，及長而歸政，北面稽首畏事之，與事文、武無異也。豈得云彼有爵，我有德齒，可慢彼哉？孟子謂：蚳鼃居其位不可以不言，言而不用不可以不去；已無官守，無言責，進退可以有餘裕。孟子居齊，齊王師之。夫師者，導人以善而救其惡者也，豈謂之無官守、無言責乎？若謂之爲貧而仕邪，則後車數十乘，從者數百人，仰食于齊，非抱關擊柝比也。詩云：「彼君子兮，不素餐兮！」夫賢者所爲，百世之法也。余懼後之人挾其有以驕其君，無所事而貪禄位者，皆援孟子以自況，故不得不疑。

辯曰：孟子將朝王，王使人來曰：「寡人如就見者也，有寒疾，不可以風。朝將視朝，不識可使寡人得見乎？」探王之意，未嘗知以尊德樂道爲事，方且恃萬乘之尊，不肯先賢者之屈，故辭以疾，欲使孟子屈身先之也。孟子知其意，亦辭以疾者，非驕之也。身可屈，道其可屈乎？其與「君命召，不俟駕而行」異矣。又孟子曰：「天下有達尊三：朝廷莫如爵，鄉黨莫如齒，輔世長民莫如德。」夫尊有德，敬耆老，乃自古人君通行之道也。人君所貴者，爵爾，豈可慢夫齒與德哉。若夫伊尹之于太甲，周公之于成王，此乃大臣輔導幼主，非可與達尊概而論也。又孟子謂蚳鼃爲士師，職所當諫，諫之不行則當去，爲臣之道當如是也。爲王之師，則異矣。記曰君之所不臣于其臣者二，而師處其一；尊師之禮，詔于天子無北面。非所謂有官守、有言責者也？其進退豈不綽綽然有餘裕哉？孟子以道自任，一言一行未嘗少戾于道，意謂人君尊德樂道不如是，則不足與有爲。而謂「挾其有以驕其君，無所事而貪禄位」者，過矣。

朱子曰：溫公云：「孔子，聖人也，定、哀，庸君也。然定、哀召孔子，孔子不俟駕而行；過位，色勃如也，足躩如也。過虛位且不敢不恭，況召之有不往而他適乎？孟子，學孔子者也，其道豈異乎？夫君臣之義，人之大倫也。孟子之德，孰與周公？其齒之長，孰與周公之于成王？成王幼，周公負之以朝諸侯；及長而歸政，北面稽首畏事之，與事文、武無異也。豈得云彼有爵，我有齒德，可慢彼哉？」愚謂孟子固將朝王矣，而王以疾要之，則孟子辭而不往。其意若曰：「自我而朝王，則貴貴也。貴貴，義也，而何不可之有！以王召我，則非尊賢之禮矣。如是而往，于義何所當哉！」若其所以與孔子異者，則孟子自言之詳矣，恐溫公亦未深考爾。孟子「達尊」之義，愚謂達者，通也。三者不相值，則各伸其尊而無所屈；一或相值，則通視其重之所在而致隆焉。故朝廷之上，以伊尹、周公之忠聖耆老，而祗奉嗣王，左右孺子，不敢以其齒德加焉。至論輔世長民之任，則太甲、成王固拜手稽首于伊尹、周公之前矣。其迭爲屈伸以致崇極之義，不異于孟子之言也，故曰通視其重之所在而致隆焉，惟可與權者知之矣。官守、言責，一職之守爾，其進退去就，決于一事之得失，一言之從違者也。若爲師，則異于是矣。然亦豈不問其道之行否而食其祿邪？觀孟子卒致爲臣而歸，齊王以萬鍾留之而不可得，則可見其出處大概矣。

孟子知燕之可伐，而必待能行仁政者乃可伐之。齊無仁政，伐燕非其任也。使齊之君臣不謀于孟子，孟子勿預知可也。沈同既以孟子之言勸王伐燕，孟子之言尚有懷而未盡者，安得不告王而止之乎？夫軍旅之事，民之死生、國之存亡皆繫焉，苟動而不得其宜，則民殘而國危，仁者何忍坐視其終委乎！

辯曰：沈同問燕可伐，孟子答之曰可伐者，言燕之君臣擅以國而私與受，其罪可伐。沈同亦未嘗謂齊將伐之也，豈可臆度其意，預告之以齊無善政，不可伐燕歟？且言之不可不慎也，久矣。彼欲伐人之國，未嘗與己謀，苟逆探其意而沮其謀，政恐不免貽禍矣。或謂：其勸齊伐燕，孟子已嘗自明其説，意在激勸宣王，使之感悟而行仁政爾。孟子答問之際，抑揚高下，莫不有法。讀其書者，當求其立言垂訓之意，而究其本末，可也。

朱子曰：聖賢之心，如明鑑止水，來者照之。然亦照其面我者而已矣，固不能探其背而逆照之也。沈同之問，以私而不及公，問燕而不及齊。惟以私而問燕，故燕之可伐，孟子之所宜知也。惟不以公而問齊，故齊之不可伐，孟子之所不宜對也。温公疑孟子坐視齊伐燕而不諫，隱之以爲孟子恐不免貽禍故不諫。温公之疑固未當，而隱之又大失之。觀孟子言：「取之而燕民悦，則取之，取之而燕民不悦，則勿取。」然則燕之可取不可取，决于民之悦否而已。使齊能誅君弔民，拯之于水火之中，則烏乎而不可取哉？

經云：「當不義，則子不可不争于父。」傳云：「愛子，教之以義方。」孟子云：「父子之間不責善。」是不諫不教也。可乎？

辯曰：孟子曰：「古者易子而教之。」非謂其不教也。又曰：「父子之間不責善。」「父爲不義則争之，非責善之謂也。傳云「愛子，教之以義方」，豈自教也哉？胡不以吾夫子觀之：鯉趨而過庭，孔子告之

「不學詩無以言，不學禮無以立。」鯉退而學詩與禮，非孔子自以詩、禮訓之也。陳亢喜曰：「問一得三：聞詩，聞禮，又聞君子之遠其子。」孟子之言，正與孔子不約而同，其亦有所受而言之乎！

朱子曰：子雖不可以不爭于父，觀內則、論語之言，則其諫也以微。隱之說已盡，更發此意尤佳。

告子云：「性之無分于善不善，猶水之無分于東西。」此告子之言失也。水之無分于東西，謂平地也。使其地東高而西下，西高而東下，豈決導所能致乎？性之無分于善不善，謂中人也。瞽瞍生舜，舜生商均，豈陶染所能變乎？孟子曰：「人無有不善。」此孟子之言失也。丹朱、商均，自幼及長，所日見者堯、舜也，不能移其惡，豈人之性無不善乎！

辯曰：孟子曰：「人性之善也，猶水之下也。人無有不善，水無有不下。」蓋言人之性皆善也。繫辭曰：「一陰一陽之謂道，繼之者善也，成之者性也。」是則孔子嘗有性善之言矣。中庸曰：「天命之謂性。」樂記曰：「人生而靜，天之性也。」人之性稟于天，曷嘗有不善哉？荀子曰性惡，楊子曰善惡混，韓子曰性有三品，皆非知性者也。犧生犂胎，龍寄蛇腹，豈常也哉？性一㈠也，人與鳥獸草木，所受之初皆均，而人爲最靈爾。由氣習之異，故有善惡之分。上古聖人固有稟天地剛健純粹之性，生而神靈者。後世之人或善或惡，或聖或狂，各隨氣習而成，其所由來也遠矣。堯、舜之聖，性也，朱、均之惡，豈性也哉？夫子不云乎：「惟上智與下愚不移。」非謂不可移也，氣習漸染之久，而欲移下愚而爲上智，未見其遽能也。詎可以此便謂人之性有不善乎！

㈠「一」原作「人」，據朱文公文集卷七十三讀余隱之尊孟辨改。

孟子云「白羽之白猶白雪之白，白雪之白猶白玉之白」，告子當應之云：「色則同矣，性則殊矣。羽性輕，雪性弱，玉性堅。」而告子亦皆然之，此所以來「犬、牛、人」之難也。孟子亦可謂以辯勝人矣。

辯曰：孟子白羽之白與白雪、白玉之同異者，蓋以難告子「生之謂性」之說也。告子徒知生之謂性，言人之爲人，有生而善、生而惡者。殊不知惟民生厚，因物有遷，所習不慎，流浪生死，而其所稟受亦從以異，故有犬、牛、人性之不同，而其本性未始不善也。猶之水也，其本未嘗不清，所以濁者，土汨之耳。澄其土，則水復清矣。謂水之性自有清濁，可乎？孟子非以辯勝人也，懼人不知性而賊仁害義，滅其天理，不得已而爲之辯。孝經曰：「天地之性，人爲貴。」以言萬物之性均，惟人爲貴爾。性之學不明，人豈知自貴哉？此孟子所以不憚諄諄也。

朱子曰：此二章某未甚曉，恐隱之之辯亦有未明處。

禮，君不與同姓同車，與異姓同車，嫌其偪也。爲卿者，無貴戚、異姓，皆人臣也。人臣之義，諫于君而不聽，去之可也，死之可也，若之何以其貴戚之故，敢易位而處也？孟子之言過矣！君有大過無若紂，紂之卿士莫若王子比干、箕子、微子之親且貴也。微子去之，箕子爲之奴，比干諫而死，孔子曰：「商有三仁焉。」夫以紂之過大而三子之賢，猶且不敢易位也，況過不及紂而賢不及三子者乎？必也使後世有貴戚之臣，諫其君而不聽，遂廢而代之，曰：「吾用孟子之言也。非篡也，義也。」其可乎？或曰：「孟子之志，欲以懼齊王也。」是又不然。齊王若聞孟子之言而懼，則將愈忌惡其貴戚，聞諫而誅之；貴戚聞孟子之言，又將起而蹈之。則孟子之言不足以格驕君之非，而適足以爲篡亂之資也。其可乎！

辯曰：道之在天下，有正有變。堯、舜之讓，湯、武之伐，皆變也。或謂堯、舜不慈，湯、武不義，是皆聖人之不幸而處其變也。禪遜之事，堯、舜行之則盡善，子、噲行之則不善矣。征伐之事，湯、武行之則盡美，魏、晉行之則不美矣。伊尹之放太甲，霍光之易昌邑，豈得已哉！爲人臣者，非不知正之爲美。或曰：「從正則天下危，從變則天下安，然則孰可？」苟以安天下爲大，則必曰從變可。惟此最難處，非通儒莫能知也。伊、光異姓之卿，擅自廢立，後世猶不得而非之，況貴戚之卿乎？紂爲無道，貴戚如微子、箕子、比干不忍坐視商之亡而覆宗絕祀，反覆諫之不聽，易其君之位，孰有非之者！或去，或奴，或諫而死，孔子稱之曰「商有三仁焉」，以「仁」許之者，疑于大義猶有所闕也。三仁固仁矣，其如商祚之絕何！季札辭國而生亂，孔子因其來聘，貶而書名，所以示法。春秋明大義，書法甚嚴，可以鑒矣。君有大過，貴戚之卿反覆諫而不聽，則易其位，此乃爲宗廟社稷計，有所不得已也。若進退廢立出于羣小閹寺，而當國大臣不與，焉用彼卿哉！是故公子光使專諸弒其君僚，春秋書吳以弒，不稱其人而稱其國者，歸罪于大臣也。其經世之慮深矣。此孟子之言，亦得夫春秋之遺意歟？

朱子曰：隱之云三仁于大義有闕，此恐未然。蓋三仁之事不期于同，自靖以獻于先王而已。以三仁之心，行孟子之言，孰曰不可。然以其不期同也，故不可以一方論之。況聖人之言仁義，未嘗備舉，言仁則義在其中矣。今徒見其目之以「仁」而不及「義」，遂以爲三子猶有偏焉，恐失之蔽也。此篇大意已正，只此數句未安。

君子之仕，行其道也，非爲禮貌與飲食也。昔伊尹去湯就桀，豈能迎之以禮哉？孔子棲棲皇皇，周遊天下，佛肸召，欲往，公山弗擾召，欲往，彼豈爲禮貌與飲食哉？急于行道也！今孟子之言曰：「雖未行其言也，迎之有禮則就之，禮貌衰則去之。」是爲禮貌而仕也。又曰：「朝不食，夕不食，君曰：『吾大者不能行其道，又不能從其言也，使飢餓于我土地，吾恥之。』周之，亦可受也。」是爲飲食而仕也。必如是，是不免于鬻先王之道以售其身也。古之君子之仕也，殆不如此。

辯曰：孔子之于魯、衛，始接之以禮，則仕；及不見悦于其君，則去。豈可謂不爲禮貌而仕歟？爲魯司寇，不用；從而祭，燔肉不至，不稅冕而行。豈可謂不爲飲食而仕歟？進以禮，退以義，得之不得，曰有命，孰謂孔子栖栖皇皇，不爲禮貌與飲食哉？孟子曰「迎之有禮則就，禮貌衰則去」，又曰「朝不食，夕不食，周之，亦可受」者，則是言也，未嘗或戾于吾孔子之所行。如曰不爲飲食，則當慕夷、齊可也，又何仕爲？聖賢固不專爲飲食，其所以爲飲食云者，爲禮貌爾。而謂古之君子能辟穀者邪？不顧廉恥而苟容者邪？誦孟子之言而不量其輕重之可否，何説而不可疑！

朱子曰：孟子言「所就三，所去三」，其上以言之行不行爲去就，此仕之正也；其次以禮貌衰未衰爲去就；又其次，至于不得已而受其賜，則豈君子之本心哉！蓋當是時，舉天下莫能行吾言矣，則有能接我以禮貌而周我之困窮者，豈不善于彼哉？是以君子以爲猶可就也。然孟子蓋通上下言之。若君子之自處，則在所擇矣。孟子于其受賜之節，又嘗究言之曰：「飢餓不能出門户，則周之亦可受也，免死而已矣。」以是而觀，則温公可以無疑于孟子矣。而隱之所辯，引孔子事爲證，恐未然也。

所謂「性之」者，天與之也；「身之」者，親行之也；「假之」者，外有之而內實亡也。堯、舜、湯、武之于仁義也，皆性得而身行之也；五霸，則強焉而已。夫仁，所以治國家而服諸侯也，皇、帝、王、霸皆用之，顧其所以殊者，大小、高下、遠近、多寡之間爾！假者，文具而實不從之謂也。文具而實不從，其國家且不可保，況于霸乎？雖久假而不歸，猶非其有也。

辯曰：仁之爲道，有生者皆具，有性者同得，顧所行如何爾。堯、舜之于仁，生而知之，率性而行也。湯、武之于仁，學而知之，體仁而行也。五霸之于仁，困而知之，意謂非仁則不足以治國家，服諸侯，于是假而行之，其實非仁也。而謂「皇、帝、王、霸皆用之，顧其所以殊者，大小、高卑、遠近、多寡之間爾」，何所見之異也！孟子之言曰：「堯、舜性之，湯、武身之，五霸假之。假之而不歸，惡知其非有。」正合中庸所謂「或安而行，或利而行，或勉強而行，及其成功一也」。孟子之意，以勉其君爲仁爾。惜乎，五霸假之而不能久也！

朱子曰：隱之以五霸爲困知勉行者，愚謂此七十子之事，非五霸所及也。假之之情，與勉行固異，而彼于仁義，亦習聞其號云爾，豈真知之者哉！温公云：「假者，文具而實不從之謂也。文具而實不從，其國家且不可保，況于霸乎？雖久假而不歸，猶非其有也。」愚謂當時諸侯之于仁義，文實俱不喪，惟五霸能具其文爾，亦彼善于此之謂也。又有大國，資強輔，因竊仁義之號以令諸侯，則孰敢不從之也哉！使其有王者作，而以仁義之實施焉，則爝火之光，其息久矣！孟子謂「久假不歸，惡知其非有」，止謂當時之人不能察其假之之情，而遂以爲真有之爾。此正温公所惑，而反以病孟子，不亦誤哉！

虞書稱舜之德曰：「父頑，母嚚，象傲，克諧以孝，烝烝乂，不格姦。」所貴乎舜者，爲其能以孝和諧其親，使之進進以善自治，而不至于惡也。如是，則舜爲子，瞽瞍必不殺人矣。若不能止其未然，使至于殺人，執于有司，乃棄天下，竊之以逃，狂夫且猶不爲，而謂舜爲之乎？是特委巷之言也，殆非孟子之言也。且瞽瞍既執于皋陶矣，舜烏得而竊之？雖負而逃于海濱，皋陶外雖執之以正其法，而內實縱之以予舜，是君臣相予，爲僞以欺天下也，惡得爲舜與皋陶哉？又舜既爲天子矣，天下之民戴之如父母，雖欲遵海濱而處，民豈聽之哉？是皋陶之執瞽瞍，得法而亡舜也，所亡益多矣。故曰：是特委巷之言，殆非孟子之言也。

辯曰：桃應之問，乃設事爾，非謂已有是事也。桃應之意，蓋謂法者天下之大公，舜制法者也，皋陶守法者也，脱或舜之父殺人，則如之何。孟子答之曰：執之者，士之職所當然也。舜不敢禁者，不以私恩廢天下之公法也。「夫有所受」云者，正如爲將，閫外之權則專之，君命有所不受，士之守法亦然。蓋以法者先王之制，與天下公共，爲之士者受法于先王，非可爲一人而私之。舜既不得私其父，將寘之于法，則失爲人子之道，將置而不問，則廢天下之法，寧并棄天下，願得竊負而逃，處于海濱，樂以終其身焉，更忘其爲天子之貴也。當時固無是事，彼既設爲問目，使孟子不答，則其理不明。孟子之意，謂天下之富，天子之貴，不能易事父之孝，遂答之以天下可忘而父不可暫舍，所以明父子之道也。其于名教，豈曰小補之哉！

朱子曰：龜山先生嘗言：「固無是事，此只是論舜心爾。」愚謂「執之而已矣」，非洞見皋陶之心者不能言也。此一章之義，見聖賢所處，無所不用其極，所謂「止于至善」者也。隱之之辯，專以父子之道爲言，卻似實有此事，于義未瑩。

宋元學案卷八

涑水學案下

全祖望補本

温公潛虚

萬物皆祖于虚，生于氣，氣以成體，體以受性，性以辨名，名以立行，行以俟命。故虚者，物之府也；氣者，生之户也；體者，質之具也；性者，神之賦也；名者，事之分也；行者，人之務也；命者，時之遇也。

梓材謹案：朱子跋張氏潛虚圖與晁氏讀書志皆言潛虚多有闕文，其無闕者，泉州本也。吴禮部潛虚後序稱初得全本，又得孫氏、許氏闕本。蓋温公本未成書，今亦無從審其何者爲闕，秖得録其全文，而張敦實十論㊀亦並録于後。

氣圖（點校者按：圖見本頁下方。）

張敦實曰：五行之在天地間，具自然之氣，故有

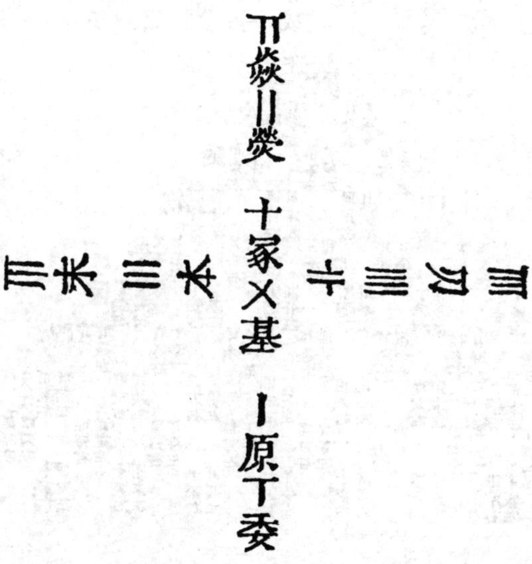

㊀按：宋張敦實著潛虚發微論十篇，本書引用均係摘録大意，四部叢刊影印之鐵琴銅劍樓藏影宋鈔本潛虚附有全文。

自然之象與自然之數。天一居北爲水，地二居南爲火，天三居東爲木，地四居西爲金，天五居中爲土。在虛則有原，有熒，有本，有丱，有基焉。至于水一得土五而成六，火二得土五而成七，木三得土五而成八，金四得土五而成九，中央五土合而成十，此生數一十有五，成數四十，生成之數五十有五，所以具天地終始之道，成變化而行鬼神也。故五行更生，得土以助之，昔之原者今有委，昔之熒者今有焱，昔之本者今有末，昔之丱者今成刃，昔之基者今成冢矣。

體圖（點校者按：圖見本頁下方。）

一等象王，二等象公，三等象岳，四等象牧，五等象率，六等象侯，七等象卿，八等象大夫，九等象士，十等象庶人。一以治萬，少以制衆，其惟綱紀乎！綱紀立而治具成矣。心使身，身使臂，臂使指，指操萬物。或者不爲之使，則治道病矣。卿詘一，大夫詘二，士詘三，庶人詘四，位愈卑，詘愈多，所以爲順也；詘雖多，不及半，所以爲正也。正順，萬

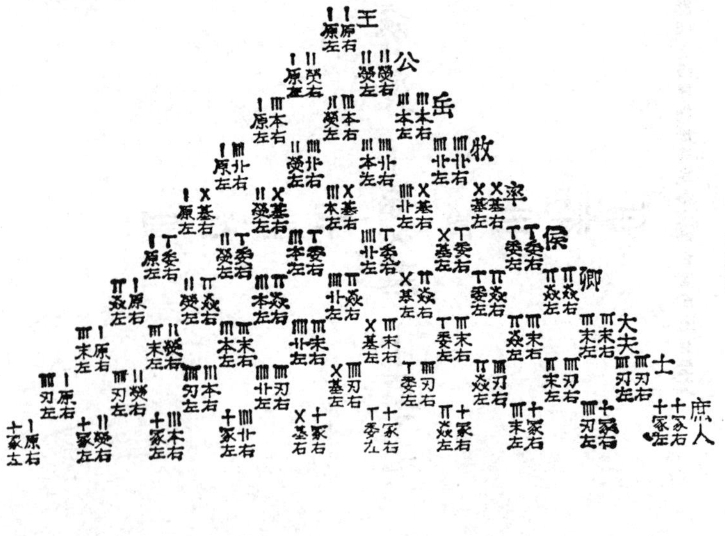

墬㊀之大誼也。

張敦實曰：天地之數，陽奇陰偶。陰陽合德而剛柔有體，此五位所以相得而各有合也。天一與地六相得，合而生水，有原而有委；地二與天七相得，合而生火，有焚而有焱；天三與地八相得，合而生木，有本而有末；地四與天九相得，合而生金，有廾而有刃；天五與地十相得，合而生土，有基而有冢。以五行生成分言之則有五，合言之則有十，故一等至十等，總五十有五體。體有左右，辨賓主也；有上下，辨尊卑也。左右上下，遞純遞詘，以興天下之治，以成天下之業，故能若網在綱，若臂使指，無尾大不掉之患。

性圖（點校者按：圖見下頁。）

凡性之序，先列十純。十純既浹，其次降一，其次降二，其次降三，其次降四，最後五配而性備矣。始于純，終于配，天地之道也。

張敦實曰：五行之性，皆相生以相繼，相克以相成。虛始于十純，其體立而不改。其次降一，故水與火配；其次降二，故水與木配；其次降三，故水與金配；其次降四，故水與土配。自降一至降四，其下亦降次以相配焉。最後五行生成。大率不出乎此。

㊀「墬」原作「墜」，各本同。四部叢刊所收影宋鈔本潛虛亦作「墜」，但名圖後附釋音云：「萈，古文天字。墬，籀文地字。」然則此「莧墜」當作「萈墬」，亦即「天地」，今據改。

〡〡水 〢〢火 〣〣木 〤〤金 〥〥土 〦〦水 〧〧火 〨〨木 〩〩金 十十土

〡〢火 〢〣木 〣〤金 〤〥土 〥〦水 〦〧火 〧〨木 〨〩金 〩十土 十〡水

〡〣木 〢〤金 〣〥土 〤〦水 〥〧火 〦〨木 〧〩金 〨十土 〩〡水 十〢火

〡〤金 〢〥土 〣〦水 〤〧火 〥〨木 〦〩金 〧十土 〨〡水 〩〢火 十〣木

〡〥土 〢〦水 〣〧火 〤〨木 〥〩金 〦十土 〧〡水 〨〢火 〩〣木 十〤金

〡〦水 〢〧火 〣〨木 〤〩金 〥十土

名圖㈠

一六置後，二七置前，三八置左，四九置右，通以五十五行叶序。卬而瞻之，宿躔從度。卬則爲萬，頫則爲墜。卬得五宮，頫得十數。元、餘者，物之始終，故無變。齊者，中也，包斡萬物，故無位。輿至之氣起于元，轉而周三百六十四變，變尸一日，迺授于餘而終之，以步萬軌，以叶歲紀。人之生本于虛，虛然後形，形然後性，性然後動，動然後情，情然後事，事然後德，德然後家，家然後國，國然後政，政然後功，功然後業，業終則返于虛矣。故萬物始于元，著于裒蒲侯，存于齊，消于散，訖于餘，五者形之運也。柔、剛、雍、昧、昭，性之分也。容、言、慮、聆、覿，動之官也。繇、懠牋西、得、罹、耽都含，情之訹恤也。歬、御、庸、妥吐火、蠢尺尹，事之變也。訒刃、宜、忱、喆、戛，德之塗也。特、偶、暱、續、考，家之綱也。范、徒、醜、隸、林，國之紀也。禋因、準、資、賓、戒，政之務也。斅傚、乂、績、育、聲，功之具也。興、痡鋪、泯、造、隆，業之著也。爲人上者將何爲哉？養之、教之、理之而已。養之，故人賴以生也；教之，故人賴以明也；治之，故人賴以乂也。夫如是，故人愛之如父母，信之如卜筮，畏之如雷霆，是以功成而名白也。夫爲人上而不能養，則人離叛矣；養而不能教，則人殽亂矣；教而不能治，則人抵捍矣。三具者亡，而祈有

㈠ 按：名圖（見下頁）各體之數傳刻有數處錯誤，應改正如下：其一，繇ヨヨ，與歬ヨヨ雷同，當依四部叢刊本潛虛及清蘇木天潛虛述義改作三ヨ。下文行圖亦作三ヨ，可以互證。其二，得三十，當依潛虛述義改作ヨ十。上文體圖、性圖均有ヨ十而無三十，可以互證。其三，御╳三，當依潛虛述義改作╳ヨ。體圖、性圖均有╳ヨ而無╳三，可以互證。其四，乂ヨ三，當依四部叢刊本潛虛、潛虛述義及行圖改作ヨヨ。體圖、性圖均有ヨヨ而無ヨ三，可以互證。

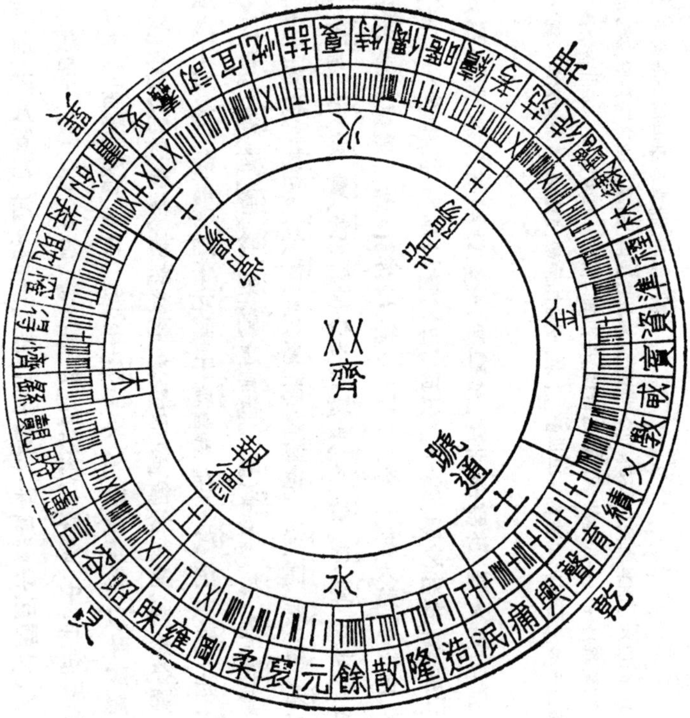
乾
水
火
金
木
土
齊
元
餘
散
隆
造

功者，可得乎㊀！

張敦實曰：周天三百六十五度四分度之一。五行生成，合體而立名，不過五十有五。齊于天地之中，包斡萬物，故有名而無位。冬至之氣起于元，轉而周三百六十四變，變尸一日，迺授于餘而終之。一六居後，在天則斗、牛、女、虛、危、室、壁之分。三八居左，在天則角、亢、氐、房、心、尾、箕之分。二七居前，在天則井、鬼、柳、星、張、翼、軫之分。四九居右，在天則奎、婁、胃、昴、畢、觜、參之分。自泯至昧十有一名，在北而屬水。自容至歬十有一名，在東而屬木。自蠢至考十有一名，在南而屬火。自徒至乂十有一名，在西而屬金。昭，一土也，處報德之維，分王于丑。卻、庸、妥，三土也，處常陽之維，分王于辰。范，一土也，處背陽之維，分王于未。績、育、聲、興、痛，五土也，處蹏通之維，分王于戌。齊，中土也，處大中之內，在天其北極之任乎！

行圖	變圖	解圖
‖元 元，始也。夜半，日之始也。朔，月之始也。冬至，歲之始也。好學，智之始也。力行，道德之始也。任人，治亂之始也。	慎于舉趾，差則千里，機正㊁其矢。	慎于舉趾，差則遠也。

㊀ 按潛虛（四部叢刊本）此段附釋音，照錄如下：「卬，魚兩切。𠀡，古文天字。頫，說文音俯。墬，籀文地字。㒸，古文冬字。遂（按四部叢刊本後字均作遂），古文後字。戒，戎。」 ㊁ 「正」原作「止」，據潛虛（四部叢刊本）及潛虛述義改。此言機正則矢正。下文慮初云：「秋毫差機，矢不可追。」「秋毫差機，不可不慎也。」可證。

三三裒

裒，聚也。氣聚而物，宗族聚而家，聖賢聚而國。

初	進而逡而，俟其信而，利用正。	聚不可苟，必進逡也。
二	人保而繁，獸猛而殫。	人保而繁，善以道羣也。
三	百毒之聚，勝者爲主，惟物之蠱。	百毒之聚，止害人也。
四	羽毛鱗介，各從其彙。	羽毛鱗介，聚以倫也。
五	菟絲之莽，附草絕根。	菟絲之莽，不知固根也。
六	八音和鳴，神祇是聽。	八音之裒，感人神也。
上	雲還于山，冰泮于川。	雲還冰泮，聚極必分也。

三三柔

柔，地之德也，臣之則也。天爲剛矣，不逆四時；君爲剛矣，不御嘉謀；金爲剛矣，從人所爲。故剛而不柔，未有能成者也。

初	馬牛服役，左右殫力。	馬牛服役，臣職宜也。
二	蘧蒢戚施，盜跖之祈，或得其答。	盜跖之祈，靡不爲也。或得其答，爲主所知也。
三	齒剛必缺，久存者舌。	齒缺舌存，久剛必危也。
四	蜚石之落，抗之以幕。	蜚石之落，強不能支也。

五	大柔如水，利物無已，	大柔如水，不與物違也。
六	蒲梁柳轂，傾榱脱輻。	蒲梁柳轂，任重力微也。
上	綴旒靡委，政不在己。	綴旒靡委，君道非也。

剛

剛，天之道也，君㊀之守也。地爲柔矣，負載山岳；臣爲柔矣，正直謇謇；水爲柔矣，頹崖穿石。故柔而不剛，未有能立者也。

初	偃王無骨，莫之自立。	人之有骨，以自立也。
二	不忍小辱，自經溝瀆。	自經溝瀆，小人決也。
三	目瞋耳塞，拔木觸石。一跌而踣，螻蟻之食。	一跌而踣，不復振也。
四	金輿玉軸，歷險不覆。	金輿玉軸，任重載也。
五	介潔自守，其要无咎。	其要无咎，由寡欲也。
六	精金百鍊，有折無卷。	有折無卷，質不渝也。
上	歐冶鑄劍，利用加錫。	利用加錫，過剛則折也。

㊀「君」下，潛虛述義有「子」字。

|X 雍

雍，和也。天地萬物之性，不剛則柔，不晦則明。通而行之，其在和乎！

初	匪飛匪潛，出門交有功。	出門交有功，尚和也。
二	柳下惠不易其介，伯夷怨是用希。	夷清不偏，惠和不流也。
三	玉質金聲，利用陳于帝庭。	玉質金聲，有嘉德也。
四	狺狺頟頟，無施而適。摶沙雜礫，舒席卷棘。	狺狺頟頟，不可如何也。
五	羃者減，求者增，卒會于平。	羃減求增，益寡損多也。
六	鹽梅不適，羹棄不食。	鹽梅不適，性有頗也。
上	天地融融，萬物雍雍。	天地融融，萬物和也。

|| 昧

昧，晦也。日之晦，晝夜以成；月之晦，弦望以生；君子之晦，與時偕行。

初	取足于己，不知外美。	取足于己，所以昧也。
二	日匿其光，徯于東方。	日匿其光，德未耀也。
三	鐵目石耳，蹈于淵水。	鐵目石耳，不可導也。
四	冥行失足，或導之燭。	或導之燭，能受教也。

五　無相之瞽，闔户而處。　闔户而處，未失道也。

六　不習而斲，敗材毁樸。　不習而斲，不免咎也。

上　偶人守金，衆盜攸侵。　以昧居上，必有盜也。

乂丌昭

昭，明也。天地之明，靡不察也；日月之明，靡不燭也；人君之明，官羣材也。怛有辜也，懋有功也。

初　匳其鑑，拂其塵，覿其形。　匳鑑拂塵，以自照也。

二　隨珠照夜，不如膏燭。　珠能照夜，不可常也。

三　察窮秋毫，物駭而逃。　察窮秋毫，物所駭也。

四　鑿隙偷光，厥志唯勤，爭畀之燭。　鑿隙偷光，善借明也。爭畀之燭，遂光大也。

五　循牆不蹶，秉燭而跌。　秉燭而跌，恃明懈也。

六　日麗于天，萬物粲然。　日麗于天，無不照也。

上　宿火于灰。　宿火于灰，善養明也。

|||||容

初　修而貫而，久而安而。　修容有常，久則貫也。

容，貌也。尊卑有儀，軍國有容，舍之則隳。

二	葆首夷俟，不若遄死。	葆首夷俟，不可忍見也。
三	頩面不飾。	頩面不飾，質不變也。
四	褧衣錦裏，君子養美。	褧衣錦裏，不自絢也。
五	如圭如璋，以和以莊。	以和以莊，容之善也。
六	朱襮紫裏，服久必敝。	朱襮之敝，其裏見也。
上	樛木之垂，甘瓠之纍。	木垂瓠纍，貴下賤也。

|||||言

言，辭也。有雷有風，天心始通。有號有令，君心無隱。有話有言，中心乃宜。

初	壺囊之口，可用以受。瘠者之食，稻粱之賊。	稻粱之賊，言不可已也。
二	人不我知，饋金而疑。	饋金而疑，人弗信也。
三	不固其關，禍溢浮天。	禍溢浮天，不可收也。
四	天信其時，萬物攸期。	萬物攸期，素信之也。

五　庸言之謹，必顧其行。　　庸言㈠之謹，以立誠也。

六　時言之利，上下攸賴。　　上下攸賴，其利溥㈡也。

上　言由于德，弗思而得，萬世之式。　　言由于德，非意之也。萬世之式，啓于理也。

‖乂慮

慮，思也。聖人無思，自合于宜。賢者之思，以求其時。臨事不思，不能研㈢幾。學道不思，不能造微。

初　秋毫差機，矢不可追。　　秋毫差機，不可不慎也。

二　旁瞻千里，御顧百世。　　旁瞻御顧，所慮遠也。

三　澄源正本，執天之鍵。　　澄源正本，萬術盡也。

四　林甫月室，愠入笑出，匪躬之益。　　匪躬之益，終自及也。

五　萬物之神，出天入塵。　　出天入塵，無不轃也。

六　謀利忘寢，商賈之任。　　謀利忘寢，思不遠也。

上　孔子從心，不踰矩。　　孔子從心，從容中道也。

㈠「庸言」原作「言行」，據上變圖及潛虛述義改。　㈡「溥」原作「薄」，據潛虛述義改。　㈢「研」原作「言」，據潛虛述義改。「研幾」語本易繫辭。

|||T 聆

聆，聽也。天下其耳，舜達四聰。聽而不聞，是謂耳聵。聞而不擇，是謂心聾。所以王者聽德惟聰，學者非禮不聽。

初	聽德惟聰，否不若聾。	否不若聾，聞無益也。
二	黈纊弗徹，舜聰四達。	舜聰四達，聰不蔽也。
三	甘言便耳，没于淵水。	甘言便耳，不可悦也。
四	苦言刺耳，惟身之利。	苦言利身，不可惡也。
五	卑聽惟順，擇其利病。	擇其利病，由乎心也。
六	蟻鬬聞聲，惟邇言是聽。	邇言是聽，心不逮耳也。
上	聖人無擇，惡聲不入。	惡聲不入，耳不順非也。

|||Π 覿

覿，視也。天高㊀其目，舜明四目。視而弗見，是謂目盲。見而弗擇，是謂心瞽。所以王者視遠惟明，學者非禮不視。

初	粉澤之暉，覆穽埋機。昧者不知，明者識微。	昧者不知，目誘之也。
二	項楚、姚虞，形似心殊。	形似心殊，明不在目也。
三	馳車擊轂，自掩其目，坦途猶覆。	自掩其目，不能見也。

㊀「高」疑當作「下」。「天下其目」謂以天下人之目爲其目，與聆「天下其耳」謂以天下人之耳爲其耳同義。

四　眊俔耽耽，其心潭潭。　其心潭潭，寄所視也。

五　蘧蒢戚施，俯仰相疑。　俯仰相疑，任偏見也。

六　漆器象箸，因微知著。離婁之目，視細猶巨。　視細猶巨，明辨晳也。

上　凝旒十二，惟目之蔽，同仁一視。　凝旒之蔽，不用目也。

𝌆 繇

訢，喜也。天地同春，萬物忻忻。聖賢相逢，四海歸仁。

初　凱風怡怡，萬物熙熙。　凱風怡怡，怒氣散也。萬物熙熙，無疾憊也。

二　悅之匪人，涉于幽榛，覆車陷輪。　悅之匪人，徇所愛也。

三　爰笑爰語，神清心輿，弗喪其斧。　弗喪其斧，未失則也。

四　聞謗而喜，反求諸己。　聞謗而喜，以從道也。

五　喜怒以律，愛惡不失，大人元吉。　大人元吉，不失律也。

六　賞溢于喜，重器是委，或顛而毀。　賞溢于喜，愛人從政也。

上　爵祿錫予，飾喜之具。惜印吝金，人委而去。　爵祿飾喜，不虛拘也。惜印吝金，人失望也。

ⅢⅢ憤㈠

憤，怒也。天地之怒，風霆橫飛。王者之怒，爰整六師。君子之怒，暴亂是夷。小人之怒，適爲身菑。

初	匪怒之道，必理之求，拔刃難收。	必理之求，先慮後斷也。
二	自怒自解，人不之畏。	自怒自解，威已玩也。
三	快心一朝，忘其宗祧，失不可招。鯈鮠之浮，鳥鳶之求。	快心一朝，忘後患也。
四	雷霆赫赫，亂是用息，狼睥死國。	雷霆赫赫，以止亂也。
五	有衆有形㈡，怒然後興。	無形而怒，秖取嫚也。
六	忍之少時，福禄無期。	忍之少時，迺免難也。
上	雷風既息，繼以沛澤。	風息而雨，羣物澣也。

Ⅲ十得㈢

得，欲也。牝牡飲食，禽獸之識。官爵財利，僕隸之志。欲仁求仁，人自聖門。

初	耳目鼻口，外交中誘，惟心之咎。	外交中誘，心不君也。
二	以禮制心，成湯之德。漢高入關，弗徇貨色。	弗徇貨色，智之事也。

㈠憤之數彐彐原作三彐，據潛書述義改。按名圖正作彐彐，體圖、性圖均有彐彐而無三彐。㈡「形」，潛書述義作「刑」，似當從。下解圖「無形而怒」，「形」亦當作「刑」。㈢得之數彐十原作三十，據潛虛（四部叢刊本）及潛書述義改。按體圖、性圖均有彐十而無三十。

三	聖人徇理，百物不㤄，其心無累。	其心無累，過不留也。
四	豨腹鞶鞶，爲人益膏。	豨腹鞶鞶，貪欲不厭也。
五	守常知足，不危不辱。	不危不辱，又何求也。
六	不學無義，惟飲食、牝牡之嗜，禽獸之豔。	禽獸之豔，猶可食也。
上	鴟爭腐鼠，鵷雛弗顧。	腐鼠弗顧，乃可貴也。

䷲懼

懼，憂也。知命樂天，無憂則賢。樂天知命，有憂則聖。若夫涉世應事，則有常理。始于憂勤，終于逸樂。人無遠慮，必有近憂。

初	飽食無憂，襟裾馬牛。	襟裾馬牛，人必有憂也。
二	巨艦之戕，衝風激波，濟于江河，先哭後歌。	先哭後歌，憂則有喜也。
三	火在薪下，安寢不懼。	安寢不懼，無所知也。
四	德誼不積，惟躬之戚。	德誼不積，賢者之憂也。
五	嫠婦之悴，匪知其緯。	嫠不恤緯，知所憂也。
六	杞人蚩蚩，憂天之墮。	憂天之墮，亦過計也。

上	周規孔制，後世之計。	周規孔制，憂萬世也。

湛㊀

湛，樂也。以欲忘道，惑㊁而不樂。以道制欲，樂而不亂。去欲從道，其樂也誠。

初	利用作室，罔憚于勤，大厦以成，婦子欣欣。	婦子欣欣，享其安也。
二	萬民不區，守業安居，形苦心愉。	形苦心愉，內自適也。
三	醉飽之愔，歌舞之紛，突火將焚，盜倚其門。	醉飽之愔，忘躬之戚也。
四	酒食衎衎，威儀反反，繩墨不遠。	酒食衎衎，以禮自飭也。
五	不勤厥畝，喪其稷黍。	不勤厥畝，無以食也。
六	家有韶、濩，外忘其墓。	家有韶、濩，樂道德也。
上	王用宴于鎬京。	鎬京之宴，樂以天下也。

情有七而虛其五，何也？人喜斯愛之，怒斯惡之，故喜怒所以兼愛惡也。

歬

歬，進也。駑馬日進，騏驥可及。學者日進，聖門可入。爲國日進，功業可得。險

初	歬非獲已，進寸退咫，飾其金履。	歬進之初，不可不愼也。
二	盲人操舟，乘彼湍流。	盲人操舟，禍在不振也。

㊀「湛」，名圖及命圖均作「耽」，二字通。　㊁「惑」，潛虛述義作「戚」。

逆冒進，或至于跲。

三	日出而征，日没而息，君子之則。	君子之則，出處順也。
四	兔跳而蹋，鳥飛而伏，弧張肘縮。	兔跳而蹋，以退爲進也。
五	主人三宿㊀，日中必暴，失時不逐。	主人三宿，征勿問也。
六	駑馬之疲，驥馬之追。鍛羽强翣，墜于藩籬。	駑馬追驥，力疲盡也。
上	日没而征，力憊而登，遇棹逢兵。	日没而征，危辱近也。

卻㊁

卻，退也。日月進退，晦明以成。寒暑進退，品物以生。君子進退，功名以彰。

初	一葉于蜚。木陰未稀，我心傷悲。	一葉于蜚，陰始長也。
二	納屨而顧，心留迹去。	納屨而顧，心有望也。
三	唾面不辱，叱嗟㊂不縮，或擠諸谷。	唾面不辱，顏之强也。
四	雲蜚于江，舟藏于浦。雷出于山，車稅于宇。	雲蜚于江，識微象也。
五	揖之則犇，麾之則止，無慍無喜。	揖犇麾止，動不妄也。

㊀「宿」，潛虛述義作「速」。下解圖「主人三宿」句同。　㊁卻之數×目原作×三，據潛虛述義改。按體圖、性圖均有×目而無×三。　㊂「嗟」，潛虛述義作「吒」。

六　膳珍不御，致鼎而去，勿須其飫。　膳珍不御，志不享也。

上　龍登于雲，垂尾之卷，下人式瞻。　垂尾之卷，終可卬也。

乂十庸

庸，常也。日月運行，不差旦暮。四時變化，不忒寒暑。君能下下，不失其尊。聖賢達節，不亂其經。

初　天地之德，變化無極，四時不忒。　變化無極，終有常也。

二　井泉之渫，汲者不絶。　井泉之渫，常可久也。

三　嶽鎮之巍，無增無虧。　嶽鎮之巍，善保常也。

四　樹楊沃水，一日十徙。　一日十徙，不能以榮也。

五　晝作夜息，寒耕暑織，小人其職。　小人其職，君子治也。

六　井污而久，蟲幕其口。　井污而久，不知變也。

上　魚跳失水，困于螻蟻。　魚跳失水，不安常也。

乂丅妥

妥，靜也，息也。日息于夜，月息于晦。鳥獸息于蟄，草木息于根。爲此者誰？

初　藏心于虛，非有非無，其樂于于。　藏心于虛，不假物也。

二　止水之清，鑑物而明。　鑑物而明，得所止也。

曰天地。天地猶有所息，而況于人乎！

三	窮瀆之腐，衆惡攸聚。	窮瀆之腐，不能擇居也。
四	馴鹿籠鶻，由習得成。	由習得成，制而心也。
五	居則鬱鬱，動則愈屈。吉人之得，躁人之失。	吉人之得，靜以待也。
六	鼫鼠于泥，不能鳴蜚。	鼫鼠于泥，志在污也。
上	雷伏于地，或震于天。火伏于灰，或燎于原	雷震火燎，因時勢也。

☳蠢

蠢，動也。天之動，晝夜以行。地之動，草木以生。聖賢之動，功業以成。

初	陽氣潛萌，品彙咸生，充牣乾坤。	陽氣潛萌，動在中也。
二	新居之徙，舊居之棄，不如其已。	新居之徙，未有利也。
二	狙入于罔，跳梁仆仰。	狙入于罔，躁益纏
四	據于蒺藜，欲去何之。不去何爲，去或得岐。	雖無所之，不可處也。
五	鑿凍樹稷，勞而無得。	鑿凍樹稷，徒自勤也。
六	樹穀于雨，拔草于暑。	樹穀于雨，貴及辰也。

上	洗㊀心藏密，龍蛇其蟄，利用無極。	龍蛇之蟄，以存神也。

訒

訒，仁也。天地好生，秋不先春。王者尚恩，德先于刑。人無惻隱，虎狼奚異？擴而充之，同仁一視。

初	牽牛釁鐘，惻于厥心。	牽牛惻心，仁之祖也。
二	養虺縱蝗，匪仁之方。	養虺縱蝗，失所與也。
三	工不踰閾，車成轢轍。	工不踰閾，冥中度也。
四	青銎白刃，利以征亂。	青銎白刃，斷以義也。
五	赤子在谷，丈人濡足。	赤子在谷，濡不避也。
六	推輿濟人，不如杠梁之成㊁。	推輿濟人，惠不大也。
上	至德如春，浹于無垠，莫知其然。	仁道大成，萬物遂也。

宜

初	盜跖、莊蹻，諱聞其惡。	跖、蹻諱惡，有羞惡也。

㊀「洗」原作「說」，據潛書述義改。「洗心藏密」語本易繫辭「聖人以此洗心，退藏於密」。㊁「成」原作「辰」。按孟子離婁下：「子產聽鄭國之政，以其乘輿濟人於溱、洧。孟子曰：『惠而不知爲政。歲十一月徒杠成，十二月輿梁成，民未病涉也……』」此「杠梁之成」語本孟子，作「辰」者音近而誤。潛虛述義正作「成」，據改。

宜，義也。君子有義，利以制事。事無常時，務在得宜。知宜而通，惟義之功。闇宜而執，亦義之賊。所以天地當就不廢肅殺，聖人用刑不害慈愛。

二	守爾庖魚，喪爾囊珠，匪愚則迂。	喪爾囊珠，所失大也。
三	徇利遺節，託名以說，污于㊀斧鉞。	託名以說，以欺世也。
四	名駒大輅，安行正路，疾徐中度。	疾徐中度，不失節也。
五	李傕㊁殺身，無所成名。	李傕殺身，不可爲名也。
六	斷臂納肝，毁形殘生，惟心所安。	毁形殘生，義无咎也。
上	徇義之大，手足無愛。	手足無愛，大得宜也。

丨㐅 忱

忱，信也。天地信而歲功成，日月信而曆象明，人君信而號令行，人臣信而邦家榮。苟爲舍之，未見其能久長者也。

初	可用交，勿恤其孚，後有徒。	勿恤其孚，自誠也。
二	言無夸善，懼不能踐。	言無夸善，省華求實也。
三	天道難測，四時不忒，下土之式。	下土之式，人信之也。
四	父子乖離，吐心而疑，禍不在辜。	父子乖離，不知其可也。

㊀「于」，四部叢刊本潛虛、潛虛述義均作「予」。　㊁「李傕」原作「李璀」，據潛虛述義改。下解圖同。

五	硜硜之信，小夫之謹。	小夫之謹，可爲民也。
六	小信之必，大義之失，君子不由。	君子不由，輕重權也。
上	堅城捍外，彊隄遏水，革囊浮海，漏不在大。	城隄浮囊，不可不完也。

||| 喆

喆，智也。經天緯地，必有其理，智者見之，心閑事濟。鑿以爲巧，詐以爲姦，聖門論智，其說不然。

初	益薪火發，滋穢泉冽。	益薪滋穢，務學祛蔽也。
二	斤斧顒顒，梓匠之從。	梓匠之從，小役大也。
三	盜兵利，吏不制。	盜兵利，秖益害也。
四	動若流水，惟物之利。	流水之動，以利物也。
五	務本安分，金玉㊀其命。	務本安分，知保身也。
六	狙鼠狡譎，志在竊食。	狙鼠狡譎，以竊食也。
上	神禹濬川，行其自然。	行其自然，不爲鑿也。

㊀「玉」，潛虛述義作「石」，義長。此言壽命如金石之固，故下解圖云「知保身也」。

Ⅲ夏

夏，禮也。天高地下，制禮之經。尊隆卑殺，飾禮之文。人不知禮，進退無度，手足罔措。國不用禮，紀綱不舉，四鄰之侮。

初	仰天俯地，正名辨位，以定民志。	仰天俯地，名位判也。
二	敝衣蔽形，猶愈裸裎。	敝衣蔽形，猶愈無也。
三	衣冠周、孔，揖遜發冢。	揖遜發冢，以飾姦也。
四	犎牛之狂，服畝遵埸。	犎牛之狂，能自制也。
五	偶人粉澤。	偶人粉澤，徒飾外也。
六	斐如煌如，紀如綱如，四海王如。	斐如煌如，王者事也。
上	男女貴辨，嫂溺則援。	嫂溺則援，禮有權也。

Ⅲ特

特，夫㊀也。天氣下降，地資以生。日光旁燭，月借以明。夫和而正，婦聽以行。是謂天地之終，陰陽之義，人道之始。

初	桃李之衰，情懌心悲，松筠之思。	松筠之思，晚無及也。
二	有猳在牢，或投之刀，先笑後號。	先笑後號，不永㊁終也。
三	夫剛而令，婦順而聽。	夫剛婦順，未失常也。

㊀「夫」原作「天」，據潛虛述義改。按下文：「偶，妃也。」妃通配，即妻。特與偶乃闡述所謂「夫婦之道」。㊁「永」原作「求」，據潛虛述義改。

四	閨門雍穆，靡歌靡哭。	靡歌靡哭，得中節也。
五	德禮不貳，舜嬪嬀汭。	德禮不貳，以身先也。
六	鉛刀析薪，折齒餘齗。	折齒餘齗，不可用制也。
上	枯楊生華，老夫得其女妃。蛇入燕巢，惟雛之悲。	枯楊生華，何可久也。蛇入燕巢，必敗家也。

偶

偶，妃也。天能始事，地實終之。陽能生物，陰實成之。有夫無婦，中饋孰主？所以咸先于恆，男下于女。

初	嗜酒之甘，不知沈酣。虺蛇是長，末或成蟒。	末或成蟒，不早辨也。
二	忌疾貪鄙，徇情黜理。	徇情黜理，不服訓也。
三	牝雞司晨，惟家之索。	牝雞司晨，反常也。
四	墬㊀柔而静，品物咸正。	墬柔而静，順承天也。
五	無非無儀，中饋攸司。	中饋攸司，未失道也。
六	康王晏起，姜后請罪。	姜后之請，警戒相成也。

㊀「墬」原作「墜」，據潛虛（四部叢刊本）改。下「墬柔而静」句同。

上	君王后治齊，不可用正，呂、武用囗。	不可用正，婦人從子也。

廿暱

暱，親也。疏者必疏，親者必親，事之常理，人之常情。苟違其常，心安可怙㊀！識者畏之，如避豺虎。

初	九族咸序，省躬之故。	省躬之故，知所從也。
二	象封有庳，食而弗治。	食而弗治，弗私以政也。
三	竹枯不拔，蚿死不蹶。	竹蚿之安，輔之多也。
四	條亡枿存，或斧之根。	條亡枿存，見者執柯也。
五	父母妻屬，等衰以睦。	等衰以睦，示不同也。
六	割臂斮足，易之金玉，其肌不屬。	割臂易玉，棄親即它也。其肌不屬，人手汝何也。
上	堯、舜親親，萬國興仁。	萬國興仁，大成仁也。

卅續

續，子也。堯父舜子，二者難全。與其父智，寧若子賢。所以舜生商均，虞祚不

初	絡馬首，穿牛鼻，利用以早。	絡馬穿牛，幼㊁易馴也。
二	父墢㊂其土，子終厥畝。	子終厥畝，能紹先也。

㊀「怙」，潛虛（四部叢刊本）作恬。按：怙，恃也；恬，安也。作恬義長。

㊁「幼」原作「初」，據潛書述義改。

㊂「墢」原作「潑」，據潛虛、潛書述義改。墢同坺，發土也。

延；鯀生神禹，祀夏配天。

三	甇子滿腹，不如蜾蠃之不育。	甇子滿腹，害厥生也。
四	飯菽羹藜，父母怡怡。	父母怡怡，善承意也。
五	鷹雛匪鷙，不爲鴟鳶。	不爲鴟鳶，亦似宗也。
六	酒醑紛如，父母頻如。	父母頻如，不養志也。
上	體完不騫，德備不虧，祖考之暉。	體完德備，終子事也。

䷀考

考，父也。君爲尊矣，患于不親。母爲親矣，患于不尊。能盡二者，其惟父乎！慈而不訓，失尊之義。訓而不慈，害親之理。慈訓曲全，尊親斯備。

初	老牛舐犢，不如燕引其雛。	燕引其雛，教之飛也。
二	作室無資，勿壞其基，以俟能爲。	作室無資，不可强也。勿壞其基，亦可尚也。
三	愛馬益粟，肥溢而陸，終不可服，或授之槊。	愛馬益粟，祇益害也。
四	散而金珠，聚而詩、書。賢不喪志，否不益愚。	散而金珠，賢于人也。
五	囊金匣玉，不畀之燭，盜守之屋。	不畀之燭，失義誨也。
六	薪火不滅，錫汝圭槷，貽汝聖喆，無疆之慶。	薪火不滅，明有繼也。

上　丹朱、商均，利用作賓。　利用作賓，知子明也。

XIII范

范，師也。天垂日星，聖人象之。地出圖、書，聖人則之。漁叟之微，文、武是資。鄒子之陋，孔子所咨。若之何其無師！

初　易子之義，責善是爲，惟嚴之利。　惟嚴之利，人知畏也。

二　衡不平，繩不直，大斗短尺，民莫之則。　衡不平，不足由也。

三　章句之見，授其訓傳，以鑰投鍵。　以鑰投鍵，發蒙也。

四　北指燕，南指楚，惟爾之取。　北燕南楚，使自謀也。

五　準矩繩規，衆法攸資。　準矩繩規，先自修也。

六　投璧于闇，或按之劍。　投璧于闇，人不見也。

上　聖作六經，萬世典型，如見其人。　萬世典型，言作訓也。

IIIII徒

徒，衆也。薪以續火，益之愈光。江、漢承流，達于遐方。顏、閔傳業，聖道以彰。

初　出門擇術，跬步之失，之晉而粤。　出門擇術，慎所從也。

二　巧心妙手，木不雕朽。　木不雕朽，其質陋也。

三　虎豹之能，千人莫當，不可服箱。　不可服箱，不可訓也。

四　驊騮騏驥，造父授轡，一日千里。　一日千里，天才異也。

五　中人不惰，可以寡過。　中人不惰，志務學也。

六　樛木之曲，惟材之辱，爲輪轉轂。　曲木爲輪，性可揉也。

上　仲尼之道，三傳不替，以克永世。　以克永世，道大明也。

醜

醜，友也。天地相友，萬彙以生。日月相友，羣倫以明。風雨相友，草木以榮。君子相友，道德以成。

初　素絲縞如，適緇適朱。　適緇適朱，惟所擇也。

二　意氣相許，不以利取。　取不以利，能擇交也。

三　水石相親，石潔水清。蓬麻共植，惟蓬亦直。　惟蓬亦直，近賢也。

四　總角綢繆，膠而漆投。半途分流，注矢操矛。　注矢操矛，反相賊也。

五　春耕秋穫，易力並作，游惰勿諾。　游惰勿諾，不如己也。

六　毛羣羽聚，糧食之蠹。　糧食之蠹，無所益也。

上　一首三尾，先完後毀，惟初之辠。　惟初之辠，不早識也。

隸

隸，臣也。地不天，不能以生。月不日，不能以光。臣不君，不能以功。

初	木養其材，工則劇之。玉潛于石，人則承之。	木養其材，以待用也。
二	玉馬金牛，惟邦之寶。	玉馬金牛，專所奉也。
三	一身三首，蜂蟻所醜。	一身三首，無所容也。
四	登丘而俛，置膝而遠，百祿簡簡。	登丘而俛，不自崇也。
五	股肱綴體，没世不改。	股肱不改，知所從也。
六	顔載其勢，口揚其高，挾恩㊀以驕，或傳之刀。	或傳之刀，怙其庸也。
上	秋穀既收，土田之休。	穀收田休，不敢處功也。

林

林，君也。三人無主，不能共處。一人元良，萬國以康。厥德惟何？仁武及明。備則蕃昌，缺則衰亡。

初	赤子之命，在厥初生。	赤子初生，性命繫也。
二	循㊁迹不失，無喪無得。	循迹不失，亦足繼也。
三	姦賞忠誅，減違否依，首足顛施。	姦賞忠誅，庶事戾也。

㊀「恩」原作「思」，據潛虛述義改。

㊁「循」原作「遁」，據潛虛述義改。下解圖同。

夫民之所資者，道也，不可斯須去也。是以君臣相與議于朝，師友相與講于野，然後道存而國可治也。

四	巨舟峩峩，濟于洪波。	巨舟峩峩，賴賢以濟也。
五	鑑無光，斧無鋩，股肱不從，惟身之殃。	光鋩之無，下不使也。
六	天日昭如，榱柱森如，忠進姦誅。	天日昭如，明無蔽也。
上	日中而移，山高而危，大人克終。	日中而移，不可不戒也。

||||| 禋

禋，祀也。豺知祭獸，獺知祭魚。忘先背本，傲忽狂愚。明而人責，幽則鬼誅。

初	聖人知幽明之故，死生之說，鬼神之情狀。	祭祀之設，非虛文也。
二	謂祖無知，謂天可欺，謂祭何爲。	謂祭何爲，心傲忽也。
三	豺獺之鑑，霜露之思，無失其時。	無失其時，不忘本也。
四	匪隆匪殺，惟義所在。	惟義所在，務適宜也。
五	繭栗之角，瓦登匏爵，上帝是享。	繭栗之角，誠不必豐也。
六	弗播而穀，弗攻而木，祀淫祭黷。	祀淫祭黷，侫神也。
上	學匪干祿，祭匪求福，果時則熟。	果時則熟，理必至也。

準

準，法也。爲農無法，黍稷不生。爲工無法，器用不成。用衆無法，賓敵喪兵。治國無法，長亂殃民。

初	堇荼之萌，薙則不桀。燎火熒熒，沃不盡瓶。	堇荼之萌，惡不可恣也。
二	瞽夫執銍，蘭艾同刈。上罔下畢，獸駭而突。	獸駭而突，窮則悖也。
三	罔密而敝，黴逃鯝縶，不如其棄。	黴逃鯝縶，制小失大也。
四	禽虎于穴，百獸戰㊀栗。罔目甚闊，冒不可脫。	禽虎于穴，懾暴類也。
五	槃水之盈，小偏必傾。庭燎之明，繼其薪蒸。	槃水之盈，偏則敗也。庭燎繼薪，明不可怠也。
六	稂莠之鉏，嘉穀扶疏。	稂莠之鉏，去物害也。
上	驅蠅去飯，毋使污案，逐之勿遠。	驅蠅去飯，不足追舉也。

資㊁

資，用也。何以臨人？曰位。何以聚民？曰財。有位無財，斯民不來。所以洪範八政，食貨惟先。天子四民，農商居半。

初	衣食貨賂，生養之具，爭怨之府。	爭怨之府，當義治也。
二	子羸父單，不憂饑寒。	子羸父單，厚于民也。不憂饑寒，必相養也。
三	務其耕桑，尊農卑商。疏原道委，上下均利。	尊農卑商，明本末也。疏原道委，通上下也。

㊀「戰」原作「載」，據潛虛（四部叢刊本）、潛書述義改。 ㊁資之數亖十原作三十，據名圖改。按體圖、性圖均有亖十而無三十。

四	山童澤涸，今笑後哭。	山童澤涸，其利窮也。
五	璞隨之富，或興或仆。	或興或仆，道不同也。
六	大盈藏金，鄙夫之心。	鄙夫之心，私積財也。
上	勤約成風，人不困窮。	勤約成風，身先之也。

䷀賓

賓，客也。君臣燕飲，有主有賓。諸侯朝聘，天子之賓。四夷朝貢，中國之賓。所以周官設行人之職，行葦歌序賓之禮。

初	賓擇主人，有禮則親。	賓擇有禮，主宜謹也。
二	三十輻，共一轂。天子雍雍，四門穆穆。	四門穆穆，無離心也。
三	蕆其塗，拒其户，四鄰攻之，莫之或助。	蕆塗拒户，不與物交也。
四	重禮輕幣，遠人畢至。	重禮輕幣，不爲利也。
五	伯父伯舅，惟賓惟友，禮循其舊。	禮循其舊，國有制也。
六	秦帝按劍，諸侯西馳，面服心違。	面服心違，威刧之也。
上	東鄰無客，西鄰之集。	西鄰之集，亦可長也。

☶戜

戜，兵也。天生五材，民並用之，闕一不可，孰能去兵？儻憂生亂，何以止亂？所以樂有舞干，燕必有射，佩劍卽禦敵之具，井田寓營陣之法。

初　不利爲寇，利用禦寇。　利用禦寇，以自衞也。

二　利劍在手，不敢飲酒。　利劍在手，不敢飲酒，知戒慎也。

三　兵由貪忿，民殫國燼。　民殫國燼，終自焚也。

四　節制之兵，有死無犇。　兵死不犇，有節制也。

五　公孫建議，禁挾弓矢。　公孫之議，不窮理也。

六　伐亂除凶，修國省躬。　修國省躬，以正人也。

上　戢戈櫜矢，憂患方始。　憂患方始，戒不虞也。

☶斆

斆，教也。木有材，工則斲之。民有性，君則教之。生之者天，教之者人。教化既美，習俗乃成。習俗既成，運數莫奪。越千百年，風流㊀不絕。

初　去母從父，得其途路。　得其途路，知向方也。

二　虎狼養子，教之搏噬，秦人以鷙。　秦人以鷙，不由義訓也。

三　建其師，立其規，執其笞。　建其師，擇師長也。立其規，示軌物也。執其笞，弼以刑也。

㊀「風流」，潛虛述義作「流風」。

㊁「向」原作「尚」，據潛虛（四部叢刊本）改。潛虛述義「向方」作「方向」。

四	漢光厲俗，幾亡婁㊀績。	漢光厲俗，尚名節也。
五	直木不令，其影自正。	其影自正，身先之也。
六	飽食嘻嘻，禽犢之肥。	飽食嘻嘻，逸居無教也。
上	契敷五教，黎民時雍，比屋可封。	比屋可封，惡人盡也。

乂

乂，治也。農夫治地，種植耘除。王者治國，慶賞刑誅。衆而不治，其國無制。無制之國，其民作慝。

初	刀斧椓器，先必就礪。	刀斧就礪，先自治㊁也。
二	政令苛碎，遺大得細，上勞下敝。	上勞下敝，不知要也。
三	卑人爲主，喪其資斧。	喪其資斧，任匪人也。
四	欲罔之張，引其綱。欲絲之治，振其紀。	綱張紀舉㊂，賢愚從也。
五	量形製衣，可用爲儀。	量形製衣，不好大也。
六	網闊而疏，鰌鰕其逋，利以得魚。	利以得魚，得民也。

㊀「婁」，潛虛（四部叢刊本）作「幾」。潛虛述義亦作「婁」，注云：「婁同屢。」　㊁「治」原作「知」，據潛虛（四部叢刊本）、潛虛述義改。　㊂「舉」，潛虛述義作「治」。

上	熊魚科斗，惟萃于首。	惟萃于首，不續終也。

廿績

績，功也。事不見功，何以爲終。務學不在多能，以道成爲功。用兵不在多勝，以亂靜爲功。是故物成秋冬，天地之功；時底隆平，帝王之功。

初	先春布穀，雖勞不育。忍以俟時，若遲若速。	若遲若速，善乘時也。
二	帝王君臣，務在安民。	務在安民，無奇功也。
三	六子奮庸，萬物以豐，天地之功。	天地之功，不自爲也。
四	有饘悅珠，人口之腴。	有饘悅珠，匪其人也。人口支腴，秖取禍也。
五	項羽日勝而亡，高祖日敗而王。	日敗而王，善要終也。
六	生事要功，利己夸庸。	生事要功，好作爲也。
上	漢宣算效，優于孝文，日漓我醇。	日漓我醇，潛有損也。

十|育

育，養也。天地生物，人資以養。君陳一法，人得其養。是故夫人，稺養于母，幼養于父，終身養于天地、人君。

初	井渫勿羃，退邇之汲。	退邇之汲，養不窮也。
二	芻我黃牛，以耕則收，婦子無憂。	芻我黃牛，養賢也。
三	赤子啼饑，覩我朵頤，載矜載嗤。	載矜載嗤，莫之恤也。

四	吐哺餔兒，母瘠子肥，母心之嘻。	母瘠子肥，損上益下也。
五	燕雀之黨，自育自養，解而羅網。	解而羅網，勿擾之也。
六	發廩移粟，東歌西哭。	東歌西哭，不徧及也。
上	井田之行，何富何貧，萬國之均。	萬國之均，大成也。

卌聲

聲，名也。無其實，聲不溢。無其聲，人不聞。聲溢而崇，德之所以終。人聞而廣㊀，業之所以始。故曰：「善不積，不足以成名。」又曰：「三代之王，必先令聞。」

初	擊磬撞鐘，或清或洪。	或清或洪，聲從實也。
二	慎守而身，勿爲鴞鳴。	勿爲鴞鳴，無惡聲也。
三	蔽葉之蜩，其鳴嘵嘵，蜚鳥之招。	蜚鳥之招，聲致殃也。
四	空谷來風，有聲渢渢。	有聲渢渢，匪求之也。
五	鬼嘯梁上，弗見其象，人莫之享。	弗見其象，無實也。
六	非雷非霆，四方是聞，蟄者思亨。	蟄者思亨，求自奮也。

㊀「廣」原作「至」，據潛虛述義改。

䷲興

興，起也。仆而復起，衰而更興。前王之澤，後王之能。

上	金聲玉振，始終惟令。	始終惟令，不寖消也。
初	選馬修輿，辨道徐驅。	選馬修輿，審所寄也。
二	大饗無褰，撤木無工。有初無終，喪其故宮。	大饗無褰，力不副志也。
三	澣垢縫裂，揞畝補缺。	澣垢縫裂，且可衣也。
四	病危得醫，器敝得倕。	病危得醫，佐以明智也。
五	櫑有栟栽，或爲棟材。焚出于灰，可以焚萊。	栟栽爲棟，天材異也。
六	困勎而憩，望遠而晞。	望遠而晞，志力憊也。

䷲痡

痡，病也。官病于上，民病于下，國以陵夷。

上	總轡操箠，左右在己。	總轡在己㊀，執興替也。
初	外强中懈，恃而不戒。	外强中懈，釁所從也。
二	祛寒得熱，金石之孽。	祛㊁寒得熱，失中節也。

㊀「己」原作「上」，據變圖「左右在己」及潛虛述義改。

㊁「祛」原作「孽」，據變圖「祛寒得熱」改。

三	齒拔兒傷，治體得亡。	治體得亡，其醫庸也。
四	固本以靜，防微以愼，天不能病。	天不能病，自治詳也。
五	弗益弗擊，輔根引日，以俟明術。	輔根引日，未失也。
六	其亡其亡，劑審其方，醫用其良。	其亡其亡，戒愼不敗也。
上	膏肓不治，世無良醫。	膏肓之疾，不可如何也。

卄泯

泯，滅也。熒出于灰，噓之實難。火燎于原，滅之則易。是故周之興也，十五王而不足；及其滅也，一褒姒而有餘。可不戒哉！可不懼哉！

初	蜩鳴于林，裇衣絮衾。	蜩鳴絮衾，宜早防也。
二	微子前見，商祀不殄，其紹如綫。	微子之祀，重存商也。
三	緡自竇亡，乃生少康。	夏之不泯，得少康也。
四	躳顛血絕，廟夷隴滅。	躳顛血絕，誠可傷也。
五	耎志蹙躳，惟運之從。	耎志蹙躳，無以攘也。
六	水厭其原，木剿其根，波高葉繁，目昧心昏。	水厭其原，何可長也。

上	前車已覆，瞻彼社屋。	前車之覆，後所懲也。

丌造

造，始也。雲雷方屯，開乾闢坤。肇有父子，始立君臣。倡之者聖，和之者賢。爲之者人，成之者天。

初	大虛洞冥，開乾闢坤。萬有咸敍，實惟其人。	萬有咸敍，人所爲也。
二	舜、禹之禪，湯、武之戰，天心人順。	天心人順，非利之也。
三	用不擇術，功偕惡積，成艱毀疾。	成艱毀疾，不由德也。
四	依仁附義，乘時順理，誅暴誅姦，利物利己。	能利乎物，實自利也。
五	量時度力，田作言一，規模可則。	規模可則，匪自棄也。
六	方春不犂，洎秋而饑，婦子號悲。	洎秋而饑，失時極也。
上	立德建名，惟天之命，而贊之成，否則禍生。	立德建名，天所命也。

丌隆

隆，盛也。一陽之進，必盛于夏，是謂隆暑，陰則生矣。一陰之進，必底于寒，是謂隆冬，陽亦形焉。是故王者之業，必極盈成；盈成之時，必貴持守。可不念哉！

初	其憂其勤，日昇于雲。	其憂其勤，明日進也。
二	百體四支，勿增勿虧，守之以祗。	體支已完，勿增損也。善守其成，惟能謹也。
三	酒肉如陵，鐘鼓盈庭，鑠刃墮城。	鑠刃墮城，守備盡也。

四	視舟之濡，窒之用袽。	視舟之濡，慮患于謹也。
五	暑至陰生，寒極陽萌。君子畏盈，小人怙成。	小人怙成，危禍近也。
六	盛不忘衰，安不忘危，一日萬幾。	萬事之微，不可不慎也。
上	累土匪易，功虧一簣。	簣未成，虧九仞也。

丅Ⅲ散

散，消也。氣散而竭，族散而絶，民散而滅。

初	敝弓之弨，益漆與膠。	益漆與膠，結以禮信也。
二	心德之離，微子去之。	微子去之，親戚離也。
三	守業兢兢，朝露春冰。	朝露春冰，雖凝易泮也。
四	倒廩虛庫，財散人聚。	倒廩虛庫，知所散也。
五	雰闔而星，癰潰而平，盜棄其兵。	盜棄其兵，禍亂釋也。
六	積沙防水，水至沙潰。	水至沙潰，不固結也。
上	長夜之宴，雖久必散，達者先見。	達者先見，明始終也。

|||| 餘 餘，終也。天過其度，日之餘也。朔不滿氣，月之餘也。日不復次，歲之餘也。功德垂後，聖賢之餘也。故天地無餘，則不能變化矣；聖賢無餘，則光澤不遠矣。	堯、舜之德，禹、稷之績，周規孔式，終天無斁。	堯、舜、周、孔，垂世無窮也。
XX 齊 齊，中也。陰陽不中，則物不生。血氣不中，則體不平。剛柔不中，則德不成。寬猛不中，則政不行。中之用，其至矣乎！	衆星拱極，萬矢奏的，必不可易。	衆星萬矢，誰能易中也。

張敦實曰：五行在天地之間，可以開物成務，冒天下以道者也。故用各有五，終于五十五名。其修爲之序，可以治性，可以修身，可以齊家，可以治國，可以平天下。故曰：「行者，人之所務也。」繫之辭以明其義，用之變以尚其占，皆所以前民用也。

又曰：律呂之生，始于黃鍾，下生林鍾，林鍾上生太蔟，太蔟下生南呂，南呂上生姑洗，姑洗下生應鍾，應鍾上生蕤賓，蕤賓上生大呂，大呂下生夷則，夷則上生夾鍾，夾鍾下生無射，無射上生中呂。陽六爲律，陰六爲呂。以黃鍾爲宮，則林鍾爲徵，太蔟爲商，南呂爲羽，姑洗爲角，應鍾爲變宮，蕤賓爲變徵。至十二律旋相爲宮，各以七變而乘之，則盡八十四調，此聲之元，五聲之正也。至六十律旋相爲宮，又以七變而乘之，則變盡周期，各統一日。盡三百六十四變于潛虛之中，始于裒之初，終于散之上，以定天下之吉凶，成天下之亹亹者，其用大矣。

命圖

	吉	臧	平	否	凶
哀	六	四	二	五	三
柔	五	四	三	六	二
剛	四	六	五	二	三
雍	三	二	五	六	四
昧	二	四	五	六	三
昭	六	四	二	五	三
容	五	四	三	六	二
言	四	六	五	二	三
慮	三	二	五	六	四

聆	二	四	五	六	三
覿	六	四	二	五	三
繇	五	四	三	六	二
憒	四	六	五	二	三
得	三	二	五	六	四
罹	二	四	五	六	三
耽	六	四	二	五	三
苒	五	四	三	六	二
卻	四	六	五	二	三
庸	三	二	五	六	四
妥	二	四	五	六	三
蠢	六	四	二	五	三

訒	五	四	三	六	二
宜	四	六	五	二	三
忱	三	二	五	六	四
喆	二	四	五	六	三
戞	六	四	二	五	三
特	五	四	三	六	二
偶	四	六	五	一	三
暱	三	二	五	六	四
續	二	四	五	六	三
考	六	四	二	五	三
范	五	四	三	六	二
徒	四	六	五	二	三

醜	三	二	五	六	四
隸	二	四	五	六	三
林	六	四	二	五	三
禋	五	四	三	六	二
準	四	六	五	二	三
資	三	二	五	六	四
賓	二	四	五	六	三
戫	六	四	二	五	三
斆	五	四	三	六	二
乂	四	六	五	二	三
績	三	二	五	六	四
育	二	四	五	六	三

聲	六	四	二	五	三
興	五	四	三	六	二
痛	四	六	五	二	三
泯	三	二	五	六	四
造	二	四	五	六	三
隆	六	四	二	五	三
散	五	四	三	六	二

元、餘、齊三者無變，皆不占。初、上者，事之始終，亦不占。

張敦實曰：命者，時之所遇也。吉、凶、否、臧，雖惟命所遇，然禍兮福所倚，福兮禍所伏。以其禍福之未定，則稽疑之占不可後也。兹所占者，自裒至散五十二名。以二、三、四、五、六之變，觀其吉、凶、臧、否、平之所遇而決。陽則用其顯，陰則用其幽。然後可以觀變而避就也。

五行相乘，得二十五，又以三才乘之，得七十五，以爲策。虛其五而用七十，分而爲二，取左之一以掛于右，揲左以十而觀其餘，置而扐之。復合爲一而再分之，掛、揲其右，皆如左法。左爲主，右爲客。

先主後客者陽，先客後主者陰。觀其所合，以名命之。既得其名，又合蓍而復分之，陽則置右而揲左，陰則置左而揲右，生純置右，成純置左，揲之以七，所揲之餘爲所得之變，觀其吉、凶、臧、否、平而決之。陽則用其顯，陰則用其幽。幽者，吉、凶、臧、否與顯戾也。欲知始、終、中者，以所筮之時占之，先體爲始，後體爲中，所得之變爲終。變已主其大矣，又有吉、凶、臧、否、平者，于變之中復爲細別也。不信不筮，不疑不筮，不正不筮，不順不筮，不蠲不筮，不誠不筮。必蠲必誠，神靈是聽。

張敦實曰：虛數七十有五，其用七十，分二挂一，揲之以十，先左後右，徐觀其餘，以命卦名、分客主而定陰陽。且如哀之一卦，〡爲主，〢爲客。左揲先餘一，右揲後餘二，是先主後客者陽。若左揲先餘二，右揲後餘一，是先客後主者陰。陽則用其顯，如哀之六吉、三凶不易也。陰則用其幽，與顯戾也，如哀之六吉當爲凶，三凶當爲吉也。假如元〡、蠢〢、容〣、徒||||、齊XX，生數純者，不可分陰陽，當置右而揲左。造〦、考〧、耑〨、乂〩、績卄，成數純者，亦不可分陰陽，當置左而揲右。皆揲之以七，以所揲之餘觀其吉、凶、臧、否、平爾。

玄以準易，虛以擬玄。玄且覆瓿，而況虛乎？其棄必矣！然子雲曰：「後世復有楊子雲，必知玄。」吾于子雲雖未能知，固好之矣，安知後世復無司馬君實乎？

張敦實曰：有物混成，先天地生，强而名之，是爲道。太極元氣，函三爲一，衍而伸之，是謂數。兩儀之所以奠位，萬類之所以成形，天下國家之所以致治，悉不外乎道與數。以温公平生著述論之：其考前古興衰之迹，作爲通鑑，自潛虛視之，則筆學也。留心太玄三十年，既集諸説而爲註，又作潛虛之書，自通鑑視之，則心學也。今世于筆力之所及者，家傳人誦。至于心思之所及，則見者不傳，傳者不習。道極于微妙，而不見于日用之間，亦何貴乎道哉！是故易所謂人道不過乎仁義，玄所謂大訓不過乎忠孝，虛所謂人務不過乎五十五行。仰而推之，以配三百六十五度。日月不能越一度以周天，人不能越一行以全德。玆又述作之深意也。學者盍以是求之！

附錄

范純甫言：公初官時，年尚少。家人每每見其臥齋中，忽蹶起，著公服，執手版危坐。久率以爲常，竟莫識其意。純甫嘗從容問之，答曰：「吾時忽念天下事。」夫人以天下安危爲念，豈可不敬耶！冷齋記。

英宗疾既平，皇太后還政。公上疏言治身莫先于孝，治國莫先于公。其言切至，皆母子間人所難言者。行狀。

呂晦叔曰：昨使契丹，彼接伴問副使狄諮曰：「司馬中丞今爲何官？」諮曰：「爲翰林兼侍讀。」其人曰：「不爲中丞邪？聞是人甚忠亮。」

上謂晦叔曰：「司馬光方直，其如迂闊何！」晦叔曰：「孔子上聖，子路猶謂之迂。孟軻大賢，時人亦謂之迂闊。況光豈免此名。大抵慮事深遠，則近于迂矣。願陛下更察之。」並日錄。

魏公言君實初除樞副，竟辭不受。時公在魏，聞之，亟遣人齎書潞公，勉之云：「主上倚重之厚，庶幾行道。道或不行，然後去之可也。似不須堅讓。」潞公以書呈君實，君實云：「自古被這般官爵引得壞了名節，爲不少矣。」後得寬夫書云：「君實作事，今人所不可及，須求之古人。」魏公語錄。

蒲宗孟論人才，及司馬光，神宗曰：「未論別者，即辭樞密一節，自朕即位以來，唯見此人。」靈武失利，當宁慟哭，歎曰：「誰爲朕言此者？唯公著曾數爲朕告，用兵非好事。」及求宮寮，曰：「莫如司馬光、呂公著二人。」

梓材謹案：此晁景迂初見欽宗之言。

温公嘗謂金陵曰：「介甫行新法，乃引用一副真小人，或在清要，或爲監司，何也？」介甫曰：「方法行之初，舊時人不肯向前，因用一切有才力者。候法行已成，即逐之，卻用老成者守之。所謂『智者行之，仁者守之』。」温公曰：「介甫誤矣。君子難進易退，小人反是。若小人得路，豈可去也？必成讎敵。他日將悔之。」介甫默然。後果有賣荆公者，雖悔之無及。

温公創獨樂園，自傷不得與衆同也。洛俗春日放園，園丁得茶湯錢，與主人平分。一日，園丁呂直納錢十千，公令持去。再三欲留，公怒，乃持去，回顧曰：「只端明不愛錢！」餘十日，呂直創一井亭。問之，乃用前日公所不受十千也。並元城語錄。

潞公謂温公曰：「彥博留守北京，遣人入大遼偵事，回云：『見遼主大宴羣臣，伶人劇戲，作衣冠者見物必攫取懷之，有從其後以鞭扑之者。曰：司馬端明邪！』君實清名，在夷狄如此。」公愧謝。

公嘗問康節曰：「光何如人？」曰：「君實腳踏實地人也。」公深以爲知言。康節又曰：「君實九分人也。」其重之如此。

公居洛，嘗同范景仁登嵩頂，由轘轅道之龍門涉伊水至香山，憩石樓，臨八節灘。凡所經從，多有詩什，自作序，曰遊山録，士大夫爭傳之。公不喜肩輿，山中亦乘馬。路險，策杖以行。故嵩山題字云：「登山有道，徐行則不困。措足于平穩之地，則不跌。」愼之哉！並言行録。

程氏遺書曰：先生每與君實說話，不曾放過。如范堯夫，十件事只爭得三四件便已。先生曰：「君實只爲能受人盡言，儘人忤逆，更不怒，便是好處。」

劉元城曰：熙寧初，温公諫用兵，不留稿。大意以富民與貧民鄰居爲喻。

又曰：金陵以兩府啗温公，不可，臺諫黨金陵者遂誣之如霍光事。神廟曰：「司馬光豈有此！」元祐遂獲其用，皆神廟保養成就之力。

又曰：微仲、堯夫不知君子小人勢不兩立如冰炭，故開倖門，延入李清臣、鄧温伯，去正人易若反掌。調停之說，果何益乎！昔温公爲相，蓋知其後必有反覆之禍，然生民之患如拯溺救焚，何暇更顧異日一身之患。

陳忠肅與龜山書曰：凡温公之學，主之以誠，守之以謙，得之十百而守之一二。

又答楊游二公書曰：司馬文正公最與康節善，然未嘗及先天學。蓋其學同而不同。

汪玉山與何運使書曰：温公有補文中子傳一卷，比方得之，其所去取畧盡矣。此外如所云「楊素、李德林見」之類，尤爲可笑。論語于三家必云季康子、孟懿子，必稱「孔子對曰」，蓋貴貴尊賢，其義一也。安有身爲布衣，而于當時之執政，曰「素與吾言」、「德林與吾言」者哉！

朱子曰：「温公可謂智仁勇。他那治國救世處，是甚次第！其規模稍大，又有學問。其人嚴而正。」

又曰：「嘗得温公易説于洛人范仲彪炳，文盡隨六二之中，其後闕焉。後數年，好事者于北方互市得板本，喜其復全，然無以別其眞僞。」

張南軒曰：「司馬温公改新法，或勸其防後患，公曰：『天若祚宋，必無此事！』更不論一己利害。雖聖人，不過如此説。近于『終條理者』矣。」

劉漫堂麻城學記曰：「温公之學，始于不妄語，而成于腳踏實地。學者明乎是，則暗室不可欺，妻妾不可罔。」

魏鶴山師友雅言曰：「迂叟有言：『今人所謂文，古人所謂辭也。古之所謂文，觀乎天文以察時變，觀乎人文以化成天下，豈辭章之謂哉！堯之文思，文王之所以爲文，此聖人之文也。下此則敏而好學，不恥下問，爲孔文子之文。』」

王深寧困學紀聞曰：「歐陽子之論篤矣，而『不以天參人』之説，或議其失。司馬公之學粹矣，而『王霸無異道』之説，或指其疵。信乎立言之難！」

涑水講友

康節邵堯夫先生雍別爲百源學案。

獻公張橫渠先生載別爲橫渠學案。

純公程明道先生顥別爲明道學案。

正公程伊川先生頤別爲伊川學案。

縣令陳先生舜俞別見安定學案。

涑水學侶

秘書劉道原先生恕

劉恕，字道原，筠州人，潁上令渙之子。潁上以剛直，不能事上官，棄去，家于廬山之陽。歐陽兖公，與潁上同年進士也，高其節，嘗作廬山高詩以美之。先生少穎悟，書過目卽成誦。八歲時，坐客有言孔子無兄弟者，先生應聲曰：「以其兄之子妻之！」一坐驚異。未冠，舉進士。時有詔，能講經義者，別奏名。先生以春秋、禮記對，先列註疏，次引先儒異説，末乃斷以己意。凡二十問，所對皆然，主司異之，擢爲第一。先生强記博聞，于書無所不覽，精史學。司馬温公修資治通鑑，奏請同編修。先生時爲和川令，入贊史館，凡魏、晉以後事，尤考證精詳，温公悉委而取決焉。與王荆公有舊，欲引修三司條例，先生以不習金穀爲辭，因言：「天子方屬公大政，宜恢張堯、舜之道以佐明主，不應以利爲先。」荆公怒，與之絶。温公出知永興軍，先生以親老告歸南康，乞監酒税以就養，許卽官修書。温公判西京御史臺，先生奏請詣西京贊修。道得風攣疾㈠，右手足廢，然苦學如故，少閒輒編次，病亟乃止。官至秘書丞。卒，年四十七。先生爲學，自曆數、地理、官職、族姓，至前代公府案牘，皆取以審證。求書不遠數百里，身就之，讀且鈔，殆忘寢食。偕温公游萬安山，道旁有碑，讀之，乃五代列將，人所不知名者，先生能言其行事始終，歸驗舊史，信然。宋次道知亳州，家多書，先生枉道借覽，留旬日，盡其書而去，目爲之翳。著十國紀年四十二卷，包犧至周厲王疑年譜、共和至熙寧年畧譜各一卷，通鑑外紀十卷。參史傳。

謝山通鑑分修諸子攷曰：「胡梅磵曰：「温公修通鑑，漢則劉攽，三國迄于南北朝則劉恕，唐則范祖禹。」此言不知其何所據。予讀温公與醇夫帖子，始知梅磵之言不然。帖曰：「從唐高祖初起兵修長編，至哀帝禪位止。其起兵以前、禪位以後事，于今來所看書中見者，亦請令書吏別用草紙録出，每一事中間空一行許，以備翦黏。隋以前與貢父，梁以後與道原，令各修入長編中。蓋緣二君更不看此書，若足下止修武德以後，天祐以前，則此等事迹盡成遺棄也。」觀于是言，則貢父所修蓋自漢至隋，而道原任五代，明矣。蓋貢父兄弟嘗著漢釋，而道原有十國紀年，故温公即其平日所長而用之，而梅磵未之攷也。貢父所修一百八十四卷，醇夫所修八十一卷，道原所修二十七卷。而當時論者推道原之功爲多，何也？蓋温公平日服膺道原，其通部義例，多從道原商榷，故分修雖止五代，而實係全局副手，觀道原子羲仲所紀可見也。羲仲曰：「當時訪問疑事，每卷皆數十條，不

㈠宋史本傳「道得風攣疾」上有「留數月而歸」句。

能盡紀，紀其質正舊史之謬者。」然則道原之功誠多矣！

附錄

晁景迂與劉壯輿書曰：十五六時在淮南，立侍先丈之側，蒙戒告「無從妖學，無讀妖言」，至今白首，奉之不忘。

祖望謹案：道原每言荊公面帶妖氣。

汪玉山與呂逢吉曰：劉道原、蘇子由皆疑周官。子由以爲非周公之完書，則可；而道原詆之，過矣。孟子言諸侯去籍，則所傳自非完書。在慎擇之，不可盡以爲不然。

舍人劉公非先生攽別見廬陵學案。

涑水同調

中丞呂獻可先生誨

呂誨，字獻可，開封人，正惠公端之孫也。幼孤，自力爲學。家于洛陽，性沈厚，不妄交，洛陽士人往往不之識。進士及第，累官權御史中丞。是時王荊公以侍臣棄官家居，朝野稱其材，以爲古今少倫，天子引參大政，衆皆喜于得人，先生獨以爲不然，曰：「安石好執偏見，天下必受其禍。」衆莫不怪之。居無何，荊公恃其材，棄衆任己，厭常爲苛，多變更祖宗法，專汲汲斂民財，所愛信引拔多非其人，天下大失望。先生屢争，不能得，乃抗章悉條其過失。且曰：「誤天下蒼生，必此人。如久居廊廟，必無安靜之理。」又曰：「天下本無事，但庸人擾之。」上遣使諭解，先生執之愈堅，乃罷中丞，出知鄧州。先生三居言責，皆以彈奏大臣而去。及荆公行新法，司馬温公始服其先見。居洛病困，目已瞑，温公往視之，先生張目曰：「天下事尚可爲，君實勉之！」參温公傳家集。

忠文范景仁先生鎮

正獻呂晦叔先生公著並爲范呂諸儒學案。

龍學李公擇先生常別見范呂諸儒學案。

懿簡趙先生瞻

趙瞻，字大觀，其先亳州永城人，徙鳳翔之盩厔。元祐三年，累擢樞密直學士、簽書樞密院事。明年，以中大夫同知院事。五年，卒，贈銀青光禄大夫，謚曰懿簡。先生寬仁愛人，色温氣和，人以爲長者。紹聖中，以傅會元祐諸臣，追奪所贈官，列于黨籍。參史傳。

獻簡傅先生堯俞

傅堯俞，字欽之，須城人，徙居濟源。先生十歲能文，未冠登第，重厚寡言，遇人不設城府，人不忍欺。論事君前，畧無回隱，退與人言，不復有矜異色。元祐四年，累拜中書侍郎。六年，卒。宣仁后謂輔臣曰：「傅侍郎清直一節，始終不變，金玉君子也。方倚以爲相，遽至是乎！」贈銀青光祿大夫，謚曰獻簡。司馬温公嘗謂邵康節曰：「清、直、勇三德，人所難兼，吾于欽之畏焉！」康節曰：「欽之清而不耀，直而不激，勇而能温，是爲難耳。」紹聖中，以元祐黨人，奪贈謚，著名黨籍。後黨錮解，下詔褒贈，録其子。同上。

温靖孫先生固

孫固，字和父，管城人。元祐二年，知樞密院事，累官右光禄大夫。五年，卒，贈開府儀同三司，謚曰温靖。先生宅心誠粹，不喜矯亢，與人居，久而益信，故更歷夷險而不爲人所疾害。嘗曰：「人當以聖賢爲師，一節之士不足學也。」又曰：「以愛親之心愛其君，則無不盡矣。」傅獻簡言：「司馬公之清節，孫公之淳德，蓋所謂不言而信者也。」世以爲確論。紹聖時奪遺澤。元符二年奪所贈官，列元祐黨籍。政和中，徽宗以先生嘗爲神宗宮僚，特出籍，悉還所奪。同上。

修撰李先生周

李周，字純之，馮翊人。登進士，調長安尉，轉洪洞令，有善政。神宗時，以司馬温公薦召至，訪以禦邊之術。哲宗立，累改集賢殿修撰。紹聖中，追貶賀州別駕，後㈠復舊職。先生自爲小官，沈晦自匿，未嘗私謁執政。同上。

㈠「後」字，據宋史本傳增。

涑水家學

諫議司馬先生康

司馬康，字公休，温公子也。雲濠案：温公無子，以族人子公休爲之子。見邵氏聞見錄。幼端謹，不妄言笑，事父母至孝。敏學過人，博通古書，以明經上第。温公修資治通鑑，奏檢閱文字。丁母憂，勺飲不入口三日，毁幾滅性。温公居洛，士之從學者退與先生語，未嘗不有得。塗之人見其容止，雖不識，皆知其爲司馬氏子也。以韓絳薦，爲秘書，由正字遷校書郎。温公薨，治喪皆用禮經家法，不爲世俗事。得遺恩，悉以與族人。服除，召爲著作佐郎兼侍講。上疏言：「比年以來，旱暵爲虐，民多艱食。若復一不稔，則公私困竭，盜賊可乘。願及今秋熟，令州縣廣糴民食所餘，悉歸于官，今冬來春令流民就食。候鄉里豐穰，乃還本土。誠能捐數十萬金帛，以爲天下大本，則天下幸甚。」拜右正言，以親嫌未就職。爲哲宗言前世治少亂多，祖宗創業之艱難，積累之勤勞，勸帝及時嚮學，守天下大器，且勸太皇太后每于禁中訓迪，其言切至。邇英進講，又言孟子于書最醇正，陳王道尤明白，所宜觀覽。帝曰：「方讀其書。」尋詔講官節以進。先生自居父喪，居廬疏食，寢于地，遂得腹疾，至是不能朝謁，賜優告。疾且殆，猶具疏所當言者以待，曰：「得一見天子，極言而死，無恨。」使召醫李積于兗。積老矣，鄉民聞之，往告曰：「百姓受司馬公恩深，今其子病，願速往也。」來者日夜不絕，積遂行。至，則不可爲矣。年四十一而卒。公卿嗟痛于朝，士大夫相弔于家，市井之人無不哀之。詔贈右諫議大夫。先生爲人廉潔，口不言財。

初，温公立神道碑，帝遣使賜白金二千兩，先生以費皆官給，辭不受。不聽。遣家吏如京師納之，乃止。參史傳。

梓材謹案：温公令先生從學于范華陽，詳見謝山所作正獻傳。

附錄

姚福曰：温公平生不喜孟子，以爲僞書，出于東漢，因作疑孟論。而其子公休乃曰：「孟子爲書最善，直陳王道，尤所宜觀。」至疾甚革，猶爲孟子解二卷。司馬父子同在館閣，而其好尚不同乃如此。然以父子至親而不爲苟同，亦異乎阿其所好者矣。

縣令司馬先生宏

司馬宏，文正兄伯康之子也。官陳留令。紹聖黨事起，以上書論辯得罪。參史傳。

司馬先生植別見百源學案。

忠潔司馬先生朴

司馬朴，字文季，文正從孫，陳留令宏之子。少育于外祖范忠宣公。忠宣責永州，疾失明，客至必令先生導以見。時方七歲，進退應對如成人，客皆驚歎。以忠宣遺恩爲官。父死，徒跣負柩還。調晉寧參軍，入爲虞部員外郎。都城陷，欽宗以爲兵部侍郎，金人挾之北去。後王倫使還，言金命先生爲行臺左丞，辭而止。後卒于真定，詔贈兵部尚書，謚曰忠潔。參史傳。

司馬先生通國

司馬通國，忠潔之子也。忠潔使金，金授以尚書左丞，不屈，然猶縱其出入，而生先生，名通國，字武子，取蘇武之意也。先生有大志，結北方之豪韓玉，欲舉事。紹興初，玉南歸，授江淮督府計議官。玉兄璘尚在北，張忠獻公因遣張蚪侯澤密往大梁結之，并致意先生。次年，復遣使，行至亳州，邏者得之，先生同謀三百餘口俱死。時金太子以都元帥守大梁，乘十六傳而至，將以三月十六日受任。先生謀帥壯士劫之，既得，則舉事，結約者三萬餘人，而先五日事已洩。忠獻欲待入朝爲請卹，會罷，不果。

涑水門人

忠定劉元城先生安世別爲元城學案。

正獻范華陽先生祖禹別爲華陽學案。

詹事晁景迂先生説之別爲景迂學案。

節孝歐陽先生中立

歐陽中立，袁州人。初試部郎，上書言新法不便，以司馬温公門下坐廢，遂不復起。卒，弟子私謚節孝先生。參江西人物志。

别駕樊先生資深

樊資深，字逢源，温文正公弟子也。皇祐制科入仕，累官潞州别駕。剛介博洽，居家力行任卹之惠。

簽判田先生述古别見安定學案。

學官尹先生材

尹材，字處初，洛人，和靖之叔。嘗遊温公、康節之門。温公入相，先生以遺逸薦爲學官。康節所謂「洛中三賢」之一也。從黄氏補本録入。

雲濠謹案：此傳蓋自和靖學案和靖傳中節録爲傳，故于彼傳删去「温公入相」以下二十餘字。

教授張先生雲卿

張雲卿，字伯紀，洛陽人也。學問該洽，于經書無不讀。時洛中三處士，田述古明之、尹材處初與先生也。司馬温公居洛，訪士于康節，以三人對。已而田、尹皆得遊温公之門，先生未見。康節以問温公，曰：「田、尹之賢，信如先生言。張君，則或傳其旅殯父棺于和州而久不省，故未敢與見。」康節歎曰：「張君，孝子也。其父以謫官死和州，貧不能歸，因寓其喪，奉母歸洛。貧甚，府尹哀之，俾爲國子監説書，得月俸七千以養。若爲和州之行，當數月罷俸，則母饑矣，故不往也。」温公悵然曰：「光幾誤聽！」于是先生得見温公。未幾，先生母死，徒步至和迎父柩歸葬焉。温公入相，田、尹以遺逸，先生以累舉，特恩同除學官，世以康節能成人。文潞公之在洛也，經史注疏或有遺忘，必多從先生質之。

李先生陶

李陶，字唐父，蜀人，待制大臨子。從司馬公于洛，當時大老皆喜之。在錢塘，東坡送之詩云：「忠文文正二大老，蘇李廣平三舍人㊀。喜見通家賢子弟，因言得邑少風塵。」其趣遠矣！參氏族譜。

梓材謹案：泰山學案馮信道傳稱先生學于温公，最賢而通經，是先生固涑水高弟也。

邢先生居實別見安定學案。

牛先生師德別見百源學案。

涑水私淑

忠肅陳了翁先生瓘別爲陳鄒諸儒學案。

監稅唐先生廣仁別見陳鄒諸儒學案。

司業黃先生隱

黃隱，字從善，初名降，莆田人。第進士甲科。元豐中，侍御史。召對，神宗問以學術，時尊尚王

㊀按宋史李大臨傳稱「世并宋敏求、蘇頌稱爲『熙寧三舍人』」。

氏，而先生以司馬温公對，不稱旨。元祐初，守國子司業，力排王氏新語，取三經板火之，爲吕陶等所攻，出守泗州。歷監司、郡守凡七任。坐尊司馬氏學，入元祐黨籍。靖康初，追贈直龍圖閣。

梓材謹案：謝山鮚埼亭集外編有記荆公三經新義篇，言及先生焚書事，詳見九十八卷新學畧。

道原家學

宣教劉漫翁先生羲仲

劉羲仲，字壯輿，筠州人，道原之子也。幼敏慧博洽，嘗摘歐陽公五代史誤，作糾繆。司馬温公以其父有修通鑑功，乞蔭其子，補郊社齋郎。清介有父風，歷鉅野、德安簿。政和間，以蔡京薦，召爲宣教郎、編修官。至京師，絶不造謁一人，昌言曰：「吾但知天子有命，不知有薦我者。」竟棄官歸廬山。自號漫浪翁。參江西人物志。

孫氏家學

學士孫先生朴

孫朴，字元忠，吕正獻所薦館職也。嘗對滎陽公譏笑程正叔，公云：「正叔有多少好事，公都不説；只揀他疑似處非笑，何也？」元忠釋然心服，不敢復議正叔。蓋其服義亦少有也。

梓材謹案：先生爲温靖長子，由滎陽學案滎陽公説移爲之傳。又案厚德録載其官學士，嘗爲吕居仁言元祐間事，與此畧同。

尹氏家學涑水再傳。

肅公尹和靖先生焞別爲和靖學案。

涑水續傳

隱君陸道鄉先生賀

陸賀，字道鄉，金溪人。生有異稟，端重不伐。究心典籍，見于躬行。酌先儒冠昏喪祭之禮行之家，家道之整，著聞州里。六子，梭山、復齋、象山，其最著者也。參象山文集。

獻靖朱韋齋先生松別見豫章學案。

文簡李巽巖先生燾

李燾，字仁甫，丹稜人。紹興八年進士第，知雙流縣，以餘暇力學。先生恥讀王氏書，獨博極載籍，披羅百氏，慨然以史自任。倣司馬温公資治通鑑例，斷自建隆，迄于靖康，爲編年一書，名曰長編，浩大未畢，仍效温公體爲百官公卿表。史官以聞，詔給札來上。乾道四年，上續通鑑長編自建隆至治平，凡一百八卷。歷權禮部侍郎，請正太祖東嚮之位。駕幸太學，論兩學釋奠，從祀孔子當升范仲淹、歐陽修、司馬光、蘇軾，黜王安石父子；從祀武成王當黜李勣。衆議不叶，止黜王雱而已。真拜侍郎，兼工部，出知常德、遂寧。長編全書成，上之，詔藏秘閣。先生自謂此書寧失之繁，無失之畧，故一祖八宗之事凡九百七十八卷，卷第總目五卷。上謂其書無愧司馬遷。進敷文閣待制㊀、同修國史，薦尤袤、劉清之等十人爲史官。淳熙十一年，乞致仕。病革，口占遺表云：「臣年七十，死不爲夭，所恨報國缺然。願陛下經遠以藝祖爲師，用人以昭陵爲則。」辭氣舒徐。乃卒，贈光禄大夫。先生性剛大，特立獨行。早著書，秦檜當路；檜死，始聞于朝。既在從列，每正色以訂國論。張宣公嘗曰：「李仁甫如霜松雪柏。」無嗜好，無姬侍，不殖産。平生生死文字間。長編一書，用力四十年，葉水心以爲春秋以後，纔有此書。有易學五卷，春秋學十卷，五經傳授、尚書百篇圖、大傳雜説㊁、七十二子名籍各㊂一卷，文集五十卷，奏議三十卷，四朝史稿五十卷，通論十卷，南北攻守録三十卷，七十二候圖、陶潛新傳并詩譜各三卷，歷代宰相年表、唐宰相譜、江左方鎮年表、晉司馬氏㊃本支、齊梁本支、王謝世表、五代將帥年表合爲四十一卷。謚文簡，累贈太師、温國公。參史傳。

黄氏續傳

侍郎黄先生黼

黄黼，字元章，餘杭人，隱之曾孫。乾道間進士，遷太常博士。輪對稱旨，進秘書郎。尋除兩浙轉

㊀「待制」，宋史本傳作「直學士」，當從之。按宋史，燾上長編全書在淳熙七年，此前已除敷文閣待制（四年），至此方進敷文閣直學士、同修國史。十一年，進除敷文閣學士致仕。職官志二，諸閣待制之上有直學士，直學士之上有學士。宋史本傳敍述有序，本書節録有誤。㊁「大傳雜説」下原衍「各一卷」三字，從中華書局點校本宋史本傳校删，説詳該書校勘記。㊂「各」原作「考」，據宋史本傳改。㊃「氏」原作「光」，據宋史本傳改。

運副使。時毘陵民饑，取糟粃雜草根爲食，郡縣不以聞。先生取民食以進，乞捐僧牒緡錢濟之，全活甚衆。仕至權兵部侍郎。參姓譜。

道鄉家學

從政陸先生九思

陸九思，字子彊，梭山長兄也。預鄉舉，封從政郎。有家問，朱子爲之序。梭山撰行狀，畧云：「家問所以訓飭其子孫者，不以不得科舉爲病，而深以不識禮義爲憂。其殷懃懇切，反覆曉譬，説盡事理，無一毫勉强緣飾之意，而慈祥篤實之氣藹然。諷味數回，不能釋手」云。參象山年譜。

修職陸庸齋先生九皋

陸九皋，字子昭，梭山第三兄。少力學，文行俱優。預鄉舉，晚得官，終修職郎、監潭州南嶽廟。先生率諸弟講學，從遊者多有聞。嘗名其所居齋曰庸，學者因號庸齋先生。卒，年六十七。象山表其墓，稱先生持論，根據經理，恥穿鑿之習。壯年以呂氏次序大學章句，猶有未安，于是自爲次序。著有文集。參象山文集。

梓材謹案：先生率諸弟講學，是三陸之學固皆導于先生也。

隱君陸梭山先生九韶

文達陸復齋先生九齡並爲梭山復齋學案。

文安陸象山先生九淵別爲象山學案。

巽巖家學

文懿李雁湖先生壁

文肅李悅齋先生𡌴並見嶽麓諸儒學案。

庸齋門人

通判劉淳叟堯夫別見槐堂諸儒學案。

宋元學案卷九

百源學案上

黃宗羲原本　黃百家纂輯　全祖望次定

百源學案表

邵雍
祖德新。
父古。
附師李之才。
涑水講友。

弟睦

子伯温

孫溥別見劉李諸儒學案。

趙鼎別爲趙張諸儒學案。

司馬植

王豫

張崏並爲王張諸儒學案。

呂希哲別爲滎陽學案。

呂希績

呂希純並見范呂諸儒學案。

李籲別爲劉李諸儒學案。

周純明別見劉李諸儒學案。

田述古別見安定學案。
尹材
張雲卿並見涑水學案。
又九人並見王張諸儒學案。
私淑 晁說之別爲景迂學案。
陳瓘別爲陳鄒諸儒學案。
牛師德——子 思純
劉衡
蔡發附見西山蔡氏學案。
王湜
張行成別爲張祝諸儒學案。
並百源續傳。
富弼別見高平學案。
程珦別見濂溪學案。
並百源講友。
張載別爲橫渠學案。
程顥別爲明道學案。
程頤別爲伊川學案。

並百源學侶。

百源學案序録

祖望謹案：康節之學，别爲一家。或謂皇極經世秪是京、焦末流，然康節之可以列聖門者，正不在此。亦猶温公之造九分者，不在潛虛也。述百源學案。梓材案：盧氏藏底作康節學案，又有作百泉學案者。本傳，堯夫「居蘇門山百源之上」。明道先生誌墓云，「先生始學于百原」。蓋「原」爲「源」之本文，「泉」又「原」之省文爾。

涑水講友

康節邵堯夫先生雍 祖德新、父古。附師李之才。

邵雍，字堯夫，其先范陽人，曾祖令進以軍職逮事藝祖，始家衡漳㊀。祖德新，父古，皆隱德不仕。先生幼從父遷河南㊁，雲濠案：明道誌先生墓云：「幼從父徙共城，晚遷河南。」今曰「幼從父遷河南」，蓋誤。即自雄其才力，慕高遠，謂先王之事必可致。居蘇門山百源之上，布裘蔬食，躬爨養父之餘，刻苦自勵者有年。已而嘆

㊀「曾祖令進……始家衡漳」，宋史本傳作「父古徙衡漳」，疑誤。本書此處係以程顥邵堯夫先生墓誌銘（見中華書局點校本二程集五〇二頁）爲據。㊁「河南」當作「共城」。程顥墓誌銘云「先生之幼，從父徙共城，晚遷河南」，可證。下文「居蘇門山百源之上」（按蘇門山在共城）及「時北海李之才攝共城令」云云，亦可證。又按河南指河南府，即洛陽。墓誌銘稱邵雍卒年六十七，而「在洛幾三十年」，是雍定居洛陽在三十七歲以後，非幼年之事。宋史本傳稱「雍年三十遊河南……遂爲河南人」，三十亦不可稱「幼」。

曰：「昔人尚友千古，吾獨未及四方。」于是踰河、汾，涉淮、漢，周流齊、魯、宋、鄭之墟而始還。時北海李之才攝共城令，授以圖、書先天象數之學。先生探賾索隱，妙悟神契，多所自得。始至洛㊀，蓬篳甕牖，不蔽風雨，而怡然有以自樂，人莫能窺也。富鄭公、司馬温公、吕申公退居洛中，爲市園宅。出則乘小車，一人挽之，任意所適。士大夫識其車音，争相迎候。童孺厮隸皆曰：「吾家先生至也。」不復稱其姓字。遇人無貴賤賢不肖，一接以誠。羣居燕飲，笑語終日，不甚取異于人。樂道人之善，而未嘗及其惡。故賢者悦其德，不賢者喜其真，久而益信服之。嘉祐中，詔舉遺逸，留守王拱辰薦之，授試將作監簿，先生不赴。熙寧初，復求逸士，中丞吕誨等復薦之，補潁州團練推官，皆三辭而後受命，終不之官。新法作，仕州縣者皆欲解綬而去，先生曰：「此正賢者所當盡力之時。能寬一分，則民受一分之賜矣！」王安石罷相，吕惠卿參政，富公憂之，先生曰：「二人本以勢利合。勢利相敵，將自爲仇矣，不暇害他人也。」未幾，惠卿果叛安石。先是，于天津橋上聞杜鵑聲，先生慘然不樂曰：「不二年，南士當入相，天下自此多事矣！」或問其故，曰：「天下將治，地氣自北而南。將亂，自南而北。今南方地氣至矣。禽鳥，得氣之先者也。」至是，其言乃驗。疾革，謂司馬公曰：「試與觀化一遭。」公曰：「未應至此！」先生笑曰：「死生亦常事爾！」横渠問疾，論命，先生曰：「天命則已知之。世俗所謂命，則不知也。」伊川曰：「先生至此，他人無以爲力，願自主張。」先生曰：「平生學道，豈不知此。然亦無可主張。」伊川問：「從此永訣，更有見告乎？」先生舉兩手示之，伊川曰：「何謂也？」曰：「面前路徑須令寬。路窄，則自無著身處，況能使

㊀「始至洛」三字，據宋史本傳增。墓誌銘亦云：「在洛幾三十年。始至，蓬蓽環堵，不蔽風雨」云云。

人行也！」先生居內寢，議事者在外甚遠，皆能聞之，召其子伯溫謂曰：「諸公欲葬我近地，不可。當從先塋爾。」墓誌必以屬吾伯淳。」熙寧十年七月五日卒，年六十七。程伯子爲銘其墓。雲濠案：先生既卒，贈秘書省著作郎。元祐中，賜謚曰康節。初，歐陽棐過洛，見先生，先生自敍其履歷甚詳，臨別屬之曰：「願足下異日無忘此言。」棐受而疑之，所謂不忘者亦何事邪？後二十年，棐入太常爲博士，當作謚議，方知先生所屬者在是也。所著有觀物篇、漁樵問答、伊川擊壤集、先天圖、皇極經世等書。咸淳初，從祀孔子廟庭，追封新安伯。明嘉靖中，祀稱「先儒邵子」。

百家謹案：周、程、張、邵五子並時而生，又皆知交相好，聚奎之占，可謂奇驗，而康節獨以圖、書象數之學顯。攷其初，先天卦圖傳自陳摶，摶以授种放，放授穆修，修授李之才，之才以授先生。顧先生之教雖受于之才，其學實本于自得。始學于百源，堅苦刻厲，冬不爐，夏不扇，日不再食，夜不就席者凡數年。大名王豫嘗于雪中深夜訪之，猶見其儼然危坐。蓋其心地虛明，所以能推見得天地萬物之理。卽其前知，亦非術數比。明道嘗謂先生「振古之豪傑」，又曰：「內聖外王之道也。」有問朱子：「康節心胸如此快活廣大，安得如之？」答曰：「他是甚麼樣工夫！」又有問朱子：「學者有厭拘檢、樂放舒、惡精詳、喜簡便者，自謂慕堯夫爲人，何如？」曰：「邵子這道理，豈易及哉！他胸襟中這箇學，能包括宇宙，始終古今，如何不做得大，放得下。今人卻恃箇甚，敢復如此。」

觀物内篇

百家謹案：先生觀物内外篇，内篇先生所自著，外篇門弟子所記述。内篇註釋，先生子伯温也。

物之大者，無若天地，然而亦有所盡也。天之大，陰陽盡之矣。地之大，剛柔盡之矣。陰陽盡而四時成焉，剛柔盡而四維成焉。夫四時、四維者，天地至大之謂也。凡言大者，無得而過之也，亦未始以大爲自得，故能成其大，豈不謂至偉者與！天生于動者也，地生于靜者也，一動一靜交而天地之道盡之矣。動之始則陽生焉，動之極則陰生焉，一陰一陽交而天之用盡之矣。靜之始則柔生焉，靜之極則剛生焉，一剛一柔交而地之用盡之矣。動之大者謂之太陽，動之小者謂之少陽，靜之大者謂之太陰，靜之小者謂之少陰。太陽爲日，太陰爲月，少陽爲星，少陰爲辰，辰者天之土，不見而屬陰。日月星辰交而天之體盡之矣。太柔爲水，太剛爲火，少柔爲土，少剛爲石，水火土石交而地之體盡之矣。

或曰：「皇極經世舍金木水火土，而用水火土石，何也？」曰：日月星辰，天之四象也。水火土石，地之四體也。金木水火土者，五行也。四象、四體，先天也；五行，後天也。先天，後天之所自出也。水火土石，五行之所自出也。水火土石，本體也；金木水火土，致用也。以其致用，故謂之五行，行乎天地之間者也。水火土石，蓋五行在其間矣，金出于石而木生于土。有石而後有金，有土而後有木。金者從革而後成，木者植物之一類也。是豈舍五行而不用哉？五行在其間者，此之謂也。皇極經世用水火土石，以其本體也；洪範用金木水火土，以其致用也。皆有所主，其歸則一。

混成一體，謂之太極。太極既判，初有儀形，謂之兩儀。兩儀又判而爲陰、陽、剛、柔，謂之四象。四象又判而爲太陽、少陽、太陰、少陰、太剛、少剛、太柔、少柔，而成八卦。太陽、少陽、太陰、少陰成象于天而爲日月星辰，太剛、少剛、太柔、少柔成形于地而爲水火土石，八者具備，然後天地之體備矣。天地之體備，而後變化生成萬物也。所謂八者，亦本乎四而已。在天成象，日也；在地成形，火也。陽燧取于日而得火，火與日本乎一體也。在天成象，月也；在地成形，水也。方諸取于月而得水，水與月本乎一體也。在天成象，星也；在地成形，石也。星隕而爲石，石與星本乎一體也。在天成象，辰也；在地成形，土也。自日月星之外高而蒼蒼者皆辰也，自水火石之外廣而厚者皆土也，辰與土本乎一體也。天地之間，猶形影、聲響之相應，象見乎上，體必應乎下，皆自然之理也。蓋日月星辰猶人之有耳目口鼻，水火土石猶人之有血氣骨肉，故謂之天地之體。陰陽剛柔，則猶人之精神而所以主耳目口鼻、血氣骨肉者也，故謂之天地之用。

日爲暑，月爲寒，星爲晝，辰爲夜，寒暑晝夜交而天之變盡之矣。水爲雨，水氣所化。火爲風，火氣所化。土爲露，土氣所化。石爲雷，石氣所化。四者又交相化焉，故雨有水雨，有火雨，有土雨，有石雨。水雨則爲霧霈之雨，火雨則爲苦暴之雨，土雨則爲霢霂之雨，石雨則爲雹凍之雨。所感之氣如此，皆可以類推也。雨風露雷交而地之化盡之矣。

暑變物之性，寒變物之情，晝變物之形，夜變物之體，性情形體交而動植之感盡之矣。雨化物之走，風化物之飛，露化物之草，雷化物之木，走飛草木交而動植之應盡之矣。

人之所以靈于萬物者，謂其目能收萬物之色，耳能收萬物之聲，鼻能收萬物之氣，口能收萬物之味。聲色氣味者，萬物之體也；耳目鼻口者，萬人之用也。體無定用，惟變是用；用無定體，惟化是體。體用交而人物之道于是乎備矣。然則人亦物也，聖亦人也。有一物之物，有十物之物，有百物之物，有千物之物，有萬物之物，有億物之物，有兆物之物。生一物之物當兆物之物者，豈非人乎？有一人之人，有十人之人，有百人之人，有千人之人，有萬人之人，有億人之人，有兆人之人。生一人之人當兆人之人者，豈非聖乎？是知人也者，物之至者也；聖也者，人之至者也。人之至者，謂其能以一心觀萬心，一身觀萬身，一世觀萬世者焉。其能以心代天意，口代天言，手代天工，身代天事者焉。其能以上識天時，下盡地理，中盡物情，通照人事者焉。其能以彌綸天地，出入造化，進退古今，表裏人物者焉。

易曰：「窮理盡性，以至于命。」所以謂之理者，物之理也；所以謂之性者，天之性也；所以謂之命者，處理性者也。所以能處理性者，非道而何？是知道爲天地之本，天地爲萬物之本。以天地觀萬物，則萬物爲物；以道觀天地，則天地亦爲萬物。道之道盡于天矣，天之道盡于地矣，天地之道盡于物矣，天地萬物之道盡于人矣。人能知天地萬物之道所以盡于人者，然後能盡民也。天之能盡物，則謂之昊天；人之能盡民，則謂之聖人。

夫昊天之盡物，聖人之盡民，皆有四府焉。昊天之四府者，春、夏、秋、冬之謂也，陰陽升降于其間矣。聖人之四府者，易、書、詩、春秋之謂也，禮樂污隆于其間矣。

孔子贊易，自羲、軒而下；序書，自堯、舜而下；删詩，自文、武而下；修春秋，自桓、文而下。自羲、軒而下，祖三皇也；自堯、舜而下，宗五帝也；自文、武而下，子三王也；自桓、文而下，孫五霸也。

夫古今者，在天地之間猶旦暮也。以今觀今，則謂之今矣；以後觀今，則今亦謂之古矣。以今觀古，則謂之古矣；以古自觀，則古亦謂之今矣。是知古亦未必爲古，今亦未必爲今，皆自我而觀之也。安知千古之前，萬古之後，其人不自我而觀之也？

人皆知仲尼之爲仲尼，不知仲尼之所以爲仲尼，則舍天地將奚之焉？人皆知天地之爲天地，不知天地之所以爲天地，則舍動靜將奚之焉？夫一動一靜者，天地之至妙者與！夫一動一靜之間者，天地人之至妙至妙者與！是故知仲尼之所以能盡三才之道者，謂其行無轍迹也。故有曰：「予欲無言。」又曰：「天何言哉！四時行焉，百物生焉。」其斯之謂與！

夫好生者，生之徒也；好殺者，死之徒也。周之好生也以義，漢之好生也亦以義。秦之好殺也以利，楚之好殺也亦以利。周之好生也以義，而漢且不及；秦之好殺也以利，而楚又過之。天之道，人之情，又奚擇于周、秦、漢、楚哉？擇乎善惡而已！是知善也者，無敵于天下，而天下共善之；惡也者，亦無敵于天下，而天下共惡之。天之道，人之情，又奚擇于周、秦、漢、楚哉？擇乎善惡而已矣！天與人相爲表裏，天有陰陽，人有邪正。邪正之由，繫乎上之所好也。上好德，則民用正；上好佞，則民用邪。邪正之由，有自來矣。雖聖君在上，不能無小人，是難其爲小人。雖庸君在上，不能無君子，是難其爲君子。自古聖君之盛，未有如唐堯之世，君子何其多邪！時非無小人也，是難其爲小人，故君子多也。所以雖有四凶，不能肆其惡。自古庸君之盛，未有如商紂之世，小人何其多邪！時非無君子也，是難其爲君子，故小人多也。所以雖有三仁，不能遂其善。是知君擇臣、臣擇君者，是繫乎人也；君得臣、臣得君者，是非繫乎人也，繫乎天也。

夫天下將治，則人必尚行也；天下將亂，則人必尚言也。尚行，則篤實之風行焉。尚言，則詭譎之風行焉。天下將治，則人必尚義也；天下將亂，則人必尚利也。尚義，則謙讓之風行焉。尚利，則攘奪之風行焉。三王，尚行者也；五霸，尚言者也。尚行必入于義也，尚言必入于利也。義利之相去，一何遠之如是邪！是知言之于口，不若行之于身；行之于身，不若盡之于心。言之于口，人得而聞之；行之于身，人得而見之；盡之于心，神得而知之。人之聰明猶不可欺，況神之聰明乎！是知無愧于口，不若無愧于身；無愧于身，不若無愧于心。無口過易，無身過難；無身過易，無心過難。既無心過，何難之有！吁！安得無心過之人而與之語心哉！是知聖人所以能立無過之地者，謂其善事于心者也。

天由道而生，地由道而成，人物由道而行。天、地、人物則異也，其于由道則一也。夫道也者，道也。道無形，行之則見之于事矣。如道路之道坦然，使千億萬年行之，人知其歸者也。

夫所以謂之觀物者，非以目觀之也。非觀之以目，而觀之以心也。非觀之以心，而觀之以理也。聖人之所以能一萬物之情者，謂其能反觀也。所以謂之反觀者，不以我觀物也。不以我觀物者，以物觀物之謂也。既能以物觀物，又安有我于其間哉！

日經天之元，月經天之會，星經天之運，辰經天之世。以日經日，則元之元可知矣；以日經月，則元之會可知矣，以日經星，則元之運可知矣；以日經辰，則元之世可知矣。以月經日，則會之元可知矣　以月經月，則會之會可知矣；以月經星，則會之運可知矣；以月經辰，則會之世可知矣。以星經日，則運之元可知矣；以星經月，則運之會可知矣；以星經星，則運之運可知矣；以星經辰，則運之世可知矣。以辰經日，則世之元可知矣；以辰經月，則世之會可知矣；以辰經星，則世之運可知矣；以辰經辰，則世之世可知矣。元之元一，元之會十二，元之運三百六十，元之世四千三百二十。會之元十二，會之會一百四十四，會之運四千三百二十，會之世五萬一千八百四十。運之元三百六十，運之會四千三百二十，運之運一十二萬九千六百，運之世一百五十五萬五千二百。世之元四千三百二十，世之會五萬一千八百四十，世之運一百五十五萬五千二百，世之世一千八百六十六萬二千四百。

以日經日爲元之元，其數一，日之數一故也。以日經月爲元之會，其數十二，月之數十二故也。以日經星爲元之運，其數三百六十，星之數三百六十故也。以日經辰爲元之世，其數四千三百二十，辰之數四千三百二十故也。則是日爲元，月爲會，星爲運，辰爲世，此皇極經世一元之數也。一元象一年，十二會象十二月，三百六十運象三百六十日，四千三百二十世象四千三百二十時也。蓋一年有十二月，三百六十日，四千三百二十時故也。經世一元，十二會，三百六十運，四千三百二十世。一世三十年，是爲一十二萬九千六百年。是爲皇極經世一元之數。一元在大化之間，猶一年也。自元之元更相變而至于辰之元，自元之辰更相變而至于辰之辰，而後數窮矣。窮則變，變則生，生而不窮也。皇極經世但著一元之數，使人伸而引之，可至于終而復始也。其法皆以十二、三十相乘。十二、三十，日月之數也。其消息盈虚之説，不著于書，使人得而求之，蓋「藏諸用」也。此易所謂「天地之數」也。

太陽之體數十，太陰之體數十二；少陽之體數十，少陰之體數十二；少剛之體數十，少柔之體數十二，太剛之體數十，太柔之體數十二。進太陽少陽太剛少剛之體數，退太陰少陰太柔少柔之體數，是謂太陽少陽太剛少剛之用數。進太陰少陰太柔少柔之體數，退太陽少陽太剛少剛之體數，是謂太陰少陰太柔少柔之用數。太陽少陽太剛少剛之體數一百六十，太陰少陰太柔少柔之體數一百九十二；太陽少陽太剛少剛之用數一百一十二，太陰少陰太柔少柔之用數一百五十二。以太陽少陽太剛少剛之用數，倡太陰少陰太柔少柔之用數，是謂日月星辰之變數。以太陰少陰太柔少柔之用數，和太陽少陽太剛少剛之用數，是謂水火土石之化數。日月星辰之變數一萬七千二十四，謂之動數。水火土石之化數一萬七千二十四，謂之植數。再倡和日月星辰、水火土石之變化，通數二萬八千九百八十一萬六千五百七十六，謂之動植通數。

日爲太陽，其數十；月爲太陰，其數十二；星爲少陽，其數十；辰爲少陰，其數十二；石爲少剛，其數十；土爲少柔，其數十二；火爲太剛，其數十；水爲太柔，其數十二。太陽少陽太剛少剛之本數四十，太陰少陰太柔少柔之本數四十有八。以四因四十，得一百六十；以四因四十八，得一百九十二；是謂太陽少陽太陰少陰太剛少剛太柔少柔之體數。一百六十數之内退四十八，得一百一十二；一百九十二數内退四十，得一百五十二；是謂太陽少陽太陰少陰太剛少剛太柔少柔之用數也。陰陽剛柔，互相進退，去其體數，而所存者謂之用數。陰陽剛柔所以相進退者，陽中有陰，陰中有陽，剛中有柔，柔中有剛，天地交際之道也。以一百一十二因一百五十二，得一萬七千二十四，謂之水火土石之化數。以一百五十二因一百一十二，得一萬七千二十四，謂之日月星辰之變數。變數謂之動數，化數謂之植數。以一萬七千二十四因一萬七千二十四，得二萬八千九百八十一萬六千五百七十六，是謂動植之通數。此易所謂「萬物之數」也。或曰：「經世之數，與大衍之數不同，何也？」曰：易用九、六，經世用十、十二。用十、十二，用極數也。十去其一，則九矣；十二分而爲二，則六矣。故日，陽也，止于十；月，陰也，止于十二。此之謂極數。大衍、經世，皆本于四。四者，四象之數也。故大衍四，四因九，得三十六，是謂乾一爻之策數，四因六，得二十四，是謂坤一爻之策數。六因三十六，得二百一十有六，是謂乾一卦之策數，六因二十四，得一百四十有四，是謂坤一卦之策數。乾、坤之策，凡三百六十也。三十二因二百一十六，得六千九百一十有二，是謂三十二陽卦之策數；三十二因一百四十有四，得四千六百有八，是謂三十二陰卦之策數。合二篇之策，凡萬有一千五百二十也。如太玄之數，則用三數。聖賢立法不同，其所以爲數則一也。

日月星辰者，變乎暑寒晝夜者也；水火土石者，化乎雨風露雷者也。暑寒晝夜者，變乎性情形體者也；雨風露雷者，化乎走飛草木者也。性情形體者，本乎天者也；走飛草木者，本乎地者也。本乎天者，分陰分陽之謂也；本乎地者，分柔分剛之謂也。夫分陰分陽、分柔分剛者，天地萬物之謂也。備天地萬物者，人之謂也。

觀物外篇

性非體不成，體非性不生。陽以陰爲體，陰以陽爲性。動者性也，靜者體也。在天則陽動而陰靜，在地則陽靜而陰動。性得體而靜，體隨性而動，是以陽舒而陰疾也。陽不能獨立，必得陰而後立，故陽以陰爲基。陰不能自見，必待陽而後見，故陰以陽爲倡。陽知其始而享其成，陰效其法而終其勞，陽能知而陰不能知，陽能見而陰不能見也。能知能見者爲有，故陽性有而陰性無也。陽有所不徧，而陰無所不徧也；陽有去，而陰常居也。無不徧而常居者爲實，故陽體虛而陰體實也。自下而上謂之升，自上而下謂之降，升者生也，降者消也，故陽生于下而陰生于上，是以萬物皆反。陰生陽，陽生陰，陰復生陽，陽復生陰，是以循環而無窮也。

天地之本，其起于中乎！是以乾坤交變而不離乎中，人居天地之中，心居人之中，日中則盛，月中則盈，故君子貴中也。

本一氣也，生則爲陽，消則爲陰，故二者一而已矣，四者二而已矣，六者三而已矣，八者四而已矣。是以言天而不言地，言君而不言臣，言父而不言子，言夫而不言婦也。然天得地而萬物生，君得臣而萬物化行，父得子、夫得婦而家道成，故有一則有二，有二則有四，有三則有六，有四則有八。

氣則養性，性則乘氣，故氣存則性存，性動則氣動也。堯之前，先天也；堯之後，後天也。後天乃效法耳。

氣一而已，主之者神也。神亦一而已，乘氣而變化，能出入于有無死生之閒，無方而不測者也。

時然後言，乃應變而言，言不在我也。

氣者，神之宅也。體者，氣之宅也。

陸中之物，水中必具者，猶影象也。陸多走，水多飛者，交也。是故巨于陸者必細于水，巨于水者必細于陸也。虎豹之毛，猶草也；鷹鸇之羽，猶木也。人之骨巨而體繁，木之幹巨而葉繁，應天地之數也。動者體橫，植者體縱，人宜橫而反縱也。

動物謂鳥獸，體皆橫生，橫者爲緯，故動。植物謂草木，體皆縱生，縱者爲經，故靜。非惟鳥獸草木，上而列宿，下而山川，莫不皆然。至于人，亦動物，體宜橫而反縱，此所以異于萬物，爲最貴也。

天有四時，地有四方，人有四支，是以指節可以觀天，掌文可以察地。天地之理具乎指掌矣，可不貴之哉！

天圓而地方。天南高而北下，是以望之如倚蓋焉。地東南下西北高，是以東南多水，西北多山。日行陽度則盈，行陰度則縮，賓主之道也。月去日則明生而遲，近日則魄生而疾，君臣之義也。陽消則生陰，故日下而月西出也。陰盛則敵陽，故日望而月東出也。天爲父，日爲子，故天左旋，日右行。日爲夫，月爲婦，故日東出，月西出也。

月本無光，借日光以爲光。及其盛也，遂與陽敵。爲人君者可不慎哉！

陽得陰而爲雨，陰得陽而爲風，剛得柔而爲雲，柔得剛而爲雷。無陰則不能爲雨，無陽則不能爲雷。雨，柔也，而屬陰，陰不能獨立，故待陽而後興。雷，剛也，而屬體，體不能自用，必待陽而後發也。雲有水火土石之異，他類亦然。

張嶓曰：水火土石，地之體也。凡物皆具地之體。先生曰：「水雨霖，火雨暴，土雨濛，石雨雹；水風涼，火風熱，土風和，石風烈；水雲黑，火雲赤，土雲黃，石雲白；水雷霔，火雷虩，土雷連，石雷霹。」故一物必通四象。

象起于形，數起于質，名起于言，意起于用。天下之數出于理，違乎理則入于術。世人以數而入術，故失于理也。天下之事皆以道致之，則休戚不能至矣。

天之神棲于日，人之神發于目。人之神寤則棲心，寐則棲腎，所以象天也，晝夜之道也。

夫卦各有性體，然皆不離乾、坤之門，如萬物受性于天，而各爲其性也。在人則爲人之性，在禽獸則爲禽獸之性，在草木則爲草木之性。天以氣爲主，體爲次；地以體爲主，氣爲次。在天在地者亦如之。

天之象數則可得而推，如其神用，則不可得而測也。自然而然者，天也，惟聖人能索之。效法者，人也，若時行時止，雖人也亦天。神者，人之主，將寐在脾，熟寐在腎，將寤在肝，正寤在心。

將寐在脾，猶時之秋也。熟寐在腎，猶時之冬也。將寤在肝，猶時之春也。正寤在心，猶時之夏也。

以物觀物，性也；以我觀物，情也。性公而明，情偏而暗。

天地之大寤在夏，人之神則存于心。

鮑時曰：午則日隨天在南，子則日隨天在北，一日之寤寐也。夏則日正在午，冬則日正在子，一年之寤寐也。日者，天之神也。人之神晝在心，夏也；夜在腎，冬也。

火無體，因物以爲體。金石之火烈于草木之火者，因物而然也。

曆不能無差。今之學曆者但知曆法，不知曆理。能布算者，洛下閎也。能推步㊀者，甘公、石公也。洛下閎但知曆法；楊雄知曆法，又知曆理。

百家謹案：細觀太玄，子雲便未即知曆理。

學不至于樂，不可謂之學。

漢儒以反經合道爲權，得一端者也。權所以平物之輕重。聖人行權，酌其輕重而行之，合其宜而已。故執中無權者，猶爲偏也。

夫易者，聖人長君子、消小人之具也。及其長也，闢之于未然；及其消也，闔之于未然。一消一長，一闔一闢，渾渾然無迹。非天下之至神，其孰能與于此！

知易者不必引用講解，是爲知易。孟子之言未嘗及易，其間易道存焉，但人見之鮮耳。人能用易，是爲知易。如孟子，所謂善用易者也。

月者，日之影也。情者，性之影也。心性而膽情，性神而情鬼。

㊀「步」原作「布」，據皇極經世書（四部備要本）卷八上頁十七改

心爲太極。又曰：道爲太極。

形可分，神不可分。

木結實而種之，又成是木而結是實。木非舊木也，此木之神不二也。此實生生之理也。

以物喜物，以物悲物，此發而中節者也。

不我物，則能物物。

任我則情，情則蔽，蔽則昏矣。因物則性，性則神，神則明矣。潛天潛地，不行而至，不爲陰陽所攝者，神也。

先天之學，心也。後天之學，迹也。出入有無死生者，道也。

神無所在，無所不在。至人與他心通者，以其本于一也。道與一，神之强名也。以神爲神者，至言也。

陰對陽爲二，然陽來則生，陽去則死，天地萬物生死主于陽，則歸之于一也。

神無方而性有質。

凡人之善惡，形于言，發于行，人始得而知之。但萌諸心，發乎慮，鬼神已得而知之矣，此君子所以慎獨也。

人之類，備乎萬物之性。

人之神則天地之神。人之自欺，所以欺天地，可不慎哉！

物理之學，或有所不通，不可以强通。强通則有我，有我則失理而入于術矣。

心一而不分，則能應萬變。此君子所以虛心而不動也。

君子之學，以潤身爲本。其治人應物，皆餘事也。

兑，説也。其他説皆有所害，惟朋友講習，無説于此，故言其極者也。

能循天理動者，造化在我也。

學不際天人，不足以謂之學。

人必內重，內重則外輕。苟內輕，必外重，好利好名，無所不至。

天下言讀書者不少，能讀書者少。若得天理真樂，何書不可讀，何堅不可破，何理不可精！

所行之路不可不寬，寬則少礙。

天主用，地主體。聖人主用，百姓主體，故日用而不知。

天使我有是之謂命，命之在我之謂性，性之在物之謂理。

劉絢問無爲，對曰：「時然後言，人不厭其言。樂然後笑，人不厭其笑。義然後取，人不厭其取。此所謂無爲也。」

金須百鍊然後精，人亦如此。

「多聞，擇其善者而從之」，雖多聞，必擇善而從之。「多見而識之」，識，別也。雖多見，必有以別之。

鬼神者，無形而有用，其情狀可得而知也，于用則可見之矣。若人之耳目鼻口手足，草木之枝葉華實顏色，皆鬼神之所爲也。福善禍淫，主之者誰邪？聰明正直，有之者誰邪？不疾而速，不行而至，任之者誰邪？皆鬼神之情狀也。

太羹可和，玄酒可漓，則是造化亦可和可漓也。

易地而處，則無我也。

思慮一萌，鬼神得而知之矣。故君子不可不慎獨。

漁樵問答

百家謹案：黄氏日鈔云：「伊川至論第八卷載漁樵問答，蓋世傳以爲康節書者，不知何爲亦剿入其中。近世昭德先生晁氏讀書記疑此書爲康節子伯温所作。」今觀其書，惟「天地自相依附」數語爲先儒所取，餘多膚淺。子文得家庭之説而附益之，明矣。今去其問答浮詞并與觀物篇重出者，存其略焉。

祖望謹案：晁氏但云「邵氏言其祖之書也」，是蓋疑詞，而亦未嘗竟以爲伯温作也。但劉左史安節集中亦載此篇，而頗略，則更可怪。左史未必爲此文也。

漁者曰：可以意得者，物之性也；可以言傳者，物之情也；可以象求者，物之形也；可以數取者，物之體也。用也者，妙萬物爲言者也，可以意得，而不可以言傳。

樵者曰：天地之道備于人，萬物之道備于身，衆妙之道備于神，天下之能事畢矣。又何思何慮！漁者曰：以我徇物，則我亦物也。以物徇我，則物亦我也。我物皆致，意由是明。天地亦萬物也，萬物亦我也，我亦萬物也。何物不我，何我不物。如是，則可以宰天地，可以司鬼神，而況于人乎！況于物乎！

樵者問漁者曰：「天何依？」曰：「依乎地。」「地何附？」曰：「附乎天。」曰：「然則天地何依何附？」曰：「自相依附。天依形，地附氣。其形也有涯，其氣也無涯。有無之相生，形氣之相息，終則有始。終始之間，天地之所存乎！天以用爲本，以體爲末；地以體爲本，以用爲末。利用出入之謂神，名體有無之謂聖。惟神與聖，能參乎天地者也。」

竊人之財謂之盜。其始取之也，惟恐其不多也；及其敗露也，惟恐其多矣。夫賄之與贓，一物也；而兩名者，利與害故也。竊人之美謂之徼。其始取之，惟恐其不多也；及其敗露也，惟恐其多矣。夫譽之與毁，一事也；而兩名者，名與實故也。凡言朝者，萃名之所也；市者，聚利之地也。能不以争處乎其間，雖一日九遷，一貨十倍，何害生實喪之有邪！是知争也者，取利之端也；讓也者，趨名之本也。利至則害生，名興則實喪。利至名興而無害生喪實之患，唯有德者能之。

樵者曰：「人有禱鬼神而求福者。福可禱而求邪？求之而可得邪？敢問其所以。」曰：「語善惡者，人也；禍福者，天也。天道福善而禍淫，鬼神其能違天乎！自作之咎，固難逃已；天降之災，禳之奚益！修德積善，君子常分，安有餘事于其間哉！」樵者曰：「有爲善而遇禍，有爲惡而獲福者，何也？」漁者曰：

「有幸，有不幸也。幸不幸，命也；當不當，分也。一命一分，人其逃乎！」曰：「何爲分？何爲命？」曰：「小人之遇福，非分也，有命也；當禍，分也，非命也。君子之遇禍，非分也，有命也；當福，分也，非命也。」

漁者謂樵者曰：「人之所謂親，莫如父子也；人之所謂疏，莫如路人也。利害在心，則父子過路人遠矣。父子之道，天性也，利害猶或奪之，況非天性者乎！夫利害之移人如是之深也，可不慎乎！路人之相逢則過之，固無相害之心焉，無利害在前故也。有利害在前，則路人與父子又奚擇焉！路人之能相交以義，又何況父子之親乎？夫義者，讓之本也；利者，爭之端也。讓則有仁，爭則有害，仁與害何相去之遠也？堯、舜亦人也，桀、紂亦人也，人與人同，而仁與害異爾。仁因義而起，害因利而生。以利不以義，則臣弑其君者有焉，子弑其父者有焉，豈若路人之相逢一日而交袂于中逵者哉！」

樵者謂漁者曰：「『无妄，災也。』敢問其故。」曰：「妄則欺也。得之必有禍，斯有妄也。順天而動，有禍及者，非禍也，災也。猶農有思豐年而不勤稼穡者，其荒也不亦禍乎！農有勤稼穡而復敗諸水旱者，其荒也不亦災乎！故象言『先王以茂對時育萬物』者，貴不妄也。」

漁者謂樵者曰：「春爲陽始，夏爲陽極，秋爲陰始，冬爲陰極。陽始則温，陽極則熱，陰始則涼，陰極則寒。温則生物，熱則長物，涼則收物，寒則殺物。皆一氣，其別而爲四焉。其生萬物也亦然。」

樵者謂漁者曰：「人謂死而有知，有諸？」曰：「有之。」曰：「何以知其然？」曰：「以人知之。」曰：「何者謂之人？」曰：「耳、目、鼻、口、心、膽、脾、腎之氣全，謂之人。心之靈曰神，膽之靈曰魄，脾之靈曰魂，腎之靈曰精。心之神發乎目，則謂之視；腎之精發乎耳，則謂之聽；脾之魂發乎鼻，則謂之臭；膽之魄發乎口，則謂之言。八者具備，然後謂之人。夫人者，天地萬物之秀氣也。然而亦有不中者，各求其類也。若全得人類，則謂之曰全人之人。夫全類者，天地萬物之中氣也，謂之曰全德之人也。全德之人者，人之人者也。夫人之人者，仁人之謂也，惟全人然後能當之。人之生也，謂其氣行；人之死也，謂其形返。氣行則神魂交，形返則精魄存。神魂行于天，精魄返于地。行于天則謂之曰陽行，返于地則謂之曰陰返。陽行則晝見而夜伏者也，陰返則夜見而晝伏者也。是故知日者，月之形也；月者，日之影也。陽者，陰之形也；陰者，陽之影也。人者，鬼之形也；鬼者，人之影也。人謂鬼無形而無知者，吾不信也。」

漁者問樵者曰：「小人可絶乎？」曰：「不可。君子稟陽正氣而生，小人稟陰邪氣而生。無陰則陽不成，無小人則君子亦不成，唯以盛衰乎其間也。陽六分則陰四分，陰六分則陽四分，陰陽相半則各五分矣。由是知君子小人之時有盛衰也。世治，則君子六分，君子六分，則小人四分，小人固不勝君子矣。亂世則反是。君君，臣臣，父父，子子，兄兄，弟弟，夫夫，婦婦，謂各安其分也。君不君，臣不臣，父不父，子不子，兄不兄，弟不弟，夫不夫，婦不婦，謂各失其分也。此則由世治世亂使之然也。君子常行勝言，小人常言勝行，故世治則篤實之士多，世亂則緣飾之士衆。篤實鮮不成事，緣飾鮮不敗事。成多國興，敗多國亡，家亦由是而興亡也。夫興國興家之人，與亡國亡家之人，相去一何遠哉！」

樵者問漁者曰：「人所謂才者，有利焉，有害焉者，何也？」漁者曰：「才一也，利害二也。有才之正者，有才之不正者。才之正者，利乎人而及乎身者也。才之不正者，利乎身而害乎人者也。」曰：「不正，則安得謂之才？」曰：「人之所不能而皆能之，安得不謂之才。聖人所以惜乎才之難者，謂其能成天下之事而歸之正者寡也。若不能歸之以正，才則才矣，難乎語其仁也。譬猶藥之療疾也，毒藥亦有時而用也，可一而不可再也，疾愈則速已，不已則殺人矣。平藥，則常日而用之可也，重疾非所以能治也。能驅重疾而無害人之毒者，古今人所謂良藥也。易曰：『大君有命，開國承家。小人勿用。』如是，則小人亦有時而用之。時平治定，用之則否。詩云：『他山之石，可以攻玉。』其小人之才乎！

宋元學案卷十

百源學案下

黄宗羲原本　黄百家纂輯　全祖望修定

先天卦位圖

八卦次序之圖

一分爲二，二分爲四，四分爲八也。

啟蒙曰：太極之判，始生一奇一耦而爲一畫者二，是爲兩儀，其數則陽一而陰二，在圖、書則奇耦是也。兩儀之上各生一奇一耦而爲二畫者四，是爲四象，其位則太陽一、少陰二、少陽三、太陰四，其數則太陽九、少陰八、少陽七、太陰六。以河圖言之，則六者一而得五者也，九者四而得五者也，八者三而得五者也，七者二而得五者也。以洛書言之，則九者十分一之餘也，八者十分二之餘也，七者十分三之餘也，六者十分四之餘也。四象之上各生一奇一耦而爲三畫者八，于是三才畧具而有八卦之名。其位則乾一、兑二、離三、震四、巽五、坎六、艮七、坤八。在河圖則乾坤離坎分居四實，兑震巽艮分居四虛。在洛書則乾坤離坎分居四正，兑震巽艮分居四隅。周禮所謂「大卜掌三易之法，夏曰連山，商曰歸藏，周曰周易，其經卦皆八」也，大傳所謂「八卦成列」也。

百家謹案：大傳，包犧氏仰觀俯察，遠求近取，于是始作八卦，非因河圖而作也。至于河圖，自漢以來未有定説。孔安國、劉歆以八卦爲河圖，洪範本文爲洛書。鄭康成依緯書，則云河圖九篇，洛書六篇。其一六居下之圖，皆以爲天地之數，初未嘗以此爲河圖也。至劉牧謂河圖之數九，洛書之數十，亦以今之洛書爲河圖，河圖爲洛書。而朱子始反置之，作啟蒙。說詳先遺獻象數論中。據啟蒙，以圖中虛五與十爲太極，一六居下、二七居上、三八居左、四九居右、奇耦數各二十爲兩儀，以一二三四合五而成六七八九爲四象，拆四方之合爲乾坤離坎，補四隅之空爲兑震巽艮，并牽扯洛書入之，以傅會大傳「河出圖，洛出書，聖人則之」之文。而蔡氏謂伏羲但據河圖以作易，不必豫見洛書而已逆與之合，圖者伏皇之所由以畫卦，書者大禹之所由以衍疇也。其實八卦與河圖不相黏合。即朱子自于原象篇云：「惟皇太昊，仰觀俯察，奇耦既陳，兩儀斯設。既幹乃支，一各生兩，陰陽交錯，以立四象。兩一既分，一復生兩，三才在目，八卦指掌。」其感興篇又云：「皇羲古神聖，妙契一俯仰，不待龍馬圖，人文已宣朗。」其附録語又謂：「仰觀俯察，遠求近取，安知河圖非其中之一事。」據此，殆亦自悟啟蒙之失矣。

八卦方位之圖

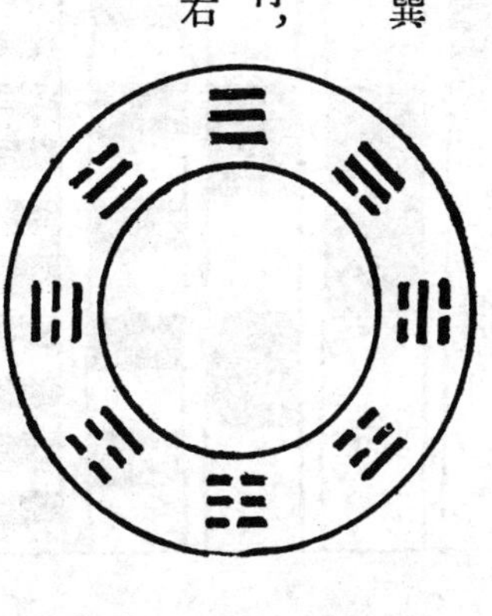

此明伏羲八卦也。又曰：乾南，坤北，離東，坎西，震東北，兑東南，巽西南，艮西北。自震至乾爲順，自巽至坤爲逆。後六十四卦方位倣此。「八卦相錯」，明交相錯而成六十四卦也。「數往者順」，若順天而行，是左旋也，皆已生之卦也，故云「數往」也。「知來者逆」，若逆天而行，是右行也，皆未生之卦也，故云「知來」也。

胡庭芳曰：伏羲八卦方位之圖，天位乎上，地位乎下，日生于東，月生于西，山鎮西北，澤注東南，風起西南，雷動東北，自然與天地造化合，先天八卦對待以立體如此。八卦之在横圖，則首乾，次兑離震巽坎艮坤，是爲生出之序。及八卦之在圓圖，則首震一陽，次離兑二陽，次乾三陽，接巽一陰，次坎艮二陰，終坤三陰，是爲運行之序。

六十四卦次序之圖

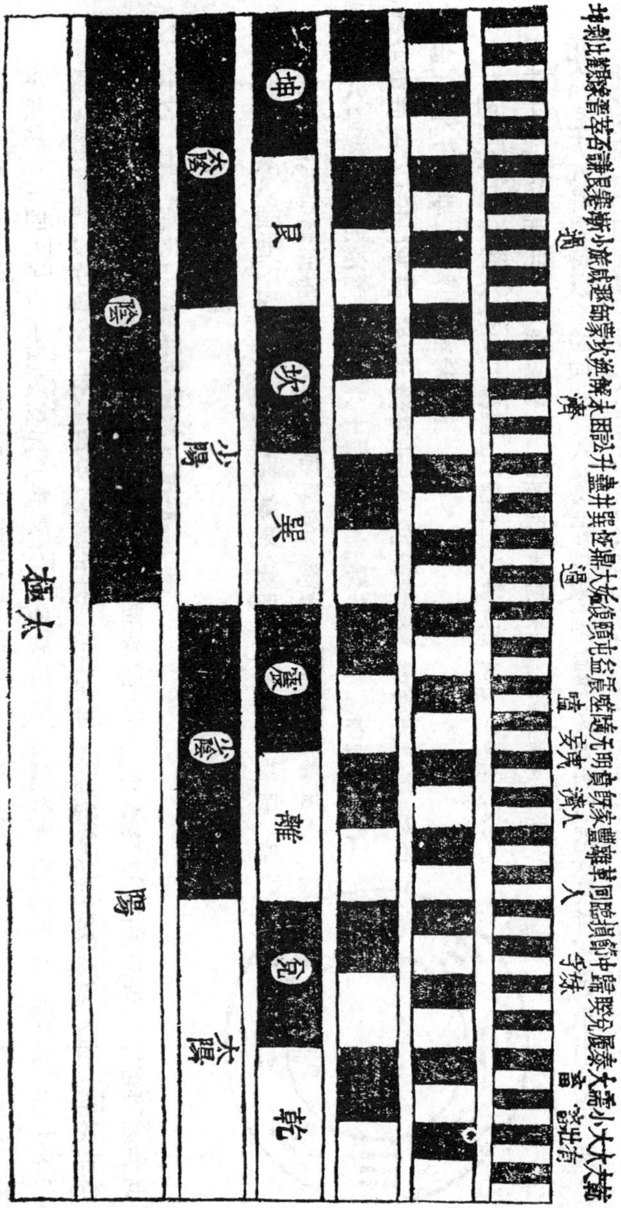
坤剝比觀豫晉萃否謙艮蹇漸小過旅咸遯師蒙坎渙解未濟困訟升蠱井巽恒鼎大過姤復頤屯益震噬嗑隨无妄明夷賁既濟家人豐離革同人臨損節中孚歸妹睽兌履泰大畜需小畜大壯大有夬乾
坤
艮
坎
巽
震
離
兌
乾
太陰
少陽
少陰
太陽
陰
陽
太極

八分爲十六，十六分爲三十二，三十二分爲六十四也。

啟蒙曰：八卦之上各生一奇一耦而爲四畫，邵子所謂八分爲十六也。是于兩儀之上各加八卦，八卦之上各加兩儀也。四畫之上各生一奇一耦而爲五畫，邵子所謂十六分爲三十二也。是于四象之上各加八卦，八卦之上各加四象也。五畫之上各生一奇一耦而爲六畫，邵子所謂三十二分爲六十四也。是八卦之上各加八卦，大傳謂「因而重之」者此也。自此以上又各生一奇一耦以至爲十二畫，成四千九十六卦，此卽焦贛易林卦變之數，蓋以六十四乘六十四也。

百家謹案：此邵子所謂伏皇先天六十四卦橫圖也。下三畫卽前圖之八卦，上三畫則各以其序重之，而下卦因亦各衍而爲八也。朱子本義于橫圖用黑白以別陰陽爻畫，其答袁樞有云：「黑白之位，亦非古法。但以奇耦爲之，終不粲然。今欲易曉，固不若黑白之了了心目間也。」圓圖卽以此序規而圓之，方圖以此割而疊之。

六十四卦圓圖（方位圖）（點校者按：圖見下頁。）

先天學，心法也。圖皆從中起，萬化萬事生于心也。

乾以分之，坤以合之，震以長之，巽以消之。長則分，分則消，消則翕也。乾坤，定位也；震巽，一交也；兌離坎艮，再交也。故震，陽少而陰尚多也；巽，陰少而陽尚多也；兌離，陽浸多也；坎艮，陰浸多也。無極之前，陰含陽也；有象之後，陽分陰也。陰爲陽之母，陽爲陰之父，故母孕長男而爲復，父生長女而爲姤，是以陽起于復而陰起于姤也。自姤至坤爲陰含陽，自復至乾爲陽分陰。坤、復之間爲無極，自坤反姤爲無極之前。

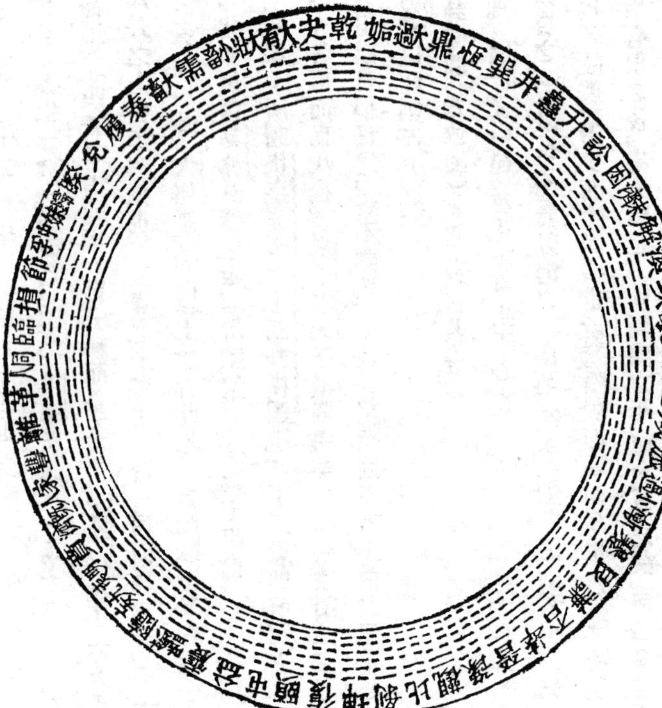
乾
夬
大有
大壯
小畜
需
大畜
泰
履
兌
睽
歸妹
中孚
節
損
臨
同人
革
離
豐
家人
旣濟
賁
明夷
無妄
隨
噬嗑
震
益
屯
頤
復
坤
剝
比
觀
豫
晉
萃
否
謙
艮
蹇
漸
小過
旅
咸
遯
師
蒙
坎
渙
解
未濟
困
訟
升
蠱
井
巽
恒
鼎
大過
姤

乾四十八而四分之一分，爲陰所克也；坤四十八而四分之一分，爲所克之陽也。故乾得三十六，而坤得十二也。陽在陰中，陽逆行；陰在陽中，陰逆行；陽在陽中，陰在陰中，皆順行。

朱子曰：圓圖左屬陽，右屬陰。坤無陽，艮坎一陽，巽二陽，爲陽在陰中逆行。乾無陰，兌離一陰，震二陰，爲陰在陽中逆行。震一陽，離兌二陽，乾三陽，爲陽在陽中順行。巽一陰，坎艮二陰，坤三陰，爲陰在陰中順行。此以内八卦言也。若以外八卦推之：右方外卦四節，皆首乾終坤，四坤無陽，自四艮各一陽，逆行而至于乾之三陽，其陽皆自下而上，亦陽在陰中，陽逆行也。左方外卦四節，亦首乾終坤，四乾無陰，自四兌各一陰，逆行而至于坤之三陰，其陰皆自上而下，亦陰在陽中，陰逆行也。左方外卦四坤無陽，自四艮各一陽，順行而至于乾之三陽，其陽皆自下而上，亦陽在陽中，陽順行也。右方外卦四乾無陰，自四兌各一陰，順行而至于坤之三陰，皆自上而下，亦陰在陰中，陰順行也。以逆順之説推之：陰陽各居本方，則陽自下而上，陰自上而下，皆爲順。若反居其位，則陽自上而下，陰自下而上，皆爲逆。

復至乾凡百一十有二陽，姤至坤凡八十陽，姤至坤凡百一十有二陰，復至乾凡八十陰。坎、離者，陰陽之限也。故離當寅，坎當申。而數常踰之者，陰陽之溢也。然用數不過乎中也。

百家謹案：邵子之説，以得半爲中，又不敢至于已半，而以將半爲中也。朱子謂：「邵子初只看得太極生兩儀，兩儀生四象，心只管在那上轉，久之理透，一擧眼便成四片。其法四之外又有四焉。凡物纔過到二之半時，便煩惱了，蓋以漸趨于衰也。如見花方蓓蕾，則謂其盛，既開，則謂其衰。」其理不過如此。

方圖（四分四層圖）

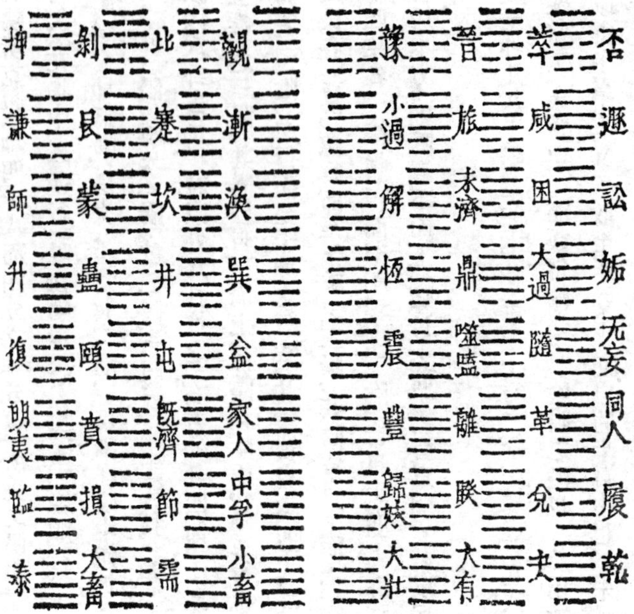

方圖中起震巽之一陰一陽，然後有坎離艮兑之二陰二陽，後成乾坤之三陽三陰，其序皆自內而外。內四卦四震四巽相配而近，有雷風相薄之象。震巽之外十二卦縱橫，坎離有水火不相射之象。坎離之外二十卦縱橫，艮兑有山澤通氣之象。艮兑之外二十八卦縱橫，乾坤有天地定位之象。四而十二，而二十，而二十八，皆有隔八相生之妙。以交股言，則乾、坤、否、泰也，兑、艮、咸、損也，坎、離、既、未濟也，震、巽、恆、益也，爲四層之四隅。

朱子曰：圓圖象天，一順一逆，流行中有對待，如震八卦對巽八卦之類。方圖象地，有逆無順，定位中有對待，四角相對，如乾八卦對坤八卦之類。此則方、圓圖之辨也。

程道大曰：邵子謂「圖皆從中起」，此「皆」字兼方、圓圖而言。天地定位，圓圖之從中起也；雷以動之，風以散之，方圖之從中起也。圓圖，乾、坤當南北之中；艮居坤之右，兑居乾之左，爲山澤通氣；震居坤之左，巽居乾之右，爲雷風相薄；坎居正西，離居正東，爲水火不相射。是圓圖起南北之中，而分于東西也。方圖，震、巽當圖之中，故曰雷以動之，風以散之；坎次巽，離次震，故曰雨以潤之，日以暄之；艮次坎，兑次離，故曰艮以止之，兑以説之；乾次兑，坤次艮，故曰乾以君之，坤以藏之。是方圖起圖之中，而達乎西北東南也。故曰「皆從中起」。

百家謹案：方圖不過以前大横圖分爲八節，自下而上疊成八層，第一層卽横圖自乾至泰八卦，第二層卽横圖自臨至履八卦，以至第八層卽横圖自否至坤八卦也。

卦氣圖㊀

發微曰：邵子先天卦氣皆中起，子午卯酉爲四中，二至、二分當之；寅申巳亥爲四孟，四立當之。○邵子以六十四卦分二十四氣，每月二氣，氣有在月初者，有在月半者，惟二至、二分則日在中，故乾、坤、坎、離當上下左右之中，其實于中亦得半，故以冬至子之半一例明之。○冬至日與天會，月與地會，爲復，天地皆在坤，故坤不用。春分日在卯，爲大壯，日月皆入離，故離不用。夏至日與天遇，月與地遇，爲姤，天地皆在乾，故乾不用。秋分日在酉，爲

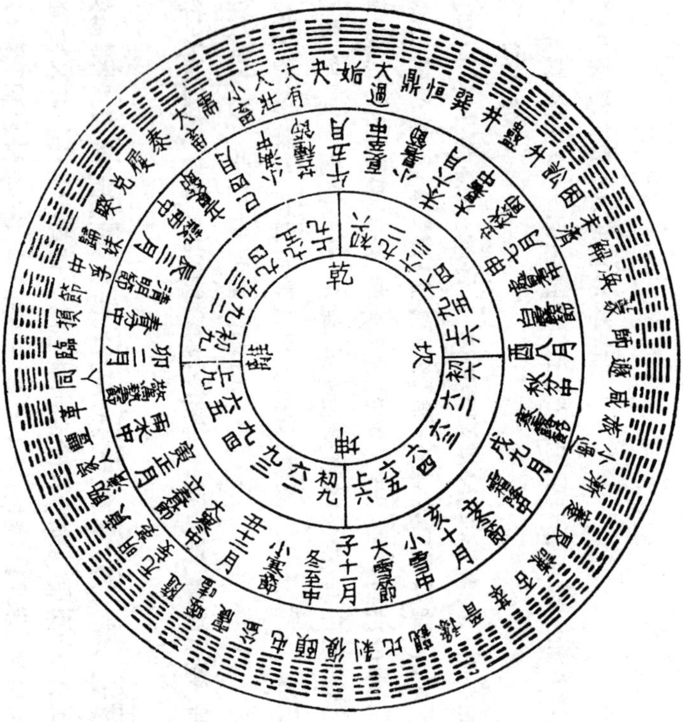

㊀ 本圖左下方之「震」原作「需」，與左上方之「需」重複，參照上文六十四卦圓圖排列次序及本圖排列邏輯改。

觀，日月皆入坎，故坎不用。

胡玉齋曰：當因邵子子半之說推之，依先天卦圖以卦分配節候。復爲冬至，子之半；頤、屯、益爲小寒，丑之初；震、噬嗑、隨爲大寒，丑之半；无妄、明夷爲立春，寅之初；賁、既濟、家人爲雨水，寅之半；豐、離、革爲驚蟄，卯之初；同人、臨爲春分，卯之半；損、節、中孚爲清明，辰之初；歸妹、睽、兑爲穀雨，辰之半；履、泰爲立夏，巳之初；大畜、需、小畜爲小滿，巳之半；大壯、大有、夬爲芒種，午之初，至乾末交夏至，爲午之半。此左方陽儀三十二卦也。姤爲夏至，午之半；大過、鼎、恆爲小暑，未之初；巽、井、蠱爲大暑，未之半；升、訟爲立秋，申之初；困、未濟、解爲處暑，申之半；涣、坎、蒙爲白露，酉之初；師、遯爲秋分，酉之半；咸、旅、小過爲寒露，戌之初；漸、蹇、艮爲霜降，戌之半；謙、否爲立冬，亥之初；萃、晉、豫爲小雪，亥之半；觀、比、剥爲大雪，子之初；至坤末交冬至，爲子之半。此右方陰儀三十二卦也。二分、二至、四立，總爲八節，每節各計兩卦，餘十六氣每氣各計三卦，合爲六十四卦。以卦配氣者如此。

周一敬曰：邵子詩云：「冬至子之半，天心無改移。一陽初動處，萬物未生時。」明乎氣無中歇，但有動静屈伸，幾希可會耳。一歲之元，以此爲根。今第取每歲冬至之日，視屬何甲，甲屬何干何支，即擬此干支爲一歲之冬至矣。再視此日冬至確屬何時，即擬此時爲天心乍轉，定爲復卦矣。自此復之一刻積而引之，五日爲候，或十日，或十五日，爲一氣之節，逐時逐日敍而數之，或爲甲子，或爲乙丑，本日所值之干支即占者所值之卦爻也。凡干支之一日，即卦中之一畫，以畫配日，毫不得謬。

于是以干支詳理氣之盛衰，以卦爻詳理氣之當否。理貞者吉，不貞者凶，氣舒者昌，氣促者掩；數長者福，數盡者迍。消息盈虛，歸于太極，萬物萬事莫能遁矣。○如今年歲在辛巳，筮者于六月朔問焉，其日在乙巳，則冬至當在庚辰歲戊子月九日丙戌之辰時矣。由丙戌日之辰時而順數之，至辛巳歲六月之朔，適得二百日，因就復之初爻順數之，遞頤而屯而益，以至姤之上及大過初，適得二百爻，在姤、過乘承之候，其節氣爲小暑矣。視所值爲姤之上邪，則日爲甲辰，于冬至丙戌，干爲生而支爲沖，姤上角剛喜觸，黨助皆剛，无處静之德。五月木盛，陽氣將窮，正乾盡午中時也。視所值者其大過之初邪，則日爲乙巳，于冬至丙戌，干既逢生，支又助旺，初爻白茅无咎，愼德載物，濟事有人。月木盛，而藉之用茅，又在陰候，得時得朋，有才有器者也。消息盈虛，理正如此。總之，視冬至之日時以順數，節氣配分卦畫，無不應者，在學者神而明之耳。

百家謹案：康節卦氣圖卦主六日七分，亦京房日法也。而用先天圖六十四卦以分布氣候，去乾、坤、坎、離四正卦以主二至二分，蓋六十四卦凡三百八十四爻，去四卦二十四爻，以一爻當一日，恰合當期之三百六十日。朱子謂康節之學似楊子雲。康節謂：「楊雄知曆法，又知曆理。」又曰：「楊子作玄，可謂見天地之心者也。」然今觀太玄，有氣而無朔，有日星而無月，亦便未可謂知曆理、見天地之心者也。康節先天卦位，崇奉之者莫如朱子，至舉其圖架于文王、周公、孔子之上。然而辯之者亦不少。兹畧採辯圖之説于後，以俟千秋論定焉。

附先天圖辯

歸震川曰：易圖，邵子之學也。昔者包犧氏之王天下也，仰觀俯察，觀鳥獸之文，與地之宜，遠稽近取，于是始作八卦，以通神明之德，以類萬物之情。蓋以八卦盡萬物之理，宇宙之間，洪纖巨細，往來升降，死生消息之故，悉著之于象矣。後之人苟以一說求之，無所不通，故雖陰陽小數、納甲飛伏、坎離填補、卜數隻耦之類，人人自以爲易。要之，皆可以言易也。易不離乎象數，象數之變至于不可窮。然而有正焉，有變焉。卦之明白而較著者爲正，此聖者之作也。旁推而衍之者爲變，此明者之述也。伏羲之作，止于八卦，因而重之，如是而已矣，初無一定之法，亦無一定之書，而剛柔、上下、陰陽之變態極矣。今所謂易圖者，列横圖于前，又規而圓之，左順右逆以象天，填而方之，交加八卦以象地，謂出于伏羲。太古無言之數，何若是紛紜邪？大傳曰：「神无方，易无體。」夫卦散于六十四，可圓可方。一域于圓方之形，則局矣。故散圖以爲卦而卦全，紐卦以爲圖而卦局。邵子以步算之法衍爲皇極經世之書，有分秒直事之術，其自謂得先天之學固以此。要其旨不叛于聖人，然不可爲作易之本。故曰：推而衍之者變也。此邵子之學也。○或曰：「邵子所據，大傳之文也。大傳『易有太極』節，先天卦序也。『天地定位』章，先天卦位也。「帝出乎震」節，文王卦位也。」曰：此邵子謂之云爾。夫易之法，自一而兩，兩而四，四而八，其相生之序則然也。八卦之象，莫著于八物，天、地也，山、澤也，雷、風、水、火也。八者，不求爲耦而不能不爲耦者也。帝之出入，傳固已詳之矣。以八卦配四時，夫以爲四時，則東南西北繫是焉，非文王易置之而有此位也。總之，圖與傳雖無乖剌，然必因傳爲此圖，不當謂傳爲圖說也。

附梨洲易學象數論，論先天圖曰：邵子先天橫圖次序，以「易有太極，是生兩儀，兩儀生四象，四象生八卦」爲據。黄東發言：「生兩、生四、生八，易有之矣；生十六、生三十二，易有之否邪？」某則據易之生兩、生四、生八，而後知橫圖之非也。「易有太極，是生兩儀」，所謂「一陰一陽」者是也。其一陽也，已括一百九十二爻之奇；其一陰也，已括一百九十二爻之耦。以三百八十四畫爲兩儀，非以兩畫爲兩儀也。若如朱子以第一爻而言，則一陰一陽之所生者各止三十二爻，而初爻以上之奇耦又待此三十二爻以生。陰陽者氣也，爻者質也，一落于爻，已有定位，焉能以此位生彼位哉？「兩儀生四象」，所謂老陽、老陰、少陽、少陰是也。乾爲老陽，坤爲老陰，震坎艮爲少陽，巽離兑爲少陰。三奇(☰)者老陽之象，三耦(☷)者老陰之象，一奇二耦(☳、☵、☶)者少陽之象，一耦二奇(☴、☲、☱)者少陰之象。是三畫八卦即四象也，故曰「八卦成列，象在其中矣」，「八卦以象告」。此質之經文而無疑者也。又曰：「易有四象，所以示也。」又曰：「象者，言乎象者也。」今觀象傳必發明二卦之德，則象之爲三畫八卦明矣。是故四象之中，以一卦爲一象者，乾、坤是也，以三卦爲一象者，震、坎、艮與巽、離、兑是也。必如康節均二卦爲一象，乾、離、坎、坤于四象之位得矣，兑之爲老陽，震之爲少陰，巽之爲少陽，艮之爲老陰，無乃雜而越乎？易言「陽卦多陰，陰卦多陽」，艮、震之爲陽卦，巽、兑之爲陰卦，可無疑矣。反而置之，明背經文，而學者不以爲非，何也？至于八卦次序，乾、坤、震、巽、坎、離、艮、兌，其在說卦者亦可據矣。而易爲乾一、兌二、離三、震四、巽五、坎六、艮七、坤八，以緣飾圖之左陰右陽，學者信經文乎？信傳注乎？「四象生八卦」者，周禮太卜「經卦皆八，別皆六十四」，占人「以八卦占簭之八故」，則六十四卦統言之，皆謂之八卦也。蓋內卦爲貞，外卦爲悔，舉貞可以該悔，舉乾之貞而坤乾、震乾、巽乾、坎乾、離乾、艮乾、兌乾該之矣。以下七卦皆然。證之于易，曰「八卦定吉凶」，若三畫之八卦，吉凶何從定乎？曰「包犧氏始作八卦」，其下文自益至夬，所取之十卦已在其中，則八卦之該六十四卦亦明矣。由是言之，太極、兩儀、四象、八卦，因全體而見。蓋細推八卦，卽六十四卦之中皆有兩儀四象之理，而兩儀四象初不畫于卦之外也。其言生者，卽「生生謂易」之生，非次第而生之謂。康節加一倍之法，從此章而得，實非此章之旨，又何待生十六、生三十二而後出經文之外也？其謂之「先天」者，以此章所生八卦，與前章「始作八卦」，其文相合，以爲宓戲之時止有三畫而無六畫，故謂之先天。又以己之意生十六、生三十二、生六十四，做此章而爲之，以補羲皇之闕，亦謂之先天。不知此章于六十四卦已自全具，補之反爲重出。易言「因而重之」。生十六、生三十二、生六十四，是積累而後成者，豈可謂之重乎？既不難明背，何止如東發言非易之所有邪！

其二曰　邵子先天方位，以「天地定位，山澤通氣，雷風相薄，水火不相射，八卦相錯」爲據，而作乾南、坤北、離東、坎西、震東北、兌東南、巽西南、艮西北之圖。于是爲之說曰：「數往者順，若順天而行，是左旋也，皆已生之卦也。乾一、兌二、離三、震四，生之序也。震初爲冬至，離兌之中爲春分，乾末交夏至。故由震至乾皆已生之卦。知來者逆，若逆天而行，是右行也，皆未生之卦也。巽五、坎

六、艮七、坤八，生之序也。巽初爲夏至，坎艮之中爲秋分，坤末交冬至。故由巽至坤，皆未生之卦。」又倣此而演之，以爲六十四卦方位。夫卦之方位，已見「帝出乎震」一章。康節舍其明明可據者，而于未嘗言方位者重出之以爲先天，是謂非所據而據焉。「天地定位」，言天位乎上，地位乎下，未聞南上而北下也。「山澤通氣」，山必資乎澤，澤必出乎山，其氣相通，無往不然，奚取其相對乎？「雷風相薄」，震居東，巽居東南，遇近而合，故言相薄，遠之則不能薄矣。東北爲寅，時方正月，豈雷發聲之時邪？「水火不相射」，南方炎，北方寒，猶之冬寒夏熱也。離東坎西，是指春熱秋寒，誰其信之！此皆先儒所已言者，某則卽以邵子所據者破邵子之說。「帝出乎震」之下文「動萬物者莫疾乎雷，撓萬物者莫疾乎風，燥萬物者莫熯乎火，說萬物者莫說乎澤，潤萬物者莫潤乎水，終萬物始萬物者莫盛乎艮」，其次序非卽上文離南坎北之位乎？但除乾坤于外耳。而繼之以「故水火相逮，雷風不相悖，山澤通氣，然後能變化，既成萬物也」，然則前之「天地定位」四句，正爲離南坎北之方位而言也，何所容先天之說雜其中邪！且卦爻之言方位者，「西南」皆指坤，「東北」皆指艮，「南狩」「南征」必爲離，「西山」「西郊」必爲兑。使有乾南坤北之位在其先，不應卦爻無闌入之者。康節所謂「已生」「未生」者，因擴圖乾一兑二之序。乾一兑二之序，一人之私言也，則「左旋」「右行」之說益不足憑耳。凡先天四圖，其說非盡出自邵子也。朱震經筵表云：「陳摶以先天圖傳种放，放傳穆修，修傳李之才，之才傳邵雍。放以河圖、洛書傳李溉，溉傳許堅，堅傳范諤昌，諤昌傳劉牧。」故朱子云宓戲四圖其說皆出自邵氏。然觀劉牧鉤深索隱圖，乾與坤數九也，震與巽數九也，坎與離、艮與兑數皆九也。其所謂九數者，天一地八定位，山七澤二通氣，雷四風五相薄，水六火三不相射。則知先天圖之傳，不僅邵氏得之也。

論天根月窟曰：康節因先天圖而創爲天根月窟，卽參同契乾坤門户牝牡之論也。故以八卦言者，指坤震二卦之間爲天根，以其爲一陽所生之處也；指乾巽二卦之間爲月窟，以其爲一陰所生之處也。程前村直方謂天根在卯，離兑之中是也；月窟在酉，坎艮之中是也，引爾雅「天根，氐也」，長楊賦「西壓月窟」證之。然與康節「乾遇巽時觀月窟，地逢雷處見天根」之詩背矣。以六十四卦言者，朱子曰，天根月窟指復、姤二卦。有以十二辟卦言者，十一月爲天根，五月爲月窟。其三十六宫，凡有六說。以八卦言者三：乾一、兑二、離三、震四、巽五、坎六、艮七、坤八之次序，積數爲三十六。乾一對坤八爲九，兑二對艮七爲九，離三對坎六爲九，震四對巽五爲九，四九亦爲三十六。乾畫三，坤畫六，震、坎、艮畫各五，巽、離、兑畫各四，積數亦三十六。以六十四卦言者一：朱子曰，卦之不易者有八，乾、坤、坎、離、頤、中孚、大過、小過，反易者二十八，合之爲三十六。方虚谷回曰，復起子左得一百八十日，姤起午右得一百八十日，一旬爲一宫，三百六十日爲三十六宫。以十二辟卦言者一：鮑魯齋恂曰，自復至乾六卦，陽爻二十一，陰爻十五，合之則三十六；自姤至坤六卦，陰爻二十一，陽爻十五，合之亦三十六；陽爻陰爻總七十二，以配合言，故云三十六。案諸說雖異，其以陽生爲天根，陰生爲月窟，無不同也。蓋康節之意，所謂天根者，性也；所謂月窟者，命也。性命雙修，老氏之學也，其理爲易所無，故其數與易無與也。

論八卦方位曰：離南坎北之位，見于經文，而卦爻所指之方亦與之相合，是亦可以無疑矣。蓋卦畫之時卽有此方位，易不始于文王，則方位亦不始于文王，故不當云「文王八卦方位」也。乃康節必欲言文王因先天乾南坤北之位改而爲此。朱子則主張康節之説過當，反致疑于經文，曰：「曷言『齊乎巽』，不可曉。」曰：「坤在西南，不成東北方無地？」曰：「乾西北亦不可曉，如何陰陽來此相薄？」曰：「西方肅殺之氣，如何言萬物之所説？」凡此數説，有何不可曉！巽當春夏之交，萬物畢出，故謂之齊。觀北地少雨，得風則生氣郁然，可驗也。夏秋之交，土之所位，故坤位之，非言地也。若如此致難，則先天方位巽在西南，何不疑東北無風邪？其餘七卦，莫不皆然。乾主立冬以後，冬至以前，故陰陽相薄。觀説卦乾之爲寒、爲冰，非西北何以置之？萬物告成于秋，如何不説？朱子注「元亨利貞」之利曰：「利者，生物之遂，物各得宜，不相妨害，于時爲秋，于人爲義，而得其分之和。」非説乎？顧未嘗以肅殺爲嫌也。然則朱子所以致疑者，由先天之説先入于中。故曰主張太過也。康節曰「乾坤交而爲泰」，言文王改先天圖之意，先天乾南坤北，交而爲泰，故乾北坤南。「坎離交而爲既濟」，先天離東坎西，交而爲既濟，故離南坎北。「乾生于子」，先天乾居午，而其生在子，故下而至北。「坤生于午」，坤居子，而其生在午，故上而至南。「坎終于寅」，坎當申，交于離，故終寅。「離終于申」，離當寅，交于坎，故終申。所謂交者，不取對待言之也。卽以對待而論，則乾南坤北者，亦必乾北坤南而後泰之形可成也，今坤在西南，乾在西北；離東坎西者，亦必離西坎東而後既濟之形可成也，今離在上，坎在下，于義何居？藉變曰「再變而後爲今位」，是乾南坤北之後，離南坎北之前，中間又有一方位矣。乾位戌，坤位未，坎位子，離位午，于子午寅申皆無當也。康節又曰：「震、兑，始交者也。」陽本在上，陰本在下。陽下而交于陰，陰上而交于陽。震一陽在下，兌一陰在上，故爲始交，故當朝夕之位。「坎、離，交之極者也。」坎陽在中，離陰在中，故爲交之極，故當子午之位。四正皆爲用位。「巽、艮，不交而陰陽猶雜也。」巽一陰在下，艮一陽在上，適得上下本然，故爲不交，故當用中之偏。「乾、坤，純陽純陰也，故當不用之位。」東方陽主用，西方陰爲不用。夫氣化周流不息，無時不用。若以時過爲不用，則春秋不用子午，冬夏不用卯酉，安在四正之皆爲用位也？必以西南、西北爲不用之位，則夏秋之交，秋冬之交，氣化豈其或息乎？康節又曰：「乾坤縱而六子橫，易之本也。先天之位，震兌橫而六卦縱，易之用也。」由前之説，則後自坎離以外皆橫也；由後之説，則前自坎離以外皆縱也。圖同而説異，不自知其遷就歟？是故離南坎北之位，本無可疑。自康節以爲從先天改出，牽前曳後，始不勝其支離。朱子求其所以改之之故而不可得，遂至不信經文。吁，可怪也！

附黄晦木宗炎周易象辭先天卦圖辯㊀，略曰：伏羲以前，初無著之方册，代見物理之事。伏羲欲以文字教天下，傳後世，創爲奇耦之畫，使天地雷風水火山澤八象之在兩間者，焕然移于方册之上，正所謂文字也。後聖師其大意，變成斜正縱橫之狀，而文字日增。是卦畫者，文字之根原；文字者，卦畫之支流也。八卦者，六書之指事、象形；六十四卦者，六書之聲、意、轉、借也。爲陳、邵之説者視此爲圖，以爲不立言語文字，使人静觀以悟其神妙，何異云孔、孟惡諛墓不爲碑版，慎毁譽不爲序記，雅、頌不爲樂府，風人不爲長律短句也？造爲文、周、孔子只從中半説起。人至三聖，恐無可復加矣，何

㊀ 按：昭代叢書本黄宗炎易學辨惑，此篇總名爲先天八卦方位六十四卦方圓橫圖辨。

獨于演易贊易，不識向上精微，僅從中半説起，自戾伏皇作易之大道乎？有周之時，編簡未繁，無堆牀插架之部帙，吾夫子學易，韋絶窮思，極其擬議，必曰「昔者聖人之作易也」，推原上古，探所由來，漸及于中古，攷其窮變，一一著明，昭然旦晝，獨近摘糟粕㊀，遺向上根原而不顧乎？後此二、三千年，去古愈遠，注經解傳，汗牛充棟，乃忽遇夫天根月窟，與伏皇揖遜于一堂，印心于密室。就使事事合符，吾尚未敢信其必然，况乎自相衡決，彼此乖舛，惟以大言壓人邪！試平心靜觀，文彖、周爻、孔翼，治亂聖狂，經國修身，吉凶悔吝，揭日月于中天。無論智愚、賢不肖，俱可持可效。循道而行，外之則治國平天下，致斯世于雍熙；内之則窮神知化，盡性以至于命。陳、邵先天方位，變亂無稽，徒取對待。横圖乾一、兑二、離三、震四、巽五、坎六、艮七、坤八，奇耦疊加，有何義理？有何次序？又屈而圓之，矯揉造作，卦義無取，時令不合。又交股而方之，裝湊安排，全昧大道。帝王之修齊治平安在？聖賢之知天知人安在？庸衆之趨吉避凶安在？反謂文、周、孔子所不能窺，亦是老者曰「孔子，吾師之弟子」之意耳！古人命名立意，有典有則，可觀玩，可諷詠。今用横圓方制爲名號，亦覺俚俗鄙野，大非修辭辭文之旨。五百年來譸張戛聒，令紫色鼃聲奪玄黄鐘鼓之席，推倒周公、孔子，壓于其上，率天下之人而疑三聖人者，非二氏之徒，實儒者之徒也。作先天諸圖辯。

辯先天八卦方位圖曰：邵堯夫引「天地定位」一章，造爲先天八卦方位圖，其説云：「『天地定位』，乾南坤北也，『水火不相射』，離東坎西也，『雷風相薄』，震東北、巽西南也，『山澤通氣』，艮西北、兑東

㊀「粕」原作「魄」，據易學辨惑改。

南也。」夫聖人所謂定位，卽如首章「天高地卑，乾坤定矣」之義，未可贅以南北也。天地之間，山澤最著，故次及之，言山峻水深，形體隔絕，其氣則通，山能灌澤成川，澤能蒸山作雲，未可指爲西北、東南也。雷以宣陽，風以盪陰，兩相逼薄，其勢尤盛，未可指爲東北、西南也。水寒火熱，水溼火燥，物性違背，非克必争，然相遇又有和合之用，不相射害，未可誣以東西也。八象既出，或聯或間，何莫非消息往來之運行，豈必取于對待乎？故總言「八卦相錯」，謂不止于天地之交、山澤之遇、雷風之合、水火之重也。八象遞加，轉展變動，則成二篇之易矣。明白斬截，毫無藤蔓，容我裝湊者。其云「乾南坤北」也，實養生家之大旨。謂人身本具天地，但㈠因水潤火炎，陰陽㈡交易，變其本體，故令☰乾之中畫損而成☲離，☷坤之中畫塞而成☵坎，是後天使然。今有取坎填離之法，挹坎水一畫之奇，歸離火一畫之耦。如鍊精化氣、鍊氣化神之類，益其所不足，離得故有也；如鑿竅喪魄、五色五聲五味之類，損其所有餘，坎去本無也。離復反爲乾，坎復反爲坤，乃先天之南北也。養生所重，專在水火，比之爲天地。既以南北置乾坤，坎離不得不就東西。坎，月也，水也，生于西方；離，日也，火也，出自東方。丹家砂火能伏澒水鉛水，結成金液，所謂火中水，水中金，混和結聚。此之先後，卽承上文之變易而言，已不若乾坤之確矣。兑居東南，艮居西北，巽居西南，震居東北，直是無可差排，勉强塞責，竟無義理可尋，緣此四卦不過爲丹鼎備員，非要道也。又水火木金已盡現伏于四正位，止云兑澤連接于正南之乾天，兩金相倚，艮山根種于正北之坤地，兩土相附，雷發于地，風起于天云爾。安見其必然，而

㈠「但」原作「俱」，據易學辨惑改。　㈡「陰陽」原作「會易」，據同上書改。

欲以此奪三聖之大道與？○附會先天方位者，反疑夫子震東兌西爲少長相合于正方，巽東南艮東北爲少長相合于偏方。少長之合非其耦，必若伏羲八卦，以長合長、少合少爲得其耦。豈直以㊀卦畫爲男女邪？父、母、長、中、少，亦象爾，合與耦亦象爾。如必曰男女也，則震坎艮不宜重，巽離兌不宜錯，乾坤烏可加諸六子邪？固哉其爲易也！

辯先天横圖曰：夫子明訓，八卦既立，「因而重之」，又曰「八卦相盪」，又曰「八卦相錯」。自有乾、坤、六子，以一卦爲主，各以八卦加之，得三畫卽成六畫，得八卦卽有六十四卦，何曾有所謂四畫、五畫之象，十六、三十二之次第也？四畫、五畫，成何法象？雖謂陰陽剛柔，不可擬爲三才。十六、三十二，何者在先，何者在後？其于天地雷風水火山澤，貞卦不全其八，悔卦無可指名。視之若枯枝敗荄，無理無義，以遂㊁其遞生一奇一耦之説，縱其所如，成乾一、兑二、離三、震四、巽五、坎六、艮七、坤八之位置，初無成見于胸中，絶無關轄于象數。有疑之者，則大言以震撼之，辭色俱厲以拒絶之，使天下盡出于詖淫邪遁之一轍，以反攻其父母。甚矣，儒者之好怪也！苟掩卷而思之，學易者何不以三乘三，以八加八，一舉而得六爻，再舉而得六十四卦，明白且簡易，直截且神速乎？惡用是牽纏羈絆，挽之不來，卻之不去者爲哉！聖人作易，仰觀俯察，近身遠物，無不勘破其情狀，體悉其至理，若巨若細，盡備于胸臆，然後宣發于文字。豈有漫無成見，隨手畫去，如小兒之搬棋砌瓦，原非心思所主宰，又非外緣所感觸，待其自成何物，然後從而名之？夫子所云「擬議以成其變化」，豈欺我哉！

㊀「以」字原脱，據易學辨惑補。　㊁「遂」原作「逐」，據同上書改。

夫焦氏易學，傳數而不傳理，響應于一時，聲施于後世者，自有變通之妙用。分爲四千九十六卦，實統㊀諸六十四，是一卦具六十四卦之占。乾坤還其爲乾坤，六子還其爲六子，别卦還其爲别卦，非層累而上，有七畫、八畫以至十二畫之卦也。易林一卦中錯綜雜出，變動不拘，豈一畫止生一奇一耦，歷千百而不改，如是其頑冥不靈者歟？兩間氣化，自有贏縮，或陰盛陽衰，或陽多陰少，惡得均分齊一，無輕重、大小、往來、消長之異同乎？若然，則天無氣盈朔虚，無晝夜寒燠，人無仁暴，地無險夷矣。若然，則人皆一男一女，鳥皆一雌一雄，獸皆一牝一牡矣。若然，則續鳧斷鶴，黔鵠浴烏，五行運氣，無偏重之性矣。夫物之不齊，物之情也。造化之參差，理義之所由以立也。聽一奇一耦之自爲盤旋，于教化乎何有？于裁成輔相乎何有？于易不可爲典要乎何有？是一定也，非易也。吾直曰：邵氏之易，欲求爲京、焦，而力有弗逮也。○一奇一耦，層累疊加，是作易聖人不因天高地厚而定乾坤，無取雷風動入而成震巽，坎陷離麗未有水火之象，艮止兑説不見山澤之形，但信手堆砌，然後相度揣摩，贈以名號。自乾至復三十二卦爲無母，自坤至姤三十二卦爲無父，山澤未嘗通，雷風未嘗薄，水火未嘗濟，父與少女、中女、長男同時而産，母與少男、中男、長女同時而育；無三畫爲卦之限，無内外貞悔之序；足重半天下，首偏鋭一耦，三十二物聯攣合體，上下大小殊絶，牽纏桎梏，天地不能自有其身，雷風水火山澤不能自完其性。第一畫貫三十二爻，可云廣矣，奇遺姤至坤之半，耦遺復至乾之半，則挂漏之極也。第二畫貫十六爻，第三畫貫八爻，始有八象，吾不知天何私于澤火雷而獨與之同氣，何

㊀「統」原作「通」，據易學辨惑改。

惡于風水山而杳不相蒙也，地何親于山水風，何疏于雷火澤，親者膠固而無彼此，疏者隔塞而不相應求也。古今事理，惟簡能御㊀繁，一可役萬，故卦止八象，爻止六位，變變化化，運用無窮。如必物物皆備，始稱大觀，則七畫以至十一畫乃魑魅現形，無有人道，及成十二畫，則頭上安頭，牀上置牀，徒覺狀㊁貌之臃腫，取義之贅疣。若其所云日月星辰，水火土石，寒暑晝夜，雷露風雨，情性形體，草木飛走，耳目口鼻，聲色氣味，元會運世，歲月日辰，皇帝王霸，易、書、詩、春秋，似校說卦爲詳密，而其偏僻疏罔特甚。何天無霜雪雷雹虹霾也？地無城隍田井海岳都鄙也？時無溫和旱潦也？人無臟腑手足髮膚也？無盜賊蠻方也？經無禮、樂也？物無蟲魚也？「形體」之與「耳目口鼻」又何其重出也？卽萬舉萬當，于神明、化裁、引伸、觸類之謂何！使吾夫子十翼退舍而御行者，其宗陳、邵之流與！

辯圓圖曰：邵氏以震歷離兌乾爲順，以巽歷坎艮坤爲逆，順爲數往，逆爲知來。則震離兌乾僅能數往，不能知來；巽坎艮坤職在知來，無煩數往。夫乾知大始，乃統天，于知來乎何有，豈可但局之數往！坤以藏之，承天順天，成物代終，于數往乎何有，豈可反以爲知來！亦不類矣。數往順天左旋，乾一、兌二、離三、震四爲已生之卦，知來逆天右旋，巽五、坎六、艮七、坤八爲未生之卦，已屬鑿空。又云易數由逆而成，若逆知四時之謂，豈震離兌乾無當于易數，而漫列宂員者與？聖人知來數往，萬理萬物無不兼該，非專爲四時而設，四時節候有治曆之法，千歲日至可坐而定，絕無取乎卦氣也。今屈横圖而圓之，云乾生子中，盡午中，坤生午中，盡子中，離盡卯中，坎盡酉中，皆緣冬至一陽爲復，遂充

㊀「御」原作「禦」，據易學辨惑改。　㊁「狀」原作「壯」，據同上書改。

類至㈠義之盡，以六十四卦分配二十四節候，然亦須一候得二卦有奇，乃爲恰合，何以倏多倏少，遠不相謀？復之「至日閉關」，夫子特舉象之一節。若姤爲夏至，未見明訓，未敢信爲必然。臨、泰、大壯、夬、乾與遯、否、觀、剥、坤之配歲周，不免㈡案圖索驥，近于顓愚，矧可牽引六十四卦，矯揉誣罔，一切不符乎？今云冬至復卦一陽生子半，閲頤、屯、益、震、噬嗑、隨、无妄、明夷、賁、既濟、家人、豐、離、革、同人、臨凡十七卦，始得二陽，爲十二月，已是卯半，爲春分矣。損、節、中孚、歸妹、睽、兑、履、泰凡八卦，乃得三陽，爲正月，已是巳初，爲立夏矣。大畜、需、小畜、大壯凡四卦，乃得四陽，爲二月，已是巳半，爲小滿矣。大有、夬止二卦，卽得五陽，爲三月，已是午初，爲芒種矣。至乾止一卦，卽得純陽，爲四月，已是午半，爲夏至矣。至姤亦止一卦，一陰生午半，閲大過、鼎、恆、巽、井、蠱、升、訟、困、未濟、解、涣、坎、蒙、師、遯凡十七卦，始得二陰，爲六月，已是酉半，爲秋分矣。咸、旅、小過、蹇、漸、艮、謙、否凡八卦，乃得三陰，爲七㈢月，已是亥初，爲立冬矣。萃、晉、豫、觀凡四卦，乃得四陰，爲八月，已是亥半，爲小雪矣。比、剥止二卦，卽得五陰，爲九月，已是子初，爲大雪矣。至坤止一卦，卽得純陰，爲十月，已是子半，爲冬至矣。將六十四卦破碎割裂，苦死支吾，猶然背畔若此，胡見其自然哉！若卦畫各義，毫無統屬，則精微之正論，反可姑置者也！〇何謂已生、未生？八卦如此分屬，尚有全用乎？既有乾一、兑二、離三、震四、巽五、坎六、艮七、坤八之序，則皆已生矣。就彼而言，震巽居中，有長男代父、長女代母爲政之象。震順天左行，自復、頤至夬、乾，行三十二卦，遇姤而息。巽逆天右行，

㈠「至」原作「致」，據易學辨惑及孟子萬章改。　㈡「免」原作「克」，據易學辨惑改。　㈢「七」原作「八」，據同上書改。

自姤、大過至剥、坤，行三十二卦，遇復而息。夫兩間氣化，轉轂循環，無有端緒。其來也非突然而來，卽其去而來已在內；其去也非決然而去，卽其來而去已下伏。焉得分疆畫界，釐然中判，其去其來，若左右不相連貫者！震巽東西背馳，亦如人之行路，畢竟先有方向，然後可揚帆策馬，行縢履屩。焉得東行者，山川原隰，歷歷可指，而云已生；西行者，悉漭瀁無憑，而待行者自爲開闢，乃云未生歟？春夏何其逸，秋冬何其勞也？一二三四五六七八之數自，有則俱有，焉得震獨據一二三四，數往而順；巽獨擅五六七八，知來而逆？且數自一而二三四爲順，今反以四三二一爲順；自八而七六五爲逆，今反以五六七八爲逆；亦難錯説矣！震長男，陽也，陽主創，近乎未生，或可云逆，而反云順。陽而順，是不能制義者也。巽長女，陰也，陰主隨，近乎已生，本可云順，而反云逆。陰而逆，是牝雞司晨者也。陰陽順逆，一切顛倒矣！細心體驗，種種可疑。

辯方圖曰：邵氏又作方圖，謂天圓地方，置之圓圖之中㊀，謂天包地外。其説，曰「天地定位」，以西北角置乾，東南角置坤爲定位，又非南北故武矣；曰「否、泰反類」，東北角置泰，西南角置否，爲反類；曰「山澤通氣」，兑二斜依乾一，艮七斜依坤八，爲通氣；曰「咸、損見意」，斜依否之咸，斜依泰之損，爲見意；曰「雷風相薄」，以震四斜依離三，巽五斜依坎六，震、巽當中，斜依交會，爲相薄；曰「恆、益起意」，恆自咸而未濟斜來，益自損而既濟斜來，亦交會于子中，爲起意；曰「水火相射」，以坎六自艮七斜接巽五，離三自兑二斜接震四，爲相射；曰「既濟、未濟」，既濟自損㊁來斜連于益，未濟自咸來斜連

㊀按：通行本皇極經世書均將方圖置於圓圖之中，本書則分列爲二圖。　㊁「損」原作「巽」，據易學辨惑並參方圖改。

于恆也。曰「四象相交，成十六事」。夫橫圖既云陰陽老少爲四象，此則明明用其六畫之卦，何以又稱四象乎？云「十六事」者，乾、坤、否、泰，艮、兑、咸、損，震、巽、恆、益，坎、離、既濟、未濟，俱取老、長、中、少、陰、陽正對，似乎稍有可觀。易卦陽爻一百九十二畫，陰爻一百九十二畫，奇耦停勻，隨人牽引，俱可布位整齊。使確守乾父坤母、一再三索而搬演之，何嘗不繡錯絲編，爛然秩然，而理則較勝也？大易全篇，何莫非神化變通，而僅㊀取否、泰、咸、損、恆、益、二濟爲綱領，將謂此外皆附庸之國乎？總之，先天卦畫，奇耦相加，亂左陽右陰之常經。方、圓圖次第撮湊小巧，紊四時之序，變八方之位，去君父母子之名分，倒老長中少之行列。曲護其說者，甚至謂乾坤無生六子之理。夫子所云乾父坤母，乾坤易之門，乾坤易之蘊，一筆塗抹；說卦三傳，無一可宗。可乎哉！

百家謹案：先天卦圖傳自方壺，謂創自伏皇。此即雲笈七籤中云某經創自玉皇，某符傳自九天玄女，固道家術士假托以高其說之常也。先生得之而不改其名，亦無足異，顧但可自成一說，聽其或存或没于天地之間。乃朱子過于篤信，謂程演周經，邵傳犧畫，掇入本義中，竟壓置于文、周爻、孔翼之首，則未免奉螟蛉爲高曾矣！歸震川疑之，謂因傳而有圖，圖未必出于伏聖也。豈知傳中所謂「天地定位」，與先天八卦并初無干涉邪！況邵伯温經世辯惑云：「希夷易學，不煩文字解說，止有圖以寓陰陽消長之數與卦之生變。圖亦非創意以作，孔子繫辭述之明矣。」則以此圖明明直云出自希夷也。惜朱子固不之考，震川亦不之疑耳。

㊀「僅」原作「近」，據易學辨惑改。

經世衍易圖

太陽⚊	陽⚊	動⚊	
太陰⚋			
少陽⚊	陰⚋		
少陰⚋			一動一靜之間
少剛⚊	剛⚊	靜⚋	
少柔⚊			
太剛⚊	柔⚋		
太柔⚋			

蔡西山曰：「一動一靜之間」者，易之所謂太極也。動、靜者，易所謂兩儀也。陰、陽、剛、柔者，易所謂四象也。太陽、太陰、少陽、少陰、少剛、少柔、太剛、太柔，易所謂八卦也。

經世天地四象圖

太陽　日　暑　性
　　　目　元　皇
太陰　月　寒　情

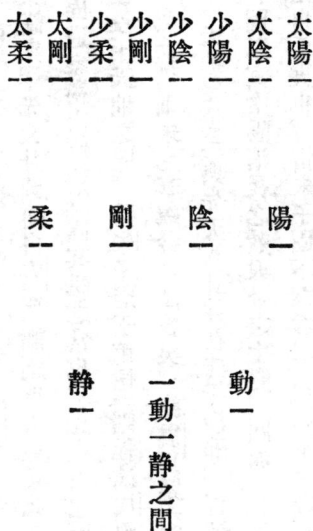

耳　會　帝

少陽　星　晝　形

鼻　運　王

少陰　辰　夜　體

口　世　霸

少剛　石　雷　木

氣　歲　易

少柔　土　露　草

味　月　書

太剛　火　風　飛

色　日　詩

太柔　水　雨　走
聲　時　春秋

蔡西山曰：動者爲天，天有陰陽，陽者動之始，陰者動之極。陰陽之中又各有陰陽，故有太陽、太陰、少陽、少陰。太陽爲日，太陰爲月，少陽爲星，少陰爲辰，是爲天之四象。日爲暑，月爲寒，星爲晝，辰爲夜，四者天之所以㊀變也。暑變物之性，寒變物之情，晝變物之形，夜變物之體，萬物之所以感于天之變也。靜者爲地，地有柔剛，柔者靜之始，剛者靜之極。剛柔之中又各有剛柔，故有太剛、太柔、少剛、少柔。太柔爲水，太剛爲火，少柔爲土，少剛爲石，是爲地之四象。水爲雨，火爲風，土爲露，石爲雷，四者地之所以化也。雨化物之走，風化物之飛，露化物之草，雷化物之木，萬物之所以應于地之化也。暑變走飛草木之性，寒變走飛草木之情，晝變走飛草木之形，夜變走飛草木之體，雨化性情形體之走，風化性情形體之飛，露化性情形體之草，雷化性情形體之木。天地變化，參伍錯綜而生萬物也。萬物之感于天之變，性者善目，情者善耳，形者善鼻，體者善口；萬物之㊁應于地之化，飛者善色，走者善聲，木者善氣，草者善味。蓋其所感應有不同，故其所善亦有異。至于人，則得天地之全，暑寒晝夜無不變，雨風露雷無不化，性情形體無不感，走飛草木無不應。目善萬物之色，耳善萬物之聲，鼻

㊀「以」字原無，據清王植皇極經世全書解卷首引及下文「四者地之所以化也」文例補。㊁「之」字原無，據皇極經世全書解卷首引補。

善萬物之氣，口善萬物之味。蓋天地萬物皆陰陽剛柔之分，人則兼備乎陰陽剛柔，故靈于萬物，而能與天地參也。人而能與天地參，故天地之變有元會運世，而人事之變亦有皇帝王霸。元會運世有春夏秋冬，爲生長收藏；皇帝王霸有易、書、詩、春秋，爲道德功力。是故元會運世，春夏秋冬，生長收藏，各相因而爲十六；皇帝王霸，易、書、詩、春秋，道德功力，亦各相因而爲十六。十六者，四象相因之數也。凡天地之變化，萬物之感應，古今之因革損益，皆不出乎十六。十六而天地之道畢矣，故物之巨細，人之聖愚，亦以一、十、百、千四者相因而爲十六。千千之物爲細物，千千之民爲至愚，一一之物爲巨物，一一之民爲聖人。蓋人者，萬物之最靈；聖人者，又人倫之至也。自天地觀萬物，則萬物爲物；自太極觀天地，則天地亦物也。人而盡太極之道，則能範圍天地，曲成萬物，而造化在我矣。故其說曰：「一動一靜，天地之至妙歟！一動一靜之間，天地人之至妙歟！」一動一靜之間者，非動非靜而主乎動靜，所謂太極也。又曰：「思慮未起，鬼神莫知。不由乎我，更由乎誰！」所謂範圍天地，曲成萬物，造化在我者也。蓋超乎形器，非數之能及矣。雖然，是亦數也。伊川先生曰：「數學至康節方及理。」康節之數，先生未之學；至其本原，則亦不出乎先生之説矣。補。

百家謹案：先儒云經世全書六十二篇，及弟子所記外篇上下，通六十四篇。内元會運世三十四篇，横列甲子，起堯元年甲辰，終五代周顯德九年己未，繫歲紀事，以驗天時人事之得失，十六篇以聲音律吕更唱迭和，爲圖三千八百四十，以窮萬物之數；又有皇極體要、内外觀象數十篇。子文又著一元消息等圖。書甚浩繁，近世不能得其全書，無傳其學者。兹哉人先遺獻象數論中所論皇極五篇，并掛一、既濟陰、陽三圖，及聲音論數篇。其文雖約，大體已備。觸類引伸，一隅可三反矣。

經世掛一圖

元之元	元之元之元之元泰冬至	元之元之元之會損	元之元之元之運大畜	元之元之元之世節
	元之元之會之元需	元之元之會之會中孚	元之元之會之運小畜	元之元之會之世歸妹
	元之元之運之元大壯	元之元之運之會睽	元之元之運之運大有小寒	元之元之運之世兌
	元之元之世之元夬	元之元之世之會履	元之元之世之運乾	元之元之世之世困
元之會	元之會之元之元咸	元之會之元之會未濟	元之會之元之運旅	之元會之元之世解
	元之會之會之元小過	元之會之會之會渙大寒	元之會之會之運漸	元之會之會之世坎
	元之會之運之元蹇	元之會之運之會蒙	元之會之運之運艮	元之會之運之世師
	元之會之世之元臨	元之會之世之會謙	元之會之世之運坤	元之會之世之世遯

元之運	元之運之元之元晉 立春	元之運之元之會觀	元之運之元之運比	元之運之元之世剝
	元之運之會之元巽	元之運之會之會升	元之運之會之運否	元之運之會之世豫
	元之運之運之元井	元之運之運之會豐	元之運之運之運屯 雨水	元之運之運之世革
	元之運之世之元恆	元之運之世之會蠱	元之運之世之運訟	元之運之世之世益
元之世	元之世之元之元離	元之世之元之會大過	元之世之元之運姤	元之世之元之世隨
	元之世之會之元家人	元之世之會之會震 驚蟄	元之世之會之運鼎	元之世之會之世噬嗑
	元之世之運之元既濟	元之世之運之會頤	元之世之運之運萃	元之世之運之世明夷
	元之世之世之元復	元之世之世之會同人	元之世之世之運无妄	元之世之世之世賁
會之元	會之元之元之元損 春分	會之元之元之會大畜	會之元之元之運節	會之元之元之世需
	會之元之會之元中孚	會之元之會之會小畜	會之元之會之運大壯	會之元之會之世睽
	會之元之運之元大有	會之元之運之會兌	會之元之運之運夬 清明	會之元之運之世履

	會之元之世之元乾	會之元之世之會困	會之元之世之運咸	會之元之世之世未濟
會之會	會之會之元之元旅	會之會之元之會解	會之會之元之運歸妹	會之會之元之世渙
	會之會之會之元漸	會之會之會之會坎 穀雨	會之會之會之運蹇	會之會之會之世蒙
	會之會之運之元艮	會之會之運之會師	會之會之運之運泰	會之會之運之世臨
	會之會之世之元謙	會之會之世之會小過	會之會之世之運觀	會之會之世之世剝
會之運	會之運之元之元蠱 立夏	會之運之元之會井	會之運之元之運屯	會之運之元之世遯
	會之運之會之元姤	會之運之會之會訟	會之運之會之運无妄	會之運之會之世大過
	會之運之運之元豫	會之運之運之會鼎	會之運之運之運比 小滿	會之運之運之世巽
	會之運之世之元坤	會之運之世之會升	會之運之世之運萃	會之運之世之世隨
會之世	會之世之元之元晉	會之世之元之會噬嗑	會之世之元之運否	會之世之元之世離
	會之世之會之元革	會之世之會之會頤 芒種	會之世之會之運復	會之世之會之世恆

	會之世之運之元豐	會之世之運之會震	會之世之運之運家人	會之世之運之世益
	會之世之世之元既濟	會之世之世之會賁	會之世之世之運明夷	會之世之世之世同人
運之元	運之元之元之元大畜 夏至	運之元之元之會節	運之元之元之運需	運之元之元之世中孚
	運之元之會之元小畜	運之元之會之會歸妹	運之元之會之運睽	運之元之會之世大有
	運之元之運之元兌	運之元之運之會夬	運之元之運之運履 小暑	運之元之運之世乾
	運之元之世之元困	運之元之世之會未濟	運之元之世之運解	運之元之世之世大壯
運之會	運之會之元之元恆	運之會之元之會鼎	運之會之元之運大過	運之會之元之世訟
	運之會之會之元姤	運之會之會之會隨 大暑	運之會之會之運旅	運之會之會之世噬嗑
	運之會之運之元小過	運之會之運之會震	運之會之運之運渙	運之會之運之世巽
	運之會之世之元益	運之會之世之會井	運之會之世之運屯	運之會之世之世坎
運之運	運之運之元之元漸 立秋	運之運之元之會晉	運之運之元之運萃	運之運之元之世泰

	運之運之會之元蹇	運之運之會之會豫	運之運之會之運遯	運之運之會之世咸
	運之運之運之元師	運之運之運之會艮	運之運之運之運剥 處暑	運之運之運之世觀
	運之運之世之元无妄	運之運之世之會離	運之運之世之運豐	運之運之世之世復
運之世	運之世之元之元蠱	運之世之元之會革	運之世之元之運家人	運之世之元之世否
	運之世之會之元比	運之世之會之會升 白露	運之世之會之運頤	運之世之會之世賁
	運之世之運之元蒙	運之世之運之會謙	運之世之運之運坤	運之世之運之世同人
	運之世之世之元明夷	運之世之世之會臨	運之世之世之運損	運之世之世之世既濟
世之元	世之元之元之元升 秋分	世之元之元之會蒙	世之元之元之運蠱	世之元之元之世井
	世之元之會之元坎	世之元之會之會巽	世之元之會之運渙	世之元之會之世解
	世之元之運之元恆	世之元之運之會未濟	世之元之運之運鼎 寒露	世之元之運之世困
	世之元之世之元大過	世之元之世之會姤	世之元之世之運訟	世之元之世之世隨

世之會	世之會之元之元兌	世之會之元之會乾	世之會之元之運萃	世之會之元之世噬嗑
	世之會之會之元夬	世之會之會之會否霜降	世之會之會之運无妄	世之會之會之世睽
	世之會之運之元咸	世之會之運之會革	世之會之運之運遯	世之會之運之世大有
	世之會之世之元履	世之會之世之會泰	世之會之世之運剥	世之會之世之世頤
世之運	世之運之元之元益立冬	世之運之元之會豐	世之運之元之運歸妹	世之運之元之世大壯
	世之運之會之元小過	世之運之會之會臨	世之運之會之運賁	世之運之會之世中孚
	世之運之運之元既濟	世之運之運之會晉	世之運之運之運損小雪	世之運之運之世節
	世之運之世之元家人	世之運之世之會需	世之運之世之運大畜	世之運之世之世小畜
世之世	世之世之元之元坤	世之世之元之會謙	世之世之元之運漸	世之世之元之世艮
	世之世之會之元離	世之世之會之會比大雪	世之世之會之運蹇	世之世之會之世豫
	世之世之運之元師	世之世之運之會同人	世之世之運之運旅	世之世之運之世屯

世之世之世之元觀	世之世之世之會震	世之世之世之運復	世之世之世之世明夷

世，三十。　運，三百六十。

會，一萬八百。　元，十二萬九千六百。

世之世，九百。

世之運，一萬八百。

世之會，三十二萬四千。

世之元，三百八十八萬八千。

運之世，一萬八百。

運之運，十二萬九千六百。

運之會，三百八十八萬八千。

運之元，四千六百六十五萬六千。

會之世，三十二萬四千。

會之運，三百八十八萬八千。

會之會，一億一千六百六十四萬。

會之元，十三億九千九百六十八萬。

元之世，三百八十八萬八千。

元之運，四千六百六十五萬六千。

元之會，十三億九千九百六十八萬。

元之元，一百六十七億九千六百十六萬。

元會運世本數四，互相乘，則變爲十六。

世之世之世之世，八十一萬。以九百乘九百而得。

世之世之世之運，九百七十二萬。以九百乘一萬八百。

世之運之世之運，一億一千六百六十四萬。以一萬八百乘一萬八百。

世之世之世之會，二億九千一百六十萬。以九百乘三十二萬四千。

世之運之運之運，一十三億九千九百六十八萬。以一萬八百乘十二萬九千六百。

世之世之世之元，三十四億九千九百二十萬。以九百乘三百八十八萬八千。

運之運之運之運，一百六十七億九千六百一十六萬。以十二萬九千六百自乘。

世之世之運之元，四百一十九億九千四十萬。以九百乘四千六百六十五萬六千。

世之世之會之會，一千四十九億七千六百萬。以九百乘一億一千六百六十四萬。

世之運之運之元，五千三十八億八千四百八十萬。以一萬八百乘四千六百六十五萬六千。

世之世之會之元，一萬二千五百九十七億一千二百萬。以九百乘十三億九千九百六十八萬。

運之運之運之元，六萬四百六十六億一千七百六十萬。以十二萬九千六百乘四千六百六十五萬六千。

世之世之元之元，一十五萬一千一百六十五億四千四百萬。以九百乘一百六十七億九千六百十六萬。

世之會之會之會，三十七萬七千九百十三億六千萬。以三十二萬四千乘一億一千六百六十四萬。

世之運之元之元，一百八十一萬三千九百八十五億二千八百萬。以一萬八百乘一百六十七億九千六百十六萬。

世之會之會之元，四百五十三萬四千九百六十三億二千萬。以三十二萬四千乘十三億九千九百六十八萬。

運之運之元之元，二千一百七十六萬七千八百二十三億三千六百萬。以十二萬九千六百乘一百六十七億九千六百十六萬。

世之會之元之元，五千四百四十一萬九千五百五十八億四千萬。以三十二萬四千乘一百六十七億九千六百十六萬。

會之會之會之會，一兆三千六百四萬八千八百九十六億。以一億一千六百六十四萬自乘。

運之會之元之元，六兆五千三百三萬四千七百億八千萬。以三百八十八萬八千乘一百六十七億九千六百十六萬。

會之會之會之元，十六兆三千二百五十八萬六千七百五十二億。以一億一千六百六十四萬乘十三億九千九六萬。

百六十八萬。

運之元之元之元，七十八兆三千六百四十一萬六千四百九億六千萬。以四千六百六十五萬六千乘一百六十七億九千六百十六萬。

會之會之元之元，一百九十五兆九千一百四萬一千二十四億。以一億一千六百六十四萬乘一百六十七億九千六百十六萬。

會之元之元之元，二千三百五十兆九千二百四十九萬二千二百八十八億。以十三億九千九百六十八萬乘一百六十七億九千六百十六萬。

元之元之元之元，二萬八千二百十一兆九百九十萬七千四百五十六億。以一百六十七億九千六百十六萬自乘。

又以十六數互相乘，如元之會爲一數，其下之運之世爲一數，乘之，變爲二百五十六數，分配二百五十六卦。自泰起，元之元之元之元，得二萬八千二百十一兆九百九十萬七千四百五十六億。至明夷卦終，爲世之世之世之世，得八十一萬。今舉二十五條爲例。

經世既濟陽圖

元之元之元之元泰	水水音八八坤	日日聲一一乾
會之元之會之元需	火水音七八剥	日日聲一一乾
運之元之運之元大壯	土水音六八比	日日聲一一乾
世之元之世之元夬	石水音五八觀	日日聲一一乾

元之元

元之會否遯損 水火音八七謙 日日聲一一乾	元之運否訟大畜 水土音八六師 日日聲一一乾	元之世否姤節 水石音八五升 日日聲一一乾
會之會遯遯中孚 火火音七七艮 日日聲一一乾	會之運遯訟小畜 火土音七六蒙 日日聲一一乾	會之世遯姤歸妹 火石音七五蠱 日日聲一一乾
運之會訟遯睽 土火音六七蹇 日日聲一一乾	運之運訟訟大有 土土音六六坎 日日聲一一乾	運之世訟姤兌 土石音六五井 日日聲一一乾
世之會姤遯履 石火音五七漸 日日聲一一乾	世之運姤訟乾 石土音五六渙 日日聲一一乾	世之世姤姤困 石石音五五巽 日日聲一一乾

元之會

元之元否萃咸 水水音八八坤 日月聲一二履	元之會否咸未濟 水火音八七謙 日月聲一二履	元之運否困旅 水土音八六師 日月聲一二履
會之元遯萃小過 火水音七八剝 日月聲一二履	會之會遯咸渙 火火音七七艮 日月聲一二履	會之運遯困漸 火土音七六蒙 日月聲一二履
運之元訟萃蹇 土水音六八比 日月聲一二履	運之會訟咸蒙 土火音六七蹇 日月聲一二履	運之運訟困艮 土土音六六坎 日月聲一二履
世之元姤萃臨 石水音五八觀 日月聲一二履	世之會姤咸謙 石火音五七漸 日月聲一二履	世之運姤困坤 石土音五六渙 日月聲一二履

	元之運				
元之世否大過解 水石音八五升 日月聲一二履	元之元否晉晉 水水音八八坤 日星聲一三同人	元之會否旅觀 水火音八七謙 日星聲一三同人	元之運否未濟比 水土音八六師 日星聲一三同人	元之世否鼎剝 水石音八五升 日星聲一三同人	元之元否豫離 水水音八八坤 日辰聲一四无妄
會之世遯大過坎 火石音七五蠱 日月聲一二履	會之元遯晉巽 火水音七八剝 日星聲一三同人	會之會遯旅升 火火音七七艮 日星聲一三同人	會之運遯未濟否 火土音七六蒙 日星聲一三同人	會之世遯鼎豫 火石音七五蠱 日星聲一三同人	會之元遯豫家人 火水音七八剝 日辰聲一四无妄
運之世訟大過師 土石音六五井 日月聲一二履	運之元訟晉井 土水音六八比 日星聲一三同人	運之會訟旅豐 土火音六七蹇 日星聲一三同人	運之運訟未濟屯 土土音六六坎 日星聲一三同人	運之世訟鼎革 土石音六五井 日星聲一三同人	運之元訟豫既濟 土水音六八比 日辰聲一四无妄
世之世姤大過遯 石石音五五巽 日月聲一二履	世之元姤晉恆 石水音五八觀 日星聲一三同人	世之會姤旅蠱 石火音五七漸 日星聲一三同人	世之運姤未濟訟 石土音五六渙 日星聲一三同人	世之世姤鼎益 石石音五五巽 日星聲一三同人	世之元姤豫復 石水音五八觀 日辰聲一四无妄

元之世

元之會否小過大過 水火音八七謙 日辰聲一四无妄	元之運否解姤 水土音八六師 日辰聲一四无妄	元之世否恆隨 水石音八五升 日辰聲一四无妄
會之會遯小過震 火火音七七艮 日辰聲一四无妄	會之運遯解鼎 火土音七六蒙 日辰聲一四无妄	會之世遯恆噬嗑 火石音七五蠱 日辰聲一四无妄
運之會訟小過頤 土火音六七蹇 日辰聲一四无妄	運之運訟解萃 土土音六六坎 日辰聲一四无妄	運之世訟恆明夷 土石音六五井 日辰聲一四无妄
世之會姤小過同人 石火音五七漸 日辰聲一四无妄	世之運姤解无妄 石土音五六渙 日辰聲一四无妄	世之世姤恆賁 石石音五五巽 日辰聲一四无妄

元之會

元之元泰否損 水水音八八坤 月日聲二一夬	元之會泰遯大畜 水火音八七謙 月日聲二一夬	元之運泰谷節 水土音八六師 月日聲二一夬
會之元咸否中孚 火水音七八剝 月日聲二一夬	會之會咸遯小畜 火火音七七艮 月日聲二一夬	會之運咸谷大壯 火土音七六蒙 月日聲二一夬
運之元困否大有 土水音六八比 月日聲二一夬	運之會困遯兌 土火音六七蹇 月日聲二一夬	運之運困谷夬 土土音六六坎 月日聲二一夬
世之元大過否乾 石水音五八觀 月日聲二一夬	世之會大過遯困 石火音五七漸 月日聲二一夬	世之運大過谷咸 石土音五六渙 月日聲二一夬

	會之會				
元之世泰姤需 水石音八五升 月日聲二一夬	元之元泰泰旅 水水音八八坤 月月聲二二兌	元之會泰咸解 水火音八七謙 月月聲二二兌	元之運泰困歸妹 水土音八六師 月月聲二二兌	元之世泰大過渙 水石音八五升 月月聲二二兌	元之元泰晉蠱 水水音八八坤 月星聲二三革
會之世咸姤睽 火石音七五蠱 月日聲二一夬	會之元咸泰漸 火水音七八剝 月月聲二二兌	會之會咸咸坎 火火音七七艮 月月聲二二兌	會之運咸困蹇 火土音七六蒙 月月聲二二兌	會之世咸大過蒙 火石音七五蠱 月月聲二二兌	會之元咸晉姤 火水音七八剝 月星聲二三革
運之世困姤履 土石音六五井 月日聲二一夬	運之元困泰艮 土水音六八比 月月聲二二兌	運之會困咸師 土火音六七蹇 月月聲二二兌	運之運困困泰 土土音六六坎 月月聲二二兌	運之世困大過臨 土石音六五井 月月聲二二兌	運之元困晉豫 土水音六八比 月星聲二三革
世之世大過姤未濟 石石音五五巽 月日聲二一夬	世之元大過泰謙 石水音五八觀 月月聲二二兌	世之會大過咸小過 石火音五七漸 月月聲二二兌	世之運大過困觀 石土音五六渙 月月聲二二兌	世之世大過大過剝 石石音五五巽 月月聲二二兌	世之元大過晉坤 石水音五八觀 月星聲二三革

會之運

元之會萃旅井 水火音八七謙 月星聲二三革	元之運萃未濟屯 水土音八六師 月星聲二三革	元之世萃鼎遯 水石音八五升 月星聲二三革
會之會咸旅訟 火火音七七艮 月星聲二三革	會之運咸未濟无妄 火土音七六蒙 月星聲二三革	會之世咸鼎大過 火石音七五蠱 月星聲二三革
運之會困旅鼎 土火音六七蹇 月星聲二三革	運之運困未濟比 土土音六六坎 月星聲二三革	運之世困鼎巽 土石音六五井 月星聲二三革
世之會大過旅升 石火音五七漸 月星聲二三革	世之運大過未濟萃 石土音五六渙 月星聲二三革	世之世大過鼎隨 石石音五五巽 月星聲二三革

會之世

元之元萃豫晉 水水音八八坤 月辰聲二四隨	元之會萃小過噬嗑 水火音八七謙 月辰聲二四隨	元之運萃解否 水土音八六師 月辰聲二四隨
會之元咸豫革 火水音七八剝 月辰聲二四隨	會之會咸小過頤 火火音七七艮 月辰聲二四隨	會之運咸解復 火土音七六蒙 月辰聲二四隨
運之元困豫豐 土水音六八比 月辰聲二四隨	運之會困小過震 土火音六七蹇 月辰聲二四隨	運之運困解家人 土土音六六坎 月辰聲二四隨
世之元大過豫既濟 石水音五八觀 月辰聲二四隨	世之會大過小過賁 石火音五七漸 月辰聲二四隨	世之運大過解明夷 石土音五六渙 月辰聲二四隨

	運之元				
元之世萃巽離 水石音八五升 月辰聲二四隨	元之元晉否大畜 水水音八八坤 星日聲三一大有	元之會晉遯節 水火音八七謙 星日聲三一大有	元之運晉訟需 水土音八六師 星日聲三一大有	元之世晉姤中孚 水石音八五升 星日聲三一大有	元之元晉萃恆 水水音八八坤 星月聲三二睽
會之世咸巽恆 火石音七五蠱 月辰聲二四隨	會之元旅否小畜 火水音七八剥 星日聲三一大有	會之會旅遯歸妹 火火音七七艮 星日聲三一大有	會之運旅訟睽 火土音七六蒙 星日聲三一大有	會之世旅姤大有 火石音七五蠱 星日聲三一大有	會之元旅萃姤 火水音七八剥 星月聲三二睽
運之世困巽益 土石音六五井 月辰聲二四隨	運之元未濟否兌 土水音六八比 星日聲三一大有	運之會未濟遯夬 土火音六七蹇 星日聲三一大有	運之運未濟訟履 土土音六六坎 星日聲三一大有	運之世未濟姤乾 土石音六五井 星日聲三一大有	運之元未濟萃小過 土水音六八比 星月聲三二睽
世之世大過巽同人 石石音五五巽 月辰聲二四隨	世之元鼎否困 石水音五八觀 星日聲三一大有	世之會鼎遯未濟 石火音五七漸 星日聲三一大有	世之運鼎訟解 石土音五六渙 星日聲三一大有	世之世鼎姤大壯 石石音五五巽 星日聲三一大有	世之元鼎萃益 石水音五八觀 星月聲三二睽

運之會

元之會晉咸鼎 水火音八七謙 星月聲三二睽	元之運晉困大過 水土音八六師 星月聲三二睽	元之世晉大過訟 水石音八五升 星月聲三二睽
會之會旅咸隨 火火音七七艮 星月聲三二睽	會之運旅困旅 火土音七六蒙 星月聲三二睽	會之世旅大過噬嗑 火石音七五蠱 星月聲三二睽
運之會未濟咸震 土火音六七蹇 星月聲三二睽	運之運未濟困渙 土土音六六坎 星月聲三二睽	運之世未濟大過巽 土石音六五井 星月聲三二睽
世之會鼎咸井 石火音五七漸 星月聲三二睽	世之運鼎困屯 石土音五六渙 星月聲三二睽	世之世鼎大過坎 石石音五五巽 星月聲三二睽

運之運

元之元晉晉漸 水水音八八坤 星星聲三三離	元之會晉旅晉 水火音八七謙 星星聲三三離	元之運晉未濟萃 水土音八六師 星星聲三三離
會之元旅晉[illegible] 火水音七八剝 星星聲三三離	會之會旅旅豫 火火音七七艮 星星聲三三離	會之運旅未濟遯 火土音七六蒙 星星聲三三離
運之元未濟晉師 土水音六八比 星星聲三三離	運之會未濟旅艮 土火音六七蹇 星星聲三三離	運之運未濟未濟剝 土土音六六坎 星星聲三三離
世之元鼎晉无妄 石水音五八觀 星星聲三三離	世之會鼎旅離 石火音五七漸 星星聲三三離	世之運鼎未濟豐 石土音五六渙 星星聲三三離

	運之世				
元之世晉鼎泰 水石音八五升 星星聲三三離	元之元晉豫蠱 水水音八八坤 星辰聲三四噬嗑	元之會晉小過革 水火音八七謙 星辰聲三四噬嗑	元之運晉解家人 水土音八六師 星辰聲三四噬嗑	元之世晉姤否 水石音八五升 星辰聲三四噬嗑	元之元豫否升 水水音八八坤 辰日聲四一大壯
會之世旅鼎咸 火石音七五蠱 星星聲三三離	會之元旅豫比 火水音七八剥 星辰聲三四噬嗑	會之會旅小過升 火火音七七艮 星辰聲三四噬嗑	會之運旅解頤 火土音七六蒙 星辰聲三四噬嗑	會之世旅姤賁 火石音七五蠱 星辰聲三四噬嗑	會之元小過否坎 火水音七八剥 辰日聲四一大壯
運之世未濟鼎觀 土石音六五井 星星聲三三離	運之元未濟豫蒙 土水音六八比 星辰聲三四噬嗑	運之會未濟小過謙 土火音六七蹇 星辰聲三四噬嗑	運之運未濟解坤 土土音六六坎 星辰聲三四噬嗑	運之世未濟姤同人 土石音六五井 星辰聲三四噬嗑	運之元解否恆 土水音六八比 辰日聲四一大壯
世之世鼎鼎復 石石音五五巽 星星聲三三離	世之元鼎豫明夷 石水音五八觀 星辰聲三四噬嗑	世之會鼎小過臨 石火音五七漸 星辰聲三四噬嗑	世之運鼎解損 石土音五六渙 星辰聲三四噬嗑	世之世鼎姤既濟 石石音五五巽 星辰聲三四噬嗑	世之元姤否大過 石水音五八觀 辰日聲四一大壯

世之元

元之會豫蹇蒙 水火音八七謙 辰日聲四一大壯	元之運豫訟蠱 水土音八六師 辰日聲四一大壯	元之世豫姤井 水石音八五升 辰日聲四一大壯
會之會小過蹇巽 火火音七七艮 辰日聲四一大壯	會之運小過訟渙 火土音七六蒙 辰日聲四一大壯	會之世小過姤解 火石音七五蠱 辰日聲四一大壯
運之會解蹇未濟 土火音六七蹇 辰日聲四一大壯	運之運解訟鼎 土土音六六坎 辰日聲四一大壯	運之世解姤困 土石音六五井 辰日聲四一大壯
世之會恆蹇姤 石火音五七漸 辰日聲四一大壯	世之運恆訟訟 石土音五六渙 辰日聲四一大壯	世之世恆姤隨 石石音五五巽 辰日聲四一大壯

世之會

元之元豫萃兌 水水音八八坤 辰月聲四二歸妹	元之會豫咸乾 水火音八七謙 辰月聲四二歸妹	元之運豫困萃 水土音八六師 辰月聲四二歸妹
會之元小過萃夬 火水音七八剥 辰月聲四二歸妹	會之會小過咸否 火火音七七艮 辰月聲四二歸妹	會之運小過困无妄 火土音七六蒙 辰月聲四二歸妹
運之元解萃咸 土水音六八比 辰月聲四二歸妹	運之會解咸革 土火音六七蒙 辰月聲四二歸妹	運之運解困遯 土土音六六坎 辰月聲四二歸妹
世之元恆萃履 石水音五八觀 辰月聲四二歸妹	世之會恆咸泰 石火音五七漸 辰月聲四二歸妹	世之運恆困剥 石土音五六渙 辰月聲四二歸妹

	世之運				
元之世豫大過噬嗑 水石音八五升 辰月聲四二歸妹	元之元豫晉益 水水音八八坤 辰星聲四三豐	元之會豫旅豐 水火音八七謙 辰星聲四三豐	元之運豫未濟歸妹 水土音八六師 辰星聲四三豐	元之世豫鼎大壯 水石音八五升 辰星聲四三豐	元之元豫豫坤 水水音八八坤 辰辰聲四四震
會之世小過大過睽 火石音七五蠱 辰月聲四二歸妹	會之元小過晉小過 火水音七八剥 辰星聲四三豐	會之會小過旅臨 火火音七七艮 辰星聲四三豐	會之運小過未濟賁 火土音七六蒙 辰星聲四三豐	會之世小過鼎中孚 火石音七五蠱 辰星聲四三豐	會之元小過豫離 火水音七八剥 辰辰聲四四震
運之世解大過大有 土石音六五井 辰月聲四二歸妹	運之元解晉既濟 土水音六八比 辰星聲四三豐	運之會解旅晉 土火音六七蹇 辰星聲四三豐	運之運解未濟損 土土音六六坎 辰星聲四三豐	運之世解鼎節 土石音六五井 辰星聲四三豐	運之元解豫師 土水音六八比 辰辰聲四四震
世之世恆大過頤 石石音五五巽 辰月聲四二歸妹	世之元恆晉家人 石水音五八觀 辰星聲四三豐	世之會恆旅需 石火音五七漸 辰星聲四三豐	世之運恆未濟大畜 石土音五六渙 辰星聲四三豐	世之世恆鼎小畜 石石音五五巽 辰星聲四三豐	世之元恆豫觀 石水音五八觀 辰辰聲四四震

世之世

元之會豫小過謙 水火音八七謙 辰辰聲四四震	元之運豫解漸 水土音八六師 辰辰聲四四震	元之世豫坤艮 水石音八五升 辰辰聲四四震
會之會小過小過比 火火音七七艮 辰辰聲四四震	會之運小過解蹇 火土音七六蒙 辰辰聲四四震	會之世小過坤豫 火石音七五蠱 辰辰聲四四震
運之會解小過同人 土火音六七蹇 辰辰聲四四震	運之運解解旅 土土音六六坎 辰辰聲四四震	運之世解坤屯 土石音六五井 辰辰聲四四震
世之會坤小過震 石火音五七漸 辰辰聲四四震	世之運坤解復 石土音五六渙 辰辰聲四四震	世之世坤坤明夷 石石音五五巽 辰辰聲四四震

經世既濟陰圖

歲之

水水音一一坤 日日聲八八乾 歲之歲泰泰	水水音一一坤 日月聲八七履 歲之月泰臨
水水音一一坤 月日聲七八夬 月之歲臨泰	水水音一一坤 月月聲七七兌 月之月臨臨
水水音一一坤 星日聲六八大有 日之歲明夷泰	水水音一一坤 星月聲六七睽 日之月明夷臨
水水音一一坤 辰日聲五八大壯 時之歲復泰	水水音一一坤 辰月聲五七歸妹 時之月復臨

歲		歲之月			
水水音一一坤 日星聲八六同人 歲之日泰明夷	水水音一一坤 日辰聲八五无妄 歲之時泰復	水火音一二謙 日日聲八八乾 歲之歲泰大畜	水火音一二謙 日月聲八七履 歲之月泰損	水火音一二謙 日星聲八六同人 歲之日泰賁	水火音一二謙 日辰聲八五无妄 歲之時泰頤
水水音一一坤 月星聲七六革 月之日臨明夷	水水音一一坤 月辰聲七五隨 月之時臨復	水火音一二謙 月日聲七八夬 月之歲臨大畜	水火音一二謙 月月聲七七兌 月之月臨損	水火音一二謙 月星聲七六革 月之日臨賁	水火音一二謙 月辰聲七五隨 月之時臨頤
水水音一一坤 星星聲六六離 日之日明夷明夷	水水音一一坤 星辰聲六五噬嗑 日之時明夷復	水火音一二謙 星日聲六八大有 日之歲明夷大畜	水火音一二謙 星月聲六七睽 日之月明夷損	水火音一二謙 星星聲六六離 日之日明夷賁	水火音一二謙 星辰聲六五噬嗑 日之時明夷頤
水水音一一坤 辰星聲五六豐 時之日復明夷	水水音一一坤 辰辰聲五五震 時之時復復	水火音一二謙 辰日聲五八大壯 時之歲復大畜	水火音一二謙 辰月聲五七歸妹 時之月復損	水火音一二謙 辰星聲五六豐 時之日復賁	水火音一二謙 辰辰聲五五震 時之時復頤

歲之日				歲之	
水土音一三師 日日聲八八乾 歲之歲泰需	水土音一三師 日月聲八七履 歲之月泰節	水土音一三師 日星聲八六同人 歲之日泰既濟	水土音一三師 日辰聲八五无妄 歲之時泰屯	水石音一四升 日日聲八八乾 歲之歲泰小畜	水石音一四升 日月聲八七履 歲之月泰中孚
水土音一三師 月日聲七八夬 月之歲臨需	水土音一三師 月月聲七七兌 月之月臨節	水土音一三師 月星聲七六革 月之日臨既濟	水土音一三師 月辰聲七五隨 月之時臨屯	水石音一四升 月日聲七八夬 月之歲臨小畜	水石音一四升 月月聲七七兌 月之月臨中孚
水土音一三師 星日聲六八大有 日之歲明夷需	水土音一三師 星月聲六七睽 日之月明夷節	水土音一三師 星星聲六六離 日之日明夷既濟	水土音一三師 星辰聲六五噬嗑 日之時明夷屯	水石音一四升 星日聲六八大有 日之歲明夷小畜	水石音一四升 星月聲六七睽 日之月明夷中孚
水土音一三師 辰日聲五八大壯 時之歲復需	水土音一三師 辰月聲五七歸妹 時之月復節	水土音一三師 辰星聲五六豐 時之日復既濟	水土音一三師 辰辰聲五五震 時之時復屯	水石音一四升 辰日聲五八大壯 時之歲復小畜	水石音一四升 辰月聲五七歸妹 時之月復中孚

時	水石音一四升 日星聲八六同人 歲之日泰家人	水石音一四升 月星聲七六革 月之日臨家人	水石音一四升 星星聲六六離 日之日明夷家人	水石音一四升 辰星聲五六豐 時之日復家人
	水石音一四升 日辰聲八五无妄 歲之時泰益	水石音一四升 月辰聲七五隨 月之同臨益	水石音一四升 星辰聲六五噬嗑 日之時明夷益	水石音一四升 辰辰聲五五震 時之時復益
月之歲	火水音二一剝 日日聲八八乾 歲之歲大畜泰	火水音二一剝 月日聲七八夬 月之歲損泰	火水音二一剝 星日聲六八大有 日之歲賁泰	火水音二一剝 辰日聲五八大壯 時之歲頤泰
	火水音二一剝 日月聲八七履 歲之月大畜臨	火水音二一剝 月月聲七七兑 月之月損臨	火水音二一剝 星月聲六七睽 日之月賁臨	火水音二一剝 辰月聲五七歸妹 時之月頤臨
	火水音二一剝 日星聲八六同人 歲之日大畜明夷	火水音二一剝 月星聲七六革 月之日損明夷	火水音二一剝 星星聲六六離 日之日賁明夷	火水音二一剝 辰星聲五六豐 時之日頤明夷

㊀「歲之時」第五行第四欄「辰月聲」原作「辰日聲」，據本圖排列邏輯改。㊁「月之歲」第三行第三欄「日之歲」原作「月之歲」，據本圖排列邏輯改。

	月之月				
火水音二一剝 日辰聲八五无妄 歲之時大畜復	火火音二二艮 日日聲八八乾 歲之歲大畜大畜	火火音二二艮 日月聲八七履 歲之月大畜損	火火音二二艮 日星聲八六同人 歲之日大畜賁	火火音二二艮 日辰聲八五无妄 歲之時大畜頤	火土音二三蒙 日日聲八八乾 歲之歲大畜需
火水音二一剝 月辰聲七五隨 月之時損復	火火音二二艮 月日聲七八夬 月之歲損大畜	火火音二二艮 月月聲七七兌 月之月損損	火火音二二艮 月星聲七六革 月之日損賁	火火音二二艮 月辰聲七五隨 月之時損頤	火土音二三蒙 月日聲七八夬 月之歲損需
火水音二一剝 星辰聲六五噬嗑 日之時賁復	火火音二二艮 星日聲六八大有 日之歲賁大畜	火火音二二艮 星月聲六七睽 日之月賁損	火火音二二艮 星星聲六六離 日之日賁賁	火火音二二艮 星辰聲六五噬嗑 日之時賁頤	火土音二三蒙 星日聲六八大有 日之歲賁需
火水音二一剝 辰辰聲五五震 時之時頤復	火火音二二艮 辰日聲五八大壯 時之歲頤大畜	火火音二二艮 辰月聲五七歸妹 時之月頤損	火火音二二艮 辰星聲五六豐 時之日頤賁	火火音二二艮 辰辰聲五五震 時之時頤頤	火土音二三蒙 辰日聲五八大壯 時之歲頤需

月之日		
火土音二三蒙 日月聲八七履 歲之月大畜節	火土音二三蒙 日星聲八六同人 歲之日大畜既濟	火土音二三蒙 日辰聲八五无妄 歲之時大畜屯
火土音二三蒙 月月聲七七兌 月之月損節	火土音二三蒙 月星聲七六革 月之日損既濟	火土音二三蒙 月辰聲七五隨 月之時損屯
火土音二三蒙 星月聲六七睽 日之月賁節	火土音二三蒙 星星聲六六離 日之日賁既濟	火土音二三蒙 星辰聲六五噬嗑 日之時賁屯
火土音二三蒙 辰月聲五七歸妹 時之月頤節	火土音二三蒙 辰星聲五六豐 時之日頤既濟	火土音二三蒙 辰辰聲五五震 時之時頤屯

月之時		
火石音二四蠱 日日聲八八乾 歲之歲大畜小畜	火石音二四蠱 日月聲八七履 歲之月大畜中孚	火石音二四蠱 日星聲八六同人 歲之日大畜家人
火石音二四蠱 月日聲七八夬 月之歲損小畜	火石音二四蠱 月月聲七七兌 月之月損中孚	火石音二四蠱 月星聲七六革 月之日損家人
火石音二四蠱 星日聲六八大有 日之歲賁小畜	火石音二四蠱 星月聲六七睽 日之月賁中孚	火石音二四蠱 星星聲六六離 日之日賁家人
火石音二四蠱 辰日聲五八大壯 時之歲頤小畜	火石音二四蠱 辰月聲五七歸妹 時之月頤中孚	火石音二四蠱 辰星聲五六豐 時之日頤家人

	日之歲				
火石音二四蠱 日辰聲八五无妄 歲之時大畜益	土水音三一比 日日聲八八乾 歲之歲泰需	土水音三一比 日月聲八七履 歲之月臨需	土水音三一比 日星聲八六同人 歲之日明夷需	土水音三一比 日辰聲八五无妄 歲之時復需	土火音三二蹇 日日聲八八乾 歲之歲大畜需
火石音二四蠱 月辰聲七五隨 月之時損益	土水音三一比 月日聲七八夬 月之歲泰節	土水音三一比 月月聲七七兌 月之月臨節	土水音三一比 月星聲七六革 月之日明夷節	土水音三一比 月辰聲七五隨 月之時復節	土火音三二蹇 月日聲七八夬 月之歲大畜節
火石音二四蠱 星辰聲六五噬嗑 日之時賁益	土水音三一比 星日聲六八大有 日之歲泰既濟	土水音三一比 星月聲六七睽 日之月臨既濟	土水音三一比 星星聲六六離 日之日明夷既濟	土水音三一比 星辰聲六五噬嗑 日之時復既濟	土火音三二蹇 星日聲六八大有 日之歲大畜既濟
火石音二四蠱 辰辰聲五五震 時之時頤益	土水音三一比 辰日聲五八大壯 時之歲泰屯	土水音三一比 辰月聲五七歸妹 時之月臨屯	土水音三一比 辰星聲五六豐 時之日明夷屯	土水音三一比 辰辰聲五五震 時之時復屯	土水音三二蹇 辰日聲五八大壯 時之歲大畜屯

日之月			日之	
土火音三二蹇 日月聲八七履 歲之月需損	土火音三二蹇 日星聲八六同人 歲之日需賁	土火音三二蹇 日辰聲八五无妄 歲之時需頤	土土音三三坎 日日聲八八乾 歲之歲需需	土土音三三坎 日月聲八七履 歲之月需節
土火音三二蹇 月月聲七七兌 月之月節損	土火音三二蹇 月星聲七六革 月之日節賁	土火音三二蹇 月辰聲七五隨 月之時節頤	土土音三三坎 月日聲七八夬 月之歲節需	土土音三三坎 月月聲七七兌 月之月節節
土火音三二蹇 星月聲六七睽 日之月既濟損	土火音三二蹇 星星聲六六離 日之日既濟賁	土火音三二蹇 星辰聲六五噬嗑 日之時既濟頤	土土音三三坎 星日聲六八大有 日之歲既濟需	土土音三三坎 星月聲六七睽 日之月既濟節
土火音三二蹇 辰月聲五七歸妹 時之月屯損	土火音三二蹇 辰星聲五六豐 時之日屯賁	土火音三二蹇 辰辰聲五五震 時之時屯頤	土土音三三坎 辰日聲五八大壯 時之歲屯需	土土音三三坎 辰月聲五七歸妹 時之月屯節

㊀「日之日」第二行第三欄「星日聲」原作「月日聲」，據本圖排列邏輯改。

日	土土音三三坎 日星聲八六同人 歲之日需既濟	土土音三三坎 月星聲七六革 月之日節既濟	土土音三三坎 星星聲六六離 日之日既濟既濟	土土音三三坎 辰星聲五六豐 時之日屯既濟
	土土音三三坎 日辰聲八五无妄 歲之時需屯	土土音三三坎 月辰聲七五隨 月之時節屯	土土音三三坎 星辰聲六五噬嗑 日之時既濟屯	土土音三三坎 辰辰聲五五震 時之時屯屯
日之時	土石音三四井 日日聲八八乾 歲之歲需小畜	土石音三四井 月日聲七八夬 月之歲節小畜	土石音三四井 星日聲六八大有 日之歲既濟小畜	土石音三四井 辰日聲五八大壯 時之歲屯小畜
	土石音三四井 日月聲八七履 歲之月需中孚	土石音三四井 月月聲七七兌 月之月節中孚	土石音三四井 星月聲六七睽 日之月既濟中孚	土石音三四井 辰月聲五七歸妹 時之月屯中孚
	土石音三四井 日星聲八六同人 歲之日需家人	土石音三四井 月星聲七六革 月之日節家人	土石音三四井 星星聲六六離 日之日既濟家人	土石音三四井 辰星聲五六豐 時之日屯家人
	土石音三四井 日辰聲八五无妄 歲之時益需	土石音三四井 月辰聲七五隨 月之時益節	土石音三四井 星辰聲六五噬嗑 日之時益既濟	土石音三四井 辰辰聲五五震 時之時益屯

時之歲	石水音四一觀 日日聲八八乾 歲之歲小畜泰	石水音四一觀 月日聲七八夬 月之歲中孚泰	石水音四一觀 星日聲六八大有 日之歲家人泰	石水音四一觀 辰日聲五八大壯 時之歲益泰
	石水音四一觀 日月聲八七履 歲之月小畜臨	石水音四一觀 月月聲七七兌 月之月中孚臨	石水音四一觀 星月聲六七睽 日之月家人臨	石水音四一觀 辰月聲五七歸妹 時之月益臨
	石水音四一觀 日星聲八六同人 歲之日小畜明夷	石水音四一觀 月星聲七六革 月之日中孚明夷	石水音四一觀 星星聲六六離 日之日家人明夷	石水音四一觀 辰星聲五六豐 時之日益明夷
	石水音四一觀 日辰聲八五无妄 歲之時小畜復	石水音四一觀 月辰聲七五隨 月之時中孚復	石水音四一觀 星辰聲六五噬嗑 日之時家人復	石水音四一觀 辰辰聲五五震 時之時益復
時之	石火音四二漸 日日聲八八乾 歲之歲小畜大畜	石火音四二漸 月日聲七八夬 月之歲中孚大畜	石火音四二漸 星日聲六八大有 日之歲家人大畜	石火音四二漸 辰日聲五八大壯 時之歲益大畜
	石火音四二漸 日月聲八七履 歲之月小畜損	石火音四二漸 月月聲七七兌 月之月中孚損	石火音四二漸 星月聲六七睽 日之月家人損	石火音四二漸 辰月聲五七歸妹 時之月益損

月	石火音四二漸 日星聲八六同人 歲之日小畜賁	石火音四二漸 月星聲七六革 月之日中孚賁	石火音四二漸 星星聲六六離 日之日家人賁	石火音四二漸 辰星聲五六豐 時之日益賁
	石火音四二漸 日辰聲八五无妄 歲之時小畜頤	石火音四二漸 月辰聲七五隨 月之時中孚頤	石火音四二漸 星辰聲六五噬嗑 日之時家人頤	石火音四二漸 辰辰聲五五震 時之時益頤
時之日	石土音四三渙 日日聲八八乾 歲之歲小畜需	石土音四三渙 月日聲七八夬 月之歲中孚需	石土音四三渙 星日聲六八大有 日之歲家人需	石土音四三渙 辰日聲五八大壯 時之歲益需
	石土音四三渙 日月聲八七履 歲之月小畜節	石土音四三渙 月月聲七七兌 月之月中孚節	石土音四三渙 星月聲六七睽 日之月家人節	石土音四三渙 辰月聲五七歸妹 時之月益節
	石土音四三渙 日星聲八六同人 歲之日小畜既濟	石土音四三渙 月星聲七六革 月之日中孚既濟	石土音四三渙 星星聲六六離 日之日家人既濟	石土音四三渙 辰星聲五六豐 時之日益既濟
	石土音四三渙 日辰聲八五无妄 歲之時小畜屯	石土音四三渙 月辰聲七五隨 月之時中孚屯	石土音四三渙 星辰聲六五噬嗑 日之時家人屯	石土音四三渙 辰辰聲五五震 時之時益屯

時之時			
石石音四四巽 日日聲八八乾 歲之歲小畜小畜	石石音四四巽 日月聲八七履 歲之月小畜中孚	石石音四四巽 日星聲八六同人 歲之日小畜家人	石石音四四巽 日辰聲八五无妄 歲之時小畜益
石石音四四巽 月日聲七八夬 月之歲中孚小畜	石石音四四巽 月月聲七七兌 月之月中孚中孚	石石音四四巽 月星聲七六革 月之日中孚家人	石石音四四巽 月辰聲七五隨 月之時中孚益
石石音四四巽 星日聲六八大有 日之歲家人小畜	石石音四四巽 星月聲六七睽 日之月家人中孚	石石音四四巽 星星聲六六離 日之日家人家人	石石音四四巽 星辰聲六五噬嗑 日之時家人益
石石音四四巽 辰日聲五八大壯 時之歲益小畜	石石音四四巽 辰月聲五七歸妹 時之月益中孚	石石音四四巽 辰星聲五六豐 時之日益家人	石石音四四巽 辰辰聲五五震 時之時益益

以方圖裂爲四片，每片十六卦。西北十六卦爲天門，乾主之；東南十六卦爲地户，坤主之；東北十六卦爲鬼方，泰主之；西南十六卦爲人路，否主之。陽圖以天門十六卦爲律，每一位各唱地户吕卦十六位，謂之動數，律左吕右，從右横觀，上體與上體互，下體與下體互，又成兩卦，每一位變西南之卦三十二，共成一千二十四卦。陰圖以地户十六卦爲吕，每一位各唱天門律卦十六位，謂之植數，吕右律左，從左横觀，又成兩卦，每一位變東北之卦三十二，共成一千二十四卦。

經世聲音圖

正聲	平上去入	正音	開發收閉
	日月星辰		水火土石
一聲	多可个舌	音一	古甲九癸
	禾火化八		□□近揆
	開宰愛○		坤巧丘弃
	回每退○		□□乾虯
二聲	良兩向○	音二	黑花香血
	光廣況○		黃華雄賢
	丁井亙○		五瓦仰□
	兄永瑩○		吾牙月堯
三聲	千典旦○	音三	安亞乙一
	元犬半○		□爻王寅
	臣引艮○		母馬美米
	君允巽○		目皃眉民

四聲　刀早孝岳
毛寶報霍
牛斗奏六
○○○玉

五聲　妻子四日
衰○帥骨
○○○德
龜水貴北

六聲　宮孔衆○
龍甬用○
魚鼠去○
烏虎兔○

七聲　心審禁○
○○○十
男坎欠○
○○○妾

音四　夫法□飛
父凡□吠
武晚□尾
文萬□未

音五　卜百丙必
步白葡鼻
普扑品匹
旁排平瓶

音六　東丹帝■
兑大弟■
土貪天■
同覃田■

音七　乃妳女■
內南年■
老冷呂■
鹿犖離■

八聲
●●●●
●●●●
●●●●
●●●●

九聲
●●●●
●●●●
●●●●
●●●●

十聲
●●●●
●●●●
●●●●
●●●●

音八
走哉足■
自在匠■
草采七■
曹才全■

音九
思三星■
寺□象■
□□□■
□□□■

音十
■山手■
■士石■
■□耳■
■□二■

音十一
■莊震■
■乍□■
■叉赤■
■崇辰■

音十二■卓中■
■宅直■
■拆丑■
■茶呈■

附聲音論

邵伯温曰：物有聲色氣味，可考而見，唯聲爲甚。有一物則有一聲，有聲則有音，有律則有呂。故窮聲音律呂，以窮萬物之數。數亦以四爲本，本乎四象故也。自四象而爲八卦，自八卦而爲六十四，天下萬物之數備于其間矣。此與前元會運世其法同。日日聲卽元之元、日之日也，日月聲卽元之會、日之月也，日星聲卽元之運、日之星也，日辰聲卽元之世、日之辰也。其餘皆可類推。

鍾過曰：天之體數四十，地之體數四十八。天數以日月星辰相因，爲一百六十；地數以水火土石相因，爲一百九十二。于天數内去地之體數四十八，得一百一十二，是爲天之用聲。于地數内去天之體數四十，得一百五十二，是爲地之用音。凡日月星辰四象爲聲，水火土石四象爲音。聲有清濁，音有闢翕。遇奇數則聲爲清，音爲闢；遇耦數則聲爲濁，音爲翕。聲皆爲律，音皆爲呂。以律唱呂，以呂和律。天之用聲別以平上去入者一百一十二，皆以開發收閉之音和之；地之用音別以開發收閉者一百五十二，皆以平上去入之聲唱之。

又曰：東方之音在齒舌，南方之音在脣舌，西方之音在㗁舌，北方之音在喉舌。便于喉者不利于脣，便于齒者不利于㗁，由是訛正牽乎僻論，是非出乎曲說，繁然殽亂于天下矣！不有正聲正音，烏能正之哉！

又曰：天有陰陽，地有剛柔，律有闢翕，呂有唱和。一陰一陽交而日月星辰備焉，一柔一剛交而金土火水備焉，一闢一翕交而平上去入備焉，一唱一和交而開發收閉備焉。日月星辰備而萬情生焉，金土火水備而萬形成焉，平上去入備而萬聲出焉，開發收閉備而萬音生焉。律隨天而變，呂隨地而化，闢隨陽而出，翕隨陰而入，唱隨剛而上，和隨柔而下，然後律呂隨音，宮徵角羽之道各得其正矣。陽生日，陰生月，剛生星，柔生辰；剛生金，柔生土，陽生火，陰生水。日月星辰、金土火水正而天地正焉，是知律呂聲音之道可以行天地矣。日生目，月生耳，星生鼻，辰生口；金生氣，土生味，火生色，水生聲。目耳鼻口、氣味色聲正而人道正焉，是知律呂聲音之道可以行人事矣。目之體數十，耳之體數十二；色之體數十，聲之體數十二。進目鼻氣色之體數，退耳口味聲之體數，是爲正律之用數。進耳口味聲之體數，退目鼻氣色之體數，是爲正呂之用數。以正律之用數協正呂之用數，是爲正音之用數。以正呂之用數和正律之用數，是爲正聲之用數。正律之用數一百一十二，正呂之用數一百五十二；正聲之用數萬有七千二十四，正音之用數萬有七千二十四。律感呂而聲生焉，呂感律而音生焉。律呂與天地同和，聲音與律呂同順。是故古之聖王見天地萬物之情暢，然後作樂以崇之，命工以和之，以詩言志，以歌永言，以聲依永，以律和聲，此所謂八音克諧而百獸率舞，人神以和而鳳凰來儀。則是學也，豈直言釋音文義而已哉！

祝子涇曰：宮商角徵羽分太少，爲十聲，管以十干；六律六吕合爲十二音，管以十二支。攝之以聲音之字母二百六十四。聲分平上去入，音分開發收閉，鋪布悉備，以爲三千八百四十圖，各十六聲十六音，總三萬四千四十八音聲，蓋取天聲有字無字與無聲字一百六十位，地音有字無字與無音字一百九十二位，衍忒而成之。聲之位去不用之四十八，止百十二，所以括唐韻之内外八轉而分平上去入也；音之位去不用之四十，止百五十二，所以括切㊀字母脣舌牙齒喉而分開發收閉也。何謂無聲？百六十位中有位而調不出者。何謂無音？百九十二位中有位而切不出者。以聲音統攝萬物之變，及于無聲無音，則備矣。其間有聲有音，雖無字，皆洪纖高下，遂其生育者也。若有聲而無音，有音而無聲，則天地不相唱和，獨陽不生，獨陰不成，徒有其位，實無其物也。聲音字母二百六十四，相交而互變，始于一萬七千二十四，極于二萬八千九百八十一萬六千五百七十六，以取掛一之二百五十六卦，以觀天地萬物之進退盈虚消長也。

上官萬里曰：自胡僧了義以三十六字爲翻切母，奪造化之功。司馬公指掌圖爲四聲等字，蒙古韻以一聲該四聲，皆不出了義區域。蓋但欲爲翻切用，而未及于物理也。惟皇極用聲音之法，超越前古。以聲起數，以數合卦，而萬物可得而推矣。詳見祝氏鈐，而祝氏又或與康節有異同處。

彭長庚曰：鄭夾漈云：「四聲爲經，七音爲緯。江右之儒爲韻書，知縱有四聲，而不知衡有七音。

㊀「切」下疑脱「音」字。

縱成經，衡成緯，經緯不交，所以失立韻之原。」今考經世書，聲爲律，音爲呂，律爲唱，呂爲和，一經一緯，一縱一横，而聲音之全數具矣。聲有十，音有十二者，如甲至癸十，子至亥十二也。于聲之用數中去音之體數四十八，于音之用數中去聲之體數四十者，如㊀天數無十，地數無一也。以聲配音而切韻生焉，翕闢清濁辨焉，三萬四千四十八音聲在其中矣。天下之聲既具，而天下之若色若臭若味皆在其中矣，此所以爲萬物之數也。

袁清容答高舜元問邵子聲音之學及字母淵源曰：縱爲四聲，横爲七音，鄭漁仲之説備矣。邵子聲音之學，出于其父，名古號伊川丈人，有圖譜行于世，温公切韻皆源于此。然此學由西域來，今所謂三十六字母亦從彼出。中國四聲甚拙，至沈約始明七音。先儒嘗言中聲合于天籟，若如近世祝泌觀物解中韻譜，卻又入樂工清濁之拘。莊子謂「樂出虛」，乃邵子心法，但得伊川丈人圖子一觀，方得髣髴。後漢風角鳥占，亦不出此。然非至静工夫，未易能通也。

附棃洲皇極經世論

皇極之數，一元十二會，爲三百六十運；一會三十運，爲三百六十世；一運十二世，爲三百六十年；一世三十年，爲三百六十月；一年十二月，爲三百六十日；一月三十日，爲三百六十時；一日十二時，爲三百六十分；一時三十分，爲三百六十秒。蓋自大以至于小，總不出十二與三十之反覆相承而

㊀「如」原作「知」，據王植皇極經世全書解卷四引改。

已。以掛一圖之二百五十六卦分配，凡一運、一世、一年、一月、一日、一時，各得四爻，其爲三百六十者盡二百四十卦。餘十六卦，分于二十四氣，亦每氣得四爻，以寓閏法于其間。不論運世年月日時，皆有閏也。然推求其說，多有可疑。夫自一年成數言之，爲三百六十日；自十二月言之，爲三百五十四日；自二十四氣言之，爲三百六十五日三時；自閏歲言之，爲三百八十四日。今以康節之術，案之于曆，辰法三百六十，其數皆以秒言。日法四千三百二十，月法十二萬九千六百，歲法一百五十五萬五千二百，世法四千六百六十五萬六千，運法五千九百八十七萬二千，會法一百六十七億九千六百十六萬，元法二千一十五億五千三百九十二萬，皆成數也。在一月爲三十日，于朔策強二千一百六十，于氣策弱一千八百九十。在一年爲三百六十日，于歲實弱二萬二千六百八十，于十二朔實強二萬五千九百二十。既不可施之曆矣，乃于二氣相接之際，各增一日以爲閏，以準一年三百八十四之數，可謂巧矣。然三百八十四日，有閏之歲也。閏雖每歲有之，亦必積之三歲兩歲，而後滿于朔實，故有三百八十四日之歲。若一歲之閏策只四萬八千六百，今概之三百八十四日，是歲歲有閏月也，豈可通乎！且所謂閏者，見之于年月日時者也。就如其說，增此四爻，亦當增于三百六十之中，徒增之于卦，其爲三百六十者如故，是有閏之名，而無閏之實矣。是故運世歲無閏，而月日時有閏，六者不可一例。一年之日三百五十四，以運準之，則少六日；一月之時三百五十四，以世準之，則少六時。康節必欲以十二與三十整齊之，其奇零豈可抹殺乎？如以康節之數而立法，歲實一百五十七萬七千八百八十，朔策一十二萬七千四百四十，氣策六萬五千七百四十五，閏法四萬八千六百，由此推而上之爲元會運世，庶乎可通耳！康節之爲此書，其意總括古今之曆學，盡歸于易。奈易之于曆，本不相通，硬相牽合，所以其說愈煩，其法愈巧，終成一部鶻突曆書而不可用也。皇極一□□。

乾、兑、離、震爲天之四卦，四卦自交成十六卦，十六而十六之，得二百五十六卦，謂之掛一圖，以之分配元會運世年月日時。然在一元，會止十二，止以辟卦配之。一元之中有三百六十運，一會之中有三百六十世，一運之中有三百六十年，一世之中有三百六十月，一年之中有三百六十日，一月之中有三百六十時，凡此六者，則以掛一圖配之，皆用四爻直一，三百六十盡二百四十卦。餘十六卦，每氣之首各用四爻，二十四氣恰盡餘卦。顧六者起卦，各有不同。一曰運卦：張文饒得牛無邪之傳，以爲堯當賁之六五，堯即位在日甲、月巳、星癸、辰未之甲辰年，已歷一百八十運。若起元之元之元之元泰卦，至此在會之世之世之世，其卦爲同人，與無邪之傳異矣。惟起于世之元之元之元升卦，則至此是元之世之世之世，始合于無邪之賁直。三四五上爻，一爻直三世，其世在己未，則是五爻以來四十一年也，故文饒據此遂起升卦。番陽祝氏謂起泰者未然之卦，運世用之，起升者已然之卦，歲月日時用之，直以堯當同人。然無邪有所授受，祝氏以意逆之，故不舍無邪而從祝氏也。二曰世卦：起于會首所當之卦。子會起升，丑會起否，寅會起損，卯會起泰，辰會起渙，巳會起屯，午會起損，未會起坎，申會起比，酉會起大畜，戌會起隨，亥會起剥。夏禹八年入午會。祝氏起卦用泰，午會之首在大畜，故以大畜六五至節九二爲世之始，其卦雖異損，其起于午會同也。但以堯之己未世直賁，歷明夷、同人，與午會之大畜相接續，不知逆推而上，則巳會甲子世一千八百一，亦起于大畜矣。以巳會而用午會之起卦，何所取義？蓋祝氏聞堯運在賁之説，用元之元以推運卦，既不能合，而午會世起大畜，其上適與賁接，遂謂無邪所言爲堯之世卦，非運卦也，亦未嘗逆推，知其乖戾耳！文饒言世卦隨大運消長，遇奇卦則取後卦，遇耦卦則取前卦，并二卦以當十二世。據之，是世卦不煩別起，只在運卦左右，如己未世之運卦是賁，爲耦卦，則取前卦之无妄合之，分配癸亥運內之十二世可也。三曰年卦：所謂小運也。以世當月，以年當日，視其世所當之辰而起。子起冬至，丑起大寒，寅起雨水，卯起春分，辰起穀雨，巳起小滿，午起夏至，未起大暑，申起處暑，酉起秋分，戌起霜降，亥起小雪。所謂中朔同起。三十日分二氣，一氣分三候，一月六候。甲己孟季仲各值五日，子午卯酉爲仲，辰戌丑未爲季，寅申巳亥爲孟。仲、孟逆生，先候五日；季順行，後候五日。即如唐堯以己未世爲月，甲辰年爲日，甲辰是大暑，以甲己季日，當後五日起卦，直師之三四五上，至十一年甲寅，得蠱之初六，爲立秋節。己未世之季氣，即庚申世之初氣也。若漢高小運以己未爲月，甲午爲日，亦是大暑。以甲己仲日，當先五日起卦，直歸妹初九。祝氏用元之元卦圖，其起卦皆氣後月十五日，非也。四曰月卦：以甲子、甲午年之正月起升、蒙，三十年而一周。文饒又言月卦隨小運進退，如世卦之法。如堯時師爲甲辰年，耦卦，則取前卦艮合之，一爻配一月也。五曰日卦：從氣不從月，以立春起升、蒙，一年而周。六曰時卦：以朔日之子起升、蒙，一月而周。康節當時有數鈐，私相授受，後之爲學者多失其傳，余爲攷定如此。即如十二會之辟卦，朱子曰：「經世書以十二辟卦管十二會，綳定時節，卻就中推吉凶消長。堯時正是乾卦九五。」案一會得一卦，會有三十運，是五運得一爻也。巳會當星之巳一百七十六，已入乾上九。唐堯在星之癸一百八十，是上爻將終，安得云九五哉！于其易明者且然，況科條煩碎，孰肯究心于此乎！皇極二起運。

卦氣圖二百五十六位之序，雖曰乾、兑、離、震四卦自交而成，然案之方圖又錯雜，時有出入，則別立取卦之法，于通數中除極數，以謂卽見聖人畫卦之旨。通數，二萬八千九百八十一萬六千五百七十六。陽剛太少，其數十，凡四位，爲四十。以四因之，得一百六十。陰柔太少，其數十二，凡四位，爲四十八。以四因之，得一百九十二。以二數相唱和，各得三萬七百二十，謂之動植體數。于一百六十陽數之中除去陰數四十八，得一百十二；于一百九十二陰數之中除去陽數四十，得一百五十二。以一百五十二與一百十二相唱和，各得一萬七千二十四，謂之動植用數。以用數自乘，得通數。極數，元之元一，元之會十二，元之運三百六十，元之世四千三百二十；會之元十二，會之會一百四十四，會之運四千三百二十，會之世五萬一千八百四十；運之元三百六十，運之會四千三百二十，運之運一十二萬九千六百，運之世一百五十五萬五千二百；世之元四千三百二十，世之會五萬一千八百四十，世之運一百五十五萬五千二百，世之世一千八百六十六萬二千四百。假令元之元置通數，從左起，至右六，凡九位。以其中位之一萬分列，于右四位爲九千九百九十九。其通數萬下之六千五百七十六除去不用，以此列之。除卦身八算，在千位除之。又除元之元極數一，餘二萬八千九百八十萬九千九百九十九。以中位萬爲中位。左見八，八屬坤；右見一，一屬乾，左爲外卦，右爲內卦，成地天泰。其第二卦卽以第一卦餘算除卦身，除極數。滿六十四卦，方去餘算，再置通數。如在元之會，卽以十二餘起。凡除卦身，動中萬除右卦身，進動百萬除左卦身。然取卦往往不能相合，則別有五法：一袪退陰，于右卦減一算或二算。二法進陽，于左卦增一算或二算。進退不過三。三法虛張，奇畫虛張五則爲乾六畫。四法分布，耦畫分布十則爲坤十二畫。五法消息，移右算補左謂之消陰息陽，移左算補右謂之消陽息陰，數不過。牛無邪亦傳如此，又謂退陰而不合則又進陽，進陽而又不合則又虛張，以至于消息而止，皆必先右而後左。以某推之則不然。有不合者方用五法，若右合而左不合，當竟用其法于左，安得先陰而後陽乎？左爲陽，右爲陰。右不合者，進退可合則用進退，虛張、分布可合則用虛張、分布，消息可合則用消息，不須從進退以至于消息也。此無邪之説，胡庭芳所以謂之繁晦歟？然用此五法以增減，則無卦不可附會，故必知卦而後可算卦。若欲從卦以定算，則五法俱不可用，而通、極二數有時而窮也。圖之爲序，當必有説，張、祝二家皆影響矣。皇極三卦氣序。

七十二蓍合一曰太極，分爲二以象兩，置左不用，揲右以四，視其餘數，一爲元，二爲會，三爲運，四爲世。既得象矣，元、會、運、世爲四象。復合而分之，取左之四并于右，既分之後，從左手取四策入于右手。置左不用，揲右以八，視其餘數，爲上卦之體。復合而分之，取右之四并于左，取右手四策入于左手。置右不用，揲左以八，視其餘數，爲下卦之體。二體相附，既得卦矣，復合而分之，置右不用，揲左以六，視其餘數，自一爲初，訖六爲上，以定直事之爻。假令初揲餘一，于象爲元；再揲餘五，上體爲巽；三揲餘七，下體爲艮；巽艮合爲漸，在卦氣圖得元之[1]漸卦。終揲餘六，則上九爲直事之爻，漸當元之會之會之運。以律呂圖求之，元之會爲日月聲，卦當履，會之運爲火土音，卦當蒙，合而爲物數，則卦當

[1] 「元之」下疑脫「會」字。

遯，因以觀物之象準之，爲皇之帝之帝之王，皇帝王霸。飛之走之走之木，飛走草木。士之農之農之工，士農工商。一之二之七之六之類是也。上九爻變陰則爲蹇，爻自下而上，奇位爲陽，耦位爲陰，當位則不變，不當位則變。以九處上爲不當位，故變。上體巽變震則爲小過。乾兌離震居上，坤艮坎巽居下，爲當位。反是，爲不當位。當位則不變，不當位則變。以巽居上體，故變。卦、爻皆以當位爲吉，不當位爲凶。漸者艮歸魂之卦，以九三爲世爻，上九爲應爻。今上九爲當世直事之爻，則應復爲世，與本爻相敵。此占之大畧也。康節本無蓍法，張文饒立之以配易、玄、包、虛。易、玄、包、虛有辭，而經世無辭。有辭者以辭占，無辭者占其陰陽之進退，卦爻之當否，時日之早暮，五行之盛衰。爻者時用也，卦者定體也。爻之變不變以觀其隨時，卦之變不變以觀其大定。變不變者數也，利不利者命也。辨其邪正則有理，制其從違則有義。若愛惡之思不忘于胸中，則吉凶亦情遷矣。雖專心致志，不可謂之誠也。皇極四蓍法。

致用之法，以一定之卦推治亂，以聲音數取卦占事物。凡占一卦，視其卦之當位與否，當位則不變，不當位則變。卦既變矣，視其所直之爻當位與否，當位則不變，不當位則變。以終變之卦爲準，終變之卦卽不當位亦不變。本卦爲貞，變卦爲悔。當位則吉，不當位則凶。視其卦爲奇爲耦，于方圖中奇卦在右爲陽中陽，在左爲陰中陽；耦卦在左爲陰中陰，在右爲陽中陰。陽爲順，陰爲逆。視其卦在某會某㊀運某世，大運以會當月，以運當日，以世當辰，如堯之巳會、癸亥運、己未世，卽一歲之五月三十日未時也；小運以世當月，以年當日，以月當時，如堯之己未世、甲辰年，卽一歲之六月十一

㊀「某」原作「其」，據龍本改。

日也。視其卦之納甲與所當之年月日時有無生剋，視其卦之世應與所值之爻有無偷奪，又以律圖求之。運在四大象中某所，得天門唱卦，居左；世在四大象中某所，得地户和卦，居右。合兩卦並觀，在既濟圖第幾位，合掛一圖何卦，然後以其卦變化進退之，而推其時運之吉凶。若用年配世，則以世求天門唱卦，居左，以年求地户和卦，居右，與上一例。取卦之時，視算位中餘數，以六位配六爻，元自一起，世至九終。無問十百千萬，皆以當一爲甲，二爲辛，三爲丙，四爲癸，五爲戊，六爲乙，七爲庚，八爲丁，九爲壬，十爲己。甲乙爲木，爲饑饉，爲曲直之物。庚辛爲金，爲兵戈，爲刃物。丙丁爲火，爲大旱，爲鋭物。壬癸爲水，爲淫潦，爲流溼之物。戊己爲土，爲中興，爲重滯之物。此致用之大凡也。皇極包羅甚富，百家之學無不可資以爲用，而其要領在推數之無窮。宋景濂作溟涬生贊，記蜀道士杜可大之言曰：「宇宙，太虛一塵耳！人生其間，爲塵幾何，是茫茫者尚了然心目間。」此一言已盡皇極之祕，能者自有冥契，則予言亦説鈐也。皇極五致用。

百家謹案：以上均先遺獻皇極經世論，見易學象㊀數論中。

康節語補。

山川風俗，人情物理，有益吾學者，必取諸。語鄭夬。

道滿天下，何物不有，豈容人關健㊁邪？語秦玠。

㊀「象」字原脱，據本卷上下文引補。 ㊁「健」，龍本作「鍵」。

附錄

二程嘗侍太中公訪先生于天津之廬。先生移酒飲月坡上，歡甚，語其平生學術出處之大致。明日，明道謂周純明曰：「昨從堯夫先生遊，聽其議論，振古之豪傑也。惜其無所用于世。」周曰：「所言何如？」曰：「內聖外王之道也。」

居洛四十年，安貧樂道，自云未嘗攢眉。所居寢息處，名安樂窩，自號安樂先生。又爲甕牖，讀書燕居其下。旦則焚香獨坐，晡時飲酒三四甌，微醺便止，不使至醉。嘗有詩云：「斟有淺深存燮理，飲無多少係經綸。莫道山翁拙于用，也能康濟自家身！」

先生與富鄭公早相知。富初爲相，屬大卿田棐挽之出，先生不答，以詩謝之。文潞公尹洛，以兩府禮召見先生，先生不往。既王拱辰尹洛，以先生與常秩同薦，俱不起。至熙寧二年，詔舉遺逸，呂誨、吳充、祖無擇交薦先生，歐陽文忠薦常秩，除先生祕書省校書郎、潁川團練推官。辭，不許。既受命，即引疾，以詩答鄉人曰：「平生不作皺眉事，天下應無切齒人。斷送落花安用雨，裝添舊物豈須春！幸逢堯舜爲真主，且放巢由作老臣。六十病夫宜揣分，監司無用苦開陳。」常秩就官，依附安石，盛言新法之便，天下薄之。較之先生，一龍一豬矣。

先生爲隱者之服，烏帽縚褐，見卿相不易也。

司馬温公見先生，曰：「明日僧修顒開堂説法，富公、晦叔欲偕往聽之。晦叔貪佛，已不可勸；富公果往，于理未便。光後進，不敢言，先生曷不止之？」先生曰：「恨聞之晚矣。」明日，富果往。後先生見富，謂曰：「聞上欲用裴晉公禮起公。」富笑曰：「先生以爲某衰病能起否？」先生曰：「固也。或人言：上命公，公不起；一僧開堂，公乃出。無乃不可乎！」富驚曰：「某未之思也！」富以先生年高，勸學修養，先生曰：「不能學人胡亂走也！」

圖數之學，由陳圖南摶、种明逸放、穆伯長修、李挺之之才遞傳于先生。伯長剛躁多怒罵，挺之事之甚謹。先生居百源，挺之知先生事父孝謹，勵志精勤，一日，叩門勞苦之曰：「好學篤志何如？」先生曰：「簡策之外，未有適也。」挺之曰：「君非迹簡策者，其如物理之學何！」他日，又曰：「不有性命之學乎！」先生再拜，願受業。其事挺之也，亦猶挺之之事伯長，雖野店，飯必襴，坐必拜。

一日雷起，先生謂伊川曰：「子知雷起處乎？」伊川曰：「某知之，堯夫不知也。」先生愕然曰：「何謂也？」曰：「既知之，安用數推之。以其不知，故待推而知。」先生曰：「子云知，以爲何處起？」曰：「起于起處。」先生咥然。

晁以道問先生之數于伊川，答云：「某與堯夫同里巷居三十餘年，世間事無所不問，惟未嘗一字及數。」

明道云：堯夫欲傳數學于某兄弟，某兄弟那得工夫。要學，須是二十年工夫。堯夫初學于李挺之，師禮甚嚴，雖在野店，飯必襴，坐必拜。欲學堯夫，亦必如此。

明道聞先生之數既久，甚熟。一日，因監試無事，以其說推算之，皆合。出謂先生曰：「堯夫之數，只是加一倍法。以此知太玄都不濟事！」

先生與商州趙守有舊，時章惇作商州令。一日，守請先生與惇會，惇縱横議論，不知敬先生也。因語及洛中牡丹之盛，守因謂惇曰：「先生，洛人也，知花甚詳。」先生因言洛人以見根撥而知花之高下者爲上，見枝葉而知者次之，見蓓蕾而知者下也。惇默然。後從先生遊，欲傳數學，先生謂須十年不仕乃可，蓋不之許也。

邵子文云：邢和叔亦欲從先君學，先君略爲開其端倪，和叔援引古今不已。先君曰：「姑置是！此先天學，未有許多言語。且當虛心滌慮，然後可學。」此和叔留别詩有「坦下每慚呼孺子，牀前時得拜龐公」之句。先君和云：「觀君自比諸葛亮，顧我殊非黄石公。」斷章云：「出人才業尤須惜，慎弗輕爲西晉風！」

百家謹案：先生數學，不待二程求而欲與之。及章惇、邢恕，則求而不與。蓋兢兢乎慎重其學，必慎重其人也。上蔡云：「堯夫之數，邢七要學，堯夫不肯，曰：『徒長奸雄。』」章惇不必言矣！

伊川云：「邵堯夫臨終時，只是諧謔，須臾而去。以聖人觀之，則亦未是，蓋猶有意也。比之常人，甚懸絶矣。他疾革，頤往視之，因警之曰：『堯夫平生所學，今日無事否？』他氣微不能答。次日見之，卻有聲如絲髮來大，答云：『你道生薑樹上生，我亦只得依你説。』是時諸公都在廳上議後事，他在房間便聞得。諸公恐喧他，盡之外説話，他皆聞得。一人云『有新報』云云，堯夫問有甚事。曰：有某事。堯夫曰：『我將謂收卻幽州也。』以他人觀之，便以爲怪。此只是心虛而明，故聽得。」問：「堯夫未病時不如此，何也？」曰：「此只是病後氣將絕，心無念，慮不昏，便如此。」又問：「釋氏亦先知死，何也？」曰：「只是一箇不動心。釋氏平生只學這箇事，將這箇做一件大事。學者不必學他，但燭理明，自能之。只如堯夫事，他自如此，亦豈嘗學也。」

張崏述行略曰：先生治易、書、詩、春秋之學，窮意言象數之蘊，明皇帝王霸之道，著書十餘萬言，研精極思三十年。觀天地之消長，推日月之盈縮，攷陰陽之度數，察剛柔之形體，故經之以元，紀之以會，始之以運，終之以世。又斷自唐、虞，訖于五代，本諸天道，質以人事，興廢治亂，靡所不載。其辭約，其義廣；其書著，其旨隱。嗚呼，美矣，至矣，天下之能事畢矣！

明道銘其墓曰：嗚呼先生，志豪力雄。闊步長趨，淩高厲空。探幽索隱，曲暢旁通。在古或難，先生從容。有問有觀，以沃以豐。天不慭遺，哲人之凶。鳴皋在南，伊流在東，有寧一宮，先生所終。

百家謹案：晁氏客語：「邵堯夫墓誌後題云：『前葬之月，河南尹賈昌衡言于朝。既刻石，詔至，以著作佐郎告先生第，賻粟帛。熙寧丁巳歲也。』」

元祐中，韓康公尹洛，請謚于朝，常博歐陽棐議曰：「君少篤學，有大志。久而後知道德之歸，且以爲學者之患，在于好惡先成乎心，而挾其私智以求于道，則蔽于所好，而不得其真。故求之至于四方萬里之遠，天地陰陽屈伸消長之變，無所不可，而必折衷于聖人。雖深于象數，先見默識，未嘗以自名也。其學純一而不雜，居之而安，行之而成，平夷渾大，不見圭角，其自得深矣云云。案謚法，温良好樂曰康，能固所守曰節。」

百家謹案：棐字叔弼，文忠公之子，官至大理評事。梓材案：叔弼歷官吏部、右司二郎中，不僅至大理評事。考晁説之集，叔弼謂以道曰：「棐從母王宣徽夫人得疾洛陽，先妣夫人亟以棐入洛。時先公參大政，臨行告戒曰：『洛中有邵堯夫，吾獨不識，汝爲吾見之。』棐既至洛，求教，先生特爲棐徐道其立身本末，甚詳。出門揖送，猶曰：『足下其無忘鄙野之人于異日。』棐伏念先生未嘗辱教一言，雖欲不忘，亦何事邪！歸白大人，則喜曰：『幸矣，堯夫有以處吾兒也。』後二十年，棐入太常爲博士，次當作謚議，乃怳然回省先生當時之言，落筆若先生之自敘，無待其家所上文字也。」

楊龜山曰：皇極之書，皆孔子所未言者。然其論古今治亂成敗之變，若合符節，故不敢詈之，恨未得其門而入耳！

謝上蔡曰：堯夫直是豪才。在風塵時節，便是偏霸手段。

又曰：堯夫詩「天向一中分體用」，此句有病。補。

又曰：堯夫見得天地萬物進退消長之理，便敢做大。于下學上達底事，更不施功。補。

又曰：堯夫精易，然二程不貴其術。補。

或問：「邵堯夫詩云：『廓然心境大無倫，盡此規模有幾人？我性卽天天卽我，莫于微處起經綸！』此理説得盡。」橫浦曰：「孟子已説了。已説了，則無説。其第一句云『廓然心境大無倫』，料得堯夫于體認中忽然有見，故輒爲此語。不然，又是尋影子，畢竟于活處難摸索。『起經綸』之語，決亦不是摸索不著者，然亦須自家體認得可也。他人語言，不可準擬。」橫浦心傳。

朱子曰：康節爲人須極會處置事。爲他神閒氣定，不動聲色，須處置得別。蓋他氣質本來清明，又養得純厚，又不曾枉用了心，他用心都在緊要上。爲他静極了，看得天下事理精明。

又曰：康節本是要出來有爲底人，然又不肯深犯手做。凡事直待可做處，方試爲之。纔覺難，便拽身退。正張子房之流。

又曰：伊川之學，于大體上瑩徹，于小小節目上猶有疏處。康節能盡得事物之變，卻于大體上有未瑩處。

又曰：程、邵之學固不同，然二程所以推尊康節者至矣。蓋以其信道不惑，不雜異端，班于温公、橫渠之間。則亦未可以其道不同而遽貶之也。

葉水心習學記言曰：「初分大道非常道，纔有先天未後天。」大道、常道，孔安國語；先天、後天，易師傳之辭也。三墳今不傳，且不經孔氏，莫知其爲何道。而師傳先後天，乃義理之見于形容者，非有其實。山人隱士輒以意附益，别爲先天之學。且天不以言命人，卦畫爻象皆古聖知所爲，寓之于物以濟世用，未知其于天道孰先孰後，而先後二字亦何繫損益。山人隱士以此玩世自足，則可矣；而儒者信之，遂有參用先後天之論。夫天地之道，常與人接，柰何舍實事而希影象也？補。

又曰：邵某以玩物爲道，非是。孔子之門惟曾皙。此亦山人隱士所以自樂，而儒者信之，故有雲淡風輕、傍花隨柳之趣。補。

又曰：「獨立孔門無一事，惟傳顏氏得心齋。」案顏氏立孔門，其傳具在，「博我以文，約我以禮」，「欲罷不能，既竭吾才」，非無事也。「心齋」，莊、列之寓言也。「無聽以耳而聽以心，無聽以心而聽以氣」，蓋寓言之無理者，非所以言顏子也。補。

又曰：邵某無名公傳，尊己自譽，失古人爲學之本意，山林玩世之異迹也。補。

魏鶴山曰：邵子平生之書，其心術之精微在皇極經世，其宣寄情意在擊壤集。凡歷乎吾前，皇帝玉霸之興替，春秋冬夏之代謝，陰陽五行之變化，風雷雨露之霽曀，山川草木之榮悴，惟意所驅，周流貫徹，融液擺落，蓋左右逢源，略無毫髮凝滯倚著之意。嗚呼，真所謂風流人豪者歟！或曰：「揆以聖人之中，若勿合也。『天何言哉！四時行焉，百物生焉。』聖人之動靜語默，無非至教，雖常以示人，而平易坦明，不若是之多言也。『老者安之，朋友信之，少者懷之。』聖人之心量，直與天地萬物上下同流，雖無時不樂，而寬舒和平，不若是之多言也。」曰：是則然矣。宇宙之間，飛潛動植，晦明流峙，夫孰非吾事！若有以察之，參前倚衡，造次顛沛，觸處呈露。凡皆精義妙道之發焉者，脫斯須之不在，則芸芸並驅，日夜雜糅，相代乎前，顧于吾何有焉！若邵子者，使猶得從遊于舞雩之下，浴沂詠歸，毋寧使曾晳獨見稱于聖人也歟！洙泗已矣！秦、漢以來諸儒，無此氣象。讀者當自得之。

熊勿軒祀典議曰：或謂：「涑水之學，不由師傳，其德言功烈之所就，亦不過盡其天資之所到而已。若康節，則先天一圖，皇極一書，謂之無聞于斯道則不可，又何以不進之于五賢乎？」曰：康節之高明，涑水之平實，蓋各具是道之一體。要其所見，則涑水之于康節，固不可以同日語也。康節先天圖心法與濂溪太極圖實相表裏。至于皇極一書，則其志直欲以道經世，而自處蓋欲作雍熙泰和以上人物。此豈易以世俗窺測！但其制行，不免近于高曠。若使進之聖門，則曾晳非不高明，子貢非不穎悟，終不可謂與顏、曾同得其傳。百世以俟，不易吾言矣！

又曰：問嘗以此求正于鄉先生福清林若存，謂此論直可質無疑而俟不惑。且謂康節作長曆，書「建成、元吉作亂，秦王世民誅之」，可與溫公作通鑑書「諸葛入寇」同科，此亦一證。寧德陳子芳謂：此說已是。程子亦曰「堯夫直是不恭」，又曰「堯夫根本不帖帖地」，其不滿溫公處亦多，更以此參之，當益明矣。並識于此，以俟來者。

胡敬齋曰：程子言康節空中樓閣，朱子言其四通八達，須實地上安腳更好。又曰：明道作康節墓誌，言七十子「同尊聖人，所因以入者，門戶亦衆矣」，是未嘗以聖學正門庭許他。言「先生之道，可謂安且成矣」，是康節自成一家。

問高忠憲：「明道許康節內聖外王之學，何以後儒論學只說程、朱？」忠憲曰：「伊川言之矣。康節如空中樓閣，他天資高，胸中無事，日日有舞雩之趣，未免有玩世意。」

宗羲案：康節反爲數學所掩。而康節數學，觀物外篇發明大旨。今載之性理中者，註者既不能得其說，而所存千百億兆之數目，或脱或訛，遂至無條可理。蓋此學得其傳者，有張行成、祝泌、廖應淮，今寥寥無繼者。余嘗于易學象數論中爲之理其頭緒，抉其根柢。

百源講友

文忠富彥國先生弼別見高平學案。

太中程先生珦別見濂溪學案。

百源學侶

獻公張横渠先生載別爲横渠學案。

純公程明道先生顥別爲明道學案。

正公程伊川先生頤別爲伊川學案。

百源家學

布衣邵先生睦

邵睦，康節先生異母弟也，少于康節二十餘歲。力學孝謹，其事康節如父。三十三歲暴卒。嘗賦東籬之詩，竟殯後圃東籬下，論者以爲其有前知之鑒焉。補。

修撰邵子文先生伯温

邵伯温，字子文，康節之子也。二程、司馬温公、吕申公俱屈名位輩行，與再世交。先生入聞庭訓，出友長者，故學益博，尤熟當世之務。元祐中，以薦授大名助教，調潞州長子縣尉。蔡確之罷相也，邢恕亦被黜知河陽，問道謁確于鄧，謀定策事。恕出司馬溫公之門，又與其子康同登第。及是，康免父喪赴闕，恕邀康至河陽。先生力止之，曰：「恕傾巧，必有事要兄，將爲異日之悔。」既恕果勸公休作書，稱確有定策功。後爲梁燾、劉安世所論，始歎先生之前知，悔不用其言也。逮公休卒，子植幼，宣仁后憫之。呂汲公曰：「康素謂伯溫可託，請以爲西京教授教之。」先生至，誨植曰：「溫公之孫，大諫之子，賢愚在天下，可畏也！」植因力學，有成立。章惇嘗師事康節，及爲相，欲引先生，百計避之。徽宗初，以日食上書，懇切言當復祖宗制度，辯宣仁誣謗，解元祐黨錮，別君子小人，戒勞民用兵。又爲書曰辯誣，爲小人所忌。後置先生于「邪等」中，以此書也。元符末，有旨復元祐后位號，或曰：「上于后，叔嫂也。叔無復嫂之禮。」伊川亦疑之，曰：「論者未爲末説。」先生曰：「不然。禮曰：『子不宜其妻，父母以爲善，子不敢言出。』今皇太后同聽政，于哲宗，母也；于后，姑也。母之命，姑之命，何爲不可？非以叔復嫂也。」伊川喜曰：「子之言得之矣！」歷主管永興軍耀州三白渠公事。聞童貫爲宣撫，出他州避之。除知果州，擢提點成都路刑獄，除利路轉運副使。紹興四年，卒，年七十八。初，康節言世將亂，惟蜀安，可避居。宣和末，先生載家徙蜀，得免于難。丞相趙忠簡公少嘗從先生遊，追贈祕閣修撰，又表其墓曰：「以學行起元祐，以名節居紹聖，以言廢于崇寧。」世以三語足盡其出處。先生嘗曰：「二程先生教某最厚。某初除服，宗丞謂曰：『人之爲學忌標準。若循循不已，自有所立。』及某入仕，侍講謂曰：『凡作官，雖所部公吏，有罪，立案而後決。或出于私怒，莫倉卒。每決人，有未經杖責者，宜慎之，恐其或有所立也。』某

博、傅。終身行之。」著有易辯惑一卷、河南集、聞見録、皇極系述、皇極經世序、觀物内外篇解。三子：溥、

語録

道生一，一爲太極。一生二，二爲兩儀。二生四，四爲四象。四生八，八爲八卦。八生六十四，六十四具而後天地萬物之道備矣。天地萬物莫不以一爲本，原于一而衍之以爲萬，窮天下之數而復歸于一。一者何也？天地之心也，造化之原也。

備天地，兼萬物，而合德于太極者，其唯人乎！日用而不知者，百姓也；反身而誠之者，君子也；因性而由之者，聖人也。故聖人以天地爲一體，萬物爲一身。

一動一静者，天地之妙用也；一動一静之間者，天地人之妙用也。陽闢而爲動，陰合而爲静，所謂一動一静者也，不役乎動，不滯乎静，非動非静，而主乎動静者，一動一静之間者也。自静而觀動，自動而觀静，則有所謂動静；方静而動，方動而静，不拘于動静，則非動非静者也。易曰：「復，其見天地之心乎！」天地之心，蓋于動静之間有以見之。夫天地之心于此而見之；聖人之心即天地之心也，亦于此而見之。雖顛沛造次，未嘗離乎此也。中庸曰：「道，不可須臾離也。可離，非道也。」「退藏于密」，則以此洗心也；「吉凶與民同患」，則以此齋戒也。夫所謂密，所謂齋戒者，其在動静之間乎！此天地之至妙至妙者也。聖人作易，蓋本乎此。世儒昧于易本，不見天地之心，見其一陽初復，遂以動爲天地之心，乃

謂天地以生物爲心。噫，天地之心何止于動而生物哉！見其五陰在上，遂以静爲天地之心，乃謂動復則静，行復則止。噫，天地之心何止于静而止哉！爲虚無之論者，則曰天地以無心爲心。噫，天地之心一歸于無，則造化息矣。蓋天地之心，不可以有無言，而未嘗有無，亦未嘗離乎有無者也，不可以動静言，而未嘗動静，亦未嘗離乎動静者也。故于動静之間，有以見之。然動静之間，間不容髮，豈有間乎！惟其無間，所以爲動静之間也。

夫太極者，在天地之先而不爲先，在天地之後而不爲後，終天地而未嘗終，始天地而未嘗始，與天地萬物圓融和會而未嘗有先後始終者也。有太極，則兩儀、四象、八卦，以至于天地萬物，固已備矣。非謂今日有太極，而明日方有兩儀，後日乃有四象、八卦也。雖謂之曰「太極生兩儀，兩儀生四象，四象生八卦」，其實一時具足，如有形則有影，有一則有二，有三，以至于無窮，皆然。是故知太極者，有物之先本已混成，有物之後未嘗虧損，自古及今，無時不存，無時不在。萬物無所不稟，則謂之曰命；萬物無所不本，則謂之曰性；萬物無所不主，則謂之曰天，萬物無所不生，則謂之曰心。其實一也。古之聖人窮理盡性以至于命，盡心知性以知天，存心養性以事天，皆本乎此也。

待制邵澤民溥別見劉李諸儒學案。

百源門人

王天悦先生豫

常簿張先生嶕並爲王張諸儒學案。

侍講呂原明先生希哲別爲滎陽學案。

庶官呂先生希績

待制呂先生希純並見范呂諸儒學案。

校書李端伯先生籲別爲劉李諸儒學案。

進士周先生純明別見劉李諸儒學案。

簽判田先生述古別見安定學案。

學官尹先生材

教授張先生雲卿並見涑水學案。

梓材謹案：百源弟子，自別見諸學案外，並見王張諸儒學案。

百源私淑

詹事晁景迂先生說之別爲景迂學案。

忠肅陳了齋先生瓘別爲陳鄒諸儒學案。

牛先生師德附子思純。

牛師德者，不知何許人也。雲濠案：先生字祖仁。晁公武曰：「師德自言從溫公傳康節之學，未知其信然否。」所著有先天易鈐、太極寶局二卷。陳直齋曰：「蓋爲邵子而專于術數者。」子思純，傳其學。或曰：易鈐師德所著，寶局則思純所著也。補。

謝山跋槁簡贅筆曰：章淵乃惇子援之後，此一卷其所著也。其曰：「邵堯夫精易數，嘗云惟先丞相申公與司馬溫公可傳，申公以敏，溫公以專。」此言可爲失笑。淵欲躋其先人于溫公之列，不知幽、厲之難揜也。且溫公、康節老友，非傳學也。當時如牛師德之徒，妄託言康節傳之溫公，溫公傳之師德，淵信之耳。惇求附于康節弟子而不得，乃謂與溫公並蒙許可；至謂康節之母自江鄰幾家得此書，出爲民妾而生康節，則猶誣妄之言。蓋憤伯溫聞見錄中有詆惇語，故爲此以報之也。惇之後如傑，附會秦檜，興獄于趙豐公鼎謫死之後，汪玉山幾爲所陷，而范炳文以淳夫之孫，至避地避之，世濟凶德。淵薄有文采，亦復謬誕至此！

子文門人百源再傳。

忠簡趙得全先生鼎別爲趙張諸儒學案。

司馬先生植

司馬植，字子立，溫公孫，公休子也。公休卒，方數歲。公休素以屬邵伯溫，如范純夫內翰輩皆曰，將以成温公之後者，非伯温不可。朝廷知之，伯温自長子縣尉移西京國子監教授，俾得以卒業。既長，其賢如公休，天下謂真温公門户中人也。亦早卒。參邵氏聞見録。

百源續傳

庶官劉先生衡

劉衡，字兼道，崇安人。建炎初，以勤王補官。從韓世忠敗敵于濠，累功遷秩。晚年，棄官歸，依郭爲樓，扁曰大隱，閉門謝客，潛心康節之學。久乃徙武夷，爲小隱堂，又爲奪秀亭，與胡致堂遊涉其中。先生吹鐵笛，或慷慨舞劍，浩如也。補。

蔡牧堂先生發附見西山蔡氏學案。

王先生湜

王湜，同州人也。潛心康節之學。其易學一卷，自序曰：「康節有云：『理有未見，不可强求使通。』故愚于觀物篇之所得，既推其所不疑，又存其所可疑。亦以先生之言自慎，不敢輕有去取故也。」補。

郎中張觀物先生行成别爲張祝諸儒學案。

宋元學案卷十一

濂溪學案上

黃宗羲原本　黃百家纂輯　全祖望次定

濂溪學案表

- 周敦頤（父輔成。附鄭向。高平講友。）
  - 子 壽
  - 子 燾
  - 程顥 別爲明道學案。
  - 程頤 別爲伊川學案。
  - 私淑 蘇軾 別見蜀學畧㊀。
    - 黃庭堅 別見范呂諸儒學案。
- 程珦
  - 子 顥 別爲明道學案。
  - 子 頤 別爲伊川學案。
- 胡宿
  - 從子 宗愈 別見廬陵學案。
- 周文敏
  - 劉虹

㊀「畧」原作「案」，據本書卷九十九標題改。

傅耆
李初平
王拱辰
許渤
孔延之　並濂溪講友。
　子文仲
　子武仲　曾幾別見武夷學案。
　子平仲
趙抃　濂溪同調。

濂溪學案序録

祖望謹案：濂溪之門，二程子少嘗遊焉。其後伊洛所得，實不由于濂溪，是在高弟滎陽呂公已明言之，其孫紫微又申言之，汪玉山亦云然。今觀二程子終身不甚推濂溪，並未得與馬、邵之列，可以見二呂之言不誣也。晦翁、南軒始確然以爲二程子所自出，自是後世宗之，而疑者亦踵相接焉。然雖疑之，而皆未嘗攷及二呂之言以爲證，則終無據。予謂濂溪誠入聖人之室，而二程子未嘗傳其學，則必欲溝而合之，良無庸矣。述濂溪學案。梓材案：是卷學案，謝山唯補講友數人。

高平講友

元公周濂溪先生敦頤父輔成。附鄭向、子壽、燾。

周敦頤，字茂叔，道州營道人。元名敦實，避英宗舊諱改。父輔成，爲賀州桂嶺縣令。母鄭氏。少孤，養于舅龍圖閣學士鄭向家。景祐三年，向奏授洪州分寧縣主簿。時有獄久不決，先生一訊立辨，部使者薦爲南安軍司理參軍。轉運使王逵慮囚失入，吏無敢可否，先生獨力争之。不聽，則置手版歸，取告身委之而去，曰：「如此，尚可仕乎！殺人以媚人，吾不爲也。」逵感悟，囚得不死。知郴州桂陽縣，用薦改大理寺丞。知南昌縣，縣人喜曰：「是能辨分寧獄者，吾無冤矣！」嘗得疾，更一日夜始甦。潘興嗣視其家，服御之物，止一敝篋，錢不滿百。以太子中舍簽書合州判官事，遷國子博士、通判虔州。初在合州，不爲部使者趙清獻公抃所知，及趙公爲虔守，熟視先生所爲，大服之，執其手曰：「今而後乃知周茂叔也。」移判永州，已權知邵州。熙寧初，用趙公及呂正獻公公著薦，轉虞部郎中、廣東轉運判官，提點本路刑獄，雖荒崖絶島，人跡所不到者，衝瘴而往，以洗冤抑。以疾乞知南康軍，因家廬山蓮花峯下，取營道故居濂溪名之。趙公再鎮蜀，將奏用，未及而卒，年五十七歲，熙寧六年六月七日也。葬江州德化縣之清泉社。二子：壽，司封郎中；燾，朝議大夫、徽猷閣㊀待制。先生官南安時，二程先生父珦攝通守事，視其氣貌非常，因與爲友，使二子受學焉，卽明道先生顥、伊川先生頤也。嘉定十三年，賜謚元公。

㊀「徽猷閣」宋史本傳作「寶文閣」。

淳祐元年，封汝南伯，從祀孔子廟庭。後改封道國公。明嘉靖中，祀稱「先儒周子」。雲濠案：陳直齋書録解題稱先生著有文集七卷。攷朱竹君家藏本則編爲九卷，凡遺書、雜著二卷，圖譜一卷，諸儒議論及誌傳五卷。

百家謹案：孔、孟而後，漢儒止有傳經之學，性道微言之絶久矣。元公崛起，二程嗣之，又復横渠諸大儒輩出，聖學大昌。故安定、徂徠卓乎有儒者之矩範，然僅可謂有開之必先。若論闡發心性義理之精微，端數元公之破暗也。

通書

百家謹案：通書，周子傳道之書也。朱子釋之詳矣；月川曹端氏繼之爲述解，則朱子之義疏也。先遺獻嫌其于微辭奥旨尚有未盡，曾取蕺山子劉子説箋註一過，謹條載本文下，間竊附以鄙見。性理首太極圖説，兹首通書者，以太極圖説後儒有尊之者，亦有議之者，不若通書之純粹無疵也。説詳後。

誠者，聖人之本。「大哉乾元，萬物資始」，誠之源也。「乾道變化，各正性命」，誠斯立焉。純粹至善者也。故曰：「一陰一陽之謂道，繼之者善也，成之者性也。」元亨，誠之通；利貞，誠之復。大哉易也，性命之源乎！誠上第一。

劉蕺山曰：「乾元亨利貞」，乾天道也。誠者，天之道也，四德之本也。誠之者，人之道也。主静所以立命也。知幾其神，所以事天也。聖同天，信乎！○濂溪爲後世儒者鼻祖，通書一編，將中庸道理又翻新譜，直是勺水不漏。第一篇言誠，言聖人分上事。句句言天之道也，卻句句指聖人身上家當。繼善成性，卽是元亨利貞，本非天人之别。

百家謹案：繼善卽元亨，成性卽利貞，故易曰：「乾道變化，各正性命，保合太和，乃利貞。」人分上有元亨利貞，後人只將仁義禮智配合，猶屬牽强。惟中庸臚出「喜怒哀樂」四字，方有分曉。○或問：「元亨誠之通，利貞誠之復，天道亦不能不乘時位爲動静，何獨人心不然？」曰：在天地爲元亨利貞，在人爲喜怒哀樂，其爲一通一復同也。記曰：「哀樂相生，循環無窮，正明目而視之不可得而見，傾耳而聽之不可得而聞。」人能知哀樂相生之故者，可以語道矣。

百家謹案：提出喜怒哀樂以接元亨利貞，此子劉子宗旨。

聖，誠而已矣。誠，五常之本，百行之原也。静無而動有，至正而明達也。五常百行非誠，非也，邪暗塞也。故誠則無事矣。至易而行難。果而確，無難焉。故曰：「一日克己復禮，天下歸仁焉。」誠下第二。

聖，誠而已矣。誠則無事，更不須説第二義。縱㊀説第二義，只是明此誠而已，故下章又説箇「幾」字。

百家謹案：薛文清曰：「通書一『誠』字括盡。」

誠無爲，幾善惡。德，愛曰仁，宜曰義，理曰禮，通曰智，守曰信。性焉安焉之謂聖，復焉執焉之謂賢，發微不可見、充周不可窮之謂神。誠幾德第三。

㊀「縱」原作「統」，據文義改。

「幾善惡」即繼之。曰「德，愛曰仁，宜曰義，理曰禮，通曰智，守曰信」，此所謂德幾也，「道心惟微」也。幾本善而善中有惡，言仁義非出于中正，即是幾之惡，不謂忍與仁對，乖與義分也。先儒解「幾善惡」多誤。○誠無爲，如惡惡臭，如好好色，直是出乎天而不係乎人。此中原不動些子，何爲之有！○幾者動之微，不是前此有箇靜地，後此又有動之者在，而幾則界乎動靜之間者。審如此三截看，則一心之中，隨處是絶流斷港，安得打合一貫？故誠、神、幾非三事，總是指點語。

百家謹案：幾字，即易「知幾其神」、顏氏「庶幾」、孟子「幾希」之幾。「有不善未嘗不知」，所謂知善知惡之良知也。故念庵羅氏曰：「『幾善惡』者，言惟幾故能辨善惡，猶云非幾即惡焉耳㊀。必常戒懼，常能寂然，而後不逐于動，是乃所謂研幾也。」

寂然不動者，誠也。感而遂通者，神也。動而未形，有無之間者，幾也。誠精故明，神應故妙，幾微故幽。誠、神、幾，曰聖人。聖第四。

「有無之間」，謂不可以有言，不可以無言，故直謂之「微」。中庸以一「微」字結一部宗旨，究竟説到「無聲無臭」處，然説不得全是無也。

百家謹案：後儒之言無者，多引中庸「無聲無臭」爲言，不知中庸所云，僅言聲之無也，臭之無也，非竟云無也。若論此心，可以格鬼神，貫金石，豈無也哉。儒、釋之辨，在于此。

誠、神、幾，曰聖人。常人之心，首病不誠，不誠故不幾而著，不幾故不神，物焉而已。

㊀「耳」原作「身」，據明儒學案江右王門學案三羅念庵答陳明水改。

百家謹案：明儒學案蔣道林傳：「周子之所謂動者，從無爲中指其不泯滅者而言。此生生不已，天地之心也。誠、神、幾，名異而實同。以其無爲㊀，謂之誠，以其無而實有，謂之幾，以其不落于有無，謂之神。」道林以念起處爲幾，念起則形而爲有矣。

動而正曰道，用而和曰德。匪仁、匪義、匪禮、匪智、匪信，悉邪也。邪動，辱也；甚焉，害也。故君子愼動。愼動第五。

愼動卽主靜也。主靜，則動而無動，斯爲動而正矣。離幾一步，便是邪。

聖人之道，仁義中正而已矣。守之貴，行之利，廓之配天地。豈不易簡，豈爲難知，不守不行不廓耳！道第六。

百家謹案：敬軒薛氏曰：「周子通書誠上、誠下、幾德、聖、愼動、道六章，只是一箇性字，分作許多名目。」夏峯孫氏曰：「守之、行之、廓之，正見知幾愼動。」

或問曰：「曷爲天下善？」曰：「師。」曰：「何謂也？」曰：「性者，剛柔善惡中而已矣。」不達。曰：「剛善爲義，爲直，爲斷，爲嚴毅，爲幹固；惡爲猛，爲隘，爲彊梁。柔善爲慈，爲順，爲巽；惡爲懦弱，爲無斷，爲邪佞。惟中也者，和也，中節也，天下之達道也，聖人之事也。故聖人立教，俾人自易其惡，自至其中而止矣。故先覺覺後覺，暗者求于明，而師道立矣。師道立，則善人多；善人多，則朝廷正而天下治矣。」師第七。

濂溪以中言性，而本之剛柔善惡。剛柔二字，卽喜怒哀樂之別名。剛而善，則怒中有喜；惡則只

㊀ 明儒學案卷二十八蔣道林傳引，「無」下無「爲」字。

是偏于剛，一味肅殺之氣矣。柔而善，則喜中有怒；惡則只是偏于柔，一味優柔之氣矣。中便是善。言于剛柔之間認箇中，非是于善惡之間認箇中，又非是于剛柔善惡之外別認箇中也。此中字分明是喜怒哀樂未發之謂中，故卽承之曰：「中也者，和也，中節也，天下之達道也，聖人之事也。」圖說言「仁義中正」，仁義卽剛柔之別名，中正卽中和之別解。

百家謹案：先遺獻孟子師說曰：「通書云：『性者，剛柔善惡中而已矣。』剛、柔皆善，有過不及則流而爲惡。是則人心無所爲惡，止有過不及而已。此過不及亦從性來，故程子言『惡亦不可不謂之性』也。仍不礙性之爲善。」

人之生，不幸不聞過，大不幸無恥。必有恥，則可教；聞過，則可賢。幸第八。

百家謹案：孟子云「恥之于人大矣」，茲云「大不幸無恥」。無恥之人，是非顚倒，卽聞過，不以爲過，并有以己過自得意爲榮者矣，此又諱過、文過之變相也。今比比漸成風俗矣。噫！

洪範曰：「思曰睿，睿作聖。」無思，本也；思通，用也。幾動于彼，誠動于此㈠，無思而無不通，爲聖人。不思，則不能通微；不睿，則不能無不通。是則無不通生于通微，通微生于思。故思者，聖功之本，而吉凶之幾也。易曰：「君子見幾而作，不俟終日。」又曰：「知幾，其神乎！」思第九。

案：通書此章最難解。周子反覆言誠、神、幾不已，至此指出箇把柄，言思，是畫龍點睛也。思之

㈠「幾動于彼，誠動于此」原作「幾動於此，誠動于彼」，據通行本通書改。

功全向幾處用。幾者，動之微，吉凶㊀之先見者也。知幾故通微，通微故無不通，無不通故可以盡神，可以體誠，故曰：「思者，聖功之本，而吉凶之幾也。」吉凶之幾，言善惡由此而出，非幾中本有善惡也。幾動誠動，言幾中之善惡方動于彼，而爲善去惡之實功已先動于思，所以謂之「見幾而作，不俟終日」，所以謂之「知幾其神」。幾非幾也，言發動所由也。○聖，誠而已。誠之動處是思；思之覺處是幾；寂然不動，感而遂通處卽是神。誠、神、幾，曰聖人。故曰：「思曰睿，睿作聖。」然則學聖人者如之何？曰：思無邪。

聖希天，賢希聖，士希賢。伊尹、顏淵，大賢也。伊尹恥其君不爲堯、舜；一夫不得其所，若撻于市。顏淵不遷怒，不貳過，三月不違仁。志伊尹之所志，學顏子之所學，過則聖，及則賢，不及則亦不失于令名。志學第十。

百家謹案：此元公自道其所志學也。伊尹之志，雖在行道，然自負爲天民之先覺，志從學來。顏子之學，固欲明道，然究心四代之禮樂，學以志裕。元公生平之寤寐惟此。

天以陽生萬物，以陰成萬物。生，仁也；成，義也。故聖人在上，以仁育萬物，以義正萬民。天道行而萬物順，聖德修而萬民化。大順大化，不見其迹，莫知其然，之謂神。故天下之衆，本在一人。道豈遠乎哉！術豈多乎哉！順化第十一。

百家謹案：此聖人奉若天道以治萬民也。道不遠，術不多，胡爲後世紛紛立法乎！

㊀「凶」字原脫，據易繫辭下「幾者，動之微，吉凶之先見者也」補。

十室之邑，人人提耳而教，且不及，況天下之廣，兆民之衆哉？曰：純其心而已矣。仁義禮智四者，動靜言貌視聽無違，之謂純。心純，則賢才輔；賢才輔，則天下治。純心要矣！用賢急焉！治第十二。

百家謹案：治道之要，在乎君心。純其心，斯成大順大化。法天爲治也。

禮，理也；樂，和也。陰陽理而後和。君君臣臣，父父子子，兄兄弟弟，夫夫婦婦，萬物各得其理然後和。故禮先而樂後。雲濠案：底本此下有「是天地之撰」五字，徧閱性理諸書，並無之，疑誤衍。○禮樂第十三。

百家謹案：程子謂敬則自然和樂，可以知禮樂之先後矣。

實勝，善也；名勝，恥也。故君子進德修業，孳孳不息，務實勝也。德業有未著，則恐恐然畏人知，遠恥也。小人則僞而已矣。故君子日休，小人日憂。務實第十四。

有善不及，曰：「不及，則學焉。」問曰：「有不善？」曰：「不善，則告之以不善，且勸曰：『庶幾有改乎！斯爲君子。』有善一，不善二，則學其一而勸其二。有語曰：『斯人有是之不善，非大惡也？』則曰：『孰無過，焉知其不能改。改則爲君子矣。不改爲惡，惡者天惡之，彼豈無畏邪？烏知其不能改。』故君子悉有衆善，無弗愛且敬焉。」愛敬第十五。

勉其善，改其不善，正是反身對證藥。綿裏藏鍼，卻從輭處煞緊。不然，雖懊悔一場，亦無益。吾輩須尋箇真自訟手段。

動而無靜，靜而無動，物也。動而無動，靜而無靜，神也。動而無動，靜而無靜，非不動不靜也。物則不通，神妙萬物。水陰根陽，火陽根陰，五行陰陽，陰陽太極。四時運行，萬物終始，混兮闢兮，其無窮兮！

時位不能無動靜，故有動有靜。性本不與時位爲推遷，故無動無靜。動靜第十六。

古者聖王制禮法，修教化，三綱正，九疇敍，百姓大和，萬物咸若，乃作樂，以宣八風之氣，以平天下之情。故樂聲淡而不傷，和而不淫，入其耳，感其心，莫不淡且和焉。淡則欲心平，和則躁心釋。優柔平中，德之盛也；天下化中，治之至也。是謂道配天地，古之極也。後世禮法不修，政刑苛紊，縱欲敗度，下民困苦。謂古樂不足聽也，代變新聲，妖淫愁怨，導欲增悲，不能自止，故有賊君棄父，輕生敗倫，不可禁者矣。嗚呼！樂者，古以平心，今以助欲；古以宣化，今以長怨。不復古禮，不變今樂，而欲至治者，遠矣！樂上第十七。

樂者，本乎政也。政善民安，則天下之心和，故聖人作樂以宣暢其和心，達于天地，天地之氣感而大和焉。天地和則萬物順，故神祇格，鳥獸馴。樂中第十八。

樂聲淡則聽心平，樂辭善則歌者慕，故風移而俗易矣。妖聲豔辭之化也，亦然。樂下第十九。

聖可學乎？曰：可。曰：有要乎？曰：有。請問焉，曰：一爲要。一者，無欲也。無欲則靜虛動直。靜虛則明，明則通；動直則公，公則溥。明通公溥，庶矣乎！聖學第二十。

百家謹案：伊川至論本「明則通」下作：「動直則行，行則傳。明通行傳，庶乎！」

欲，原是人本無的物。無欲是聖，無欲便是學。其有焉，柰之何？曰：學焉而已矣。其學焉何如？曰：本無而忽有，去其有而已矣。孰爲有處？有水即爲氷。孰爲無處？無氷即爲水。欲與天理，虛直處只是一箇，從凝處看是欲，從化處看是理。

未有不公于己，而能公于人也。明不至則疑生，明無疑也。謂能疑爲明，何啻千里！公明第二十一。

小害大，賤害貴，于己儘不公處。疑是私意，必也擇善乎。學貴知疑，是從悟處得來。

厥彰厥微，匪靈弗瑩。剛善剛惡，柔亦如之，中焉止矣。二氣五行，化生萬物。五殊二實，二本則一。是萬爲一，一實萬分。萬一各正，小大有定。理性命第二十二。

顏子一簞食，一瓢飲，在陋巷，人不堪其憂，而不改其樂。夫富貴，人所愛也，顏子不愛不求而樂乎貧者，獨何心哉？天地間有至貴至富、可愛可求而異乎彼者，見其大而忘其小焉爾。見其大則心泰，心泰則無不足，無不足則富貴貧賤，處之一也。處之一則能化而齊，故顏子亞聖。顏子第二十三。

古人見道親切，將盈天地間一切都化了，更說甚貧，故曰「所過者化」。顏子卻正好做工夫，豈以彼易此哉！此當境克己實落處。

百家謹案：化而齊者，化富貴貧賤如一也。處之一以境言，化以心言。

天地間至尊者道，至貴者德而已矣。至難得者人；人而至難得者，道德有于身而已矣。求人至難得者有于身，非師友，則不可得也已。師友上第二十四。

道義者，身有之則貴且尊。人生而蒙，長無師友則愚，是道義由師友有之，而得貴且尊。其義不亦重乎！其聚不亦樂乎！師友下第二十五。

仲由喜聞過，令名無窮焉。今人有過，不喜人規，如護疾而忌醫，寧滅其身而無悟也。噫！（過第二十六。）

天下，勢而已矣。勢，輕重也。極重不可反，識其重而亟反之可也。反之，力也；識不早，力不易也。力而不競，天也；不識不力，人也。天乎？人也。何尤！（勢第二十七。）

文，所以載道也。輪轅飾而人弗庸，徒飾也，況虛車乎！文辭，藝也；道德，實也。篤其實而藝者書之，美則愛，愛則傳焉，賢者得以學而至之，是爲教。故曰：「言之無文，行之不遠。」然不賢者，雖父兄臨之，師保勉之，不學也；強之，不從也。不知務道德而第以文辭爲能者，藝焉而已。噫，弊也久矣！（文辭第二十八。）

不憤不啟，不悱不發。舉一隅不以三隅反，則不復也。子曰：「予欲無言。天何言哉！四時行焉，百物生焉。」然則聖人之蘊，微顏子殆不可見。發聖人之蘊，教萬世無窮者，顏子也。聖同天，不亦深乎！常人有一聞知，恐人不速知其有也，急人知而名也，薄亦甚矣！（聖蘊第二十九。）

看來曾子之唯，不如顏子之愚。孔、顏天道，曾子人道。今且說顏子教萬世在何處！

百家謹案：通書屢津津于顏子，蓋慕顏子默體聖蘊，無些少表暴。元公之學近之。南軒張氏曰：「濂溪之學，舉世不知。爲南安獄掾日，惟程太中始知之。」可見無分毫矜誇。此方是樸實頭下工夫人。嗟乎，學問一道，有諸內而矜誇者，然且不可。子劉子曰：「顏子死，分付後人曰法天爾。」

人卽是天。爾法爾天，不必更尋題目了。後來周子理會得。」

聖人之精，畫卦以示；聖人之蘊，因卦以發。卦不畫，聖人之精不可得而見，微卦，聖人之蘊殆不可悉得而聞。易何止五經之源，其天地鬼神之奥乎！精蘊第三十。

君子乾乾不息于誠，然必懲忿窒慾、遷善改過而後至。乾之用其善是，損益之大莫是過。聖人之旨深哉！吉凶悔吝生乎動。噫，吉一而已，動可不慎乎！乾損益動第三十一。

聖學之要，只在慎獨。獨者，靜之神，動之幾也。動而無妄曰靜，慎之至也。是之謂主靜立極。○乾乾不息，其靜有常。投間抵隙，多在動處。動返于吉，其靜不濟。生而不匱，其出無方，其爲不止，聖人原不曾動些子。學聖者宜如何？曰：慎動。

治天下有本，身之謂也。治天下有則，家之謂也。本必端；端本，誠心而已矣。則必善；善則，和親而已矣。家難而天下易，家親而天下疏也。家人離，必起于婦人，故睽次家人，以「二女同居，其志不同行」也。堯所以釐降二女于嬀汭，舜可禪乎，吾兹試矣。是治天下觀于家，治家觀于身而已矣。身端，心誠之謂也。誠心，復其不㊀善之動而已矣。不善之動，妄也，妄復則无妄矣，无妄則誠矣，故无妄次復，而曰「先王以茂對時育萬物」。深哉！家人睽復无妄第三十二。

最勘得親切。此爲慎動。

百家謹案：家人、睽二卦，往來于巽離兑三女，足徵家之離合廢興。家人長、中二女，長巽順居

㊀「不」原作「本」，據通行本通書改。本書下文引黄東發日鈔亦云「庶幾復其不善之動」。

上，中離明在下，水火相得，家之和也。睽中女離火猛烈，少女兑澤邪媚，火澤不相容，炎上潤下相違，家之睽乖也。復，德之本也。惟復則无妄，剛自外來而爲主于內。妄字從亡，從女；女，古汝字也。言人之不誠者，是喪失其本心，亡乎汝矣。今无妄，是得復還乎天之所命，故彖傳言天之命。又卦震下乾上，程子所謂「動以天，安有妄」乎！

君子以道充爲貴，身安爲富，故常泰，無不足，而銖視軒冕，塵視金玉。其重無加焉爾。富貴第三十三。

顧諟謹案：言寡尤，行寡悔，祿在其中矣，故曰「身安爲富」。仁義忠信，樂善不倦，此天爵也，故曰「道充爲貴」。

聖人之道，入乎耳，存乎心，蘊之爲德行，行之爲事業。彼以文辭而已者，陋矣！陋第三十四。

至誠則動，動則變，變則化。故曰：「擬之而後言，議之而後動，擬議以成其變化。」擬議第三十五。

百家謹案：吾儒之學，以言動爲樞機，惟恐有失。必兢兢業業，擬之而後言，議之而後動。擬議之熟，極乎精義入神，而後可從心所欲，以造于至誠之天，以成變化。故此章以擬議名篇。非如釋氏一任無心，要用直須用，擬心卽差者比也。

天以春生萬物，止之以秋。物之生也，卽成矣，不止則過焉，故得秋以成。聖人之法天，以政養萬民，肅之以刑。民之盛也，欲動情勝，利害相攻，不止則賊滅無倫焉，故得刑以治。情僞微曖，其變千狀，苟非中正明達果斷者，不能治也。訟卦曰「利見大人」，以剛得中也。噬嗑曰「利用獄」，以動而明也。嗚呼，天下之廣，主刑者，民之司命也，任用可不愼乎！刑第三十六。

聖人之道，至公而已矣。或曰：「何謂也？」曰：「天地，至公而已矣。」公第三十七。

春秋，正王道，明大法也，孔子爲後世王者而修也。亂臣賊子，誅死者于前，所以懼生者于後也。宜乎萬世無窮，王祀夫子，報德報功之無盡焉。孔子上第三十八。

道德高厚，教化無窮，實與天地參而四時同，其惟孔子乎！孔子下第三十九。

童蒙求我，我正果行，如筮焉。筮，叩神也，再三則瀆矣，瀆則不告也。山下出泉，靜而清也；汨則亂，亂不決也。愼哉，其惟時中乎！艮其背，背非見也；靜則止，止非爲也。爲，不止矣。其道也深乎！蒙艮第四十。

百家謹案：蒙、艮二卦，義似不相連，通書以卒章者，思四十章中屢言師道，蓋元公以師道自任，蒙以養正爲聖功，而艮有始終成物之義，殆隱然欲以先覺覺後覺乎！○又案：朱文公曰：「周子通書本號易通，與太極圖說並出，程氏以傳于世，而其爲說實相表裏。大抵推一理、二氣、五行之分合，以綱紀道體之精微；決道義、文辭、利祿之取舍，以振起俗學之卑陋。至論所以入德之方，經世之具，又皆親切簡要，不爲空言。顧其宏綱大用，既非秦、漢以來諸儒所及；而其條理之密，意味之深，又非今世學者所能驟窺也」東發黃文潔公曰：「周子通書誠上章主天而言，故曰『誠者，聖人之本』，言天之誠卽人之所得以爲聖者也。誠下章主人而言，故曰『聖，誠而已矣』，言人之聖卽所得于天之誠也。誠幾德章言誠之得于天者皆自然，而幾有善惡，要當察其幾之動以全其誠，爲我之德也。聖章言由誠而達于幾，爲聖人，其妙用尤在于感而遂通之神。蓋誠者不動，幾者動之初，神以感而遂通，則幾之動也純于善，此其爲聖也。誠一而已，人之不能皆聖者，係于幾之動，故愼動次之。動而得正爲道，故道次之。得正爲道，不淪于性質之偏者能之，而王者之師也，故師次之。人必有耻則可教，而以聞過爲幸，故幸次之。聞于人必思于己，故思次之。師以問之矣，思以思之矣，在力行而已，故志學次之。凡此十章，上窮性命之源，必以體天爲學問之本。所以修己之功既廣大而詳密矣，推以治人則順化，爲上與天同功也。治爲次，純心用賢也。禮樂又其次，治定而後禮樂可興也。繼此爲務實章、愛敬章，又所以斟酌人品而休休然與之爲善。蓋聖賢繼天立極之道備矣。餘章皆反覆此意，以丁戒人心，使自知道德性命之貴，而無陷辭章利祿之習。開示聖蘊，終以主靜，庶幾復其不善之動以歸于誠，而人皆可聖賢焉。嗚呼，周子之爲人心計也，至矣。」敬軒薛氏曰：「通書誠上、誠下、誠幾德、聖、愼動、道六章，只是一箇性字，分作許多名目。」又曰：「周子論幾字，如復之初九，善幾也；姤㊀之初六，惡幾也。善幾不可不充，惡幾不可不絕。朱子所謂近則公私邪正，遠則廢興存亡，只于此處看破，便斡轉了。此實治己治人之至要也。」

㊀「姤」原作「垢」，據龍本及周易改。

宋元學案卷十二

濂溪學案下

黃宗羲原本　黃百家纂輯　全祖望修定

太極圖

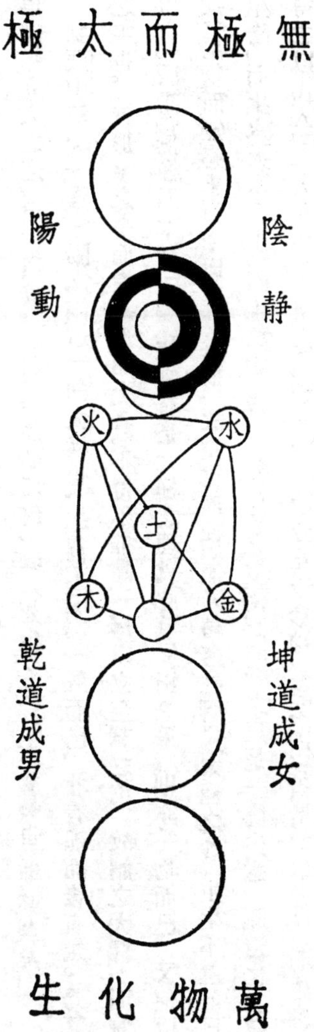

太極圖說

無極而太極。太極動而生陽；動極而靜，靜而生陰。靜極復動。一動一靜，互爲其根。分陰分陽，兩儀立焉。陽變陰合，而生水火木金土，五氣順布，四時行焉。五行一陰陽也，陰陽一太極也，太極本無極也。五行之生也，各一其性。無極之真，二五之精，妙合而凝。乾道成男，坤道成女。二氣交感，化生萬物，萬物生生而變化無窮焉。惟人也得其秀而最靈。形既生矣，神發知矣，五性感動而善惡分，萬事出矣。聖人定之以中正仁義，而主靜，自註云：無欲故靜。立人極焉。故聖人與天地合其德，日月合其明，四時合其序，鬼神合其吉凶。君子修之吉，小人悖之凶。故曰：「立天之道，曰陰與陽。立地之道，曰柔與剛。立人之道，曰仁與義。」又曰：「原始反終，故知死生之說。」大哉易也，斯其至矣！

劉蕺山曰：「一陰一陽之謂道」，卽太極也。天地之間，一氣而已，非有理而後有氣，乃氣立而理因之寓也。就形下之中而指其形而上者，不得不推高一層以立至尊之位，故謂之太極；而實無太極之可言，所謂「無極而太極」也。使實有是太極之理爲此氣從出之母，則亦一物而已，又何以生生不息，妙萬物而無窮乎？今曰理本無形，故謂之無極，無乃轉落註腳。太極之妙，生生不息而已矣。生陽生陰，而生水火木金土，而生萬物，皆一氣自然之變化，而合之只是一箇生意，此造化之蘊也。惟人得之以爲人，則太極爲靈秀之鍾，而一陽一陰分見于形神之際，由是殽之爲五性，而感應之塗出，善惡之介分，人事之所以萬有不齊也。惟聖人深悟無極之理而得其所謂靜者主之，乃在中正仁義之間，循理爲靜是也。天地此太極，聖人此太極，彼此不相假而若合符節，故曰合德。若必捐天地之所有而畀之于物，又獨鍾畀之于人，則天地豈若是之勞也哉！自無極說到萬物上，天地之始終也。自萬事反到無極上，聖人之終而始也。始終之說，卽生死之說，而開闢混沌、七尺之去留不與焉。知乎此者，可與語道矣。主靜要矣，致知亟焉。○或曰：周子既以太極之動靜生陰陽，而至于聖人立極處，偏著一靜字，何也？曰：陰陽動靜，無處無之。如理氣分看，則理屬靜，氣屬動，不待言矣。故曰，循理爲靜，非動靜對待之靜。

宗羲案：朱子以爲，陽之動爲用之所以行也，陰之靜爲體之所以立也。夫太極既爲之體，則陰陽皆是其用。如天之春夏，陽也；秋冬，陰也；人之呼，陽也；吸，陰也。寧可以春夏與呼爲用，秋冬與吸爲體哉！緣朱子以下文主靜立人極，故不得不以體歸之靜。先師云：「循理爲靜，非動靜對待之靜。」一語點破，曠若發矇矣。

附棃洲太極圖講義

通天地，亙古今，無非一氣而已。氣本一也，而有往來、闔闢、升降之殊，則分之爲動靜。有動靜，則不得不分之爲陰陽。然此陰陽之動靜也，千條萬緒，紛紜膠轕，而卒不克亂，萬古此寒暑也，萬古此生長收藏也，莫知其所以然而然，是卽所謂理也，所謂太極也。以其不紊而言，則謂之理；以其極至而言，則謂之太極。識得此理，則知「一陰一陽」卽是「爲物不貳」也。其曰無極者，初非別有一物依于氣而立，附于氣而行。或曰因「易有太極」一言，遂疑陰陽之變易，類有一物主宰乎其間者，是不然矣，故不得不加「無極」二字。造化流行之體，無時休息，中間清濁剛柔，多少參差不齊，故自形生神發、五性感動後觀之，知愚賢不肖，剛柔善惡中，自有許多不同。世之人一往不返，不識有無渾一之常，費隱妙合之體，徇象執有，逐物而遷，而無極之真，竟不可見矣。聖人以「靜」之一字反本歸元，蓋造化、人事，皆以收斂爲主，發散是不得已事，非以收斂爲靜，發散爲動也。一斂一發，自是造化流行不息之氣機，而必有所以樞紐乎是，運旋乎是，是則所謂靜也，故曰主靜。學者須要識得靜字分曉，不是不動是靜，不妄動方是靜。慨自學者都向二五上立腳，既不知所謂太極，則事功一切俱假。而二氏又以無能生有，于是誤認無極在太極之前，視太極爲一物，形上形下，判爲兩截。蕺山先師曰：「千古大道陸沈，總緣誤解太極。『道之大原出于天』。此道不清楚，則無有能清楚者矣。」

附朱陸太極圖說辯

陸象山與朱子書曰：梭山兄謂：「太極圖說與通書不類，疑非周子所爲。不然，或是其學未成時所作。不然，則或是傳他人之文，後人不辨也。蓋通書理性命章言『中焉止矣，二氣五行，化生萬物，五殊二實，二本則一』，曰『一』，曰『中』，卽太極也，未嘗于其上加『無極』字。動靜章言五行、陰陽、太極，亦無『無極』之文。假令太極圖說是其所傳，或其少時所作，則作通書時不言無極，蓋已知其說之非矣。」此言殆未可忽也。兄與梭山書云：「不言無極，則太極同于一物，而不足爲萬化根本。不言太極，則無極淪于空寂，而不能爲萬化根本。」夫太極者，實有是理，聖人從而發明之耳。非以空言立論，使後人簸弄于頰舌紙筆之間也。其爲萬化根本，固自素定。其足不足，能不能，豈以人言不言之故邪？易大傳曰：「易有太極。」聖人言有，今乃言無，何也？作大傳時不言無極，太極何嘗同于一物而不足爲萬化根本邪？洪範五皇極，列在九疇之中，不言無極，太極亦何嘗同于一物而不足爲萬化根本邪？後書㊀又謂：「無極卽是無形，太極卽是有理。周先生恐學者錯認太極別爲一物，故著『無極』二字以明之。」易之大傳曰：「形而上者謂之道。」又曰：「一陰一陽之謂道。」一陰一陽已是形而上者，況太極乎！曉文義者舉知之矣。自有大傳，至今幾年，未聞有錯認太極別有一物者。設有愚謬至此，奚啻不能以三隅反；何足上煩先生，特地于太極上加「無極」二字，以曉之乎？且「極」字亦不可以「形」字釋之。蓋極者，中也。言無極，則是猶言無中也，是奚可哉！若懼學者泥于形器而申釋之，則宜如詩言「上天之載」，而于下贊之曰「無聲無臭」可也，豈宜以「無極」字加于太極之上。朱子發謂濂溪得太極圖于穆伯長，伯長之傳出于陳希夷，其必有攷。希夷之學，老氏之學也。「無極」二字，出于老子「知其雄」章，吾聖人之書所無有也。老子首章言「無名天地之始，有名萬物之母」，而卒同之，此老氏宗旨也。「無極而太極」，卽是此旨。老氏學之不正，見理不明，所蔽在此。兄于此學，用力之深，爲日之久，曾此之不能辨，何也？太極圖說以「無極」二字冠首，而通書終篇未嘗一及「無極」字。二程言論文字至多，亦未嘗一及「無極」字。兄今攷訂註釋，表顯尊信，如此其至，恐未得爲善祖述者也。潘清逸豈能知濂溪者。明道、伊川親師承濂溪，當時名賢居潘右者亦復不少，濂溪之誌卒屬于潘，可見其子孫之不能世其學也，兄何據之篤乎？

朱答曰：來書反復其于無極太極之辨，詳矣。然以熹觀之，伏羲作易，自一畫以下，文王演易，自「乾元」以下，皆未嘗言太極也，而孔子言之。孔子贊易，自太極以下，未嘗言無極也，而周子言之。

㊀「書」原作「世」，據中華書局點校本陸九淵集頁二十三改。

夫先聖後聖，豈不同條而共貫哉！若于此有以灼然實見太極之真體，則知不言者不爲少，而言之者不爲多矣，何至若此之紛紛哉！今既不然，則吾之所謂理者，恐其未足以爲羣言之折衷；又況于人之言有所不盡者，又非一二而已乎。既蒙不鄙而教之，熹亦不敢不盡其愚也。且夫大傳之太極者，何也？卽兩儀四象八卦之理，具于三者之先而蘊于三者之內者也。聖人之意，正以其究竟至極，無名可名，故特謂之太極。猶曰「舉天下之至極無以加此」云爾，初不以其中而命之也。至如「北極」之極，「屋極」之極，「皇極」之極，「民極」之極，諸儒雖有解爲中者，蓋以此物之極常在此物之中，非指極字而訓之以中也。極者，至極而已。以有形者言之，則其四方八面，合輳將來，到此築底，更無去處，從此推出，四方八面，都無向背，一切停勻，故謂之極耳。後人以其居中而能應四外，故指其處而以中言之，非以其義爲可訓中也。至于太極，則又無形象方所之可言，但以此理至極而謂之極耳。今乃以中名之，則是所謂理有未明而不能盡乎人言之意者一也。通書理性命章，其首二句言理，次三句言性，次八句言命，故其章內無此三字，而特以三字名其章以表之，則章內之言固已各有所屬矣。蓋其所謂「靈」，所謂「一」者，乃爲太極；而所謂「中」者，乃氣稟之得中，與剛善、剛惡、柔善、柔惡者爲五性，而屬乎五行，初未嘗以是爲太極也。且曰「中焉止矣」，而又下屬于「二氣五行，化生萬物」之云，是亦復成何等文字義理乎？今乃指其中者爲太極而屬之下文，則又理有未明而不能盡乎人言之意者二也。若論「無極」二字，乃是周子灼見道體，迥出常情，不顧旁人是非，不計自己得失，勇往直前，說出人不敢說底道理，令後之學者曉然見得太極之妙，不屬有無，不落方體。若于此看得破，方見此老真得千聖以來不傳之祕，非但架屋下之屋，疊牀上之牀而已也。今必以爲未然，是又理有未明而不能盡乎人言之意者三也。至于大傳既曰「形而上者謂之道」矣，而又曰「一陰一陽之謂道」，此豈真以陰陽爲形而上者哉？正所以見一陰一陽雖屬形器，然其所以一陰一陽者是乃道體之所爲也。故語道體之至極，則謂之太極；語太極之流行，則謂之道。雖有二名，初無兩體。周子所以謂之無極，正以其無方所、無形狀，以爲在無物之前而未嘗不立于有物之後，以爲在陰陽之外而未嘗不行乎陰陽之中，以爲通貫全體，無乎不在，則又初無聲臭影響之可言也。今乃深詆無極之不然，則是直以太極爲有形狀、有方所矣；直以陰陽爲形而上者，則又昧于道器之分矣；又于「形而上者」之下復有「況太極乎」之語，則是又以道上別有一物爲太極矣。此又理有未明而不能盡乎人言之意者四也。至熹前書所謂「不言無極，則太極同于一物，而不足爲萬化根本；不言太極，則無極淪于空寂，而不能爲萬化根本」，乃是推本周子之意，以爲當時若不如此兩下說破，則讀者錯認語意，必有偏見之病，聞人說有，即謂之實有，見人說無，即謂之真無耳。自謂如此說得周子之意，已是大殺分明，只恐知道者厭其漏洩之過甚，不謂如老兄者，乃猶以爲未穩而難曉也。請以熹書上下文意詳之，豈謂太極可以人言而爲加損者哉？是又理有未明而不能盡乎人言之意者五也。來書又謂：「大傳明言『易有太極』，今乃言無，何邪？」此尤非所望于高明者。今夏因與人言易，其人之論正如此，當時對之不覺失笑，遂至被劾。彼俗儒膠固，隨語生解，不足深怪。老兄平日自視爲何如，而亦爲此言邪！老兄且謂大傳之所謂「有」，果如兩儀、四象、八卦之有定位，天地、五行、萬物之有常形邪？周子之所謂「無」，是果虛空斷滅，都無生物之理邪？此又理有未明而不能盡乎人言之意者六也。老子「復歸于無極」，無極乃無窮之義，如莊生「入無窮之門，以遊無極之野」云爾，非若周子所言之意也。今乃引之，而謂周子之言實出乎彼，此又理有未明而不能盡乎人言之意者七也。

陸曰：來書本是主張「無極」二字，而以明理爲說，其要則曰「于此有以灼然實見太極之真體」。九淵竊謂老兄未曾實見太極。若實見太極，上面必不更著「無極」字，下面必不更著「真體」字。上面加「無極」字，正是疊牀上之牀；下面著「真體」字，正是架屋下之屋。虛見之與實見，其言固自不同也。

朱曰：熹亦謂老兄正爲未識太極之本無極而有真體，故必以中訓極，而又以陰陽爲形而上者之道。虛見之與實見，其言果不同也。

陸曰：繫辭言「神無方」矣，豈可言「無神」？言「易無體」矣，豈可言「無易」？老氏以無爲天地之始，以有爲萬物之母，以常無觀妙，以常有觀竅。直將「無」字搭在上面，正是老氏之學，豈可諱也！

朱曰：熹詳老氏之言有無，以有無爲二；周子之言有無，以有無爲一。正如南北、水火之相反。更請子細著眼，未可容易譏評也。

陸曰：此理乃宇宙之所固有，豈可言無！若以爲無，則君不君，臣不臣，父不父，子不子矣。

朱曰：請詳看熹前書，曾有「無理」二字否！

陸曰：極亦此理也，中亦此理也。五居九疇之中，而曰「皇極」，豈非以其中而命之乎？民受天地之中以生，而詩言「立我烝民，莫非爾極」，豈非以其中命之乎？中庸曰：「中也者，天下之大本也。和也者，天下之達道也。致中和，天地位焉，萬物育焉。」此理至矣，外此，豈更復有太極哉？

朱曰：「極」是名此理之至極，「中」是狀此理之不偏，雖然同是此理，然其名義各有攸當。雖聖賢言之，亦未敢有所差互也。若「皇極」之極，「民極」之極，乃爲標準之意。猶曰「立于此而示于彼，使其有所向望而取正焉」耳，非以其中而命之也。「立我烝民」，「立」與「粒」通，卽書所謂「烝民乃粒」。「莫非爾極」，則「爾」指后稷而言。蓋曰「使我衆人皆得粒食，莫非爾后稷之所立者是望」耳。「爾」字不指天地，「極」字亦非指所受之中。中者，天下之大本，乃以喜怒哀樂之未發，此理渾然無所偏倚而言。太極固無偏倚而爲萬化之本，然其得名，自爲「至極」之極，而兼有標準之義，初不以中而得名也。

陸曰：以極爲「中」，則爲不明理；以極爲「形」，乃爲明理乎？

朱曰：老兄自以中訓極，熹未嘗以形訓極也。

陸曰：字義固有一字而數義者，用字則有專一義者，有兼數義者。而字之指歸又有虛實，虛字則但當論字義，實字則當論所指之實，則有非字義所能拘者。如「元」字，有始義，有長義，有大義。坤五之「元吉」，屯之「元亨」，則是虛字，專爲大義，不可復以他義參之。如「乾元」之元，則是實字，論其所指之實，則文言所謂善，所謂仁，皆元也，亦豈可以字義拘之哉！「極」字亦如此。「太極」「皇極」，乃是實字，所指之實，豈容有二。充塞宇宙，無非此理，豈容以字義拘之乎！中卽至理，何嘗不兼至義。大學、文言皆言「知至」，所謂「至」者，卽此理也。語讀易者曰：「能知太極，卽是知至。」語讀洪範者曰：「能知皇極，即是知至。」夫豈不可！蓋同指此理，則曰「極」，曰「中」，曰「至」，其實一也。「一極備凶，一極無凶」，此兩極字乃是虛字，專爲至義，卻使得「極者，至極而已」，于此用「而已」字方用得當。老兄最號爲精通詁訓文義者，何爲尚惑于此！

朱曰：熹詳「知至」二字雖同，而在大學則「知」爲實字，「至」爲虛字，兩字上重而下輕，蓋曰「心之所知無不到」耳；在文言，則「知」爲虛字，「至」爲實字，兩字上輕而下重，蓋曰「有以知其所當至之地」耳。兩義既自不同，而與太極之爲至極者，又皆不相似。請更詳之！

陸曰：直以陰陽爲形器而不得爲道，此尤不敢聞命。易之爲道，一陰一陽而已。先後、始終、動靜、晦明、上下、進退、往來、闔闢、盈虛、消長、尊卑、貴賤、表裏、隱顯、向背、順逆、存亡、得喪、出入、行藏，何適而非一陰一陽哉！奇耦相尋，變化無窮，故曰「其爲道也屢遷」。說卦曰：「是以立天之道，曰陰與陽。」顧以陰陽爲非道而直謂之形器，而孰爲昧于道器之分哉？

朱曰：若以陰陽爲形而上者，則形而下者復是何物？熹則曰：凡有形有象者，皆器也；其所以爲是器之理者，則道也。如是，則來書所謂始終、晦明、奇偶之屬，皆陰陽所爲之器，獨其所以爲是器之理，如目之明、耳之聰、父之慈、子之孝，乃爲道耳。

陸曰：通書云：「中者，和也，中節也，天下之達道也，聖人之事也。故聖人立教，俾人自易其惡，自致其中而止矣。」周子之言中如此，亦不輕矣。外此，豈更別有道理，乃不得比虛字乎？所舉理性命章五句，但欲見通書言「中」言「一」，而不言「無極」耳。「中焉止矣」一句，不妨自是斷章。兄必見誣以屬之下文。兄之爲辯，失其指歸，大率類此。

朱曰：周子言「中」，而以「和」字釋之，又曰「中節」，又曰「達道」。彼非不識字者，而其言顯與中庸相戾，則亦必有説矣。蓋此中字，是就氣稟發用而言其無過不及處耳，非直指本體未發無所偏倚者而言也。豈可以此而訓極爲中也哉！

陸曰：大傳、洪範、毛詩、周禮與太極圖説孰古？以極爲形，而謂不得爲中；以一陰一陽爲器，而謂不得爲道。無乃絀古書爲不足信，而任胸臆之所裁乎！

朱曰：大傳、洪範、詩、禮皆言極而已，未嘗謂極爲中也。先儒以此極處常在物之中央，而爲四方之所面向而取正，故因以中釋之，蓋亦未爲甚失。而後人遂直以極爲中，則又不識先儒之本意矣。

陸曰：來書謂周子説出人不敢説底道理，謂之無極。誠令以無方所、無形狀而言，不知人有甚不敢道處。但加之太極之上，則吾聖門正不肯如此道耳。

朱曰：「無極而太極」，猶曰「莫之爲而爲，莫之致而至」，又如曰「無爲之爲」，皆語勢之當然，非謂別有一物也。其意則固若曰：非如皇極、民極、屋極之有方所形象，而但有此理之至極耳。若曉此意，則于聖門有何違叛㊀，而不肯道乎？「上天之載」，是就有中説無；「無極而太極」，是就無中説有。若實見得，即説有説無，或先或後，都無妨礙。今必如此拘泥，強生分別，曾謂「不尚空言，專務事實」，而反如此乎！

㊀「叛」原作「判」，據龍本及晦庵先生朱文公文集（四部叢刊本）卷三十六答陸子静改。

陸曰：夫乾確然示人易矣，夫坤隤然示人簡矣，太極亦何嘗隱于人哉！尊兄兩下說無說有，不知漏洩得多少！如所謂「太極真體，不傳之祕」，「無物之前，陰陽之外」，「不屬有無，不落方體」，「迥出常情，超出方外」等語，莫是曾學禪宗，所得如此？平時既私其說以自妙，及教學者，則又往往祕此，而多說文義，此「漏洩」之說所從出也。以實論之，兩頭都無著實，彼此只是葛藤。末說氣質不美者樂寄此以神其姦，不知繫絆多少好氣質底學者！既以病己，又以病人，殆非一言一行之過。兄其無以久習于此而重自反也！

朱曰：太極固未嘗隱于人，然人之識太極者則少矣。往往只是于禪學中認得箇昭昭靈靈，能作用底，便謂此是太極。而不知所謂太極乃天地萬物本然之理，亙古亙今，顛撲不破者也。「迥出常情」等語，只是俗談，卽非禪家所能專有，不應儒者反當回避。況今雖偶然道著，而其所見所說，卽非禪家道理。非如他人，陰實祖用其說，而改頭換面，陽諱其所自來也。如曰「私其說以自妙，而又祕之」，又曰「寄此以神其姦」，又曰「繫絆多少好氣質底學者」，則恐世間自有此人，可當此語。熹雖無狀，自省得與此語不相似也。

宗羲案：朱、陸往復，幾近萬言，亦可謂無餘蘊矣。然所爭只在字義、先後之間，究竟無以大相異也。惟是朱子謂「無極卽是無形，太極卽是有理，在無物之前而未嘗不立于有物之後，在陰陽之外而未嘗不行于陰陽之中」，此朱子自以理先氣後之說解周子，亦未得周子之意也。羅整菴困知記謂：「『無極之真，二五之精，妙合而凝』三語，不能無疑。凡物必兩而後可以言合。太極與陰陽，果二物乎？其爲物也果二，則方其未合之先，各安在邪？朱子終身認理氣爲二物，其原蓋出于此。」不知此三語，正明理氣不可相離，故加「妙合」以形容之，猶中庸言「體物而不可遺」也。非「二五之精」，則亦無所謂「無極之眞」矣。朱子言無形有理卽是，是尋「無極之眞」于「二五之精」之外，雖曰無形而實爲有物，亦豈無極之意乎！故以爲歧理氣出自周子者，非也。至于說中「無欲故靜」一語，非其工夫之下手處乎？此語本孔安國「仁者靜」之注，蓋先聖之微言也。

王魯齋曰：「無極而太極」一句，朱子謂無形而有理，非不明白。然命詞之意，咀嚼未破，故象山未能釋然。某妄意謂此是太極圖說，只當就圖上說此一句，不可懸虛說理，若又有所謂無極之理。蓋周子欲爲此圖以示人也，而太極無形無象，本不可以成圖，然非圖，則造化之淵微又難于模寫，不得已畫爲圖象，擬天之形，指爲太極。又苦無形無象，故于圖首發此一語，不過先釋太極之本無此圖象也。

劉靜修記太極圖說後曰：太極圖，朱子發謂周子得于穆伯長。而胡仁仲因之，遂亦謂穆特周子學之一師；陸子靜因之，遂亦以朱録爲有考而潘誌之不足據也。蓋胡氏兄弟于希夷不能無少譏議，是以謂周子爲非止爲种、穆之學者。陸氏兄弟以希夷爲老氏之學而欲其當，謬加無極之責，而有所顧藉于周子也。然其實，則穆死于明道元年，而周子時年十四矣。梓材案：周子生于天禧元年丁巳，至明道元年壬申，蓋年十六矣。作十四誤。是朱氏、胡氏、陸氏不惟不考乎潘誌之過，而又不考乎此之過也。然始也，朱子見潘誌，知圖爲周子所自作，而非有所受于人也，于乾道己丑已敘于通書之後矣。後八年記書堂，則亦曰「不由師傳，默契道體，實天之所畀」也。又十年，因見張詠事有陰陽之語，與圖說意頗合，以詠學于希夷者也，故謂「是説之傳，固有端緒，至于先生，然後得之于心，無所不貫，于是始爲此圖，以發其祕」爾。又八年而爲圖、書注釋，則復云「莫或知其師傳之所自」。蓋前之爲説者，乃復疑而未定矣。豈亦不攷乎此，故其爲説之不決于一也？而或又謂周子與胡宿、邵古同事潤州一浮屠而傳其易書，此蓋與謂邵氏之學因其母舊爲某氏妾，藏其亡夫遺書以歸邵氏者，同爲浮薄不根之説也。然而周子、邵子之學，先天、太極之圖，雖不敢必其所傳之出于一，而其理則未嘗不一；而其理之出于河圖者，則又未嘗不一也。夫河圖之中宮，則先天圖之所謂無極，所謂太極，所謂道與心者也。先天圖之所謂無極，所謂太極，所謂道與心者，即太極圖之所謂「無極而太極」，所謂「太極本無極」，所謂人之所以「最靈」者也。河圖之東北，陽之二生數統乎陰之二成數，則先天圖之左方震一、離兑二、乾三者也。先天圖之左方震一、離兑二、乾三者，即太極圖之左方陽動者也。其兑離之爲陽中之陰，即陽動中之爲陰靜之根者也。河圖之西南，陰之二生數統乎陽之二成數，則先天圖之右方巽四、坎艮五、坤六者也。先天之右方巽四、坎艮五、坤六者，即太極圖之右方陰靜者也。其坎艮之爲陰中之陽㊀者，即陰靜中之爲陽動之根者也。河圖之奇偶，即先天、太極圖之所謂陰陽而凡陽皆乾、凡陰皆坤也。河圖、先天、太極圖之左方，皆離之象也，右方，皆坎之象也。是以河圖水火居南北之極，先

㊀「陽」原作「動」，據龍本改。

天圖坎離列左右之門，太極圖陽變陰合而卽生水火也。

吳草廬曰：太極者，何也？曰：道也。道而稱之曰太極，何也？曰：假借之辭也。道不可名也，故假借可名之器以名之也。以其天地萬物之所共由也，則名之曰道；道者，大路也。以其條派縷脈之微密也，則名之曰理；理者，玉膚也。皆假借而爲稱者也。眞實无妄曰誠，全體自然曰天，主宰造化曰帝，妙用不測曰神，付與萬物曰命，物受以生曰性，得此性曰德，具于心曰仁，天地萬物之統會曰太極。道也，理也，誠也，天也，帝也，神也，命也，性也，德也，仁也，太極也，名雖不同，其實一也。極，屋棟之名也。屋之脊檁曰棟。就一屋而言，惟脊檁至高至上，無以加之，故曰極。而凡物之統會處，因假借其義而名爲極焉，辰極、皇極之類是也。道者，天地萬物之統會，至尊至貴，無以加者，故亦假借屋棟之名而稱之曰極也。然則何以謂之太？曰：太之爲言，大之至甚也。夫屋極者，屋棟爲一屋之極而已；辰極者，北辰爲天體之極而已；皇極者，人君一身爲天下衆人之極而已。以至設官爲民之極，京師爲四方之極，皆不過指一物一處而言也。道者，天地萬物之極也。雖假借極之一字，強爲稱號，而曾何足以擬議其髣髴哉！故又盡其辭而曰太極者，蓋曰此極乃甚大之極，非若一物一處之極然。彼一物一處之極，極之小者耳；此天地萬物之極，極之至大者也，故曰太極。邵子曰：「道爲太極。」太祖問曰：「何物最大？」答者曰：「道理最大。」其斯之謂與！然則何以謂之無極？曰：道爲天地萬物之體而無體，謂之太極而非有一物在一處，可得而指名之也，故曰無極。易曰：「神无方，易无體。」詩曰：「上天之載，無聲無臭。」其斯之謂與！然則「無極而太極」，何也？曰：屋極、辰極、皇極、民極、四方之極，凡物之號爲極者，皆有可得而指名者也，是則有所謂極也。道也者，無形無象，無可執著，雖稱曰極，而無所謂極也，雖無所謂極，而實爲天地萬物之極，故曰「無極而太極」。

許白雲答或人問曰：太極圖之原出于易，而其義則有前聖所未發者。周子探大道之精微而筆成此書，其所以包括大化，原始要終，不過二百餘字，蓋亦無長語矣。謂之去「無極」二字而無所損，則不可也。太極者，孔子名其道之辭。無極者，周子形容太極之妙。二陸先生適不燭乎此，乃以周子加「無極」字爲非。蓋以太極之上不宜加無極一重，而不察無極卽所以贊太極之語。周子慮夫讀易者不知太極之義，而以太極爲一物，故特著「無極」二字以明之，謂無此形而有此理也。以此坊民，至今猶有以太極爲一物者，而謂可去之哉！朱子辯之精，而曉天下後世者亦至矣，此固非後學之所敢輕議也。此外則無可議可辯者矣，非朱、陸二子之思慮不及也。太極、兩儀之言，圖本于易也。而兩儀之義則微有不同，然皆非天地之別名也。易之兩儀，指陰陽奇耦之畫而言；圖之兩儀，指陰陽互根之象而言也。易以一而二，二而四，四而八，八而十六，十六而三十二，三十二而六十四；圖以一而二，二而五，五而一，一而萬者也。易以陰陽之消長而該括事物之變化，圖明陰陽之流行而推原生物之本根，圖固所以輔乎易也。惟以兩儀爲天地，則大不可。以易之兩儀爲天地，則四象、八卦非天地所能生；以圖之兩儀爲天地，則五行亦非天地所可生也。夫太極，理也；陰陽，氣也；天地，形也。合而言之，則形稟是氣而理具于氣中，析而言之，則形而上、形而下不可以無別。所謂圖以陽先生于陰，與「太極生兩儀」者異，此猶有可論者。太極之中本有陰陽，其動者爲陽，靜者爲陰，生則俱生，非可以先後言也。一元混淪而二氣分肇，譬猶一木析之爲二，兩半同形，何先後之有！易之辭簡，故惟曰「生兩儀」；圖之言詳，故曰「動而生陽，動極而靜，靜而生陰，靜極復動」。陰陽既有兩端，出言下筆必有先後，其可同言而並著之乎？況下文繼之曰「一動一靜，互爲其根」，則非先後矣。而下文又曰「分陰分陽，兩儀立焉」，乃先言陰而後言陽。此周子錯綜其文，而陰陽無始之義亦可見矣。當以上下文貫穿觀之，不可斷章取義也。雖然，動靜亦不可謂無先後。自一氣混沌，其初始分，須有動處，乃其始也。元會運世，歲月日時，大小不同，理則一也。其氣之運行，皆先陽而後陰。一歲之日，春夏先而秋冬後；春夏，陽也。一元之運，子先而午後；子至巳，陽也。數以一爲陽，二爲陰，一固先于二。人以生爲陽，死爲陰，生固先于死。孰謂陽不先于陰乎！但未動之前，亦只爲靜。此乃互根之體，終不可定以爲陽先耳。所謂太極之下生陰陽，陰陽之下生五行，及乎男女成形，萬物化生，圖中各有次序，則以太極與天地五行相離，則又不可也。陰陽不可名天地，前既已言之矣。太極、陰陽、五行，下至于成男女而化生萬物，此正推原生物之根柢，乃發明天地之祕，而反以爲病，何其異邪！太極剖判，此世俗相承之論，非君子之言也。太極無形，何可剖判！其所判者，乃一元之氣。閉物之後，溟涬玄漠；至開天之時，則輕清者漸澄而爲天，重濁者漸凝而爲地，乃可言判耳。太極、陰陽、五行之生，非果如母之生子而母子各具其形也。太極生陰陽，而太極即具陰陽之中；陰陽生五行，而太極、陰陽又具五行之中；安能相離也？何不即「五行一陰陽，陰陽一太極」之言而觀之乎！所謂「乾道成男，坤道成女」，則二氣不待交感而各自生物，又不可也。此一節自「無極之真，二五之精，妙合而凝，乾道成男，坤道成女，二氣交感，化生萬物」，作一貫説下，安得謂不交感而自化生邪！成男成女，朱子謂此人物之始，以氣化而生者。氣聚成形，遂以形化而無窮。真精合而有成，而所成者則有陰陽之異。其具陽之形者，乾之道；具陰之形者，坤之道。又合則又生，至于無窮，則不出乎男女也。今所問之言，果有所疑邪？或直以周子之言未當也？如其果疑，則以前説求之，或得其梗概。直以言爲未當，則非敢預聞此不韙也。待承下問，敢以爲復！

百家謹案：周子之作太極圖説，朱子特爲之注解，極其推崇，至謂得千聖不傳之祕，孔子後一人而已。二陸不以爲然，遂起朱、陸之同異。至今紛紛，奴主不已。宗朱者詆陸，以及慈湖、白沙、陽明；宗陸者詆朱及周，近且有詆及二程者矣。夫周、程、朱、陸諸君子，且無論其學問之造詣，破暗千古，其立身行己，俱萬仞壁立。其在兩間，則斗杓、華嶽也；在人，則宗祖父母也。是豈可詆毁者！且道理本公共之物，諸君子卽或有大純小疵處，亦只合平心參酌，必無可死守門户，先自存心干悖躁，而有詆毁之理。明嘉靖南禺豐氏坊作易辯，辯太極圖説，滔滔八千餘言，故索垢瘢，此不足述者。至于其圖之授受來由，雖見于朱漢上震之經筵表，而未得其詳。今節畧先叔父晦木憂患學易中太極圖辯于此，以俟後之君子或否或是焉！

周子太極圖，創自河上公，乃方士修鍊之術也，實與老、莊之長生久視，又屬旁門。老、莊以虛無爲宗，無事爲用。方士以逆成丹，多所造作，去致虛靜篤遠矣。周子更爲太極圖説㊀，窮其本而反于老、

㊀「説」字原脱，據黄宗炎易學辨惑太極圖辨補。

莊，可謂拾瓦礫而得精蘊。但綴説于圖，而又冒爲易之太極，則不侔矣。蓋夫子之言太極，不過贊易有至極之理，專以明易也，非別有所謂太極而欲上乎羲、文也。周子之「無極而太極」，則空中之造化，而欲合老、莊于儒也。朱子得圖于葛長庚，曰「包犧未嘗言太極而孔子言之，孔子未嘗言無極而周子言之」，未免過于標榜矣。攷河上公本圖名無極圖，魏伯陽得之以著參同契，鍾離權得之以授呂洞賓。洞賓後與陳圖南同隱華山，而以授陳，陳刻之華山石壁，陳又得先天圖于麻衣道者，皆以授种放。放以授穆修與僧壽涯。修以先天圖授李挺之，挺之以授邵天叟，天叟以授子堯夫。修以無極圖授周子，周子又得「先天地」之偈于壽涯。其圖自下而上，以明逆則成丹之法。其重在水火。火性炎上，逆之使下，則火不熛烈，惟温養而和煥。水性潤下，逆之使上，則水不卑溼，惟滋養而光澤。滋養之至，接續而不已；温養之至，堅固而不敗。其最下圈名爲「玄牝之門」，玄牝即谷神，牝者竅也，谷者虛也，指人身命門兩腎空隙之處，氣之所由以生，是爲祖氣。凡人五官百骸之運用知覺，皆根于此。于是提其祖氣上升，爲稍上一圈，名爲「鍊精化氣，鍊氣化神」。鍊有形之精，化爲微芒之氣，鍊依希呼吸之氣，化爲出有入無之神，使貫徹于五臟六腑，而爲中層之左木火、右金水、中土相聯絡之一圈，名爲「五氣朝元」。行之而得也，則水火交媾而爲孕。又其上之中分黑白、兩相間雜之一圈，名爲「取坎填離」，乃成聖胎。又使復還于無始，而爲最上之一圈，名爲「鍊神還虛，復歸無極」，而功用至矣。蓋始于得竅，次于鍊己，次于和合，次于得藥，終于脱胎求仙，真長生之祕訣也。周子得此圖，而顛倒其序，更易其名，附于大易，以爲儒者之祕傳。蓋方士之訣，在逆而成丹，故從下而上；周子之意，以順而生人，故從上而下。太虛無有，有必本無，乃更最上圈「鍊神還虛，復歸無極」之名曰「無極而太極」。太虛之中，脈絡分辨，指之爲理，乃更其次圈「取坎填離」之名曰「陽動陰靜」㊀。氣生于理，名爲氣質之性，乃更第三圈「五氣朝元」之名曰「五行各一性」。理氣既具而形質呈，得其全靈者爲人，人有男女，乃更第四圈「鍊精化氣，鍊氣化神」之名曰「乾道成男，坤道成女」。得其偏者蠢者爲萬物，乃更最下圈「玄牝」之名曰「萬物化生」。顧就是圖詳審之。「易有太極」，夫子贊易而言也，不可云無極；无方者神也，无體者易也，不可圖圓相。有者无之，无者有之，恐非聖人本旨。次圈判左右爲陰陽，以陰陽推動靜，就其㊁貫穿不淆亂之處，指之爲理。此時氣尚未生，安得有此錯綜之狀，將附麗于何所？觀其黑白之文，實坎離兩卦成既濟之象，中含聖胎。謂之「取坎填離」，則明顯而彰著；謂之「陽動而陰靜」，則陽專屬諸離，離專主動，陰專屬諸坎，坎專主靜，豈通論哉！五行始于洪範，言天地之氣化運行，若有似乎木火土金水者。然其實，木火土金水，萬物中之五物也，非能生人者也。此時人物未生，此五者之性于何而辨？易繫言「乾道成男，坤道成女」，亦謂乾之奇畫，成男之象；坤之偶畫，成女之象；非云生于天者爲男，生于地者爲女也。且天之生男女、萬物，在一氣中，無分先後。其下二圈在方士爲玄牝、鍊化，自屬兩層；乃男女、萬物亦分二圈，恐屬重出矣。至其說曰：「太極動而生陽；動極而靜，靜而生陰。靜極復動。一動一靜，互爲其根。分陰分陽，兩儀立焉。」陰陽雖有動靜之分，然動靜非截然兩事。陰陽一氣也，一闔一闢謂之變，往來不窮謂之通，而何有乎分！動

㊀「陽動陰靜」原作「陰動陽靜」，據龍本及易學辨惑、周敦頤太極圖說改。　㊁「其」原作「非」，據易學辨惑改。

靜無端，陰陽無始，而何有乎生！「分陰分陽」與「生生之謂易」，自易之爲書而言，以明奇偶柔剛之疊用相生，則可；自造化而言，以爲太極所生，陰陽所分，則不可。儀者，象也；兩儀者，卦中所函奇偶之象也。今直以爲天地之名，則不可。天有陰陽，地有柔剛，斯道無往而不在，非分陽而立天，分陰而立地也。曰：「陽變陰合，而生水火木金土，五氣順布，四時行焉。」夫四時之序，陰陽之運耳。陰陽既合，萬物齊生，豈有先生水火木金土，自爲一截，待水火木金土之氣布，而後四時得行乎？若然，則是又以五行生陰陽，先生質而後生氣也。曰：「五行一陰陽也，陰陽一太極也，太極本無極也。五行之生也，各一其性。無極之真，二五之精，妙合而凝。」五行各性，性已紛雜，復參以陰陽而七，雜亂棼擾，如何謂之精？如何可以凝？大傳曰：「天地絪縕，萬物化醇；男女媾精，萬物化生。」故三人損一以致一。三且不能生，況于七乎！曰：「乾道成男，坤道成女。二氣交感，化生萬物，萬物生生而變化無窮焉。」乾男坤女，顯然形質，此時萬物無不備具，何故又言二氣之交感而化生萬物也？吾不知此男女合物之雌雄牝牡俱在內，又不知專指人言。如合雌雄牝牡，則與圖之所分屬者不侔㊀；如專指人，人無化生異類之事。曰：「惟人也得其秀而最靈。形既生矣，神發知矣，五性感動而善惡分，萬事出矣。」性一也，分天命、氣質爲二，已屬臆說，況又析而爲五！感動在事，不在性，四端流露，觸物而成。即以乍見孺子入井論之，發爲不忍乃其仁，往救乃其義，救之而當乃其禮，知其當救乃其智，身心相應乃其信，焉有先分五性然後感動之理？五性之說，大異乎夫子所云「繼之者善，成之者性」，

㊀「侔」原作「謀」，據龍本及易學辨惑改。

子思「天命之謂性」，孟子道性善之旨矣。曰：「聖人定之以中正仁義而主靜，立人極焉。故聖人與天地合其德，與日月合其明，與四時合其序，與鬼神合其吉凶。君子修之吉，小人悖之凶。」仁義者，性之大端也，循是而行謂之道　然恐其行之也不免于過不及之差，則聖人立教，使協于中而歸于正。今以中正、仁義對言，而中正且先乎仁義，則于天命之性、率性之道、修道之教之三言者，何所施邪？謂性有善惡，而仁義待乎聖人之所定，此告子杞柳、桮棬之說也。老氏之學，致虛極，守靜篤，甘瞑于無何有之鄉，慹然似非人，內守而外不蕩，歸根曰靜，靜曰復命。主靜、立人極，其亦本此與？其後雜引文言、說卦，而以知生死爲易之至，蓋自呈其所得之學，立說之原爾！

據此，人能去其所存先入之見，平心一一案之，實可知此無極之太極，絕無與夫子所云之「易有太極」，宜乎爲二陸所疑，謂非周子所作。蓋周子之通書，固粹白無瑕，不若圖說之儒非儒、老非老、釋非釋也。況通書與二程俱未嘗言及無極，此實足徵矣。百家所以不敢仍依性理大全之例，列此圖說于首，而止附于通書之後，并載仲父之辯焉。

祖望謹案：晦木先生宗炎，梨洲先生之仲弟也。先生雅不喜先天、太極之說，因作圖學辯惑一卷。自先天、太極之圖出，儒林疑之者亦多，然終以其出于大賢，不敢立異。即言之，嗛嗛莫能盡也。至先生而悉排之，世雖未能深信，而亦莫能奪也。

附錄

先生名張宗範之亭曰養心而爲之說曰：「孟子曰：『養心莫善于寡欲。其爲人也寡欲，雖有不存焉者，寡矣。其爲人也多欲，雖有存焉者，寡矣。』予謂養心不止於寡焉而存爾。蓋寡焉以至于無，無則誠立明通。誠立，賢也；明通，聖也。是聖賢非性生，必養心而至之。養心之善，有大焉如此，存乎其人而已。」荀子言「養心莫善於誠」。先生曰：「荀子元不識誠。」明道曰：「既誠矣，心焉用養邪！」

顧諟謹案：子劉子曰：「告子原不識性，故曰『生之謂性』，買櫝而還珠。荀子原不識誠，故曰『以誠養心』，握燈而索照。若識得，即如此說亦不妨。」

嘉祐四年，蒲宗孟泛蜀江，道合州，初見先生，相與款洽，連三日。夜退而嘆曰：「世有斯人與！」乃以妹歸之。先生初娶陸，繼以蒲。

祖望謹案：宗孟能知先生，而茫茫不能知先生之道，以至阿附新法，何邪？

熙寧四年，先生領廣東憲事，以洗冤澤物爲己任。俄得疾，聞水嚙母墓，遂乞南康。改葬畢，曰：「強疾而來者，爲葬爾。今欲以病汙麾紱邪？」

廬山之麓有溪焉，發源于蓮花峯下，潔清紺寒，合于湓江。先生濯纓而樂之，築書堂其上，名之曰濂溪，志鄉閭在目中也。

自合州歸，王介甫提點江東刑獄，與先生相遇，語連日夜。介甫退而精思，不能得也。

明道曰：昔受學于周茂叔，每令尋仲尼、顏子樂處，所樂何事。

又曰：自再見周茂叔後，吟風弄月以歸，有「吾與點也」之意。

又曰：吾年十六七時，好田獵。既見茂叔，則自謂已無此好矣。茂叔曰：「何言之易也！但此心潛隱未發。一日萌動，復如初矣。」後十二年，復見獵者，不覺有喜心，乃知果未也。

顧諟謹案：子劉子曰：「程子十二年化个喜獵心不得。獵心躲在，那學得成。故曰：有多少病在，若㊀一旦消化得，便一旦學成得。不然，十數年來，竟費了幾場交戰。」又曰：「方未見時，不知閃在何處了。知此，可知未發之中。」

又曰：周茂叔窗前草不除去，問之，云：「與自家意思一般。」子厚觀驢鳴，亦謂如此。

伊川見康節，伊川指食卓而問曰：「此卓安在地上，不知天地安在何處？」康節爲之極論其理，以至六合之外。伊川歎曰：「平生唯見周茂叔論至此。」

黄山谷曰：濂溪先生胸懷灑落，如光風霽月。廉于取名而鋭于求志，薄于徼福而厚于得民，菲于奉身而燕及煢嫠，陋于希世而尚友千古。

吕榮陽曰：二程初從濂溪遊，後青出于藍。補。

吕紫微曰：二程始從茂叔，後更自光大。補。

雲濠謹案：此二條，謝山學案劄記有之，即序録所本，補入于此。

胡五峯曰：周子啟程氏兄弟以不傳之妙，一回萬古之光明，如日麗天，將爲百世之利澤，如水行地，其功蓋在孔、孟之間矣。人見其書之約也，而不知其道之大也；見其文之質也，而不知其義之精也；見

㊀「若」原作「苦」，據龍本改。

其言之淡也，而不知其味之長也。患人以發策決科，榮身肥家，希世取寵爲事也，則曰「志伊尹之所志」。患人以知識聞見爲得而自晝，不待賈而自沽也，則曰「學顏子之所學」。人有真能立伊尹之志，修顏子之學者，然後知通書之言，包括至大，而聖門之事業無窮矣。

汪玉山與朱子書曰：濂溪先生高明純正，然謂二程受學，恐未能盡。

朱子曰：濂溪在當時，人見其政事精絶，則以爲宦業過人，見其有山林之志，則以爲襟懷灑落，有仙風道氣，無有知其學者。唯程太中知之，宜其生兩程夫子也。

又爲先生像贊曰：道喪千載，聖遠言湮。不有先覺，孰開後人！書不盡言，圖不盡意。風月無邊，庭草交翠。

張南軒曰：自秦、漢以來，言治者汨于五霸功利之習，求道者淪于異端空虛之説，而于先王發政施仁之術，天理人倫之教，莫克推尋而講明之，故言治者若無豫于學，而求道者反不涉于事，民莫睹乎三代之盛，可勝歎哉！唯先生崛起于千載之後，獨得微指于殘編斷簡中，推本太極，以及乎陰陽五行之流布，人物之所以生化，于是知人之爲至靈而性之爲至善，萬理有其宗，萬物循其則。舉而措之，可見先王之所以爲治者，皆非私智之所出。孔、孟之意，于以復明。

黄勉齋曰：周子以誠爲本，以欲爲戒，此周子繼孔、孟不傳之緒也。至二程則曰：「涵養須用敬，進學在致知。」又曰：「非明則動無所之，非動則明無所用。」而爲四箴，以著克己之義焉。此二程得統于周子者也。

魏鶴山曰：周子奮自南服，超然獨得，以上承孔、孟垂絕之緒。河南二程子神交心契，相與疏淪闡明，而聖道復著。曰誠，曰仁，曰太極，曰性命，曰陰陽，曰鬼神，曰義利，綱條彪列，分限曉然，學者始有所準。于是知身之貴，果可以位天下，育萬物；果可以爲堯、舜，爲周公、仲尼。而其求端用力，又不出乎暗室屋漏之隱，躬行日用之近。固非若異端之虛寂，百氏之之支離也。

又師友雅言曰：黄帝書云：「地在太虛之中，大氣舉之。」又云：「天在地外，水在天外，表裏皆水。兩儀運轉，乘氣而浮，載水而行。」又云：「地乘氣載水。氣無涯，水亦無涯。水亦氣也。」二程與康節論及六合之外，以爲唯聞之茂叔者，恐是此。補。

黄東發曰：諸子之書，與凡文集之行于世者，或累千百言，而僅一二合于理，或一意而敷繹至千百言。獨周子文約理精，言有盡而理無窮，蓋易、詩、書、語、孟之流，孔、孟以來，一人而已。若其闡性命之根源，多聖賢所未發，尤有功于孔、孟。較之聖帝明王之事業，所謂揭中天之日月者哉！

吴草廬曰：周子生于千載之下，不由師授，默契道妙。士君子有志斯世，大而宰天下，小而宰一邑，皆可以行志，顧其人何如耳！

羅整庵曰：周子之言性，有自其本而言者，誠源、誠立，純粹至善是也；有據其末而言者，「剛善剛惡，柔亦如之，中焉止矣」是也。然通書首章之言，渾淪精密，讀者或有所未察，遂疑周子專以剛柔善惡言性，其亦疏矣。

又曰：通書四十章，義精詞確，其爲周子手筆無疑。至于「五殊二實」、「一實萬分」數語，反覆推明造化之妙，本末兼盡。然語意渾然，即氣即理，絕無罅縫，深有合乎易傳「乾道變化，各正性命」之旨矣。

高景逸曰：元公之書，字字與佛相反，即謂之字字闢佛可也。元公謂「聖人之道，仁義中正而已矣」，會得此語，可謂深于闢佛者矣。

宗羲案：周子之學，以誠爲本。從寂然不動處握誠之本，故曰主靜立極。本立而道生，千變萬化皆從此出。化吉凶悔吝之途而反覆其不善之動，是主靜真得力處。靜妙于動，動即是靜。無動無靜，神也，一之至也，天之道也。千載不傳之祕，固在是矣。而後世之異論者，謂太極圖傳自陳摶，其圖刻于華山石壁，列玄牝等名，是周學出于老氏矣。又謂周子與胡文恭同師僧壽涯，是周學又出于釋氏矣。此皆不食其胾而說味者也。使其學而果是乎，則陳摶、壽涯亦周子之老聃、萇弘也。使其學而果非乎，即日取二氏而諄諄然辯之，則范縝之神滅，傅奕之昌言，無與乎聖學之明晦也。顧涇陽曰：「周元公不闢佛。」高忠憲答曰：「元公之書，字字與佛相反，即謂之字字闢佛可也。」豈不信哉！

百家謹案：周子之學，在于志伊尹之志，學顏子之學，已自明言之矣。後之儒者不能通知其微，尊之者未免太高，抑之者未免過甚。朱子曰：「宓戲作易，自一畫以下，文王演易，自『乾元』以下，皆未嘗言太極也，而孔子言之。孔子贊易，自太極以下，未嘗言無極也，而周子言之。先聖後聖，豈不同條而共貫哉！」又曰：「『無極』二字，真得千聖以來不傳之祕。」夫「無極」二字，且無論出于外氏。柳子厚曰：「無極之極。」邵康節曰：「無極之前，陰含陽也。有極之後，陽分陰也。」是周子之前已有無極之説矣。真西山曰：「元公直指無極、太極，以明道體，殆與伏羲始畫八卦同功。」顧涇陽曰：「元公，三代以下之包犧也。」又曰：「宛然一孔子也。」太極圖説直與河圖、洛書相表裏。」夫河圖、洛書，原屬渺茫之事，兹不具論。顧既經羲皇之仰觀俯察，則之以畫卦，又經文王、周公、孔子一闡再闡三闡，大著于天下，必無盡廢四聖之所已著者，而偶傳方士之圖，換其名色，便謂可與列聖齊肩，且更謂周乃生知之聖，而孔子僅九千鎰。此則未免標榜，尊之太高者。晁氏謂元公師事鶴林寺僧壽涯而得「有㊀物先天地，無形本寂寥，能爲萬象主，不逐四時彫」之偈。性學指要謂：「元公初與東林總遊，久之無所入，總教之静坐，月餘忽有得，以詩呈曰：『書堂兀坐萬機休，日暖風和草自幽。誰道二千年遠事，而今只在眼睛頭。』總肯之，即與結青松社。」游定夫有「周茂叔窮禪客」之語。豐道生謂：「二程之稱胡安定，必曰胡先生，不敢曰翼之。于周，一則曰茂叔，再則曰茂叔，雖有吟風弄月之游，實非師事也。至于太極圖，兩人生平俱未嘗一言道及，蓋明知爲異端，莫之齒也。」先遺獻嘗辯之，其過圓通寺詩有云「何須孔墨詬無徵」者，此也。嗟乎！儒、釋分途，冰炭迥别，談學者動以禪學詆人，殊可怪也。夫大道本公，吾儒之所以爲正道，釋氏之所以爲異端，非從門户起見也。蓋實因吾聖人之道，由仁義禮智以爲道德，忠孝愛敬以盡人倫，慈祥恭儉以應事機，財成輔相以理民物，存順没寧，其視生死猶晝夜也。而釋氏止以自了生死爲事，背棄君親，滅絶天理；不娶不嫁，斷絶人類；不耕不織，廢棄人事；蝗蝻延蔓，蟊賊生民。總由其視生死事重，豫

㊀「有」原作「百」，據龍本改。

辦死地，雖生之日，無異于死，故自心性知識，以至山河大地，一切空之，聽六根之交于六塵，而應事無情，任善惡之無主，猖狂而有無不著，此如憂廬室之崩頽，而先自焚之也。而其尤可痛惡者，創輪迴之說，謂父母爲今生之偶值，使人愛親之心從此衰歇，而又設爲天堂地獄，種種荒唐怪妄之談，譸張鑿鑿，所以爲異端也。非謂凡從事于心性，克己自治，不願乎外，深造自得者，便可誣之爲禪也。是故同一言性，儒者之性善而釋氏之性空也，同一言心，儒者之心依乎仁而釋氏以無心爲心也；同一言覺，儒者以天理爲聞道而釋氏以無理爲悟也。種種懸絶，曷可勝言，奈何全不知儒、釋之根柢而妄加訾議乎？試觀元公，以誠爲五常之本，百行之源，以無欲主静立人極，其居懷高遠，爲學精深，孝于母，至性悱惻過人，又勤于政事，宦業卓然，此正與釋氏事事相反者。若果禪學如此，則亦何惡于禪學乎？即或往來于二林，以資其清浄之意，亦何害邪？至于受學于周茂叔之言，親出于明道之口，豈以「仲尼」二字疑子思之不爲宣聖孫乎？此皆未免有意抑之過甚者。惟黄山谷曰：「茂叔人品甚高，胸懷灑落，如光風霽月。好讀書，雅意林壑，初不爲人窘束。廉于取名而鋭于求志，薄于儌福而厚于得民，菲于奉身而燕及煢嫠，陋于希世而尚友千古。」此則不亢不卑，延平李氏謂是知德之言，善形容乎有道氣象者也。

濂溪講友

太中程先生珦

程珦，字伯温，洛陽人，明道、伊川之父也。官至太中大夫。嘗知龔、鳳、磁、漢四州，歷官十二任，享禄六十年。廉謹寬和，孜孜夙夜。七十致仕，自爲墓誌，卒㊀年八十五。

梓材謹案：先生，兵部侍郎羽之曾孫，黄陂令遹之子也。先生復爲黄陂尉，有惠政。秩滿不能歸，遂家焉，生明道、伊川二子。後歸洛中。慶曆間，起爲南安通守，與濂溪遊，因以二子受學云。

祖望謹案：濂溪之門人，二程偉矣，而不過少時師之，其餘無見于世者。其講學之友，得數人焉，曰胡文恭公宿，曰周文敏，曰傅耆，曰李君平，梓材案：君平蓋即初平，傳寫之譌。曰王君貺，曰許渤。

文恭胡先生宿

胡宿，字武平，常州晉陵人。登第，爲楊子尉。縣大水，民被溺，令不能救，先生率公私船活數千人。以薦爲館閣校勘，進集賢校理、通判宣州。知湖州，前守滕宗諒大興學校，費錢數十萬，宗諒去，通判、僚吏皆疑以爲欺，不肯書曆。先生誚之曰：「君輩佐滕侯久矣。苟有過，盍不早正？乃陰拱以觀，

㊀「卒」字，據宋史本傳補。

俟其去而非之。豈昔人分謗之意乎」！坐者大慚謝。其後湖學爲東南最，先生之力爲多。築石塘百里，捍水患，民號曰胡公塘，而學者爲立生祠。久之，爲兩浙轉運使。召修起居注、知制誥㈠。慶曆六年，京東兩河地震，登、萊尤甚。先生兼通陰陽五行災異之學，乃上疏曰：「明年丁亥，歲之刑德皆在北宮。陰生于午而極于亥，然陰猶强而未卽伏，陽猶微而不能勝，此所以震也。是謂龍戰之會，其位在乾。若西、北二邊不動，恐有內盜起于河朔。又登、萊視京師爲東北少陽之位，今二州置金坑，多聚民鑿山谷，陽氣耗洩，故陰乘而動。宜卽禁止，以寧地道。」時以爲迂闊。明年，王則果以貝州㈡叛。皇祐五年正月，會靈宮災。是歲冬至郊，以二帝並配。明年大旱。先生言：「五行，火，禮也。去歲火而今又旱，其應在禮。此殆郊丘並配之失也。」卽建言並配非古，宜用迭配如初。時議者謂士大夫年七十當致仕，其不知止者，請令有司按籍擧行之。先生以爲非優老之義，當少緩其期。法：武吏察其任事與否，勿斷以年；文吏使得自陳而全其節。及言皇祐新樂與舊樂難並用，禮部間歲一貢士，不便，當用三年之制。皆如其言。拜樞密副使。先生以老，數乞謝事。治平三年，罷爲觀文殿學士、知杭州。明年，以太子少師致仕，未拜而卒，年七十二。贈太子太傅，謚曰文恭。先生爲人清謹忠實，內剛外和，羣居不譁笑，與人

㈠「知制誥」下原有「入內」二字，今删。按宋史本傳此下有「入內都知楊懷敏坐衛士之變斥爲和州都監」云云，入內都知爲入內內侍省（簡稱入內省）長官之一（見職官志六）。本書節錄史傳時誤將「入內」屬上爲句。㈡「貝州」原作「其州」，據宋史本傳改。按地理志二，貝州至北宋慶曆八年改名恩州，屬河北東路。宋史明鎬傳所附王則傳記宣毅軍小校王則于慶曆七年冬在恩州（實則當時尚稱貝州）聚衆起事。

言必思而後對，故臨事重慎，不輒發，發亦不可回止。居母喪，三年不至私室。其當重任，尤顧惜大體。從子宗愈，入元祐黨籍，嘗受學于歐陽兗公。參史傳。

附錄

先生嘗至潤州，與濂溪遊。或謂濂溪與先生同師潤州鶴林寺僧壽涯，或謂邵康節之父遻逅先生于廬山，從隱者老浮屠遊，遂同受易書。濂溪志。

周先生文敏附門人劉虹。

周文敏者，安仁人也。篤學敦行，不求聞達。嘗與濂溪講學廬山，濂溪稱之曰：「一團和氣人也。」門人侍郎天台劉虹志之，謂其直氣摩虹云。補。

知州傅先生耆

傅耆，字伯成，梓材案：二程遺書附録有伊川謝傅耆伯壽手謁，稱「長官祕書」，是先生當字伯壽。遂寧人也。皇祐進士。勵志爲學。濂溪先生判合州，聞其賢，以書通訊，先生往從之。及歸，遺書謝曰：「曩接高默有所得，不至墮時好矣。」雲濠案：濂溪志：「山陽度氏曰：伯成從周子遊，嘗有書謝其所寄姤說。在永州又謝其所寄改定同人說。」累官至知漢州。補。

祖望謹案：元公弟子甚少。二程雖弱齡從學，然據其「得遺經于不傳」之言，則所自得者多。

呂滎陽、汪玉山所言，未可謂其不然，而必謂太極、通書之授受在洛下也。先生雖言論風旨不傳，然二百年後，度正從其家以求元公之遺墨，尚多有之，安得不列之學案中邪！蜀中學派，當首先生。其後范淳㊀夫學于司馬氏，譙天授、謝持正學于程氏，馬巨濟學于關中呂氏，以啓南軒、鶴山諸公之盛。予故特表而出之。

郡守李先生初平

李初平，失其字。慶曆六年，元公令郴，先生爲郡守，知元公爲高賢，不以屬吏遇之，既薦諸朝，又周其不給。既聞元公論學，先生嘆曰：「吾欲讀書，如何？」元公曰：「公老，無及矣！請爲公言之。」先生遂悉心聽教，二年而有得。皇祐初，先生卒，子幼，元公爲護其喪歸葬之，往來經紀其家，始終不懈。

百家謹案：先生爲元公上官，有謂不當列弟子者。夫學以傳道爲事，豈論勢位。自古至今，有弟子而不能傳道多矣。以先生之虛懷問業，悉心聽受，二年有得，與二程同列諸弟子之班，足見先生之盛德，又何嫌哉！又何嫌哉！梓材案：主一是說亦有理。顧謝山于稿底濂溪門人抹去李先生之名，是仍列講友而不列弟子也。

懿恪王先生拱辰

㊀「淳」原作「醇」，據本書卷二十一范祖禹傳改。

王拱辰，字君貺，咸平人。年十九，舉進士第一。雲濠案：先生原名拱壽，仁宗賜以今名，故字曰君貺。累官吏部尚書，謚懿恪。伊川程子曰：「君貺嘗見茂叔，爲與茂叔世契，便受拜。及坐問，大風起，說大畜卦。君貺乃起曰：『適來不知，受卻公拜。今卻當請納拜！』茂叔走避。」參濂溪志。

祕丞許先生渤

許渤，字仲容，其先許昌人也。曾祖德恭終于華州蒲城主簿，遂爲蒲城人。先生天禧三年進士，官至祕書丞。卒年七十。疾中爲文二篇以示子孫，其大旨皆窮理盡性之言。參范忠宣集。

祖望謹案：先生在潤州，與范文正公、胡文恭公同元公遊。每日晨起，問人天氣寒温，加減衣服，一定終日不易。與其子隔窗而寢，其子讀書聲琅然，竟若不聞也。程子嘗曰：「此人持敬如此，曷嘗有如此聖人！」予謂如斯人者，蓋極力于爲學，大非流俗可及。惜其守之過堅，不知通方之學也。」梓材案：此條原稿有云：「許渤，不知何所人也。」今以其爵里可攷而節之。

提刑孔先生延之

孔延之，字長源，新淦人㊀，孔子四十六世孫。雲濠案：曾南豐誌墓，作四十七世孫。慶曆進士。九年，遷至司封郎中。平生與濂溪友善。在廣西，寬恤民力，改荆湖北路提點刑獄。諸子並以文章顯，世號「臨江

㊀ 按孔延之之子孔文仲，本卷下文有傳，稱「新喻人」，宋史孔文仲傳同。考地理志四，新淦、新喻均爲臨江軍屬縣。

三孔。」參江西人物志。

濂溪同調

清獻趙先生抃

趙抃，字閱道，西安人。進士及第，累薦爲殿中侍御史。彈劾不避權倖，京師目爲「鐵面御史」。知成都，匹馬入蜀，以一琴一鶴自隨。擢參知政事。王介甫用事，屢斥其不便，乞去位，知杭州。改青州，復知成都。以太子少保致仕。卒，年七十七，贈太子少師，諡曰清獻。參史傳。

附錄

劉元城語錄曰：趙清獻求絶欲，挂父母像于卧牀。王右軍不欲仕，自誓于父母墳前。且士大夫不爲則止耳，何必爾！

吕紫微童蒙訓曰：滎陽公嘗言侯叔獻可比趙清獻，正獻公曰：「清獻自守一世，方成就如此。後生有多少事，豈可便比前輩！」既而叔獻果建水事求進。

朱子跋清獻家問曰：趙清獻公晚知濂溪先生甚深，而先生所以告之者亦甚悉，見于章貢道行之篇者可攷也。而公于佛學盖沒身焉，何邪？

濂溪門人

純公程明道先生顥別爲明道學案。

正公程伊川先生頤別爲伊川學案。

謝山周程學統論曰：明道先生傳在哲宗實録中，乃范學士沖作，伊川先生傳在徽宗實録中，乃洪學士邁作，並云從學周子。兩朝史局所據，恐亦不祇呂芸閣東見録一書。但言二程子未嘗師周子者，則汪玉山已有之。玉山之師爲張子韶、喻子才，淵源不遠，而乃以南安問道，不過如張子之于范文正公，是當時固成疑案矣。雖然，觀明道之自言曰：「自再見茂叔，吟風弄月以歸，有『吾與點也』之意。」則非于周子竟無所得者。明道行狀雖謂其「泛濫于諸家，出入于佛、老者幾十年，反求諸六經而後得之」，而要其慨然求道之志，得于茂叔之所聞者，亦不能没其自也。侯仲良見周子，三日而還，伊川驚曰：「非從茂叔來邪？」則未嘗不心折之矣。然則謂二程子雖少師周子，而長而能得不傳之祕者，不盡由于周子，可也；謂周子竟非其師，則過也。若遺書中直稱周子之字，則吾疑以爲門人之詞。蓋因其師平日有獨得遺經之言，故遂欲畧周子而過之也。朱子之學，自溯其得力于延平，至于籍溪、屏山、白水，則皆以爲嘗從之遊而未得其要者，然未嘗不執弟子之禮。周子即非師，固太中公之友也，而直稱其字，若非門人之詞，則直二程子之失也。周子所得，其在聖門，幾幾顔子之風。二程子之所以未盡其蘊者，蓋其問學在慶曆六年，周子即以是歲遷秩而去，追隨不甚久也。潘興嗣志墓，其不及二程子之從遊者，亦以此。張宣公謂太極圖出于二程子之手受，此固攷之不詳；而或因「窮禪客」之語，致疑議于周子，則又不知紀録之不盡足憑也。若夫周子之言，其足以羽翼六經而大有功于後學者，莫粹于通書四十篇。而「無極之真」原于道家者流，必非周子之作，斯則不易之論，正未可以表章于朱子而墨守之也。

濂溪私淑

文忠蘇東坡先生軾別見蘇氏蜀學畧。

文節黄涪翁先生庭堅別見范吕諸儒學案。

程氏家學

純公程明道先生顥別爲明道學案。

正公程伊川先生頤別爲伊川學案。

胡氏家學

簡修胡先生宗愈別見廬陵學案。

孔氏家學

舍人孔先生文仲

孔文仲，字經父，新喻人，長源子。元祐初，哲宗召爲中書舍人。三年，同知貢舉。先有寒疾，及是，晝夜不廢職，疾甚，卒。呂申公曰：「經父本以伉直稱，然惷不曉事。爲諫議時，乃爲浮薄輩所使，以害善良。晚乃知爲所紿，憤鬱嘔血，以致不起。」蓋指其劾伊川也。後追貶梅州别駕。元符末，復其官。參史傳。

待制孔先生武仲

孔武仲，字常父，文仲弟。元祐中，累㊀以寶文閣待制知洪州，徙宣州。坐元祐黨奪職，居池州。元符末，追復之。同上。

郎中孔先生平仲

孔平仲，字義父，武仲弟。用薦，累官給事中。言者詆其元祐時附會當路，譏毁先烈，出知衡州。徙韶州。坐前上書之故，責惠州别駕，安置英州。徽宗立，召爲户部金部郎中，累帥鄜延、環慶。黨論再起，罷，主管兖州景靈宫，卒。同上。

二孔門人長源再傳。

文清曾茶山先生幾别見武夷學案。

㊀「累」下疑脱「官」字。

宋元學案卷十三

明道學案上

黄宗羲原本　黄百家纂輯　全祖望次定

明道學案表

程顥　大中子。濂溪門人。
- 劉絢
- 李籲　並爲劉李諸儒學案。
- 謝良佐　別爲上蔡學案。
- 楊時　別爲龜山學案。
- 游酢　別爲廌山學案。
- 吕大忠
- 吕大鈞
- 吕大臨　並爲吕范諸儒學案。
- 侯仲良
- 劉立之
- 朱光庭　並見劉李諸儒學案。

田述古別見安定學案。
邵伯温別見百源學案。
蘇昞別見吕范諸儒學案。
邢恕別見劉李諸儒學案。
私淑 靳裁之——胡安國別爲武夷學案。
陳瓘別爲陳鄒諸儒學案。

李俊民
明道續傳。

明道學案序録

程頤別爲伊川學案。
張載別爲横渠學案。
吕希哲別爲榮陽學案。
並明道學侣。
韓維
王巖叟並見范吕諸儒學案。
並明道同調。

祖望謹案：大程子之學，先儒謂其近于顏子，蓋天生之完器。然哉！然哉！故世有疑小程子之言若傷我者，而獨無所加于大程子。述明道學案。梓材案：明道學案，謝山分爲二卷，當有增補，特其稿未全。

濂溪門人

純公程明道先生顥

程顥，字伯淳，世居中山，後徙爲河南人。高祖羽，太宗朝三司使。父珦，太中大夫。先生生而秀爽。叔祖母任抱之，釵墜不覺，後數日方求之，先生未能言，以手指示其處，得之。踰冠，中進士第，調鄠縣主簿。南山有石佛，歲傳其首放光，遠近聚觀。先生謂其僧曰：「吾有職事。俟復見，爲吾取其首來觀之。」自是光不復見。改上元縣，盛夏隄決，法當言之府，府言之漕司，然後興作。先生曰：「若是，苗槁久矣！」竟發民塞之，歲乃大熟。上元當水運之衝，設營以處病卒，至者輒死。先生曰：「病者給券而後得食。待食數日，奚而不死！」乃白漕司豫貯米營中，死者減半。仁宗登遐，遺制，官吏成服三日而除。三日之朝，府尹率屬吏將釋服，先生進曰：「請盡今日。若朝而除之，所服止二日爾。」尹不從。先生曰：「公自除之。某非至夜，不敢釋也。」一府相視，無敢除者。茅山有龍池，其龍如蜥蜴而五色，自昔嚴奉，以爲神物。先生捕而脯之，使人不惑。始至邑時，見持竿以黏飛鳥者，取其竿折之，自是鄉民子弟不敢復畜禽鳥。其不嚴而令行如此。移晉城令。河東財賦窘迫，官所科買，雖至賤之物，價必騰湧。

先生度所需，使富室豫儲以待，及期，定價買之，貧富咸利。縣庫有雜納錢數百千，常借以補助民力。部使者至，則告之曰：「此錢令自用而不私，請一切不問。」先生視民如子。民以事至縣者，必告之以孝悌忠信。欲辨事者，或不持牒，徑至庭下，先生從容理其曲直，無不釋然。度鄉村遠近爲保伍，使之力役相助，患難相卹，而姦僞無所容。凡孤煢殘廢者，責之親戚鄉黨，使無失所。行旅出于其塗者，疾病皆有所養。鄉皆有校，暇時親至，召父老而與之語；童兒所讀書，親爲正句讀。教者不善，則爲易置。鄉民爲社會，爲立科條，旌別善惡，使有勸有恥。在縣三年，民無强盜及鬬死者。秩滿，吏夜叩門，稱有殺人者。先生曰：「吾邑安有此！誠有之，必某村某人也。」問之，果然。或詢其故，曰：「吾嘗疑此人惡少之勿革者也。」熙寧初，用呂正獻公公著薦，爲太子中允、監察御史裏行。神宗素知其名，每召見，從容咨訪。將退，則曰：「卿可頻來求對。欲常相見耳。」一日，議論甚久，日官報午正，先生始退。中人相謂曰：「御史不知上未食邪？」務以誠意感動人主，言人主當防未萌之欲。神宗俯身拱手曰：「當爲卿戒之！」及論人才，曰：「陛下奈何輕天下士？」神宗曰：「朕何敢如是！」前後進說，未有一語及于功利。嘗極陳治道，神宗曰：「此堯、舜之事，朕何敢當！」先生愀然曰：「陛下此言，非天下之福也。」王安石執政，議更法令，言者攻之甚力。先生被旨赴中堂議事，安石方怒言者，厲色待之。先生徐曰：「天下事非一家私議，願平氣以聽。」安石爲之媿屈。新法既行，先生言：「智者若禹之行水，行所無事。自古興治立事，未有中外人情交謂不可，而能有成者。就使徼倖小成，而興利之臣日進，尚德之風浸衰，尤非朝廷之福。」乞去言職。安石本與之善，及是，雖不合，猶敬其忠信，不深怒，但出提點京西刑獄。先生固辭，改簽書鎭寧軍判官。奄人程昉治河，取澶卒八百，天方大寒而虐用之，衆逃歸。羣僚畏昉，欲勿納。先生曰：「彼逃死自歸，勿納必亂。」即親往啟門，約少休，三日後役，衆讙呼而入。具以事上，得不遣。昉後過州，見先生，言甘而氣懾。退而揚言于衆曰：「澶卒之潰，程中允誘之，吾且訴于上。」先生聞之，笑曰：「彼方憚我，故爲是言也。」果不敢訴。曹村埽決，先生謂郡守劉渙曰：「曹村決，京師可虞。請以廂兵見付，事或可集。」渙以鎭印假之，先生立走決所，激諭士卒。議者以爲勢不可塞，徒勞人耳。先生募善泅者銜細繩以渡決口，得引大索，兩岸並進，數日而合。遷太常丞、知扶溝縣，廣濟、蔡河在縣境，瀕河惡子脅取行舟財貨，歲必焚舟十數。先生捕得一人，引其類，得數十人，不復根治，但使分地挽舟，督察作過者，其患始息。水災，請發粟，司農遣使閱實，鄰邑多自陳「穀且登，無貸可也」，先生請貸不已，得穀六千石，饑者用濟。司農視貸籍，户同等而所貸不等，檄縣杖主吏。先生言：「濟饑當以口之衆寡，不以户之高下。令實爲之，非吏罪。」乃已。奄人王中正巡閱保甲，權寵張甚，諸邑供帳，唯恐得罪。至扶溝，主吏以告。先生曰：「吾邑貧，安能效他邑。取于民，法所禁也，獨有令故青帳可用爾。」中正亦憚之，不敢入境。有犯小盜者，先生諭而遣之。再發，盜謂其妻曰：「我與大丞約，不復爲盜。今何面目見之邪！」遂自經。除判武學，李定劾其新法之初，首爲異論，罷復舊任。已坐逸獄㈠，責監汝州酒稅。哲宗立，召爲宗正丞，未行而卒，元豐八年六月十五日也，年五十四。先生資性過人，而充養有道，和粹之氣，盎于面背。門人交友從之數十年，未嘗見其忿厲之容。遇事優爲，雖當倉卒，不動聲色。自十五六時，與

㈠宋史本傳此句作「又坐獄逸囚」，義較顯明。

弟正叔聞汝南周茂叔論學，遂厭科舉之習，慨然有求道之志。泛濫于諸家，出入于老、釋者幾十年，返求諸六經，而後得之。秦、漢而下，未有臻斯理也。文潞公採衆議而爲之表其墓曰明道先生。嘉定十三年，賜謚曰純公。淳祐元年，封河南伯，從祀孔子廟庭。明嘉靖中，祀稱「先儒程子」。

百家謹案：宋乾德五年，五星聚奎，占啓文明之運。逮後景德四年、慶曆三年復兩聚，而周子、二程子生于其間。朱子曰：「元公不由師傳，默契道體，建圖屬書，根極領要。當時見而知之者有程氏，遂廣大而推明之，使夫天理之微，人倫之著，事物之衆，鬼神之幽，莫不洞然畢貫于一，而周、孔、孟氏之傳，焕然復明。」此定論也。顧二程子雖同受學濂溪，而大程德性寬宏，規模闊廣，以光風霽月爲懷；二程氣質剛方，文理密察，以峭壁孤峯爲體。其道雖同，而造德自各有殊也。

識仁篇

學者須先識仁。仁者，渾然與物同體，義、禮、智、信皆仁也。識得此理，以誠敬存之而已，不須防檢，不須窮索。若心懈，則有防；心苟不懈，何防之有！理有未得，故須窮索；存久自明，安待窮索！此道與物無對，「大」不足以明之。天地之用，皆我之用。孟子言「萬物皆備于我」，須「反身而誠」，乃爲大樂。若反身未誠，則猶是二物有對，以己合彼，終未有之，又安得樂！訂頑意思，橫渠西銘，舊名訂頑。乃備言此體，以此意存之，更有何事。「必有事焉而勿正，心勿忘，勿助長」，未嘗致纖毫之力，此其存之之道。若存得，便合有得。蓋良知良能，元不喪失。以昔日習心未除，卻須存習此心，久則可奪舊習。此理至約，惟患不能守。既能體之而樂，亦不患不能守也。

劉蕺山曰：程子首言識仁，不是教人懸空參悟，正就學者隨事精察力行之中，先與識箇大頭腦所在，便好容易下工夫也。識得後，只須用葆任法，曰「誠敬存之」而已。而勿忘、勿助之間，其真用力候也。蓋天理微妙之中，著不得一毫意見伎倆，與之湊泊。纔用纖毫之力，便是以己合彼之勞矣，安得有反身而誠之樂。誠者，自明而誠之謂。敬者，一于誠而不二之謂。誠只是誠此理，敬只是敬此誠，何力之有！後人不識仁，將天地間一種無外之理，封作一膜看，因并不識誠敬，將本心中一點活潑之靈，滯作一物用，胥失之矣！良知良能是本心，昏昧放逸是習心。向來不識此理，故種種本心爲習心用，今來既識此理，故種種習心爲本心轉。又何患不存之，又存而不能期月守也？此程子見道分明語也。乃先儒以爲地位高者之事，非淺學可幾，學者只合說「克己復禮爲仁」。周海門先生深不然之，以爲「不識仁而能復禮者無有」，是處極爲有見。而顧涇陽先生則云：「學者極喜舉程子識仁。但昔人是全提，後人只是半提。『仁者，渾然與物同體，義禮智信皆仁也』，此全提也。後人只說得『渾然與物同體』，而遺卻下句，此半提也。『識得此理，以誠敬存之，不須防檢，不須窮索』，此全提也。後人只說得『不須』二句，而遺卻上句，此半提也。」尤見衛道之苦心矣！

又曰：朱子謂程子識仁篇乃地位高者之事，故近思録遺之。然「誠敬存之」四字，自是中道而立。

又曰：識仁一篇，總只是狀仁體合下來如此，當下認取，活潑潑地，不須著纖毫氣力，所謂「我固有之」也。然誠敬爲力，乃是無著力處。蓋把持之存，終是人爲，誠敬之存，乃爲天理。只是存得好，便是誠敬，誠敬就是存也。存正是防檢，克己是也；存正是窮索，擇善是也。若泥不須防檢窮索，則誠敬存之當在何處？未免滋高明之惑。子靜專言此意，固有本哉！

顧涇陽曰：「程伯子曰『仁者渾然與物同體』，只此一語已盡，何以又云『義禮智信皆仁』也？始頗疑其爲贅。及觀世之號識仁者，往往務爲圓融活潑，以外媚流俗而內濟其私，甚而蔑棄廉恥，決裂繩墨，閃鑠回互，誑己誑人，曾不省義禮智信爲何物，猶偃然自命曰仁也，然後知伯子之意遠矣！

宗羲案：明道之學，以識仁爲主，渾然太和元氣之流行，其披拂于人也，亦無所不入，庶乎「所過者化」矣！故其語言流轉如彈丸，說「誠敬存之」便說「不須防檢，不須窮索」，說「執事須敬」便說「不可矜持太過」，惟恐稍有留滯，則與天不相似。此卽孟子說「勿忘」，隨以「勿助長」救之，同一埽跡法也。鳶飛魚躍，千載旦暮。朱子謂：「明道說話渾淪，然太高，學者難看。」又謂：「程門高弟，如謝上蔡、游定夫、楊龜山，下稍皆入禪學去。必是程先生當初說得高了，他們只睥見上一截，少下面著實工夫，故流弊至此。」此所謂程先生者，單指明道而言。其實不然。引而不發，以俟能者。若必魚筌兔跡，以俟學人，則匠、羿有時而改變繩墨、彀率矣。朱子得力于伊川，故于明道之學，未必盡其傳也。

百家謹案：先遺獻孟子師說解「必有事焉」：「此與明道識仁之意相合。『正』是把捉之病，『忘』是間斷之病，『助』是急迫之病。故曰『不須防檢，不須窮索』，『未嘗致纖毫之力』。蓋存得好就是誠敬，誠敬就是存也。存正是防檢，克己是也，存正是窮索，擇善是也。若外此而爲防檢窮索，便是人爲，未有不犯三者㊀之病也。』」

百家又憶姜定庵先生希轍嘗于其家兩水亭問先遺獻「學而時習」之解，答云：「白虎通云：『學者，覺也，覺悟所未知也。』朱子曰：『學之爲言效也，總是工夫之名。』荀子所謂『誦數以貫之，思索以通之，爲其人以處之，除其害以持養之』，皆是。然必有所指之的，則合其本體而已矣，明道之識仁是也。『時習』者，孟子：『必有事焉而勿正，心勿忘，勿助長也。』明道：『識得此理，以誠敬存之而已，不須防檢，不須窮索。若心懈，則有防心；苟不懈，何防之有！理有未得，故須窮索；存久自明，安待窮索！』蓋其間調停節候，如鳥之肆飛，沖然自得，便是『說』也。」

附百家求仁篇：孔門之學，莫大于求仁。求仁之外，無餘事矣。顧未知仁之奚若，于何求之？故明道云：「學者須先識仁。」第仁道至大，無可名言，又非懸空想像可得。即識仁篇所言「仁者渾然與物同體，義禮智信皆仁也」，雖其言仁大旨已盡，而在學者仍未易識如何之爲渾然，如何之爲義禮智信而爲仁也。繼此云「識得此理，以誠敬存之而已」，則又是識後之工夫。其識前之工夫，止于「不須窮索」句中帶補出「存久自明」句，而存之之道在「必有事焉而勿正，心勿忘，勿助長」，是程子于識前識後俱以一「存」統之也。而先儒以爲此地位高者之事，非淺學可幾，然則爲淺學者于何而可以識仁？仁不易遽識，仍當于未識前思所以求之之方，此末史求仁篇之所由作也。夫天下沿流而不獲者，則當溯其源。求仁之言，出于孔子，則當還自孔子之言仁者以求之。顏淵問仁，子

㊀「者」原作「家」，據孟子師說（適園叢書本）改。按「三者」指上文所言「正」、「忘」、「助」。

曰：「克己復禮爲仁。」禮，天則也，攝心之規矩也。心不踰乎矩，而有不仁者乎？此以禮求仁也。仲弓問仁，子曰：「出門如見大賓，使民如承大祭。己所不欲，勿施于人。」朱子曰：「敬以持己，恕以及物，則私意無所容，而心德全矣。」此以敬恕求仁也。司馬牛問仁，子曰：「仁者，其言也訒。」此言顧行，行顧言，心存乎慥慥而不自知其緘默，以求仁也。樊遲問仁，子曰「愛人」，曰「先難而後獲」，曰「居處恭，執事敬，與人忠」，此以仁者之心，胞與爲懷，自强遠利，無在而不存，以求仁也。子貢問爲仁，子曰：「事其大夫之賢者，友其士之仁者。」此求仁于友輔者也。子張問仁，子曰：「能行五者于天下，爲仁矣。」此求仁于感應者也。其在人而直與之以仁者，于微、箕、比干則曰「殷有三仁」，于伯夷、叔齊則曰「求仁而得仁」，蓋五人跡雖不同，俱能以此惻怛之苦心，懇摯婉轉于倫類間，而克全其至性者也。于顏子曰「三月不違」，與其不遷不貳，復禮而庶幾也。于管仲曰「如其仁」，就其功亦可稱也。至于仲弓可使南面矣，子路可使治賦矣，冉有可使爲宰矣，子華可使掌朝會矣，皆曰「不知其仁」，不欲以才混德也。子文之忠，文子之清，曰「未知，焉得仁」，不可以一節概生平也。宰我之食稻衣錦，季氏之舞佾歌雍，直斥之爲「不仁」，惡忘親，嚴犯分也。慨好仁、惡不仁之未見，中心安仁者天下一人，言夫全德之難其人也。一日用力，力無不足，我欲仁，仁斯至，言夫奮往之當決其機也。其他如仁者不憂，仁者有勇，觀過知仁，殺身成仁，仁者靜，仁能守，立人達人，能好人，能惡人，無終食㊀之間違仁，力行剛毅木訥近仁，亦既詳矣。而後儒則以爲聖人之言仁雖多，

㊀「食」原作「日」，據龍本及論語里仁「君子無終食之間違仁」改。

究未曾正定説出，使學者有晝一可由之路，于是紛紛各立宗旨，以矜獨得，一似乎孔子有漏義，乃賴後儒之補救也。曾不知聖人之言，如詔人室，學者得門，八面皆可人。況于哀公問政之對，昭然已直揭其體，實指其功，曰：「仁者，人也，親親爲大。」此聖人爾后之告，實爲言仁之宗主，當時之人，孰不知之。惟以聖門有此一言爲之主，故其餘之言皆可因人隨事以指點，總不失斯言之會歸耳。試以證之。孟子曰：「仁也者，人也。」「親親，仁也。」「仁之實，事親是也。」孔、孟之言仁，如出一口，柰何不察，後之君子，謂吾性中曷嘗有孝弟來，而反以孝弟也者爲仁之本，故解作好仁之本，明自背于孔、孟與！總之，後儒謂性生于有生之初，知覺發于既生之後。性，體也；知覺，用也。性，公也；知覺，私也。不可卽以知覺爲性。愛親敬長屬乎知覺，故謂性中無孝弟，而必推原其上一層。不知性雖爲公共之物，而天命于人，必俟有身而後有性。吾身由父母而生，則性亦由父母而有。性由父母而有，似屬一人之私，然人人由父母而有，則仍是公共之物。夫公共之物，宜非止以自愛其親，然人人之所以自愛其親，正以見一本大同之道。所以孔子曰：「夫孝，天之經也。」謂之天經者，蓋以此愛親之心具自孩提之童，不學不慮，一本乎天，乃吾良知良能之知覺，卽性體也。及長而知敬兄者，此也，忠君者，此也；勇戰者，此也，仁民愛物者，此也。無二心也。故曰：「孝弟之至，通于神明，光于四海。」「堯、舜之道，孝弟而已矣。」而猶謂孝弟之非仁，乃藐之而他是求邪？且佛氏之言性，何嘗不精，所以爲異端者，正以不就人言性，求性于父母未生前，合含生蠢動以爲本覺，于是其視父母也甚輕。害道之大，全在于此。孔子言性，止就人而言。故孟子道性善，亦曰「人無有不善」，不合牛犬于內也。言仁則曰「親親」，以無父母卽無此身，父母卽天地，我與父母固結而不可解之心，不知其所自來，此天然之至性，乃所謂仁也。儒、釋之界限惟此，吾儒胡爲而復墮其霧乎？王塘南曰：「聖學主于求仁，而仁體最難識。若未能識仁，只從孝弟上懇惻以求盡其力。當其真切于孝弟時，此心油然藹然而不能自已，則仁體卽此可默會。」先遺獻曰：「人生墮地，分父母以爲氣質，從氣質而有義禮。則義理之發源，在于父母。人能事事以父母爲心，便是天理，便是仁也。」嗚呼！孔、孟求仁之學，惟塘南與先遺獻，可謂撥雲霧而睹青天矣！

楊開沅謹案：「仁者渾然與物同體」，卽大學「格物」之物，所謂「有物有則」也。「此道與物無對」，卽大學、中庸必慎之獨，天命之性體也。惟萬物皆備于我，所以同體；推而放之四海而準，所以無對。

定性書

百家謹案：横渠張子問于先生曰：「定性未能不動，猶累于外物，何如？」先生因作是篇。

所謂定者，動亦定，靜亦定，無將迎，無內外。苟以外物爲外，牽己而從之，是以己性爲有內外也。且以己性爲隨物于外，則當其在外時，何者爲在內？是有意于絶外誘，而不知性之無內外也。既以內外爲二本，則又烏可遽語定哉！夫天地之常，以其心普萬物而無心；聖人之常，以其情順萬物而無情。故君子之學，莫若廓然而大公，物來而順應。易曰：「貞吉，悔亡。憧憧往來，朋從爾思。」苟規規于外誘之除，將見滅于東而生于西也，非惟日之不足，顧其端無窮，不可得而除也。人之情各有所蔽，故不能適道，大率患在于自私而用智。自私，則不能以有爲爲應迹，用智，則不能以明覺爲自然。今以惡外物之心，而求照無物之地，是反鑑而索照也。易曰：「艮其背，不獲其身。行其庭，不見其人。」孟氏亦曰：「所惡于智者，爲其鑿也。」與其非外而是內，不若內外之兩忘也。兩忘，則澄然無事矣。無事則定，定則明，明則尚何應物之爲累哉！聖人之喜，以物之當喜，聖人之怒，以物之當怒。是聖人之喜怒，不繫于心而繫于物也。是則聖人豈不應于物哉？烏得以從外者爲非，而更求在內者爲是也？今以自私用智之喜怒，而視聖人喜怒之正，爲何如哉？夫人之情易發而難制者，唯怒爲甚。第能于怒時遽忘其怒，而觀理之是非，亦可見外誘之不足惡，而于道亦思過半矣。

百家謹案：先生他日又曰：「治怒爲難，治懼亦難。克己可以治怒，明理可以治懼。」

劉蕺山曰：此伯子發明主靜立極之說，最爲詳盡而無遺也。稍分六段看，而意皆融貫，不事更端，亦不煩詮解。今姑爲之次第：首言動靜合一之理，而歸之常定，乃所以爲靜也。是內非外，非性也；離動言靜，非靜也。「天地之常」以下，即天地之道以明聖人之道不離物以求靜也。「人之情」以下，言常人之情自私用智，所以異于聖人而終失其照物之體也。「易曰」以下，又引大易、孟子之言以明自私用智之必不然也。「聖人之喜」以下，又即聖人應物之情以明外物之不足惡。而「夫人之情」以下，又借怒之一端，于極難下手處得定性之法如此，又以見外物之不足惡也。合而觀之，主靜之學，性學也。「人生而靜，天之性也。感于物而動，性之欲也。」聖人常寂而常感，故有欲而實歸于無欲，所以能盡其性也。常人離寂而事感，離感而求寂，故去欲而還以從欲，所以自汨其天也。主靜之說，本千古祕密藏，卽横渠得之，不能無疑。向微程伯子發明至此，幾令千古長夜矣。

百家謹案：「性無内外」云者，羅整菴云：「内外只是一理也。」「情順萬物而無情」者，先遺獻云：「此語須看得好。孔子之哭顔淵，堯、舜之憂，文王之怒，所謂『情順萬物』也。若是無情，則内外兩截，此正佛氏之消煞也。『無情』只是無私情，如下文聖人之喜怒，以物之當喜怒，而無自私用智之喜怒。」

百家又案：嘉靖中，胡柏泉松爲太宰，疏解定性書，會講于京師，分作四層：「一者，天地之常，心普物而無心，此是天地之定。二者，聖人之常，情順物而無情，此是聖人之定。三者，君子之學，廓然大公，物來順應，此是君子之定。四者，吾人第于怒時遽忘其怒，觀理是非，此是吾人之定。吾人希君子，君子希聖人，聖人希天地。」是日，天下計吏俱在京，咸會于象房所，約五千餘人。羅近溪、耿天臺、周都峯、徐龍灣並參講席，莫不飽飫斯義。

語録

詩、書中凡有一箇主宰的意思，皆言帝；有一箇包涵徧覆的意思，則言天；有一箇公共無私的意思，則言王。上下千百歲中，若合符契。言天之自然者謂之天道，言天之賦予萬物者謂之天命。

繫辭曰：「形而上者謂之道，形而下者謂之器。」又曰：「立天之道，曰陰與陽。立地之道，曰柔與剛。

立人之道，曰仁與義。」又曰：「一陰一陽之謂道。」陰陽亦形而下者也，而曰「道」者，惟此語截得上下最分明，元來只此是道，要在人默而識之也。

忠信所以進德。「終日乾乾」，君子當終日對越在天也。蓋「上天之載，無聲無臭」，其體則謂之易，其理則謂之道，其用則謂之神，其命于人則謂之性，率性則謂之道，修道則謂之教。孟子在其中又發揮出浩然之氣，可謂盡矣。故說神「如在其上，如在其左右」，大小疑事，而只曰「誠之不可揜」。徹上徹下，不過如此。形而上爲道，形而下爲器，須著如此說。器亦道，道亦器。但得道在，不繫今與後，己與人。

中庸言誠，便是神。

惟神也，故不疾而速，不行而至。神無速，亦無至。須如此言者，不如是不足以形容故也。

冬夏寒暑，陰陽也；所以運用變化者，神也。神無方，故易無體。若如或者別立一天，謂人不可以包天，則有方矣，是二本也。

生生之謂易，生生之用則神也。

「窮神知化」，化之妙者，神也。

劉蕺山曰：神更不說體。精義入神，以致用也。神無方，化之妙處卽是，故以用言。

楊開沅謹案：誠便是神之體。但體物不遺，故不可以體言。「鼓萬物而不與聖人同憂」。聖人，人也，故不能無憂。天，則不爲堯存，不爲桀亡者也。

天地日月一般。月受日光，而日不爲之虧，然月之光乃日之光也。地氣不上騰，則天氣不下降。天氣降而至于地，地中生物者皆天氣也。雖無成而代有終者，地之道也。

劉蕺山曰：先升而後降，如何？

乾，陽也，不動則不剛。其靜也專，其動也直，不專一則不能直遂。坤，陰也，不靜則不柔。其靜也翕，其動也闢，不翕聚則不能發散。言「有無」則多有字，言「無無」則多無字，有無與動靜同。如冬至之前天地閉，可謂靜矣，而日月星辰亦自運行而不息，謂之無動，可乎？但人不識有無動靜耳！

咸、恆，體用也。體用無先後。

劉蕺山曰：神化原是一箇。

天地萬物之理，無獨必有對。皆自然而然，非有安排也。每中夜以思，不知手之舞之，足之蹈之也。

萬物莫不有對：一陰一陽，一善一惡；陽長則陰消，善增則惡減。斯理也，推之其遠乎！人只要知此耳。

質必有文，自然之理必有對待，生生之本也。有上則有下，有此則有彼，有質則有文。一不獨立，二則爲文。非知道者，孰能識之。天文，天之理也；人文，人之理也。

劉蕺山曰：一不獨立便是二，不是一以生二。正如月落萬川，處處皆圓。月本水之精，即水成象，不是假象。纔看是一个，隨看卻是千萬个，千萬个卻是一个。在天非一，在川非萬。一者是質，萬者是文。

「一陰一陽之謂道」，自然之道也。「繼之者善也」，有道則有用，「元者善之長」也。成之者卻只是性，「各正性命」也。故曰：「仁者見之謂之仁，知者見之謂之知，百姓日用而不知，故君子之道鮮矣。」如此，則亦無始，亦無終；亦無因甚有，亦無因甚無；亦無有處有，亦無無處無。

劉蕺山曰：說「陰陽不測之謂神」便是，不有道字，幾落禪詮。

古今異宜，不惟人有所不便，至于風氣亦自別也。

視聽思慮動作，天也。人于其中，要識得真與妄耳。

天下善惡皆天理。謂之惡者，非本惡，但或過或不及，便如此。如楊、墨之類。

事有善有惡，皆天理也。天理中物，須有美惡。蓋物之不齊，物之情也。但當察之，不可自入于惡，流于一物。

劉蕺山曰：物有善惡，神無善惡。無善無惡，乃爲至善。吾輩時常動一善念，細揣之，終是多這念。有這念，便有比偶；有比偶，便有負勝。譬如一疋絹，纔說細，便有麤者形他，又有更細者形他。故曰「毛猶有倫」。○盈天地間皆道也，學者須是擇乎中庸。事之過不及處便是惡事，則念之有依著處便是惡念。擇善卻不在事上，直證本心始得。

問：「心有善惡否？」曰：「在天爲命，在義爲理，在人爲性，主于身爲心，其實一也。心本善，發于思慮則有善有不善。若既發，則可謂之情，不可謂之心。譬如水只謂之水，至如流而爲派，或行于東，或行于西，卻謂之流也。」

劉蕺山曰：遡流尋源，其必由學乎！學者但養得未發之中，思過半矣。

嘗論以心知天，猶居京師往長安，但知出西門便可到長安，此猶是言作兩處。若要至誠，只在京師便是到長安，更不可別求長安。只心便是天，盡之便知性，知性便知天。當處便認取，更不可外求。

「窮理、盡性，以至于命」，三事一時並了，元無次序。不可將窮理作知之事。若實窮得理，即性命亦可了。

昔在長安倉中閒坐，後見長廊柱，以意數之，己尚不疑。再數之，不合，不免令人一一聲言而數之，乃與初數者無差。則知越著心，把捉越不定。

劉蕺山曰：把捉正是障。

人心不得有所繫。

醫書言手足痿痺爲不仁，此言最善名狀。仁者以天地萬物爲一體，莫非己也。認得爲己，何所不至。若不有諸己，自與己不相干，如手足不仁，氣已不貫，皆不屬己。故博施濟衆，乃聖人之功用。仁至難言，故曰：「己欲立而立人，己欲達而達人。能近取譬，可謂仁之方也已。」欲令如是觀仁，可以得仁之體。

切脈最可體仁。

劉蕺山曰：脈脈不斷，正此仁生生之體無間斷，故無痿痺。一斷，便死了。不仁者，如邵子所謂「不知死過幾萬徧，卻是不曾生一般。」

剛毅木訥，質之近乎仁也。力行，學之近乎仁也。若夫至仁，則天地爲一身，而天地之間品物萬形爲四肢百體。夫人豈有視四肢百體而不愛者哉？聖人，仁之至也，獨能體是心而已，曷嘗支離多端，而求之自外乎！故「能近取譬」者，仲尼所以示子貢求仁之方也。醫書以手足風頑謂之四體不仁，爲其疾痛不以累其心故也。夫手足在我，而疾痛不與知焉，非不仁而何！世之忍心無恩者，其自棄亦若是而已。

滿腔子是惻隱之心。

百家謹案：孟子師說：「滿腔子是惻隱之心，此意周流而無間斷，即未發之喜怒哀樂是也。遇有感觸，忽然迸出來，無內外之可言也。先儒言惻隱之有根源，未嘗不是，但不可言發者是情，存者是性耳。擴充之道，存養此心，使之周流不息，則發政施仁，無一非不忍人之心矣。」政㊀又案：但不可言發者是情，存者是性」二句，一時恐未必得解人，百世以俟聖人而不惑。

不學，便老而衰。

百家謹案：先遺獻每道此語，且云體驗實然。

舍己從人，最爲難事。己者我之所有，雖痛舍之，猶懼守己者固而從人者輕也。

梓材謹案：梨洲原本此下有「明道見謝子記問」一條，今移爲附録。

㊀「政」字，疑涉上文「發政施仁」之政字而衍。

「人語言緊急，莫是氣不定否？」曰：「此亦當習。習到自然緩時，便是氣質變也。學至氣質變，方是有功。」

楊、墨之害甚于申、韓，佛、老之害甚于楊、墨。楊氏爲我，疑于仁㊀；墨氏兼愛，疑于義；申、韓則淺陋易見。故孟子只闢楊、墨，爲其惑世之甚也。佛氏其言近理，又非楊、墨之比，此所以爲害尤甚。楊、墨之害亦經孟子闢之，所以廓如也。

百家謹案：孟子師說曰：「仁義者，無所爲而爲之者也。楊氏爲我，墨氏兼愛。淳于髡『先名實者爲人，後名實者自爲』，卽此也。戰國儀、秦、鬼谷，凡言功利者，莫不出此二途。楊、墨是其發源處，故孟子言『天下之言不歸楊，則歸墨』，所以遂成戰國之亂。害事，謂凡人所行；害政，謂各國所爲。若是推其流弊，恐其後來，何以言『盈天下』乎？無父無君之禍，正是指當時而言也。朱子言：『無君，只是潔身自高，天下事教誰理會？無父，以其枯槁澹泊，其孝不周。』據如此言，卽有之，亦是一身一家之事，孟子何至痛切如此？揚子雲謂：『古者楊、墨塞路，孟子辭而闢之，廓如也。』眞是夢語！楊、墨之道，至今未熄。程子曰：『楊、墨之害甚于申、韓，佛、老之害甚于楊、墨。佛、老其言近理，又非楊、墨之比。』愚以爲佛氏從生死起念，只是一箇自爲，其發願度衆生，亦卽是一箇爲人，何曾離得楊、墨窠臼。豈惟佛氏，自科舉之學興，儒門那一件不是自爲爲人？自古至今，

㊀ 據文義，「仁」字當與下文「疑于義」之「義」字互易。二程集（中華書局點校本，下同）此處亦誤（見一三八頁）。按程頤云：「楊子爲我亦是義，墨子兼愛則是仁。惟差之毫釐，繆以千里，直至無父無君，如此之甚。」（二程集一七一頁）可爲旁證。

只有楊、墨之害，更無他害。朱子言：『孟子雖不得志于時，然楊、墨之害自是滅息，而君臣父子之道賴以不墜，是亦一治也。』豈其然哉！孟子方痛其不能滅息，而以口舌爭之，所謂『夫天未欲平治天下也』，庶幾望之後人之能言距楊、墨者，正是言其久亂而不治也。」

觀雞雛，可以觀仁。

劉蕺山曰：豈惟雞雛。盈天地間，並育並行，莫不足觀仁。

天地之大德曰生。天地絪緼，萬物化醇。生之謂性。萬物之生意最可觀，此元者善之長也，斯所謂仁也。人與天地一物也，而人特自小之，何哉？

孟子曰：「仁也者，人也。合而言之，道也。」中庸所謂「率性之謂道」是也。仁者，人㊀此者也。「敬以直內，義以方外」，仁也。若以敬直內，則便不直矣。行仁義豈有不直乎？「必有事焉而勿正」，則直也。夫能敬以直內，義以方外，則與物同矣。故曰「敬義立而德不孤」。是以仁者無對，放之東海而準，放之西海而準，放之南海而準，放之北海而準。

劉蕺山曰：仁者，人也。識得此理，存之卽是。若不識本來面目，强欲以人爲湊泊，則遠人爲道矣。敬，卽念而存也；義，卽事而存也。只此敬義工夫，便將天地萬物打成一片，都存在這裏了。方成其爲人。

楊開沅謹案：敬義立則與物同，卽物格也。仁者無對，卽愼獨而意誠也。

㊀「人」原作「仁」，據二程集一二〇頁改。按集又云：「仁，人此；義，宜此。」（見八〇頁）可爲旁證。

「博學而篤志，切問而近思」，何以言「仁在其中」？學者要思得之。了此，便是徹上徹下之道。仲尼言仁，未嘗兼義，獨于易曰：「立人之道，曰仁與義。」而孟子言仁，必以義配。蓋仁者體也，義者用也。知義之爲用而不外焉者，可以語道矣。世之所論于義者，多外之，不然則混而無別，非知仁義之說者。

劉蕺山曰：只是陰陽。

「士不可以不弘毅，任重而道遠。」重擔子須是硬脊梁漢方擔得。

禮樂只在進反之間，便得性情之正。

聖賢千言萬語，只是欲人將已放之心，約之使反，復入身來，自能尋向上去。下學而上達也。

劉蕺山曰：識此意，方可言勿忘勿助。不然，亦是說夢。

學只要鞭辟近裏，著己而已。故博學而篤志，切問而近思，則仁在其中矣。言忠信，行篤敬，雖蠻貊之邦，行矣。言不忠信，行不篤敬，雖州里，行乎哉？立則見其參于前也，在輿則見其倚于衡也，夫然後行，只此是學。質美者明得盡渣滓，便渾化，卻與天地同體。其次惟在莊敬持養。及其至，則一也。

敬勝百邪。

「毋不敬，儼若思，安定辭，安民哉」，君道也。君道即天道也。「出門如見大賓，使民如承大祭」，此仲弓之問仁而仲尼所以告之者，以仲弓爲可以事斯語也。「雍也可使南面」，有君之德也。

劉蕺山曰：荀子二語並稱，亦見他請事斯語，分明篤恭而天下平氣象。卻嫌「四勿」猶落聲臭支離在。而象山又本程子之言以推尊仲弓，不知孔子教人，何嘗不皆是天道，但不可得而聞耳。仲弓資性厚重，而用功于敬，至此夫子只是要打成他一片處，近乎「一貫」之呼矣。荀子雖未爲無見，抑亦佛、老之學。即是論性之解，此派相沿，誤盡後人，總之不識所謂天道也。

毋不敬，可以對越上帝。

中心斯須不和不樂，則鄙詐之心入之矣。此與「敬以直内」同理。謂敬爲和樂則不可，然敬須和樂，只是中心没事也。

學者須敬守此心，不可急迫。當栽培深厚，涵泳于其間，然後可以自得。但急迫求之，終是私己，終不足以達道。

執事須是敬，又不可矜持太過。

學在知其所有，又在養其所有。

若不能存養，只是説話。

「天地設位，而易行乎其中」，只是敬也。敬則無間斷。

「體物而不可遺」者，誠敬而已矣。不誠，則無物也。詩曰：「維天之命，於穆不已！於乎不顯，文王之德之純！」純則無間斷。

「天下雷行，物與无妄」，天性豈有妄邪？「聖人以茂對時育萬物」，各使得其性也。无妄，則一毫不可加，安可往也？往則妄矣！无妄震下乾上，動以天，安有妄乎？動以人，則有妄矣。

欲當大任，須是篤實。

自明而誠，雖多由致曲，然亦有自大體中便誠者。雖亦是自明而誠，謂之致曲則不可。

以己及物，仁也；推己及物，恕也。忠恕一以貫之。忠者天道，恕者人道。忠者无妄，恕者所以行乎忠也。忠者體，恕者用，大本達道也。此與達道不遠異者，動以天耳！

學者不必遠求，近取諸身，只明人理，敬而已矣，便是約處。

劉蕺山曰：此無欲學聖之旨。

易之乾卦言聖人之學，坤卦言賢人之學。惟言「敬以直內，義以方外，敬義立而德不孤」，至于聖人亦止如是，更無別塗。穿鑿繫累，自非道理。故有道有理，天人一也，更不分別。

楊開沅謹案：「敬以直內」卽忠也，「義以方外」卽恕也。聖人亦止如是，所以云「一以貫之」。

浩然之氣，乃吾氣也。養而無害，則塞乎天地。一爲私意所蔽，則欿然而餒，知其小也。

論「持其志」，曰：「只這箇也是私。然學者不恁地不得。」

「先難」，克己也。

問不知如何持守，曰：「且未說到持守。持守甚事？須先在致知。」

百家謹案：此已便開王陽明宗旨矣！

悟則句句皆是這箇。道理已明後，無不是此事也。

「能近取譬」，反身之謂也。

克己則私心去，自然能復禮。雖不學文，而禮意已得。勿忘勿助之間，正當處也。

良知良能，皆無所由，乃出于天，不繫于人。

人心莫不有知。唯蔽于人欲，則亡天德也。

此實理也，人知而信者爲難。孔子曰：「朝聞道，夕死可矣！」生死亦大矣，非誠知道，則豈以夕死爲可乎？

宗羲案：父母全而生之，原不僅在形體。聞道，則可以全歸矣。

一行豈所以名聖人。至于聖人，則自不可見，何嘗道「聖人孝」、「聖人廉」？

九思各專其一。

「致知在格物」，格，至也。或以格爲正物，是二本矣。

「致知在格物」，格，至也。窮理而至于物，則物理盡。

儒者只合言人事，不得言有數。直到不得已處，然後歸之命可也。

昔受學于周茂叔，每令尋仲尼、顏子樂處，所樂何事。

劉蕺山曰：便說樂道，亦是。只看道是何等物。

人之學不進，只是不勇。

告神宗曰：先聖後聖，若合符節。非傳聖人之道，傳聖人之心也。非傳聖人之心也，傳己之心也。己之心無異聖人之心，廣大無垠，萬善皆備。欲傳聖人之道，擴充此心焉耳！

一命之士，苟存心于愛物，于人必有所濟。

百家謹案：此卽是欲立欲達之體。

知至，則便意誠。若有知而不誠者，皆知未至爾。知至而至之者，知至而往至之，乃幾之先見，故曰「可與幾也」。知終而終之，則可與存義也。

死生存亡，皆知所從來，胸中瑩然無疑，止此理耳。孔子言「未知生，焉知死」，蓋畧言之。死之事，卽生是也，更無別理。

性與天道，非自得之則不知，故曰「不可得而聞」。

大抵學不言而自得者，乃自得也。有安排布置者，皆非自得也。

性靜者可以爲學。

且省外事，但明乎善，務進誠心，其文章雖不中，不遠矣。所守不約，汎濫無功

興于詩，立于禮，自然見有著力處。至成于樂，自然見無所用力。

「毛猶有倫」，入毫釐絲忽，終不盡。

不哭的孩兒，誰抱不得？

自「舜發于畎畝之中」，至「孫叔敖舉于海」，若要熟，也須從這裏過

既得後須放開，不然只是守。

神也者，妙萬物而爲言。若上竿、弄瓶，至于斲輪，誠至則不可得而知。上竿初習數尺，而後至于百尺，習化其高。夠聖人誠至之事，豈可得而知。

犯而不校。校則私，非樂天者也。

學者識得仁體，實有諸己，只要義理栽培。如求經義，皆是栽培之意。

世有以讀書爲文爲藝者。曰：「爲文謂之藝，猶之可也；讀書謂之藝，則求諸書者淺矣。」

梓材謹案：原本下有二條，今移爲附録。

「生生之謂易。」「天地設位，而易行乎其中。」「乾坤毀，則無以見易。易不可見，乾坤或幾乎息矣。」「易」畢竟是甚？又指而言曰：「聖人以此洗心，退藏于密。」聖人示人之意，至此深且明矣，終無人理會。「易」也，「此」也，「密」也，是甚物？

楊開沅謹案：此卽意也，卽獨也，卽良知之本然，物之當格者也。陽明、蕺山乃爲道破耳。

學者須學文，知道者進德而已。有德，則「不習，无不利」。「未有學養子而後嫁」，蓋先得是道矣。學文之功，學得一事是一事，二事是二事，觸類至于千百，至于窮盡，亦只是學，不是德。有德者不如是。故此言可爲知道者言，不可爲學者言。如心得之，則施于四體，四體不言而喻。譬如學書，若未得者，須心手相須而學；苟得矣，下筆便能書，不必積學。

某寫字時甚敬。非是要字好，卽此是學。

劉蕺山曰：正是要字好！

百家謹案：孟子師説解「必有事焉」引此：「當寫字時，橫一爲學之心在內，則事與理二，便犯『正』之爲病。更轉一語曰：正是要字好。」

因論㈠「口將言而囁嚅」，云：「若合開口時，要他頭，也須開口。須是『聽其言也厲』。」

「萬物皆備于我」，不獨人耳，物皆然。都自這裏出去，只是物不能推，人則能推之。雖能推之，幾時添得一分？不能推之，幾時減得一分？百理具在，平鋪放著。幾時道堯盡君道，添得些君道多？舜盡子道，添得些孝道多？元來依舊！

百家謹案：此則未免説得太高。人與物自有差等，何必更進一層，翻孟子案，以蹈生物平等？

撞破乾坤，只一家禪詮。

理則極高明，行之只是中庸也。

能盡飲食言語之道，則可以盡去就之道。能盡去就之道，則可以盡死生之道。飲食言語，去就死生，小大之勢一也。故君子之學，自微而顯，自小而章。

「居處恭，執事敬，與人忠」，此是徹上徹下語。聖人元無二語。

太山爲高矣，然太山頂上已不屬太山。雖堯、舜事業，亦只是如太虛中一點浮雲過目！

目畏尖物，此事不得放過，須與放㈡下。室中率置尖物，須以理勝他，尖必不刺人也，何畏之有！

㈠「因論」二字及下文「云」字，據二程集六一頁補。　㈡「放」，二程集五一頁作「克」。

除了身，只是理。便説「合天人」，合天人已是爲不知者引而致之。天人無間。夫不充塞則不能贊化育，言「贊化育」，已是離人而言之。

言「體天地之化」，已賸一「體」字。只此便是天地之化，不可對此箇別有天地。

楊開沅謹案：若別有天地，則不可謂「獨」矣。故曰：「仁者與物同體。」

至誠可以贊天地之化育，則可以與天地參。贊者，參贊之義，「先天而天弗違，後天而奉天時」之謂也，非謂贊助。只有一箇誠，何助之有！

楊開沅謹案：參、贊皆是同體中事。如人一身，目視耳聽，手持足行，不可謂耳有助于目，足有助于手。總是一箇誠耳！若手足痿痺，便是不仁矣。

大人者，與天地合其德，與日月合其明，非在外也。

天人本無二，不必言「合」。若不一本，則安得先天而天弗違，後天而奉天時？

道一本也。或謂：「以心包誠，不若以誠包心；以至誠參天地，不若以至誠體人物。」是二本也。知不二本，便是篤恭而天下平之道。

「範圍天地之化而不過」者，模範出一天地耳，非在外也。如此曲成萬物，豈有遺哉！

人須知自慊之道。自慊者，無不足也。若有所不足，則張子厚所謂「有外之心，不足以合天心」者也。

人心常要活，則周流無窮，而不滯于一隅。

與叔所問，今日宜不在有疑。今尚差池者，蓋爲昔有雜學。故今日疑所進有相似處，則遂疑養氣爲有助，便休信此説。蓋前日思慮紛擾，今要虛静，故以爲有助。前日思慮紛擾，又非禮義，又非事故，如是則只是狂妄人耳！懲此以爲病，故要得虛静。其極，欲得如槁木死灰，又卻不是。蓋人，活物也，又安得爲槁木死灰？既活，則須有動作，須有思慮。必欲爲槁木死灰，除是死也。「忠信所以進德」者，何也？閑邪則誠自存；誠存，斯爲忠信也。如何是「閑邪」？非禮而勿視聽言動，邪斯閑矣！以此言之，又幾時要身如槁木，心如死灰？又如絶四後畢竟如何，又幾時須如槁木死灰？敬以直內，則須君則是君，臣則是臣。凡事如此，大小直截也。

有形總是氣，無形只是道。

凡有氣，莫非天。凡有形，莫非地。

觀天地生物氣象。

息，止也。止則便生，不止則不生。

「生生之謂易」，是天之所以爲道也。天只是以生爲道。繼此生理者，只是善也。善便有一箇「元」的意思，「元者善之長」。萬物皆有春意，便是「繼之者善」也。「成之者性也」，成卻待他萬物自成其性須得。

「生之謂性」，性卽氣，氣卽性，生之謂也。人生氣稟，理有善惡，然不是性中元有此兩物相對而生也。有自幼而善，有自幼而惡，是氣稟自然也。善固性也，然惡亦不可不謂之性也。蓋「生之謂性」，

「人生而靜」以上不容說，才說性，便已不是性也。凡人說性，只是說「繼之者善」也，孟子言人性善是也。夫所謂「繼之者善」也，猶水流而就下也。皆水也，有流而至海，終無所污，此何煩人力之爲也！有流而未遠，固已漸濁；有出而甚遠，方有所濁。有濁之多者，有濁之少者。清濁雖不同，然不可以濁者不爲水也。如此，則人不可以不加澄治之功。故用力敏勇，則疾清；用力緩怠，則遲清。及㊀其清也，則卻只是元初水也。亦不是將清來換卻濁，亦不是取出濁來置在一隅也。水之清，則性善之謂也。故不是善與惡在性中爲兩物相對，各自出來。此理，天命也；順而循之，則道也；循此而修之，各得其分，則教也。自天命以至于教，我無加損焉。此舜「有天下而不與焉」者也。

「寂然不動，感而遂通」者，天理具備，元無歉少，不爲堯存，不爲桀亡，父子君臣，常理不易，何曾動來！因不動，故言寂然。惟不動，感便感，非自外也。

復卦非天地之心，復則見天地之心。聖人無復，故未嘗見其心。

心要在腔子裏。

百家謹案：孟子師說：「程子言『心要在腔子裏』，腔子指身也。此操存之法。愚則反之曰：『腔子要在心裏。』今人大概止用耳目，不曾用心。識得身在心中，則髮膚經絡皆是虛明。佛氏有人識得心，大地無寸土，何處容其出入？」

百官萬務，金革百萬之衆，飲水曲肱，樂在其中。萬變俱在人，其實無一事。

㊀「及」字，據二程集一一頁補。

「不有躬，無攸利。」不立己，後雖向好事，猶爲化物不得，以天下萬物撓己。己立後，自能了當得天下萬物。

自「幼子常視毋誑」以上，便是教以聖人事。

舞射便見人誠。古之教人，莫非使之成己。自灑掃應對上，便可到聖人事。灑掃應對便是形而上者，理無大小故也。故君子只在愼獨。

學始于不欺闇室。

楊開沅謹案：純公處處提倡愼獨，不待蕺山也。

風竹是感應無心。如人怒我，勿留胸中，須如風動竹。德至于無我者，雖善言善行莫非所過之化也。

明德新民，豈分人我，是成德者事。

學者今日無可添，只有可減。減盡，便没事。

大凡把捉不定，皆是不仁。

知止則自定，萬物撓不動。非是别將箇定來助知止也。

愚者指東爲東，指西爲西，隨象所見而已。智者知東不必爲東，西不必爲西。惟聖人明于定分，須以東爲東，以西爲西。

聞見如登九層之臺。

坐井觀天，非天小，只被自家入井中，被井筒拘束了。然井何罪，亦何可廢。但出井中，便見天大。已見天如此大，不爲井所拘，卻入井中也不害。

覺悟便是信。

靜後見萬物皆有春意。

須是大其心，使開闊。譬如爲九層之臺，須大做腳始得。

克勤小物最難。

大抵有題目，事易合。

凡學之雜者，終只是未有所止，内自不足也。譬如一物懸在室中，苟無所依著，則不之東則之西。故須著摸他道理，只爲自家内不足也。譬之家藏良金，不索外求；貧者見人説金，便借他的看。

「天地設位，而易行乎其中矣。」「乾坤毁，則無以見易。易不可見，乾坤或幾乎息矣。」「易」是箇甚？易又不只是這一部書，是易之道也。

不要將易又是一箇事，卽事盡天理，便是易也。

憂子弟之輕俊者，只教以經學念書，不得令作文字。子弟凡百玩好皆奪志。至于書札，于儒者事最近，然一向好著，亦自喪志。如王、虞、顏、柳輩，誠爲好人則有之，曾見有善書者知道否？平生精力一用于此，非惟徒廢時日，于道便有妨處，只此㈠喪志也。

㈠「只此」，二程集作「足知」。

二氣五行，剛柔萬殊，聖人所由惟一理。人須要復其初。

李籲問：「每常遇事，即能知操存之意。無事時，如何存得熟？」曰：「古之人，耳之于樂，目之于禮，左右起居，盤盂几杖，有銘有戒，動息皆有養。今皆廢此，獨有義理之養心耳。但存此涵養意，久則自熟矣。敬以直內，是涵養意。言不莊不敬，則鄙詐之心生矣；貌不莊不敬，則怠慢之心生矣。」

或問涵養，曰：「若造得到，更說甚涵養！」

一物不該，非中也。一事不爲，非中也。一息不存，非中也。何哉？謂其偏而已矣。故曰：「道也者，不可須臾離也。可離，非道也。」修此道者，「戒慎乎其所不覩，恐懼乎其所不聞」而已。由是而不息焉，則「上天之載，無聲無臭」，可以馴致矣。

惟善通變，便是聖人。

今學者敬而不見，得又不安者，只是心生，亦是太以敬來做事得重。此「恭而無禮則勞」也。恭者，私爲恭之恭也；禮者，非體之禮，是自然的道理也。只恭，而不爲自然的道理，故不自在也。須是「恭而安」。今容貌必端，言語必正者，非是道獨善其身，要人道如何，只是天理只如此，本無私意，只是箇循理而已。

今志㊀于義理而心不安樂者，何也？此則正是賸一箇助之長。雖則心操之則存，舍之則亡，然而持之太甚，便是必有事焉而正之也。亦須且恁去，如此者只是德孤。「德不孤，必有鄰」，到德盛後，自

㊀「志」原作「至」，據二程集四二頁改。

無窒礙，左右逢其源也。

涵養到著落處，心便清明高遠。

人雖睡著，其識知自完，只是人與喚覺便是，他自然理會得。

吾學雖有所授受，「天理」二字卻是自家體貼出來。

百家謹案：樂記已有「滅天理而窮人欲」之語，至先生始發越大明于天下。蓋吾儒之與佛氏異者，全在此二字。吾儒之學，一本乎天理。而佛氏以理爲障，最惡天理。先生少時亦曾出入老、釋者幾十年，不爲所染，卒能發明孔、孟正學于千四百年無傳之後者，則以「天理」二字立其宗也。得此義理在此，甚事不盡，更有甚事出得！視世之功名事業，真譬如閒。視世之仁義者，其煦煦孑孑，如匹夫匹婦之爲諒也。自視天來大事，處以此理，又曾何足論！若知得這箇義理，便有進處。若不知得，則緣何仰高鑽堅，在前在後也？竭吾才，則又見其卓爾。

宋元學案卷十四

明道學案下

黄宗羲原本　黄百家纂輯　全祖望修定

陳治法十事

臣竊謂：聖人創法，皆本諸人情，通乎物理。二帝三王之盛，曷嘗不隨時因革，稱事爲制乎？然至于爲治之大原，牧民之要道，理之所不可易，人之所賴以生，則前聖後聖，未有不同條而共貫者。如生民之稱有窮，則聖王之法可改。故後世盡其道則大治，用其偏則小康，此歷代彰灼著明之效也。苟或徒知泥古而不能施之于今，姑欲循名而顧忘其實，此固末世陋儒之見，誠不足以進于治矣。然儻謂今世人情已異于古，先王之迹必不可復于今，趨便目前，不務高遠，亦恐非大有爲之論，而未足以濟當今之極弊也。獨行之有先後，用之有緩急耳！古者自天子達于庶人，未有不須師友而成其德者。故舜、禹、文、武之聖，亦皆有所從受學。今師傅之職不修，友臣之義不著，而尊德樂善之風未成，此非有古今之異者也。王者奉天建官，故天地四時之職，二帝三王未之或改，所以修百度而理萬化也。唐存其畧，而紀綱小正。今官秩淆亂，職業廢弛，太平之治，鬱而未興，此非有古今之異者也。天生烝民，立之君，使司牧之，必制之常產以厚其生，經界必正，井地必均，此爲治之大本也。唐尚存口分授田之制，今益蕩然。富者田連阡陌，跨州縣而莫之止，貧者日流離，餓殍而莫之卹，倖民猥多，衣食不足而莫爲之制。將生齒日繁，轉死日促，制之之道，所當漸圖，此亦非有古今之異者也。古者政教始乎鄉里，其法起于比閭族黨，州鄉酇遂以聯屬，統治其民，故民安于親睦，刑法鮮犯，廉恥易格，此亦人情之自然，行之則效，非有古今之異者也。庠序學校之教，先王所以明人倫，化成天下者也。今師學廢而道德不一，鄉射亡而禮義不興，貢舉不本于鄉里而行實不修，秀士不養于學校而人材多廢，此較然之事，亦非有古今之異者也。古者府史胥徒受祿公上，而兵農未始判也。今驕兵耗國力，匱國財，極矣。禁衛之外，不漸歸之于農，將大貽深患。府史胥徒之毒徧天下，而目爲公人，舉以入官，不更其制，何以善後？此亦至明之理，非有古今之異者也。古者國有三十年之通餘，九年之食以制國用，無三年之食者，則國非其國。今天下耕之者少，食之者衆，地力不盡，人功不勤，雖富室强宗，鮮有餘積，況其貧弱者乎！一遇年歲之凶，即盜賊縱横，飢羸滿路。如不幸有方三二千里之災，或連年之歉，當何以處之？宜漸從古制，均田務農，俾公私交務于儲餘，以豫爲之備，未可以幸爲恃也。古者四民各有常職，而農者十居八九，故衣食易給而民無所苦。今京師浮民數逾百萬，游手游食，不可貲度，其窮蹙辛苦，孤貧疾病，變詐巧僞以自求生，而常不足以生，日益歲滋。宜酌古變今，均多卹寡，漸爲之業以振救其患。聖人奉天理物之道，在乎六府，六府之任，列之五官，山虞澤衡，各有常禁，夫是以萬物阜豐而財用不乏也。今五官不修，六府不治，用之無節，取之不時，林木焚赭，斧斤殘傷，而川澤漁獵之繁，暴殘耗竭，而侵尋不禁。宜修古虞衡之職，使將養之，以成變通長久之利。古冠婚喪祭，車服器用，差等分別，莫敢踰僭，故財用易給而民有常心。今禮制未修，奢靡相尚，卿大夫之家莫能中禮，而商販之類或踰王公，禮制不足以檢飭人情，名數不足以旌別貴賤，詐虔攘奪，人人求厭其欲而後已，此大亂之道也。因先王之法，講求而損益之。凡此，皆非有古今之異者也。然是特其端緒，必可施行之驗也云爾。如科條度數、施爲注措之道，必稽之經制而合，施之人情而安，惟聖明博擇其中！

百家謹案：先生所上神宗陳治法十事，觀其文彩，似乎不足，案其時勢，悉中肯綮，無一語非本此中至誠之流露也。此真明體達用之言。胡敬齋曰：「若依他做，三代之治可運之掌，惜惑于王安石而不能用也。」

附錄

先生數歲，卽有成人之度，賦酌貪泉詩「中心如自固，外物豈能遷」，已見志操矣！

十五六歲與弟伊川受學于濂溪，卽慨然有爲聖賢之志。嘗自言再見茂叔後，吟風弄月，有「吾與點也」意。

明道作縣，常于坐右書「視民如傷」，云：「顥每日嘗有愧于此。」觀其用心，應是不到錯決撻了人。

明道主簿上元時，謝師直爲江東轉運判官，師宰來省其兄，嘗從明道假公僕掘桑白皮。明道問之曰：「漕司役卒甚多，何爲不使？」曰：「本草說，桑白皮出土，見日者殺人。以伯淳所使人不欺，故假之耳。」師宰之相信如此。

伊川云：「謝師直尹洛時，嘗談經，與鄙意不合，因曰：『伯淳亦然。往在上元，景温說春秋，猶時見取；至言易，則皆曰非是。』頤謂曰：『二君皆通易者也。監司談經而主簿乃曰非是，監司不怒，主簿敢言。非通易，能如是乎？』」

薦爲御史，神宗召對，問所以爲御史。對曰：「使臣拾遺補闕，裨贊朝廷，則可。使臣掇拾臣下短長，以沽直名，則不能。」神宗歎賞，以爲得御史體。

一日，神宗縱言，及于辭命。先生曰：「人主之學，惟當務爲急。辭命非所先也。」神宗爲之動容。

先生爲御史時，神宗嘗使推擇人才。所薦數十人，以父表弟張載暨弟頤爲首，天下咸稱允當。

熙寧五年，太中公告老而歸，先生求折資監當以便養，歸洛。歲餘，得監西京洛河竹木務。家數清窶，僦居洛城殆十餘年，與弟從容親庭，日以讀書講學爲事，士大夫從遊者盈門。自是身益退，位益卑，而名益高于天下。

梓材謹案：原本有「明道見上稱介甫之學」與「神宗問安石之學」二條，今移入荆公新學畧。

王荆公嘗與明道論事不合，因謂先生曰：「公之學，如上壁。」言難行也。明道曰：「參政之學，如捉風。」後來逐不附己者，而獨不怒明道，且曰：「此人雖未知道，亦忠信人也。」

先生嘗曰：熙寧初，王介甫行新法，並用君子小人。君子正直不合，介甫以爲俗學不通世務，斥去；小人苟容諂佞，介甫以爲有才能知通變，用之。君子如司馬君實不拜同知樞密院以去，范堯夫辭同修起居注得罪，張天祺自監察御史面折介甫被謫。介甫性狠愎，衆人皆以爲不可，則執之愈堅。君子既去，所用皆小人，爭爲刻薄，故害天下益深。使衆君子未用與之敵，俟其勢久自緩，委曲平章，尚有聽從之理，俾小人無隙以乘，其爲害不至此之甚也。

扶溝地卑，歲有水旱，先生經畫溝洫之法以治之，未及興工而去官，曰：「以扶溝之地，盡爲溝洫，必數年乃成。吾爲經畫十里之地以開其端，後人知其利，必有繼之者矣。夫爲令之職，必使境內之民凶年飢歲免于死亡，飽食逸居，有禮義之訓，然後爲盡。故吾于扶溝，開設學校，聚邑人子弟教之，亦幾成而廢。夫百里之施，至狹也，而道之興廢繫焉。是數事皆未及成，豈不有命與！然知而不爲，徒責命之興廢，則非矣。此吾所以不敢不盡心也。」

在澶州日，修橋少一長梁，曾博求之民間。後因出入，見林木之佳者，必起計度之心。因語以戒學者，心不可有一事。

明道終日坐，如泥塑人，然接人渾是一團和氣，所謂「望之儼然，即之也温」。

張子厚學成德尊，識者謂與孔子爲比。然猶祕其學，不多爲人講之。其意若曰：「雖復多聞，不務畜德，徒善口耳而已。」故不屑與之言。先生謂之曰：「道之不明于天下也久矣！人善其所習，自謂至足。必欲如孔門『不憤不啓，不悱不發』，則師資勢隔，而先王之道或幾乎息矣。趣今之時，且當隨其資而誘之，雖識有明暗，志有淺深，亦各有得焉，而堯、舜之道庶可馴致。」子厚用其言，故關中學者躬行之多，與洛人並。推其所自，先生發之也。

明道先生與門人講論，有不合者，則曰更有商量。伊川則直曰不然。

先生謂學者曰：「賢看某如此，某煞用工夫。見理後須開放，不開放只是守。開又近放倒，故有禮以節之；守幾于不自在，故有樂以樂之。樂卽是放開也。」

梓材謹案：前二語，梨洲原本所有。下移上蔡語録以足之。

明道見謝子記問甚博，曰：「賢卻記得許多！」謝子不覺面赤身汗，先生曰：「只此便是惻隱之心！」謝子曰：「吾嘗習忘以養生。」明道曰：「施之養生則可，于道有害。習忘可以養生者，以其不留情也，學道則異于是。夫『必有事焉而勿正』，何謂乎？且出入起居，寧無事者。正心以待之，則先事而迎。忘則涉乎去念，助則近于留情，故聖人之心如鑑。孟子所以異于釋氏心也。」

程氏遺書曰：「學者先學文，鮮有能至道。至如博觀泛濫，亦自爲害。」故先生嘗教謝良佐曰：「賢讀書，愼不要循行數墨。」

又曰：良佐昔録五經語作一册，伯淳見之，謂曰：「玩物喪志！」

上蔡曰：先生善言詩，他又不曾章解句釋，但優游玩味，吟哦上下，便使人有得處。

又曰：昔伯淳先生教予，只管看他言語。伯淳曰：「與賢説話，卻是扶醉漢，救得一邊，倒了一邊。只怕人執著一邊。

劉立之曰：先生德性充完，粹和之氣盎于面背，樂易多恕，終日怡悦，未嘗見其忿厲之容。某問以臨民，曰：「使民各輸其情。」又問御史，曰：「正己以格物。」

又曰：先生平生與人交，無隱情，雖童僕必託以忠信，故人亦不忍欺之。嘗自澶淵遣奴持金詣京師貿用物，計金之數可當二百千，奴無父母妻子，同列聞之，莫不駭且誚。既奴持物如期而歸，衆始歎服。

范淳夫曰：「顏子之不遷不貳，惟伯淳有之。」

梓材謹案：梨洲原本此條作：「陳忠肅公瓘嘗作責沈文送其姪孫淵幾叟云『葉公沈諸梁問孔子于子路』，至『自是以來，常以寡陋自愧』一大段，今以其文與陳鄒諸儒學案複出，以其前三十六字併入了齋附録，而僅留范公二語于此。

邵伯温曰：元豐八年三月五日，神宗升遐，詔至洛，故相韓康公爲留守，程宗丞伯淳爲汝州酒官，會以檄來，舉哀于府。既罷，謂康公之子兵部宗師曰：「顥以言新法不便忤大臣，同列皆謫官，顥獨除監司，顥不敢當，辭之。念先帝見知之恩，終無以報。」已而泣。兵部曰：「今日朝廷之事如何？」宗丞曰：「司馬君實、吕晦叔作相矣。」兵部曰：「二公果作相，當如何？」宗丞曰：「當與元豐大臣同。若先分黨與，他日可憂。」兵部曰：「何憂？」宗丞曰：「元豐大臣皆嗜利者，使自變其已甚害民之法，則善矣。不然，衣冠之害未艾也。君實忠直，難與議。晦叔解事，恐力不足爾。」既而二公果並相，召宗丞，未行，以疾卒。宗丞爲温公、申公所重，使不早死，更相調護協濟于朝，則元祐朋黨之論無自而起矣。論此事時，范淳夫、朱公掞、杜孝錫、伯温同聞之。今年四十，而其言益驗，故表而出之。

侯仲良曰：朱公掞見明道于汝州，歸謂人曰：「某在春風中坐了一月。」

劉左司曰：誠意積于中者既厚，則感動于外者亦深，故伯淳所在臨政，上下響應。補。

震澤記善録曰：明道云：「才説明日，便是悠悠。窮經進學，須是日就月將。」補。

呂氏童蒙訓曰：明道先生言：「人心不同，如其面。不同者皆私心也，至于公則不然。」補。

張橫浦曰：明道書窗前有茂草覆砌，或勸之芟，曰：「不可！欲常見造物生意。」又置盆池畜小魚數尾，時時觀之，或問其故，曰：「欲觀萬物自得意。」草之與魚，人所共見，唯明道見草則知生意，見魚則知自得意，此豈流俗之見可同日而語！補。

又曰：孟子曰：「仁義禮智根于心，其生色也，睟然見于面，盎于背，施于四體，四體不言而喻。」予有一事，可實其說。游定夫訪龜山，龜山曰：「公適從何來？」定夫曰：「某在春風和氣中坐三月而來。」龜山問其所之，乃自明道處來也。試涵泳「春風和氣」之言，則仁義禮智之人，其發達于聲容色理者，如在吾目中矣。補。

葉水心習學記言曰：案程氏答張氏論定性，「動亦定，靜亦定，無將迎，無內外」，「當在外時，何者爲內」，天地「普萬物而無心」，聖人「順萬事而無情」，「擴然而大公，物來而順應」，「有爲爲應迹，明覺爲自然」，「內外兩忘，無事則定，定則明」，「喜怒不繫于心而繫于物」，皆老、佛語也。程、張攻斥老、佛至深，然盡用其學而不知者，以易大傳誤之，而又自于易誤解也。梓材案：謝山注云：「蓋指『无思』『无爲』諸語。」子思雖漸失古人體統，然猶未至此；孟子稍萌芽，其後儒者則無不然矣。老、佛之學，所以不可入周、孔之道者，周、孔以建德爲本，以勞謙爲用，故其所立，能與天地相終始，而吾身之區區不豫焉。老、佛則處身過高，而以德業爲應世，其偶可爲者則爲之，所立未毫髮，而自夸甚于丘山，至于壞敗喪失，使中國胥爲夷狄，淪亡而不能救，而不以爲己責也。嗟夫！未有自坐老、佛病處而辯老、佛，以明聖人之道者也。補。

呂子約曰：讀明道行狀，可以觀聖賢氣象。補。

胡敬齋曰：明道天資高，本領純粹，其學自大本上流出，于細微處又精盡。

又曰：明道才大德盛，當時入朝建言，若依他做，三代之治可運于掌，惜乎神宗惑于王安石功利之言而不能用也。當時神宗甚欲有爲，亦甚聰明，安石亦才高，故明道俱要格其心，已被明道感動了。明道雖去，神宗眷眷懷之，安石亦言感公誠意。當時被張天祺等攻激太過，遂不能從。故明道深惜此機會，以爲兩分其罪。

羅整庵曰：張子正蒙「由太虛，有天之名」數語，亦是將理氣看作二物。其求之不爲不深，但語涉牽合，殆非性命自然之理也。嘗觀程伯子之言有云：「上天之載，無聲無臭。其體則謂之易，其用則謂之神，其命于人則謂之性。」只將數字剔撥出來，何等明白！學者若于此處無所領悟，吾恐其終身亂于多説，未有歸一之期也。

高景逸曰：先儒惟明道先生看得禪書透，識得禪弊真。

又曰：大學者，聖學也；中庸者，聖心也。匪由聖學，寧識聖心！發二書之祕，教萬世無窮者，先生也。淵乎微乎！非先生，學者不識天理爲何物矣。不識天理，不識性爲何物矣。是儒者至善極處，是佛氏毫釐差處。

唐一菴曰：明道之學，嫡衍周派，一天人，合内外，主于敬而行之以恕，明于庶物而察于人倫，務于窮神知化而能開物成務，就其民生日用而非淺陋固滯。不求感而物應，未施信而民從。筮仕十疏，足以占王道之端倪。惜早世，未極其止。

百家謹案：伊川之表先生墓，謂孟軻死，聖人之學不傳，學不傳，千載無真儒，先生生于千四百年之後，一人而已。自斯言出，後人羣然無異辭也。而要識先生之所以爲真儒，千四百年後之一人者何在。蓋由其學本于識仁；識仁，斯可以定性。然仁果何以識？先生曰：「存久自明。」則存養之功爲要也。先生又曰：「學者識得仁體，先實有諸己，只要義禮栽培。如求經義，皆栽培之意。」又曰：「學以知爲本，且未說到持守。持守甚事？須先在致知。」又曰：「悟則一句句皆是這箇。道理已得後，無不是此事也。」夫曰「存久自明」，曰「先實有諸己」，將經義只爲栽培，曰「學以知爲本」，曰「悟」，將論先生之學者，又疑爲禪矣。不知儒、釋之辨，只在有理與無理而已。非必凡內求諸己，務求自得者便是禪；懵懂失向，沿門乞火者便是儒也。先生自道「天理二字，是我自家體貼出來」，而伊川亦云「性卽理也」，又云「人只有箇天理，卻不能存得，更做甚人」，兩先生之言，如出一口。此其爲學之宗主，所以克嗣續洙泗而迥異乎異氏之滅絶天理者也。至于先生之德性和粹，劉安禮謂從先生三十餘年，未嘗見其忿厲之容。而于興造禮樂，制度文爲，下及兵刑水利之事，無不悉心精練。使先生而得志有爲，三代之治不難幾也。顧裕陵亦有意于先生，而不容于安石之褊拗，且年壽亦不永。富鄭公曰：「伯淳無福，天下之人也無福。」信哉！

明道學侶

正公程伊川先生頤別爲伊川學案。

獻公張横渠先生載別爲横渠學案。

侍講吕原明先生希哲別爲滎陽學案。

明道同調

少師韓持國先生維

恭簡王彦霖先生巖叟並見范吕諸儒學案。

明道門人濂溪再傳。

博士劉質夫先生絢

校書李端伯先生籲並爲劉李諸儒學案。

監場謝上蔡先生良佐別爲上蔡學案。

文靖楊龜山先生時別爲龜山學案。

文肅游廌山先生酢別爲廌山學案。

龍學呂晉伯先生大忠

教授呂和叔先生大鈞

正字呂藍田先生大臨並爲呂范諸儒學案。

侯荆門先生仲良

承議劉先生立之

學士朱先生光庭並見劉李諸儒學案。

簽判田先生述古別見安定學案。

修撰邵子文先生伯温別見百源學案。

博士蘇先生昞別見呂范諸儒學案。

尚書邢和叔恕別見劉李諸儒學案。

明道私淑

靳先生裁之

靳裁之，潁昌人。少聞伊洛程氏之學。胡文定入太學時，以師事之。參姓譜。

靳先生語

士之品大概有三：志于道德者，功名不足以累其心；志于功名者，富貴不足以累其心；志于富貴而已者，則亦無所不至矣。補。

靳氏門人

忠肅陳了齋先生瓘別爲陳鄒諸儒學案。

文定胡武夷先生安國別爲武夷學案。

明道續傳

莊靖李鶴鳴先生俊民

李俊民，字用章，澤州人。少得河南程氏之學。金承安中，以經義舉進士第一，授應奉翰林文字。未幾，棄官歸，教授鄉里。其于理學淵源，冥搜隱索，務有根據。金源南遷後，隱嵩山，再徙懷州，俄復隱西山。既而變起倉卒，人服其先知。先生在河南時，隱士荆先生者授以皇極數學，時知數者無出劉秉忠右，亦自以爲弗及。世祖在藩邸，以安車召至，延訪無虛日。遽乞還山，遣中貴護送之。又嘗令張仲一問以禎祥，及即位，其言始驗。而先生已卒，年八十餘，賜諡莊靖先生。從黄氏補本録入。

梓材謹案：郝陵川爲明道伊川兩先生祠堂記云：「泰和中，鶴鳴先生得先生之傳，又得邵氏皇極之學，廷試冠多士，退而不仕，教授鄉曲，故先生之學復盛。」鶴鳴澤州人，澤州學者多原于明道，所謂「先生之學」，蓋謂明道也。

宋元學案卷十五

伊川學案上

黄宗羲原本　黄百家纂輯　全祖望次定

伊川學案表

程頤——明道弟。定安、濂溪門人。
　子端中——孫暐別見和靖學案。
　劉絢
　李籲並爲劉李諸儒學案。
　呂希哲別爲滎陽學案。
　謝良佐別爲上蔡學案。
　楊時別爲龜山學案。
　游酢別爲廌山學案。
　呂大忠
　呂大鈞
　呂大臨並爲呂范諸儒學案。
　尹焞別爲和靖學案。

郭忠孝別爲兼山學案。
王蘋別爲震澤學案。
周行己
許景衡並爲周許諸儒學案。
田述古別見安定學案。
邵伯溫別見百源學案。
李朴別見范呂諸儒學案。
范沖別見華陽學案。
蘇昞別見呂范諸儒學案。
楊國寶別見王張諸儒學案。
蕭楚別見范許諸儒學案。
陳淵別爲默堂學案。
羅從彥別爲豫章學案。
楊迪別見龜山學案。
呂義山別見呂范諸儒學案。
又二十九人見劉李諸儒學案。
又九人見周許諸儒學案。
私淑胡安國別爲武夷學案。

陳瓘
鄒浩並爲陳鄒諸儒學案。
趙霄
張燀
蔣元中
蔡元康
潘安固並見周許諸儒學案。
劉子翬別見劉胡諸儒學案。
羅靖
羅竦並見和靖學案。
劉肅
張特立
李簡
趙復別見魯齋學案。
並伊川續傳。
司馬光別爲涑水學案。
呂公著別爲范呂諸儒學案。

韓維別見范吕諸儒學案。
並伊川講友。
張載別爲橫渠學案。
朱長文別見泰山學案。
范祖禹別爲華陽學案。
方元寀——孫翥別見震澤學案。
　　　　　曾孫耒別見劉胡諸儒學案。
　　　　　曾孫壬
　　　　　曾孫禾並見滄洲諸儒學案。
父峻。
並伊川學侶。

伊川學案序録

祖望謹案：大程子早卒，向微小程子，則洛學之統且中衰矣！蕺山先生嘗曰：「小程子大而未化，然發明有過于其兄者。」信哉！述伊川學案。梓材案：伊川先生爲安定大弟子，謝山于安定學案序録已及之，而其于濂溪，亦不可謂非及門也。又案：謝山學案劄記云：「小程子，學者初稱廣平先生。後居伊陽，始稱伊川。」

胡周門人

正公程伊川先生頤

程頤，字正叔，河南人，明道先生之弟也。年十八，上書闕下，勸仁宗黜世俗之論，以王道爲心。游太學，胡安定瑗試諸生以「顏子所好何學」，得先生論，大驚，延見，處以學職。同學呂原明希哲卽以師禮事之。治平、熙寧㊀間，大臣屢薦，皆不起。哲宗初，司馬温公光、呂申公公著共疏上其行義，詔以爲西京國子監教授，力辭。尋召赴闕，擢崇政殿説書。奏言：「輔養之道，不可不至。一日之中，接賢士大夫之時多，親宦官宮女之時少，則氣質自然變化。今間日一講，解釋數行，爲益既少，又自四月罷講，直至中秋，不接儒臣，殆非古人旦夕承弼之意。」又言邇英閣迫隘，乞就崇正、延和殿講讀。給事中顧臨以殿上講讀爲不可，先生曰：「祖宗以來，並是殿上坐講。仁宗始就邇英，而講官立侍，蓋從一時之便耳，非若臨之意也。臨之意，不過以尊君爲説，而不知尊君之道。」先生在經筵，每當進講，必宿齋豫戒，潛存誠，冀以感動上意，而其爲説，常于文義之外，反復推明，歸之人主。一日，當講「顏子不改其樂」章，門人或疑此章非有人君事也，將何以爲説。及講，既畢章句，入復言曰：「陋巷之士，仁義在躬，忘其貧賤。人主崇高，奉養備極，苟不知學，安能不爲富貴所移？且顏子，王佐才也，而簞食瓢飲；季氏，魯國

㊀「熙寧」，宋史本傳作「元豐」。按朱熹伊川先生年譜（見二程集）亦稱「治平、熙寧間，近臣屢薦」。下文敍哲宗初司馬光、呂公著又薦，實爲元豐八年哲宗初接位未改元時之事，宋史蓋誤合於此。

之蠹也，而富于周公。魯君用舍如此，非後世之監乎！」聞者嘆服。先生容貌莊嚴，于上前不少假借。時文潞公彥博以太師平章重事，侍立終日不懈，上雖諭以少休，不去也。或謂之曰：「君之嚴，視潞公之恭，孰爲得失？」先生曰：「潞公四朝大臣，事幼主，不得不恭。吾以布衣職輔導，亦不敢不自重也。」上在宮中漱水避蟻，先生聞之，問：「有是乎？」曰：「然。誠恐傷之爾！」先生曰：「願陛下推此心以及四海，則天下幸甚！」一日講罷未退，上折柳枝，先生進曰：「方春發生，不可無故摧折。」講書有「容」字，哲宗藩邸嫌名，中人以黃綾覆之。講畢，進言曰：「人主之勢，不患不尊，患臣下尊之過甚而驕心生爾。此皆近習養成之，不可以不戒。請自今舊名、嫌名皆勿復避。」神宗喪未除，冬至百官表賀，先生言：「節序變遷，時思方切，乞改賀爲慰。」既除喪，有司請開樂置宴，先生又言：「除喪而用吉禮，當因事用樂。今特設宴，是喜之也。」呂申公、范堯夫入侍經筵，聞先生講說，退而嘆曰：「真侍講也！」士人歸其門者甚盛，而先生亦以天下自任，議論褒貶，無所顧避。方是時，蘇子瞻軾在翰林，有重名，一時文士多歸之。文士不樂拘檢，迂先生所爲，兩家門下迭起標榜，遂分黨爲洛、蜀。會帝以瘡疹不御經筵，先生曰：「上不御殿，太皇太后不當獨坐。且人主有疾，大臣可不知乎！」宰相始奏請問疾。由是大臣亦多不悅。諫議孔文仲因奏先生爲五鬼之魁，當放還田里，遂出管句西京國子監。屢乞致仕，董敦逸以爲怨望，去官。紹聖間黨論，削籍，竄涪州。徽宗即位，移峽州，復其官。崇寧二年，范致虛言程頤以邪說詖行惑亂衆聽，而尹焞、張繹爲之羽翼，事下河南府體究，盡逐學徒，復隸黨籍。四方學者猶相從不舍，先生曰：「尊所聞、行所知可矣，不必及吾門也。」五年，復宣義郎，致仕。大觀元年九月庚午，卒于家，年七十五。疾革，門人進曰：「先生平日所學，正今日要用。」先生曰：「道著用，便不是。」先生爲學，本于至誠，其見于言動事爲之間，疏通簡易，不爲矯異。或說匍匐以吊喪，誦孝經以追薦，此出謗者之口，尹和靖辯之明矣。衣雖布素，冠襟必整。食雖簡儉，蔬飯必潔。致養其父，細事必親。贍給内外親黨八十餘口。其接學者以嚴毅。嘗瞑目靜坐，游定夫、楊龜山立侍不敢去。久之，乃顧曰：「日暮矣！姑就舍。」二子者退，則門外雪深尺餘矣。明道嘗謂曰：「異日能使人尊嚴師道者，吾弟也。」若接引後學，隨人才而成就之，則予不得讓焉！」嘉定十三年，賜謚曰正公。淳祐元年，封伊川伯㈠，從祀孔子廟庭。明稱「先儒程子」。雲濠案：先生著有易傳四卷，宋志作九卷。

語録

一人之心即天地之心，一物之理即萬物之理，一日之運即一歲之運。

天地之化，既是兩物，必動已不齊。譬之兩扇磨行，便其齒齊，不得齒齊。既動，則物之出者何可得齊㈡？從此參差萬變，巧曆不能窮也。

楊開沅謹案：此即天地之氣有過不及，而人性之所謂「相近」亦因之。若動而齊，則無過不及，便是有心，有心則有爲，有爲則有己，而人性亦不必云「相近」矣。

天地之化，一息不留，疑其速也，然寒暑之變甚漸。

㈠「伊川伯」，宋史本傳作「伊陽伯」。　㈡二程集（中華書局點校本，下同）三一頁此句下有「轉則齒更不復得齊」句。

楊開沅謹案：此則天地之中氣所以萬古不易其大常，而人性之所以善也。天地之化，雖廓然無窮，然而陰陽之度，日月寒暑晝夜之變，莫不有常，此道之所以爲中庸。

鑽木取火，人謂火生于木，非也。兩物相戛，用力極則陽生。今以石相軋，便有火出，非特木也。蓋天地間無一物無陰陽。

葉六桐曰：木石中火因鑽擊而始出，非木石中本有火也。然謂木石無火，則鑽冰擊土，何以火不可得？學者須具可鑽可擊之質。

真元之氣，氣之所由生，不與外氣相雜，但以外氣涵養而已。若魚之在水，魚之性命非是水爲之，但必以水涵養，魚乃得生耳。人居天地氣中，與魚在水無異。至于飲食之養，皆是外氣涵養之道。出入之息者，闔闢之機而已，所出之息非所入之氣，但真元自能生氣，所入之氣正當闢時隨之而入，非假此氣以助真元也。若謂既反之氣復將爲方伸之氣，必資于此，則殊與天地之化不相似。天地之化，自然生生不窮，更復何資于既斃之形，既返之氣，以爲造化？近取諸身，其闔闢往來，見之鼻息，然不必須假吸復入以爲呼，氣則自然生。人氣之生，生于真元；天地之氣，亦自然生生不窮。至如海水，陽盛而涸，及陰盛而生，亦不是將已涸之氣卻生，水自然能生。往來屈伸，只是理也。盛則便有衰，晝則便有夜，往則便有來。天地中如洪爐，何物不銷鑠！

楊開沅謹案：往來屈伸是氣，往而必來、屈而必伸處是理。其實離氣無從見理。以爲有前後際，便不是。

季明問：「先生說『喜怒哀樂未發謂之中』是在中之義，不識何意？」曰：「只喜怒哀樂不發，便是中也。」

曰：「中莫無形體，只是箇言道之題目否？」曰：「非也。中有甚形體？然既謂之中，也須有箇形象。」曰：「當中之時，耳無聞，目無見否？」曰：「雖耳無聞，目無見，然見聞之理在，始得。」曰：「中是有時而中否？」曰：「何時而不中！以事言之，則有時而中；以道言之，何時而不中。」曰：「固是所謂皆中，然而觀于四者未發之時，靜時自有一般氣象，及至接物時又自別，何也？」曰：「善觀者不如此，卻于喜怒哀樂已發之際觀之。賢且說靜時如何？」曰：「謂之無物則不可，然自有知覺處。」曰：「既有知覺，卻是動也，怎生言靜？人說復以靜見天地心，非也。復之卦下面一畫便是動也，安得謂之靜！自古儒者皆言靜見天地之心，惟某言動而見天地之心。」或曰：「莫是于動上求靜否？」曰：「固是，然最難。釋氏多言定，聖人便言止。且如物之好便道是好，物之惡便道是惡，物之好惡關我這裏甚事？若說道我只是定，更無所爲，然物之好惡亦自㊀在裏，故聖人只言止。所謂止，如『爲人君止于仁，爲人臣止于敬』之類是也。易之艮言止之義曰：『艮其止也，止其所也。』言隨其所止而止之。人多不能止，蓋人萬物皆備，遇事時各因其心之所重者更互而出，纔見得這裏重，便有這事出，若能物各付物，便是不出來也。」或曰：「先生于喜怒哀樂未發之前，下動字，下靜字？」曰：「謂之靜則可，然靜中須有物始得，這裏便難處。學者莫若且理

楊開沅謹案：喜怒哀樂之「未」發是中。易以「不」字，便不是。

㊀「自」原作「是」，據二程集二〇一頁及二程集二〇二頁改。

會得敬，能敬則自知此矣。」或曰：「何以用功？」曰：「莫若主一。」

劉蕺山曰：未發前謂之靜否？曰：非也，謂之中。○先生于動字靜字，下不得一穩實字，一則曰「最難」，再則曰「難處」，總是教人莫站足在動靜上。又曰：思卽是已發，非也。思正是未發，爲是已發。未發屬動，已發屬靜，然總是一箇，故著不得偏屬字。

楊開沅謹案：不出來處卽是未發，愈知前云「不發」謂之中之非。

季明曰：「昞常患思慮不定，或思一事未了，他事如麻又生，如何？」曰：「不可。此不誠之本也。須是習，習能專一便好。不拘思慮與應事，皆要求一。」或曰：「當靜坐時，物之過乎前者，還見不見？」曰：「看事如何。若是大事，如祭祀，前旒蔽明，黈纊充耳，凡物之過者，不見不聞也。若無事時，目須見，耳須聞。」或曰：「當敬時，雖見聞，莫過焉而不留否？」曰：「不說道『非禮勿視，勿聽』？勿者，禁止之辭。纔說弗㊀字，便不得也。」

問：「雜說中以赤子之心爲已發，是否？」曰：「已發而去道未遠也。」曰：「大人不失赤子之心，若何？」曰：「取其純一近道也。」曰：「赤子之心與聖人之心若何？」曰：「聖人之心，如明鏡止水。」

梓材謹案：棃洲原本此下有論動靜之際一條，今移入和靖學案。

問：「孟子言心『出入無時』，如何？」曰：「心本無出入，孟子只是據操舍言之。」又問：「人有逐物，是心之逐否？」曰：「心則無出入矣。逐物是欲。」

㊀「弗」原作「勿」，據龍本及二程集二〇二頁改。

有㊀言：「未感時知心何所寓？」曰：「『操則存，舍則亡，出入無時，莫知其鄉』，更怎生尋所寓？只是有操而已。操之之道，敬以直內也。」

問：「孟子言心、性、天，只是一理否？」曰：「然。自理言之謂之天，自稟受言之謂之性，自存諸人言之謂之心。」又問：「凡運用處是心否？」曰：「是意也。」問：「意是心之所發否？」曰：「有心而後有意。」

百家謹案：運用處固是意，正惟以意爲心之主宰，故能運用，全屬不得「意爲心之所發」也。即先生「有心而後有意」之言，亦不屬意于已發，說甚長，詳明儒蕺山學案。

聖人之心未嘗有在，亦無不在。蓋其道合內外，體萬物。

學者先務，固在心志。有謂欲屏去聞見知思，則是「絕聖棄智」。有欲屏去思慮，患其紛亂，則須是坐禪入定。如明鑒在此，萬物畢照，是鑒之常，難爲使之不照。人心不能不交感萬物，亦難爲使之不思慮。若欲免此，惟是心有主。如何爲主？敬而已矣。有主則虛，虛謂邪不能入；無主則實，實謂物來奪之。今夫瓶甖，有水實內，則雖江海之浸，無所能入，安得不虛？無水于內，則渟注之水，不可勝注，安得不實？大凡人心不可二用，用于一事，則他事更不能入者，事爲之主也。事爲之主，尚無思慮紛擾之患，若主于敬，又焉有此患乎？所謂敬者，主一之謂敬。所謂一者，無適之謂一。且欲涵泳主一之義，一則無二三矣。言敬無如聖人之言，易所謂「敬以直內，義以方外」，須是。直內乃是主一之義。至于不敢欺，不敢慢，尚不愧于屋漏，是皆敬之事也。但存此涵養，久之自然天理明。

㊀「有」原作「又」，據二程集一五一頁改。

呂與叔嘗言患思慮多，不能驅除。曰：「此正如破屋中禦寇，東面一人來，未逐得，西面又一人至矣。左右前後，驅除不暇。蓋其四面空疏，盜固易入，人無緣作得主定。又如虛器入水，水自然入。若以一器實之以水，置之水中，水何能入來？蓋中有主則實，實則外患不能入，自然無事。

百家謹案：前言虛實重虛字，此言虛實重實字，所謂得主則頭頭是道，橫説豎説只是一理。

或問：「思慮果出于正，亦無害否？」曰：「且如宗廟則主敬，朝廷則主莊，軍旅則主嚴，此是也。若發不以時，紛然無度，雖正亦邪。」

人心作主不定，正如一箇翻車，流轉動搖，無須臾停，所感萬端。又如懸鏡空中，無物不入其中，有甚定形？不學則卻都不察，及有所學，便覺察得是爲害。著一箇意思，則與人成就得箇甚好見識？心若不做一箇主，怎生柰何？張天祺嘗自約數年，自上著牀，便不得思量事。不思量事後，須强把他這心來制縛，亦須寄寓在一箇形象，皆非自然。君實自謂「吾得術矣，只管念箇中字」，此則又爲中繫縛。且中字亦何形象？若愚夫不思慮，冥然無知，此又過與不及之分也。有人胸中常若有兩人焉：欲爲善，如有惡以爲之間；欲爲不善，又若有羞惡之心者。本無二人，此正交戰之驗也。持其志，便㊀氣不能亂，此可大驗。要之，聖賢必不害心疾，其他疾卻未可知。他藏腑只爲原不曾養，養之卻在修養家。

百家謹案：能養身則德潤身，心廣體胖，他藏腑似無所不養。

問：「日中所不欲之事，夜多見于夢，此何故也？」曰：「只是心不定。今人所夢見事，豈特一日之間

「使」原作「使」，據二程集五三頁改。

所有之事，亦有數十年前之事。夢見之者，只爲心中舊有此事，平日忽有事與此事相感，或氣相感，然後發出來。故雖白日所憎惡者，亦有時見于夢也。譬如水爲風激而成浪，風既息，波猶洶湧未已也。若存養久的人，自不如此。聖賢則無這箇夢，只有朕兆，便形于夢也。人有氣清無夢者，亦有氣昏無夢者。聖人無夢，氣清也。若人困甚時，更無夢，只是昏氣蔽隔，夢不得也。若孔子夢周公之事，與常人夢別。人于夢寐間，亦可以卜所學之淺深。如夢寐顛倒，是心志不定，操守不固。」

人有四百四病，皆不由自家，則是心須教由自家。

劉蕺山曰：病由自病，醫由自醫。

問：「人心所繫著之事，則夜見于夢。所著事善，則夜夢見之者，莫不害否？」曰：「雖是善事，心亦是動。凡事有朕兆入夢者卻無害，舍此皆是妄動。」或曰：「孔子嘗夢見周公，如何？」曰：「此聖人存誠處也。聖人欲行周公之道，故雖一夢寐，不忘周公。及其既衰，知道之不可行，故不復夢見。然所謂夢見周公，豈是夜夜與周公語也？人心須要定，使他思時方思乃是。今人都由心。」曰：「心誰使之」？曰：「以心使心則可。人心自由，便放去也。」

百家謹案：「以心使心」一語似未安。一心聽使，一心使心，是一人有二心矣。不若云：「心未能定，聽其自由，便放去也。」

氣有善有不善，性則無不善也。人之所以不知善者，氣昏而塞之耳。孟子所以養氣者，養之至則清明純全，而昏塞之患去矣。「或曰養心，或曰養氣，何也？」曰：「養心則勿害而已，養氣則在有所帥也。」

劉蕺山曰：不是兩樣。

百家謹案：孟子師說：「天地間只有一氣充周，生人生物。人稟是氣以生，心卽氣之靈處，所謂知氣在上也。心體流行，其流行而有條理者卽性也。猶四時之氣，和則爲春，和盛而溫則爲夏，溫衰而涼則爲秋，涼盛而寒則爲冬，寒衰則復爲春。萬古如是，若有界限于其間，流行而不失其序，是卽理也。理不可見，見之于氣；性不可見，見之于心。心卽氣也。心失其養，則狂瀾橫溢，流行而失其序矣。養氣卽是養心。然言養心，猶覺難把捉；言養氣，則動作威儀，旦晝呼吸，實可持循也。佛氏明心見性，以無能生氣，故必推原于生氣之本，其所謂『本來面目』、『父母未生前』、『語言道斷，心行路絶』，皆是也。至于參話頭，則壅遏其氣，使不流行。離氣以求心性，吾不知所明者何心，所見者何性也！」

楊開沅謹案：「氣有善不善」，此是伊川先生分氣質、義理爲二性之根，從此無往不與孟子異矣。夫人生也，直如其本然，而勿襲取助長以害之，便爲善養。豈因其不善而養之使善哉！不動心有二：有造道而不動者，有以義制心而不動者。此義也，此不義也，義吾所當取，不義吾所當舍，此以義制心者也。義在我，由而行之，從容自中，非有所制也㊀，此不動之異。

楊開沅謹案：二者只分生熟，非有異也。

問：「仁與心何異？」曰：「心是所主，言仁是就事言。」曰：「若是，則仁是心之用否？」曰：「固是。若

㊀ 此句下疑脱「此造道者也」句。

説仁者心之用，則不可。心譬如身，四端如四肢，四肢固是身所用，只可謂身之四肢。如四端固具于心，然亦未可便謂之心之用。」或曰：「譬如五穀之種，必待陽氣而生？」曰：「非是。陽氣發處，卻是情也。心譬如穀種，生之性便是仁也。」

又問：「仁與聖何以異？」曰：「人只見孔子言『何事于仁，必也聖乎』，便謂仁小而聖大，殊不知此言是孔子見子貢問博施濟衆，問得來事大，故曰『何止于仁，必也聖乎』。蓋仁可以通上下言之，聖則其極也。聖人，人倫之至也。倫，理也。既造倫理之極，更不可以有加。若今人或一事是仁，亦可謂之仁，至于盡人道，亦可謂之仁，此通上下言之也。如曰『若聖與仁，則吾豈敢』，此又卻仁與聖兩大也。大抵盡仁道者卽是聖人，非聖人則不能盡得仁道。」問曰：「人有言『盡人道謂之仁，盡天道謂之聖』，此語何如？」曰：「此語固無病，然措意未是。安有知人道而不知天道者乎？道一也，豈人道自是一道，天道自是一道？中庸言：『盡己之性，則能盡人之性；能盡人之性，則能盡物之性；能盡物之性，則可以贊天地之化育。』此言可見矣。楊子曰：『通天地人曰儒，通天地而不通人曰技。』此亦不知道之言。豈有通天地而不通于人者哉！如止曰『通天之文與地之理』，雖不能此，何害于儒。天地人只一道也，纔通其一，則餘皆通。如後人解易，言『乾，天道也；坤，地道也』，便是亂道。論其體，則天尊地卑；如論其道，豈有異哉！」

問：「『必有事焉』，當用敬否？」曰：「敬只是涵養一事，『必有事焉』須當集義。只知用敬，不知集義，卻是都無事也。」又問：「義莫是中理否？」曰：「中理在事，義在心內。苟不主義，浩然之氣從何而生？理只是發而見于外者。且如恭敬，幣之未將者也。恭敬雖因威儀而後發見，然須心有此恭敬，然後著見。若心無恭敬，何以能爾？所謂『德者，得也』，須是得之于己，然後謂之德。」

問：「敬義何別？」曰：「敬只是持己之道，義便知有是有非。順理而行，是爲義也。若只守一箇敬，不知集義，卻是都無事也。且如欲爲孝，不成只守一箇孝字？須是知所以爲孝之道，所以奉侍當如何，溫清當如何，然後能盡孝道也。」又問：「義只在事上，如何？」曰：「內外一理，豈特事上求合義也。『敬以直內，義以方外』，合內外之道也。」

宗羲案：此卽「涵養用敬，進學致知」宗旨所由立也。然曰「敬以直內，義以方外，合內外之道」，仍是舍敬無以爲義。義是敬之著，敬是義之體，非有二也。

問：「人敬以直內，氣便充塞天地否？」曰：「氣須是養，集義所生。積習㈠既久，方能生浩然氣象。人但看所養何如，養得一分便有一分，養得二分便有二分。只將敬，安能便到充塞天地處！且氣自是氣，體所充，自是一件，敬自是敬，怎生便合得？如曰『其爲氣也，配義與道』，若說氣與義自別，怎生便能使氣與義合？」

百家謹案：「配義與道」一段，師說云：「正釋上段氣之所以塞于天地之故。言此氣自能有條理而不橫溢，謂之道義。流行之中有主宰也。若無此主宰，便不流行，則餒而不與天地相似，豈能充塞哉！石渠言『若無義道，雖欲行之而氣自餒矣』是也。」

楊開沅謹案：伊川之說，理氣分而爲二，師說理氣合而爲一，不同處只在此。

㈠「習」，二程集二〇七頁作「集」。

「必有事焉」，有事于此也。「勿正」者，若思此而曰善，然後爲之，是正也。「勿忘」，則是必有事也。「勿助長」，則是勿正也。後言之漸重，須默識取主一之義。

百家謹案：孟子師說：「『必有事焉』正是存養工夫，不出于敬。伊川云『有物始言養，無物又養箇甚麽？浩然之氣，須是見一箇物，如卓爾躍如』是也。」又云：「『必有事』雖不出于敬，然不曰敬而曰有事者，程子曰：『若只守一箇敬，不知集義，卻是都無事也。且如欲爲孝，不成只守著一箇孝字？須是知所以爲孝之道，所以侍養當如何，然後能盡孝道也。』蓋有事而始完得一敬，誠中形外，敬是空明之體，若不能事事則昏暗，仍屬不敬。程子『涵養須用敬，進學在致知』，是一串工夫，須用善看，故又曰：『未有能致知而不在敬者。』」

入道莫如敬，未有能致知而不在敬者。

涵養須用敬，進學則在致知。

劉蕺山曰：易言敬義，此卻代以致知，皆是不孤之學。此程門口訣。

聞見之知非德性之知，物交物則知之，非內也，今之所謂「博物多能」者是也。德性之知，不假見聞。

百家憶姜定庵先生問「知之爲知之」章，先遺獻曰：「有知、有不知，此麗物之知，動者也。爲知之、爲不知，此照心也。麗物之知有知有不知，湛然之知則無乎不知也。子路認此麗物者以爲知，則流入于識神邊去，此毫釐千里之差。夫子一口道破，點鐵成金矣。若云由此而求之，又有可知之理，夫子豈向多寡上分疏？」所謂麗物之知、湛然之知，即此聞見之知、德性之知也。須是識在所行之先。譬如行路，須是光照。

問：「忠信進德之事，固可勉强，然致知甚難？」曰：「子以誠敬爲可勉强，且恁地說。到底須是知了方能行得㊀。若不知，只是覷了堯，學他行事，無堯許多聰明睿知，怎生得如他動容周旋中禮？有諸中必形諸外，德容安可妄學？如子所言，是篤信而固守之，非固有之也。且如中庸九經，『修身也，尊賢也，親親也』。堯典：『克明俊德，以親九族。』親親本合在尊賢上，何故放在下？須是知所以親親之道方得。未致知，怎生得行？勉强行者，安能持久？除非燭理明，自然樂循理。性本善，循理而行，是循理事本亦不難。但爲人不知，旋安排著，便道難也。知有多少般數，煞有淺深。向親見一人，曾爲虎所傷，因言及虎，神色便變。旁有數人見他說虎，非不知虎之猛可畏，然不如他說了有畏懼之色。蓋真知虎者也。學者深知，亦如此。且如膾炙，貴公子與野人莫不皆知其美，然貴人聞著便有欲嗜膾炙之色，野人則不然。學者須是真知。纔知得，便是泰然行將去也。某年二十時，解釋經義與今無異，然思今日，覺得意味與少時自別。

劉蕺山曰：古人只說真知，更穩似良知。

人苟有「朝聞道，夕死可矣」之志，則不肯一日安其所不安也。何止一日，須臾不能！如曾子易簀，須要如此乃安。人不能若此者，只爲不見實理。實理得之于心，自別。若耳聞口道者，心實不見。若

㊀「得」原作「事」，據二程集一八七頁改。

見得，必不肯安于所不安。人之一身，儘有所不肯爲，及至他事，又不然。若士者，雖殺之，使爲穿窬，必不爲，其他事未必然。至于執卷者，莫不知說禮義，又如王公大人，皆能言軒冕外物，及其臨利害，則不知就義理，卻就富貴。如此者，只是說得，不實見。及其蹈水火，則人皆避之，是實見得。須是有「見不善如探湯」之心，則自然別。得之于心，是謂有德㊀，不待勉强。然學者則須勉强。古人有捐軀殞命者，若不實見得，烏能如此。須是實見得生不重于義，生不安于死也。故有殺身成仁者，只是成就一箇是而已。

如眼前諸人，要特立獨行，煞不難得，只是要一箇知見難。人只被知見不通透。人謂要力行，亦只是淺近語。人既能知見，豈有不能行！一切事皆所當爲，不待著意做。纔著意做，便有箇私心。這一點意氣，能得幾時了！

宗羲案：伊川先生已有知行合一之言矣。

問：「前世所謂隱者，或守一節，或惇一行，然不知有知道否？」曰：「若知道，則不肯守一節一行也。如此等人鮮明理，多取古人一節事專行之。孟子曰：『服堯之服，行堯之行。』古人有殺一不義，雖得天下不爲，則我亦殺一不義，雖得天下不爲。古人有高尚隱逸，不肯就仕，則我亦高尚隱逸不仕。如此人則做效前人所爲耳，于道鮮自得也。是以東漢尚名節，有雖殺身不悔者，只是不知道也。」

問：「學何以有至覺悟處？」曰：「莫先致知。能致知，則思一日而愈明一日，久而後有覺也。學無

㊀「德」原作「得」，據二程集一四七頁改。

覺，則何益矣，又奚學爲？『思曰睿，睿作聖』。纔思便睿。以至作聖，亦是一箇思。故曰：『勉强學問，則聞見博而知益明。』」又問：「莫致知與力行兼否？」曰：「爲常人言，才知得非禮不可爲，須用勉强，至于知穿窬不可爲，則不待勉强，是知亦有深淺也。古人言『樂循理之謂君子』，若勉强，只是知循理，非是樂也。纔到樂時，便是循理爲樂，不循理爲不樂，何苦而不循理，自不須勉强也。若夫聖人，不勉而中，不思而得，此又上一等事。」

「思曰睿」。思慮久後，睿自然生。若于一事上思未得，且別换一事思之，不可專守著這一事。蓋人之知識于這裏蔽著，雖强思亦不通也。

百家謹案：釋氏止于一件上□取，決不他换。

孔子曰：「棖也慾，焉得剛！」甚矣，慾之害人也。人之爲不善，慾誘之也。誘之而弗知，則至于天理滅而不知反。故目則欲色，耳則欲聲，以至鼻則欲臭，口則欲味，體則欲安，此則有以使之也。然則何以窒其慾？曰：思而已矣！學莫貴于思，唯思爲能窒慾。曾子之三省，窒慾之道也。

人思如湧泉，汲之愈新。

不深思則不能造于道。不深思而得者，其得易失。然學者有無思無慮而得者，何也？以無思無慮而得者，乃所以深思而得之也。以無思無慮爲不思，而自以爲得者，未之有也。

學者先要會疑。

百家謹案：深思之久，方能于無思無慮忽然撞著。

顧諟謹案：王陽明先生曰：「古之君子，唯有所不知也，而後能知之。後之君子，唯無所不知，是以容有不知也。夫道有本而學有要，是非之辨精矣，義利之間微矣，斯吾未之能信焉，曷亦姑無以爲知之也，而姑疑之而姑思之乎！」發揮「先要會疑」之旨，最爲精切。

欲知得與不得，于心氣上驗之。思慮有得，中心悅豫，沛然有裕者，實得也。思慮有得，心氣勞耗者，實未得也，强揣度耳！嘗有人言此因學道思慮心虛。曰：「人之氣血，固有虛實。疾病之來，聖賢所不免。然未聞聖賢因學而致心疾者。」

心欲窮四方上下所至，且以無窮置卻則得。若要真得，直是體會。

致知在格物，非由外鑠我也，我固有之也。因物而遷，迷而不悟，則天理滅矣，故聖人欲格之。

顧諟謹案：此伊川先生格物宗旨。認得宗旨，都放過不得。

隨事觀理，而天下之理得矣。天下之理得，然後可以至于聖人。君子之學，將以反躬而已矣。反躬在致知，致知在格物。

格，猶窮也；物，猶理也。猶曰窮其理而已矣。窮其理，然後足以致知，不窮則不能致也。物格者，適道之始與！欲思格物，則固已近道矣。是何也？以收其心而不放也。

宗羲案：收其心而不放，即是敬。朱子掇敬于格物之前，已失伊川之旨。

今人欲致知，須要格物。物不必謂事物然後謂之物也，自一身之中，至萬物之理，但理會得多，相次自然豁然有覺處。

窮理亦多端，或讀書講明義理，或論古今人物，别其是非，或應接事物而處其當然，皆窮理也。或問：「格物須物物格之，還是格一物而萬物皆知？」曰：「怎生便會該通！若只格一物，便通衆理，雖顏子亦不能如此道。須是今日格一件，明日格一件，積習既多，然後脱然有貫通處。」

劉蕺山曰：所謂今日一件，明日一件，蓋指上「講明義理」三項而言，亦須格在吾身上。後人引爲話柄，過矣！

姜定庵曰：若格得大頭腦處，則萬物自知，以物異而理同也。

問：「人有志于學，然知識蔽錮，力量不至，則如之何？」曰：「只是致知。若致知，則知識當自漸明，不曾見人有一件事終思不到也。知識明，則力量自進。」問曰：「何以致知？」曰：「在明理，或多識前言往行。識之多，則理明。然人全在勉强也。」

問：「觀物察己，還因見物，反求諸身否？」曰：「不必如此説。物我一理，纔明彼卽曉此，合内外之道也。語其大，至天地之高厚，語其小，至一物之所以然，學者皆當理會。」又問：「致知先求之四端，如何？」曰：「求之性情，固是切于身。然一草一木皆有理，須是察。」

觀物理以察己，既能燭理，則無往而不識。天下物皆可以理照。有物必有則，一物須有一理。生知者，只是他生自知義理，不待學而知。縱使孔子是生知，亦何害于學？如問禮于老聃，訪官名于郯子，何害于孔子？禮文、官名既欲知，舊物又不可鑿空撰得出，須是問他先知者始得。

人患事繫累，思慮蔽，只是不得其要。要在明善。明善在乎格物窮理。窮至于物理，則漸久後天下之物皆能窮，只是一。

姜定庵曰：所以貴識大頭腦！

或問：「如何學，可謂之有得？」曰：「大凡學問，聞之知之皆不爲得。得者，須默識心通。學者欲有所得，須是篤，誠意燭理。上知，則穎悟自別。其次，須以義理涵養而得之。」

自得者所守固，而自信者所行不疑。

學莫貴于自得。非在外也，故曰自得。

信有二般：有信人者，有自信者。如七十子之于仲尼，得他言語，便終身守之，然未必知道這箇怎生是，怎生非也。此信于人者也。學者須要自信。既自信，怎生奪亦不得。

梓材謹案：原本此下有謝良佐與張繹說一條，今移入上蔡學案。

學者不可不通世務。天下事譬如一家，非我爲則彼爲，非甲爲則乙爲。

人惡多事，或人憫之。世事雖多，盡是人事。人事不教人做，更責誰做！

今人主心不定，視心如寇賊而不可制，不是事累心，乃是心累事。當知天下無一物是合少得者，不可惡也。

見一學者忙迫，先生問其故。曰：「欲了幾處人事。」曰：「某非不欲周旋人事者，曷嘗似賢忙迫！」

今之學者，如登山麓，方其迤邐，莫不闊步，及到峻處，便逡巡。

古之學者，優柔厭飫，有先後次第。今之學者，卻做一場說話，務高而已。常愛杜元凱語，「若江海之浸，膏澤之潤，渙然冰釋，怡然理順」，然後爲得也。今之學者，往往以游、夏爲小，不足爲，然游、夏一言一事卻總是實。如子路、公西赤言志如此，聖人許之，亦以此自是實事。後之學者好高，如小㊀人游心于千里之外，然自身卻只在此。

學者好語高，正如貧子說金，說黄色、堅輭。道他不是又不可，只是好笑。不曾見富人說金如此。

修養之所以引年，國祚之所以祈天永命，常人之至于聖人，皆工夫到這裏，則有此應。

較事大小，其究爲枉尺直尋之病。

生而知之，學而知之，亦是才。問：「生而知之要學否？」曰：「生而知固不待學，然聖人必須學。」螟蛉、蜾蠃，本非同類，爲其氣同，故祝則肖之。又況人與聖人同類者？大抵須是自强不息，將來涵養成就到聖人田地，自然氣貌改變。

問：「人于議論，多欲己直，無含容之氣，是氣不平否？」曰：「固是氣不平，亦是量狹。人量隨識長。亦有人識高而量不長者，是識實未至也。大凡別事，人都强得，惟識量，人强不得。今人有斗筲之量，有釜斛之量，有鐘鼎之量，有江河之量。江河之量亦大矣，然有涯，有涯亦有時而滿。惟天地之量則無滿，故聖人者，天地之量也。聖人之量，道也。常人有量者，天資也。天資有量者，須有限，大抵六尺之軀，力量只如此，雖欲不滿不可得。且如人有得一薦而滿者，有得一官而滿者，有改京官而滿者，有入兩府而滿者。滿雖有先後，而卒不免。譬如器盛物，初滿時尚可蔽護，更滿則必出。皆天資之量，非知

㊀「小」，二程集一四五頁無此字。

道者也。昔王隨甚有器量，仁宗賜飛白書曰「王隨德行，李淑文章」，當時以德行稱，名望甚重。及爲相，有一人求作三路轉運使，王薄之，出鄙言，當時人多驚怪。到這裏位高後，便動了。人之量只如此。古人亦有如此者多。如鄧艾位三公，年七十，處得甚好。及因下蜀有功，便動了，言姜維云云。謝安聞謝玄破苻堅，對客圍棋，報至不喜，及歸，折屐齒，終强不得也。更如人大醉後益謹者，只益恭，便動了。雖與放肆者不同，其爲酒所動一也。又如貴公子，位益高益謙卑，只益謙卑，便是動了。雖與驕傲者不同，其爲位所動一也。然唯知道者，量自然宏大，不勉强而成。今人有所見卑下者，無他，亦是識量不足也。

梓材謹案：原本此下有「思叔訴詈僕夫」一條，今移爲附錄。

問：「人有日誦萬言，或妙絶技藝，此可學否？」曰：「不可。大凡所受之才，雖加勉强，止可少進，而鈍者不可使利也。惟理可進。除是積學既久，能變化得氣質，則愚必明，柔必强。蓋大賢以下卽論才，大賢以上卽不論才。聖人與天地合德，與日月合明。六尺之軀，能有多少技藝？人有身，須有才；聖人忘己，更不論才也。」

或問：「人有恥不能之心，如何？」曰：「人恥其不能而爲之，可也；恥其不能而掩藏之，不可也。」問：「技藝之事，恥己之不能，何如？」曰：「技藝不能，安足恥！爲士者當知道。己不知道，可恥也。恥之何如？亦曰勉之而已。人安可嫉人之能，而諱己之不能也？」

離了陰陽，更無道。所以陰陽者，是道也；陰陽，氣也。氣是形而下者，道是形而上者。形而上者，則是密也。

百家謹案：「離了陰陽，更無道」，此語已極直截。又云「所以陰陽者，是道也」，猶云「陰陽之能運行者，是道也」，卽易「一陰一陽之謂道」之意。「所以」二字要善理會。「神」是極妙之語。

二三立，則一之名亡矣。

又語及太虛，先生曰：「亦無太虛。」遂指虛曰：「皆是理，安得謂之虛！天下無實于理者。」

或謂「許大太虛」，先生謂：「此語便不是。這裏論甚大與小！」

問：「『鳶飛戾天，魚躍于淵』，莫是上下一理否？」曰：「到這裏只是點頭。」

百家謹案：生生之體，洋溢兩間，流行之機，通徹無礙。察者識之精，從敦化而見川流，卽可從川流而見其盡一。聶雙江謂鳶飛魚躍，渾是率性，全無一毫意必。程子謂活潑潑地，與「必有事焉而勿正，心勿忘」同意。

稱性之善謂之道，道與性一也。以性之善如此，故謂之性善。性之本謂之命，性之自然者謂之天，性之有形者謂之心，性之有動者謂之情。凡此數者，皆一也。聖人因事以制名，故不同若此。而後之學者，隨文析義，求奇異之說，而去聖人之意遠矣。

道孰爲大？性爲大。千里之遠，數千歲之久，其所動靜起居，隨若亡矣。然時而思之，則千里之遠在乎目前，數千歲之久無異數日之近，人之性則亦大矣。噫！人之自小者，亦可哀也。夫人之性一也，而世之人皆曰：「吾何能爲聖人！」是不自信也。其亦不察乎！

動物有知，植物無㊀知，其性自異。但賦形于天地，其理則一。

問：「喜怒出于性否？」曰：「固是。纔有生識，便有性；有性，便有情。無性，安得情？」又問：「喜怒出于外，如何？」曰：「非出于外，感于外而發于中也。」問：「性之有喜怒，猶水之有波否？」曰：「然。湛然平靜如鏡者，水之性也。及遇沙石或地勢不平，便有湍激，或風行其上，便有波濤洶湧，此豈水之性哉！人性中只有四端，又豈有許多不善的事。然無水，安得波浪？無性，安得情也？」

論性不論氣，不備；論氣不論性，不明。

「『性相近也，習相遠也』。性一也，何以言相近？」曰：「此只言氣質之性也。如俗言性急、性緩之類。性安有緩急？此言性者，『生之謂性』也」。又問：「『上知下愚不移』，是性否？」曰：「此是才。須理會得性與才所以分處。『乃若其情，則可以爲善，若夫爲不善，非才之罪』，此言人陷溺其心者，非關才事。才猶言材料，曲可以爲輪，直可以爲棟梁。若是毁鑿壞了，豈關才事。下面不是說人皆有是四者之心？」或曰：「人材有美惡，豈可言非才之罪？」曰：「才有美惡者，是舉天下言之也。若說一人之才，如因富歲而賴，凶歲而暴，豈才質使之然也？」

百家謹案：子劉子論語學案解「性相近」章：「性相近，猶言相同，言性善也。聖人就有生以後氣質用事，雜糅不齊之中，指點粹然之體，此無啻，彼無豐。但人生有氣質，此性若囿于氣質之中，

㊀「無」原作「有」，據二程集三一五頁改。

氣習用事，各任其所習而往，或相倍蓰什佰千萬無算，此豈性之故哉！夫習雖不能不歧乎遠，然苟知其遠而亟返之，則遠者復歸于近，卽習卽性，性體著矣。此章性解紛紛，只是模一近字。記云：『執柯以伐柯，其則不遠。睨而視之，猶以爲遠。』此近之說也。兩下只作一處看，故曰：『夫道一而已矣。』千萬人千萬世較量，只是一箇。若是彷彿相違，便是善與利之間，差之毫釐，繆以千里矣。此箇爭差些子不得。今說『習相遠』，亦只差些便了，難說相近是一尺，遠是尋丈。如兩人面貌相像，畢竟種種不同，安得爲近。且所謂近，果善乎？惡乎？善惡混乎？善只是一箇，惡亦是一箇。有善有惡，便是天淵，豈有善惡總在一處者。如說惡，則惡是一箇；如說無善無惡，則近在何處？蓋孔子分明說性善也。說者謂孔子言性只言近，孟子方言善，言一。只爲氣質之性、義理之性分析後，便令性學不明，故說孔子言性是氣質之性，孟子言性是義理之性。愚謂氣質還他是氣質，如何扯著性？性是氣質中指點義理者，非氣質卽爲性也。清濁厚薄不同，是氣質一定之分，爲習所從出者。氣質就習上看，不就性上看。以氣質言性，是以習言性也。聖人正恐人混性于習，故判別兩項分明若此。曰『相近』云者，就兩人尋性，善相同也。後人不解相近之說，始有『無善無不善』、『可以爲善可以爲不善』、『有善有不善』之說。至荀卿直曰惡，揚子善惡混，種種濫觴，極矣。」

楊開沅謹案：蕺山云「氣質就習上看」，則可；若以氣質爲習所從出，似不盡然。胎教以前，氣質由于習；既生以後，則有習由于氣質者。然究竟氣質由習而成者多。

問：「人性本明，因何有蔽？」曰：「此須索理會也。孟子言人性善，是也。雖荀、揚亦不知性也。孟子所以獨出諸儒者，以能明性也。性無不善，而有不善者，才也。性卽是理，理則自堯、舜至于塗人，一也。才稟于氣，氣有清濁，稟其清者爲賢，稟其濁者爲愚。」又問：「愚可變否？」曰：「可。孔子謂『上知與下愚不移』，然亦有可移之理。惟自暴自棄者則不移也。」曰：「下愚所以自暴棄者，才乎？」曰：「固是也。然卻道不可移不得。性只一般，豈不可移？卻被他自暴自棄，不肯去學，故移不得。使肯學時，亦有可移之事㊀。」

百家謹案：孟子云：「非天之降才爾殊也。」又云：「乃若其情，則可以爲善矣。若夫爲不善，非才之罪也。」明明言無不善之才矣。今夫麰麥播種，能抽芽發穗，結實成熟者，其才也。就其中之生意爲性。蓋性之善由才之善而見，不可言性善而後才善也，又惡可言性善而才有不善也？然而上知下愚實不可移，將謂才無不善，降無爾殊乎？嗟乎，此從來言性學之葛藤，最難剖斷。于是後儒遂謂：「有氣質之性、義理之性。孔子之言近，言上知下愚，氣質之性也。孟子之言善，義理之性也。」將一性歧而二之。不知性者，從氣質中指其義理之名。義理無氣質，從何托體？氣質無義理，不成人類。氣質、義理，一物也，卽一性也。試爲從本言之。易傳不云乎：「一陰一陽之謂道。繼之者善也，成之者性也。」自繼之而言，陰陽天命之流行，尚未著于人物，其時道體之沖和於穆，粹然至善者也。及其有所賦予，或成而人，或成而物。就人之氣質得陰陽天命之全而性善焉，是

㊀「事」，二程集二〇五頁作「理」。

性者因氣質而有也。有是氣質，而後有是性，則性之善亦因氣質之善而善之也。如將一粒麥種看，生意是性，生意默默流行便是氣，生意顯然成象便是質。如何將一粒分作兩項，曰性善氣質不善？然而知愚賢不肖生來不等者，天命至精，著于生初，當其在胎之時，卽有習染，所以古人有胎教之言。如此蘚麥落地而有肥磽雨露人事之不齊，說不得蘚麥之性不同也。孔子言「習相遠」，習不僅在墮地之後，其在胎時卽有習矣。總之，于天命之性無與也。

性卽理也，所謂理性是也。天下之理，原其所自，未有不善。喜怒哀樂之未發，何嘗不善。發而中節，則無往而不善。發不中節，然後爲不善。故凡言善惡，皆先善而後惡；言是非，皆先是而後非；言吉凶，皆先吉而後凶。

劉蕺山曰：性　理也，卽伯子所謂天理。

百家謹案：孟子師說：「程子『性卽理也』之言，截得清楚，然極須理會。單爲人性言之則可，欲以該萬物之性則不可。卽孟子之言性善，亦是據人性言之，不以此通之于物也。若謂人物皆稟天地之理以爲性，人得其全，物得其偏，便不是。夫所謂理者，仁義禮智是也，禽獸何嘗有是。如虎狼之殘忍，牛犬之頑鈍，皆不可不謂之性。具此知覺，卽具此性。晦翁言『人物氣猶相近，而理絕不同』，不知物之知覺，絕非人之知覺，其不同先在乎氣也。理者，純粹至善者也，安得有偏全！人雖桀、紂之凶惡，未嘗不知此事是惡，是陷溺之中，其理亦全。物之此心已絕，豈可謂偏者猶在乎？若論其統體，天以氣之精者生人，粗者生物，雖一氣而有精粗之判。故氣質之性但可言物，不可言人。在人雖有昏明厚薄之異，總之是有理之氣。禽獸之所稟者，是無理之氣。非無理也，其不得與人同者，正是天之理也。」

問：「『舍則亡。』心有亡，何也？」曰：「否。此是説心無形體，纔主著事時便在這裏，纔過了便不見。如『出入無時，莫知其鄉』，此句亦須要人理會。心豈有出入，亦以操舍而言也。『放心』，謂心本善而流于不善，是放也。」

百家謹案：心之爲物，靈明不測，出入之易而保守之難，惟在操之有要耳。敬以直内，操之之法也。「出入無時，莫知其鄉」，正形容「舍則亡」也。

「人心惟危，道心惟微」。心，道之所在；微，道之體也。心與道渾然一也，對放其良心者言之，則謂之道心。放其良心則危矣。「惟精惟一」，所以行道也。

心，生道也。有是心，斯有是形以生。惻隱之心，人之生道也，雖桀、跖不能無是以生，但戕賊之以滅天耳。始則不知愛物，俄而至于忍，安之以至于殺，充之以至于好殺，豈人理也哉！

問：「人之形體有限量，心有限量否？」曰：「論心之形，則安得無限量。」又問：「心之妙用有限量否？」曰：「自是人有限量。以有限之形，有限之氣，苟不通之以道，安得無限量？孟子曰：『盡其心，知其性。』心卽性㈠也。在天爲命，在人爲性，論其所主爲心，其實只是一箇道。苟能通之以道，又豈有限量？天下更無性外之物。若曰有限量，除是性外有物始得。」

㈠「性」原作「道」，據二程集二〇四頁改。

顧諟謹案：傳習録曰：「心卽理也。」與「心卽道也」如出一口。陽明先生因後人求理于事物，故屢屢提掇此義。不知者遂駭爲特創耳。

天地之間只有一箇感與應而已，更有甚事！

沖穆無眹，萬象森然已具，未應不是先，已應不是後。如百尺之木，自根本至枝葉皆是一貫，不可道上面一段是無形無兆，卻待人旋安排引出來，教人塗轍。既是塗轍，卻只是一箇塗轍。

楊開沅謹案：此段發明道器一貫，最爲明白。知此，則「理生氣」，「纔說性便不是性」，「人性中曷嘗有孝弟來」，皆頭上安頭，屋上架屋矣。

「寂然不動，感而遂通」，此已言人分上事。若論道，則萬理皆具，更不說感與未感。

寂然不動，萬物森然已具。感而遂通，感則只是自內感，不是外面將一件物來感于此也

蘇季明問：「中之道與『喜怒哀樂未發謂之中』同否？」曰：「非也。喜怒哀樂未發是言在中之義。只一箇中字，但用不同。」或曰：「喜怒哀樂未發之前求中，可否？」曰：「不可。既思于喜怒哀樂未發之前求之，又卻是思也。既思，卽是已發，便謂之和，不可謂之中也。」又問：「呂學士言當求于喜怒哀樂未發之前。信斯言也，恐無著摸，如之何而可？」曰：「看此語如何地下。若言存養于喜怒哀樂未發之時，則可；若言求中于喜怒哀樂未發之時，則不可。」又問：「學者于喜怒哀樂發時，固當勉强裁抑。于未發之前，當如何用功？」曰：「于喜怒哀樂未發之前，更怎生求？只平日涵養便是。涵養久，則喜怒哀樂自中節。」或曰：「有未發之中，有既發之中。」曰：「非也。既發時，便是和矣。發而中節，固是得中，只是將中、和來

分説，便是和也。」

凡物本有本末，不可分本末爲兩段事。洒掃應對是其然，必有所以然。

楊開沅謹案：大學「物有本末」，似兩段事。然合之總完一至善，仍是一事㊀也。卽云修齊治平是其然，格致誠正是其所以然，亦得。

易曰：「閑邪存其誠。」閑邪則誠自存。而閑其邪者，乃在于言語、飲食、進退、與人交接而已矣。

問：「行狀云：『盡性至命，必本于孝弟。』不識孝弟何以能盡性至命也？」曰：「後人便將性命別作一般事説了。性命、孝弟，只是一統的事，就孝弟中便可盡性至命。至如洒掃應對，與盡性至命亦是一統的事，無有本末，無有精粗，亦被後來人言性命者別作一般高遠説。故舉孝弟，是于人切近者言。然今時非無孝弟之人，而不能盡性至命者，由之而不知也。」

百家嘗憶姜定庵先生問孝弟爲仁之本，先遺獻曰：「凡人氣聚成形，無一物帶來，而愛親敬長，最初只有這些子，後來盛德大業，皆原于此，故曰『仁之本』。集注：『爲仁，猶曰行仁。』謂『性中只有箇仁義禮智，曷嘗有孝弟來』。蓋以孝弟屬心，心之上一層方纔是性，有性而後有情，故以孝弟爲行仁之本，不可爲仁之本。李見羅道性編皆發此意。愚以爲心外無性，氣外無理。如孟子曰：『惻隱之心，仁也；羞惡之心，義也；恭敬之心，禮也；是非之心，智也。』蓋因惻隱、羞惡、恭敬、是非而後見其爲仁義禮智，非是先有仁義禮智而後發之爲惻隱、羞惡、恭敬、是非也。人無此心，則性種斷

㊀「事」原作「是」，據文義改。

滅矣。是故理生氣之説，其弊必至于語言道斷，心行路絶而後已。程子曰：『盡性至命，必本于孝弟。』孰謂孝弟不可爲仁之本與？」

養心莫善于寡欲。所欲不必沈溺，只有所向，便是欲。

劉蕺山曰：心齋又加箇「有所見」。

「曷之用，二簋可用享。」損者，損過而就中，損浮末而就本實也㊀。聖人以「寧儉」爲禮之本，故損發明其義。以享祀之禮，其文最繁，然以誠敬爲本。多儀備物，所以將飾其誠敬之心。飾過其誠，則爲僞矣。損飾，所以存誠也。故云「曷之用，二簋可用享」。二簋之約，可用享祭，言在乎誠而已。誠爲本也。天下之害，無不由末之勝也。峻宇雕牆本于宮室，酒池肉林本于飲食，淫酷殘忍本于刑罰，窮兵黷武本于征伐。凡人欲之過者，皆本于奉養。其流之遠，則爲害矣。先王制其本者，天理也；後人流于末者，人欲也。損之義，損人欲以復天理而已。

問：「『不遷怒，不貳過』，何也？語録有怒甲不遷乙之説，是否？」曰：「是。」曰：「若此，則甚易，何待顏氏而後能？」曰：「只被説得粗了，諸公便道最易。此莫是最難。須是理會得因何不遷怒。如舜之誅四凶，怒在四凶，舜何與焉？蓋因是人有可怒之事而怒之，聖人之心本無怒也。譬如明鏡，好物來時便見是好，惡物來時便見是惡，鏡何嘗有好惡也？世之人固有怒于室而色于市㊁。且如怒一人，對那人説

㊀「浮」原作「乎」，「也」原作「者」，據二程集九〇七頁改。　㊁「色于市」原作「市于色」，據二程集二一一頁及左傳改。

話能無怒色否？有能怒一人而不怒别人者，能忍得如此，已是煞㊀知義理。若聖人，因物而未嘗有怒，此莫是甚難。君子役物，小人役于物。今人見有可喜可怒之事，自家著一分陪奉他，此亦勞矣。聖人心如止水。」

有恐懼心，亦是燭理不明，亦是氣不足。須知義理之悦我心，猶芻豢之悦我口。玩理以養心，如此。蓋人有小稱意事，猶喜悦，有淪肌浹體，如春和意思，何況義理。然窮理亦當知用心緩急，但苦勞而不知悦處，豈能養心！

爲人處世間，見事無可疑處，多少快活！

有疑病者，事未至時，先有疑端在心。周羅事者，先有周羅事之端在心。皆病也。

罪己責躬不可無，然亦不當長留在心胸爲悔。

視聽言動，非禮不爲，即是禮。禮卽是理也。不是天理，便是私欲。人雖有意于爲善，亦是非理。無人欲卽皆天理。

顧諟謹案：傳習録曰：「既去惡念，便是善念，便復心之本體矣。譬如日光被雲來遮蔽，雲去，光已復矣。若惡念既去，又要存箇善念，卽是日光之下，添然一燈。」此有意爲善亦是非理之旨。

敬卽便是禮，無己可克。

公則一，私則萬殊。至當歸一，精義無二。人心不同如面，正是私心。

㊀「煞」下原有「然」字，據二程集二一一頁删。

大而化，則己與理一。一，則無己。

大抵人有身，便有自私之理，宜其與道難一。

要息思慮，便是不息思慮。

人多思慮不能自寧，只是做他心主不定。要作得心主定，惟是止于事，「爲人君止于仁」之類。如舜之誅四凶，四凶已作惡，舜從而誅之，舜何與焉！人不止于事，只得攬他事，不能物各付物。物各付物㊀，則是役物；爲物所役，則是役于物。有㊁物必有則，須是止于事。

人不能袪思慮，只是吝。吝，故無浩然之氣。

問仁。曰：「此在諸公自思之，將聖賢所言仁處，類聚觀之，體認出來。孟子曰：『惻隱之心，仁也。』後人遂以愛爲仁。惻隱固是愛也，愛自是情，仁自是性，豈可專以愛爲仁。孟子言惻隱爲仁，蓋爲㊂前已言『惻隱之心，仁之端也』。既曰『仁之端』，則不可便謂之仁。退之言『博愛之謂仁』，非也。仁者固博愛，然便以博愛爲仁，則不可。」

百家謹案：孔子亦曰「愛人」，以愛爲仁，恐不在後人也。「仁者，心之德，愛之理」，自是無病。

仁之道，要之只消道一公字。公卽是仁之理，不可將公便喚做仁。公而以人㊃體之，故爲仁。只爲公則物兼照，故仁所以能恕，所以能愛。恕則仁之施，愛則仁之用也。

㊀「物各付物」四字原不重，據二程集一四四頁補。　㊁「有」原作「者」，據二程集一四四頁改。　㊂「爲」原作「謂」，據二程集一八二頁改。　㊃「人」原作「仁」，據龍本改。

問：「愛人是仁否？」伊川曰：「愛人乃仁之端，非仁也。」某謂：「仁者，公而已矣。」伊川曰：「何謂也？」曰：「仁者能愛人，能惡人。」伊川曰：「善涵養！」

百家謹案：蕺山語錄：「『惻隱之心，仁也。』又曰：『惻隱之心，仁之端也。』說者以爲端緒外見耳，此中仍自不出來，與『仁也』語意稍傷。不知『人皆有不忍人之心』，只說仁的一端，因就仁推義禮智去，故曰四端，如四體判下一般，說得最分明。後人錯看了，又以誣『仁也』，因以孟子誣中庸。『未發爲性，已發爲情』，雖喙長三尺，向誰說！」蓋子劉子意，以仁義禮智之性，由惻隱、羞惡、辭讓、是非而名，故惻隱即仁也。時位有動靜，性體無動靜，非未發爲性，已發爲情，中、和盡屬性也。情者性之情，不得與性對。此開闢以來之特解，須細心體會。

仁則一，不仁則二。

問：「先生前日教某思『君子和而不同』，某思之數日，便覺胸次開闊，其意味有不可言述。竊有一喻：今有人焉，久寓遠方，一日歸故鄉，至中塗，適遇族兄者俱抵旅舍，異居而食，相視如塗人。彼豈知爲族弟，此豈知爲族之兄邪？或告曰：『彼之子㊀，公之族兄某人也。』『彼之子㊁，公之族弟某人也。』既而㊂歡然相從，無有二心。向之心與今之心，豈或異哉？知與不知而已。今學者苟知大本，則視天下猶一家，亦自然之理也。」先生曰：「此乃善喻也！」

㊀「子」原作「兄」，據二程集三〇九頁改。　㊁「子」原作「弟」，據二程集三〇九頁改。　㊂「而」字原脫，據二程集三〇九頁補。

問：「學者須志于大，何如？」曰：「志無大小。且莫説道將第一等讓于別人，且做第二等。才如此説，便是自棄。雖與不能居仁由義者差等不同，其自小則一也。言學便以道爲志，言人便以聖爲志。自謂不能者，自賊者也。謂其君不能者，賊其君者也。」

或問：「人或倦怠，豈志不立乎？」曰：「若是氣，體勞後須倦。若是志，怎生倦得？人只爲氣勝志，故多爲氣所使。人少而勇，老而怯，少而廉，老而貪，此爲氣所使者也。若是志勝氣時，志既一定，更不可易。如曾子易簀之時，其氣之微可知，只爲他志已定，故雖死生許大事，亦動他不得。蓋有一絲髮氣在，則志猶在也。」

學者爲氣所勝，習所奪，只可責志。

顧諟謹案：王陽明先生曰：「凡一毫私欲之萌，只責此志不立，即私欲便退聽。一毫客氣之動，只責此志不立，即客氣便消除。蓋無一息而非立志責志之時，無一事而非責志立志之地。故責志之功，其于去人欲，有如烈火之燎毛，太陽一出而魍魎潛消也。」

聖人不記事，所以常記得。今人忘事，以其記事。不能記事，處事不精，皆出于養之不完固。

梓材謹案：原本此下有「謝良佐見伊川」一條并截山語，今移爲附録。

「艮其背，不獲其身，行其庭，不見其人，无咎。」人之所以不能安其止者，動于欲也。欲牽于前而求其止，不可得也，故艮之道，當艮其背。所見者在前，而背乃背之，是所不見也。止于所不見，則無欲以亂其心，而止乃安。「不獲其身」，不見其身也，謂忘我也，無我則止矣。不能無我，無可止之道。「行其庭，不見其人」，庭除之間，至近也，在背則雖至近不見，謂不交于物也。外物不接，內欲不萌，如是而止，乃得止之道，于止爲无咎也。

百家謹案：閩林氏兆思專言艮背之學，謂「聖人以此洗心，退藏于密」，即艮其背也。

「艮其所」，止其所也。「艮其止」，謂止之而止也。止之而能止者，由止得其所也。止而不得其所，則無可止之理矣。夫子曰：「于止，知其所止。」謂當止之所也。夫有物必有則，父止于慈，子止于孝，君止于仁，臣止于敬。萬物庶事，莫不各有其所。得其所則安，失其所則悖。聖人所以能使天下順治，非能㊀爲物作則也，唯使之各得其所而已！

忘物與累物之弊等。

梓材謹案：原本此下有「尹焞嘗請」一條，今移爲附録。

人于天地間，並無窒礙處，大小快活！

顧諟謹案：中庸所謂「無入不自得」，論語所謂「坦蕩蕩」，孟子所謂「不淫」「不移」「不屈」，曾有絲毫窒礙否？

君子之學，在于意必固我既忘之後，而復于喜怒哀樂未發之前，則學之至也。

嚴威儼恪，非持敬之道，然敬須自此入。

閑邪則誠自存，不是外面捉一箇誠，將來存養。今人外面役役于不善，于不善中尋箇善來存著，如

㊀「能」原作「止」，據龍本及二程集九六八頁改。

此則豈有入善之理？只是閑邪則誠自存，故孟子言性善，皆由內出。只爲誠便存閑邪，更著甚工夫。但惟是㊀動容貌，整思慮，則自然生敬。敬，只是主一也。主一，則既不之東，又不之西，如是則只是中；既不之此，又不之彼，如是則只是內。存此，則自然天理明白。學者須是將「敬以直內」涵養此意。直內是本。

閑邪則固一矣，主一則不消閑邪。有以一爲難見，不可㊁下工夫。如何一者？無他，只是嚴肅整齊，則心便一。一則自無非僻之干。此意但涵養久之，天理自然明白。梓材謹案：原本此條「自然明白」下有「先生曰初見伊川時」至「有箇省覺處」一百四十三字與百家案語，今移併和靖學案。

人之于儀形，有是持養者，有是修飾者。

記中說「君子莊敬日强，安肆日偷」，蓋常人之情，纔放肆則日就曠蕩，纔檢束則日就規矩。

問：「『出門如見大賓，使民如承大祭。』方其未出門、使民時，如何？」曰：「此『儼若思』之時也。當出門時，其敬如此，未出門時可知也。且見乎外者，出乎中者也。使民、出門者，事也。非因是事上方有此敬，蓋素敬也。如人接物以誠，人皆曰誠人，蓋是素來誠，非因接物而始有此誠也。『儼然正其衣冠，尊其瞻視』，其中自有箇敬處。雖曰無狀，敬自可見。」

忘敬而後無不敬。劉蕺山曰：主一之謂敬。心本有主，主還其主，便是主一。今日乃打破敬字。

㊀「惟是」原作「唯」，據二程集一四九頁改。　㊁「不可」下原有「不」字，據二程集一五〇頁删。

居敬卽自然簡。「居簡而行簡」，則似乎太簡矣，然乃所以爲不簡。蓋先有心于簡，則多卻一簡字矣。居敬則中心無物，是乃簡也。

問：「人之燕居，形體怠惰，心不慢，可否？」曰：「安有箕踞而心不慢者！學者須恭敬，但不可令拘迫，拘迫則難久也。」

志道懇切，固是誠意；若迫切不中禮，則反爲不誠。蓋實理中自有緩急，不容如是之迫。觀天地之化乃可知。

涵養吾一。

「无妄，元亨利貞，其匪正有眚，不利有攸往。」无妄者，至誠也。至誠者，天之道也。天之化育萬物，生生不窮，各正其性命，乃无妄也。人能合无妄之道，則所謂「與天地合其德」也。无妄有大亨之理，利在貞正。失貞正，則妄。雖無邪心，苟不合正理，則妄也。妄乃邪心也。故有匪正，則爲過眚。既已无妄，不宜有往，往則妄也。

六二：「不耕穫，不菑畬，則利有攸往。」凡理之所當然者，非妄也，人所欲爲者，乃妄也，故以耕穫、菑畬譬之。六二居中得正，又應九五之中正，居動體而柔順，爲能順乎中正，乃无妄也，故極言无妄之義。耕，農之始；穫，其成終也。田一歲曰菑，三歲曰畬。不耕而穫，不菑而畬，謂不首造其事而因其事理所當然也。首造其事，則是人心所作爲，乃妄也。因事之當然，則是順理應物，非妄也，穫與菑是也。蓋耕則必有穫，菑則必有畬，是事理之當然耳，非心意之所造作也，如是則爲无妄。不妄，則所往利而無害也。或曰：「聖人制作以利天下者，皆造端也，豈非妄乎？」曰：「聖人隨時制作，合乎風氣之宜，未嘗先時而開之也。若不待時，則一聖人足以盡爲矣，豈待累聖繼作也？時乃事之端也，聖人隨時而爲也。」

聖人與理爲一，故無過不及，中而已矣。其他皆是以心處這箇道理，故賢者常失之過，不肖者常失之不及。

問：「君子時中，莫是隨時否？」曰：「是也。中字最難識，須是默識心通。且試言：一廳則中央爲中，一家則廳非中而堂爲中，一國則堂非中而國之中爲中，推此類可見矣。且如㈠初寒時，則薄裘爲中；在盛寒而用初寒之裘，則非中也。更如三過其門不入，在禹、稷之世爲中，若居陋巷則不中矣。居陋巷在顏子之時爲中，若三過其門不入，則非中也。」或曰：「男女不授受之類皆然？」曰：「是也。男女不授受，中也。在喪祭，則不如此矣。」

漢儒以反經合道爲權，故有權變、權術之論，皆非也。權只是經也。自漢以來無人識權字。

葉六桐曰：權乃是一定不移之物。

問：「舜執其兩端，與湯執中如何？」曰：「執只是一箇執。舜執㈡兩端，是執持而不用；湯執中而不失，將以用之也。若子莫執中，卻是子莫見楊、墨過不及，遂于過、不及二者之間執之，卻不知有當摩頂放踵利天下時，有當拔一毛利天下不爲時。執中而不通變，與執一無異。」

孟子「養氣」一章，諸君潛心玩索，須是實識得方可。「勿忘」「勿助長」，只是養氣之法，如不識，怎

㈠「如」下原有「物」字，據二程集二一四頁刪。　㈡「舜執」二字原無，據二程集二一三頁補。

生養？有物始言養，無物又養箇甚麽！浩然之氣，須是見一箇物，如顏子「如有所立卓爾」，孟子言「躍如也」，「卓爾」「躍如」，分明見得方可。

宗羲案：伊川此段與明道識仁之意相合。又曰：昔有問浩然之氣塞乎天地，何處見得。周海門曰：「何處見不得！此卽鳶飛魚躍，察乎上下之意。然非勿忘勿助，活潑潑地，如何見之？」

古之學者爲己，其終至于成物。今之學者爲人，其終至于喪己。

學也者，使人求于內也。不求于內而求于外，非聖人之學也。何謂不求于內而求于外？以文爲主者是也。學也者，使人求于本也。不求于本而求于末，非聖人之學也。何爲不求于本而求于末？攷詳略，採同異者是也。是二者皆無益于吾身，君子弗學。道無精粗，言無高下。

語高則指遠，言約則義微。大率六經之言，涵蓄無有精粗。欲言精微，言多則愈粗。

六經之言，在涵蓄中默識心通。

文字上無閒暇，終是少工夫，然思慮則儘不廢。于外事雖奔迫，然思慮儘悠悠。

古之學者，先由經以識義理，蓋始學時盡是傳授。後之學者，卻須先識義理，方始看得經，蓋不得傳授之意云耳。如易繫辭所以解易，今人須看了易，方始看繫辭。

解義理，若一向靠書策，何由得居之安，資之深？不惟自失，兼以誤人。

論語、孟子，只詳讀著，便自意足。學者須是玩味，若以語言解著，意便不足。某㈠始作此二書文

㈠「某」原作「其」，據龍本改。

字，既而思之，又似牘。只有先儒錯會處，卻待與整理過。善學者要不爲文字所拘，故文義雖解錯，而道理可通行者，不害也。

宗羲案：橫看側看，面面皆山。安有識得易後，不知退藏于密！

問：「窮神知化，由通于禮樂，何也？」曰：「此句須自家體認。人往往見禮樂亡，不知禮樂未嘗亡也。如國家一日存時，尚有一日之禮樂，由有上下尊卑之分也。除是禮樂亡盡，然後國家始亡。雖盜賊至爲不道者，然亦有禮樂。蓋必有總屬，必相聽順，乃能爲盜。不然，則叛亂無統，不能一日相聚而爲盜也。禮樂無處無之，學者須要識得。」問：「『明則有禮樂，幽則有鬼神』，何也？」曰：「鬼神只是一箇造化。『天尊地卑，乾坤定矣』，『鼓之以雷霆，潤之以風雨』是也。」

梓材謹案：原本此下有「尹焞偶學虞書」一條，今移爲附録。

古者八歲入小學，十五入大學，擇其才可教者聚之，不肖者復之田畝。蓋士農不易業，既入學，則不治農，然後士農判。在學之養，若士大夫之子則不慮無養，雖庶人之子則亦必有養。古之仕者，自十五入學，至四十方仕，中間自有二十五年學，又無利禄可趨，則所志可知趨善，便自此成德。後之人自童稚間已有汲汲趨利之意，何由得向善？故古人必使四十而仕，然後志定。只營衣食卻無害，惟利禄之誘最害人。

人多説某不教人習舉業，某何嘗不教人習舉業也？人若不習舉業，而望及第，是責天理而不修人事。但舉業既可以及第卽已，若更去向上盡力，求必得之道，是惑也。

梓材謹案：原本此下有伊川與和靖論義命一條，今移入和靖學案。又「范淳夫之女」及「有患心疾」二條，移爲附錄。

敬以直內，有主于內則虛，自然無非僻之心，如是則安得不虛？「必有事焉」，須把敬來做件事看。此道最是簡，最是易，又省工夫。爲此語，雖近似常人所論，然持之必別。

人心緣境，出入無時，人亦不覺。

有一物而可以相離者，如形無影，不害其成形，水無波，不害其爲水。有兩物而必相須者，如心無目則不能視，目無心則不能見。

心具天德。心有不盡處，是天德處未能盡。何緣知性知天？盡己心，則能盡人盡物，與天地參，贊化育。贊則直養之而已。

人多言「天地之外」，不知天地如何說內外，外面畢竟是箇甚？若言著外，則須是似有箇規模。天地安有內外！言「天地之外」，便是不識天地也。人之在天地，如魚在水，不知有水，直待出水，方知動不得㊀。

語默猶晝夜，晝夜猶死生，死生猶古今。

靜中便有動，動中便有靜。

冬至一陽生，卻須陡寒，正如欲明而反暗也。陰陽之際，亦不可截然不相接，廝侵過便是道理。天

㊀「魚在水」以下凡十六字，原脫，據二程集四三頁補。又此條原與下條誤合爲一條，今據二程集分。

地之間如是者極多。艮之爲義,終萬物,始萬物。此理最妙,須玩索這箇理。

陰陽于天地間,雖無截然爲陰爲陽之理,須至參錯。然一箇生殺升降之分,不可無也。

問:「張子曰:『陰陽之精,互藏其宅。』然乎?」曰:「此言甚有味,由人如何看。水離物不得,故水有離之象;火能入物,故火有坎之象。」

凡氣參和交感則生,不和分散則死。

天地之間,有者只是有。譬之人之知識聞見,經歷數十年,一日念之,了然胸中,這箇道理在那裏放著來。

天之賦與謂之命,稟之在我謂之性,見于事業謂之理。

人夢不惟聞見思想,亦有五臟所感者。

大圭黃鐘,全沖和氣。

觀天理,亦須放開意思,開闊得心胸,便可見。

凝然不動,便是聖人。

忿欲忍與不忍,便見有德無德。

匹夫悍卒,見難而能死者有之矣。惟情欲之牽,妻子之愛,斷而不惑者鮮矣!

多驚多怒多憂,只去一事所偏處自克。克得一件,其餘自正。

驚怒皆是主心不定。

忿懥，怒也。治怒爲難，治懼亦難。克己所以治怒，明理所以治懼。

人患乎懾怯者，蓋氣不充，不素養故也。

雖公天下事，若用私意爲之，便是私。

思慮不得至于苦。

有言養氣可以爲養心之助。曰：「敬則只是敬，敬字上更添不得。譬之敬父矣，又豈得道更將敬兄助之？如今端坐附火，是敬于向火矣，又豈須道更將敬于水以助之？猶之有人曾到東京，又曾到西京，又曾到長安，若一處上心來，則他處不容參雜在心。心裏著兩件物不得。」

百家謹案：養氣、養心，原是一事，分不得兩件。

致知但知止于至善，如「爲人子止于孝，爲人父止于慈」之類。不須外面只務觀物理，泛然正如遊騎無所歸也。

造道深後，雖聞常人言語淺近，莫非義理。

梓材謹案：原本此下有一條，其「謝顯道習舉業」至「且靜坐」五十八字移入上蔡學案，其「伊川見人靜坐」十一字，又「游定夫問陰陽」一條，並移爲附録。

人皆可以至聖人，而君子之學必至于聖人而後已。不至于聖人而後已者，皆自棄也。孝其所當孝，弟其所當弟，自是而推之，則亦聖人而已矣。

懈心一生，便是自暴自棄。

小人小，丈夫不合小了，他本不是惡。

梓材謹案：此下有「尹彦明問于程子」一條，移爲附録。

人少長，須激昂自進。中年以後，自至成德者事方可自安。

不應爲，總是非道。

只外面有些罅縫，便走了。

九德最好。

存養熟，然後泰然行將去。

聖人之責人也常緩，只是欲事正，無顯人過惡之意。聖人責己感處多，責人應處少。

義理與客氣常相勝，又看消長分數多少，爲君子小人之别。義理所得漸多，則自然知得，客氣消散得漸少，消盡者是大賢。

古之學者爲己，今之學者爲人。古之仕者爲人，今之仕者爲己。古之强有力者，將以行禮；今之强有力者，將以作亂。

今之學者歧而爲三：能文者謂之文士，談經者謂之講師，惟知道者乃儒學也。

聖人凡一言，便全體用。

梓材謹案：此下有「蘇季明」一條，移入吕范諸儒學案。

學者多蔽于解釋註疏，不須用功深。

學有所得，不必在談經論道間，當于行事動容周旋中禮者得之。

學禮者考文，必求先王之意，得意乃可沿革。

門人有言曰：「吾與人居，視其有過而不告，則于心有所不安；告之而人不受，則柰何？」曰：「與之居而不告其過，非忠也。要使誠意之交，通于未言之前，則言出而人信矣。」

責善之道，要使誠有餘而言不足，則于人有益，而在我者自無辱矣。

以富貴爲賢者不欲，卻反人情。

夫內之得有淺深，外之來有輕重。內重則可勝外之輕，得深則可以見誘之小。

舉業不患妨功，惟患奪志。

仁人此，義宜此，事親仁之實，從兄義之實，須于一道中別出。

誠然後敬。未及誠時，卻須敬，而後能誠。

無妄之謂誠，不欺其次矣。

劉蕺山曰：無妄亦無誠。

聖人于天下事，自不合與，只順他天理，茂對時育萬物。

去氣偏處發，便是致曲；去性上修，便是直養。然同歸于誠。

不能動人，只是誠不至。于事厭怠，皆是無誠處。

誠則自然無累，不誠則有累。

敬而無失,便是「喜怒哀樂未發之謂中」也。敬不可謂之中,但敬而無失卽爲中也。

萬物無一物失所,便是天理謂中也。

聖人憂勞中其心則樂,安靜中卻有至憂。

發于外者謂之恭,有諸中者謂之敬。

君子之遇事,無巨細,一于敬而已。簡細故以自崇,非敬也;飾私智以爲奇,非敬也。要之,非敢慢而已。語曰:「居處恭,執事敬,雖之夷狄,不可棄也。」然則「執事敬」者,固爲仁之端也。推是心而誠(一)之,則「篤恭而天下平」矣。

孔子言仁,只說「出門如見大賓,使民如承大祭」。看其氣象,便須心廣體胖,動容周旋中禮自然可見。惟慎獨便是守之之法。聖人修己以敬,以安百姓,篤恭而天下平。唯上下一于恭敬,則天地自位,萬物自育,氣無不和,四靈畢至。此體信達順之道,聰明睿智皆由此出。以此事天饗帝,故中庸言鬼神之德盛,而終之以「微之顯,誠之不可揜如此」。

孟子謂「必有事焉而勿正,心勿忘,勿助長」,「正」是著意,「忘」則無物。勿忘勿助,必有事焉,只中道上行。

聖人之明猶日月,不可過也。過則不明。

世之人務窮天地萬物之理,不知反之一身。五臟六腑、毛髮筋骨之所存,鮮或知之。善學者取諸

(一)「誠」,二程集七三頁作「成」。

身而已，自一身以觀天地。

致知在格物，物來則知起。物各付物，不役其知，則意誠。不動意，誠自定，則心正。始學之事也。

所務于窮理者，非道須盡窮了天地萬物之理，又不道是窮得一理便到，只是要積累多後，自然見去。

冠昏喪祭，禮之大者，今人都不理會。豺獺皆知報本，今士大夫家多忽此，厚于奉養而薄于先祖，甚不可也。某嘗修六禮，原注：冠、昏、喪、祭、鄉、相見。大畧家必有廟，廟必有主，月朔必薦新，時祭用仲月，冬至祭始祖，立春祭先祖，季秋祭禰，忌日遷主，祭于正寢。凡事死之禮，當厚于奉生者。人家能存得此等事，幼者可漸使知禮義。

學佛者多要忘是非，是非安可忘得？自有許多道理，何事忘爲！夫事外無心，心外無事。世人只被爲物所役，便覺苦事多。若物各付物，便役物也。世人只爲一齊在那昏惑迷暗海中，拘滯執泥坑裏，便事事轉動不得，没著身處。

百家謹案：學佛者之忘是非，正爲有許多道理，所以要忘。昏迷拘泥，所以爲物所役。能自己轉動得，人便不昏迷拘泥。

閲機事之久，機心必生。蓋方其閲時，心必喜；既喜，則如種下種子。

百家謹案：此真爲至言！然不唯機事，凡兵陳、刑名以及權術之書，後生看慣，即便下著毒種，多致後日有喪身敗德之事。教子孫者，不可不蒙養以正。敬則自虛静，不可把虛静喚做敬。

「一陰一陽之謂道」，此理固深，説則無可説。所以陰陽者道，既曰氣，則便是二。言開闔已是感，既二則便有感。所以開闔者道，開闔便是陰陽。老氏言「虛而生氣」，非也。陰陽開闔本無先後，不可道今日有陰，明日有陽。如人有形影，蓋形影一時，不可言今日有形，明日有影。有便齊有。近取諸身，百理皆具。屈伸往來之義，只于鼻息之間見之。屈伸往來只是理，不必將既屈之氣復爲方伸之氣。生生之理，自然不息。如復言「七日來復」，其間元不斷續，陽已復生，物極必返，其理須如此。有生便有死，有始便有終。

大凡人心不可二用。用于一事，則他事更不能入者，事爲之主也。事爲之主，尚無思慮紛擾之患，若主于敬，又焉有此患乎？所謂敬者，主一之謂敬。所謂一者，無適之謂一。且欲涵泳主一之義，一則無二三矣。至于不敢欺，不敢慢，尚不愧于屋漏，皆是敬之事也㊀。

學者不泥文義者，又全背卻遠去；理會文義者，又滯泥不通。如子濯孺子爲將之事，孟子只取其不背師之意，人須就上面理會事君之道如何也。又如萬章問舜完廩浚井事，孟子只答他大意。人須要理會浚井如何出得來，完廩又怎生下得來，若此之學，徒費心力。

㊀按此條前已採録（見「學者先務，固在心志」條），此處係重複。

宋元學案卷十六

伊川學案下

黄宗羲原本　黄百家纂輯　全祖望修定

四箴並序

顔淵問克己復禮之目，孔子曰：「非禮勿視，非禮勿聽，非禮勿言，非禮勿動。」四者，身之用也，由乎中而應乎外，制乎外所以養其中也。顔淵事斯語，所以進于聖人。後之學聖人者，宜服膺而勿失也。因箴以自警。

黄東發曰：視聽言動箴，在由中應外、制外養中兩語。

心兮本虛，

陳北溪曰：心之爲體，其中洞然，本無一物，只純是理而已。然理亦未嘗有形狀也。

應物無迹；

心虛靈知覺，事物纔觸，即動而應，無蹤迹之可尋捉處。

操之有要，視爲之則。

人之接物，視最爲先。即此處而操存之，庶乎得其要而有一定之準。

蔽交于前，
　　蔽指物欲之私而言。
其中則遷；
　　中指心之體而言，卽天理之謂也。物欲之蔽接于前，則心體逐之而去矣。
制之于外，以安其內；
　　物欲克去于外，則無以侵撓吾內，而天理寧定矣。
克己復禮，
　　上以一節言，此以全體言。
久而誠矣。（視箴。）
　　誠者，真實無妄之理也。克復工夫真積力久，則私欲淨盡，徹表裏一于誠，純是天理之流行而無非仁矣。
人有秉彝，本乎天性；
　　陳北溪曰：人均執此常道而生，其原于天之所賦而人受之以爲性者也。
知誘物化，
　　知指形氣之感而言。物欲至而知覺萌，遂爲之引去矣。化則與之相忘如一，而無彼我之間也。

遂亡其正。

正以理言。至是則天理俱滅而無復存矣。

卓彼先覺，

悟此理之全而體之者。

知止有定；

事事物物各有所當止之處，卽理之當然者是也。能一一知其然，則此心明徹，于日用應接皆有定理，不爲之誘而化矣。

閑邪存誠，

邪者物欲之私，誠者天理之實。閑外邪不使之入，則所存于心者，徹表裏一于誠，純是天理之流行而仁矣。

非禮勿聽。（聽箴。）

總結之。

人心之動，因言以宣；

陳北溪曰：一念之動于中，或善或惡，必由言以宣之，而㊀後見于外。

發禁躁妄，

㊀「而」原作「則」，據龍本改。

疾而動曰躁，虛而亂曰妄。人之爲言，大概不出此二者，皆人欲之所爲也，故必禁之。

內斯靜專。

靜安專一，皆天理之所存也。外不躁則內靜，外不妄則內專。此二句爲一篇之關要處。

矧是樞機，

門之闢闔，所繫在樞；弩之張弛，所繫在機。人心之動有善惡，由言以宣之而後見于外，是亦人之樞機也。

興戎出好；

言非禮則有躁妄而起爭，言以禮則無躁妄而生愛。

吉凶榮辱，惟其所召。

興戎則凶而辱，出好則吉而榮。

傷易則誕，

易者輕快之謂，躁則傷于易；誕者欺誑之謂，而易中之病也。

傷煩則支；

煩者多數之謂，妄則傷于煩。支猶木之枝，從身之旁而逆出者，乃煩中之失也。

己肆物忤，

傷易而誕，則無有成法，在己者肆而與物忤矣，內何復靜之云！

出悖來違。

傷煩而支，則不合正理，所出者悖而來亦違矣，內何復專之云！

非法不道，

法，謂先主之法言。

欽哉訓辭！言箴。

欽，謂敬謹所出而無躁妄也。

哲人知幾，

陳北溪曰：幾者，善惡欲動而未形之間，其兆甚微，哲人心通理明，能燭于其先。

誠之于思；

于一念微動而未形之間，便已知覺而實之無妄，則天理之本然者流行無壅矣。

志士厲行，

見于所行之謂行。志士激厲，能勇于有行。

守之于爲。

爲，事動之已著者也。至此方知覺而守之不放，則事亦中理而無過舉矣。

順理則裕，從欲惟危；

結上文。二者之動，雖微顯不同，然循天理之公則皆無餒于中，故裕，逐人欲之私則易陷于下，故危。此正舜、跖二路之所由分。其發軔之始，尤不可以不謹之也。

造次克念，

雖急遽苟且之時，亦必誠之于思，則其涵養之功密矣。

戰兢自持；

常恐懼戒謹，守之于爲，則其操存之力篤矣。

習與性成，

習慣如自然，則莫非天理之流行而仁熟矣。

聖賢同歸。動箴。

自賢入聖，同一歸宿，即其止于至善之地者也。

顏子所好何學論

聖人之門，其徒三千，獨稱顏子爲好學。夫詩、書、六藝，三千子非不習而通也，然則顏子所獨好者，何學也？學以至聖人之道也。聖人可學而至與？曰：然。學之道如何？曰：天地儲精，得五行之秀者爲人。其本也真而靜，其未發也五性具焉，曰仁義禮智信。形既生矣，外物觸其形而動于中矣，其中動而七情出焉，曰喜怒哀懼㊀愛惡欲。情既熾而益蕩，其性鑿矣。是故覺者約其情使合于中，正其心，

㊀「懼」，二程集五七七頁作「樂」。

養其性，故曰「性其情」。愚者則不知制之，縱其情而至于邪僻，牿其性而亡之，故曰「情其性」。凡學之道，正其心，養其性而已。中正而誠，則聖矣。君子之學，必先明諸心，知所養，然後力行以求至，所謂「自明而誠」也。故學必盡其心，盡其心則知其性。知其性，反而誠之，聖人也。故洪範曰：「思曰睿，睿作聖。」誠之之道，在乎信道篤。信道篤則行之果，行之果則守之固，仁義忠信不離乎心，造次必于是，顛沛必于是，出處語默必于是。久而弗失，則居之安，動容周旋中禮，而邪僻之心無自生矣。故顏子所事，則曰「非禮勿視，非禮勿聽，非禮勿言，非禮勿動」。仲尼稱之，則曰「得一善則拳拳服膺，而弗失之矣」，又曰「不遷怒，不貳過」，「有不善未嘗不知，知之未嘗復行也」。此其好之篤，學之之道也。視聽言動皆禮矣，所異于聖人者：聖人則不思而得，不勉而中，從容中道；顏子則必思而後得，必勉而後中。故曰：顏子之與聖人，相去一息。孟子曰：「充實而有光輝之謂大，大而化之之謂聖，聖而不可知之謂神。」顏子之德，可謂充實而有光輝矣；所未至者，守之也，非化之也。以其好學之心，假之以年，則不日而化矣。故仲尼曰：「不幸短命死矣！」蓋傷其不得至于聖人也。所謂化之者，入于神而自然，不思而得，不勉而中之謂也，孔子曰「七十而從心所欲，不踰矩」是也。或曰：「聖人，生而知之者也。今謂可學而至，其有稽乎？」曰：「然。孟子曰：『堯、舜，性之也；湯、武，反之也。』性之者，生而知之者也；反之者，學而知之者也。」又曰：「孔子則生而知也，孟子則學而知也。後人不達，以謂『聖本生知，非學可至』，而爲學之道遂失。不求諸㊀己而求諸外，以博文强記、巧文麗辭爲工，榮華其言，鮮有至于道者，則今之學與顏

㊀「諸」字原無，據二程集五七八頁補。

子所好異也。」

劉蕺山曰：此伊川得統于濂溪處。

附錄

先生母夫人有知人之鑒。二先生幼時，勉之讀書，因書綫帖上曰「吾惜勤讀書兒」，又並書二行，前曰「殿前及第程延壽」，次曰「處士」，後皆驗。夫人已知之于童稚中矣。明道幼時名延壽。

百家謹案：二程母夫人侯郡君，好讀書，博知古今。二程父有所怒，必爲之寬解。唯諸子有過，則不掩。嘗曰：「子之所以不肖者，由母蔽其過而父不知也。」行而或踣，則曰：「汝若徐行，寧至踣乎？」嘗絮羹，曰：「幼求稱欲，長當何如？」與人爭忿，雖直不右，曰：「患其不能屈，不患其不能伸。」在廬陵，公宇多怪，家人報曰：「有鬼執扇。」曰：「天熱爾！」他日又報曰：「鬼鳴鼓。」曰：「與之椎！」自是怪絕。

梓材謹案：原本附錄首條爲「先生父太中」至「壽八十五」凡四十三字，今據爲太中立傳，移入濂溪學案。

二程隨侍太中知漢州，宿一僧寺。明道入門而右，從者皆隨之，先生入門而左，獨行至法堂上相會。先生自謂「此是某不及家兄處」。蓋明道和易，人皆親近，先生嚴重，人不敢近也。

明道猶有謔語，嘗聞一名公解中庸，至「人莫不飲食，鮮能知味」，有疑，笑曰：「我將謂『天命之謂性』便應疑了！」伊川直是謹嚴，坐間無問尊卑長幼，莫不肅然。補。

經筵承受張茂則嘗招講官啜茶觀畫，先生曰：「吾平生不啜茶，亦不識畫。」竟不往。

貶涪州，渡江，中流船幾覆，舟中人皆號哭，先生獨正襟安坐如常。已而及岸，同舟有父老問曰：「當船危時，君獨無怖色，何也？」曰：「心存誠敬爾！」父老曰：「心存誠敬固善，然不若無心。」先生欲與之言，父老徑去不顧。

伊川涪陵之行，過灩澦，波濤中舟人皆失措，伊川凝然不動。岸上有樵者厲聲問曰：「舍去如斯，達去如斯？」方欲答之，而舟已行。補。

先生被謫時，李邦直尹洛，令都監來見伊川，才出見之，便請上轎，先生欲暑見叔母亦不許，莫知朝命云何。是夜宿于都監廳，明日差人管押成行。至龍門，邦直遣人賷金百星，先生不受。既歸，門人問何爲不受，曰：「渠是時與某不相知，豈可受！」

韓公維與二先生善，屈致于潁昌。暇日同游西湖，命諸子侍，行次有言貌不莊敬者，伊川回視，厲聲叱之曰：「汝輩從長者行，敢笑語如此，韓氏孝謹之風衰矣！」韓遂皆逐去之。

先生與韓公維約，候韓公年八十一往見之。是歲元日，因子弟賀正，乃曰：「某今年有一債未還，當暫往潁昌見持國。」乃往造焉。久留潁川，韓早晚伴食，體貌加敬。一日，韓密謂其子彬叔曰：「先生遠來，無以爲意。我嘗有黃金藥楪一，重三十兩，似可爲先生壽，未敢遽言之。我當以他事使汝侍食，從容道我意。」彬叔侍食，如所戒試啟之。曰：「頤與乃翁道義交，故不遠而來，奚以此爲！」詰朝遂歸。持國謂其子曰：「我不敢言，正爲此耳！」再三謝過而別。

呂汲公以百縑遺伊川，伊川辭之。時族兄子公孫在旁，謂伊川曰：「勿爲已甚，姑受之。」伊川曰：「公之所以遺頤者，以頤貧也。公爲宰相，能進天下之賢，隨材而任之，則天下受其賜也。何獨頤貧也，天下之貧者亦衆矣。公帛固多，恐公不能周也。」

崇寧三年，謂張思叔曰：「吾受氣甚薄，三十而寖盛，四十、五十而後完。今生七十二年，校其筋骨，無損也。」思叔曰：「先生豈以受氣之薄而厚爲保生邪？」先生默然，曰：「吾以忘生徇欲爲深恥！」

尹和靖年二十始登先生之門，嘗得朱公掞所鈔雜説呈先生，問先生此書可觀否，先生留半月。一日，請曰：「前日所呈雜説如何？」先生曰：「某在，何必觀此。若不得某心，只是記得他意。」和靖自此不敢復讀。

易傳成書已久，學者莫得傳授，或以爲請。曰：「自量精力未衰，尚覬有少進耳！」其後寢疾，始以授和靖、思叔。

南方學者從先生既久，有歸者。或問曰：「學者久從學于門，誰是最有得者？」先生曰：「豈敢便道有得處！且只是指與他箇蹊徑，令他尋將去不錯了，已是忒大噭。若夫自得，尤難其人。謂之得者，便是已有也。若論隨力量而有見處，則不無其人也。」

問：「先生曾定六禮，今已成未？」曰：「舊日作此，已及七分。後被召入朝，既在朝廷，則當行之朝廷，不當爲私書。既遭憂，又病疾數年。今始無事，更一二年可成也。」曰：「聞有五經解，已成否？」曰：「惟易須親撰，諸經則關中諸公分去，以頤説撰成之。禮之名數，陝西諸公删定，已送呂與叔。與叔今死矣，不知其書安在也。然所定卽禮之名數，若禮之文，亦非親作不可也。」

鮮于侁問：「顏子在陋巷，不改其樂，不知所樂者何事？」先生曰：「尋常道顏子所樂者何？」侁曰：「不過是說所樂者道。」先生曰：「若有道可樂，便不是顏子。」鄒志完曰：「伊川見處極高！」

伊川見人靜坐，便歎其善學。

游定夫問「陰陽不測之謂神」，伊川曰：「賢是疑了問，是揀難底問？靜坐獨處不難，居廣居、應天下爲難。」

謝良佐往見伊川，伊川曰：「近日事如何？」對曰：「『天下何思何慮』！」伊川曰：「是則是有此理，賢卻發得太早。在伊川直是會鍛鍊。」說了又道：「恰好著工夫也！」

劉蕺山曰：此事本不易承當，然不教人、不承當，亦不得。

尹焞嘗請曰：「焞今日解得『心廣體胖』之義。」伊川正色曰：「何如？」和靖曰：「莫只是樂否？」伊川曰：「樂亦沒處著。」

尹焞偶學虞書，伊川曰：「賢那得許多工夫！」

尹彥明問于程子：「如何是道？」程子曰：「行處是。」

思叔詬詈僕夫，伊川曰：「何不動心忍性！」思叔慚謝。

范淳夫之女讀孟子，至「出入無時」，語人曰：「孟子不識心。心豈有出入！」先生聞之曰：「此女雖不識孟子，卻能識心。」

有患心疾，見物皆獅子。伊川教之以見卽直前捕執之，無物也。久之，疑疾遂愈。

梓材謹案：以上八條本在語録，以有實指，移入于此。

司馬温公、吕申公嘗言于朝曰：程頤之爲人，言必忠信，動遵禮義，眞儒者之高蹈，聖世之逸民。

朱光庭又言曰：程頤道德純備，學問淵博，有經天緯地之才，有制禮作樂之具，實天民之先覺，聖代之眞儒也。

吕申公又言曰：程頤年三十四，有特立之操，出羣之資，洞明經術，通古今治亂之要，有經世濟物之才。非同拘儒曲士，徒有偏長。使在朝廷，必爲國器。

王巖叟嘗言于朝曰：程頤學極聖人之精微，行全君子之純粹，與其兄顥俱以德名顯于時。又曰：頤抱道養德之日久，而潛神積慮之功深，靜而閱天下之義理者多，必有嘉言，以新聖聽。

胡文定公言于朝曰：伏見元祐之初，宰臣秉政當國，急于得人，首薦河南處士程頤，乞加召命，擢以不次。遂起韋布，超居講筵。自司勸講，不爲辯辭，解釋文義，所以積其誠意、感通聖心者，固不可得而聞也。及當官而行，舉動必由乎禮；奉身而去，進退必合乎義。其修身行法，規矩準繩，獨出諸儒之表。門人高弟，莫或繼焉。雖崇寧間曲加防禁，學者私相傳習，不可遏也。其後頤之門人如楊時、劉安節、許景衡、馬伸、吴給等，稍稍進用，于是傳者浸廣，士大夫争相淬礪。而其間志于利禄者，託其說以自售，學者莫能別其眞僞，而河洛之學幾絶矣。自是服儒冠者以伊川門人妄自標榜，無以屈服士人之心，故衆論洶洶，深加詆誚。夫有爲伊洛之學者，皆欲屏絶其徒，而乃上及于伊川，臣竊以爲過矣。夫聖人之道，所以垂訓萬世，無非中庸，非有甚高難行之説，此誠不可易之至論也。然中庸之義，不明久矣，自頤兄弟始發明之，然後其義可思而得也。不然，則或謂高明所以處己，中庸所以接物，本末上下，析爲二途，而其義愈不明矣。士大夫之學，宜以孔、孟爲師，庶幾言行相稱，可濟時用，此亦不易之至論也。然孔、孟之道，不傳久矣，自頤兄弟始發明之，而後其道可學而至也。不然，則或以六經、語、孟之書資口耳，取世資，以干利禄，愈不得其門而入矣。今欲使學者蹈中庸，師孔、孟，而禁使不得從頤之學，是入室而不由户也，不亦誤乎！夫頤之文，于易則因理以明象，而知體用之一源；于春秋則見諸行事，而知聖人之大用；于諸經、語、孟則發其微旨，而知求仁之方，入德之序。然則「狂言怪語，淫説鄙論」，豈其文也哉？頤之行，其行己接物，則忠誠動于州里；其事親從兄，則孝弟顯于家庭；其辭受取舍，非其道義，則一介不以取與諸人，雖禄之千鍾，有必不顧也。其餘則亦與人同爾。然則「幅巾大袖，高視闊步」，豈其行也哉？伏望特降指揮，裒集遺書，便于學者傳習，羽翼六經，以推尊仲尼、孟子之道，使邪説者不得乘間而作，而天下之道術定，豈曰小補之哉！

呂氏童蒙訓曰：伊川嘗言：「今僧家讀一卷經，便要一卷經中道理受用。儒者讀書，卻只閒讀了，都無用處。」補。

又曰：宿州高朝奉述伊川先生嘗説：「『義者，宜也』，『知者，知此者也』，『禮者，節文此者也』，皆訓詁得盡，惟仁字古今訓詁不盡。或以爲『仁者，愛也』，愛惟仁之一端，然喜怒哀懼愛惡欲，情也，非性也，故孟子云：『仁者，人也。』」補。

張橫浦曰：「伊川之學，自踐履中入，故能深識聖賢氣象。如曰：『孔子元氣也，顏子景星卿雲也，孟子有泰山巖巖氣象。』自非以心體之，安能別白如此！

又曰：伊川妙處，全在要人力行，所以不欲苦言。用意深者當自得之，言之又不免作夢。

汪玉山與朱子書曰：伊川于濂溪，若止云少年嘗從學，則無害矣。補。

又曰：康節子孫，大抵不取程子，蓋私意也。補。

朱子曰：伊川言「性卽理也」，與橫渠言「心統性情」，此二句顛破不得。

又曰：伊川說話，如今看來，中間寧無小小不同，只是大綱統體說得極善。如「性卽理也」一語，直是孔子後惟是伊川說得盡。這一句便是千萬世說性之根基，是箇公共底物事。不解會不善人做不是失了性，卻不是壞了著修。

劉剛中問：「程伊川粹然大儒，何故使蘇東坡竟疑其奸？」朱子答曰：「伊川繩趨矩步，子瞻脫岸破崖。氣盛心粗，知德者鮮矣，夫子所以致歎夫由也。」補。

葉水心習學記言曰：程氏視聽言動箴，其辭緩，其理散，擧雜而病不切。補。

祖望謹案：此言太過。

黃東發曰：伊川十八，上書仁宗，謂應時而出，自比諸葛。其後應聘爲哲宗講官，則自講讀之外，無他說。不特其時至慮易而然，蓋時與位既不同，而哲宗尚幼，惟以培養爲急耳。其他論濮議，論薄葬，代呂公著上神宗書，無不深切著明。然則天下事，非得其位，當其可，則固未易輕言也。若三學看詳，反爲禮部所駁，則本朝文密之弊，固難與俗吏言久矣。

又曰：伊川嘗言：「今日之禍，亦是元祐做成。」愚謂理亦有此，但諸賢一時爲天下救急，有不奈何，恐不可赦小人而反責君子耳。豈責備果春秋意邪？然無元祐諸賢，恐不待靖康而後南渡；雖南渡，未必人心戴宋如此。

又曰：明道之殁，伊川狀其行，求銘于韓持國，而文潞公題其墓。伊川殁，洛人畏黨禍，送喪惟四人，曰張繹、范域、孟厚、尹焞。又薄暮出城，乙夜方至者，爲邵溥。迨晦庵朱先生，始訪其事爲年譜云。

吳草廬曰：夫「修己以敬」，吾聖門之教也。然自孟子之後失其傳，至程子乃復得之，遂以「敬」之一字爲聖傳心印。程子初年受學于周子，周子之學主静，而程子易之以敬，蓋敬則能主静矣。

薛敬軒曰：伊川爲講官，以三代之上望其君。從與否則在彼，而已其肯自貶以徇之哉！

又曰：伊川經筵疏，皆格心之論。三代以下，爲人臣者但論政事、人才而已，未有直從本原，如程子之論也。

劉蕺山曰：叔子篤信謹守，其規模自與伯子差别，然見到處更較穩實。其云「性即理也」，自是身親經歷語。

葉六桐曰：明道不廢觀釋、老書，與學者言，有時偶舉示佛語。伊川一切屏除，雖莊、列亦不看。其實儒、釋之根本懸殊，下種既異，即偶資其灌溉，終不能變桃爲李，亦不必有意深絶也。孔子于老子，亦嘆其猶龍，何曾染得孔子？

百家謹案：朱子云：「釋、老書後來須看，不看無緣知他道理。」蓋謂儒、釋判然，吾本既立，惡能爲累，即舉其語，所以取之異也。乃茫昧者遂引以爲儒、釋渾同之左券。更有妄子，瞎摘盲取二程語録中之微近高渾者，並誣兩先生盡屬瞿曇之異學。此其蚍蜉撼樹，本不足言，但嘆世風之變幻日深，毫不識儒、釋之根柢本是天淵隔絶，强取先儒，説同説異，妄加批駁，置方寸于岑樓者何多也！

翁祖石曰：先生之在經筵，哲宗可謂敬信之甚矣。但進説于人君之前，自當擇其大者。柳枝之諫，爲哲宗所不悦，由是見疏。宜乎呂正獻聞而嘆息此言之太瑣也。

宗羲案：明道、伊川大旨雖同，而其所以接人，伊川已大變其説，故朱子曰：「明道宏大，伊川親切。大程夫子當識其明快中和處，小程夫子當識其初年之嚴毅，晚年又濟以寬平處。」是自周元公主静、立人極開宗，明道以静字稍偏，不若專主于敬，然亦唯恐以把持爲敬，有傷于静，故時時提起。伊川則以敬字未盡，益之以窮理之説，而曰「涵養須用敬，進學在致知」，又曰「只守一箇敬字，不知集義，卻是都無事也」，然隨曰「敬以直内，義以方外，合内外之道」，蓋恐學者作兩項工夫用也。舍敬無以爲義，義是敬之著，敬是義之體，實非有二，自此旨一立，至朱子又加詳焉。于是窮理、主敬，若水火相濟，非是則雙輪孤翼，有一偏之義矣。後之學者不得其要，從事于零星補湊，而支離之患生。故使明道而在，必不爲此言也。兩程子接人之異，學者不可不致審焉！

百家謹案：黄文潔公曰：「自孔、孟殁後，異端紛擾者千四百年，中閒唯董仲舒『正誼』『明道』二語與韓文公原道一篇，爲得議論之正。逮二程得周子之傳，然後有以窮極性命之根柢，發揮義理之精微。議者謂比漢、唐諸儒説得向上一層，愚謂豈特視漢、唐爲然。風氣日開，議論日精，濂、洛之言，雖孔、孟亦所未發。特推其旨要，不越于孔、孟云耳。」此評論之得當者。而唐一庵樞謂：「明道之學，一天人，合内外，已打成一片。而伊川居敬又要窮理，工夫似未合併，尚欠一格。」此但知先生「涵養須用敬，進學在致知」，而忘卻先生「未有致知而不在敬者」之語，恐未是深知先生者也。蓋語學至二程，諸儒之中更醇乎其醇矣。第大程質性高明，而先生從踐履入，非聖人之書不觀，其功在于密察邊耳。至于大程之表大學、中庸，先生之易傳，更足爲萬世經術斗杓也。

伊川講友

文正司馬涑水先生光別爲涑水學案。

正獻呂晦叔先生公著別爲范呂諸儒學案。

少師韓持國先生維別見范呂諸儒學案。

伊川學侶

獻公張橫渠先生載別爲橫渠學案。

正字朱樂圃先生長文別見泰山學案。

正獻范華陽先生祖禹別爲華陽學案。

推官方先生元寀父峻。

方元寀，字道輔，莆田人。父峻，聚徒講學，鑿井舍傍，禱曰：「願子孫居官如此水。」初官潤州，識程太中珦。及卒，明道爲作行狀，范華陽祖禹爲墓道碑。先生少與伊川遊，書問往來，積數十帖，有曰：「經，所以載道也。誦其言，解其訓詁，而不及道，乃無用之糟粕耳！覬足下由經以求道，勉之又勉。異日見卓爾有立于前，然後不知手之舞之，足之蹈之。」又曰：「足下非混俗之流，其志道之士。」朱子刻于白鹿書院，書㊀其後曰：「伊川先生德盛言重，不輕與人，今其眷眷如此，則方公之賢可知也。」元祐三年以特科出身，終威武軍節度推官。參道南源委。

伊川家學

知軍程先生端中

程端中，字□□，伊川長子。舉進士。南渡後徙家池州。建炎中知六安軍事。金人攻六安，先生固守。城破，死之。池州都統制程全收其骨，葬于池。參一統志。

㊀「書」字原脱，據朱文公文集（四部叢刊本）卷八十二書伊川先生與方道輔帖後補。

附錄

序伊川文集曰：不肖孤既無以嗣聞斯道，姑用記其言，且又使姪昺編次其遺文，俾後之學者觀其經術之通明，論議之純一，謀慮之宏深，出處之完潔。雖于先生之道未能備見其純全，亦將庶幾焉！

縣令程先生暐別見和靖學案。

伊川門人胡、周再傳。

博士劉質夫先生絢

校書李端伯先生籲並爲劉李諸儒學案。

侍講呂原明先生希哲別爲滎陽學案。

監場謝上蔡先生良佐別爲上蔡學案。

文靖楊龜山先生時別爲龜山學案。

文肅游廌山先生酢別爲廌山學案。

龍學呂晉伯先生大忠

教授呂和叔先生大鈞
正字呂藍田先生大臨並爲呂范諸儒學案。
肅公尹和靖先生焞別爲和靖學案。
提刑郭兼山先生忠孝別爲兼山學案。
著作王福清先生蘋別爲震澤學案。
正字周浮沚先生行己
忠簡許橫塘先生景衡並㊀爲周許諸儒學案。
簽判田先生述古別見安定學案。
修撰邵子文先生伯温別見百源學案。
祕監李章貢先生朴別見范呂諸儒學案。
龍圖范元長先生沖別見華陽學案。
博士蘇先生昞別見呂范諸儒學案。

㊀「並」原作「别」，據上卷伊川學案表及本書通例改。

楊先生國寶別見王張諸儒學案。
清節蕭三顧先生楚別見范許諸儒學案。
御史陳默堂先生淵別爲默堂學案。
文質羅豫章先生從彥別爲豫章學案。
太學楊先生迪別見龜山學案。
呂先生義山別見呂范諸儒學案。

梓材謹案：程門弟子，自別見諸學案外，並見劉李諸儒學案、周許諸儒學案。

伊川私淑

文定胡武夷先生安國別爲武夷學案。
忠肅陳了齋先生瓘
忠公鄒道鄉先生浩並爲陳鄒諸儒學案。
學正趙先生霄

學録張草堂先生煇
上舍蔣先生元中
上舍蔡先生元康
潘先生安固並見周許諸儒學案。
觀使劉屏山先生子翬別見劉胡諸儒學案。
教授羅先生靖
羅先生竦並見和靖學案。

方氏家學

正字方次雲先生翥別見震澤學案。
縣令方先生耒別見劉胡諸儒學案。
主簿方先生壬
方先生禾並見滄洲諸儒學案。

伊川續傳

文獻劉佚庵先生肅

劉肅，字太卿㈠，號佚庵，洺州人㈡。金興定初，詞賦進士。累官户部主事。金亡，依東平嚴實。元中統初，擢真定宣撫使。後商議中書省事，致仕。先生性舒緩，有執守。嘗集諸家易説，曰讀易備忘。後追封邢國公，謚文獻。參姓譜。

判官張中庸先生特立

張特立，字文舉，曹州東明人。初名永，避金衞紹王諱，易今名。登泰和三年進士第，授萊州節度判官，不赴，躬耕杞之韋城㈢，談經自樂。正大四年，以薦拜監察御史，屢劾權貴，左遷邳州軍事判官。金亡，優游田里，日與門弟子講學。世祖在潛邸，首傳旨曰：「特立養素丘園，易代如一。今年幾七十，研究聖經，誨人不倦，無過不及，學者宗之。宜錫嘉名，以光潛德，可賜號曰中庸先生。」既即位，復降璽書褒諭。卒，年七十五。素通程氏易，所著有易集説、歷年繫事記。從黄氏補本録入。

通判李蒙齋先生簡

李簡，字蒙齋，信都人。官泰安州通判。著學易記九卷。同上。

㈠「太卿」，元史本傳作「才卿」。

㈡按：元史本傳作「威州洺水人」。

㈢「韋城」，金史本傳校改作「圉城」，詳該書校勘記。

學易記序

伊川先生嘗云：「學易者當看王輔嗣、胡翼之、王介甫三家文字，令通貫，然後卻有用心處。」時先生易傳未出也。及温陵曾獻之集大易粹言傳于世，則學者知有所宗，而三家之說不無去取。歲壬寅，予挈家東平，時張中庸、劉佚庵二先生與王仲徽輩方聚諸家易集解而節取之，得廁講席之末，前後數載，凡讀六七過，其書始成。然人之所見不能盡同，其去取之間則亦不無稍異。大抵張與王意在省文，劉之設心務歸一說，僕之所取寧失之多，以俟後來觀者去取。僕居萊蕪幾二載，常時所讀之易止有王輔嗣與粹言而已，諸家之說未見也。六百日之間，節取粹言凡三度。前賢之說，或中心有所不安，則思之，夜以繼日，脫有所得，隨卽書之，以待他年讀之，驗其學之進否。比遷東平，積謬說百餘條。及得胡安定、王荊公、南軒、晦庵、誠齋諸先生全書，及楊彬夫所集五十家解，單渢所集三十家解讀之，謬說暗與前賢相合者十有二三，私心始頗自信。今卷中凡無名字者，以兼採諸人之意，合爲一說，不能主名；亦或有區區管見，輒不自揆而廁于其間者。己未歲承乏倅泰安，山城事少，遂取向所集學易記重加去取，而付諸梓。獲譽獲謗，皆由此書，他日必有能辨之者。時中統建元庚申歲也。

梓材謹案：張、李二先生並據黃氏補本增入。

隱君趙江漢先生復別見魯齋學案。

宋元學案卷十七

橫渠學案上

黄宗羲原本　黄百家纂輯　全祖望次定

橫渠學案表

張載
父迪。
附焦寅。
高平門人。

呂大忠
呂大鈞
呂大臨
范育並爲呂范諸儒學案。
又九人並見呂范諸儒學案。
私淑 晁説之別爲景迂學案。

蔡發附見西山蔡氏學案。
橫渠續傳。

張戩
程顥別爲明道學案。
程頤別爲伊川學案。

呂希哲別爲滎陽學案。
並横渠學侶。
呂大防別見范呂諸儒學案。
横渠同調。

横渠學案序録

祖望謹案：横渠先生勇于造道，其門户雖微有殊于伊洛，而大本則一也。其言天人之故，間有未當者，梨洲稍疏證焉，亦横渠之忠臣哉！述横渠學案。梓材案：是卷慈谿鄭氏二老閣亦有刊本，特其體例有未協處，畧爲校正。

高平門人

獻公張横渠先生載 父迪。附焦寅。

張載，字子厚，世居大梁。父迪，仕仁宗朝，殿中丞、知涪州，卒官。諸孤皆幼，不克歸，以僑寓爲鳳翔郿縣横渠鎮人。先生少孤自立，志氣不羣，喜談兵，因與邠人焦寅遊。當康定用兵時，年十八，慨然以功名自許，欲結客取洮西之地，上書謁范文正公。公知其遠器，責之曰：「儒者自有名教可樂，何事于兵！」手中庸一編授焉，遂翻然志于道。已求諸釋、老，乃反求之六經。嘉祐初，至京師，見二程子。二程于先生爲外兄弟之子，卑行也。先生與語道學之要，厭服之，因渙然曰：「吾道自足，何事旁求！」于是盡棄異學，淳如也。當是時，先生已擁皐比，講易京邸，聽從者甚衆，先生謂之曰：「今見二程至，深明易道，吾不及也，可往師之。」卽日輟講。文潞公以使相判長安，聘延先生于學宮，命士子矜式焉。舉進士，仕爲雲巖令，以敦本善俗爲先。月吉具酒食，召父老高年者，親與勸酬爲禮，使人知養老事長之義，因問民所苦。每鄉長受事至，輒諄諄與語，令歸諭其里閭。民因事至庭，或行遇于道，必問：「某時命某告若曹某事，若豈聞之乎？」聞則已，否則詰責其受命者。故教命出，雖僻壤婦人孺子畢與聞，俗用丕變。熙寧初，遷著作佐郎、簽書渭州軍事判官。用中丞呂正獻公薦，召對問治道，對曰：「爲治不法三代，終苟道也。」神宗方勵精于大有爲，悦之，曰：「卿宜日與兩府議政，朕且大用卿。」謝曰：「臣自外官赴召，未測新政所安。願徐觀旬月後，當有所獻替。」上然之。除崇文院校書。時王安石執政，謂先生曰：「新政之更，懼不能任，求助于子，何如？」先生曰：「公與人爲善，孰敢不盡！若教玉人琢玉，則固有不能者矣。」安石不悦，以按獄浙東出之。程純公時官御史，爭之曰：「張載以道德進，不宜使治獄。」安石曰：「淑問如皐陶，然且讞囚，庸何傷？」獄成還朝，會弟御史戩爭新法，爲安石所怒，遂託疾歸橫渠。終日危坐一室，左右簡編，俯讀仰思。冥心妙契，雖中夜必取燭疾書，曰：「吾學既得諸心，乃修其辭命。命辭無失，然後斷事。斷事無失，吾乃沛然。」蓋其志道精思，未始須臾息也。告諸生以學必如聖人而後已，以爲知人而不知天，求爲賢人而不求爲聖人，此秦、漢以來學者之大蔽也。故其學以易爲宗，以中庸爲的，以禮爲體，以孔、孟爲極。患近世喪祭無法，期功以下未有衰麻之變，祀先之禮襲用流俗，于是一循古禮爲倡。教童子以灑埽應對；女子未嫁者，使觀祭祀，納酒漿，以養遜弟，就成德。嘗曰：「事親奉祭，豈可使人爲之！」于是關中風俗一變而至于古。熙寧九年，吕汲公薦，召同知太常禮院。會言者欲講行冠婚喪祭之禮以善俗，禮官持不可，先生力争之。適三年郊，禮官不致，嚴疏正之。俱不能得，復謁告歸。中道疾作，抵臨潼，沐浴更衣而寢，旦視之，逝矣。時十年十二月也，年五十八。囊笥蕭然。明日，門人在長安者咸奔哭，致賻襚，乃克斂。詔賜館職賻㊀，奉喪還葬于涪州。先生氣質剛毅，望之儼然。與之居，久而日親。居恆以天下爲念。道見饑殍，輒咨嗟，對案不食者終日。雖貧不能自給，而門人無貲者，輒麤糲與共。慨然有志于三代之法，以爲仁政必自經界始，經界不正，即貧富不均，教養無法，雖欲言治，牽架而已。與學者將買田一方，畫爲數井，以推明先王之遺法，未就而卒。所著曰東銘、西銘、正蒙。雲濠案：謝山學案劄記有云：橫渠易說十卷。嘉定中，賜謚。淳祐初，追封郿伯，從祀學宮。太常初擬曰達，衆論未叶。再擬曰誠，又擬曰明，俱未用。最後定謚曰獻。

百家謹案：先生少喜談兵，本跅弛豪縱士也。初受裁于范文正，遂翻然知性命之求，又出入于佛、老者累年。繼切磋于二程子，得歸吾道之正。其精思力踐，毅然以聖人之詣爲必可至，三代之治爲必可復。嘗語云：「爲天地立心，爲生民立命，爲往聖繼絶學，爲萬世開太平。」自任之重如此。始不輕與人言學，大程曰：「道之不明久矣，人各善其所習，自謂至足。必欲如孔門不憤不啓，則師資勢隔，道幾息矣。隨其資而誘之，雖識有明暗，志有淺深，亦皆各有得焉。」先生用其言，所至搜

㊀宋史本傳作「詔賜館職半賻」。

訪人才，惟恐失其成就，故關中學者鬱與，得與洛學争光。猗與盛哉！但先生覃測陰陽造化，其極深至精處，固多先儒所未言，而其憑心臆度處，亦頗有後學所難安者。至于好古之切，謂周禮必可行于後世，此亦不能使人無疑。夫周禮之的爲僞書，姑置無論。聖人之治，要不在制度之細。竊恐周官雖善，亦不過隨時立制，豈有不度世變之推移，可一一泥其成迹哉！况乎周官之繁瑣，躓擾異常。先生法三代，宜不在周禮。是又不可不知也。

西銘

百家謹案：先生嘗銘其書室之兩牖，東曰砭愚，西曰訂頑。伊川曰：「是起争端，不若曰東銘、西銘。」二銘雖同作于一時，而西銘旨意更純粹廣大。程子曰：「訂頑之言，極純無雜，秦、漢以來學者所未到。意極完備，乃仁之體也。」又曰：「訂頑立心，便可達天德。」朱子曰：「程門專以西銘開示學者。」

乾稱父，坤稱母。予兹藐焉，乃渾然中處。故天地之塞，吾其體；天地之帥，吾其性。民吾同胞，物吾與也。大君者，吾父母宗子；其大臣，宗子之家相也。尊高年，所以長其長；慈孤弱，所以幼其幼。聖其合德，賢其秀也。凡天下疲癃殘疾、惸獨鰥寡，皆吾兄弟之顛連而無告者也。于時保之，子之翼也。樂且不憂，純乎孝者也。違曰悖德，害仁曰賊。濟惡者不才，其踐形唯肖者也。知化則善述其事，窮神則善繼其志。不愧屋漏爲無忝，存心養性爲匪懈。惡旨酒，崇伯子之顧養；育英才，潁封人之錫類。不弛勞而底豫，舜其功也；無所逃而待烹，申生其恭也。體其受而歸全者，參乎！勇于從而順令者，伯奇也。富貴福澤，將厚吾之生也；貧賤憂戚，庸玉女于成也。存吾順事，没吾寧也。

張横浦曰：乾吾父，坤吾母。吾乃乾坤之子，與人物渾然處于中間者也。吾之體不止吾形骸，塞天地間如人、如物、如山川、如草木、如禽獸昆蟲，皆吾體也。吾之性不止于視聽言貌，凡天地之間若動作、若流峙、若生植飛翔潛泳，必有造之者，皆吾之性也。既爲天地生成，則凡與我同生于天地者，皆同胞也。既同處于天地間，則凡林林而生、蠢蠢而植者，皆吾黨與也。吾爲天地之子，大君主天地之家事，是吾父母宗子也。大臣相天子以繼天地之業，是宗子之家相也。高年先我生于天地間，有若吾兄，吾能尊之，是長天地之長也。孤兒幼子後吾生于天地間，有若吾弟，吾能慈之，是幼天地之幼也。聖人合天地之德，賢人特天地之秀也。人之有疲癃殘疾、惸獨鰥寡，是乃吾兄弟顛連而無告訴者也。于時保恤之，是子之能翼天以代養此窮民也。吾能樂天地之命，雖患難而不憂，此天地純孝之子也。違天地之心，是不愛其親者，故謂之悖德。害天地之仁，是父母之賊也。世濟其惡，是天地不才之子。踐履天地之形，以貌言視聽思之形，爲恭從聰明睿之用，是克肖天地之德也。天地之事不過乎化，天地之志不過乎神，知化窮神，則善述善繼天地之事志者也。天地之心無幽明之間，不愧屋漏之隱者，乃無忝于天地。心性即天地，夙夜存心養性，是夙夜匪懈以事天地也。崇伯之子，禹也；酒能亂德，惡旨酒，乃顧天地父母之養也。潁谷封人請遺羹于母，以起鄭莊公之孝；今我育天地所生之英才，則是以孝心與其類也。舜夔夔齊慄，不弛勞而致父母之悦豫；吾能竭力爲善，以致天地之喜，是舜之功也。大舜逢父怒，大杖則走，小杖則受。申生不明乎道，以死爲恭，成父之惡，不可爲訓。橫渠之意，以爲遭遇讒邪，此命也；順受其死以恭順乎天地，如申生之恭，可也。曾子得正而斃；吾能處其正，順受而全歸于天地，是有曾參之孝也。伯奇，尹吉甫之子；吉甫惑于後妻，虐其子，無衣無履而使踐霜挽車，伯奇順父之令，無怨尤于天地，是乃若伯奇之孝也。富貴福澤，固天地之厚吾生；貧賤憂戚，亦天地之愛汝，玉成于我也。吾存則順事天地而不逆，没則安其心志而不亂，是乃始終聽命于天地，而爲天地至孝之子焉。

劉蕺山曰：「訂頑」云者，醫書以手足痿痺爲不仁，視人之但知有己而不知有人，其病亦猶是，則此篇乃求仁之學也。仁者以天地萬物爲一體，真如一頭兩足合之百體然。蓋原其付畀之初，吾體吾性，卽是天地；吾胞吾與，本同父母。而君相任家督之責，聖賢表合德之選，皆吾一體中人也。然則當是時而苟有一夫不得其所，其能自已于一體之痛乎？于時保之，畏天以保國也。樂且不憂，樂天以保天下也。反是而違天，則自賊其仁甚焉。濟惡，亦天之戮民而已。然則吾子宜何如以求其所爲一體之脈而通于民物乎？必也反求諸身，卽天地之所以與我者，一一而踐之。踐之心卽是窮神，踐之事卽是知化，而工夫則在不愧屋漏始。于是有存養之功焉，繼之有省察之要焉，進之有推己及人以及天下萬世者焉。天之生斯民也，使先知覺後知，使先覺覺後覺，如是而已矣，庶幾以之稱天地之肖子不虛耳！若夫所遇之窮通順逆，君子有弗暇問者。功足以格天地，贊化育，尚矣！其或際之屯，亦無所逃焉。道足以守身而令終，幸也；其或瀕之辱，亦惟所命焉。凡以善承天心之仁愛，而死生兩無所憾焉，斯已矣！此之謂立命之學。至此而君子真能通天地萬物以爲一體矣。此求仁之極則也。歷引崇伯子以下言之，皆以孝子例仁人云。

東銘

戲言出于思也，戲動作于謀也。發乎聲，見乎四支，謂非己心，不明也；欲人無己疑，不能也。過言非心也，過動非誠也。失于聲，繆迷其四體，謂己當然，自誣也；欲他人己從，誣人也。或者以出于心者歸咎爲己戲，失于思者自誣爲己誠，不知戒其出汝者，歸咎其不出汝者，長傲且遂非，不知孰甚焉！

劉蕺山曰：此張子精言心學也。戲言戲動，人以爲非心，而不知其出于心。思與謀，心之本乎人者也。過言過動，人以爲是心，而不知其非心。誠者，心之本乎天者也。心之本乎人者當如何以省察之，而其不本乎天者當如何以克治之，則學問之能事畢矣。今也指其本乎心者曰「吾戲耳」，而不知戒，又指其不本乎心者曰「是亦吾心也」，而不知咎，則戲而不已，必長其傲，過而不已，必遂其非，適以自欺其本心之明，不智孰甚焉！夫學，因明至誠而已矣。然則西銘之道，天道也；東銘，其盡人者與！

正蒙

太和篇第一

太和所謂道，中涵浮沉升降、動静相感之性，是生絪緼相盪、勝負屈伸之始。其來也幾微易簡，其究也廣大堅固。起知于易者乾乎，效法于簡者坤乎：散殊而可象爲氣，清通而不可象爲神。不如野馬絪緼，不足謂之太和。語道者知此，謂之知道。學易者見此，謂之見易。不如是，雖周公才美，其智不足稱也已。

高忠憲曰：太和，陰陽會合沖和之氣也。易曰：「一陰一陽之謂道。」張子本易，以明器卽是道，故指太和以名道。蓋理之與氣，一而二、二而一者也。理無形而難窺，氣有象而可見。假有象者，而無形者可默識矣。浮沈、升降、動靜者，陰陽二氣自然相感之理，是其體也。絪緼，交密之狀。二氣摩盪，勝負屈伸，如日月寒暑之往來，是其用也。始猶「資始」之始，變化皆從此始也。幾微易簡，謂此氣流行，始則潛孚默運而已。廣大堅固，謂如亨利之時，則富有日新，雖金石無間也。起，猶始也；知，猶主也。效，猶呈也；法，謂造化之詳密可見者。此氣一鼓，初無形迹，而萬物化生，不見其難者，爲乾之易。及庶物露生，洪纖畢達，有迹可見，亦不覺其勞者，爲坤之簡。乾以此始物，坤以此成物，明非有他也。散殊可象，有彷彿之謂；清通不可象，明其不可測之意。明非有二也。「野馬」出莊子，喻氣之浮沈升降如野馬飛騰，無所羈絡而往來不息。言太和之盛大流行，充塞無間也。太和卽陰陽也，易卽道也，故知此謂之知道，見此謂之見易，明非陰陽之外別有所謂道也。

太虛無形，氣之本體；其聚其散，變化之客形爾。至靜無感，性之淵源；有識有知，物交之客感爾。客感、客形與無感、無形，惟盡性者一之。

百家謹案：此則最爲諦當。盡性者能一之，合性與命，體用一源，不落有無之見也。

天地之氣，雖聚散攻取百塗，然其爲理也，順而不妄。氣之爲物，散入無形，適得吾體；聚爲有象不失吾常。太虛不能無氣，氣不能不聚而爲萬物，萬物不能不散而爲太虛。循是出入，是皆不得已而然也。然則聖人盡道其間，兼體而不累者，存神其至矣。彼語寂滅者，往而不反；徇生執有者，物而不化。二者雖有間矣，以言乎失道則均焉。聚亦吾體，散亦吾體。知死之不亡者，可與言性矣！

百家謹案：天地之間，只一氣之循環而已。著于物而有聚散，而理無聚散，性無聚散也。順而不妄，實理之自然也。散入無形，本非有減；聚爲有象，本非有增。故曰「適得吾體」、「不失吾常」焉。高忠憲公曰：「聖人原始反終，知夭壽不二，故樂天安土，存順没寧，所以爲存神之至。彼二氏之失道則均焉。」又曰：「性無生死也，何亡之有！」

知虛空即氣，則有無隱顯，神化性命，通一無二，顧聚散出入形不形，能推本所從來，則深于易者也。若謂虛能生氣，則虛無窮，氣有限，體用殊絶，入老氏「有生于無」自然之論，不識所謂有無混一之常。若謂萬象爲太虛中所見之物，則物與虛不相資，形自形，性自性，形性天人不相待而有，陷于浮屠以山河大地爲見病之説。此道不明，正由懵者畧知體虛空爲性，不知本天道爲用，反以人見之小，因緣天地。明有不盡，則誣世界乾坤爲幻化；幽明不能舉其要，遂躐等妄意而然。不悟一陰一陽，範圍天地，通乎晝夜，三極大中之矩，遂使儒、佛、老、莊混然一途。語天道性命者不罔于恍惚夢幻，則定以「有生于無」爲窮高極微之論。入德之途，不知擇術而求，多見其蔽于詖而陷于淫矣。

百家謹案：先生以「虛能生氣」、「有生于無」爲詖淫，足見先生之學粹然，可爲吾道大中之準。

蓋虛空卽氣，爲物不二者也。若謂虛能生氣，則有無自相隔礙，凡夫理氣、心性、體用、動靜，無之非二矣。此二氏以無爲真，常有爲幻妄之根本也。大傳曰：「一陰一陽之謂道。」陰陽迭運者氣也，兩間無無氣之處。

氣坱然太虛，升降飛揚，未嘗止息。易所謂「絪縕」，莊生所謂「生物以息相吹」、「野馬」者與！此虛實動靜之機，陰陽剛柔之始。浮而上者陽之清，降而下者陰之濁。其感遇聚散，爲風雨，爲霜雪，萬品之流形，山川之融結，糟粕煨燼，無非教也。

百家謹案：坱，說文謂「霧昧塵埃也」，狀氣絪縕盛大之象。朱子曰：「『坱然太虛』，此張子所謂『虛空卽氣』也。」

氣聚則離明得施而有形，氣不聚則離明不得施而無形。方其聚也，安得不謂之客？方其散也，安得遽謂之無！故聖人仰觀俯察，但云「知幽明之故」，不云「知有無之故」。盈天地之間者，法象而已！文理之察，非離不相覩也。方其形也，有以知幽之因；方其不形也，有以知明之故。

百家謹案：「但云『知幽明之故』，不云『知有無之故』」一語，使人豁然。

氣之聚散于太虛，猶冰凝釋于水。知太虛卽氣，則無無。故聖人語性與天道之極，盡于參伍之神變易而已。諸子淺妄，有有無之分，非窮理之學也。

太虛爲清，清則無礙，無礙故神。反清爲濁，濁則礙，礙則形。

程子曰：一氣相涵，周而無餘。謂氣外有神，神外有氣，是兩之也。清者爲神，濁者何獨非神乎？

凡氣，清則通，昏則壅，清極則神。故聚而有間，則風行而聲聞具達，清之驗與！不行而至，通之極與！

由太虛，有天之名；由氣化，有道之名。合虛與氣，有性之名；合性與知覺，有心之名。

朱子曰：本只是一箇太虛，漸細分得密耳。且太虛便是四者之總體，而不離乎四者而言。「由氣化，有道之名」，氣化是陰陽造化。寒暑晝夜，雨露霜雪，山川木石，金水火土，皆是。只此便是太虛，但雜卻氣化說。雖雜氣化說，而實不離乎太虛。未說到人物各具當然之理處。「合虛與氣，有性之名」，有這氣，道理便隨在裏面；無此氣，則道理無安頓處。心之知覺又是那氣之虛靈底。聰明視聽，作爲運用，皆是。有這知覺，方運用得這道理。所以張子說「人能弘道」，是心能盡性；「非道弘人」，是性不知檢其心。

鬼神者，二氣之良能也。聖者，至誠得天之謂；神者，太虛妙應之目。凡天地法象，皆神化之糟粕爾！

天道不窮，寒暑也；衆動不窮，屈伸也。鬼神之實，不越二端而已矣。兩不立，則一不可見；一不可見，則兩之用息。兩體者，虛實也，動靜也，聚散也，清濁也。其究一而已。

高忠憲曰：本一氣而已，而有消長，故有陰陽。有陰陽，而後有虛實、動靜、聚散、清濁之別也。

感而後有通，不有兩則無一，故聖人以剛柔立本。乾坤毀，則無以見易。

游氣紛擾，合而成質者，生人物之萬殊。其陰陽兩端，循環不已者，立天地之大義。

日月相推而明生，寒暑相推而歲成。神易無方體，一陰一陽，陰陽不測，皆所謂「通乎晝夜之道」也。

晝夜者，天之一息乎！寒暑者，天之晝夜乎！天道春秋分而氣易，猶人一寤寐而魂交。魂交成夢，百感紛紜，對寤而言，一身之晝夜也。氣交爲春，萬物糅錯，對秋而言，天之晝夜也。

氣本之虛則湛一㈠無形，感而生則聚而有象。有象斯有對，對必反其爲。有反斯有仇，仇必和而解。故愛惡之情同出于太虛，而卒歸于物欲。倏而生，忽而成，不容有毫髮之間，其神矣夫㈡！

百家謹案：列子曰：「神遇爲夢，形接爲事。」所謂魂交，卽神遇也。蓋魄交魂而爲寤，魂交魄而爲寐。猶日出地而爲晝，日入地而爲夜；陽氣發生而爲春夏，陽氣收藏而爲秋冬也。

造化所成，無一物相肖者，以是知萬物雖多，其實一物；無無陰陽者，以是知天地變化，二端而已。萬物形色，神之糟粕。「性與天道」云者，易而已矣。心所以萬殊者，感外物爲不一也。天大無外，其爲感者，絪緼二端而已。

物之所以相感者，利用出入，莫知其鄉，一萬物之妙者與！

氣與志，天與人，有交勝之理。聖人在上而下民咨，氣壹之動志也。鳳凰儀，志壹之動氣也。

㈠「一」原作「本」，據張載集（中華書局版，下同）一〇頁改。　㈡此條原與上條相連爲一條，據張載集一〇頁分。

參兩篇第二

地所以兩，分剛柔男女而效之，法也。天所以參，一太極兩儀而象之，性也。

高忠憲曰：天輕清，故理氣屬之；地重濁，故形質屬之。剛柔男女皆以兩而成形，故地數兩者，效其法而兩之。太極兩儀本乎一而爲二，故天數三者，象其性而三之。男女兼人、物言。

一物兩體，氣也。一故神，兩在故不測。兩故化，推行于一。此天之所以參也。

高忠憲曰：一物兩體，卽太極兩儀也。太極，理也；而曰氣者，氣以載理，理不離氣也。氣惟一物，故無在無不在而神，是兩者以一而神妙也。氣惟兩體，故一陰一陽而化，是一者以兩而變化也。

地純陰，凝聚于中，天浮陽，雲濠案：「浮陽」一作「純陽」。運旋于外，此天地之常體也。恆星不動，純繫乎天，與浮陽運旋而不窮者也。日月五星逆天而行，并包乎地者也。地在氣中，雖順天左旋，其所繫辰象隨之稍遲，則反移徙而右爾。間有緩速不齊者，七政之性殊也。月陰精，反乎陽者也，故其右行最速。日爲陽精，然其質本陰，故其右行雖緩，亦不純繫乎天，如恆星不動。金水附日前後進退而行者，其理精深，存乎物感可知矣。鎭星地類，然根本五行，雖其行最緩，亦不純繫乎地也。火者亦陰質，爲陽萃焉，然其氣比日而微，故其遲倍日。惟木乃歲一盛衰，故歲歷一辰。辰者，日月一交之次，有歲之象也。

百家謹案：恆星不動，純繫乎天，此舊説也。後曆悟恆星亦動，但極微耳，此歲差之所由生。一歲右行五十秒，二萬五千餘年一周天。日月五星逆天而行，先生本自不錯。黃瑞節解日月五星亦順天左旋，但其行稍遲，反移徙而右，若逆天而行者，此言大謬矣！蓋天左旋，以北極爲樞；恆星與七政右旋，皆以黃道極爲樞。日月五星各有其道，每日所行各有度次，如蟻行磨盤，所謂「日月麗乎天，宿離不忒」。若果皆順天左旋，則無所謂黃道白道，躔離次舍，日日混漾游移，將日月亦不麗乎天，而宿離焉能不忒哉！且惟天左旋，諸曜右旋，左右勢力相抵，而地得渾然中凝。若俱左旋，則地亦隨偏，顛倒宇宙，亦不得成世界矣。種種諸謬，詳百家所作天旋篇。蓋諸曜右旋是曆家從來本論，儒者未得以臆見强奪之。右行日遲月速之說，日月之高下懸殊，則旋轉之路有遠近，此遲速之由也。月精反陽，日質本陰，與五星之說，俱屬未然。

凡圜轉之物，動必有機。既謂之機，則動非自外也。古今謂天左旋，此直至粗之論爾，不考日月出沒、恆星昏曉之變。愚謂在天而運者，惟七曜而已。恆星所以爲晝夜者，直以地氣乘機左旋于中，故使恆星、河漢因北爲南，日月因天隱見，太虛無體，則無以驗其遷動于外也。

百家謹案：地轉之說，西人歌白泥立法最奇：太陽居天地之正中，永古不動，地球循環轉旋，太陰又附地球而行。依法以推，薄食陵犯，不爽纖毫。蓋彼國曆有三家，一多禄茂，一歌白泥，一第谷。三家立法，迥然不同，而所推之驗不異。究竟地轉之法難信。

天左旋，處其中者順之少遲，則反右矣。

百家謹案：先生前既言日月五星逆天而行，又曰日月右行最速，今此言無乃自相矛盾乎！

地，物也；天，神也。物無踰神之理，顧有地斯有天，若其配然爾。

朱子曰：天包乎地，天之氣又行乎地之中，故橫渠云地對天不過。

地有升降，日有修短。地雖凝聚不散之物，然二氣升降其間，相從而不已也。陽日上，地日降而下者，虛也；陽日降，地日進而上者，盈也。此一歲寒暑之候也。至于一晝夜之盈虛升降，則以海水潮汐驗之爲信然。間有小大之差，則繫日月朔望，其精相感。

百家謹案：地有升降，固是「四游」荒唐之說，卽余襄公圖序云潮之消息皆係于月，亦非定論。惟朱有中之潮賾，其說最精：「潮之升降大小，應乎節氣。節氣輪轉，潮汛隨之。」然以之論淞、浙之潮則合，而他方之潮有一日一長者，有一日四長者，有一月兩長者，有一年一長者，有潛滋暗長者，有來如排山烱電者，此又何以例之？百家私忖，造物凡創設一種類，必極盡其變化。假觀木類，松葉細如針，桃葉大如蓋，種種奇形異狀，不可勝數。飛潛動植土石之類皆然，何于水獨不然？海之有潮，猶婦人之行經，以一月爲期而有信，然亦有逾月者，有不及月者，有四季者，有暗轉者，種種不一，可無疑于潮矣。

日質本陰，月質本陽，故于朔望之際精魄反交，則光㊀爲之食矣。

吳臨川曰：由北直南而從分之，謂之度；由東至西而横截之，謂之道。月二十九日半有奇而與日同度，是爲朔；十四日九時有奇而與日對度，是爲望。合朔之時，從雖同度，横不同道。若横亦同道，則月掩日而日蝕。對望之時，從雖對度，横不對道。若横亦對道，則日射月而月蝕。其蝕之分數，由同道對道所交之多寡。

㊀「光」原作「交」，據張載集一一頁改。

百家謹案：鮑雲龍天原發微比日月于離、坎卦中晝之陰陽。先生所云「日質本陰，月質本陽」，即此説也。至于日食，則由日高月卑，朔日月行密近于黄白交道，日體爲月魄所掩，故光爲之食。月食，則由日大月小，地球小于日輪大于月輪，當望時，地球間于日月之中，有影在天，是名闇虛。此時月行交道内外，遠于黄道，則地影不能及月體，則不食；若當望時，月行交道，近黄白相交之處，經由地影之中，日光不照，則月食。疑者以爲，春秋二分食于卯酉之正，日月相望，其平如衡，地猶在下，烏有影能蔽月乎？不知此由清蒙氣之能使物象升卑爲高也。其詳在百家所纂明史曆志中。

虧盈法：月于人爲近，日遠在外，故月受日光常在于外。人視其終初，如鉤之曲；及其中天也，如半璧然。此虧盈之驗也。

百家謹案：古今皆言月有闕，惟沈存中云無闕。蓋月受日光，其一面常圓。但人從下視之，月與日相近時，日在上，則其光所見如鉤；月與日對照時，則其光滿如璧耳。

月所位者陽，故受日之光，不受日之精。相望中弦則光爲之食，精之不可以二也。

日月雖以形相物，考其道，則有施受健順之差焉。星月金水受光于火日，陰受而陽施也。

陰陽之精互藏其宅，則各得其所安，故日月之形萬古不變。若陰陽之氣，則循環迭至，聚散相盪，升降相求，絪緼相糅，蓋相兼相制，欲一之而不能。此其所以屈伸無方，運行不息，莫或使之。不曰性命之理，謂之何哉？

「日月得天」，得自然之理也，非蒼蒼之形也。

閏餘生于朔不盡周天之氣。而世傳交食法，與閏異術，蓋有不知而作者爾！

劉近山曰：日之行，三十日五時而歷一辰，則爲一月之氣。月之行，二十九日六時有奇而與日會，則爲一月之朔。每月氣盈五時有奇，朔虛六時不滿。積十二氣盈凡五日三時不滿，積十二朔虛凡五日七時有奇，一歲氣盈朔虛共十日十一時有奇。將及三歲，則積之三十日而置門。日行所多爲氣盈，又曰陽贏；月行所少爲朔虛，又曰陰縮。氣盈朔虛之積，是爲閏餘。氣[illegible]分與朔之分至十九年而皆齊，所謂氣朔分齊而爲一章。此但云朔不盡者，就周天二十四氣言之，月有大小，朔不得盡其氣而置閏也。雖言朔虛，而氣盈在其中矣。然此置閏之法。其日月交食之法，亦當類此而推，非與閏異術也。

百家謹案：推置閏術易，推交食法難，此由先生不諳曆法，臆度言之，上數節大畧皆然。

陽之德主于遂，陰之德主于閉。

陰性凝聚，陽性發散。陰聚之，陽必散之，其勢均散。陽爲陰累，則相持爲雨而降；陰爲陽得，則飄揚爲雲而升。故雲物班布太虛者，陰爲風驅，斂聚而未散者也。凡陰氣凝聚，陽在內者不得出，則奮擊而爲雷霆；陽在外者不得入，則周旋不舍而爲風。其聚有遠近虛實，故雷風有大小暴緩。和而散則爲霜雪雨露，不和而散則爲戾氣曀霾。陰常散緩，受交于陽，則風雨調，寒暑正。

百家謹案：此先生以陰陽之氣測想風雨露雷之由也。近代西人之說甚詳，畧述大旨：自地而上二百六十里有奇，爲氣域。氣域分爲三際，近地者爲和際，中爲冷際，上爲熱際。種種變化，悉在此氣中。下地水火土爲天行所吸，則騰聚于氣中，鬱然成雲，散而爲雨。當其未散，火在于中，爲氣水所束，不得出走，則殷殷有聲，破裂而出，遂成大響，而電正其光之奔飛者也。火既破氣而出，成爲雷霆，若火已盡，則不復風；或火勢盛，未得及土，横而行地上，則風雷交作。其有風而不雨者，火之升也，不受水迫，即返下土，爲氣遏抑，未獲遽達，遂横奔動氣而爲風。水上升而火不上，則有雨而無風。火上升而水不上，則有風而無雨。火土並蒸，則或風止而繼之以雨，或甚而風以散之，或甚而風雨並作，總視其勢之先後盛衰焉。水土並上，土多于水，則爲霧。土自獨上，奔散之際，則成霾。水升僅達氣之和際，則爲雨爲露。入于冷際，遂成霜雪。入冷再深，則爲雹。然霜雪在冬而雹在夏者，夏時炎烈，上升之勢鋭，能直入冷之最深處，故結而爲雹；冬則上升之勢緩，僅及冷際，遂爲霜雪也。然夏時何以無霜雪？蓋夏時和際之氣暖，能爲冷際之氣解；惟入最冷處，凝而爲雹，始不能爲之解也。且夏時之雨狹而速，雲興即雨，不待至冷際而已降矣。其直上不降，至最冷際而爲雹者，偶然也。冬雲需緩而廣，非經數日，雲氣不成，故至冷際而結爲霜雪者，常然也。種種變化，悉出于自然。而其所從，咸因日月星辰往來運動，能吸引下地之火氣水土四行，不特月離于箕則多風，離于畢則多雨也。經緯星辰，性情不齊，各能施效。故精于天文及分野者，推此年之躔度，即可知此年之水旱也。

天象者，陽中之陰。風霆者，陰中之陽。

雷霆感動雖速，然其所由來亦漸爾。能窮神化所從來，德之盛者與！

火日外光，能直而施；金水內光，能闢而受。受者隨材各得，施者所應無窮。神與形，天與地之道與！

百家謹案：日火外景，金水內景，說本淮南。天以陽神爲用，故直而施，能照萬物而不可犯；地以陰形爲質，故闢而受，隨物肖形而可親狎。是火日神之屬，有天之道；金水形之屬，有地之道。道家謂日火揚光于外，故有食有滅，金水潛光于內，故無窮，以爲收視返聽，潛神不曜，養生之法。

「木曰曲直」，能既曲而反申也。「金曰從革」，一從革而不能自反也。水火，氣也，故炎上潤下，與陰陽升降，土不得而制焉。木金者，土之華實也，其性有水火之雜。故木之爲物，水漬則生，火然而不離也，蓋得土之浮華于水火之交也。金之爲物，得火之精于土之燥，得水之精于土㊀之濡，故水火相待而不相害，鑠之反流而不耗，蓋得土之精實于水火之際也。土者，物之所以成始而成終，地之質也，化之終也，水火之所以升降，物兼體而不遺者也。

高忠憲曰：曲直、從革，書傳本謂曲而又直，從而又革，張子則作一義說。「水之濡」當作「土之濡」。朱子曰：「五行之說，正蒙說得最好，不輕下一字。」

冰㊁者，陰凝而陽未勝也。火者，陽麗而陰未盡也。火之炎，水之蒸，有影無形，能散而不能受光者，其氣陽也。

㊀「土」原作「水」，據張載集一三頁改。　㊁「冰」，王夫之張子正蒙注云當作「水」，是。

陽陷于陰爲水，附于陰爲火。

百家謹案：參兩篇，尤先生之極深思索，以談造化者也。但曆法一道，至今愈加精密，凡各曜之遠近大小行度，薄食陵犯，灼然可見可推，非可將虚話臆度也。伊川云正蒙中説得有病處，殆此類與！

天道篇第三

天道四時行，百物生，無非至教。聖人之動，無非至德。夫何言哉！

天體物不遺，猶仁體事無不在也。「禮儀三百，威儀三千」，無一物而非仁也。「昊天曰明，及爾出王；昊天曰旦，及爾游衍」，無一物之不體也。

朱子曰：此數句從赤心片片説出來，荀、楊豈能到！

劉蕺山曰：天無一物不體處，卽是仁無一事不在處。

上天之載，有感必通。聖人之爲，得爲而爲之也。

高忠憲曰：上天之載，寂然不動而感則必通。聖人之心，寂然無爲而得爲則爲。明其順應而無所矯强也。

天不言而四時行，聖人神道設教而天下服。誠于此，動于彼，神之道與！

天不言而信，神不怒而威。誠故信，無私故威。

天之不測謂神，神而有常謂天。

孫鍾元曰：天與神非二，見聖人卽天。

運于無形之謂道，形而下者不足以言之。

高忠憲曰：卽有形之中而指言其無形之道，曰「運于無形」。非外形而別有運于無形之道也。

「鼓萬物而不與聖人同憂」，天道也，聖不可知也，無心之妙非有心所及也。

「不見而章」，已誠而明也。「不動而變」，神而化也。「無爲而成」，爲物不貳也。

已誠而明，故能不見而章，不動而變，無爲而成。

「富有」，廣大不禦之盛與！「日新」，悠久無疆之道與！

天之知物，不以耳目心思，然知之之理，過于耳目心思。天視聽以民，明威以民，故詩、書所謂帝天之命，主于民心而已焉。

「化而裁之存乎變。」存四時之變，則周歲之化可裁；存晝夜之變，則百刻之化可裁。「推而行之存乎通。」推四時而行，則能存周歲之通；推晝夜而行，則能存百刻之通。

高忠憲曰：此借易語，言人之存心。蓋吾心之神，卽天地之一闔一闢之變，往來不窮之通。存之而四時晝夜之變通不外于是也。

「神而明之，存乎其人。」不知上天之載，當存文王。「默而成之，存乎德行。」學者常存德性，則自然默成而信矣。存文王，則知天載之神；存衆人，則知物性之神。

高忠憲曰：此亦欲人之存心。文王「純亦不已」，卽上天之載也。故存文王所存，則知天載之神。

德性者，衆人所受于天之正理。常存德性，所謂「存衆人」也，故知物性之神。

谷之神也有限，故不能通天下之聲。聖人之神唯天，故能周萬物而知。

高忠憲曰：「谷神」本老子語。谷而謂之神者，言谷之虛也，故聲達焉則響應之。然其神有限，故不能通天下之聲。聖人之神卽天也，故知周萬物。

聖人有感無隱，正猶天道之神。

形而上者，得意斯得名，得名斯得象。不得名，非得象者也。故語道至于不能象，則名言亡矣。

高忠憲曰：象者，猶言性情情狀。凡有實得者，必可名言。可名斯可象。如實見天道，斯得其「元亨利貞」之名。得其名，斯得其生長收藏之象。苟恍惚不可爲象，豈復有可名言哉！

世人知道之自然，未始識自然之爲體爾！

有天德，然後天地之道可一言而盡。

貞明不爲日月所眩，貞觀不爲天地所遷。

神化篇第四

神天德，化天道。德其體，道其用。一于氣而已。

高忠憲曰：不外乎陰陽，故曰一于氣而已。

「神无方，易无體」，大且一而已爾。

高忠憲曰：既大且一，故無方所、無形體之可求也。

虛明照鑒，神之明也。無遠近幽深，利用出入，神之充塞無間也。

天下之動，神鼓之也。辭不鼓舞，則不足以盡神。

鬼神，往來屈伸之義。故天曰神，地曰示，人曰鬼。神示者，歸之始。歸往者，來之終。

百家謹案：往來屈伸之義，與天神人鬼地示何相關合？昔嘗思之：一陰一陽，一氣之往來。時屈而歸謂之鬼，時伸而來謂之神。總之，陰陽之靈氣也。太虛生人生物，知氣變化，靈爽不測。無處無靈爽，即無處非鬼神。在天爲化育，時行物生是也。在人爲精神，聰明靈爽是也。在人爲魂魄，生死聚散是也。在事爲動靜，起居作息是也。在墠壝宗廟爲天祖日星嶽瀆，下而至于門行井竈，皆是也。所以中庸言：「鬼神之爲德，其盛矣乎！視之而弗見，聽之而弗聞，體物而不可遺。」夫體物而不可遺，明以兩間之氣化言鬼神矣。而下忽接言祭祀，又曰「誠之不可揜如此」，此言鬼神之至精也。蓋鬼神既爲陰陽之靈氣，無處非鬼神，而人尤爲鬼神之會。蓋物之靈者莫過于人心，而人心之與鬼神相接者，尤在祭祀。當其愾然肅然，不見者如或見之，不聞者如或聞之。是祭祀者，正所以通幽明，洽人神。以吾心之精誠，對鬼神之靈爽，焄蒿悽愴，洋洋如在，爲物爲變，情狀畢露矣。此先生具是意于言中而未發者也。

形而上者，得辭斯得象矣。神爲不測，故緩辭不足以盡神；化爲難知，故急辭不足以體化。

朱子曰：神自是急底物事，緩辭如何形容之！如「陰陽不測之謂神」，「神无方，易无體」，皆是急辭。化是漸漸而化，若急辭以形容之，則不可也。

氣有陰陽，推行有漸爲化，合一不測爲神。其在人也，知義用利，則神化之事備矣。德盛者窮神，則知不足道；知化，則義不足云。天之化也運諸氣，人之化也順夫時。非氣非時，則化之名何有！化之實何施！中庸曰「至誠爲能化」，孟子曰「大而化之」，皆以其德合陰陽，與天地同流而無不通也。所謂氣也者，非待其蒸鬱凝聚，接于目而後知之。苟健順動止、浩然湛然之得言，皆可名之象爾。然則象若非氣，指何爲象？時若非象，指何爲時？世人取釋氏「銷礙入空」、學者「舍惡趨善」以爲化，此直可爲始學遣累者薄乎云爾，豈天道神化所同日語哉！

朱子曰：「神化」二字，雖程子説得亦不甚分明，惟是橫渠推出來，曰「推行有漸爲化，合一不測爲神」，又曰「一故神，兩在故不測」。言「兩在」者，或在陰，或在陽，在陰時全體都是陰，在陽時全體都是陽。化是逐一挨將去底。一日復一日，一月復一月，節節挨將去，便成一年，這是化。

高忠憲曰：天地有陰陽，在人有知義。知藏于中，爲事之幹者，神也；義形于外，制事之宜者，化也。「知義用利」者，知與義，用之利也。至德盛而窮神知化，則知義皆下學之事，而不足言矣。時，即氣之推行者。

「變則化」，由粗入精也。「化而裁之謂之變」，以著顯微也。谷神不死，故能微顯而不揜。

高忠憲曰：變有形，化無迹，故曰由粗入精。化而裁之者，如一歲之化裁作四時之變，以變顯化也。皆神之所爲，故至微至顯，昭著而不可揜。前言谷神有限，此又借谷神以明神也。

鬼神常不死，故誠不可揜。人有是心在隱微，必乘間而見，故君子雖處幽獨，防亦不懈。

百家謹案：鬼神體物不遺，散在兩間，而其所聚則尤在人心。蓋人心之靈，卽鬼神之靈也，本渾合無間，二之不得。故人心纔動，氣卽感通，無隱不見。「相在爾室」，君子之慄慄危懼，雖欲不愼獨，不可得也。

神化者，天之良能，非人能。故大而位天德，然後能窮神知化。

大，可爲也；大而化，不可爲也，在熟而已。易謂「窮神知化」，乃德盛仁熟之致，非智力能强也。

大而化之，能不勉而大也。不已而天，則不測而神矣。

先後天而不違，順至理以推行，知無不合也。雖然，得聖人之任者皆可勉而至，猶不害于未化爾。

大幾聖矣，化則位乎天德矣。

大則不驕，化則不吝。

無我而後大，大成性而後聖，聖位天德、不可致知謂神。故神也者，聖而不可知。

見幾則義明，動而不括則用利，屈伸順理則身安而德滋。窮神知化，與天爲　，豈有我所能勉哉？乃德盛而自致爾！

「精義入神」，事豫吾內，求利吾外也。「利用安身」，素利吾外，致養吾內也。「窮神知化」，乃養盛自致，非思勉之能强，故崇德而外，君子未或致知也。

高忠憲曰：括，結礙也。見事之幾微，則事得其宜，動而不括矣，故能屈伸順理，身安而德崇。易曰：「知幾，其神乎！」「精義入神」者，知幾而已。精義入神妙處，使事理素定于內而用乃利，豫利吾外而內乃安，蓋內外交相養，皆崇德之事。若夫「窮神知化」，乃德盛自致，君子無容心焉，「先難後獲」也。

神不可致思，存焉可也。化不可助長，順焉可也。存虛明，久至德，順變化，達時中，仁之至、義之盡也。知微知彰，不舍而繼其善，然後可以成人性矣。

葉六桐曰：陰陽不測之謂神，故不可致思。推行有漸之謂化，故不可助長。存此心之虛明則成至德，所以存神而爲仁之至也。順天理之變化而達時中，所以順化而爲義之盡也。微者神之妙，彰者化之著。知微知彰，不舍而繼善成性，與一陰一陽之天道無殊矣。

聖不可知者，乃天德良能，立心求之，則不可得而知之。聖不可知謂神。莊生繆妄，又謂「有神人焉」。

惟神爲能變化，以其一天下之動也。人能知變化之道，其必知神之爲也。

翁祖石曰：羣動萬殊，神妙萬物，故曰「一天下之動」。變化卽神也。聖人存神而達化。人果知變化之道，則上文「聖不可知謂神」，神亦奚不可知！

見易，則神其幾矣！

知幾其神，由經正以貫之，則寧用終日，斷可識矣。幾者，象見而未形也。形則涉乎明，不待神而後知也。「吉之先見」云者，順性命則所先皆吉也。

百家謹案：易「知幾其神」之幾，卽「異于禽獸幾希」之幾。此所謂天良，人之所以爲人者全在此。靜則中存，動則先見，不容蓋藏。孩提愛敬，乍見惻隱，與不爲不欲之心，凡聖之所同也，何有不貫！何有不知！但此先見之幾，無有不吉，而一轉念，則惡聲、納交、要譽等心，紛然並至。惟能奉此先心而無違，如「無爲其所不爲，無欲其所不欲」，此卽聖人順性命之理，故所先皆吉也。知神而後能饗帝饗親，見易而後能知神。是故不聞性與天道而能制禮作樂者，末矣。

精義入神，豫之至也。

徇物喪心，人化物而滅天理者乎！存神過化，「忘物累而順性命者乎！

高忠憲曰：徇物欲卽滅天理，忘物累卽順性命，間不容髮者乎！

敦厚而不化，有體而無用也。化而自失焉，徇物而喪己也。大德敦化，然後仁智一而聖人之事備。

性性爲能存神，物物爲能過化。

無我然後得正己之盡，存神然後妙應物之感。「範圍天地之化而不過」。過則溺于空，淪于靜，既不能存夫神，又不能知夫化矣。

「旁行不流」，圓神不倚也。「百姓日用而不知」，溺于流也。

義以反經爲本，經正則精。仁以敦化爲深，化行則顯。義入神，動一靜也。仁敦化，靜一動也。仁敦化則無體，義入神則無方。

葉六桐曰：處事之謂義，存心之謂仁。義入神，仁敦化，卽易「顯諸仁，藏諸用」意也。

動物篇第五

動物本諸天，以呼吸爲聚散之漸。植物本諸地，以陰陽升降爲聚散之漸。物之初生，氣日至而滋息。物生既盈，氣日反而游散。至之爲神，以其伸也；反之爲鬼，以其歸也。氣于人，生而不離，死而游散者，謂魂；聚成形質，雖死而不散者，謂魄。海水凝則冰，浮則漚。然冰之才，漚之性，其存其亡，海不得而與焉。推是，足以究死生之說。伊川程子改「與」爲「有」。

有息者根于天，不息者根于地。根于天者不滯于用，根于地者滯于方，此動植之分也。

生有先後，所以爲天序。小大高下，相並而相形焉，是爲天秩。天之生物也有序，物之既形也有秩。知序然後經正，知秩然後禮行。

凡物能相感者，鬼神施受之性也。不能感者，鬼神亦體之而化矣。

高忠憲曰：凡物能交感者，固鬼神施受之性，如草木之不能感者，鬼神亦體之而變化，見鬼神之體物不遺也。

物無孤立之理，非同異、屈伸、終始以發明之，則雖物非物也。事有始卒乃成，非同異、有無相感，則不見其成；不見其成，則雖物非物。故一屈伸相感而利生焉。

獨見獨聞，雖小異，怪也，出于疾與妄也。共見共聞，雖大異，誠也，出陰陽之正也。

賢才出，國將昌。子孫才，族將大。

人之有息，蓋剛柔相摩、乾坤闔闢之象也。

寤，形開而志交諸外也。夢，形閉而氣專乎內也。寤所以知新于耳目，夢所以緣舊于習心。醫謂饑夢取，飽夢與，凡寤夢所感，專語氣于五藏之變，容有取焉爾！

聲者，形氣相軋而成。兩氣者，谷響、雷聲之類；兩形者，桴鼓、叩擊之類；形軋氣，羽扇、敲矢之類；氣軋形，人聲、笙簧之類。是皆物感之良能，人皆習之而不察者爾。

林虙齋曰：敲，莊子作嚆，卽鳴鏑，今響箭也。

形也，聲也，臭也，味也，温涼也，動靜也，六者莫不有五行之別，同異之變，皆帝則之必察者歟！

誠明篇第六

誠明所知，乃天德良知，非聞見小知而已。

天人異用，不足以言誠；天人異知，不足以盡明。所謂誠明者，性與天道，不見乎小大之別也。

義命合一存乎理，仁知合一存乎聖，動靜合一存乎神，陰陽合一存乎道，性與天道合一存乎誠。

百家謹案：「義命合一存乎理」一語，此先生破荒之名言，先儒多忽略看過，不得其解。百家讀明儒學案孫文介淇澳傳而有悟于先生斯語之精。世儒說天命，義理之外，別有一種氣運之命，雜糅不齊。文介謂：「孟子曰：『天之高也，星辰之遠也，苟求其故，千歲之日至，可坐而致也。』是在天氣運之行，無不齊也。而獨命人于氣運之際，顧有不齊乎哉？蓋氣之流行往來，必有過㊀有不及，故㊁寒暑不能不錯雜，治亂不能不循環。以世人畔援歆羨之心，當死生得喪之際，無可柰何而歸

㊀「過」下原有「必」字，據明儒學案東林學案二孫愼行傳刪（按孫愼行謚文介）。㊁「故」原作「顧」，據同上書改。

之運命，寧有可齊之理。然天惟福善禍淫。其所以福善禍淫，全是一段至善，一息如是，千古如是。不然，則㊀生理滅息矣。此萬有不齊中一點真主宰。」此即先生「義命合一存乎理」之真詮也。

天所以長久不已之道，乃所謂誠。仁人孝子所以事天誠身，不過不已于仁孝而已。故君子誠之爲貴。

誠有是物，則有終有始。僞實不有，何終始之有！故曰：「不誠無物。」

「自明誠」，由窮理而盡性也；「自誠明」，由盡性而窮理也。

性者萬物之一源，非有我之得私也。惟大人爲能盡其道，是故立必俱立，知必周知，愛必兼愛，成不獨成。彼自蔽塞而不知順吾理者，則亦末如之何矣。

天能爲性，人謀爲能。大人盡性，不以天能爲能，而以人謀爲能，故曰：「天地設位，聖人成能。」

高忠憲曰：性雖有自然之天能，大人必循其當然之理以盡之。今世之語自然而諱言思勉者，其亦不知聖人成能之旨矣。

葉雨垓曰：人能者，大人裁成輔相，以補天地之所不能，以自成其能。

盡性，然後知生無所得，則死無所喪。

高忠憲曰：生死者，形也，性豈有生死哉！是以君子夭壽不貳，實見其無二也。

㊀「則」下原有「千古」二字，據明儒學案東林學案孫慎行傳刪。

孫鍾元曰：生順没寧，無得亦無喪。

未嘗無之謂體，體之謂性。

天所性者通極于道，氣之昏明不足以蔽之。天所命者通極于性，遇之吉凶不足以戕之。不免乎蔽之戕之者，未之學也。性通乎氣之外，命行乎氣之内。氣無内外，假有形而言爾。故思知人，不可不知天；盡其性，然後能至于命。

高忠憲曰：人受爲性，天賦爲命。受者受于天，故亦爲天所性。通者通達無間，極者推致其極。天所性者囿于氣中，有昏明之不同矣，然通極于道，則雖愚必明也，氣之昏明何足以蔽之！天所命者各有分限，有吉凶之不同矣，然通極于性，雖殺身亦以成仁，遇之吉凶何足以戕之！通極處皆學也，不學則未免于蔽之戕之矣。性通氣之外，命行氣之内，内外者以人之成形而言。天人一也，更不分别。人不知天，則塊然形骸而已，知則可以盡性而至于命也。

知性知天，則陰陽鬼神皆吾分内爾！

葉六桐曰：世人妄談陰陽鬼神，而不知卽在吾身，初非有二。

天性在人，正猶水性之在冰，凝釋雖異，爲物一也。受光有小大昏明，其照納不二也。

高忠憲曰：以水喻天，以冰喻人，以凝釋喻生死。以受光喻氣稟之不同，以照納喻性之不二。

天良能本吾良能，顧爲有我所喪爾！

上達反天理，下達徇人欲者與！

性其總，合兩也；命其受，有則也。不極總之要，則不至受之分。盡性窮理而不可變，乃吾則也。天所自不能已者謂命，不能無感者謂性。雖然，聖人猶不以所可憂而同其無憂者，有相之道存乎我也。

百家謹案：此節講性命語頗艱澀難解，朱子亦謂其語未親切。然細案之，亦可咀味。性無有二，宇宙以來只此一物，故云「性其總」，以其爲總會處也。人人各得，有合兩之象。人受命于天，夭壽窮達不齊，各有一定之則。不窮理盡性，推極其總之要，則不能致于命而得其所受之分。逮窮理盡性，而所受之命不可變，蓋知吾受分之有則也。然此命也，天亦莫知其所以然而自不能已者。至于性之在人，則爲天下古今之所總，通極于道，有感必應，上文所謂「氣之昏明不足以蔽之」，何不可知人知天，盡性以至命也？下言聖人之憂，蓋天與聖人一也，而聖人有憂者，欲盡其輔相之道，而不能同天地之無憂也。

湛一氣之本，攻取氣之欲。口腹于飲食，鼻舌于臭味，皆攻取之性也。知德者屬厭而已，不以嗜欲累其心，不以小害大、末喪本焉爾！

心能盡性，「人能弘道」也；性不知檢其心，「非道弘人」也。

盡其性，能盡人物之性；至于命者，亦能至人物之命。莫不性諸道，命諸天。我體物未嘗遺，物體我知其不遺也。至于命，然後能成己成物而不失其道。

以生爲性，既不通晝夜之道，且人與物等。故告子之妄，不可不詆。

百家謹案：生者，氣也；生之理，性也。人有人之生，物有物之生，則人有人之性，物有物之性。

「生之謂性」，未嘗不是。惟是告子渾羽雪玉于白，同牛犬于人，入于儱侗，開後世禪門之路徑，所以可詆。

性于人無不善，繫其善反不善反而已。過天地之化，不善反者也。命于人無不正，繫其順與不順而已。行險以僥倖，不順命者也。

形而後有氣質之性，善反之，則天地之性存焉。故氣質之性，君子有弗性者焉。

程子曰：學至氣質變化，方是有功。

朱子曰：氣質之說，起于張、程，極有功于聖門，有補于後學。前此未曾說到，故張、程之說立，則諸子之說泯矣。

黄勉齋曰：自孟子言性善，而荀卿言性惡，揚雄言善惡混，韓文公言三品。及至橫渠，分爲天地之性、氣質之性，然後諸子之說始定。蓋自其理而言之，不雜乎氣質而爲宗，則是天地賦與萬物之本然者，而寓乎氣質之中也。故其言曰：「善反之，則天地之性存焉。」蓋謂天地之性未嘗離乎氣質之中也。其以天地爲言，特指其純粹至善，乃天地賦予之本然也。曰：「形而後有氣質之性，其所以有善惡之不同者，何也？」曰：氣有偏正，則所受之理隨而偏正；氣有昏明，則所受之理隨而昏明。木之氣盛，則金之氣衰，故仁常多而義常少。金之氣盛，則木之氣衰，故義常多而仁常少。若此者，氣質之性有善惡也。曰：「既言氣質之性有善惡，則不復有天地之性矣，子思子又有未發之中，何也？」曰：性固爲氣質所雜矣，然方其未發也，此心湛然，物欲不生，則氣雖偏而理自正，氣雖昏而理自明，氣雖有贏乏而理則無勝負。及其感物而動，則或氣動而理隨之，或理動而氣挾之，由是至善之理聽命于氣，善惡由之而判矣。此未發之前，天地之性純粹至善，而子思之所謂中也。記曰：「人生而靜，天之性也。」程子曰：「其本也真而靜，其未發也五性具焉。」則理固有寂感，而靜則其本也，動則有萬變之不同焉。嘗以是質之先師，答曰：「未發之前，氣不用事，所以有善而無惡。」至哉此言也！

真西山曰：「張子有言：「爲學大益，在自求變化氣質。」此卽所謂「善反之」者也。

百家謹案：先生雖言有氣質之性，下卽言「君子有弗性焉」，是仍不以氣質之性爲性也。柰何後之言性者，竟分天命、氣質爲性乎？楊晉庵東明曰：「氣質之外無性。盈宇宙只是渾淪元氣，生天生地，生人物萬殊，都是此氣爲之。而此氣靈妙，自有條理，便謂之理。夫惟理氣一也，則得氣清者理自昭著，得氣濁者理自昏暗。蓋氣分陰陽，中含五行，不得不雜糅，不得不偏勝，此人性所以不皆善也。然太極本體立二五根宗，雖雜糅而本質自在，縱偏勝而善根自存，此人所以無不善也。」先遺獻謂晉庵之言，可謂一洗理氣爲二之謬，而其間有未瑩者，則以不皆善者之認爲性也。夫不皆善者是氣之雜糅，而非氣之本然；其本然者可指之爲性，其雜糅者不可以言性也。天地之氣，寒暑往來。寒必于冬，暑必于夏，其本然也。有時冬而暑，夏而寒，是爲愆陽伏陰，失其本然之理矣。失其本然，便不可名之爲理也。然天地不能無愆陽伏陰之寒暑，而萬古此冬夏寒暑之常道，則一定之理也。人生之雜糅偏勝，卽愆陽伏陰也。而人皆有不忍人之心，所謂「厥有恆性」，豈可以雜糅偏勝者當之？雜糅偏勝，不恆者也。是故氣質之外無性，氣質卽性也。第氣質之本然者是性，失其本然者非性。此毫釐之辨。

百家又案：先生言「善反之，則天地之性存焉」，此則所謂變化氣質也。夫湯、武之反，不遠之復，由違乎性，故須反復乎性也。若既以氣質之外無性，則性又何須變化乎？呂巾石懷㊀先生之說，專以變化氣質爲宗旨，以爲：「氣質由身而有，不能無偏，猶水火木金，各以偏氣相勝。偏氣勝，則心不能統之矣。皆因心同形異，是生等差。故學者求端于天，不爲氣質所局矣。」此言似是而有辨。先遺獻曰：「氣之流行，不能無過不及；故人之所稟，不能無偏。氣質雖偏，而中正者未嘗不在也。猶天之寒暑雖有過不及，而盈虛消息，卒歸于太和。以此證氣質之善，無待于變化。理不能離氣以爲理，心不能離身以爲心。若氣質必待變化，是心亦須變化也。今曰心之本來無病，由身之氣質而病，則身與心判然爲二物矣。孟子言陷溺其心者爲歲，未聞氣質之陷溺其心也。蓋橫渠之失，渾氣質于性；巾石之失，離性于氣質。總由看習不清楚耳！」

百家又案：氣質之性與變化氣質之說，先遺獻辨之明矣。猶有疑：「氣質卽性，又不須變化，然則人皆聖人，無不善之人與？」百家曰：惡！是何言也！夫所謂氣質卽性者，謂因氣質而有天命之性，離氣質無所謂性也。性既在此氣質，性無二性，又安所分爲義理之性、氣質之性乎？然氣質實有清濁厚薄之不同，而君子不以爲性者，以性是就氣質中之指其一定而有條不紊，乃天下古今之

㊀「懷」下原有「由」字。按：明儒學案甘泉學案二呂懷傳云「呂懷字汝德，號巾石」（下又引其變化氣質之說），卽此人，今據刪「由」字。

所同然無異者而言，故別立一性之名。不然，只云氣質足矣，又何必添造，別設一性之名乎？劉子曰：「氣質還他是氣質，如何扯著性！性是氣質中指點義理者，非氣質卽爲性也。清濁厚薄不同，是氣質一定之分，爲習所從出者。氣質就習上看，不就性上看。以氣質言性，是以習言性也。」可謂明切矣！所謂氣質無待于變化者，以氣質之本然卽人之恆性，無可變化。若氣質之雜糅偏勝者，非氣質之本然矣。故曰，氣質無待變化。非謂高明可無柔克，沈潛可無剛克也。

人之剛柔、緩急、有才與不才，氣之偏也。天本參和不偏，養其氣，反之本而不偏，則盡性而天矣。

性未成則善惡混，故亹亹而繼善者，斯爲善矣。惡盡去則善因以成㊀，故舍曰「善」，而曰「成之者性」。

百家謹案：先生之言才，就人有氣質之偏，故有才有不才。言性亦因有氣質之偏之混，故必待盡性而後成性。若論其本然，孟子言性善，又曰「若夫爲不善，非才之罪」，則性固不待人爲而後成，才亦無有才不才之别。何以言之？氣質者，天地生人之本，宇宙聖愚之所同也。因氣質而指其有性，是性者卽從氣質之本然者而名之，非氣質之外別有性也。性既是氣質，則氣質之偏者，非惟不可言性，并不可言氣質也，柰何將氣質之偏者混擾于性中乎！蓋氣質之偏者，習也。習不因墮地後而始有。五方土地之風俗，父母胎中之習養，此卽麰麥之肥磽、人事、雨露也，豈得謂麰麥之才有殊乎？先遺獻曰：「氣質卽是情才。由情才之善而見性善，不可言性善而後情才善也。若

㊀「成」原作「亡」，據張載集二三頁改。

氣質有不善，便是情才不善；情才不善，則荀子之性惡不可謂非矣。至于成性與盡性，則大有分別。盡性屬人力，成性則本成之性，是天之所生，人力絲毫不得而與，故但有知性，而無爲性之理。先生之言性，由人而成，失大易之旨矣！」

楊開沅謹案：成性之說，始于董子天人策。張子未能擺脫其說，亦氣質之性誤之也。氣質自氣質，如何云性？況氣質本無不善哉！

德不勝氣，性命于氣；德勝其氣，性命于德。窮理盡性，則性天德，命天理。氣之不可變者，獨死生修夭而已。故論死生則曰「有命」，以言其氣也；語富貴則曰「在天」，以言其理也。此大德所以必受命，易簡理得而成位乎天地之中也。所謂天理也者，能悅諸心，能通天下之志之理也。能使天下悅且通，則天下必歸焉。不歸焉者，所乘所遇之不同，如仲尼與繼世之君也。舜、禹「有天下而不與焉」者，正謂天理馴致，非氣稟當然，非志意所與也。必曰「舜、禹」云者，餘非乘勢，則求焉者也。

高忠憲曰：性者天所命，德者己所成。氣，血氣也。德不勝氣，則性命皆由于氣；德勝其氣，則性命皆由于德。窮理盡性，則德勝其氣，故性能全天德，命能順天理，而氣變矣。其不可變者，獨死生修夭，故曰「有命」，言其氣之一定也。若富貴則曰「在天」，言有當得之理也。故有易簡之大德，必受命而成位乎天地之中，以天理能悅心通志，爲天下所必歸。有不歸者，如仲尼、益、伊尹、周公，有繼世之君，所乘所遇之不同也。舜、禹正由天理馴致天下之歸，非氣稟當然，非志意所與，故曰「有天下而不與」。其餘有天下者，非乘勢，則求焉，不可謂其「不與」矣。

利者爲神，滯者爲物。是故風雷有象，不速于心；心禦見聞，不弘于性。

高忠憲曰：禦，止也，爲見聞所梏也。風雷猶有象，故不如心之速；心禦見聞，故不如性之弘。然則人心無物，則不滯而神矣。

上智下愚，習與性相遠，既甚而不可變者也。

楊開沅謹案：先生解「上智下愚」句，以習言，蒙上「相遠」句，不以性言也，故曰「氣質之性，君子有弗性者焉」。與程子解殊別。

纖惡必除，善斯成性矣。察惡未盡，雖善必粗矣。

「不識不知，順帝之則。」有思慮知識，則喪其天矣。君子所性，與天地同流異行而已焉。

「在帝左右」，察天理而左右也。天理者，時義而已。君子教人，舉天理以示之而已；其行己也，述天理而時措之也。

高忠憲曰：大雅文王之詩，本謂文王之神無時不在上帝之左右。張子借在爲察，謂察天理而左右不違也。時義者，隨時之義，時中之謂也。舉此以教人，述此以行己，所謂「在帝左右」也。

和樂，道之端乎！和則可大，樂則可久。天地之性，久大而已矣。

莫非天也，陽明勝則德性用，陰濁勝則物欲行。領惡而全好者，其必由學乎！

黄文潔曰：按誠明篇語性之廣大，無如「萬物一源」之語；論性之精切，無如「氣質弗性」之語。此「陽明」、「陰濁」，分剔尤淨。

劉蕺山曰：若領好以用惡，手㊀勢更捷。然在學者分上，只得倒做。不誠不莊，可謂之盡性窮理乎？性之德也，未嘗僞且慢，故知不免乎僞慢者，未嘗知其性也。勉而後誠莊，非性也。不勉而誠莊，所謂「不言而信，不怒而威」者與！

生直理順，則吉凶莫非正也。不直其生者，非幸福于回，則免難于苟也。

「屈伸相感而利生」，感以誠也。「情僞相感而利害生」，雜之僞也。至誠則順理而利，僞則不循理而害。順性命之理，則所謂吉凶，莫非正也；逆理，則凶爲自取，吉其險幸也。

高忠憲曰：情，實也。天以屈伸相感，則萬物生生而無不利。人以情僞相感，則有利有害，以雜之僞焉耳。

「莫非命也，順受其正。」順性命之理，則得性命之正。滅理窮欲，人爲之招也。

高忠憲曰：滅理窮欲以取禍，則人爲之招，而非命之正矣。

大心篇第七

大其心，則能體天下之物。物有未體，則心爲有外。世人之心，止于聞見之狹。聖人盡性，不以見聞梏其心，其視天下，無一物非我。孟子謂盡心則知性知天，以此。天大無外，故有外之心不足以合天心。見聞之知，乃物交而知，非德性所知。德性所知，不萌于見聞。

朱子曰：性理流行，脈絡貫通，無有不到。苟一物有未體，則便有不到處，包括不盡，是心爲有

㊀「手」疑當作「于」。

外。蓋私意間隔，而物我對立，則雖至親，且未必能無外矣。又曰：今人理會學，先于見聞上做，工夫到，然後脫然貫通。蓋尋常見聞一事，只知得一箇道理，若到貫通，便都是一理。

高忠憲曰：心與天，一而已矣。心大無外，天大無外。天體物而不遺㊀。故物有未體，則心爲有外。有外之心，不足以合天心也。世人之心梏于見聞之狹，聖人窮理以盡其心之全體，則知性知天，而無有外之心矣。不萌于見聞，不因見聞而萌也。

百家謹案：心處身中，纔方寸耳，而能彌六合而無外者，由其虛竅爲氣之橐籥而最靈也。蓋盈天地間惟此於穆乾知，其氣流行不已，其凝聚者在人身，而身之氣又朝宗于心，故此人人各具之一心，實具天地萬物之全氣。氣全而理卽全，非謂我一人之心僅爲分得之家當也。是故論斯心之本體，聖不加多，愚不加少，箇箇人心有仲尼，原不待體物而始無外也。由一心以措天地萬物，則無不貫；由天地萬物以補湊此心，則眼中之金屑矣。先生之云「物有未體，則心爲有外」，正言聖人盡性，天下無一物非我，所謂德性之知，非世人見聞之知也。若恃見聞以體物，物可勝體乎？適足以梏其心而已！

由象識心，徇象喪心。知象者心；存象之心，亦象而已，謂之心，可乎！

百家謹案：天下之物皆象也。由耳目口鼻、父子君臣以至云爲事物，皆是也。格物致知，則由象可以悟心。玩物喪志，則徇象適以喪心。存象之心，心滯于象而自失其虛明矣。

㊀「遺」原作「以」，據龍本改。

人謂己有知，由耳目有受也。人之有受，由内外之合也。知合内外于耳目之外，則其知也，過人遠矣。

天之明莫大于日，故有目接之，不知其幾萬里之高也。天之聲莫大于雷霆，故有耳屬之，莫知其幾萬里之遠也。天之不禦莫大于太虛，故心知廓之，莫究其極也。人病其以耳目見聞累其心而不務盡其心，故思盡其心者，必知心所從來而後能。

耳目雖爲性累，然合内外之德，知其爲啓之之要也。

百家謹案：耳目之爲性累，人自累之耳。若言人之自累，則心亦足爲性累，不特耳目。原天之生是耳目，耳司聽，目司視，固以通導天下之萬物于我心，如此始可見萬物之皆備于我。欲以合内外之德，能舍聰明之用乎？高忠憲公曰：「徇于物則爲性累，通乎理則爲啓之之要。聖人由聞見以窮理盡性，合内外之德也。」

成吾身者，天之神也。不知以性成身，而自謂因身發智，貪天功爲己力，吾不知其知也。民何知哉！因物同異相形，萬變相感，耳目内外之合，貪天功而自謂己知爾！

體物體身，道之本也。身而體道，其爲人也大矣。道能物身，故大。不能物身而累于身，則藐乎其卑矣！

能以天體身，則能體物也不疑。

成心忘，然後可與進于道。成心者，私意也。

化則無成心矣。成心者，意之謂與！

無成心者，時中而已矣。

心存無盡性之理，故聖不可知謂神。此章言心者，亦指私心爲言也。

以我視物，則我大；以道體物我，則道大。故君子之大也，大于道。大于我者，容不免狂而已。

燭天理如向明，萬象無所隱。窮人欲如專顧影間，區區于一物之中爾！

釋氏不知天命，而以心法起滅天地，以小緣大，以末緣本，其不能窮而謂之幻妄，所謂「疑冰」者與！夏蟲疑冰，以其不識。

百家謹案：「維天之命，於穆不已」，此道之大原也。釋氏以理能生氣，天道之運行氣也，求道于未有天地之先，而曰「有物先天地，無形本寂寥」；以真空爲宗，反以其心法之所謂空者而起滅天地，遂謂山河大地皆覺迷所生。緣心起滅，悉屬幻妄，于是揑造三十六諸天種種譸張之説，是以小緣大，以末緣本。總由其不知天命，不識理卽是氣之本然，離氣無所謂理，妄認氣上一層別有理在，理無窮而氣有盡，視天地乃理之所生，轉覺其運行覆載之多事。真所謂夏蟲之疑冰者與！

釋氏妄意天性，而不知範圍天用，反以六根之微因緣天地。明不能盡，則誣天地日月爲幻妄。蔽其用于一身之小，溺其志于虛空之大，此所以語大語小，流遁失中。其過于大也，塵芥六合；其蔽于小也，夢幻人世。謂之窮理，可乎？不知窮理而謂盡性，可乎？謂之無不知，可乎？塵芥六合，謂天地爲有窮也；夢幻人世，明不能究所從也。

百家謹案：高忠憲公曰：「釋氏之失，在不能窮理。」一言以蔽之矣。蓋聖人窮理盡性，故能範圍天地之化。釋氏以理爲障，以性爲空，凡諸所有，悉屬緣生，故以無任運，聽六根交于六塵，謂思慮一萌，卽是識神。無心之眼不視而無不見，無心之耳不聽而無不聞，無心之鼻舌手足不臭味持行而無不臭味持行。苟動視聽臭味持行之念，則眼耳有視聽卽有不視聽，鼻舌手足有臭味持行卽有不臭味持行矣。既無是心，豈有人我，豈有天地虛空，豈有世間一切法，故以天地、日月、六合、人世爲幻妄塵夢。譸張其說，小者大之，大者小之。總由無理以爲之主宰，遂成無垠之稱，無界之尺，誕漫流蕩，不可準用也。

中正篇第八

百家謹案：自中正篇至王禘篇九篇中，雜說論語、孟子、易、書、詩、禮，雖間有精語，然不得經旨者亦甚多。昔伊川嘗有書答先生曰：「所論大概有竭力苦心之象，而無寬裕溫柔之氣，非明睿所照，而考索至此，故意屢偏而言多窒。」黄東發曰：「橫渠所說經，間與近世諸儒未合，似有思之太遠者，此非後學一人之所敢妄議也。」以後間發明其有關係者，餘僅存正文，不復一一詳註。

中正然後貫天下之道，此君子之所以大居正也。蓋得正則得所止，得所止則可以弘而致于大。樂正子、顏淵，知欲仁矣。樂正子不致其學，足以爲善人信人，志于仁無惡而已。顏子好學不倦，合仁與知，具體聖人，獨未至聖人之止爾。

學者中道而立，則有位以弘之。無中道而弘，則窮大而失其居，失其居則無地以崇其德，與不及者同，此顏子所以克己研幾，必欲用其極也。未至聖而不已，故仲尼賢其進，未得中而不居，故惜夫未見其止也。

大中至正之極，文必能致其用，約必能感其㊀通。未至于此，其視聖人，恍惚前後，不可爲像，此顏子之歎乎！

高忠憲曰：文必能致其用，則非汗漫之博；約必能感其通，則非枯槁之約。

可欲之謂善，志仁則無惡也。誠善于心之謂信，充內形外之謂美，塞乎天地之謂大，大能成性之謂聖，天地同流、陰陽不測之謂神。

高明不可窮，博厚不可極，則中道不可識，蓋子之歎也。

高忠憲曰：高明不可窮，仰彌高也。博厚不可極，鑽彌堅也。中道不可識，瞻之在前，忽焉在後也。

君子之道，成身成性以爲功者也。未至于聖，皆行而未成之地爾。

百家謹案：讀此，益知學者當立爲聖之志，知至至之，知終終之。蓋盡人道而能踐其形者，成身也；成身，則成性矣。未至于聖，皆行而未成，是未成其爲人也。凡有身性者，俱當猛省！

大而未化，未能有其大。化而後能有其大。

知德以大中爲極，可謂知至矣。擇中庸而固執之，乃至之之漸也。惟知學然後能勉，能勉然後日

㊀「其」，張載集二七頁作「而」。

進而不息可期矣。

體正則不待矯而弘。未正必矯，矯而得中，然後可大。故致曲于誠者，必變而後化。

極其大而後中可求，止其中而後大可有。

大亦聖之任，雖非清、和一體之偏，猶未忘于勉而大爾。若聖人，則性與天道，無所勉焉。無所雜者清之極，無所異者和之極。勉而清，非聖人之清；勉而和，非聖人之和。所謂聖者，不勉不思而至焉者也。

勉蓋未能安也，思蓋未能有也。

葉雨垓曰：讀正蒙，至「思蓋未能有也」一句，不知何以使我恍然。旨哉此言！

不尊德性，則問學從而不道；不致廣大，則精微無所立其誠；不極高明，則擇乎中庸失時措之宜矣。

百家謹案：學不求諸心，則無所歸宿。道問學者，所以尊德性也。然不能尊德性，問學如何去道？譬如先有一粒穀種，而後可施栽培灌溉之功；先有一星真火，而後可用傳薪繼明之法；先得一泓原泉，而後可加導引疏決之方。今漫然求理于天地萬物，而不知反求諸己，是猶無種望歲，沿門乞火，就燥掘泉，不徂枉費勞勞乎？是故不能尊德性，則不能道問學；不致廣大，則不能立誠以窮理；不極高明，則雖擇中庸而失時措之宜也。先生此則有關于學術，足爲後學發矇。

絕四之外，心可存處，蓋「必有事焉」，而聖不可知也。

不得已，當爲而爲之，雖殺人皆義也；有心爲之，雖善皆意也。正己而物正，大人也；正己而正物，猶不免有意之累也。有意爲善，利之也，假之也。無意爲善，性之也，由之也。有意在善，且爲未盡，况有意于未善邪？仲尼絕四，自始學至成德，竭兩端之教也。

不得已而後爲，至于不得爲而止，斯智矣夫！

意，有思也；必，有待也；固，不化也；我，有方也。四者有一焉，則與天地爲不相似。

天理一貫，則無意、必、固、我之鑿。意、必、固、我，一物存焉，非誠也。四者盡去，則直養而無害矣。

妄去，然後得所止；得所止，然後得所養而進于大矣。無所感而起，妄也；感而通，誠也；計度而知，昏也；不思而得，素也。

百家謹案：「無所感而起，妄也；不思而得，素也」，二語精透。凡游思妄想，俱不待有感而憧憧。我本然之素知，無事于旁搜冥索之擾擾。

事豫則立，必有教以先之。盡教之善，必精義以研之。精義入神，然後立斯立，動斯和矣。

志道則進據者不止矣，依仁則小者可游而不失和矣。

志學然後可與適道，强禮然後可與立，不惑然後可與權。

博文以集義，集義以正經，正經然後一以貫天下之道。

將窮理而不順理，將精義而不徙義，欲資深且習察，吾不知其智也。

高忠憲曰：無實踐之功，而望資深習察，不智甚矣！

智、仁、勇，天下之達德，雖本之有差，及所以知之成之則一也。蓋謂仁者以生知，以安行此五者；

智者以學知，以利行此五者；勇者以困知，以勉行此五者。

中心安仁，無欲而好仁，無畏而惡不仁，天下一人而已，惟責己一身當然爾。

行之篤者，敦篤云乎哉！如天道不已而然，篤之至也。

君子于天下，達善達不善，無物我之私。循理者共悦之，不循理者共改之。改之者，過雖在人，如在己，不忘自訟；共悦者，善雖在己，蓋取諸人而爲，必以與人焉。善以天下，不善以天下，是謂達善達不善。

「善人」云者，志于仁而未致其學，能無惡而已。君子名之必可言也如是。

善人，欲仁而未致其學者也。欲仁，故雖不踐成法，亦不陷于惡，有諸己也。「不入于室」，由不學，故無自而入聖人之室也。

惡不仁，故不善未嘗不知。徒好仁而不惡不仁，則習不察，行不著。是故徒善未必盡義，徒是未必盡仁；好仁而惡不仁，然後盡仁義之道。

「篤信好學。」篤信不好學，不越爲善人信士而已。好德如好色，好仁爲甚矣。見過而內自訟，惡不仁而不使加乎其身，惡不仁爲甚矣。學者不如是，不足以成身，故孔子未見其人，必嘆曰「已矣乎」，思之甚也。

高忠憲曰：篤信只是志仁，未能造好惡之甚也。仁不仁之介甚微，惟明足以察其幾，惟健足以致其決。非好學，孰能之！

孫其志于仁，則得仁；孫其志于義，則得義。惟其敏而已。

博文約禮，由至著入至簡，故可使不得叛而去。溫故知新，多識前言往行以畜德，繹舊業而知新益，思昔未至而今至，緣舊所見聞而察來，皆其義也。

責己者，當知天下國家無皆非之理。故學至于不尤人，學之至也。

百家謹案：怨尤之生，只見在人之非，而不知反求諸己。君子惟見在己者未盡，自治不暇，何暇責人。又曰：「無皆非」一語，直可佩服終身！

聞而不疑則傳言之，見而不殆則學行之，中人之德也。聞斯行，好學之徒也。見而識其善，而未果于行，愈于不知者耳。世有不知而作者，蓋鑿也，妄也，夫子所不敢也，故曰「我無是也」。

以能問不能，以多問寡，私淑艾以教人，隱而未見之仁也。

「爲山」、「平地」，此仲尼所以惜顏回未至，蓋與互鄉之進也。

高忠憲曰：爲山未成一簣，顏子未見其止也。平地方覆一簣，互鄉方與其進也。

學者四失：爲人則失多，好高則失寡，不察則易，苦難則止。

高忠憲曰：爲人，則有徇外之多；好高，則寡取善之益；不察，則忽易妄行；苦難，則逡巡自畫。釋學記之意。

學者捨禮義，則飽食終日，無所猷爲，與下民一致，所事不踰衣食之間，燕游之樂爾！

高忠憲曰：循此而之，去禽獸不遠矣。學者所宜省！

百家謹案：子劉子曰：「『小人閒居爲不善』，閒居時有何不善可爲？只是一種懶散精神，漫無著落處，便是萬惡淵藪，正是小人無忌憚處。」可畏哉！

以心求道，正猶以己知人，終不若彼自立彼，爲不思而得也。

考求迹合以免罪戾者，畏罪之人也，故曰「考道以爲無失」。

儒者窮理，故率性可以謂之道。浮屠不知窮理，而自謂之性，故其說不可推而行。

百家謹案：程子「性卽理也」之言，乃有功于聖學之最大者。儒者以理爲性，故窮理盡性，率循其性之自然，卽無適而非道，不待求之于日用彝倫之外也。佛氏以性爲空，故以理爲障，惟恐去之不盡，故其視天地萬物，人世一切，皆是空中起滅，俱屬幻妄，所以背棄人倫，廢離生事。其說之不可推行者，皆由乎無理以爲主宰也。是故有理與無理，此是吾儒與釋氏之分別，遠若天淵。奈何絕不知儒、釋根柢，紛紛妄扯瞎誣乎！

致曲不貳，則德有定體。體象誠定，則節文著見。一曲致文，則餘善兼照。明能兼照，則必將徙誠能徙義，則德自通變。能通其變，則圓神無滯。

有不知則有知，無不知則無知，是以鄙夫有問，仲尼竭兩端而空空。易無思無爲，受命乃如響。聖人一言盡天下之道，雖鄙夫有問，必竭兩端而告之。然問者隨才分各足，未必能兩端之盡也。

教人者必知至學之難易，知人之美惡，當知誰可先傳此，誰將後倦此。若灑掃應對，乃幼而孫弟之事，長後教之，人必倦弊。惟聖人于大德有始有卒，故事無大小，莫不處極。今始學之人，未必能繼，妄以大道教之，是誣也。

知至學之難易，知德也。知其美惡，知人也。知其人，且知德，故能教人使人德。仲尼所以問同而答異，以此。

「蒙以養正。」使蒙者不失其正，教人者之功也。盡其道，其惟聖人乎！

洪鐘未嘗有聲，由叩乃有聲；聖人未嘗有知，由問乃有知。「有如時雨之化」者，當其可、乘其間而施之，不待彼有求有爲而後教之也。

志常繼，則罕譬而喻。言易入，則微而臧。

黃文潔曰：人能繼其志者，少所譬曉，已默喻矣。言易入者，雖微言，而已中心藏之不忘也。釋學記之意。

「凡學，官先事，士先志」，謂有官者先教之事，未官者使正其志焉。志者，教之大倫而言也。

高忠憲曰：亦釋學記。大倫，猶言大節。

道以德者，運于物外，使自化也。故諭人者，先其意而孫其志可也。蓋志意兩言，則志公而意私爾。

朱子曰：志者，心之所之，是一直去底。意又是志之經營往來底，凡營爲謀度皆意也。

能使不仁者仁，仁之施厚矣，故聖人并答仁智以「舉直錯諸枉」。

以責人之心責己，則盡道，所謂「君子之道四，丘㊀未能一焉」者也。以愛己之心愛人，則盡仁，所

㊀「丘」原作「某」，係避孔丘諱，今據禮記中庸及張載集三二頁回改。

謂「施諸己而不願，亦勿施于人」者也。以衆人望人，則易從，所謂「以人治人，改而止」者也。此君子所以責己、責人、愛人之三術也。

有受教之心，雖蠻貊可教。爲道既異，雖黨類難相爲謀。

大人所存，蓋必以天下爲度，故孟子教人，雖貨色之欲，親長之私，達諸天下而後已。

子而孚化之，衆好者翼飛之，則吾道行矣。

百家謹案：以鳥喻民，弱者孚育，善者升舉之。孚，蒲標切，從爪，從子，鳥之抱卵也。衆好，謂善人。翼飛，謂升舉。其旨甚明，何從來解未及！

至當篇第九

至當之謂德，百順之謂福。德者福之基，福者德之致，無入而非百順，故君子樂得其道。

循天下之理之謂道，得天下之理之謂德，故曰「易簡之善配至德」。

「大德敦化」，仁智合一，厚且化也。「小德川流」，淵泉時出之也。

「大德不踰閑，小德出入可也。」大者器，則小者不器矣。

德者，得也，凡有性質而可有者也。

「日新之謂盛德」，過而不有，不凝滯于心知之細也㊀。

百家謹案：不有、不凝、不滯，無宿物于心，所以謂日新之盛，非「不二過」之解也。「知之細」句

㊀ 此條斷句依王夫之張子正蒙注。黃百家讀「知之細也」爲一句（見下案語），誤。

頗無謂。先生意謂：心既浩然太虛，而又須周知文理，密察日新，方兼富有。浩然無害，則天地合德；照無偏繫，則日月合明；天地同流，則四時合序；酬酢不倚，則鬼神合吉凶。天地合德，日月合明，然後能無方體，能無方體，然後能無我。

禮器則藏諸身，用無不利。「禮運」云者，語其達也；「禮器」云者，語其成也。達與成，體與用之道；合體與用，大人之事備矣。禮器不泥于小者，則無非禮之禮，非義之義。蓋大者器，則出入小者，莫非時中也。子夏謂「大德不踰閑，小德出入可也」，斯之謂爾。

高忠憲曰：禮器皆言修身謹禮之事，故曰「藏諸身」。禮運則言禮樂因革，移風俗，和天人，運而無積，故曰「語其達」。

禮，器則大矣，修性而非小成者與！運則化矣，達順而樂亦至焉爾。

「萬物皆備于我」，言萬物皆有素于我也。「反身而誠」，謂行無不慊于心，則樂莫大焉。

未能如玉，不足以成德；未能成德，不足以孚天下。修己以安人；修己而不安人，不行乎妻子，況可愾于天下！

高忠憲曰：愾，至也。禮記：「愾乎天下矣。」

正己而不求于人，不願乎外之盛者與！

仁道有本，近譬諸身，推以及人，乃其方也。必欲博施濟衆，擴之天下，施之無窮，必有聖人之才，能弘其道。

制行以己，非所以同乎人。

百家謹案：表記曰：「聖人之制行也，不制以己，使民有所勸勉愧恥，以行其言。」此則反禮之意，謂制行當本己，非所徇人也。必物之是者，己則非矣。必物之同者，己則異矣。

高忠憲曰：天下之理出于至當，則人心大同，有不知其所以然而然者，而可必物之同，必物之是乎？此所謂「制行以己」者也。

能通天下之志者爲能感人心，聖人同乎人而無我，故和平天下，莫盛于感人心。

道遠人，則不仁。

百家謹案：道本人心，人心卽天理。凡天下之不近人情者，鮮不爲大奸慝，故先生直以「不仁」斥。大哉斯言！

易簡理得則知幾，知幾然後經可正。天下達道五，其生民之大經乎！經正則道前定，事豫立，不疑其所行。利用安身之要，莫先焉。

性天經，然後仁義行，故曰「有父子君臣上下，然後禮義有所錯」。

仁通極其性，故能致養而靜以安。義致行其知，故能盡文而動以變。

義，仁之動也，流于義者于仁或傷。仁，體之常也，過于仁者于義或害。

高忠憲曰：斷制太過，則傷于仁。惻怛太過，則害于義。仁義相爲體用而不可偏也。

立不易方，安于仁而已乎！

安所遇而敦仁，故其愛有常心。有常心，則物被常愛也。

大海無潤，因暍者有潤；至仁無恩，因不足者有恩。樂天安土，所居而安，不累于物也。

孫鍾元曰：天地父母之恩，予、受兩忘也。若求人德我而爲仁，則累于物多矣！

愛人然後能保其身，寡助則親戚畔之。能保其身則不擇地而安。不能有其身，則資安處以置之。不擇地而安，蓋所達者大矣。大達于天，則成性成身矣。

高忠憲曰：君子不以保身而愛人。物我一體，天理自合當愛也。

上達則樂天，樂天則不怨。下學則治己，治己則無尤。

不知來物，不足以利用；不通晝夜，未足以樂天。聖人成其德，不私其身，故乾乾自強，所以成之于天爾。

高忠憲曰：吉凶悔吝，皆來物也，知之則不疑所行而足以利用矣。死生鬼神，皆晝夜也，通之則夭壽不二而足以樂天矣。聖人無我，乾乾自強，以成其天德而已。

君子于仁聖，爲不厭，誨不倦，然且自謂不能，蓋所以爲能也。能不過人，故與人爭能，以能病人。大則天地合德，自不見其能也。

君子之道達諸天，故聖人有所不能。夫婦之智淆諸物，故大人有所不與。

匹夫匹婦，非天之聰明不成其爲人。聖人，天聰明之盡者爾。

大人者，有容物，無去物，有愛物，無徇物，天之道然。天以直養萬物，代天而理物者，曲成而不害其直，斯盡道矣。

志大則才大，事業大，故曰「可大」，又曰「富有」。志久則氣久，德性久，故曰「可久」，又曰「日新」。清爲異物，和爲徇物。

金和而玉節之，則不過；知運而貞一之，則不流。

道所以可久可大，以其肖天地而不離也。與天地不相似，其違道也遠矣㊀！

久者一之純，大者兼之富。

大則直不絞，方不劌，故不習而无不利。

易簡然後能知險阻，易簡理得然後一以貫天下之道。易簡故能悅諸心，知險阻故能研諸慮，知幾爲能以屈爲伸。

君子無所爭。彼伸則我屈，知也。彼屈則吾不伸而伸之矣，又何爭！無不容，然後盡屈伸之道。至虛，則無所不伸矣。君子無所爭，知幾于屈伸之感而已。精義入神，交伸于不爭之地，順莫甚焉，利莫大焉。

「天下何思何慮」，明屈伸之變，斯盡之矣。

百家謹案：天下之思慮擾擾，止在計較屈伸之途。今能明屈伸之變，伸固伸也，屈亦伸也，至

㊀ 此條原與上條相連爲一條，據王夫之張子正蒙注分。

虛無所不伸，無入不自得，則又何思慮乎？

勝兵之勝，勝在至柔，明屈伸之神爾。

敬斯有立，有立斯有爲。

「敬，禮之輿也。」不敬則禮不行。

「恭敬撙節退讓以明禮」，仁之至也，愛道之極也。

己不勉明，則人無從倡，道無從弘，教無從成矣。

熊勿軒曰：明，明禮也。人必以禮倡率，道必以禮弘大，教必以禮成就。

禮，直斯清，撓斯昏，和斯利，樂斯安。

將致用者，幾不可緩；思進德者，徙義必精。此君子所以立多凶多懼之地，乾乾德業，不少懈于趨時也。

「動靜不失其時」，義之極也。義極則光明著見。唯其時，物前定而不疚。

有吉凶利害，然後人謀作，大業生。若無施不宜，則何業之有！

百家謹案：吉凶利害雖無定，應之對當，則能反凶爲吉，轉害爲利。說苑亦謂：「力勝貧，謹勝禍，慎勝害，戒勝災。」此人謀、大業之所由起也。若聖人，則大公無我，順應萬事，並無大業之可言也。

「天下何思何慮」，行其所無事，斯可矣。

知崇，天也，形而上也。通晝夜而知，其知崇矣。知及之，而不以禮性之，非己有也。故知禮成性而道義出，如天地位而易行。知德之難言，知之至也。孟子謂「我于辭命則不能」，又謂浩然之氣「難言」，易謂「不言而信，存乎德行」，又以尚辭爲聖人之道，非知德，達乎是哉？

「闇然」，修于隱也；「的然」，著于外也。

梓材謹案：二老閣刊本第十七卷止此，以下爲第十八卷，僅刻數版。今以正蒙統歸十七卷，所以防斷簡也。

作者篇第十

「作者七人」，伏羲、神農、黄帝、堯、舜、禹、湯。制法興王之道，非有述于人者也。

高忠憲曰：制法興王，謂八卦、書契、稼穡、醫藥、宫室、衣裳、曆象、律呂、畫野、分州、井田、封建、治水、革命等事，皆非有述于前也。

以知人爲難，故不輕去未彰之罪；以安民爲難，故不輕變未厭之君。及舜而去之。堯君德，故得以厚吾終；舜臣德，故不敢不虔其始。

高忠憲曰：未彰之罪，四凶也。未厭之君，三苗也。君德則于人無不容，臣德則于分有不敢也。

稽衆舍己，堯也；與人爲善，舜也；聞善言則拜，禹也；用人惟己，改過不吝，湯也；不聞亦式，不諫亦入，文王也。

「別生分類」，孟子所謂明庶物、察人倫者與？

高忠憲曰：生，姓也。別其姓，分其族類，皆聖人明庶物、察人倫處也。

象憂喜，舜亦憂喜，所過者化也，與人爲善也，隱惡也，所覺者先也。

好問，好察邇言，隱惡揚善，與人爲善，象憂亦憂，象喜亦喜，皆行其所無事也，過化也，不藏怒也，不宿怨也。

舜之孝，湯、武之武，雖順逆不同，其爲不幸均矣。明庶物，察人倫，然後能精義致用，性其仁而行。湯放桀，有慚德而不敢赦，執中之難也如是。天下，有道而已，在人在己，不見其間也，立賢無方也如是。

立賢無方，此湯所以公天下而不疑，周公所以于其身望道而必吾見也。舊註：周公上疑有「坐以待旦」四字。

「帝臣不蔽」，言桀有罪，己不敢違天縱赦，既已克之，今天下莫非上帝之臣，善惡皆不可揜，惟帝擇而命之，己不敢不聽。

「虞、芮質厥成」，訟獄者不之紂而之文王。文王之生，所以縻繫于天下，由多助于四友之臣爾。

「以杞包瓜」，文王事紂之道也。厚下以防中潰，盡人謀而聽天命者與！

上天之載，無聲臭可象，正惟儀刑文王，當冥契天德而萬邦信悦，故易曰：「神而明之，存乎其人。」不以聲色爲政，不革命而有中國，默順帝則而天下自歸者，其惟文王乎！

高忠憲曰：詩：「上天之載，無聲無臭。儀刑文王，萬邦作孚。」蓋聖人者，有形之天道；求天道于天，則微而難見，求天道于聖人，則有體而可法也。故易曰：「神而明之，存乎其人。」謂能冥契也。皇矣之詩曰：「不大聲以色，不長夏以革，不識不知，順帝之則。」正冥契天德而萬邦自然信悦，不求革命而有天下也。

可願可欲，雖聖人之知，不越盡其才以勉焉而已。故君子之道四，雖孔子自謂未能；博施濟衆，修己安百姓，堯、舜病諸。是知人能有願有欲，不能窮其願欲。

「周有八士」，記善人之富也。

重耳婉而不直，小白直而不婉。

魯政之弊，馭法者非其人而已。齊因管仲，遂併壞其法，故必再變而後至于道。

孟子以智之于賢者爲有命，如晏嬰智矣，而獨不智于仲尼，非天命邪！

山楶㊀藻棁爲藏龜之室，祀爰居之義，同歸于不智，宜矣。

使民義不害不能教愛，猶衆人之母不害使之義。禮樂不興，僑之病與！

獻子者忘其勢，五人者忘人之勢。不資其勢而利其有，然後能忘人之勢。若五人者有獻子之勢㊁，則反爲獻子之所賤矣。

三十篇第十一

顓臾主祀東蒙，既魯地，則是已在邦域之中矣，雖非魯臣，乃吾事社稷之臣也。

㊀「楶」，今本論語公冶長作「節」，二字通。 ㊁「勢」原作「家」，據張載集三九頁改。

三十器于禮，非强立之謂也。四十精義致用，時措而不疑。五十窮理盡性，至天之命；然不可自謂之「至」，故曰「知」。六十盡人物之性，聲入心通。七十與天同德，不思不勉，從容中道。常人之學，日益而不自知也。仲尼學行習察，異于他人，故自十五至于七十，化而知裁，其德進之盛者與！

窮理盡性，然後至于命。盡人物之性，然後耳順。與天地參，無意、必、固、我，然後範圍天地之化，從心而不踰矩。老而安死，然後不夢周公。

從心莫如夢。夢見周公，志也。不夢，欲不踰矩也，不願乎外也，順之至也，老而安死也，故曰「吾衰也久矣」。

困而不知變，民斯爲下矣。不待困而喻，賢者之常也。困之進人也，爲德辨，爲感速，孟子謂「人有德慧術知者，存乎疢疾」，以此。自古困于內，無如舜；困于外，無如孔子。以孔子之聖而下學于困，則其蒙難正志，聖德日躋，必有人所不及知而天獨知之者矣，故曰「莫我知也夫」「知我者其天乎」。

立斯立，道斯行，綏斯來，動斯和，從欲風動，神而化也。

仲尼生于周，從周禮，故公旦法壞，夢寐不忘「爲東周」之意。使其繼周而王，則其損益可知矣。

滔滔忘反者，天下莫不然，如何變易之？「天下有道，丘㊀不與易。」知天下無道而不隱者，道不遠人；且聖人之仁，不以無道必天下而棄之也。

㊀「丘」原作「某」，係清人避孔丘諱，今據論語微子及張載集四一頁回改。

仁者先事後得，先難後獲，故君子事事則得食。不以事事，「雖有粟，吾得而食諸」？仲尼少也，國人不知，委吏、乘田得而食之矣。及德備道尊，至是邦必聞其政，雖欲仕貧，無從以得之。「今召我者，而豈徒哉」，庶幾得以事事矣，而又絶之，是誠繫滯如匏瓜不食之物也。

不待備而勉于禮樂，先進于禮樂者也；備而後至于禮樂，後進于禮樂者也。仲尼以貧賤者必待文備而後進，則于禮樂終不可得而行矣，故自謂「野人」而必爲，所謂「不願乎其外」也。

功業不試，則人所見者藝而已。

鳳至圖出，文明之祥，伏羲、舜、文之瑞。不至，則夫子之文章知其已矣。

魯禮文闕失，不以仲尼正之，如有馬者不借人以乘習。不曰「禮文」而曰「史之闕文」者，祝史所任，儀章器數而已，舉近者而言約也。

師摯之始，樂失其次，徒洋洋盈耳而已焉。夫子自衛反魯，一嘗治之，其後伶人賤工識樂之正。及魯益下衰，三桓僭妄，自太師以下皆知散之四方，逾河蹈海以去亂。聖人俄頃之助，功化如此，「用我者，期月而可」，豈虛語哉！

「與與如也」，君或在朝在廟，容色不忘向君也。「君召使擯，趨進，翼如」，此翼如，左右在君也。「沒階趨進，翼如」，張拱而翔。「賓不顧矣」，相君送賓，賓去則白曰賓不顧而去矣，紓君敬也。上堂如揖，恭也；下堂如授，其容紓也。

冉子請粟與原思爲宰，見聖人之用財也。

聖人于物無畔援，雖佛肸、南子，苟以是心至，教之在我爾。不爲已甚也如是！

「子欲居九夷。」不遇于中國，庶遇于九夷，中國之陋爲可知。欲居九夷，言忠信，行篤敬，雖蠻貊之邦可行，何陋之有！

栖栖者，依依其君而不能忘也。固，猶不回也。

仲尼應問，雖叩兩端而竭，然言必因人爲變化。所貴乎聖人之詞者，以其知變化也。

「富而可求也，雖執鞭之士，吾亦爲之。」不憚卑以求富，求之有可致之道也。然得乃有命，是求無益于得也。

愛人以德，喻于義者常多，故罕及于利。盡性者方能至命，未達之人，告之無益，故不以亟言。仁大難名，人未易及，故言之亦鮮。

顏子于天下，有不善未嘗不知，知之未嘗復行，故怒于人者不使加乎其身，愧于己者不輒貳之于後也。

顏子之徒，隱而未見，行而未成，故曰：「吾聞其語，而未見其人也。」

「用則行，舍則藏，惟我與爾有是夫！」顏子龍德而隱，故遯世不見知而不悔，與聖者同。

龍德，聖修之極也。顏子之進，則欲一朝而至焉，可謂好學也已矣。

「回非助我者」，無疑問也。有疑問，則吾得以感通其故，而達夫異同者矣。

「放鄭聲，遠佞人。」顏回爲邦，禮樂法度不必教之，惟損益三代，蓋所以告之也。法立而能守，則德可久，業可大。鄭聲、佞人能使爲邦者喪所以㊀守，故放遠之。

「天下有道則見，無道則隱。」「君子疾没世而名不稱。」蓋士而懷居，不可以爲士，必也去無道，就有道。遇有道而貧且賤，君子恥之。擧天下無道，然後窮居獨善，不見知而不悔。中庸所謂「唯聖者能之」，仲尼所以獨許顏回「惟我與爾爲有是」也。

盧中庵曰：懷隱居之志者，雖有道不見，至没世而名不稱，非士君子本心。必至天下皆無道，然後安于隱也。此則聖人之事，在孔門惟顏子爲是耳。

仲由樂善，故車馬衣裘，喜與賢者共敝。顏子樂進，故願無伐善施勞。聖人樂天，故合内外而成其仁。

高忠憲曰：樂善，故重義輕利。樂進，故不自滿足。樂天，故因物成就，合萬物爲一己，故曰「合内外成其仁」。

子路禮樂文章未足盡爲政之道，以其重然諾，言爲衆信，故片言可以折獄。如易所謂「利用折獄」，「利用刑人」，皆非爻卦盛德，適能是而已焉。

顏淵從師，進德于孔子之門；孟子命世，修業于戰國之際。此所以潛見之不同。

犂牛之子雖無全純，然使其色騂且角，縱不爲大祀所取，次祀、小祀終必取之。言大者苟立，人所不棄也。

㊀「所以」原作「其所」，據張載集四三頁及王夫之張子正蒙注改。

有德篇第十二

「有德者必有言」，「能爲有」也；「志于仁而無惡」，「能爲無」也。

行修言道，則當爲人取，不務徇物强施以引取乎人。故往教、妄説，皆取人之弊也。

「言不必信，行不必果。」志正深遠，不務硜硜信其小者。

辭取意達則止，多或反害也。

君子寧言之不顧，不規規于非義之信；寧身被困辱，不徇人以非禮之恭；寧孤立無助，不失親于可賤之人。三者，知和而能以禮節之者也，與上有子之言，文相屬而不相蒙者。凡論語、孟子發明前文，義各未盡者，皆挈之。他皆放此。

德主天下之善，善原天下之一。善同歸治，故王心一；言必主德，故王言大。

言有教，動有法；晝有爲，宵有得；息有養，瞬有存。

朱子曰：此語極好！君子終日乾乾，不可食息間，亦不必終日讀書。或静坐存養，亦是學者。長唤令此心不死，則日有進。

君子于民，導使爲德而禁其爲非，不大望于愚者之道與！禮謂「道民以言，禁民以行」，斯之謂耳。

無徵而言，取不信，啓詐妄之道也。杞、宋不足徵吾言，則不言；周足徵，則從之。故無徵不信，君子不言。

「便辟」，足恭；「善柔」，令色；「便佞」，巧言。

節禮樂，不使流離相勝，能進反以爲文也。

「驕樂」，侈靡；「宴樂」，宴安。

言形則卜如響，以是知蔽固之私心，不能默然以達于性與天道。

人道知所先後，則恭不勞，愼不葸，勇不亂，直不絞，民化而歸厚矣。

膚受，陽也；其行，陰也。象生法必效，故君子重夫剛者。

歸罪爲尤，罪己爲悔。「言寡尤」者，不以言得罪于人也。

「己所不欲，勿施于人」，能恕己以仁人也。「在邦無怨，在家無怨」，己雖不施不欲于人，然人施于己能無怨也。

「敬而無失」，與人接而當也。「恭而有禮」，不爲非禮之恭也。

聚百順以事君親，故曰「孝者，畜也」，又曰「畜君者，好君也」。

事父母「先意承志」，故能辨志意之異，然後能教人。

藝者，日爲之分義，涉而不有，過而不存，故曰「游」。

高忠憲曰：分義，職分所宜也。有之存之，則玩物喪志矣。

天下有道，道隨身出；天下無道，身隨道屈。

「安土」，不懷居也。有爲而重遷，無爲而輕遷，皆懷居也。

「老而不死，是爲賊。」幼不率教，長無循述，老不安死，三者皆賊生之道也。

樂驕樂則佚欲，樂宴樂則不能徙義。

「不僭不賊」，其不忮不求之謂乎！

不穿窬，義也；謂非其有而取之曰盜，亦義也。惻隱，仁也，如天，亦仁也。故擴而充之，不可勝用

自養薄于人，私也；厚于人，私也。稱其財，隨其等，無驕吝之弊，斯得之矣！罪己則無尤。

困辱非憂，取困辱爲憂。榮利非樂，忘榮利爲樂。

勇者不懼。死且不避，而反不安貧，則其勇將何施邪？不足稱也！仁者愛人。彼不仁而疾之深，其仁不足稱也！皆迷謬不思之甚，故仲尼率歸諸「亂」云。

擠人者人擠之，侮人者人侮之，出乎爾者反乎爾，理也。勢不得反，亦理也。

鄭眉軒曰：以出爾反爾爲理，所以警擠人侮人者也。以勢不得反爲理，所以教受擠侮者也，「橫逆不報」是也。

克己行法爲賢，樂己可法爲聖。聖與賢迹相近，而心之所至有差焉。辟世者依乎中庸，没世不遇而無嫌，辟地者不懷居以害仁，辟色者遠恥于將形，辟言者免害于禍辱，此爲士清濁淹速之殊也。辟世辟地，雖聖人亦同，然憂樂于中，與賢者、其次者爲異，故曰迹相近而心之所至者不同。

「進賢如不得已，將使卑踰尊，疏踰戚」之意，與表記所謂「事君難進而易退則位有序，易進而難退

則亂也」相表裏。

弓調而後求勁焉，馬服而後求良焉，士必慤而後智能焉。不慤而多能，譬之豺狼，不可近。

高忠憲曰：調者，木心正，脈理直，制作如法也。服，馴也。良，善走也。見荀子。

谷神能象其聲而應之，非謂能報以律呂之變也。猶卜筮叩以是言則報以是物而已，易所謂「同聲相應」是也。王弼謂「命呂者律」，語聲之變，非此之謂也。

「行前定而不疚」，光明也。大人虎變，夫何疚之有！

言從作乂，名正，其言易知，人易從。聖人不患爲政難，患民難喻。

有司篇第十三

有司，政之綱紀也。始爲政者，未暇論其賢否，必先正之，求得賢才而後舉之。

爲政不以德，人不附，且勞。

「子之不欲，雖賞之不竊。」欲生于不足，則民盜；能使無欲，則民不爲盜。假設以子不欲之物賞子，使竊其所不欲，子必不竊。故爲政者在乎足民，使無所不足，不見可欲，而盜必息矣。

爲政必身倡之，且不愛其勞，又益之以不倦。

「天子討而不伐，諸侯伐而不討。」雖湯、武之舉，不謂之討而謂之伐。陳恆弒君，孔子請討之，此必因周制，鄰有弒逆，諸侯當不請而討。孟子又謂「征者上伐下，敵國不相征」，然湯十一征，非賜鈇鉞，則征討之名，至周始定乎？

「野九一而助」，郊之外助也。「國中什一使自賦」，郊門之內通謂之國中，田不井授，故使什而自賦其一也。

道千乘之國，不及禮樂刑政，而云「節用而愛人，使民以時」，言能如是則法行，不能如是則法不徒行，禮樂刑政亦制數而已爾。

富而不治，不若貧而治；大而不察，不若小而察。

報者，天下之利，率德而致，善有勸，不善有沮，皆天下之利也。小人私己，利于不治；君子公物，利于治。

大易篇第十四

大易不言有無。言有無，諸子之陋也。

張南軒曰：「形而上者謂之道，形而下者謂之器」，易之論道器，特以一形上下言之也。然道雖非器，而道必託于器。如禮樂刑賞，是治天下之道也。禮雖非玉帛，而禮不可以虛拘；樂雖非鐘鼓，而樂不可以徒作。刑本遏惡也，必託于甲兵，必寓于鞭扑；賞本揚善也，必表之以旂常，銘之以鐘鼎。故形而上者之道，託于器而後行；形而下者之器，得其道而無弊。故聖人悟易于心，覺易于性，在道不溺于無，在器不墮于有。是大易不言有無，明矣。言有無，如「有生于無」，則分而爲二矣，又如「自無而有，自有而無」，皆老、莊之陋也。

易語天地陰陽情僞，至隱賾而不可惡也。諸子馳騁說辭，窮高極幽，而知德者厭其言。故言爲非難，使君子樂取之爲貴。

易一物而三才：陰陽，氣也，而謂之天；剛柔，質也，而謂之地；仁義，德也，而謂之人。

高忠憲曰：一物而三才，其實一物而已矣。

易爲君子謀，不爲小人謀，故撰德于卦。雖爻有小大，及繫辭其爻，必諭之以君子之義。

一物而兩體，其太極之謂與！陰陽天道，象之成也；剛柔地道，法之效也；仁義人道，性之立也。三才兩之，莫不有乾坤之道。

陰陽、剛柔、仁義之本立，而後知趨時應變，故「乾坤毁，則無以見易」。

六爻各盡利而動，所以順陰陽、剛柔、仁義、性命之理也，故曰「六爻之動，三極之道也」。

陽偏體衆陰，衆陰共事一陽，理也。是故二君共一民，一民事二君，上與下皆小人之道也；一君而體二民，二民而宗一君，上與下皆君子之道也。

吉凶、變化、悔吝、剛柔，易之四象與！悔吝由羸不足而生，亦兩而已！

尚辭則言無所苟，尚變則動必精義，尚象則法必致用，尚占則謀必知來。四者非知神之所爲，孰能與于此！

易非天下之至精，則辭不足待天下之問；非深，不足通天下之志；非通變極數，則文不足以成物，象不足以制器，幾不足以成務；非周知兼體，則其神不能通天下之故，不疾而速，不行而至。

示人吉凶，其道顯矣；知來藏往，其德行神矣。語蓍龜之用也。

顯道者，危使平，易使傾，「懼以終始，其要无咎」之道也。神德行者，寂然不動，冥會于萬化之感而莫知爲之者也。受命如響，故可與酬酢，曲盡鬼謀，故可以佑神。開物于幾先，故曰「知來」；明患而弭其故，故曰「藏往」。極數知來，前知也。前知其變，有道術以通之，君子所以措于民者遠矣！

潔淨精微，不累其迹，知足而不賊，則于易深矣。

天下之理得，元也；會而通，亨也；說諸心，利也；一天下之動，貞也。

乾之四德，終始萬物，迎之隨之，不見其首尾，然後推本而言，當父母萬物。

象明「萬物資始」，故不得不以「元」配「乾」；坤其偶也，故不得不以「元」配「坤」。

仁統天下之善，禮嘉天下之會，義公天下之利，信一天下之動。

六爻擬議，各正性命，故乾道旁通，不失太和而利且貞也。

顏氏求龍德正中而未見其止，故擇中庸，得一善則拳拳服膺，歎夫子之忽焉前後也。

乾三、四，位過中，重剛，庸言庸行不足以濟之，雖大人之盛，有所不安，外趨變化，內正性命，故其危其疑，艱于見德者，時不得舍也。九五，大人化矣，天德位矣，成性聖矣，故既曰「利見大人」，又曰「聖人作而萬物覩」。亢龍，以位畫爲言。若聖人，則不失其正，何亢之有！

聖人用中之極，不勉而中；有大之極，不爲其大。大人望之，所謂絕塵而奔，峻極于天，不可階而升者也。

盧中庵曰：聖人之用其中，有其大，皆自然而然，初非勉而爲者。大人則猶待于勉爲，此所以望之不可及也。

乾之九五曰：「飛龍在天，利見大人。」乃大人造位天德，成性躋聖者爾。若夫受命首出，則所性不存焉，故不曰「位乎君位」而曰「位乎天德」，不曰「大人君矣」而曰「大人造也」。

陳潛室曰：橫渠此說，不作得時位大人看，要作孔子看。所謂君有君用，臣有臣用，聖人有聖人用，學者有學者用，此善學易者。若專指爲堯、舜、湯、武，則不識易矣。

庸言庸行，蓋天下經德達道，大人之德施于是㊀溥矣，天下之文明于是著矣。然非窮變化之神以時措之宜，則或陷于非禮之禮，非義之義。此顏子所以求龍德正中，乾乾進德，思處其極，未敢以方體之常，安吾止也。

高忠憲曰：庸言庸行，此守經也，方體之常也。德施溥者，即此庸言庸行之德及于庶物也。天下文明者，即此庸言庸行之化被于天下也。然非窮變化之神以時措之宜，亦未爲達權之聖人，安知不陷于非禮之禮、非義之義哉？此顏子所以乾乾進德，未敢以守經之道自安而止之也。

惟君子爲能與時消息，順性命、躬天德而誠行之也。精義時措，故能保合太和，健利且貞，孟子所謂始終條理，集大成于聖智者與！易曰：「大明終始，六位時成，時乘六龍以御天。乾道變化，各正性命，保合太和，乃利貞。」其此之謂乎！

㊀「于是」下原有「者」字，據張載集五一頁刪。下句「于是」下亦刪「者」字。

成性，則躋聖而位天德。乾九二正位于內卦之中，有君德矣，而非上治也。九五言「上治」者，言乎天之德，聖人之性，故舍曰「君」而謂之「天」，見大人德與位之皆造也。

大而得易簡之理，當成位乎天地之中，時舍而不受命，乾九二有焉。及夫化而聖矣，造而位天德矣，則富貴不足以言之。

「樂則行之，憂則違之」，主于求吾志而已，無所求于外。故善世博化，龍德而見者也；若潛而未見，則爲己而已，未暇及人者也。

「成德爲行」，德成自信則不疑所行，日見乎外可也。

乾九三修辭立誠，非繼日待旦如周公，不足以終其業。九四以陽居陰，故曰「在淵」，能不忘于躍，乃可以免咎。非爲邪也，終其義也。

至健而易，至順而簡，故其險其阻，不可階而升，不可勉而至。仲尼猶天，九五飛龍在天，其致一也。

坤至柔而動也剛，乃積大勢成而然也。

乾至健無體，爲感速，故易知。坤至順不煩，其施普，故簡能。

盧中庵曰：無體者圓神不滯，感速者一氣所感，頃刻不留，故曰「乾知大始」，「乾以易知」。不煩者無造始之勞，施普者承天之施，隨物成就，故曰㊀「坤作成物」，「坤以簡能」。

㊀「曰」字原無，據文義補。

坤先迷，不知所從，故失道。後能順聽，則得其常矣。

造化之功，發乎動，畢達乎順，形諸明，養諸容載，遂乎説潤，勝乎健，不匱乎勞，終始乎止。

健、動、陷、止，剛之象；順、麗、入、説，柔之體。

巽爲木，萌于下，滋于上也㈠；爲繩直，順以達也，爲工，巧且順也；爲白，所遇而從也；爲長、爲高，木之性也；爲臭，風也，入也；于人爲寡髮廣顙，躁人之象也。

坎爲血卦，周流而勞，血之象也。爲赤，其色也。

離爲乾卦，于木爲科上槁，附且燥㈡也。

艮爲小石，堅難入也；爲徑路，通或㈢寡也。

兑爲附決，内實則外附必決也；爲毁折，物成則上柔者必折也。

坤爲文，衆色也，爲衆，容載廣也。

乾爲大赤，其正色也㈣；爲冰，健極而寒甚也。

震爲萑葦，爲蒼莨竹，爲旉，皆蕃鮮也。

一陷溺而不得出爲坎，一附麗而不能去爲離。

艮一陽爲主于兩陰之上，各得其位而其勢止也。易言「光明」者，多艮之象，著則明之義也。

㈠「也」字原無，據張載集五二頁補。　㈡「燥」原作「躁」，據張載集五二頁改。　㈢張載集五二頁此句下有小注云：「或，一本作且字。」　㈣「也」字原無，據張載集五三頁補。

蒙無遽亨之理，由九二循循行時中之亨也。

「不終日，貞吉」，言疾正則吉也。仲尼以六二以陰居陰，獨無累于四，故其介如石，雖體柔順，以其在中而静，何俟終日，必知幾而正矣。

坎「維心亨」，故「行有尚」。外雖積險，苟處之心亨不疑，則雖難必濟而往有功也。

中孚上巽施之，下説承之，其中必有感化而出焉者。蓋孚者覆乳之象，有必生之理。

物因雷動，雷動不妄，則物亦不妄，故曰「物與无妄」。

静之動也，無休息之期，故地雷爲卦，言「反」又言「復」，終則有始，循環無窮。入㊀，指其化而裁之爾。深，其反也。幾，其復也。故曰「反復其道」，又曰「出入無疾」。

益長裕而不設，益以實也。妄加以不誠之益，非益也。

井渫而不食，强施行惻，然且不售，作易者之歎與！

闔户，静密也；闢户，動達也。形開而目覩耳聞，受于陽也。

高忠憲曰：人身一乾坤也。寤寐一闔闢也。形閉則藏于陰，形開則受于陽。

辭各指其所之，聖人之情也；指之以趨時盡利，順性命之理，臻三極之道也。能從之，則不陷于凶悔矣，所謂「變動以利言」者也。然爻有攻取愛惡，本情素動，因生吉凶悔吝而不可變者，乃所謂「吉凶以情遷」者也。能深存繫辭所命，則二者之動見矣。又有義命，當吉當凶，當否當亨者，聖人不使避凶

㊀「入」原作「人」，據張載集五三頁及王夫之張子正蒙注改。

趨吉，一以貞勝而不顧，如「大人否亨」，「有隕自天」，「過涉滅頂，凶无咎」，損、益「龜不克違」，及「其命亂也」之類。三者情異，不可不察。

高忠憲曰：易傳曰：「聖人之情見乎辭。辭也者，各指其所之。」蓋聖人之繫辭，無非指人趨避之方，順天理之正，使不陷于凶悔而已，所謂「變動以利言」者也。因聖人之指，變動以從之，則盡利矣。本情者，本爻之情。近而不相得則惡而攻，相得則愛而取，本情素動，而生吉凶悔吝，所謂「吉凶以情遷」者也。爻情如是，不可得而變，凡繫辭所命，不過二者之動而已。又有義命，當吉當凶，當否當亨，聖人使人一以正勝，而不當顧其吉凶者。如否之六二曰「大人否亨」，則必否而後道亨也；姤之九五曰「有隕自天」，則休命自天而降也；大過上六曰「過涉滅頂，凶无咎」，則殺身成仁，于義无咎也；損之六五、益之六二皆曰「或益之十朋之龜，不克違」，則義所當得，不能違也；泰之上六曰「城復于隍」，則其命當亂，不可逃也。皆命之所定，義之當安，不使人趨避者也。故曰：三者情異，不可不察。

因爻象之既動，明吉凶于未形，故曰「爻象動乎內，吉凶見乎外」。

「富有」者，大無外也；「日新」者，久無窮也。

顯，其聚也；隱，其散也。顯且隱，幽明所以存乎象，聚且散，推盪所以妙乎神。

高忠憲曰：氣聚而有象則顯，氣散而無形則隱。顯則明，隱則幽。幽明一存乎象之聚散，聚散一妙于神之推盪也。

「變化進退之象」云者，進退之動也微，必驗之于變化之著。故察進退之理爲難，察變化之象爲易。

「憂悔吝者存乎介」，欲觀易象之小疵，宜存志静，知所動之幾微也。

「往」之爲義，有已往，有方往，臨文者不可不察。

樂器篇第十五

樂器有相，周、召之治與！其有雅，太公之志乎！雅者，正也，直己而行正也。故訊疾蹈厲者，太公之事邪！詩亦有雅，亦正言而直歌之，無隱諷譎諫之巧也。

高忠憲曰：樂記曰：「始奏以文，復亂以武；治亂以相，訊疾以雅。」文謂拊鼓，武謂金鐃。樂之始奏，先擊鼓，故曰「始奏以文」。亂，卒章之節。欲退則擊金鐃，故曰「復亂以武」。相即拊也，以其節樂而治其亂，有相之道，故謂之相。訊，亦治也。過而失節謂之疾。雅亦樂器，以其訊樂之節奏而不失于雅，是以謂之雅。樂記本言「武亂皆坐」爲「周、召之治」，張子以相爲周、召之治，所謂「治亂以相而周、召似之」；本言「發揚蹈厲」爲「太公之志」，而張子以雅爲太公之志，所謂「訊疾以雅而太公似之」。詩亦有雅，即今大、小雅也。

象武，武王初有天下象文王武功之舞，歌維清以奏之。大武，武王没，嗣王象武王之功之舞，歌武以奏之。酌，周公没，嗣王以武功之成由周公，告其成于宗廟之歌也。

與己之善，觀人之志，羣而思無邪，怨而止禮義，人可事親，出可事君。但言君父，舉其重者也。

志至詩至，有象必可名。有名斯有體，故禮亦至焉。高忠憲曰：孔子閒居曰：「志之所至，詩亦至焉。詩之所至，禮亦至焉。」詩言志，故志至而詩至。志既發爲詩，則有象之名；及其見諸踐履，則體實具焉，故禮亦至也。如象雎鳩之物，則有雎鳩之名；情摯有別，雎鳩之體，亦雎鳩之禮也。

幽贊天地之道，非聖人而能哉！詩人謂「后稷之穡，有相之道」，贊化育之一端也。

禮嬌實求稱，或文或質，居物後而不可常也。他人才未美，故絢飾之以文；莊姜才甚美，乃更絢之用質素。下文「繪事後素」，素謂其材，字雖同而義施各異。故設色之工，材黃白者必繪以青赤，材赤黑者必絢以粉素。

「陟降庭止」，上下無常，非爲邪也，進德修業，欲及時也。「在帝左右」，所謂欲及時也與！

江、沱之媵以類行而欲喪朋，故無怨。嫡以類行而不能喪其朋，故不以媵備數。卒能自悔，得安貞之吉，乃終有愛而「其嘯也歌」。

采卷耳，議酒食，女子所以奉賓祭，厚君親者足矣，又思酌使臣之勞，推及求賢審官。王季、文王之心，豈是過與！

甘棠初能使民不忍去，中能使民不忍傷，卒能使民知心敬而不瀆之以拜。非善教寖明，能取是于民哉！

「振振」，勸使勉也。「歸哉歸哉」，序其情也。

卷耳念臣下，小勞則思小飲之，大勞則思大飲之，甚則知其怨苦吁歎。婦人能此，則險詖私謁害政之心，知其無也。

「綢直如髮」，貧者紒縰無餘，順其髮而直韜之耳。

蓼蕭、裳華「有譽處兮」，皆謂君接己溫厚，則下情得伸，讒毀不入，而美名可保也。

商頌「顧予烝嘗，湯孫之將」，言祖考來顧，以助湯孫也。

「鄂不韡韡」，兄弟之見不致文于初，本諸誠也。

采苓之詩，舍旃則無然，爲言則求所得，所譽必有所試，厚之至也。

簡，畧也，無所難也，甚則不恭焉。賢者仕祿，非迫于饑寒，不恭莫甚焉。「簡兮簡兮」，雖刺時君不用，然爲士者不能無太簡之譏，故詩人陳其容色之盛，善御之强，與夫君子由房由敖、不語其材武者異矣。

「破我斧」，「缺我斨」，言四國首亂，烏能有爲，徒破缺我斧斨而已。周公征而安之，愛人之至也。

伐柯，言正當加禮于周公，取人以身也，其終見書「予小子其新逆」。

九罭，言王見周公當大其禮命，則大人可致也。

狼跋，美周公不失其聖，卒能感人心于和平也。

甫田「歲取十千」，一成之田九萬畝，公取十千畝，九一之法也。

后稷之生，當在堯、舜之中年，而詩云「上帝不寧」，疑在堯時高辛子孫爲二王後，而詩人稱帝爾。

唐棣枝類棘枝，隨節屈曲，則其華一偏一反，左右相矯，因得全體均正。偏喻管、蔡失道，反喻周公誅殛。言我豈不思兄弟之愛，以權宜合義，主在遠者爾。唐棣本文王之詩，此一章周公制作，序己情而加之，仲尼以不必常存而去之。

日出而陰升自西，日迎而會之，雨之候也，喻婚姻之得禮者也。日西矣，而陰生于東，喻婚姻之失道者也。

鶴鳴而子和，言出之善者與！鶴鳴魚潛，畏聲聞之不臧者與！

「鴥彼晨風，鬱彼北林」，晨風雖摯擊之鳥，猶時得退而依深林而止也。

漸漸之石言「有豕白蹢，烝涉波矣」。豕之負塗曳泥，其常性也；今豕足皆白，衆與涉波而去，水患之多爲可知也。

「君子所貴乎道者三」，猶「王天下有三重焉」：言也，動也，行也。

苟造德降，則民誠和而鳳可致，故鳴鳥聞，所以爲和氣之應也。

百家謹案：苟當作耇。書君奭：「耇造德不降，我則鳴鳥不聞。」言耇老成人之德，下及于民也，則鳴鳥有聲。此周公留召公之意。

九疇次敘：民資以生，莫先天材，故首曰五行；君天下必先正己，故次五事；己正然後邦得而治，故次八政；政不時舉必昏，故次五紀；五紀明然後時措得中，故次建皇極，求大中不可不知權，故次三德；權必有疑，故次稽疑；可徵然後疑決㊀，故次庶徵，福極徵然後可不勞而治，故九以嚮勸終焉。五爲數中，故皇極處之，權過中而合義者也，故三德處六。

「親親尊尊」，又曰「親親尊賢」，義雖各施，然而親均則尊其尊，尊均則親其親，爲可矣。若親均尊均，則齒不可以不先。此施于有親者不疑。若尊賢之等，則于親尊之殺，必有權而後行。急親賢爲堯、舜之道，然則親之賢者先得之于疏之賢者爲必然。堯明俊德于九族而九族睦，章俊德于百姓而萬邦協，黎民雍，皋陶亦以惇敘九族、庶明勵翼爲邇可遠之道，則九族勉敬之人固先明之，然後遠者可次序而及。大學謂「克明峻德」爲自明其德，不若孔氏之註愈。

義民，安分之良民而已；俊民，俊德之民也。官能則準牧無義民，治昏則俊民用微。

五言樂語，歌詠五德之言也。

「卜不習吉」，言卜官將占，先決問人心，有疑乃卜，無疑則否。「朕志無疑，人謀僉同」，故無所用卜。鬼神必依，龜筮必從，故不必卜筮玩習其吉以瀆神也。

衍忒未分，有悔吝之防，此卜筮之所由作也。

王禘篇第十六

禮「不王不禘」，則知諸侯歲闕一祭，爲不禘明矣。至周以祠爲春，以禴爲夏，宗廟歲六享，則二享

㊀「疑決」原作「決疑」，據張載集五八頁改。

四祭爲六矣。諸侯不禘，其四享與！夏、商諸侯，夏特一祫。王制謂「礿㊀則不禘，禘則不嘗」，假其名以見時祀之數爾。作記者不知文之害意，過矣！

高忠憲曰：「不王不禘」，喪小記及大傳之言。諸侯歲闕一祭者，諸侯歲朝，南方諸侯春祭畢則夏來朝，故闕禘祭；西方諸侯夏祭畢則秋來朝，故闕嘗祭；四方皆然，重王事也。夏、商之祭，春礿、夏禘、秋嘗、冬烝，禘列于四者之中。周則改爲春祠、夏礿，而嘗、烝仍其舊，祫、禘二享不與四祭之內，故爲六享。諸侯有祫不禘，又歲闕一祭，故爲四享。蓋夏、商諸侯夏當禘而不禘，而特一祫，此所以有祫不禘。王制謂「礿則不禘，禘則不嘗」，假禘之名以見時祀之數耳，遂使人以不禘爲由于礿，而非由于不王，則文之害意甚矣！礿與禴同，薄也；春物未成，祭品鮮薄也。禘者，次第也；夏時物雖成，宜依時次第而祭之。嘗者，新穀熟而嘗也。烝，衆也；冬時物成者衆也。祠，食也。禘，天子宗廟之大祭。凡廟皆有主，皆居室中東面之位，爲獨尊。禘則獨于始祖廟中特設所自出之主于東面，而始祖之主退居南面以配之。祫，合也；合祭祖考也。時祭之祫，則羣廟之主皆升而合食于太祖之廟，毁廟之主不與；三年大祫，則毁廟之主亦與也。

禘于夏、周爲春夏，嘗于夏、商爲秋冬。作記者交舉，以二氣對互而言爾。

高忠憲曰：禘祭夏行于夏，周行于春；嘗祭夏行于秋，商行于冬。蓋礿禘用物薄，主于灌獻，順乎陽，春夏之用也；嘗烝用物多，主于饋食，順乎陰，秋冬之用也。故郊社以禘嘗對言，二氣之

㊀「礿」原作「祫」，據禮記王制「諸侯礿則不禘，禘則不嘗」及張載集五九頁改。

義也。

「享嘗」云者，享爲追享、朝享，禘亦其一爾。嘗以配享，亦對擧秋冬而言也。夏、商以禘爲時祭，知追享之必在夏也。然則夏、商天子歲乃五享：禘列四祭，并祫而五也。周改禘爲禴，則天子享六；諸侯不禘，又歲闕一祭，則亦四而已矣。王制所謂「天子犆礿、祫禘、禘、祫嘗、祫烝」，既以禘爲時祭，則祫可同時而擧。「諸侯礿犆，禘一犆一祫」，言于夏禘之時，正爲一祭，特一祫而已。然則不王不禘，又著見于此矣。下又云「嘗祫、烝祫」，則嘗烝且祫無疑矣。若周制亦當闕一時之祭，則當云「諸侯礿則不禴，禴則不嘗」。

高忠憲曰：禮記祭法「王立七廟，遠廟爲祧，有二祧，享嘗乃止」，謂四時之常祀。周禮司尊彝「追享、朝享」，謂四時之間祀。蓋五年之夏有禘，謂之追享；三年之冬有祫，謂之朝享。張子以享爲追享、朝享，兼常祀、間祀言也。嘗乃秋祭，享當在夏，故嘗以配享，亦春夏對擧秋冬而言。特礿者，天子春祭，時物不備，故每廟特祭。夏物稍成，秋物大成，冬物畢成，故禘、嘗、烝皆合祭羣主于祖廟也。礿犆，即特礿也。「一犆一祫」，本謂今歲犆則來歲祫，祫之明年又犆，張子主「不王不禘」而言，故謂一祭特一祫而已。嘗祫、烝祫，則皆如天子之合祭。此夏、殷之制也。

庶子不祭祖，不止言王考而已。明其宗也；明宗子當祭也。不祭禰，以父爲親之極甚者，故又發此文。明其宗也。

庶子不爲長子斬，不繼祖與禰故也。此以服言，不以祭言，故又發此條。

高忠憲曰：適士立二廟，祭禰及祖。若兄弟二人，一嫡一庶，而俱爲適士，其庶子止得立禰廟，不得立祖廟而祭祖者，明其宗有所在也。若庶子非適士，或未仕，則雖禰廟亦不得立，故不得祭禰，明其宗之有在也。有事則具牲物，稟宗子而祭之。庶子不爲己之長子服斬者，以己非繼祖之宗，又非繼禰之宗，則長子非祖父之正統，不敢如宗子斬其長也。

「庶子不祭殤與無後者」，註：「不祭殤者，父之庶。」蓋以殤未足語世數，特以己不祭禰，故不祭之。「不祭無後者，祖之庶也。」雖無後，以其成人，備世數，當祔祖以祭之，己不祭祖，故不得而祭之也。「祖庶之殤，則自祭之也」，言庶孫則得祭其子之殤者，以己爲其祖矣，無所祔之也。「凡所祭殤者惟適子」，此據禮天子下祭殤五，皆適子適孫之類。故知凡殤非適，皆不當特祭，惟當從祖祔食。無後者，謂昆弟諸父殤與無後者，如祖廟在小宗之家，祭之如在大宗。見曾子問註。

高忠憲曰：殤與無後，皆從祖祔食者也。己爲父之庶子，不得立父廟，故不得自祭其殤子，己爲祖之庶孫，不得立祖廟，故不得祭無後之兄弟，皆具牲物而宗子主其禮者也。祭祖庶之殤者，以己爲祖庶孫，而或庶子之所生之殤，則己亦爲祖矣，無所祔食，故自祭之。祭殤惟適子者，適子有廟，得特祭也。祭法曰：「天子下祭殤五，諸侯三，大夫二。」以尊祭卑，故曰下祭。五，謂適子、適孫、適曾孫、適玄孫、適來孫。曾子問曰：「凡殤與無後者，祭于宗子之家。」鄭氏註曰：「凡祖廟在小宗之家，祭之亦然。」小宗者，別子之庶子，以庶子所生之長子乃小宗子也；大宗者，次適爲別子，別子所生之子爲大宗子也。

殷而上七廟，自祖考而下五，并遠廟爲祧者二，無不遷之太祖廟。至周有百世不毁之祖，則三昭三穆。四爲親廟，二爲文、武二世室，并始祖而七。諸侯無二祧，故五，大夫無不遷之祖，則一昭一穆，與祖考而三，故以祖考通謂爲太祖。若祫，則請于其君，并高祖干祫之，干祫之，不當祫而特祫之也。孔註「王制謂周制」，亦粗及之而不詳爾。

劉近山曰：殷而上，謂成湯以前爲天子者，其廟制則七也。祖考，始祖也；而下爲高、曾、祖、禰四親廟也。遠廟爲祧者二，則高祖之父祖當遞遷者，其生所藏之廟也。皆無不遷之太祖廟。至周始有百世不毀之祖禰，四爲親廟，二爲文、武世室，并后稷始封之祖而七。曰世室者，不毀之名。其祧，則先公之遷主藏于太祖后稷之廟，先王之遷主藏于文、武世室，羣穆于文，羣昭于武也。諸侯無二祧，無高祖以上之祧廟也。五，謂高、曾、祖、禰及始祖也。祫，謂合祭。請于其君，并高祖干祫之者，諸侯五廟，其祫固及其始祖矣；大夫三廟，有大事不敢私自舉行，必省問于君而君賜之，乃得行焉。而其合也，亦上及于高祖。干者，自下干上之義，以卑行尊者之禮也。

「鋪筵設同几」，疑左右几一云。交鬼神異于人，故夫婦而同几，求之或于室，或于祊也。

高忠憲曰：祭統曰：「鋪筵設同几，爲依神也。詔祝于室而出于祊，此交神明之道也。」筵，席也；几，所憑以爲安。同几，夫婦共一几。蓋人生則形體異，故夫婦之倫在有別；死則精氣無間，故曰交鬼神異于人。廟門謂之祊，設祭在門外之西旁，故因名爲祊。言不知神于彼饗之乎，于此饗之乎，無方以求之也。

祭社稷、五祀、百神者，以百神之功報天之德爾。故以天事鬼神，事之至也，理之盡也。

劉近山曰：社，土神；稷，穀神。五祀，門、行、户、竈、中霤。百神，如日月、星辰、山川、丘陵之類。祭雖以百神之功，而實報天之德。百神而曰天，以見百神無非天也。故以事天之道事鬼神，則事之極而理之盡也。

「天子因生以賜姓，諸侯以字爲謚」，蓋以尊統上、卑統下之義。

朱子曰：姓是大總腦處，氏是後來分別處。如魯本姬姓，其後有孟氏、季氏，同本姬姓而氏不同。「諸侯以字爲謚」，竊恐「謚」本「氏」字，傳寫之訛。如舜生嬀汭，武王遂賜胡公滿爲嬀姓，卽因生賜姓也。鄭之國氏本子國之後，駟氏本子駟之後，卽以字爲氏，因以爲族也。「尊統上」者，天子以生賜姓，統諸侯；「卑統下」者，諸侯以字分族，統大夫也。

天子因生以賜姓，難以命于下之人，亦尊統上之道也。

據玉藻，疑天子聽朔于明堂，諸侯則于太廟，就藏朔之處告祖而行。

方氏曰：天子聽朔于南門，示受之于天；諸侯聽朔于太廟，示受之于祖。原其所自也。

「受命祖廟，作龜禰宮」，次序之宜。

高忠憲曰：郊特牲言卜郊之事也。告于祖廟而行事，尊祖也；用龜以卜而于禰宮，親考也。

「公之士及大夫之衆臣爲衆臣，公之卿大夫、卿大夫之室老及家邑之士爲貴臣。」上言公士，所以別士于公者也；下言室老、士，所以別士于家者也。衆臣不以杖卽位，疑義與庶子同。

高忠憲曰：儀禮喪服謂公士、大夫之衆臣爲其君布帶繩屨。公之士爲公之衆臣，公之卿大夫爲公之貴臣；卿大夫之室老及家邑之士爲卿大夫之貴臣，其餘爲卿大夫之衆臣。室老，家相之老，家邑之士，卽家相。衆臣之與貴臣，猶庶子之于嫡子。禮「庶子不以杖卽位」，謂父母之喪，嫡子則執杖進阼階哭位，庶子至中門外則去之矣。衆臣之不以杖卽位，其義疑與此同也。

適士，疑諸侯薦于天子之士及王朝爵命之通名。蓋三命方受位天子之朝，一命再命受職受服者，疑官長自辟除，未有位于王朝，故謂之官師而已。

劉近山曰：適士，諸侯之上士也。蓋諸侯薦于天子，三命方受位于王朝。若一命受職、再命受服者，皆諸侯之官長自辟除，未有位王朝，故謂之官師而已。謂但爲一官之長，非若適士爲王朝爵命之通名也。

「小事則專達」，蓋得自達于其君，不俟聞于長者，禮所謂達官者也。所謂達官之長者，得自達之長也，所謂官師者，次其長者也。然則達官之長必三命而上者，官師則中士而再命者，庶士則一命爲可知。

賜官，使臣其屬也。

高忠憲曰：周禮九儀之命，六命賜官，使得以臣其屬也。

祖廟未毁，教于公宫，則知諸侯于有服族人，亦引而親之如家人焉。

「下而飲」者，不勝者自下堂而受飮也。其争也，争爲謙讓而已。

百家憶姜定庵先生問「君子無所争」章，先遺獻曰：「射義云：『事之盡禮樂而可數爲，以立德行者，莫如射，故聖王務焉。』是射者，所以教讓者也。『君子無所争』無從而見，而見之于射。『揖讓而升，下而飮』，皆無爭之事也。凡所以爲此者，蓋爭欲爲君子耳！若謂『惟于射而後有爭』，在射既不見有爭之事，豈兩耦心競，各不相下與？如是何以觀德？」與此「爭爲謙讓」意合。

君子之射，以中爲勝，不必以貫革爲勝。侯以布，鵠以革，其不貫革而墜于地者，中鵠爲可知矣，此「爲力不同科」之一也。

「知死而不知生，傷而不弔。」畏、壓、溺可傷尤甚，故特致哀死者，不弔生者以異之，且「如何不淑」之詞無所施焉。

博依，善依永而歌樂之也；雜服，雜習于制數服近之文也。

春秋，大要天子之事也，故曰：「知我者其惟春秋乎！罪我者其惟春秋乎！」

「苗而不秀者」，與下文「不足畏也」爲一說。

乾稱篇第十七

凡可狀，皆有也；凡有，皆象也；凡象，皆氣也。氣之性本虛而神，則神與性乃氣所固有，此鬼神所以體物而不可遺也。舍氣，有象否？非象，有意否？

沈毅齋曰：天地附于氣，則由地以上皆天氣也。蒼蒼者，極遠之色耳。然人涵育于天地之中，其呼吸假天氣以爲消息，猶魚之在水而不知也。吾之氣卽天之氣爾，寧有不相爲流通者乎！

至誠，天性也；不息，天命也。人能至誠，則性盡而神可窮矣；不息，則命行而化可知矣。學未至知化，非真得也。

高忠憲曰：天性無妄，天命不已。性卽神，命卽化。故至誠無息，而性命、神化一以貫之矣。何以能誠？妄復于無妄而已！

有無虛實通爲一物者，性也。不能爲一，非盡性也。飲食男女皆性也，是烏可滅！然則有無皆性也，是豈無對？莊、老、浮屠爲此說久矣，果暢真理乎？

天包載萬物于內，所感所性，乾坤、陰陽二端而已。無內外之合，無耳目之引取，與人物蕞然異矣。人能盡性知天，不爲蕞然起見，則幾矣。

高忠憲曰：所感，氣也、化也；所性，理也、神也。無內外之合，無心也；無耳目之引取，無形也；與人物蕞然之小者異矣。不爲蕞然起見，無我也。

有無一，內外合，庸聖同。此人心之所自來也。若聖人，則不專以聞見爲心，故能不專以聞見爲用。無所不感者虛也，感卽合也，咸也。以萬物本一，故一能合異；以其能合異，故謂之感。若非有異，則無合。天性，乾坤、陰陽也。二端，故有感；本一，故能合。天地生萬物，所受雖不同，皆無須臾之不感，所謂性卽天道也。

高忠憲曰：有無一，內外合，此人心之所自來，蓋太虛之□□也。人病其以耳目見聞累其心，故思盡其心者，必知心所自來而後能。聖人惟不專以聞見爲心，故能不專以聞見爲用，所謂「德性所知，不萌于見聞」也。不以耳目見聞累其心，虛之極也。虛，故無所不感。所以有感者，以其合異；所以能合者，以其本一。乾坤、陰陽，一物而兩體。兩體，故有感，一物，故能合。天地無須臾之不感，萬物亦然。在萬物爲性，在造化爲天道，性卽天道也。

感者性之神，性者感之體。在天在人，其究一也。惟屈伸、動靜、終始之能一也，故所以妙萬物而謂之神，通萬物而謂之道，體萬物而謂之性。

高忠憲曰：感者性之妙用，性者感之本體。屈伸、動靜、終始之能一，兩體而一物也。神也，道也，性也，一而已矣。

至虛之實，實而不固；至靜之動，動而不窮。實而不固，則一而散；動而不窮，則往且來。

性通極于無，氣其一物爾；命稟同于性，遇乃適然焉。人一己百，人十己千，然有不至，猶難語性，可以言氣。行同報異，猶難語命，可以言遇。

高忠憲曰：通極，猶言究極。性超乎氣，氣其一物耳；命同于性，遇乃氣數之適然。稟者，人物所稟。曰「猶難語性」、「猶難語命」，則人不可以氣與遇之異，而不求性命之同也。

浮屠明鬼，謂有識之死，受生循環，遂厭苦求免，可謂知鬼乎？以人生爲妄，可謂知人乎？天人一物，輒生取舍，可謂知天乎？孔、孟所謂天，彼所謂道。惑者指「游魂爲變」爲輪迴，未之思也。大學當先知天德，知天德則知聖人，知鬼神。今浮屠極論要歸，必謂死生轉流，非得道不免，謂之悟道，可乎？自其説熾傳中國，儒者未容窺聖學門牆，已爲引取，淪胥其間，指爲大道。其俗達之天下，致善惡智愚，男女臧獲，人人著信；使英才間氣，生則溺耳目恬習之事，長則師世儒宗尚之言，遂冥然被驅，因謂聖人可不修而至，大道可不學而知。故未識聖人心，已謂不必求其迹；未見君子志，已謂不必事其文。此人倫所以不察，庶物所以不明，治所以忽，德所以亂。異言滿耳，上無禮以防其僞，下無學以稽其弊。自古詖淫邪遁之詞，翕然並興，一出于佛氏之門者千五百年。自非獨立不懼，精一自信，有大過人之才，何以正立其間，與之較是非，計得失！

高忠憲曰：有識之死，謂人死而識神復循環受生也。天人取舍者，棄人事以求天性也。孔、孟所謂天，彼則謂之道；易所謂「游魂爲變」，彼則謂之輪迴；似是而實非，皆以不知天德。不知天德，則以未嘗格物窮理，而徒欲得道以免生死輪轉。卽此發本要歸，尚可謂之悟道乎？求其迹，考其行也。事其文，讀其書也。趙伯循曰：「此條學者當日誦一通，庶幾知崇正學，而可與明道。」

釋氏語實際，乃知道者所謂誠也，天德也。其語到實際，則以人生爲幻妄，有爲爲疣贅，以世界爲陰濁，遂厭而不有，遺而弗存。就使得之，乃誠而惡明者也。儒者則因明致誠，因誠致明，故天人合一，致學而可以成聖，得天而未始遺人，易所謂「不遺」、「不流」、「不過」者也。彼語雖似是，觀其發本要歸，與吾儒二本殊歸矣。道一而已，此是則彼非，此非則彼是，固不當同日而語。其言流遁失守，窮大則淫，推行則詖，致曲則邪，求之一卷之中，此弊數數有之。大率知晝夜陰陽則能知性命，能知性命則能知聖人，知鬼神。彼欲直語太虛，不以晝夜陰陽累其心，則是未始見易。未始見易，則雖欲免陰陽晝夜之累，末由也已。易且不見，又烏能更語真際！舍真際而談鬼神，妄也。所謂實際，彼徒能語之而已，未始心解也。

易謂「原始反終，故知死生之說」者，謂原始而知生，則求其終而知死必矣。此夫子所以直季路之問而不隱也。

體不偏滯，乃可謂無方無體。偏滯于晝夜陰陽者，物也；若道，則兼體而無累也。以其兼體，故曰「一陰一陽」，又曰「陰陽不測」，又曰「一闔一闢」，又曰「通乎晝夜」。語其推行故曰道，語其不測故曰神，語其生生故曰易，其實一物，指事異名爾。

大率天之爲德，虛而善應；其應非思慮聰明可求，故謂之神。老氏況諸谷，以此。

太虛者，氣之體。氣有陰陽，屈伸相感之無窮，故神之應也無窮；其散無數，故神之應也無數。雖無窮，其實湛然；雖無數，其實一而已。陰陽之氣，散則萬殊，人莫知其一也；合則混然，人不見其殊也。形聚爲物，形潰反原。反原者，其「游魂爲變」與！所謂變者，對聚散存亡爲文，非如螢雀之化，指前後身而爲說也。

高忠憲曰：天地之間，一氣而已。氣，湛然太虛而已。雖屈伸聚散，無窮無數，而其體不易，其爲物不貳，此所以爲神也。湛合，謂萬物散歸太虛。潰，散也；反原，即合也。游魂爲變者，有聚散存亡之變，而非如螢雀前後身之變。

益物必誠，如天之生物，日進日息。自益必誠，如川之方至，日增日得。施之妄，學之不勤，欲自益且益人，難矣哉！易曰：「益長裕而不設。」信夫！

將修己，必先厚重以自持；厚重知學，德乃進而不固矣。忠信進德，惟尚友而急賢，欲勝己者親，無如改過之不吝。

宋元學案卷十八

橫渠學案下

黄宗羲原本　黄百家纂輯　全祖望修定

橫渠理窟

治天下不由井地，終無由得平。周道止是均平。

天官之職，須襟懷洪大方看得。蓋其規模至大，若不得此心，欲事事上致曲窮究，湊合此心，如是之大，必不能得也。

井田至易行，但朝廷出一令，可以不笞一人而定。蓋人無敢據土者。又須使民悦從，其多有田者，使不失其爲富。借如大臣有據土千頃㊀者，不過封與五十里之國，則已過其所有。其他隨土多少與一官，使有租税人不失故物。治天下之術，必自此始。今以天下之土棊畫分布，人受一方，養民之本也。後世不制其産，止使其力，又反以天子之貴專利，公自公，民自民，不相爲計。「百姓足，君孰與不足？百姓不足，君孰與足？」其術自城起，首立四隅。一方正矣，又增一表，又治一方。如是，百里之地不日可定，何必毁民廬舍墳墓，但見表足矣。方既正，表自無用，待軍賦與治溝洫者之田各有處所不可易，

㊀「頃」原作「比」，據張載集二四九頁改。

旁加損井地是也。百里之國，爲方十里者百。十里爲成，成出革車一乘，是百乘也。然開方計之，百里之國，南北、東西各三萬步。一夫之田爲方步者萬。今聚南北一步之博而會東西三萬步之長，則爲方步者三萬也，是三夫之田也。三三如九，則百里之地得九萬夫也。革車一乘，甲士三人，步卒七十二人。以千乘計之，凡用七萬五千人。今有九萬夫，故百里之國亦可言千乘也。以地計之，足容車千乘。然取之不如是之盡，其取之亦什一之法也。其間有山陵林麓，不在數。

井田亦無他術，但先以天下之地棊布畫定，使人受一方，則自是均。前日大有田產之家，雖以其田授民，然不得如分種、如租種矣，所得雖差少，然使之爲田官以掌其民。使人既喻此意，人亦自從。雖少不願，然悦者衆而不悦者寡矣，又安能每每恤人情如此！其始雖分公田與之，及一二十年，猶須別立法。始則因命爲田官，自後則是擇賢。欲求古法，亦先須熟觀文字，使上下之意通貫，大其胸懷以觀之。井田卒歸于封建，乃定。封建必㊀有大功德者，然後可以封建。當未封建前，天下井邑當如何爲治？必立田大夫治之。今既未可議封建，只使守令終身，亦可爲也。所以必要封建者，天下之事，分得簡則治之精，不簡則不精，故聖人必以天下分之于人，則事無不治者。聖人立法，必計後世子孫。使周公當軸，雖攬天下之政，治之必精，後世安得如此！且爲天下者，奚爲紛紛必親天下之事？今便封建不肖者，復逐之，有何害？豈有以天下之勢，不能正一百里之國，使諸侯得以交結以亂天下？自非朝廷大不能治，安得如此？而後世乃謂秦不封建爲得策，此不知聖人之意也。

㊀「必」原作「功」，據張載集二五一頁改。

周禮盟詛之屬，必非周公之意。以上周禮。

管攝天下人心，收宗族，厚風俗，使人不忘本，須是明譜系世族與立宗子法。宗法不立，則人不知統系來處。古人亦鮮有不知來處者。宗子法廢，後世尚譜牒，猶有遺風。譜牒又廢，人家不知來處，無百年之家，骨肉無統，雖至親，恩亦薄。

宗子之法廢，則朝廷無世臣。今日大臣之家，且可方宗子法。朝廷有制，曾任兩府，則宅舍不許分。以上宗法。

今之人自少見其父祖從仕，或見其鄉閭仕者，其心正欲得利祿縱欲，于義理更不留意。有天生性美，則或能孝友廉節者。不美者，縱惡而已，性元不曾識磨礪。禮樂。

變化氣質，孟子曰「居移氣，養移體」，況居天下之廣居者乎！居仁由義，自然心和而體正。更要約時，但拂去舊日所爲，使動作皆中禮，則氣質自然全好。禮曰：「心廣體胖。」心既弘(一)大，則自然舒泰而樂也。若心但能弘大，不謹敬，則不立。若但能謹敬，而心不弘大，則入于隘。須寬而敬。大抵有諸中者，必形諸外，故君子心和則氣和，心正則氣正。其始也，固亦須矜持。古之爲冠者，以重其首，爲履，以重其足。至于盤盂几杖爲銘，皆所以慎戒之。

學者有息時，一如木偶人，牽搐則動，舍之則息，一日而萬生萬死。學者有息時，亦與死無異，是心

(一)「弘」原作「宏」，據張載集二六五頁改。下同。

死也。身雖生，身亦物也，天下之物多矣。學者本以道爲生，道息則死也，終是僞物，當以木偶人爲譬以自戒。知息爲大不善，因設惡譬如此，只欲不息。

欲事立，須是心立。立心不欽則怠墮，事無由立。

不知疑者，只是不便實作。既實作，則須有疑。必有不行處，是疑也。譬之通身會得一邊，或理會一節未全，則須有疑，是問是學處也。無，則只是未嘗思慮來也。

人之氣質美惡與貴賤夭壽之理，皆是所受定分。如氣質惡者，學卽能移。今人所以多爲氣所使而不得爲賢者，蓋爲不知學。古之人在鄉閭之中，其師長朋友日相教訓，則自然賢者多。但學至于成性，則氣無由勝。孟子謂「氣壹則動志」，「動」猶言「移易」。若志壹，亦能動氣。必學至于如天，則能成性。

多聞見，適足以長小人之氣。君子莊敬日强，始則須拳拳服膺，出于牽勉。至于中禮，卻從容。如此，方是爲己之學。鄉黨說孔子之形色之謹，亦是敬。此皆變化氣質之道也。

求心之始，如有所得，久思則茫然復失，何也？夫求心不得其要，鑽研太甚，則惑。心之要，只是欲平曠。熟後無心如天，簡易不已。今有心以求其虛，則是已起一心，無由得虛。切不得令心煩！求之太切，則反昏惑，孟子所謂「助長」也。孟子亦只言存養而已，此非可以聰明思慮，力所能致也。然而得博學于文以求義理，則亦動其心乎？夫思慮不違是心而已。「尺蠖之屈，以求伸也。龍蛇之蟄，以存身也。精義入神，以致用也。利用安身，以崇德也。」此交相㊀養之道。夫屈者，所以求伸也；勤學，所以

㊀「交相」原作「相交」，據張載集二六九頁改。

修身也，博文，所以崇德也。唯博文則可以力致。人平居又不可以全無思慮，須是考前言往行，觀昔人制節，如此以行其事而已，故動焉而無不中理。以上氣質。

梓材謹案：梨洲原本所録氣質八條，其一條移附天祺先生傳後。

嘗謂文字若史書歷過，見得無可取，則可放下。如此，則一日之力，可以了六七卷書。又學史不爲爲人。對人恥有所不知，意只在相勝。醫書雖聖人存此，亦不須大段學，不會亦不甚害事。會得，不過惠及骨肉間，延得頃刻之生，決無長生之理。若窮理盡性，則自會得。如文集、文選之類，看得數篇，無所取，便可放下。如道藏、釋典，不看亦無害。既如此，則無可得看，唯是有義理也。故唯六經則須著循環，能使晝夜不息，理會得六七年，則自無可得看。若義理則儘無窮，待自家長得一格，則又見得別。

今之性㊀滅天理而窮人欲，今復反歸其天理。古之學者便立天理。孔、孟而後，其心不傳，如荀、揚皆不能知。

顧諟謹案：明道程子曰：「『天理』二字，是自家體貼出來。」先生亦拈天理，而曰「歸」曰「立」，發明「自家體貼」之意，尤爲喫緊。

學貴心悟，守舊無功。

爲學大益，在自能變化氣質。不爾卒無所發明，不得見聖人之奧。故學者先須變化氣質。變化氣質與虛心相表裏。

㊀「性」，疑當作「人」。

仁不得義則不行，不得禮則不立，不得智則不知，不得信則不能守。此致一之道也。

學不能推究事理，只是心粗。至如顏子未至于聖人處，猶是心粗。

讀書少，則無由考校得義精。蓋書以維持此心，一時放下，則一時德性有懈。讀書則此心常在，不讀書則終看義理不見。書須成誦，精思多在夜中或静坐得之，不記則思不起。但通貫得大原後，書亦易記。所以觀書者，釋己之疑，明己之未達。每見每知所益，則學進矣。于不疑處有疑，方是進矣。

常人教小童，亦可取益。絆己不出入，一益也；授人數次，己亦了此文義，二益也；對之必正衣冠，尊瞻視，三益也；常以因己而壞人之才爲之憂，則不敢惰，四益也。

某觀中庸義二十年，每觀每有義，己㊀長得一格。六經循環，年欲一觀。觀書以静爲心，但只是物不入心。然人豈能長静，須以制其亂。以上義理。

書多閲而好忘者，只爲理未精耳。理精，則須記了無去處也。仲尼「一以貫之」，蓋只著一義理都貫卻。學者但養心識明静，自然可見，死生存亡皆知所從來，胸中瑩然無疑，止此理爾。孔子言「未知生，焉知死」，蓋畧言之。死之事，只生是也，更無别理。

既學而先有以功業爲意者，于學便相害。既有意，必穿鑿創意，作起事也。德未成而先以功業爲事，是代大匠斲，希不傷手也。

戲謔直是大無益，出于無敬心。戲謔不已，不惟害事，志亦爲氣所流。不戲謔亦是持氣之一端。善

㊀「己」原作「已」，據文義改。按上文「待自家長得一格，則又見得别」，「每見每知所益，則學進矣」，「己」卽「自家」之意。

戲謔之事，雖不爲，無傷。

正心之始，當以己心爲嚴師，凡所動作，則知所懼。如此一二年間，守得牢固，則自然心正矣。以上學大原上。

劉蕺山曰：心爲嚴師，以本無不正。故此絶頂話頭。

慕學之始，猶聞都會紛華盛麗，未見其美而知其有美不疑，步步進則漸到，畫則自棄也。觀書解大義，非聞也，必以了悟爲聞。

今人爲學，如登山麓，方其迤邐之時，莫不闊步大走，及到峻峭之處，便止。須是要剛決果敢以進。

心清時常少，亂時常多。其清時即視明聽聰，四體不待羈束而自然恭謹。其亂時反是。如此者何也？蓋用心未熟，客慮多而常心少也，習俗之心未去而實心未全也。有時如失者，只爲心生。若熟後，自不然。心不可勞，當存其大者，存之熟後，小者可畧。

顧諟謹案：子劉子喫緊三關本，「實心未全也」，「全」字作「完」字，此下云：「人又要得剛，太㊀柔則入于不立。亦有人生無喜怒者，則又要得剛。剛則守得定，不回，進道勇敢。載則比他人自是勇處多。」與此不同，存考。

人當平物我，合內外。如是以身鑒物，便偏見，以天理中鑒，則人與己皆見。猶持鏡在此，但可鑒

㊀「太」原作「大」，據張載集三七七頁改。

彼，于己莫能見也，以鏡居中，則盡照。只爲天理常在，身與物均見，則自不私。己亦是一物，人常脱去己身，則自明。然身與心常相隨，無柰何！有此身，假以接物，則舉措須要是。今見人意、我、固、必，以爲當絶，于己乃不能絶，卽是私己。是以大人正己而物正，須待自己者皆是著見于人，物自然而正。以誠而明者，既實而行之明也，明則民斯信矣。己未正而正人，便是有意、我、固、必。鑒己與物皆見，則自然心弘㊀而公平。意、我、固、必，只爲有身，便有此。至如恐懼、憂患、忿懥、好樂，亦只是爲其身處。亦欲忘其身，賊害而不顧，只是兩公平，不私于己，無適無莫，義之與比也。

學者不論天資美惡，亦不專在勤苦，但觀其趨嚮著心處如何。

顧諟謹案：此先生立志之説也。朱子曰：「書不記，熟讀可記。義不精，深思可精。惟有志不立，直是無著力處！」與此同旨。

學者以堯、舜之事，須刻日月要得之，猶恐不至，有何愧而不爲，此始學之良術也。

義理有疑，則濯去舊見，以來新意。心中苟有所開，卽便劄記。不思，則還塞之矣。更須得朋友之助。一㊁日間朋友論著，則一日間意思差別。須日日如此講論，久則自覺進也。

在可疑而不疑者，不曾學，學則須疑。譬之行道者將之南山，須問道路之出自。若安坐，則何嘗有疑！

㊀「弘」原作「洪」，據張載集二八五頁改。（宋人避趙匡胤父弘殷諱，弘改作洪。）　㊁「一」字原無，據張載集二八六頁補。又自此句以下，原另爲一條，今據張載集連上爲一條。

顧諟謹案：前云「有不行處是疑」，此云「學則須疑」，更不待不行矣，語意尤爲警醒！

學者只是于義理中求。譬如農夫，是穮是蔉，雖有饑饉，必有豐年。蓋求之，則須有所得。凡所當爲，一事意不過，則推類，如此善也，一事意得過，以爲且休，則百事廢，其病常在。謂之「病」者，爲其不虛心也。又病隨所居而長，至死只依舊。爲子弟則不能安灑掃應對，在朋友則不能下朋友，有官長不能下官長，爲宰相不能下天下之賢，甚則至于徇私意，義理都喪，也只爲病根不去，隨所居所接而長。人須一事事消了病，則常勝，故要克己。克己，下學也。下學、上達，交相培養。蓋不行，則成何德行哉！

顧諟謹案：學大原上內一節曰：「古者惟國家則有有司，士庶人皆子弟執事。又古人于孩提時已教之禮，今世學不講，男女從幼便驕惰壞了，到長益凶狠，只爲未嘗爲子弟之事。則于其親，已有物我，不肯屈下，病根常在。」朱子小學本自「世學不講」以下，合于此節「又病隨所居而長」之上，共爲一節，至「則常勝」止。子劉子喫緊三關本從之。今據張子全書分爲兩節，而記其不同于左。

學者大不宜志小氣輕！志小則易足，易足則無由進，氣輕則虛而爲盈，約而爲泰，亡而爲有，以未知爲已知，未學爲已學。人之有恥于就問，便謂我好勝于人，只是病在不知求是爲心。故學者當無我。

以上學大原下。

某學來三十年，自來作文字說義理無限，其有是者，皆只是「億則屢中」。譬之穿窬之盜，將竊取室中之物，而未知物之所藏處，或探知于外人，或隔牆聽人之言，終不能自到，說得皆未是實。觀古人之書，如探知于外人；聞朋友之論，如聞隔牆之言。皆未得其門而入，不見宗廟之美，室家之好。比歲方似入至其中，知其中是美是善，不肯復出，天下之議論莫能易此。譬如既鑿一穴，已有見，又若既至其中，卻無燭，未能盡室中之有，須索移動，方有所見。言「移動」者，謂逐事要思。譬之昏者觀一物，必貯目于一，不如明者舉目皆見。此某不敢自欺，亦不敢自謙，所言皆實事。學者又譬之知有物而不肯捨去者有之，以爲難入不濟事而去者有之。

某向時謾說以爲已成，今觀之，全未也。然而得一門庭，知聖人可以學而至。更自期一年如何。今且專與聖人之言爲學，閒書未用閱。閱閒書者，蓋不知學之不足。

思慮要簡省，煩則所存都昏惑。中夜因思慮不寐，則驚魘不安。某近來雖終夕不寐，亦能安靜，卻不求寐，此其驗也。

某始持期喪，恐人非笑，己亦自若羞恥。自後，雖大功、小功亦服之，人亦以爲熟，己亦熟之。天下事，大患只是畏人非笑。不養車馬，食麤衣惡，居貧賤，皆恐人非笑。不知當生則生，當死則死，今日萬鍾，明日棄之，今日富貴，明日饑餓，亦不卹，惟義所在。

祭祀用分至，四時正祭也。其禮，特牲行三獻之禮，朔望用一獻之禮，取時之新物因薦，以是日無食味也。元日用一獻之禮，不特殺，有食。寒食、十月朔日㊀皆一獻之禮。喪自齊衰以下，朔不可

㊀「朔日」二字原無，據張載集二八九頁補。

廢祭。

某自今日欲正經爲事，不柰何須著從此去，自古聖賢莫不由此始也。況如今遠者、大者又難及得，惟于家庭間行之，庶可見也。今左右前後無尊長可事，欲經之正，故不免須責于家人輩。家人輩須不喜，亦不柰何！或以爲自尊大，亦不柰何！蓋不如此，則經不明。若便行之，不徒其身之有益，亦爲其子孫之益者也。

某既閒居橫渠，説此義理，自有橫渠未嘗如此。如此地又非會衆教化之所，或有賢者經過，若此，則似繫著在此。某雖欲去此，自是未有一道理去得。如諸葛孔明在南陽，便逢先主相召，入蜀居了許多時日，作得許多功業。又如周家發迹于邠，遷于岐，遷于鎬。春積漸向冬，漢積漸入秦，皆是氣使之然。大凡能發見，即是氣至。若仲尼在洙、泗之間，修仁義，興教化，歷後千有餘年，用之不已。今倡此道，不知如何，自來元不曾有人説著，如楊雄、王通又皆不見，韓愈又只尚閒言詞。今則此道亦有與聞者，其已乎？其有遇乎？以上自道。

語録

上智下愚不移。充其德性則爲上智，安于見聞則爲下愚。不移者，安于所執而不移也。

子貢謂「夫子之言性與天道不可得而聞」，既云「夫子之言」，則是居常語之矣。聖門學者以仁爲己任，不以苟知爲得，必以了悟爲聞，因有是説。明賢思之！

學者當須立人之性。仁者人也，當辨其人之所謂人。學者，學所以爲人。

多求新意，以開昏蒙。吾學不振，非强有力者不能自奮。足下信篤持謹，何患不至！正惟求自粹美，得之最近。

萬物皆有理。若不知窮理，如夢過一生。釋氏便不窮理，皆以爲見病所致。莊生儘能明理，及至窮極，亦以爲夢，故稱孔子與顏淵語曰：「吾與爾皆夢也。」蓋不如㊀易之窮理也。

有志于學者，都更不論氣之美惡，只看志如何。「匹夫不可奪志也」，惟患學者不能堅勇。

大率玩心未發㊁，可求之平易，勿迂也。若始求太深，恐自兹愈遠。

百家謹案：此即程氏相傳「未發氣象」之旨。

太虛者，自然之道。行之要在思，故曰「思誠」。

虛心，然後能盡心。

虛心，則無外以爲累。

人生固有天道，人事當行㊂。不行則無誠，不誠則無物，故須行實事。惟聖人踐形，爲實之至。得人之形，可離非道也。

與天同原謂之虛，須得事實故謂之實。此叩其兩端而竭焉，更無去處。

天地之道，無非以至虛爲實，人須于虛中求出實。聖人虛之至，故擇善自精。心之不能虛者，有物

㊀「如」，張載集三二一頁作「知」。　㊁「發」，張載集三二四頁作「熱」。　㊂此句張載集三二五頁作「人之事在行」。

榛礙。金鐵有時而腐，山嶽有時而摧，凡有形之物，卽易壞。惟太虛無動搖，故爲至實。詩云「德輶如毛」，毛猶有倫，「上天之載，無聲無臭」，至矣！

靜者善之本，虛者靜之本。靜㊀猶對動，虛則至一。

氣之蒼蒼，目之所止也；日月星辰，象之著也。當以心求天之虛。大人不失其赤子之心，赤子之心今可知也，以其虛也。

天地以虛爲德，至善者虛也。虛者天地之祖，天地從虛中來。

氣者，自萬物散殊時，各有所得之氣。習者，自胎胞中以至于嬰孩時，皆是習也。某所以使學者先學禮者，只爲學禮則便除去了世俗一副常習熟纏繞。譬之延蔓之物，解纏繞卽上去，上去卽是理明矣，又何求！苟能除去了一副當世習，便自然脫灑也。又學禮則可以守得定。

古之小兒，便能敬事長者。與之提攜，則兩手奉長者之手；問之，掩口而對。蓋稍不敬事，便不忠信，故教小兒且先安詳恭敬。

孟子曰：「人不足與適也，政不足與間也，惟大人爲能格君心之非。」非惟君心，至于朋游學者之際，彼雖議論異同，未欲深校，惟整理其心使歸之正，豈小補哉！

㊀「靜」字原無，據張載集三二五頁補。

文集

所訪物怪神姦，此非難説，顧語未必信耳。孟子所論，「知性」「知天」。學至于知天，則物所從出，當源源自見。知所從出，則物之當有當無，莫不心喻，亦不待語而知。諸公所論，但守之不失，不爲異端所刼，進進不已，則物怪不須辨，異端不必攻，不踰期年，吾道勝矣。若欲委之無窮，付之以不可知，則學爲疑撓，智爲物昏，交來無間，卒無以自存，而溺于怪妄必矣！

朝廷以道學、政術爲二事，此正自古之可憂者。巽之謂孔孟可作，將推其所得而施諸天下邪？將以其所不爲而强施之于天下歟？大都君相以父母天下爲王道。不能推父母之心于百姓，謂之王道可乎？所謂父母之心，非徒見于言，必須視四海之民如己之子。設使四海之内皆爲己之子，則講治之術必不爲秦、漢之少恩，必不爲五霸之假名。巽之爲朝廷言，人不足與適，政不足與間，能使吾君愛天下之人如赤子，則治德必日新，人之進者必良士，帝王之道不必改途而成，學與政不殊心而得矣。以上答范巽之書。

竊嘗病孔、孟既没，諸儒囂然，不知反約窮源，勇于苟作，持不逮之資而急知後世。明者一覽，如見肺肝然，多見其不知量也。方且創艾其弊，默養吾誠，顧所患日力㊀不足，而未果他爲也。

始學之要，當知「三月不違」與「日月至焉」內外賓主之辨，使心意勉勉循循而不能已，過此幾非在

㊀「力」原作「夕」，據張載集三五〇頁及三七六頁改。

我者。□□□□□□□㊀。

性理拾遺

天下凡謂之性者，如言「金性剛」、「火性熱」、「牛之性」、「馬之性」也，莫非固有。凡物莫不有是性，由通蔽開塞，所以有人物之別；由蔽有厚薄，故有智愚之別。塞者牢不可開，厚者可以開而開之也難，薄者開之也易；開則達于天道，與聖人一㊁。

心統性情者也。

有形則有體，有性則有情。發于性則見于情，發于情則見于色，以類而應也㊂。

道所以可久可大，以其肖天地而不雜也。與天地不相似，其違道也遠矣！

事無大小，皆有道在其間。能安分則謂之道，不能安分謂之非道。「顯諸仁」，天地生萬物之功，則人可得而見也。所以造萬物，則人不可得而見，是「藏諸用」也。

接物處皆是小德，統會處便是大德。

洪鐘未嘗有聲，由叩乃有聲；聖人未嘗有知，由問乃有知。或謂：「聖人無知，則當不問之時，其猶

㊀ 按以上二條未注出處，今考第一條見呂祖謙編皇朝文鑑卷一百十九所載張載與趙大觀書，第二條見朱熹、呂祖謙編近思錄，均係錄自張載文集。 ㊁ 以上二條，張載集三七四頁作一條。 ㊂ 以上三條，張載集三七九頁作一條。

木石乎？」曰：「有不知則有知，無不知則無知，故曰『聖人未嘗有知，由問乃有知』也。聖人無私無我，故功高天下，而無一介累于其心。蓋有一介存焉，未免乎私己也。」

明善爲本，固執之乃立，擴充之則大，易視之則小。在人能弘之而已。

利，利于民則可謂利，利于身、利于國，皆非利也。利之言利，猶言美之爲美。利誠難言，不可一概而言。

近思録拾遺

敦篤虛静者，仁之本。不輕妄，則是敦篤也；無所繫閡昏塞，則是虛静也。此難以頓悟苟知之，須久于道實體之，方知其味。「夫仁，亦在乎熟之而已！」孟子說。

有潛心于道，忽忽爲他慮引去者，此氣也。舊習纒繞，未能脱灑，畢竟無益，但樂于舊習耳。古人欲得朋友與琴瑟簡編，常使心在于此。惟聖人知朋友之取益爲多，故樂得朋友之來。論語說。

舜之事親有不悦者，爲父頑母嚚，不近人情。若中人之性，其愛惡畧無害理，姑必順之。親之故舊，所喜者，當極力招致，以悦其親。凡于父母賓客之奉，必竭力營辦，不計家之有無。然爲養，又須使不知其勉强勞苦。苟使見其爲而不易，則亦不安矣。記說。

斯干詩言「兄及弟矣，式相好矣，無相猶矣」，言兄弟宜相好，不要厮學。猶，似也。人情大抵患在施之不見報則輟，故恩不能終。不要相學，己施之而已。詩說。

古者有東宮，有西宮，有南宮，有北宮，異宮而同財，此禮亦可行。古人慮遠，目下雖似相疏，其實如此乃能久相親。蓋數十百口之家，自是飲食衣服難爲得一。又異宮乃容子得伸其私，所以避子之私也。子不私其父，則不成爲子。古之人曲盡人情，必也同宮，有叔父、伯父，則爲子者何以獨厚于其父？爲父者又烏得而當之？父子異宮，爲命士以上，愈貴則愈嚴。故異宮猶今世有逐位，非如異居也。樂說。

梓材謹案：原本此下有「謂范巽之」一條及蕺山語，今移爲附錄。

未知立心，惡思多之致疑；既知所立，惡講治之不精。講治之思，莫非術內，雖勤而何厭！所以急于可欲者，求立吾心于不疑之地，然後若決江河，以利吾往。遜此志，務時敏，厥修乃來。故雖仲尼之才之美，然且敏以求之。今持不逮之資，而欲徐徐以聽其自適，非所聞也。

爲天地立心，爲生民立命，爲往聖繼絕學，爲萬世開太平。

人多以老成則不肯下問，故終身不知。又爲人以道義先覺處之，不可復謂有所不知，故亦不肯下問。從不肯問，遂生百端欺妄人。我寧終身不知！論語說。

梓材謹案：此下有「孔、孟既没」及「始學之要」二條，併歸文集。

附錄

先生氣質剛毅，德盛貌嚴，然與人居，久而日親。其治家接物，大要正己以感人。人未之信，反躬自治，不以語人，雖有未喻，安行而無悔。故識與不識，聞風而畏。聞人之善，喜見顏色。答問學者，雖多不倦。有不能者，未嘗不開其端。可語者，必丁寧以誨之，惟恐其成就之晚。

先生在渭，渭帥蔡公子正特所尊禮，軍府之政，小大咨之。先生夙夜從事，所以贊助之力爲多。並寨之民，常苦乏食而貸于官帑，不能足，又屬歲旱，先生力言于府，取軍儲數十萬以救之。又言戍兵徒往來，不可爲用，不若損數以募土人爲便。以上呂與叔撰行狀。

謂范巽之曰：「吾輩不及古人，病源何在？」巽之請問，先生曰：「此非難悟。設此語者，蓋欲學者存意之不忘，庶游心浸熟，有一日脫然如大寐之得醒耳！」

劉蕺山曰：醒來只是舊時人！

橫渠著正蒙時，處處置筆硯，得意即書。明道云：「子厚卻如此不熟！」

張采謹案：是子厚謹慎處。若到熟時，便是聖人言聖人事矣。子厚既不能，若未到熟時，率意著作，如何得有西銘極純無雜來！

橫渠嘗言：「吾十五年學箇『恭而安』不成。」明道曰：「可知是學不成，有多少病在！」

張采謹案：「恭而安」是學不得，工夫在「恭而安」前。

明道曰：張子厚聞皇子生，喜甚。見餓莩者，食便不美。

又曰：西銘，某得此意，只是須得子厚如此筆力，他人無緣做得。孟子以後，未有人及此。得此文字，省多少言語。要之，仁孝之理備于此。須臾而不于此，則便不仁不孝也。

又曰：「孟子之後，只有原道一篇，其間言語固多病，然大要儘近理。若西銘，則是原道之宗祖也。原道卻只說道，元未到西銘意思。據子厚之文，醇然無出此文也。自孟子後，蓋未見此書。」

問：「西銘如何？」明道曰：「此橫渠文之粹者也。」曰：「充得盡時如何？」曰：「聖人也。」「橫渠能充盡否？」曰：「言有兩端：有有德之言，有造道之言。有德之言說自己事，如聖人言聖人事也。造道之言則智足以知此，如賢人說聖人事也。橫渠道儘高，言儘醇，自孟子後，儒者都無他見識。」

明道嘗與橫渠在興國寺講論終日，而曰：「不知舊日曾有甚人于此處講此事。」

伊川答橫渠書曰：「觀吾叔之見，志正而謹嚴，深探遠賾，豈後世學者所嘗慮及。然以大概氣象言之，則有苦心極力之象，而無寬裕溫和之氣，非明睿所照，而考索至此，故意屢偏而言多窒，小出入時有之。更望完養思慮，涵泳義理，他日當自條暢。」

子厚言：「關中學者用禮漸成俗。」正叔言：「自是關中人剛勁敢爲！」子厚言：「亦是自家規矩寬大。」

伊川曰：關中學者，以今日觀之，師死而遂倍之，卻未見其人，只是更不復講。

又曰：藻鑑人物，自是人才有通悟處，學不得也。張子厚善鑑裁，其弟天祺學之，便錯。

又曰：子厚以禮教學者，最善，使學者先有所據守。

又曰：某接人，治經論道者亦甚多，肯言及治體者，誠未有如子厚。

問：「橫渠言『由明以至誠，由誠以至明』，此言恐過當。」伊川曰：「『由明以至誠』，此句卻是。『由誠以至明』則不然。誠即明也。孟子曰：『我知言，我善養吾浩然之氣。』只『我知言』一句已盡。横渠之言不能無失，類若此。若西銘一篇，誰說得到此！今以管窺天，固是見北斗，別處雖不得見，然見㈠北斗不可謂不是也。」

問：「横渠之言有迫切處否？」伊川曰：「子厚謹嚴。纔謹嚴，便有迫切氣象，無寬舒之氣。」

横渠之没，門人欲謚爲明誠夫子，質于明道先生。先生疑之，訪于温公，以爲不可，答書云：「昨日承問張子厚謚，倉卒奉對，以漢、魏以來此例甚多，無不可者。退而思之，有所未盡。竊惟子厚平生用心，欲率今世之人復三代之禮者也。漢、魏以下，蓋不足法。郊特牲曰：『古者生無爵，死無謚。』爵謂大夫以上也。檀弓記禮所由失，以爲士之有誄，自縣賁父始。子厚官比諸侯之大夫，則已貴，宜有謚矣。然曾子問曰：『賤不誄貴，幼不誄長，禮也。惟天子稱天以誄之。諸侯相誄，非禮也。』諸侯相誄猶爲非禮，況弟子而誄其師乎！孔子之没，哀公誄之，不聞弟子復爲之謚也。子路欲使門人爲臣，孔子以爲欺天。門人厚葬顔淵，孔子歎不得視猶子也。君子愛人以禮，今關中諸君欲謚子厚而不合于古禮，非子厚之志。與其以陳文範、陶靖節、王文中、孟貞曜爲比，其尊之也，曷若以孔子爲比乎！承關中諸君決疑于伯淳，而伯淳謙遜，復謀及于淺陋，不敢不盡所聞而獻之，以備萬一。惟伯淳擇而折衷之！」

吕與叔作行狀，有「見二程，盡棄其學」之語。伊川語和靖曰：「表叔平生議論，謂頤兄弟有同處則可，若謂學于頤兄弟，則無是事。頃年屬與叔删去之，不謂尚存，幾于無忌憚矣！」

㈠「然見」二字原無，據二程集（中華書局點校本）三〇八頁補。

祖望謹案：與叔其後卒改此語。

楊龜山致書伊川，疑西銘言體而不及用，恐其流于兼愛。曰：「橫渠立言誠有過者，乃在正蒙。若西銘，明理以存義，擴前聖所未發，與孟子『性善』、『養氣』之論同功，豈墨氏之比哉！西銘理一而分殊，墨氏則二本而無分，子比而同之，過矣！且謂言體而不及用，彼欲使人推而行之，本爲用也，反謂不及，不亦異乎」

龜山曰：西銘只是發明一箇事天底道理。所謂事天者，循天理而已！

又曰：西銘只是要學者求仁而已！

尹和靖曰：見伊川後半年，方得大學、西銘看。

又曰：人本與天地一般大，只爲人自小了。若能自處以天地之心爲心，便是與天地同體。西銘備載此意。顏子克己，便是能盡此道。

晁公武曰：橫渠易說，繫辭差詳，而今無之。

朱子曰：橫渠云：「吾學既得于心，則修其辭命。辭命無差，然後斷事。斷事無失，吾乃沛然。」看來理會道理，須是說得出。一字不穩，便無下落。所以橫渠中夜便筆之于紙，只要有下落。而今理會得有下落底，臨事尚腳忙手亂，況不曾理會得下落。橫渠如此，若論道理，他卻未熟，然他地位卻要如此。高明底則不必如此。

又曰：橫渠之學是苦心得之，乃是「致曲」，與伊川異。

又曰：明道之學，從容涵泳之味洽。橫渠之學，苦心力索之功深。

又曰：曾子剛毅，立得牆壁在，而後可傳之子思、孟子。伊川、橫渠甚嚴，游、楊之門倒塌了。若天資大段高，則學明道，若不及明道，則且學伊川、橫渠。

又曰：橫渠說做工夫處，更精切似二程。二程資禀高明潔淨，不大段用工夫。橫渠資禀有偏駁夾雜處，大段用工夫來。觀其言曰：「心清時少，亂時多。其清時視明聽聰，四體不待羈束而自然恭敬。其亂時反是。」說得來大段精切！

梓材謹案：此條從晦翁學案移入。

又曰：橫渠教人道：「夜間自不合睡。只爲無可應接，他人皆睡了，已不得不睡。」他做正蒙時，或夜裏默坐徹曉。他直是恁地勇，方做得。因舉曾子「任重道遠」一段曰：「子思、曾子直恁地，方被他打得透！」

又曰：學者少有能如橫渠輩用功者。近看得橫渠用功最親切，直是可畏！

或云：「諸先生說話，皆不及小程先生，雖大程亦不及。」朱子曰：「不然。明道說話儘高。邵、張說得端的處，儘好。且如伊川說『仁者天下之公，善之本也』，大段寬而不切。如橫渠說『心統性情』，這般所在說得的當。又如伊川謂『鬼神者造化之迹』，卻不如橫渠所謂『二氣之良能』也。」

問：「橫渠似孟子否？」朱子曰：「橫渠嚴密，孟子宏闊。」又問：「孟子平正，橫渠高處太高，僻處太僻？」曰：「是。」又曰：「橫渠之于程子，猶伯夷、伊尹之于孔子。」

問西銘仁孝之理，朱子曰：「他不是說孝，是將這孝來形容這仁。事親底道理，便是事天底樣子。」朱子又曰：「橫渠西銘，初看有許多節卻似狹，充其量是甚麼樣大，合下便有箇『乾健坤順』意思。自家身已便如此，形體便是這箇物事，性便是這箇物事。同胞是如此，吾與是如此，主腦便是如此。『尊高年，所以長其長；慈孤弱，所以幼其幼』，又是做工夫處。後面節節如此。『于時保之，子之翼也；樂且不憂，純乎孝者也』，其品節次第又如此。橫渠說這般話，體用兼備。豈似他人，只說得一邊。」問：「自其節目言之，便是各正性命；充其量而言之，便是流行不息？」曰：「然。」

劉剛中問：「張子西銘與墨子兼愛何以異？」朱子曰：「異以理一分殊。一者一本，殊者萬殊。脉絡流通，真從乾坤父母源頭上聯貫出來，其後支分派別，井井有條，隱然子思『盡其性』、『盡人性』、『盡物性』，孟子『親親而仁民，仁民而愛物』微旨，非如夷之『愛無差等』。且理一，體也；分殊，用也。墨子兼愛，只在用上施行。如後之釋氏人我平等，親疏平等，一味慈悲。彼不知分之殊，又烏知理之一哉！」

梓材謹案：此條從滄洲諸儒學案移入。

朱子贊先生像曰：早悅孫、吳，晚逃佛、老。勇撤臯比，一變至道。精思力踐，妙契疾書。訂頑之訓，示我廣居。

張南軒曰：西銘謂以乾爲父，坤爲母，有生之類，無不皆然，所謂理一也。而人物之生，血脉之屬，各親其親，各子其子，則其分亦安得而不殊哉！是則然矣。然即其理一之中，乾則爲父，坤則爲母，民則爲同胞，物則爲吾與，若此之類，分固未嘗不具焉。龜山所謂「用未嘗離體」者，盖有見于此也。似更須說破耳。

又曰：人之有是身也，則易以私，私則失其正理矣。西銘之作，惟患夫私勝之流也，故推明理之一以示人。理則一而其分森然，自不可易。惟識夫理一，乃見其分之殊。明其分殊，則所謂理之一者，斯周流而無弊矣。此仁義之道所以常相須也。學者存此意，涵泳體察，求仁之要也。

又與朱元晦書曰：近讀繫辭，益覺向者用意過當，失卻聖人意脉。如横渠亦時未免有此。補。

魏鶴山師友雅言曰：嘗疑「人不獨親其親，不獨子其子」，近乎兼愛之意。朱文公亦云然。及見横渠說惟不獨親其親子其子，故知能親親而子子，與孟子「老幼及人」同意，不費辭而義足。補。

真西山曰：張子有言：「爲天地立心，爲生民立極，爲前聖繼絶學，爲萬世開太平。」又云：「此道自孟子後千有餘歲，若天不欲此道復明，則不使今日有知者。既使人有知者，則必有復明之理。」此皆先生以道自任之意。

黄東發日鈔曰：横渠先生精思力踐，毅然以聖人之事爲己任。凡所議論，率多超卓。至于變化氣質，謂：「形而後有氣質之性。善反之，則天地之性存焉。故氣質之性，君子有弗性焉。」此尤自昔聖賢之所未發，警教後學最爲切至者也。學者宜何如其遵體哉！若夫篤信周官，謂可舉行于今日，則未知先生見用，果何如。似恐世變推移，自昔聖人亦不過隨時立制，而治要亦不在制度之細爾。至若測陰陽造化，談清虚一大，初學未當過而問，不敢盡鈔類云。補。

薛文清曰：讀西銘，有天下爲一家，中國爲一人之氣象。又曰：讀西銘，知天地萬物爲一體。又曰：

西銘立心，可以語王道。

宗羲案：橫渠氣魄甚大，加以精苦之工，故其成就不同。伊川謂其多迫切而少寬舒，考亭謂其高處太高，僻處太僻，此在橫渠已自知之，嘗言「吾十五年學箇『恭而安』不成」，所謂寬舒氣象即安也。然「恭而安」自學不得，正以迫切之久而後能有之。若先從安處學起，則蕩而無可持守，早已入漆園籬落。

橫渠學侶

御史張天祺先生戩

張戩，字天祺，橫渠先生季弟也。其爲人篤實寬裕，儼然正色，喜愠不見于容。接人無貴賤親疏，未嘗失色。樂道人善，不及其惡。終日無一言不及于義，任道力行，常若不及。小有過，必語人曰：「我知之矣。公等察之，後此不復爲矣！」關中學者稱爲「二張」。橫渠嘗語人曰：「吾弟德性之美，有所不如。其不自假而勇于自屈，在孔門之列，宜與子夏相後先。」及與之論道，曰：「吾弟，全器也。然語道而合，乃自今始。有弟如此，道其無憂乎！」伊川曰：「天祺有自然德器。」以進士歷知靈寶、流江、金堂諸縣，誠心愛人，養老恤窮，民有小善，皆籍記之。月吉，召老者飲勞，使其子孫侍，以勸孝弟。民化其德，所止獄訟稀少。熙寧初，召爲御史裏行。神宗將大有爲，先生每進對，以堯、舜、三代之事進，大要謂反經正本，當自朝廷始。已而累章論王安石亂法，乞罷條例司及追還常平使者，劾曾公亮、陳升之、趙抃依違不能救正，韓絳左右附從，與爲死黨，李定以邪諂竊臺諫，呂惠卿刻薄辯給，假經術以文姦言，豈宜勸講君側，章數十上。又詣中書爭之，安石舉扇掩面而笑，先生曰：「戩之狂直，宜爲公笑。然天下之笑公者不少！」陳升之㊀解之曰：「察院不須如此！」先生顧曰：「相公得爲無過邪！」退而謝病，不朝待罪。出知公安縣，徙知夏縣。先生之在靈寶也，采稍歲用民力，久爲困擾。先生訪其利害，纖悉得之，乃計一夫之役，采稍若干，以計其直，請使民得納市于有司而罷其役，止就河壖爲場，立價募民采伐給用，太守、監司不聽。及爲御史，卒言于朝行之。晚知夏縣，靈寶之民遮使者車，請曰：「吾昔日之賢令也！願使君哀吾民，還吾舊治。」使者以聞于朝，詔徙鳳翔府司竹監。夏縣之民遮道泣送，不能行，至于舉家不復食。筍監以每歲發旁縣夫伐竹一月，先生以爲無名之役，乃籍監中園夫課伐，而免旁縣之被役者。會暴病卒，年四十七。横渠哭之，如不欲生。將葬，手疏哀辭十二，納于壙中。呂與叔稱：「其力之厚，任天下之重而不辭；其氣之强，篤行禮義而無倦；其忠之盛，使死者復生而無憾。」伊川又曰：「天祺在司竹，嘗愛用一卒長。及將代，見其人盜筍皮，遂治之無少貸。罪已，待之復如初，畧不介意。」其德量如此！

附錄

㊀「陳升之」，宋史本傳作「趙抃」，未詳孰是。按宋史趙抃傳言「王安石用事，抃屢斥其不便」，陳升之傳則謂「王安石用事，……升之心知其不可，而竭力爲之用，安石德之」，似當以作「陳升之」爲是。

橫渠理窟氣質曰：愼喜怒，此只矯其末而不知治其本，宜矯輕警惰。若天祺，氣重也，亦有矯情過實處。

橫渠同調

純公程明道先生顥別爲明道學案。

正公程伊川先生頤別爲伊川學案。

侍講呂原明先生希哲別爲滎陽學案。

正愍呂微仲先生大防別見范呂諸儒學案。

橫渠門人高平再傳。

龍學呂晉伯先生大忠

教授呂和叔先生大鈞

正字呂與叔先生大臨

學士范巽之先生育並爲呂范諸儒學案。

橫渠私淑

詹事晁景迂先生說之別爲景迂學案。

橫渠續傳

蔡牧堂先生發附見西山蔡氏學案。

宋元學案卷十九

范呂諸儒學案

全祖望補本

范呂諸儒學案表

范鎮（附師龐直温。）——從子百禄——從孫祖述
　　　　　　　　　　　從孫祖禹別爲華陽學案

呂公著——子希哲別爲滎陽學案。
　　　　子希績
　　　　子希純
　　　　邢居實別見安定學案。

李常——黃庭堅——王庭秀別見龜山學案。
（並涑水同調。）

韓維——從孫瓘別見元城學案。
　　　從孫璜別見武夷學案。
　　　玄孫元吉別見和靖學案。

王巖叟　並明道同調。

呂大防　父賁。橫渠同調。

豐稷　王鄞江、樓西湖門人。——子安常——曾　誼別見象山學案。
　陳瓘別爲陳鄒諸儒學案。
　李朴見下君行家學㈠。
　張庭堅

李潛　附師劉師正。清敏同調。——子朴
　子格
　呂好問別見滎陽學案。
　呂切問別見滎陽學案。

龔夬——弟大壯
　龔節亨

上官均——子愔——曾孫謐別見滄洲諸儒學案。
　從子恢

㈠「學」下原衍「案」字，據本卷正文删。

杜純——弟紘

　　——從子熺

父彭壽。　　子欽禼

晁補之別見蘇氏蜀學畧㊀。

常安民——子同

李深——子階

　　——子郁別見龜山學案。

父誥。

附弟勉。

並元祐之學。

范呂諸儒學案

祖望謹案：慶曆以後，尚有諸魁儒焉，于學統或未豫，而未嘗不于學術有功者，范蜀公、呂申公、韓持國，一輩也；呂汲公、王彥霖，又一輩也，豐相之、李君行，又一輩也。尚論者其敢忽諸！述范呂諸儒學案。梓材案：是卷謝山所特立，惟李君行、李進祖傳，其稿尚存，餘多以史傳參補。

㊀「別見蘇氏蜀學畧」七字原無，據本卷正文補。

涑水同調

忠文范景仁先生鎮附師龐直溫。

范鎮，字景仁，華陽人。舉進士第一，爲新安主簿。薦試，擢館閣校勘。四年當遷，宰相龐籍言鎮有異材，不汲汲于進取，超授直祕閣、判吏部南曹、開封府推官。遷起居舍人、知諫院，疏請二府通知兵民大計，與三司同制國用。陳執中爲相，先生論其無學術，非宰相器。及執中嬖妾笞殺婢，御史劾奏。先生言：「今陰陽不和，民困賦歛，執中當任其咎。閨門之細，非所以責宰相。」識者韙之。仁宗在位三十五年，未有繼嗣，中外莫敢言者，先生獨奮曰：「天下事尚有大于此者乎！」疏十九上，待命百餘日，鬚髮爲白。罷知諫院，改集賢殿修撰、同修起居注，遂知制誥。先生雖解言職，無歲不申前議。至是，入謝曰：「陛下許臣，今復三年矣。願早定大計。」其後韓魏公卒定策立英宗。遷翰林學士，判太常寺，論定濮王典禮。改侍讀學士，出知陳州。神宗卽位，復爲翰林學士兼侍讀，知通進銀臺司。王荆公爲政，變更法令，先生力爭之，不報，卽上疏曰：「臣言青苗不見聽，薦蘇軾、孔文仲不見用，宜去。」疏五上。其後指安石用喜怒爲賞罰，疏入，荆公大怒，持其疏至手顫，自草制極詆之，以戶部侍郎致仕，凡所得恩典悉不與。先生表謝，畧曰：「願陛下集羣諦爲耳目，以除壅蔽之姦。任老成爲腹心，以養和平之福。」天下聞而壯之。荆公雖詆之深切，人更以爲榮。旣退，東坡往賀曰：「公雖退，而名益重矣！」哲宗立，賜以龍茶，存勞甚渥。累封蜀郡公。卒，年八十一，贈金紫光祿大夫，謚曰忠文。先生少時爲薛公奎招入幕府，與子弟講學。有問奎入蜀何所得，曰：「得一偉人，當以文學名世。」與司馬温公相得甚驩，議論如出一口，且約生則互爲傳，死則作銘。温公生爲先生傳，服其勇決。先生復銘温公墓。平生清白坦夷，遇人必以誠；恭儉慎默，口不言人過。臨大節，決大議，色和而語壯。篤于行義，奏補先族人而後子孫；鄉人有不克婚葬者，輒爲主之。兄鎡卒于隴城，無子，聞其有遺腹子在外，徒步求之兩蜀間，二年乃得之。少受學于鄉先生龐直温，直温子昉卒于京師，先生娶其女爲孫婦，養其妻子終身。其學本六經，口不道佛、老、申、韓之説。契丹、高麗皆傳誦其文。少時賦長嘯卻胡騎，晚使遼，遼人目曰：「此長嘯公也！」雲濠案：先生著有文集、正言、樂書、國朝韻對、國朝事始、東齋記事，凡百餘卷。猶子百禄，從孫祖禹。參史傳。

梓材謹案：謝山學案劄記言：「北宋宰輔家登學案者，范蜀公家六世八人。」蜀公及從子資政百禄見是卷；從孫正獻祖禹，從曾孫龍圖沖爲華陽學案；資政後仲黼及從子子長、子該，又大冶則華陽後人㊀，見二江學案。共八人，凡六世。

附録

司馬温公傳家集曰：客有問今世之勇于迂叟者，叟曰：「有范景仁者，其爲勇，人莫之敵。」客曰：「景仁長僅五尺，循循如不勝衣，奚其勇？」叟曰：「何哉，而所謂勇者？而以瞋目裂眥，髮上指冠，力曳九牛，氣陵三軍者爲勇乎？是特匹夫之勇耳！勇于外者也。若景仁，勇于内者也。自唐宣宗以來，不欲聞人

㊀ 此處分范仲黼、范子長、范子該爲資政（范百禄）之後，范大冶爲華陽（范祖禹）之後。考二江諸儒學案既稱范仲黼爲「正獻公祖禹之後」，又稱范大冶「當是華陽之後人」，華陽學案亦范仲黼、范子長、范子該並列爲范祖禹之續傳，均與此異。

言立嗣。萬一有言之者，輒切齒疾之，與背畔無異。而景仁獨唱言之，十餘章不已，視身與宗族如鴻毛。後人見景仁無恙而繼爲之者則有矣，然景仁首冒不測之淵，無勇者能之乎？人之情，孰不畏天子與執政？親愛之至隆者，孰若父子？執政欲尊天子之父，而景仁引古義以争之，無勇者能之乎？禄與位，皆人所貪，或老且病，前無可冀，猶戀戀不忍舍去。況景仁身已通顯，有聲望，視公相無跬步之遠，以言不行，年六十三卽拂衣歸，終身不復起，無勇者能之乎？」邵氏聞見録曰：或曰：「司馬温公、范蜀公同以清德聞天下。其初論新法不便，若出于一人之言。而晚乃出處不同，何也？」伯温曰：「熙寧初，温公、蜀公坐言新法，蜀公致其仕，温公不拜樞密副使，請宫祠者十五年。元豐末，神宗升遐，哲宗、宣仁太后首用温公爲宰相。蜀公既致政于熙寧之初，義不爲元祐起也。此二公出處之不同，其道則同也。」

葉水心習學記言曰：司馬、范氏論鍾律，按律止于寸，固不能生尺，度、律異物，其用各殊，尺又安能生律也？凡物度數，皆由分寸起，乃自然之數。故宫繫于分，分不繫于宫；黄鍾繫于寸，寸不繫于黄鍾也。謂度量權衡皆生于黄鍾，而以黍起分，劉歆妄説，古無是也。古之制律，自分而九之以爲宫，自寸而九之以爲黄鍾。樂或未和，則反之數術以求其分寸，必得其和而後止。今用千二百黍實㊀之管，因其所至，遂以爲律，斷取其三以爲空徑，其説易至是乎！「㮚氏爲量，量之以爲鬴，深尺，内方尺而圜其外，其實一鬴，其臀一寸，其實一豆，其耳三寸，其實一升，重一鈞，聲中黄鍾之宫。」考工雖非周官，然歆以前書也。王莽之量，左耳爲升，右爲合龠，而重二鈞，其説曰「起于黄鍾之龠」，而又謂「千二百黍重十二

㊀「實」字原脱，據葉適習學記言序目（中華書局版，下同）七五一頁補。

銖，亦起于黃鍾之龠」，歆之妄說也。其他象類諸說，怪妄尤甚。司馬、范氏不惟古義是求，而譏譏焉相與論莽、歆之制作，終身不已，何哉㊀！

正獻呂晦叔先生公著

呂公著，字晦叔，東萊人。幼嗜學，至忘寢食。父文靖公夷簡異之曰：「此子公輔器也！」恩補奉禮郎，以進士通判潁州，郡守歐陽文忠公與爲講學之友。後文忠使契丹，契丹主問中國學行之士，首以先生對。判吏部南曹，仁宗奬其恬退，賜五品服。除崇文院檢討、同判太常寺。壽星觀營真宗神御殿，先生言：「先帝已有三神御，而建立不已，殆非祀無豐昵之義。」進知制誥，不拜，改天章閣待制兼侍讀。英宗親政，加龍圖閣直學士。方議追崇濮王，言者多罷，先生言：「陛下卽位以來，納諫之風未彰，而屢絀言者，何以風示天下？」不聽，遂乞補外，出知蔡州。神宗立，召爲翰林學士、知通進銀臺司。司馬温公以論事罷中丞，還經幄，先生封還其命曰：「光以舉職賜罷，是爲有言責者不得盡其言也。」詔以告直付閤門，先生又言：「制命不由門下，則封駮之職因臣而廢，願理臣之罪以正紀綱。」帝諭之曰：「所以徙光者，賴其勸學耳，非以言事故也。」先生竟解銀臺司。熙寧初，知開封府。二年，爲御史中丞。時王荆公方行青苗法，先生極詆其非。荆公怒，舉呂惠卿爲御史。先生曰：「惠卿固有才，然姦邪不可用。」帝以語荆公，荆公益怒，誣以惡語，出知潁州。八年，彗星見，詔求直言，起先生知河陽。召還，累遷端明殿學

㊀「何哉」，習學記言序目作「豈其德與器俱有所未至哉」。本書顯係有意改動。

士、知審官院。帝從容與論治道，遂及釋、老，先生問曰：「堯、舜知此道乎？」帝曰：「堯、舜豈不知！」先生曰：「堯、舜惟以知人安民爲難，所以爲堯、舜也。」帝又言唐太宗能以權智御臣下，對曰：「太宗之德，以能屈己從諫爾！」帝善其言。未幾，同知樞密院事，奏止肉刑。元豐五年，以疾丐去，除資政殿學士、定州安撫使。俄永樂城陷，帝臨朝嘆曰：「邊民疲弊如此，獨呂公著爲朕言之耳！」徙揚州，加大學士。將立太子，帝謂輔臣，當以呂公著、司馬光爲師傅。哲宗即位，以侍讀還朝，至則上言曰：「人君初即位，當修德以安百姓。修德之要，莫先于學。學有緝熙于光明，則日新以底至治者，學之力也。」陳十事，曰畏天、愛民、修身、講學、任賢、納諫、薄斂、省刑、去奢、無逸。拜尚書左丞、門下侍郎。元祐初，拜尚書右僕射兼中書侍郎，與司馬温公同心輔政，民讙呼鼓舞，咸以爲便。温公卒，獨當國，除吏皆一時之選。時科舉罷詞賦，專用王氏經義，且雜以釋氏之説，學者至不誦正經，唯竊新經義以干進，精熟者轉上第，故科舉益弊。先生始令禁主司毋以老、莊書出題，舉子不得以申、韓、佛書爲學，經義參用古今諸儒説，毋得專取王氏，復賢良方正科。帝宴近臣于資善堂，出所書唐人詩分賜。先生乃集所講書要語明白切于治道者凡百篇進之，以備聖學之助。三年四月，懇辭位，拜司空、同平章軍國事。宋興以來，宰相以三公平章重事者四人，而先生與文靖居其二。卒，年七十二。帝極悲感，親臨賜奠，贈太師、申國公，謚曰正獻，御書碑首曰「純誠厚德」。紹聖(一)初，章惇爲相，削贈謚，毁碑。蔡京擅政，入先生黨籍。紹興初，悉還贈謚。先生自少講學，即以治心養性爲本。平居無疾言遽色，于聲利紛華，泊然無所好。簡重清

(一)「聖」原作「興」，據宋史本傳及龍本改。

静，識慮深敏，量閎而學粹，不以私利害動其心。好德樂善，見士大夫以人物爲意者，必問其所知與其所聞，參互考實，以達於上。每議政事，博取衆善以爲善。至所當守，則毅然不回。始與王荆公善，荆公嘗曰：「疵吝每不自勝，一詣長者，即廢然而反。所謂使人之意消者，于晦叔見之。」後荆公得志，意其必助己，而先生數列其過失，以故交情不終。于講説尤精，語約而理盡。司馬温公曰：「每聞晦叔講，便覺己語爲煩。」其爲名流所敬如此。子希哲、希純。參史傳。

梓材謹案：謝山劄記：「呂正獻公家登學案者七世十七人。」攷正獻子希哲、希純爲安定門人，而希哲自爲滎陽學案。滎陽子切問亦見學案。又和問、廣問及從子稽中、堅中、弸中，別見和靖學案。滎陽孫本中及從子大器、大倫、大猷、大同爲紫微學案。紫微之從孫祖謙、祖儉、祖泰又別爲東萊學案。共十七人，凡七世。然滎陽長子好問，與弟切問歷從當世賢士大夫遊，以啟紫微，不能不爲之立傳也。

附錄

呂氏家塾廣記曰：正獻公每事持重近厚，然去就之際，極于介潔。其在朝廷，小不合，便脫然無留意。故歷事四朝，無一年不自列求去。

梓材謹案：此條與「文靖公尹京時」一條，「尚書公爲閩領監司」一條，乃滎陽所記，東萊輯官箴述之，非即東萊之説也。黄氏學案補本徑入東萊學案，誤矣。

呂紫微童蒙訓曰：正獻公爲樞副，年六十餘矣，嘗問太僕寺丞吳傳正安詩己之所宜修，傳正曰：「無敝精神于蹇淺。」滎陽公以爲傳正之對，不中正獻之病，正獻清淨不作爲，病于大簡也。本中思之，傳正，公所奬進，年才三十餘，而公猶相講究切磋，後來所無也，不必問其答之當否。

又曰：正獻公每時節，必問諸生有無進益。

梓材謹案：童蒙訓之自溯家學者，各爲分列。滎陽學案倣此。

龍學李公擇先生常

李常，字公擇，建昌人。少讀書廬山白石僧舍，既擢第，留所鈔書九千卷，名舍曰李氏山房。調江州判官、宣州觀察推官。發運使楊佐將薦改秩，先生推其友劉琦，佐曰：「世無此風久矣！」並薦之。熙寧初，爲祕閣校理。王荆公與之善，以爲三司條例檢詳官，改右正言、知諫院。荆公立新法，先生預議，不欲青苗收息。至是，疏言：「條例司始建，已致中外之議。至于均輸、青苗，斂散取息，傅會經義，人且大駭。」荆公遣所親密諭意，先生不爲止，又言州縣散常平錢，實不出本，勒民出息。神宗詰荆公，荆公請令先生具官吏主名。先生以非諫官體，落校理，通判滑州。歲餘，復職，知鄂州，徙湖、齊二州。齊多盜，先生得黠盜，刺爲兵，半歲間誅七百人，姦無所匿。徙淮南西路提刑。元豐六年，召爲太常少卿，遷禮部侍郎。哲宗立，改吏部，進户部尚書。或疑其少幹局，慮不勝任，質于司馬温公。温公曰：「用常主邦計，則人知朝廷不急于征利，聚歛少息矣。」先生轉對，上七事，曰崇廉恥、存貢舉、別守宰、去贓貪、慎疑獄、擇師儒、修役法。拜御史中丞兼侍讀，加龍圖閣直學士。論取士，請分詩賦、經義爲兩科，以盡所長。諫官劉安世以吴處厚繳蔡確詩爲謗訕，因力攻確。先生上疏論以詩罪確，非所以厚風俗，安世併劾先生，徙兵部尚書，辭不拜，出知鄧州。徙成都，行次陝，暴卒，年六十四。有文集、奏議六十卷，詩傳十卷，元祐會計録三十卷。先生長孫莘老覺一歲，始與覺齊名，俱受知于呂正獻公。其論議趣舍大畧相同，所終官職又同，其死先後一夕云。參史傳。

附録

呂滎陽曰：李公擇有樂正子之好善。

呂紫微曰：李公擇尚書嘗與滎陽公諸賢講論，行己須先誠實，只如書帖言語之類，不情謬敬，盡須削去，如未嘗瞻仰而言瞻仰，未嘗懷渴而言懷渴，須盡去之，以立其誠。

又曰：李公擇每令子婦諸女侍側，爲説孟子大義。

明道同調

少師韓持國先生維

韓維，字持國，潁昌人，忠憲公億第五子。以父任爲將作監主簿，閉門不仕㈠。宰相薦其好古嗜學，安于静退，召試學士院，辭不就。富鄭公辟河東幕府，史館修撰歐陽兗公薦爲檢討、知太常禮院。禮官議祫享東向位不行，乞罷禮院，以祕閣校理通判涇州。神宗封淮陽郡王、潁王，先生皆㈡爲記室參

㈠「閉門不仕」上當補「父没後」三字。按宋史本傳云：「受蔭入官。父没後，閉門不仕。」「受蔭入官」即此所云「以父任爲將作少監」。「閉門不仕」上當增「父没後」三字，文義始通。　㈡「皆」字據宋史本傳補。

軍。嘗與論天下事，語及功名，先生曰：「聖人功名，因事始見，不可有功名心。」王拱手稱善。時爲王擇妃，先生上疏曰：「王孝友聰明，動履法度，方嚮經學，以觀成德。今卜族授室，宜歷選勳望之家，謹擇淑媛，考古納采問名之義，以禮成之。不宜苟取華色而已。」遷起居注、侍邇英講。英宗初免喪，簡默不言，先生疏：「邇英爲陛下燕閒之所，侍于側者皆獻納論思之臣，陳于前者非經則史，可以博咨訪之義，窮仁義之道，究成敗之原。今禮制終畢，臣下傾耳以聽玉音，臣請執筆以俟。」進知制誥、知通進銀臺司。御史呂誨等以濮議得罪，先生疏救不從，遂闔門待罪。潁王爲皇太子，兼右庶子。神宗即位，除龍圖閣直學士。論御史中丞王陶罷職事不行，求去，知汝州。數月，召兼侍講、判太常寺。熙寧二年，遷翰林學士、知開封府。明年，爲御史中丞，以兄獻肅絳在樞府，力辭。王荆公亦惡其言保甲事，復使爲開封府，轂下清肅。時吳充爲三司使，帝曰：「維、充㊀以文學進，及任煩劇而皆稱職，可謂得人矣！」兼侍讀學士，充羣牧使。孔文仲對策入等，以切直罷歸，先生言：「陛下毋謂文仲爲一賤士，黜之何損。臣恐忠良結舌，阿諛苟合者將窺隙而進，爲禍不細。」荆公益惡之。先生以言不用，請郡，帝曰：「當留以輔政。」對曰：「使臣言得行，賢于富貴。若攀附舊恩以進，非臣之願也。」遂出知襄州，改許州。七年，召爲學士承旨。時天久不雨，先生言：「畿內諸縣督索青苗錢甚急，往往鞭撻取足。旱災之際，重罹此苦！」上感悟，即命先生草詔求直言。詔出，是日乃雨。王荆公罷，會絳入相，加端明殿學士、知河陽，復知許州。帝幸舊邸，進資政殿學士。曾子固當制，稱其純明亮直，帝令改命詞。先生知帝意，請提舉嵩山

㊀「充」原作「先」，據宋史本傳改。「充」指吳充。

崇福宮。帝崩，起知陳州，未行，召兼侍讀，加大學士。執政欲廢王氏新經義，先生以當與先儒之説並行，論者服其平。拜門下侍郎。處東省踰年，有忌之者密爲讒愬，詔分司南京。尚書右司王存抗聲簾前曰：「韓維得罪，莫知其端，臣竊爲朝廷惜！」乃還大學士、知鄧州。兄絳爲之請，改汝州。久之，以太子少傅致仕，轉少師。紹聖中，入元祐黨籍，降左朝議大夫，再謫崇信軍節度副使，均州安置。諸子乞納官爵，聽父里居，許之。元符初，復左朝議大夫，是歲卒，年八十二。徽宗初，追復舊官。所著有南陽集三十卷。雲濠案：先生嘗封南陽郡公，故以名集。○參史傳。

附錄

程伊川上先生書㊀，求撰明道墓誌，曰：「家兄學術才行，爲世所重，自朝廷至于草野，相知何啻千數。然念相知者雖多也，能知其道者則鮮矣；有文者亦衆也，而其文足以發明其志意，形容其德義者則鮮矣；能言者非少也，而名尊德重，足以取信于人者則鮮矣。頤竊謂智足以知其道義，文足以彰其才德，言足以取信後世，莫如閣下。」

雲濠謹案：先生誌明道墓言：「予方守潁昌，遂得從先生遊。先生不以老耄鄙我，周旋啓告，所以爲益良厚」云。

梓材謹案：先生從孫德全瓘爲元城門人，叔夏璜爲武夷門人，玄孫无咎元吉爲和靖門人；小東萊呂氏即无咎之壻，而无咎之子淮又爲清江門人。故謝山于叔夏傳云「北宋公相家之盛，莫如呂氏、韓氏」也。

㊀「書」字原無，據文義補。按程頤有上韓持國資政書，見二程集六〇二頁，本書係節録。

恭簡王彥霖先生巖叟

王巖叟，字彥霖，大名清平人。仁宗初，置明經科，先生年十八，鄉舉、省試、廷對皆第一，調欒城簿、涇州推官。聞弟喪，棄官歸養。熙寧中，韓魏公留守北京，辟爲屬。韓獻肅絳代魏公，復欲留用，先生謝曰：「巖叟，魏公之客，不願出他門也。」士君子稱之。後知安喜縣，有治聲。定守呂正獻公著歎曰：「此古良吏也。」有詔近臣舉御史，舉者意屬先生，而未及識。或謂可一往見，先生笑曰：「是所謂呈身御史也。」卒不見。哲宗立，用劉忠肅摯薦，爲監察御史，極陳時事之弊。是時下詔求疾苦，先生言役錢斂法太重，願復差法如嘉祐。元祐初，遷左司諫。蔡確以定策自居，先生劾之，言：「陛下之立，以子繼父，百王不易之道。且太皇太后先定于中。而確敢貪天之功。」並劾章惇譏賊狠㊀戾，罔上蔽明。由是二人相繼退斥。兼權給事中，時並命執政，其間有不協時望者，先生卽繳録黃。既而命不由門下省出，先生請對，言之益切，遷侍御史。坐乞還張舜民職任事，改起居舍人，不拜，以直集賢院知齊州。明年，復以起居舍人召。侍邇英講，讀仁宗知人事，先生曰：「人主常欲虛心平意，無所偏係，觀事以理，則事之是非，人之邪正，自然可見。」又申洪範三德之義，上疏風諫。一日侍講，奏曰：「陛下退朝無事，不知何以消日？」哲宗曰：「看文字。」曰：「陛下以讀書爲樂，天下幸甚！聖賢之學，非造次可成，須在積累。積累之要，在專與勤。屏絕它好，始可謂之專；久而不倦，始可謂之勤。願陛下特留聖意！」哲宗領之。進

㊀「狠」原作「狼」，據宋史本傳及龍本改。

權吏部侍郎、天章閣待制、樞密都承旨，請築定遠，據要害以扼西夏，定遠遂城。拜中書舍人，權知開封府，奸猾斂跡。慈聖之族曹氏隸韓絢與同隸訟，事連其主就逮。先生言：「部曲相訟，不當論其主。今不惟長告訐之風，且傷孝治。」詔竄絢而絕其獄。元祐六年，拜樞密直學士、簽書院事，入謝太皇太后，少進而西，奏哲宗曰：「陛下今日聖學，當深辨邪正。」又進曰：「聞有以君子小人參用之說告陛下者，乃深誤陛下也。此不可不察！」哲宗選后既定，太皇太后曰：「帝得賢后，有內助功。」先生對曰：「內助雖后事，其正家須在皇帝。聖人言正家而天下定，當慎之于始。」太皇太后以是語哲宗者再。先生退取歷代后事可爲法者，類爲中宮懿範上之。宰相劉忠肅摯、右丞蘇文定轍以人言求避位，先生曰：「元祐之初，排斥姦邪，緝熙聖治，摯與轍之功居多。願深察讒毀之意，無輕其去就。」兩宮然之。後忠肅竟爲御史鄭雍所擊，先生連疏論救。忠肅去位，御史遂指爲黨，罷爲端明殿學士、知鄭州。明年，徙河陽，數月卒，年五十一。贈左正議大夫。紹聖初，坐元祐黨籍，追貶雷州别駕。爲文語省理該，深得制誥體。有易、詩、春秋傳行世。參史傳。

附錄

朱子伊洛淵源錄曰：王端明彥霖，元祐中爲臺諫官，登政府，正直不撓，當世稱之。墓碑、本傳紀其行事甚詳，然不及其學問源流也。惟遺書前篇有其答問㊀，而其集中亦有記先生語數條，又祭明道文

㊀ 按：程氏遺書卷一有程顥答王彥霖問數條。

有聞道于先生之語。及伊川造朝，亦有兩疏推挽甚力。蓋知尊先生者，然恐其未必在弟子之列也。

橫渠同調

正愍呂微仲先生大防父蕡。

呂大防，字微仲，其先汲郡人。太常博士通孫。父蕡，比部郎中。祖葬京兆藍田，遂家焉。由進士及第，調馮翊主簿、永壽令，遷著作佐郎、知青城縣。韓獻肅絳鎮蜀，稱其有王佐才。入權鹽鐵判官。英宗即位，除監察御史裏行，首言紀綱賞罰，未厭四方之望。京師大水，先生曰：「雨水之患，至入宮城廬舍，殺人害物，此陰陽之沴也。」即陳八事，曰主威不立、臣權太盛、邪議干正、私恩害公、遼夏連謀、盜賊恣行、羣情失職、刑罰失平。會執政議濮王典禮，先生言：「宜以至公大義厭服天下，不得顧私恩而違公義。」章數十上，出知休寧縣。神宗立，通判淄州。熙寧初，知泗州，爲河北轉運副使，召直舍人院。韓獻肅宣撫陝西，命爲判官，又兼河東宣撫判官，除知制誥。四年，知延州。會環慶兵亂，宣撫坐黜，先生亦落知制誥，以太常博士知臨江軍。數月，徙知華州。華嶽摧，先生援經質史，以驗時事。除龍圖閣待制、知秦州。元豐初，徙永興。時用兵西夏，調度百出，有不便者輒上聞，務在寬民。及兵罷，民力比他路爲饒。進直學士。居數年，知成都府。哲宗即位，召爲翰林學士，遷吏部尚書。元祐初，拜尚書右丞，進中書侍郎，封汲郡公。呂正獻告老，超拜先生尚書左僕射兼門下侍郎，修神宗實録。先生見哲宗年益壯，日以進學爲急，請敕講讀官，取仁宗邇英御書解釋上之，寘于坐右。又摭乾興以來四十一事足以爲勸戒者，分上下篇，標曰仁祖聖學，使人主有欣慕不足之意。哲宗御邇英閣，召宰執、講讀官讀寶訓，至漢武帝籍南山提封爲上林苑，仁宗曰：「山澤之利，當與衆共之，何用此也！」丁度謂此蓋祖宗家法。先生因推廣祖宗家法，自事親、治內，以至寬仁、示儉，累數百言，哲宗甚然之。先生樸厚惷直，不植黨朋。與范忠宣並相王室，立朝挺挺，百官不敢干以私；不市恩嫁怨，以邀聲譽；凡八年，始終如一。懇乞避位，宣仁后曰：「上方富于春秋，公未可即去。少須歲月，吾亦就東朝矣。」未果而后崩，爲山陵使。復命以觀文殿大學士、左光祿大夫知潁昌府，尋改永興軍。紹聖初，以言者落職，知隨州。貶祕書監，分司南京，居郢州。言者又以修神宗實錄直書其事爲誣詆，徙安州。兄晉伯自渭入對，哲宗詢大防安否，且曰：「執政欲遷諸嶺南，朕獨令處安陸。爲朕寄聲問之。大防樸直，爲人所賣，三二年可復相見也。」晉伯泄其語于章惇，惇懼，繩之愈力，再貶舒州團練副使，安置循州。疾作，語其子景山曰：「吾不復南矣！」卒，年七十一。晉伯請歸葬，許之。後復故官職，贈太師、宣國公，謚正愍。先生身長七尺，眉目秀發，聲音如鐘。自少持重，無嗜好，過市不左右游目，燕居如對賓客。每朝會，威儀翼如，神宗常目送之。與晉伯及弟與叔同居相切磋，論道考禮，冠昏喪祭，一本于古。關中言禮學者，推呂氏云。參史傳。

王樓門人

清敏豐相之先生稷

豐稷，字相之，鄞縣人。舉進士，爲穀城令，以廉明稱。從安燾使高麗，海中大風，檣折，舟幾覆，衆惶擾莫知所爲，先生神色自若。燾嘆曰：「豐君未易量也！」知封丘縣。神宗召對，問：「卿昔在海中遭風波，何以不畏？」對曰：「巨浸連天，風濤固其常耳。憑仗威靈，尚何畏！」帝悦，擢監察御史。章惇請託，無所移撓，出知陳州㊀。累遷殿中侍御史。上疏哲宗曰：「陛下明足以察萬物之統而不可用其明，智足以應變曲當而不可用其智。願以洪範爲元龜，祖訓爲寶鑑。」除右司諫。揚、荆二王爲天子叔父，尊寵莫並，密令蜀道織錦茵，先生干正衙論曰：「二聖以儉先天下，而宗王僭侈，官吏奉承，皆宜糾正。」既退，御史趙屼謂曰：「聞君言，使屼汗流浹背！」既爲祭酒，車駕幸太學，命講書無逸篇，賜四品服，除刑部侍郎兼侍講。旋以集賢院學士知潁州、江寧府，拜吏部侍郎，又出知河南府，加龍圖閣待制。章惇欲困以道路，連歲亟徙六州。徽宗立，以左諫議大夫召，道除御史中丞。入對，與蔡京遇，京越班揖曰：「天子自外服召公，今日必有高論。」先生正色答曰：「行自知之。」是日論京姦狀，既而陳瓘、江公望皆言之，未能動。先生語陳師錫等曰：「京在朝，吾屬何面目居此！」擊之不已，京遂去翰林。又乞辨宣仁誣謗之禍。時宦官漸盛，先生懷唐書仇士良傳讀于帝前，讀數行，帝曰：「已諭！」先生爲若不聞者，讀畢乃止。曾布由內侍進，將拜相，先生約其僚共論之。俄轉工部尚書兼侍讀，布遂相，先生謝表有「佞臣」之語，帝問爲誰，對曰：「曾布也。陛下斥之外郡，則天下事定矣！」改禮部。先生盡言守正，帝待之厚，將處之尚書

㊀ 宋史本傳此處作：「治參知政事章惇請託事，無所移撓，出惇陳州。」又章惇傳云：「元豐三年，拜參知政事。朱服爲御史，惇密使客達意於服，爲服所白。……罷知蔡州，又歷陳、定二州。」據此，乃章淳密行請託被告發，豐稷以監察御史治其事，無所移撓，出惇知蔡、陳等州。本書似以爲豐稷出知陳州，誤。

左丞，而積忤貴近，不得留，竟以樞密直學士守越。蔡京得政，修故怨，貶海州團練副使、道州别駕，安置台州，除名，徙建州，稍復朝請郎。卒，年七十五。建炎中，追復學士，謚曰清敏。初，文潞公嘗品先生爲人似趙清獻，及賜謚，皆以「清」得名。先生三任言責，每草疏，必密室，子弟亦不得見，退多焚稿，未嘗以時政語人。所薦士如張庭堅、馬涓、陳瓘、陳師錫、鄒浩、蔡肇，皆知名當世云。參史傳。

孟子注

因民之所惡而去之，非有心于殺之也，何怨之有！因民之所利而利之，非有心于利之也，何庸之有！輔其性之自然，使自得之，故民日遷善而不知誰之所爲也。「殺之而不怨」節。

智不急于先務，雖徧知人之所知，徧能人之所能，徒弊精神而無益于天下之治矣。仁不急于親賢，雖有仁民愛物之心，小人在位，無由下達，聰明日蔽于上而惡政日加于下，此孟子所謂「不知務」也。「不能三年之喪」節。

言禹之樂過于文王之樂。追，鐘紐也，周禮所謂旋蟲是也。蠡者，齧木蟲也。言禹時鐘在者，鐘紐如蟲齧而欲絶，蓋用之者多，而文王之鐘不然，是以知禹之樂過于文王之樂也。奚足，言此何足以知之也。軌，車轍迹也。兩馬，一車所駕也。城中之途容九軌，車可散行，故其轍迹淺。城門惟容一車，車皆由之，故其轍迹深。蓋日久車多所致，非一車兩馬之力能使之然也。言禹在文王前千餘年，故鐘久而紐絶，文王之鐘則未久而紐全，不可以此而議優劣也。「高子曰禹之聲」章。

附錄

中丞胡簡修公宗愈、侍御史王明叟覿薦公復爲殿中侍御史，蘇子由當制，有曰：「有德者必有言。爾頃爲御史，直諒不私。」人以爲公論。

國子監西門稍僻，間有潛出者皆由于此，前是長貳杜闢以防，猶不能止。及公爲祭酒，命闢門，撤去詗伺，而士莫能出。呂丞相大防聞之，嘆曰：「士可以德服，不可以法制。如豐相之，可謂以德服人也。」

公天性嗜學，逮老不衰。方在朝廷，退朝還第，與在藩屏公事餘閒，每燕坐一靜室，前後書史，終日觀閱。所至唯以書籍自隨，衣衾之外，他無一物。年方强仕，喪其夫人，遂不復娶，不畜妾媵。膳食或進重品，輒命撤去。卒前一月，預戒後事。將易簀，猶與陳瑩中語如平日。以上清敏遺事。

呂紫微曰：豐公相之清節自守，一意直道，而未嘗絶物。與滎陽公同在經筵，有女之喪，嘗問之曰「以公定力如此，定無過戚。」相之云：「正爲未能如此。」

朱子序清敏遺事曰：仲尼亟稱于水曰：「水哉！水哉！」其詞約而旨微矣。而孟子論其所取之意，乃直以「源泉混混，不舍晝夜，盈科而後進，放乎四海」者言之，非其深造默識，有以得乎聖人之心，孰能知其所説之如此。而有志之士欲有爲于此世者，又豈可以不察乎此而先立其本哉！然自聖賢既遠，道學不明，士大夫不知用心于内以立其本，而徒恃其意氣才力之盛以能有爲于世者，蓋亦多矣。彼其見聞之博，詞氣之美，論議之偉，節概之高，一時之間從其外而觀之，豈不誠有以過人者！然探其中而責其實，要其久而待其歸，求其充然有以慰滿于人心而無一瑕之可指者，則什伯之中未見其可以一二數也。嗚呼，若公者，其真所謂有本者歟！觀其平居暇日，所以治心養氣而修諸身者，蓋天下之物無足以累其志。是以爲子則孝，爲吏則廉。進而立乎本朝，則上自宗廟以及人主之身，內自禁掖近幸之私，而外及乎朝廷卿相之重，知無不言，言無不盡。蓋有當時法家拂士所爲低回遷就而詭詞以幸濟者，公獨正色誦言，無少顧避。退未嘗以語乎家，而其計慮之明，諫説之切，所以不諧于時而卒驗于後者，乃反因深文巧詆之筆而後顯。及其出而賦政于外，退處于鄉，以至流放轉徙于荒寒寂寞之濱，而遂奄然以沒其世，則其所以處乎巨細顯微之間者，又皆清明純潔而無一毫之歉。是非所謂「源泉混混」而「放乎四海」者邪！

袁絜齋記清敏祠堂曰：嘗誦公之詩，有曰「日往月來無成期，好把心源蚤夜思」，而後知公之所以特立者，原乎是心而已！大哉心乎！天地同本。精思以得之，兢業以守之，則亦可以與天地相似。又曰：公之踐履，非有意爲之也。真積力久，德盛仁熟，自頂至踵，全體精明，循而行之，亦不自知其所以然也。蓋有本者如是。無本于中，襲取于外，雖有小善，的然可觀，豈能日進無疆，老而彌篤哉！

王深寧困學紀聞曰：詩言志。「秀幹終成棟，精鋼不作鉤」，包孝肅之志也。「人心正畏暑，水面獨搖風」，豐清敏之志也。

清敏同調

宗學李君行先生潛附師劉師正。

李潛，字君行，虔之興國人也。年二十餘，有安退處士劉師正者善解春秋，先生從之學。後于楚州見之，問曰：「足下久居此，何所需？」先生對曰：「大人令去應舉，待及第後歸。今次以期服礙卻，欲且就此處修學，以待來科。」安退笑曰：「誤矣！夫不可得而久者，在父母之左右也，何待！」先生瞿然，竟歸。安退因爲先生言今之爲學者，皆非所以爲學，先生遂有省，自是篤行自守，不交當世。治平中，成進士，年五十餘，監泗州僧伽塔，人弗知也。范純禮爲發運使，始深知之，力薦于朝，除太學博士、校書郎。紹聖中，力求去，知蘄州，遂請老。其學簡而易明，以行己爲本，不以空言。讀書專以經書、論語、孟子爲正，舍此皆非所取。嘗言經書、論、孟如稱，所以稱量衆說，其輕重等者正也，不等者不正也。嘗自虔州入京，至泗州，其子弟請先往。先生問故，曰：「科場期近，欲先至京，得寄貫開封户籍。」先生不許曰：「汝虔人，而貫汴。欲求事君而先欺君，不可行也。」元祐末，羣賢咸在朝，而先生安靜自守，羣賢亦以其不附己，不甚引之。趙君錫薦御史，訪士于呂希哲，以楊應之與先生告。君錫不能用，反薦楊畏，畏竟叛入邪黨。希哲嘆曰：「使楊、李爲臺官，安有此乎！」蘇文定轍罷知汝州，先生歸，往見之，與論當世事，太息以爲知先生晚。元符庚辰，諸公既皆還朝，先生亦驛召賜對，管句宗學，比國子司業，蓋有陰阻之，恐在要地者。伊川聞之，謂學者曰：「君行何以復出？」學者對曰：「司業承朝廷美意，不得不出。然卽歸矣」先生既至京，果引疾，不久歸。呂好問兄弟以其父希哲之命，嚴事之，嘗曰：「今衆人所作事，皆非楊十七丈應之及李丈所爲也。」子朴、格。

李先生說呂紫微居仁述。

學問以去利欲爲本。利欲去，則誠心存。

每日只多讀易、詩、書、春秋、論語、孝經，間讀孟子。

讀書不要看別人解。看聖人之言易曉，看別人解則愈惑。

「郊社不修，宗廟不享」，歷觀諸書皆以郊對社，郊以祭天，社以祭地。南郊、北郊、五帝之類，皆出于周禮，聖人書中不見。

嚴父配天之禮，蓋始自周公。若自古有之，孔子何以言周公其人也？

列爵爲五，分士爲三，蓋至周始定。若夏、商以前俱如此，則尚書爲妄矣。

學聖人者，但自用意經書。中心既有所主，則散看諸書，方圓輕重，皆爲規矩權衡所正。

史書尚可。最是莊、老，大段害道！

七世之廟見尚書，其他言廟數不同者，皆無取。

昊天有成命，是合祭無疑。

元祐之學

諫議龔先生夬

龔夬，字彥和，瀛州人。徽宗立，召拜殿中侍御史，上殿抗疏辨忠邪，又乞正元祐后册位號。已而元祐后册再廢，言者論先生首尾建言，詔削籍，編管房州。徙象州、化州。逢赦得歸。政和元年卒。紹興中，累贈右諫議大夫。參史傳。

附錄

呂紫微曰：龔彥和貶化州，徒步徑往，以扇乞錢。

待制上官先生均

上官均，字彥衡，邵武人。熙寧三年進士第二。除監察御史裏行，上疏忤蔡確，謫宰光澤。哲宗立，擢開封府推官。元祐初，復爲御史。論青苗，以爲有惠民之名，無惠民之實。累改提點河北東路刑獄。紹聖初，召拜右正言，遷工部員外郎，累知越州。徽宗立，入爲祕書少監，累知永興軍，徙襄州。崇寧初，與元祐黨籍，奪職，主管崇禧觀。政和中，復集賢院修撰、提舉洞霄宮。久之，復龍圖閣待制。致仕，卒。參史傳。

侍郎杜先生純父彭壽。

杜純，字孝錫，鄄城人。父彭壽，尚書虞部郎中，以文學、政事顯。先生以蔭爲郊社齋郎。未冠，知彊學，尚義理，不妄笑言，有成人之操。兩預鄉書，即舍之。調乘氏㊀主簿。元祐元年，詔舉直言士，樞密范公、門下韓公與尚書王存、孫永皆薦其才任諫諍，時已擢河北轉運判官矣。累爲鴻臚卿、光祿卿，擢權兵部侍郎，以集賢院學士提舉崇福宮，改修撰。卒，年六十有四。所爲詩文、奏議二十卷。爲人忠恕不欺，學問以誠身爲本，嘗曰：「士常不忘在溝壑，則事無不可立。」好易、中庸，能釋其義。至浮屠，老、莊，皆探索微妙，曰：「與吾學同出也。」與晁補之之父厚，而補之爲之壻。參晁濟北雞肋集。

梓材謹案：宋史本傳謂先生以伯父蔭入官，累擢侍御史，言者詆其不由科第，改右司。又案晁濟北爲先生子進士寬伯墓誌云：「補之十歲餘時，先君爲補之言：『宣德君，君子也，若人乃可事之。』」蓋先生時爲宣德郎、詳定官制所檢討官云。

諫議常先生安民

常安民，字希古，邛州人。紹聖初，拜監察御史，疏論蔡京「內結中官，外連朝士，一不附己，則誣以黨于元祐，非先帝法，必擠之而後已。今在朝之臣，京黨過半，陛下不可不早覺悟而逐去之」。是時京之姦始萌芽，人多未測，獨先生首發之。又言：「今大臣爲紹述之説，皆借此名以報復私怨，朋附之流遂從而和之。」章疏前後至數十百上，度終不能回，遂丐外。曾布、章惇比而排之，董敦逸再爲御史，亦奏之，出監滁州酒稅。滿三歲，通判温州。徽宗立，提點永興軍路刑獄。蔡京用事，入黨籍，流落二十年。

㊀「乘」原作「乗」，即古乘字。宋史地理志一京東東路興仁府有乘氏縣（今山東菏澤縣），即此。今據改。

政和末，卒。建炎四年，贈諫議大夫。參史傳。

梓材謹案：時二蔡爲元祐黨籍刻石，召石工安民，至則乞不刻「安民鐫字」于碑，恐後世併以爲罪。安民長安人，邵氏聞見録誤以爲常安民。倪文正跋黨籍碑云：「石工安民乞免書名，今披諸賢位中，赫然有安民在。」蓋亦同此誤也。

朝散李先生深父誥。附弟勉。

李深，字叔平，光澤人。父誥，以進士官至太常博士，陳了翁稱其真率樂易，有古人風。先生第熙寧九年進士，爲敕令所詳檢役法文字。因與蔡京、章惇廷争，奪一官。已而敘復元官，遷朝散郎，以言事罷官。崇寧中，安置復州，入元祐黨籍。有杭州集二卷。弟勉，字安道，元祐進士，知尤溪順昌縣。素負氣節，多忤于時，遂謝事休致，亦入黨籍。參姓譜。

范氏家學

資政范先生百禄附子祖述。

范百禄，字子功，忠文兄鍇之子也。第進士，又舉才識兼茂科。歷知諫院，論手實法曰：「造簿手實，許令告匿户。令雖有手實之文，而未嘗行，蓋謂使人自占，必不以實告。而明許告訐㈠，人將爲仇，則禮義廉恥之風衰矣。」轉起居郎。哲宗立，司馬温公復差役法，患吏㈡受賕，欲加流配。先生固争曰：「民今日執事，受謝于人；明日罷役，則以財賂人。苟繩以重典，黥面赭衣必將充塞道路。」温公悟曰：

㈠「訐」原作「訴」，據宋史本傳及龍本改。　㈡「吏」原作「虚」，據宋史本傳及龍本改。

「微君言，吾不悉也。」遂已。累拜中書侍郎。郊祀議合祭天地，禮官以昊天有成命爲言，先生曰：「此三代之禮，奈何復欲合祭乎？成命之頌，祀天、祭地均歌此詩，亦如春夏祈穀而歌噫嘻，亦豈爲一祭哉？」爭久不決，質于帝前。宰相曰：「百祿之言，禮經也；今日之用，權制也。陛下始郊見，宜以並事天地爲恭。于是合祭。右僕射蘇頌坐稽留除書免，先生以同省罷爲資政殿學士、知河中，徙河陽、河南。卒，年六十五，贈銀青光祿大夫。所著詩傳、文集、内外制、奏議，凡八十卷。入元祐黨籍。子祖述，監潁州酒稅，攝獄掾，閱具獄，活兩死囚，州人以爲神。知鞏縣，鑿㊀南山導水入洛，縣無水患，文潞公稱其能。以先生墮黨籍，監中嶽廟。久之，靖康多難，避地至汝州。守趙子櫟邀共守汝，城得全。官終朝議大夫。參史傳。

正獻范華陽先生祖禹別爲華陽學案。

呂氏家學

侍講呂原明先生希哲別爲滎陽學案。

庶官呂先生希績

呂希績，字紀常，申公次子。與兄希哲、弟希純皆師事康節，故伯溫與之遊甚厚。嘗以庶官入元祐

㊀「鑿」原作「鞏」，據宋史本傳改。

黨籍，紹聖四年光州居住。參邵氏聞見録。

待制呂先生希純

呂希純，字子進，正獻三子。登第，爲太常博士。元祐祀明堂，將用皇祐故事，並饗天地百神，皆以祖宗配。先生言：「皇祐之禮，事不經見，嘉祐既已釐正。至元豐中，但以英宗配上帝，悉罷從祀羣神，得嚴父之義，請循其式。」從之。累遷中書舍人、同修國史。内侍梁從政、劉惟簡除内省押班，先生以初政録二人，無以示天下，持不行。由是閹寺側目，或于庭中指示曰：「此繳還二押班詞頭者也。」章惇相，出知亳州。諫官張商英劾，徙睦州、歸州。建中靖國初，召爲待制、知瀛州，俄改潁州。入崇寧黨籍。卒，年六十。參史傳。

附録

呂紫微曰：元符末，叔祖待制坐元祐黨人貶道州，未至，先遣人賃屋兩間。時公挈家往，既至，屋陋窄甚，更益一間，以公狀申郡守，不敢往見。時上皇即位，已議褒用。韓原伯川先貶道州，公以俱在謫籍，不敢相見。已而俱復官内徙，原伯先受命，來見，公亦不敢與先見，以爲未受復官命也。前輩慎事如此！

又曰：待制叔祖都不説夢，云：「既妄也，何用説爲！」

呂氏門人

邢先生居實別見安定學案。

公擇門人

文節黄涪翁先生庭堅

黄庭堅，字魯直，分寧人。幼警悟，讀書數過輒成誦。舅李公擇過其家，取架上書問之，無不通，驚以爲一日千里。舉進士，調葉縣尉。文潞公才之，留任教授北京國子監㈠。累遷起居舍人。蘇文忠東坡見其詩文，以爲「超軼絶塵，獨立萬物之表」，由是聲名始震。先生亦心契東坡，與張文潛、晁无咎、秦少游並遊東坡之門，天下稱爲「蘇門四學士」。先生性篤孝，母病彌年，晝夜視顔色，衣不解帶。及亡，廬墓下，哀毁得疾，幾殆。除服，爲祕書丞、提點明道宫，兼國史編修官。紹聖初，出知宣州，改鄂州。初，先生預修神宗實録。章惇、蔡卞等論實録多誣，俾前史官分居畿邑以待問，摘證驗無據者三十二事。先生書「鐵龍爪治河，有同兒戲」，至是首問焉，對曰：「庭堅時官北都，嘗親見之，真兒戲耳！」聞者壯之。貶涪州别駕，黔州安置。以親嫌移戎州，蜀士慕，從之遊，講學不倦，凡經指授，下筆皆可觀。徽宗立，起監鄂州税。改知舒州，旋以吏部員外郎召，皆辭。丐郡，得知太平州。至之九日罷，主管玉龍

㈠ 宋史本傳作：「教授北京國子監，留守文彦博才之，留再任。」

觀㊀。先生嘗與趙挺之有隙，陳舉承挺之風旨，上其所作荆南承天院記，指爲幸災，復除名，羈管宜州。三年，徙永州，未聞命而卒，年六十一，謚文節。先生學問文章，天成性得，尤長于詩。陳師道謂其詩得法杜甫，又云學甫而不爲者。善行草書，楷法亦自成一家。當時人士以先生配東坡，故「蘇黄」並稱。東坡爲侍從時，舉先生自代，其詞有「瑰瑋之文，妙絶當世；孝友之行，追配古人」之語。先生嘗遊灊皖山谷寺、石牛洞，樂其林泉之勝，遂自號山谷道人云。參史傳。

梓材謹案：先生雖稱蘇門學士，然攷其學行，實本之李公擇，故著録于此。又案先生嘗受學于范華陽，見謝山所作正獻本傳。

附録

汪玉山跋山谷帖曰：山谷詩示張氏子曰：「莫學今時新進士，談説性命如懸河。」蓋當時學者之弊。

劉剛中問：「黄魯直如何人？」朱子曰：「孝友行，瑰瑋文，篤謹人也。觀其贊周茂叔『光風霽月』，非殺有學問，不能見此四字；非殺有功夫，亦不能説出此四字。」

豐氏家學

學正豐先生安常

豐安常，清敏長子。以儒行名太學，魁南宫。再任太學正。年未三十而卒。參清敏遺事。

㊀「玉龍觀」，點校本宋史校改作「玉隆觀」，詳該書校勘記。

豐氏門人王、樓再傳。

忠肅陳了齋先生瓘別爲陳鄒諸儒學案。

祕監李章貢先生朴見下君行家學。

正言張先生庭堅

張庭堅，字才叔，廣安軍人。繇進士調成都觀察推官，歷判漢州，入爲樞密院編修文字，坐折簡別鄒浩免。徽宗召對，除著作佐郎，擢右正言。帝方鋭意圖治，先生與鄒浩、龔夬、江公望、常安民、任伯雨皆在諫列，一時翕然稱得人。先生在職踰月，數上封事，請「復司馬光贈典以悦人心，召還陳瓘言職以慰士論」，又士大夫多以繼志述事勸，臣恐假名繼述而實自肆焉」，論甚深切。是時議者往往指元祐舊臣在廷者太多，先生爲帝言司馬光、吕公著之賢，又薦蘇軾、蘇轍可用，頗忤旨。曾布因稱其所論不當㊀，帝命徙爲郎，俄出爲京東轉運㊁判官。任伯雨言先生立身有本末，不應罷言職，先生亦辭新命，改知汝州，又送吏部。伯雨復争之，乞以先生章付外，考其所言，毋使言者爲三省所脅。李清臣從而擠之，改判陳州。初，蔡京守蜀，先生在幕府，與相好。及京還朝，欲引以爲己用，先令鄉人諭意，先生不肯往，京大恨。後遂列諸黨籍，編管虢州，再徙鼎州、象州。久之，復故官。卒，年五十七。紹興初，詔贈直徽猷閣。參史傳。

㊀「當」原作「常」，據宋史本傳改。　㊁「運」下原有「使」字，據宋史本傳删。

附錄

呂紫微曰：張才叔專務以直道進退，不求苟得。

又曰：張才叔貶象州，所居屋才一間，以箔隔之，家人處箔內，才叔處箔外。上漏下溼，躡屐端坐，了無厭色。鄒志完嘗稱曰：「是天地間和氣薰蒸所成，欲往相近，先覺和氣襲人。」才叔蓋師法豐公相之。

君行家學

祕監李章貢先生朴

李朴，字先之，君行子。登紹聖進士第，調臨江軍司法參軍。移西京國子監教授，程伊川獨器許之。移虔州教授。嘗言隆祐太后不當廢處瑤華宮事，有詔推鞫，忌者欲擠之死，先生泰然無懼色，旋追官勒停。會赦，除汀州司户。徽宗立，翰林承旨范彝叟謂先生曰，某事不便于國，某事不便于民。先生曰：「承旨知而不言，無父風也！」彝叟泣下。陳了翁薦先生，召對，首言：「熙寧、元豐以來，政體屢變，始出一二大臣所學不同，後乃更執圓方，互相排擊。失今不治，必至不可勝救。」又言：「今士大夫之學，不求諸己，而惟王氏之聽，敗壞心術，莫大于此。願詔勿以王氏爲拘，則英材輩出矣。」蔡京惡其鯁直，復以爲虔州教授。嗾言者論先生爲元祐學術，不當領師儒，罷爲肇慶府四會令。改承事郎、知臨江軍清江縣、廣東路安撫司主管機宜文字。欽宗在東宮聞其名，及卽位，除著作郎。半歲，遷至國子祭酒，以疾不能至。高宗立，除祕書監，趣召，未至而卒，年六十五，贈寶文閣待制。先生嘗自誌其墓曰：「以天爲心，以道爲體，以時爲用，其可已矣！」蓋敍其平生云。有章貢集二十卷行于世。參史傳。

梓材謹案：直齋書録解題，章貢集三十卷。且言先生教授西京國子監，伊川與之甚厚，然譏其太直，以洛中風波爲戒。先生笑曰：「不意此言發于先生之口！」伊川爲之改容愧謝，其風節可畏。伊洛淵源録程門四十二人，先生與焉。謝山于陳鄒諸儒學案有云：「四明五先生講學，一傳而豐氏，再傳而得了翁、先之二人。」是先生又爲豐氏門人。豐清敏遺事一卷，卽先生所輯，題曰「門人章貢李朴編次」。

雲濠謹案：伊洛淵源録云：「李先之，贛上人。爲西京學官，因受學焉。」呂氏雜志云：「李先之、周恭叔皆從程先生學問，而學蘇公文辭以文之，世多譏之者。」

縣令李先生格

李格，君行次子。篤行頗肖其父，兼工文詞。紹興中知上元縣，早卒。

君行門人

右丞呂先生好問

縣令呂先生切問並見滎陽學案。

龔氏家學

龔先生大壯

龔大壯，彥和弟。彥和僉判瀛州，與之同行。先生尤特立不羣，曾子宣帥瀛，欲見不可得，一日徑過彥和，邀其出，不可辭也，遂相見，即爲置酒，從容終日。子宣詩云：「自慚太守非何武，得向河間見兩龔。」呂紫微曰：「近日貴人如子宣之下士，亦難及也！」彥和爲御史，先生力勸其早求罷，彥和遂去。先生不幸早卒。

龔先生節亨

龔節亨，字彥承，呂紫微故人也。嘗爲紫微言：「後生當官，其使令人無乞丐錢物處，即此職事可爲；有乞丐錢物處，則此職事不可爲。」蓋言有乞丐錢物處，多啗主人以利，或致嫌疑也。從黃氏補本録入。

梓材謹案：先生名字與諫議類，蓋其兄弟行也。前傳本謝山所節呂氏童蒙訓，此則以黃氏補録童蒙訓爲之傳云。

上官家學

知州上官先生愔

上官愔，字仲雍，彥衡季子。政和二年進士，官吏部員外郎。出知南劍州，以剛介著政聲。有尚書小傳、論語孟子畧解及史統、史旨。參姓譜。

中大上官先生恢

上官恢，字閎中，彥衡從子。元豐八年進士。胡文定以先生與楊龜山並薦，官至中大夫。同上。

縣丞上官先生憕

上官憕，字正平，彥衡再從子。幼孤，從彥衡學。元豐八年與閎中同登進士，官永城縣丞，廉正明決。同上。

杜氏家學

侍郎杜先生紘

杜紘，字君章，鄄城人，修撰純之弟。少穎邁，知自彊于學問。一上中進士第，調深州司法參軍。累官刑部侍郎，改差知應天府，兼南京留守司公事，感疾卒。先生性至孝，與修撰俱知名，謂之「二杜」。事修撰加于人數等。修撰訃至，時在汶上，曰：「兄教我成我，今亡不得臨，死不瞑矣！」好讀書，雖老不倦。尤長于禮經，好檀弓文。有文集三十卷、奏議十卷、易說數十篇。參雞肋集。

進士杜先生欽禼

杜欽禼，字寬伯，修撰子。第進士。讀書能知其意，爲言語皆質直。卒，年十九。孝弟人也。同上。

杜氏門人

知州晁濟北先生補之別見蘇氏蜀學畧。

常氏家學

知州常先生同

常同，字子正，臨邛人，元祐黨人安民子。政和進士。紹興初，知柳州。召還，首論朋黨之禍。除殿中侍御史。金使入見，先生言：「先振國威，則和戰常在我；若一意議和，則和戰常在彼。」累遷御史中丞。後以顯謨閣直㊀學士知湖州，請祠，卒。參史傳。

朝散家學

承事李先生階

李階，字進祖，元祐黨人深之子，西山先生郁之兄也。崇寧二年南省第一，特奏名。安忱者，惇之

㊀「直」字，據宋史本傳補。按職官志二，直學士職在學士之下。

弟也，對策言「使黨人之子魁南宮多士，無以示天下」，遂奪先生出身而賜恍第。四年，赦黨人子弟復官。建炎元年，攝臨安府比校務，叛卒陳通作亂，先生死之，詔贈右承事郎。

機宜李西山先生郁別見龜山學案。

黃氏門人公擇再傳。

檢正王彥穎庭秀別見龜山學案。

韓氏續傳

知州韓先生瓘別見元城學案。

諫院韓先生璜別見武夷學案。

尚書韓南澗先生元吉別見和靖學案。

豐氏續傳

吏部豐先生誼別見象山學案。

上官續傳

縣令上官先生謐別見滄洲諸儒學案。